中国教育统计年鉴

EDUCATIONAL STATISTICS YEARBOOK OF CHINA

2016

中华人民共和国
教育部发展规划司

DEPARTMENT OF DEVELOPMENT & PLANNING
MINISTRY OF EDUCATION
THE PEOPLE'S REPUBLIC OF CHINA

图书在版编目（CIP）数据

中国教育统计年鉴. 2016：汉英对照／中华人民共和国教育部发展规划司编. -- 北京：中国统计出版社，2017.9

ISBN 978-7-5037-8187-2

Ⅰ. ①中… Ⅱ. ①中… Ⅲ. ①教育统计-统计资料-中国-2016-年鉴-汉、英 Ⅳ. ①G526.6-54

中国版本图书馆 CIP 数据核字（2017）第 158559 号

中国教育统计年鉴—2016

作　　者／中华人民共和国教育部发展规划司
责任编辑／郭栋
装帧设计／黄晨
出版发行／中国统计出版社
地　　址／北京市丰台区西三环南路甲 6 号　邮政编码／100073
电　　话／邮购（010）63376909　书店（010）68783171
网　　址／http：//www.zgtjcbs.com
印　　刷／河北鑫兆源印刷有限公司
经　　销／新华书店
开　　本／787mm×1092mm　1/16
字　　数／965 千字
印　　张／46
版　　别／2017 年 9 月第 1 版
版　　次／2017 年 9 月第 1 次印刷
定　　价／220.00 元

如有印装错误，本社发行部负责调换。

《中国教育统计年鉴》编辑委员会名单

说　明

《中国教育统计年鉴》（2016）是一本全面反映中华人民共和国教育事业发展情况的资料性年鉴，是由教育部发展规划司根据全国各省、自治区、直辖市教育委员会、教育厅填报的学校基层报表数字整理汇编而成的。教育部教育管理信息中心承担了数据的计算机处理汇总工作。

本年鉴包括以下部分：综合部分、高等教育、中等教育、初等教育、幼儿教育、特殊教育、全国各级各类学校的分布情况、办学条件、科学研究等。

本年鉴是各有关部门研究教育改革和发展的必备资料工具书，是教育界各机关、学校指导部门制定教育计划、指导教育改革必不可少的依据。

本年鉴所列资料，未含台湾省、香港特别行政区和澳门特别行政区的数字；凡未注明年份的均为2016年的数字。

Notes from the Compiler

The Educational Statistics Yearbook of China for 2016 is an annual statistical publication that provides a comprehensive account of the education development in the Peoples Republic of China. The Yearbook is compiled by the Department of Development and Planning of the Ministry of Education based on data about schools at community level. The data was collected and submitted to the Ministry by education commissions (or Bureaus of Education) at the provincial and municipal level. All data were processed and compiled by the Educational Management Information Center of the Ministry of Education.

The yearbook is composed of the following parts: summary tables, higher education, secondary education, primary education, preprimary education, special education, distribution of schools by type and level, School Facilities and Scientific Research Activities.

The yearbook is a requisite reference for all departments concerned with the study of educational reform and development, and provides indispensable factual information to educational authorities and school management agencies to formulate education plans and carry out reforms.

The yearbook does not include data of Taiwan Province, Hong Kong Special Administrative Region and Macao Special Administrative Region. All Data listed in this book are from 2016, unless otherwise specified.

备　注

自2011年起，我部对教育事业统计报表进行了全面改革，贯彻实施了国家统计局首次颁布的《统计用城乡划分代码》。新的城乡划分标准，将原来的城市、县镇、农村的三个分类调整为三大类七小类，即城区（含主城区、城乡结合区）、镇区（含镇中心区、镇乡结合区、特殊区域）、乡村（含乡中心区、村庄）。

2016年全国教育事业发展统计公报[1]

2016年，全国教育系统深入学习贯彻习近平总书记系列重要讲话精神和治国理政新理念新思想新战略，全面贯彻党的教育方针，坚持教育为人民服务，为中国共产党治国理政服务，为巩固和发展中国特色社会主义制度服务，为改革开放和社会主义现代化建设服务。紧紧围绕提高教育质量这一战略主题，以立德树人为根本任务、以促进公平为基本要求、以优化结构为主攻方向、以深化改革为根本动力，加快推进教育现代化，教育事业发展取得新进展。

一、学前教育

全国共有幼儿园23.98万所，比上年增加1.61万所，入园儿童1922.09万人，比上年减少86.76万人。在园儿童（包括附设班）4413.86万人，比上年增加149.03万人。幼儿园园长和教师共249.88万人，比上年增加19.56万人。学前教育毛入园率[2]达到77.4%，比上年提高2.4个百分点。

二、义务教育

全国共有义务教育阶段学校22.98万所，比上年减少1.32万所；招生3239.63万人；在校生1.42亿人；专任教师927.69万人；九年义务教育巩固率[3]93.4%。

1. 小学

全国共有小学17.76万所，比上年减少1.29万所；招生1752.47万人，比上年增加23.42万人；在校生9913.01万人，比上年增加220.83万人；毕业生1507.45万人，比上年增加70.19万人。小学学龄儿童净入学率[4]达到99.92%。

小学教职工[5]（不含九年一贯制学校、十二年一贯制学校小学段）553.73万人，比上年增加4.79万人；专任教师578.91万人，比上年增加10.40万人。专任教师学历合格率[6]99.94%，比上年提高0.03个百分点。生师比17.12：1。

普通小学（含教学点）校舍建筑面积70964.49万平方米，比上年增加3612.45万平方米。设施设备配备达标的学校比例[7]情况分别为：体育运动场（馆）面积达标学校比例75.00%，体育器械配备达标学校比例80.18%，音乐器材配备达标学校比例79.50%，美术器材配备达标学校比例79.47%，数学自然实验仪器达标学校比例79.84%。

2. 初中

全国共有初中学校5.21万所（含职业初中16所），比上年减少287所。招生1487.17万人，比上年增加 76. 14 万人；在校生 4329. 37 万人，比上年增加 17. 42 万人；毕业生 1423. 87 万人，比上年增加 6. 27 万人。初中阶段毛入学率 104. 0%，初中毕业生升学率 93. 7%。

初中教职工（含九年一贯制学校，不含完全中学、十二年一贯制学校初中段）399. 75 万人，比上年增加 2. 12 万人；专任教师 348. 78 万人，比上年增加 1. 22 万人。初中专任教师学历合格率 99. 76%，比上年提高 0. 10 个百分点。生师比 12. 41：1。

初中校舍建筑面积 57827. 20 万平方米，比上年增加 2785. 13 万平方米。设施设备配备达标的学校比例情况分别为：体育运动场（馆）面积达标学校比例 85. 36%，体育器械配备达标学校比例 89. 60%，音乐器材配备达标学校比例 88. 88%，美术器材配备达标学校比例 88. 58%，理科实验仪器达标学校比例 90. 62%。

3. 进城务工人员随迁子女

全国义务教育阶段在校生中进城务工人员随迁子女[8]共 1394. 77 万人。其中，在小学就读 1036. 71 万人，在初中就读 358. 06 万人。

三、特殊教育

全国共有特殊教育学校 2080 所，比上年增加 27 所；特殊教育学校共有专任教师 5. 32 万人，比上年增加 0. 29 万人。

全国共招收特殊教育学生 9. 15 万人，比上年增加 0. 82 万人；在校生 49. 17 万人，比上年增加 4. 95 万人。其中，视力残疾学生 3. 61 万人，听力残疾学生 9. 00 万人，智力残疾学生 26. 05 万人，其他残疾学生 10. 51 万人。特殊教育毕业生 5. 92 万人，比上年增加 0. 63 万人。

普通小学、初中随班就读和附设特教班招收的学生 5. 18 万人，在校生 27. 08 万人，分别占特殊教育招生总数和在校生总数的 56. 60%和 55. 06%。

四、高中阶段教育

全国高中阶段教育[9]共有学校 2. 47 万所，比上年减少 234 所；招生 1396. 26 万人，比上年减少 1. 59 万人；在校学生 3970. 06 万人，比上年减少 67. 63 万人。高中阶段毛入学率 87. 5%，比上年提高 0. 5 个百分点。

1. 普通高中

全国普通高中 1. 34 万所，比上年增加 143 所；招生 802. 92 万人，比上年增加 6. 31 万人；在校生 2366. 65 万人，比上年减少 7. 75 万人；毕业生 792. 35 万人，比上年减少 5. 30 万人。

普通高中教职工（含完全中学、十二年一贯制学校）259. 19 万人，比上年增加 4. 87 万人；专任教师 173. 35 万人，比上年增加 3. 81 万人，生师比 13. 65：1，比上年的 14. 01：1 有所改善；专任教师学历合格率 97. 91%，比上年提高 0. 21 个百分点。

普通高中共有校舍建筑面积 49142. 31 万平方米，比上年增长 2006. 35 万平方米。普通高中设施设备配备达标的学校比例情况分别为：体育运动场（馆）面积达标学校比例 89. 28%，体育器械配备达标学校比例 91. 17%，音乐器材配备达标学校比例 89. 82%，美术器材配备达标学校比例 89. 95%，理科实验仪器达标学校比例 91. 52%。

2. 成人高中

全国成人高中435所，比上年减少68所；在校生4.40万人，毕业生4.64万人。成人高中教职工3313人，专任教师2521人。

3. 中等职业教育

全国中等职业教育[10]共有学校1.09万所，比上年减少309所。其中，普通中等专业学校3398所，比上年减少58所；职业高中3726所，比上年减少181所；技工学校2526所，比上年减少19所；成人中等专业学校1243所，比上年减少51所。

中等职业教育招生593.34万人，比上年减少7.91万人，占高中阶段教育招生总数的42.49%。其中，普通中专招生255.18万人，比上年减少4.76万人；职业高中招生151.43万人，比上年减少3.76万人；技工学校招生127.2万人，比上年增加5.77万人；成人中专招生59.53万人，比上年减少5.15万人。

中等职业教育在校生1599.01万人，比上年减少57.69万人，占高中阶段教育在校生总数的40.28%。其中，普通中专在校生718.12万人，比上年减少14.59万人；职业高中在校生416.57万人，比上年减少23.29万人；技工学校在校生323.15万人，比上年增加1.69万人；成人中专在校生141.17万人，比上年减少21.51万人。

中等职业教育毕业生533.62万人，比上年减少34.26万人。其中，普通中专毕业生229.02万人，比上年减少7.72万人；职业高中毕业生141.87万人，比上年减少14.14万人；技工学校毕业生93.07万人，比上年减少1.55万人；成人中专毕业生69.66万人，比上年减少10.85万人。

中等职业教育学校共有教职工108.61万人，比上年减少1.57万人。其中，普通中等专业学校教职工40.14万人，比上年减少7349人；职业高中教职工34.46万人，比上年减少8109人；技工学校教职工26.51万人，比上年增加4734人；成人中等专业学校教职工6.36万人，比上年减少2359人。

中等职业教育学校共有专任教师83.96万人，比上年减少4497人，生师比[11]19.84：1，比上年的20.47：1有所改善。其中，普通中等专业学校专任教师30.27万人，比上年减少1598人；职业高中专任教师28.51万人，比上年减少4960人；技工学校专任教师19.64万人，比上年增加4807人；成人中等专业学校专任教师4.72万人，比上年减少1000人。

五、高等教育

全国各类高等教育在学总规模达到3699万人，高等教育毛入学率达到42.7%。全国共有普通高等学校和成人高等学校2880所，比上年增加28所。其中，普通高等学校2596所（含独立学院266所），比上年增加36所；成人高等学校284所，比上年减少8所。普通高校中本科院校1237所，比上年增加18所；高职（专科）院校1359所，比上年增加18所。全国共有研究生培养机构793个，其中，普通高校576个，科研机构217个。

研究生招生66.71万人，比上年增加2.20万人，其中，博士生招生7.73万人，硕士生招生58.98万人。在学研究生198.11万人，比上年增加6.96万人，其中，在学博士生34.2万人，在学硕士生163.90万人。毕业研究生56.39万人，比上年增加1.24万人，其中，毕业博士生5.5

万人，毕业硕士生 50.89 万人。

普通高等教育本专科共招生 748.61 万人，比上年增加 10.76 万人；在校生 2695.84 万人，比上年增加 70.55 万人；毕业生 704.18 万人，比上年增加 23.29 万人。

成人高等教育本专科共招生 211.23 万人，比上年减少 25.52 万人；在校生 584.39 万人，比上年减少 51.55 万人；毕业生 244.47 万人，比上年增加 8.21 万人。

全国高等教育自学考试学历教育报考 504.10 万人次，取得毕业证书 67.77 万人。

普通高等学校校均规模[12] 10342 人，其中，本科学校 14532 人，高职（专科）学校 6528 人。

普通高等学校教职工 240.48 万人，比上年增加 3.55 万人；专任教师 160.20 万人，比上年增加 2.94 万人。普通高校生师比[13]为 17.07：1，其中，本科学校 16.78：1，高职（专科）学校 17.73：1。成人高等学校教职工 4.31 万人，比上年减少 8173 人；专任教师 2.52 万人，比上年减少 5032 人。

普通高等学校校舍总建筑面积[14] 92671.05 万平方米，比上年增加 455.86 万平方米；教学科研仪器设备总值[15] 4514.42 亿元，比上年增加 456.82 亿元。

六、成人培训与扫盲教育

全国接受各种非学历高等教育的学生 725.84 万人次，当年已毕（结）业 907.54 万人次；接受各种非学历中等教育的学生达 4462.69 万人次，当年已毕（结）业 4720.63 万人次。

全国职业技术培训机构 9.34 万所，比上年减少 0.56 万所；教职工 45.08 万人；专任教师 26.39 万人。

全国有成人小学 1.18 万所，在校生 83.27 万人，教职工 2.32 万人，其中，专任教师 1.24 万人；成人初中 569 所，在校生 28.01 万人，教职工 2779 人，其中，专任教师 2198 人。

全国共扫除文盲 33.12 万人，比上年减少 11.64 万人；另有 33.42 万人正在参加扫盲学习，比上年减少 14.06 万人。扫盲教育教职工 1.57 万人，比上年减少 6458 人；专任教师 7405 人，比上年减少 3307 人。

七、民办教育

全国共有各级各类民办学校 17.10 万所，比上年增加 8253 所；招生 1640.28 万人，比上年增加 3.37 万人；各类教育在校生达 4825.47 万人，比上年增加 253.95 万人。其中：

民办幼儿园 15.42 万所，比上年增加 7827 所；入园儿童 965.08 万人，比上年减少 33.11 万人；在园儿童 2437.66 万人，比上年增加 135.22 万人。

民办普通小学 5975 所，比上年增加 116 所；招生 127.76 万人，比上年增加 3.40 万人；在校生 756.33 万人，比上年增加 42.51 万人。

民办普通初中 5085 所，比上年增加 209 所；招生 188.74 万人，比上年增加 18.01 万人；在校生 532.82 万人，比上年增加 29.89 万人。

民办普通高中 2787 所，比上年增加 202 所；招生 102.89 万人，比上年增加 8.39 万人；在校生 279.08 万人，与上年增加 22.12 万人。

民办中等职业学校 2115 所，比上年减少 110 所；招生 73.64 万人，比上年增加 2.71 万人；在校生 184.14 万人，比上年增加 7739 人。另有非学历教育学生 22.06 万人。

民办高校 742 所（含独立学院 266 所），比上年增加 8 所；招生 181.83 万人，比上年减少 2.16 万人；在校生 634.06 万人，比上年增加 23.15 万人。其中，硕士研究生在校生 715 人，本科在校生 391.52 万人，高职（专科）在校生 242.46 万人；另有自考助学班学生、预科生、进修及培训学生 35.45 万人。民办的其他高等教育机构 813 所，各类注册学生 75.56 万人。

另外，还有其他民办培训机构 1.95 万所，846.80 万人次接受了培训。

注释：

［1］各项统计数据均未包括香港特别行政区、澳门特别行政区和台湾省。部分数据因四舍五入的原因，存在着与分项合计不等的情况。

［2］毛入学率，是指某一级教育不分年龄的在校学生总数占该级教育国家规定年龄组人口数的百分比。由于包含非正规年龄组（低龄或超龄）学生，毛入学率可能会超过 100%。

［3］九年义务教育巩固率，是指初中毕业班学生数占该年级入小学一年级时学生数的百分比。

［4］小学学龄儿童净入学率，是指小学教育在校学龄人口数占小学教育国家规定年龄组人口总数的百分比，是按各地不同入学年龄和学制分别计算的。

［5］因九年一贯制学校的教职工数计入初中阶段教育，完全中学、十二年一贯制学校的教职工数计入高中阶段教育，而专任教师是按照教育层次进行归类，存在小学教职工数据小于专任教师数据的情况。

［6］专任教师学历合格率，是指某一级教育具有国家规定的最低学历要求的专任教师数占该级教育专任教师总数的百分比。各级教育教师的最低学历要求，参照《中华人民共和国教师法》中的相关规定：取得小学教师资格，应当具备中等师范学校毕业及其以上学历；取得初级中学教师、初级职业学校文化、专业课教师资格，应当具备高等师范专科学校或者其他大学专科毕业及其以上学历；取得高级中学教师资格和中等专业学校、技工学校、职业高中文化课、专业课教师资格，应当具备高等师范院校本科或者其他大学本科毕业及其以上学历。

［7］设施设备配备达标的学校，是指体育运动场（馆）面积、体育器械配备达到《教育部卫生部财政部关于印发国家学校体育卫生条件试行基本标准的通知》（教体艺［2008］5 号）的相关标准；音乐器材配备、美术器材配备、数学自然实验仪器、理科实验仪器等达到各省、自治区、直辖市规定的仪器配备相关标准。含普通小学、初中和普通高中。

［8］进城务工人员随迁子女，是指户籍登记在外省（区、市）、本省外县（区）的乡村，随务工父母到输入地的城区、镇区（同住）并接受义务教育的适龄儿童少年。

［9］高中阶段包括普通高中、成人高中、中等职业学校。

［10］中等职业教育包括普通中等专业学校、职业高中、技工学校和成人中等专业学校。

［11］中等职业教育生师比不含技工学校数据。

［12］普通高等学校校均规模，仅含普通本专科在校生，不含分校点数据。

［13］普通高校生师比，不含分校点数据，学生总数为折合学生数。

［14］［15］包括学校产权和非产权独立使用。

目　录

第一部分　教育事业发展

一、综合部分

二、高等教育

三、中等教育

(一)高中阶段教育

(二)初中阶段教育

四、初等教育(小学)

五、工读学校

六、特殊教育

七、学前教育

八、各级各类学校分布情况

第二部分　办学条件

一、教育经费

二、教育基本建设投资

第三部分　科学研究活动及其他

一、自然科学与技术

二、社会科学

附表：

CONTENTS

Part Ⅰ

THE DEVELOPMENT OF THE EDUCTIONAL UNDERTAKING

Summary Tables

Higher Education

Secondary Education

Senior Secondary Education

Primary Education (Primary Schools)

Correctional Work-Study Schools

Special Education

Pre-Primary Education

Geographical Distribution of Schools by Type and Level

Part Ⅱ

PHYSICAL FACILITIES

Public Expenditure on Education

Capital Construction Investment in the Educational Sector

Part Ⅲ

SCIENTIFIC RESEARCH ACTIVITES & OTHER

Natural Science and Technology

Social Science

Appendixes

第一部分
Part I

教育事业发展
THE DEVELOPMENT OF THE EDUCATIONAL UNDERTAKING

一、综合部分
Summary Tables

各级各类学校校数、教职工、专任教师情况

Number of Schools, Educational Personnel and Full-time Teachers by Type and Level

	学校数(所) Schools	教职工数(人) Educational Personnel	专任教师数(人) Full-time Teachers
一、高等教育 Higher Education			
(一)研究生培养机构(不计校数) Institutions Providing Postgraduate Programs	793		
1. 普通高校 Regular HEIs	576		
2. 科研机构 Research Institutes	217		
(二)普通高等学校 Regular HEIs	2596	2404784	1601968
1. 本科院校 HEIs Offering Degree Programs	1237	1750614	1134030
其中:独立学院 of Which:Independent Institutions	266	164913	123428
2. 高职(专科)院校 Higher Vocational Colleges	1359	652580	466934
3. 其他普通高教机构(不计校数) Other Institutions	25	1590	1004
(三)成人高等学校 Adult HEIs	284	43119	25214
(四)民办的其他高等教育机构 Other Non-government HEIs	813	22469	10326
二、中等教育 Secondary Education	77398	7681640	6065556
(一)高中阶段教育 Senior Secondary Education	24711	3681359	2575569
1.高中 Senior Secondary Schools	13818	2595259	1735980
普通高中 Regular Senior Secondary Schools	13383	2591946	1733459
完全中学 Combined Secondary Schools	5479	1041601	526135
高级中学 Regular High Schools	6706	1306471	1147876
十二年一贯制学校 12-Year Schools	1198	243874	59448
成人高中 Adult High Schools	435	3313	2521
2.中等职业教育 Secondary Vocational Education	10893	1086100	839589
普通中专 Regular Specialized Secondary Schools	3398	401426	302697
成人中专 Adult Specialized Secondary Schools	1243	63644	47210
职业高中 Vocational High Schools	3726	344647	285074
技工学校 Skilled Workers Schools	2526	265053	196446
其他中职机构(不计校数) Other Institutions	342	11330	8162
(二)初中阶段教育 Junior Secondary Education	52687	4000281	3489987
1.初中 Junior Secondary Schools	52118	3997502	3487789
初级中学 Regular Junior Secondary Schools	36471	2770381	2514419
九年一贯制学校 9-Year Schools	15631	1226629	515074
十二年一贯制学校 12-Year Schools			63816
完全中学 Combined Secondary Schools			394019
职业初中 Vocational Junior Secondary Schools	16	492	461
2.成人初中 Adult Junior Secondary Schools	569	2779	2198
三、初等教育 Primary Education	189435	5560547	5801544
(一)普通小学 Regular Primary Schools	177633	5537298	5789145
小学 Primary Schools	177633	5537298	5176454
九年一贯制学校 9-Year Schools			554609
十二年一贯制学校 12-Year Schools			58082
(二)成人小学 Adult Primary Schools	11802	23249	12399
其中:扫盲班 of Which: Literacy Classes	8289	15727	7405
四、工读学校 Correctional Work-Study Schools	89	2889	2081
五、特殊教育 Special Education Schools	2080	62468	53213
六、学前教育 Pre-school Education Institutions	239812	3817830	2232067

注:1.完全中学的学校数和教职工数计入高中阶段教育,九年一贯制学校的校数和教职工数计入初中阶段教育,十二年一贯制学校的校数和教职工数计入高中阶段教育。专任教师是按照教育层次进行归类;

2."( )"内数据为不计校数。

Note: 1. The numbers of complete secondary schools and their educational personnel are calculated into the number of senior secondary education, the numbers of Combined Primary and Lower Secondary Schools and their educational personnel are calculated into the junior secondary education, the numbers of the Combined Primary and Secondary Schools and their educational personnel are calculated into senior secondary education. The fulltime teachers are classified by educational level;

2. The data within "( )" are not calculated as the number of schools.

各级各类学历教育学生情况
Number of Students of Formal Education by Type and Level

单位：人
unit：person

	毕业生数 Graduates	招生数 Entrants	在校生数 Enrolment
一、高等教育 Higher Education			
（一）研究生 Postgraduates	563938	667064	1981051
博　士 Doctor's Degree	55011	77252	342027
硕　士 Master's Degree	508927	589812	1639024
（二）普通本专科 Undergraduate in Regular HEIs	7041800	7486110	26958433
本　科 Normal Courses	3743680	4054007	16129535
专　科 Short-cycle Courses	3298120	3432103	10828898
（三）成人本专科 Undergraduate in Adult HEIs	2444650	2112290	5843883
本　科 Normal Courses	1021846	969387	2686619
专　科 Short-cycle Courses	1422804	1142903	3157264
（四）其他各类高等学历教育 Students Enrolled in Other Formal Programs			
1. 在职人员攻读硕士学位 Master's Degree Programs for On-the-job Personnel		129438	581843
2. 网络本专科生 Web-based Undergraduates	1874787	2296088	6449329
本　科 Normal Courses	700906	847568	2339270
专　科 Short-cycle Courses	1173881	1448520	4110059
二、中等教育 Secondary Education	27856325	28834280	83274403
（一）高中阶段教育 Senior Secondary Education	13306142	13962617	39700588
1. 高中 Senior Secondary Schools	7969902	8029206	23710461
普通高中 Regular Senior Secondary Schools	7923500	8029206	23666465
完全中学 Combined Secondary Schools	2440700	2510805	7341339
高级中学 Regular High Schools	5247743	5198827	15469418
十二年一贯制学校 12-Year Schools	235057	319574	855708
成人高中 Adult High Schools	46402		43996
2. 中等职业教育 Secondary Vocational Education	5336240	5933411	15990127
普通中专 Regular Specialized Secondary Schools	2290235	2551840	7181209
成人中专 Adult Specialized Secondary Schools	696629	595252	1411680
职业高中 Vocational High Schools	1418708	1514336	4165715
技工学校 Skilled Workers Schools	930668	1271983	3231523
（二）初中阶段教育 Junior Secondary Education	14550183	14871663	43573815
1. 初中 Junior Secondary Schools	14238679	14871663	43293684
初级中学 Regular Junior Secondary Schools	10260439	10543289	30882372
九年一贯制学校 9-Year Schools	1839773	2128330	6011849
十二年一贯制学校 12-Year Schools	280519	335815	943819
完全中学 Combined Secondary Schools	1856446	1862834	5451910
职业初中 Vocational Junior Secondary Schools	1502	1395	3734
2. 成人初中 Adult Junior Secondary Schools	311504		280131
三、初等教育 Primary Education	15932974	17524659	99962809
（一）普通小学 Regular Primary Schools	15074466	17524659	99130126
小学 Primary Schools	13390494	15687123	88468544
九年一贯制学校 9-Year Schools	1527985	1676992	9703690
十二年一贯制学校 12-Year Schools	155987	160544	957892
（二）成人小学 Adult Primary Schools	858508		832683
其中：扫盲班 of Which：Literacy Classes	331150		334201
四、工读学校 Correctional Work-Study Schools	3298	3295	7181
五、特殊教育 Special Education Schools	59164	91521	491740
六、学前教育 Pre-school Education Institutions	16231822	19220862	44138630

注：1.完全中学、九年一贯制学校和十二年一贯制学校的学生数按教育层次分别计入对应教育阶段的学生数中；
2.特殊教育学生数中包括义务教育阶段随班就读的学生、其他学校附设特教班。

Note：1.Number of the students in Combined Secondary Schools, 9-Year Schools, 12-Year Schools are classified by educational level,
2.Number of the Students Followed in the Regular Primary and Middle School in the Special Education.

各级各类民办学校校数、教职工、专任教师情况
Number of Non-government Schools, Educational Personnel and Full-time Teachers by Type and Level

	学校数(所) Schools	教职工数(人) Educational Personnel	专任教师数(人) Full-time Teachers
一、高等教育 Higher Education			
(一)研究生培养机构(不计校数) Institutions Providing Postgraduate Programs	6		
1. 普通高校 Regular HEIs	5		
2. 科研机构 Research Institutes	1		
(二)普通高等学校 Regular HEIs	741	431358	311512
1. 本科院校 HEIs Offering Degree Programs	424	314745	230254
其中:独立学院 of Which:Independent Institutions	266	164913	123428
2. 高职(专科)院校 Higher Vocational Colleges	317	116274	81040
3. 其他普通高教机构(不计校数) Other Institutions	16	339	218
(三)成人高等学校 Adult HEIs	1		
(四)民办的其他高等教育机构 Other Non-government HEIs	813	22469	10326
二、中等教育 Secondary Education			
(一)高中阶段教育 Senior Secondary Education			
1.高中 Senior Secondary Schools			
普通高中 Regular Senior Secondary Schools	2787	431240	167881
完全中学 Combined Secondary Schools	1008	165363	66217
高级中学 Regular High Schools	869	73762	58526
十二年一贯制学校 12-Year Schools	910	192115	43138
成人高中 Adult High Schools			
2.中等职业教育 Secondary Vocational Education			
普通中专 Regular Specialized Secondary Schools	823	46916	31683
成人中专 Adult Specialized Secondary Schools	119	8185	5654
职业高中 Vocational High Schools	1173	47672	32728
技工学校 Skilled Workers Schools			
其他中职机构(不计校数) Other Institutions	46	1518	910
(二)初中阶段教育 Junior Secondary Education			
1.初中 Junior Secondary Schools	5085	447951	308046
初级中学 Regular Junior Secondary Schools	1316	110040	89133
九年一贯制学校 9-Year Schools	3768	337906	108503
十二年一贯制学校 12-Year Schools			47837
完全中学 Combined Secondary Schools			62569
职业初中 Vocational Junior Secondary Schools	1	5	4
2.成人初中 Adult Junior Secondary Schools			
三、初等教育 Primary Education			
(一)普通小学 Regular Primary Schools	5975	256868	383155
小学 Primary Schools	5975	256868	193138
九年一贯制学校 9-Year Schools			145515
十二年一贯制学校 12-Year Schools			44502
(二)成人小学 Adult Primary Schools			
其中:扫盲班 of Which: Literacy Classes			
四、工读学校 Correctional Work-Study Schools	3	85	68
五、特殊教育 Special Education Schools	65	1858	1267
六、学前教育 Pre-school Education Institutions	154203	2537837	1393454
另有:民办培训机构(不计校数) Other Vocational-technical Training Institutions	19501	226953	132441

注:1.完全中学的学校数和教职工数计入高中阶段教育,九年一贯制学校的校数和教职工数计入初中阶段教育,十二年一贯制学校的校数和教职工数计入高中阶段教育。专任教师是按照教育层次进行归类。

2."( )"内数据为不计校数。

Note: 1. The numbers of complete secondary schools and their educational personnel are calculated into the number of senior secondary education, the numbers of Combined Primary and Lower Secondary Schools and their educational personnel are calculated into the junior secondary education, thc numbers of the Combined Primary and Secondary Schools and their educational personnel are calculated into senior secondary education. The fulltime teachers are classified by educational level;

2. The data within "( )" are not calculated as the number of schools.

各级各类民办教育学生情况

Number of Students of Non-government Education by Type and Level

单位:人

unit:person

	毕业生数 Graduates	招生数 Entrants	在校生数 Enrolment
一、高等教育 Higher Education			
(一)研究生 Postgraduates	187	348	715
博　士 Doctor's Degree			
硕　士 Master's Degree	187	348	715
(二)普通本专科 Undergraduate in Regular HEIs	1540561	1738615	6162035
本　科 Normal Courses	932149	998791	3895921
专　科 Short-cycle Courses	608412	739824	2266114
(三)成人本专科 Undergraduate in Adult HEIs	42447	79304	177806
本　科 Normal Courses	4564	10102	19273
专　科 Short-cycle Courses	37883	69202	158533
(四)另有其他学生 Other Students			
1.民办高校 Non-government HEIs			354468
2.民办的其他高等教育机构 Other Non-government HEIs			755553
二、中等教育 Secondary Education			
(一)高中阶段教育 Senior Secondary Education			
1. 高中 Senior Secondary Schools			
普通高中 Regular Senior Secondary Schools	796720	1028923	2790794
完全中学 Combined Secondary Schools	327554	404888	1124335
高级中学 Regular High Schools	294769	369961	1001595
十二年一贯制学校 12-Year Schools	174397	254074	664864
成人高中 Adult High Schools			
2. 中等职业教育 Secondary Vocational Education			
普通中专 Regular Specialized Secondary Schools	272280	375629	960297
成人中专 Adult Specialized Secondary Schools	107042	103285	214625
职业高中 Vocational High Schools	212197	257504	666472
技工学校 Skilled Workers Schools			
另有其他学生数 Other Students			220610
(二)初中阶段教育 Junior Secondary Education			
1. 初中 Junior Secondary Schools	1605740	1887366	5328168
初级中学 Regular Junior Secondary Schools	520548	569520	1645633
九年一贯制学校 9-Year Schools	515762	671409	1837265
十二年一贯制学校 12-Year Schools	220417	270970	755280
完全中学 Combined Secondary Schools	349007	375451	1089939
职业初中 Vocational Junior Secondary Schools	6	16	51
2. 成人初中 Adult Junior Secondary Schools			
三、初等教育 Primary Education			
(一)普通小学 Regular Primary Schools	1192590	1277577	7563291
小学 Primary Schools	595388	664066	3877766
九年一贯制学校 9-Year Schools	475833	498100	2970125
十二年一贯制学校 12-Year Schools	121369	115411	715400
(二)成人小学 Adult Primary Schools			
其中:扫盲班 of Which: Literacy Classes			
四、工读学校 Correctional Work-Study Schools	42	47	541
五、特殊教育 Special Education Schools	1304	2918	12361
六、学前教育 Pre-school Education Institutions	7823138	9650780	24376589
另有:民办培训机构(不计校数) Other Vocational-technical Training Institutions			8467955

注:1.完全中学、九年一贯制学校和十二年一贯制学校的学生数按教育层次分别计入对应教育阶段的学生数中;

2.特殊教育学生数中包括义务教育阶段随班就读的学生、其他学校附设特教班;

3."另有其他学生数"包括:自考助学班学生、预科生、进修及培训学生数。

Note:1.Number of the students in Combined Secondary Schools, 9-Year Schools,12-Year Schools are classified by educational level;

2.Number of the Students Followed in the Regular Primary and Middle School in the Special Education;

3. Number of the other Students Followed in the Classes runby Non-government HEIs for Students Preparing for State-administered Examinatims forSelf-directed Leamers, College-preparatory Classes, In-service Traning.

各级各类非学历教育学生情况

Number of Students of Non-formal Education by Type and Level

单位:人次
unit:person-time

	结业生数 Completers	注册学生数 Enrolment
总　计 Total	**56568768**	**53255196**
一、高等教育 Higher Education	9362500	8628328
(一)研究生课程进修班 Postgraduate Courses	20009	22711
(二)自考助学班 Classes run by Non-government HEIs for Students Preparing for Self-directed State-administered Examinations	138229	270845
(三)普通预科生 College-preparatory Classes		44537
(四)进修及培训 In-service Training	9204262	8290235
其中:资格证书培训 of Which: For Certificates of Vocational Qualifications	2837563	2869274
岗位证书培训 For Certificates of Job-related Qualifications	2829065	2319039
二、中等职业教育 Secondary Vocational Education	47206268	44626868
其中:资格证书培训 of Which: For Certificates of Vocational Qualifications	6934871	6362861
岗位证书培训 For Certificates of Job-related Qualifications	12527213	11903343
(一)中等职业学校 Secondary Vocational Schools	4856408	3274820
其中:资格证书培训 of Which: For Certificates of Vocational Qualifications	1861848	1413001
岗位证书培训 For Certificates of Job-related Qualifications	1465952	931606
(二)职业技术培训机构 Other Vocational-technical Training Institutions	42349860	41352048
其中:资格证书培训 of Which: For Certificates of Vocational Qualifications	5073023	4949860
岗位证书培训 For Certificates of Job-related Qualifications	11061261	10971737

各级各类学校女学生数

Number of Female Students of Schools by Type and Level

单位:人
unit:person

	总计 Total	男 Male	女学生 Female Students 人数 Number	女学生 Female Students 占学生总数的比重(%) Percentage
一、高等教育 Higher Education				
(一)研究生 Postgraduates	1981051	977941	1003110	50.64
博　士 Doctor's Degree	342027	209895	132132	38.63
硕　士 Master's Degree	1639024	768046	870978	53.14
(二)普通本专科 Undergraduate in Regular HEIs	26958433	12797429	14161004	52.53
本　科 Normal Courses	16129535	7509969	8619566	53.44
专　科 Short-cycle Courses	10828898	5287460	5541438	51.17
(三)成人本专科 Undergraduate in Adult HEIs	5843883	2468517	3375366	57.76
本　科 Normal Courses	2686619	1071031	1615588	60.13
专　科 Short-cycle Courses	3157264	1397486	1759778	55.74
(四)其他各类高等学历教育 Students Enrolled in Other Formal Programs				
1. 在职人员攻读硕士学位 Master's Degree Programs for On-the-job Personnel	581843	369384	212459	36.51
2. 网络本专科生 Web-based Undergraduates	6449329	3375544	3073785	47.66
本　科 Normal Courses	2339270	1129948	1209322	51.70
专　科 Short-cycle Courses	4110059	2245596	1864463	45.36
二、中等教育 Secondary Education	83274403	44078975	39195428	47.07
(一)高中阶段教育 Senior Secondary Education	39700588	20710539	18990049	47.83
1. 高中 Senior Secondary Schools	23710461	11714882	11995579	50.59
普通高中 Regular Senior Secondary Schools	23666465	11691562	11974903	50.60
完全中学 Combined Secondary Schools	7341339	3672440	3668899	49.98
高级中学 Regular High Schools	15469418	7542012	7927406	51.25
十二年一贯制学校 12-Year Schools	855708	477110	378598	44.24
成人高中 Adult High Schools	43996	23320	20676	47.00
2. 中等职业教育 Secondary Vocational Education	15990127	8995657	6994470	43.74
普通中专 Regular Specialized Secondary Schools	7181209	3556372	3624837	50.48
成人中专 Adult Specialized Secondary Schools	1411680	823068	588612	41.70
职业高中 Vocational High Schools	4165715	2344907	1820808	43.71
技工学校 Skilled Workers Schools	3231523	2271310	960213	29.71
(二)初中阶段教育 Junior Secondary Education	43573815	23368436	20205379	46.37
1. 初中 Junior Secondary Schools	43293684	23207979	20085705	46.39
初级中学 Regular Junior Secondary Schools	30882372	16403978	14478394	46.88
九年一贯制学校 9-Year Schools	6011849	3330035	2681814	44.61
十二年一贯制学校 12-Year Schools	943819	554375	389444	41.26
完全中学 Combined Secondary Schools	5451910	2917473	2534437	46.49
职业初中 Vocational Junior Secondary Schools	3734	2118	1616	43.28
2. 成人初中 Adult Junior Secondary Schools	280131	160457	119674	42.72
三、初等教育 Primary Education	99962809	53519318	46443491	46.46
(一)普通小学 Regular Primary Schools	99130126	53166012	45964114	46.37
小学 Primary Schools	88468544	47280769	41187775	46.56
九年一贯制学校 9-Year Schools	9703690	5324977	4378713	45.12
十二年一贯制学校 12-Year Schools	957892	560266	397626	41.51
(二)成人小学 Adult Primary Schools	832683	353306	479377	57.57
其中:扫盲班 of Which: Literacy Classes	334201	153283	180918	54.13
四、工读学校 Correctional Work-Study Schools	7181	6227	954	13.29
五、特殊教育 Special Education Schools	491740	314996	176744	35.94
六、学前教育 Pre-school Education Institutions	44138630	23577181	20561449	46.58

注:1.完全中学、九年一贯制学校和十二年一贯制学校的学生数按教育层次分别计入对应教育阶段的学生数中;
2.特殊教育学生数中包括义务教育阶段随班就读的学生、其他学校附设特教班;

Note:1.Number of the students in Combined Secondary Schools, 9-Year Schools,12-Year Schools are classified by educational level;
2.Number of the Students Followed in the Regular Primary and Middle School in the Special Education;

各级各类学校女教师、女教职工数

Number of Female Educational Personnel and Full-time Teachers of Schools by Type and Level

单位：人
unit：person

	教职工数 Educational Personnel	其中：女教职工 of Which：Female Educational Personnel		专任教师数 Full-time Teachers	其中：女专任教师 of Which：Female Full-time Teachers	
		人数 Number	占教职工总数的比重（%） Percentage		人数 Number	占专任教师总数的比重（%） Percentage
一、高等教育 Higher Education						
（一）研究生培养机构（不计校数） Institutions Providing Postgraduate Programs						
1. 普通高校 Regular HEIs						
2. 科研机构 Research Institutes						
（二）普通高等学校 Regular HEIs	2404784	1162408	48.34	1601968	788558	49.22
1. 本科院校 HEIs Offering Degree Programs	1750614	828921	47.35	1134030	538769	47.51
其中：独立学院 of Which：Independent Institutions	164913	85104	51.61	123428	63257	51.25
2. 高职（专科）院校 Higher Vocational Colleges	652580	332643	50.97	466934	249258	53.38
3. 其他普通高教机构（不计校数） Other Institutions	1590	844	53.08	1004	531	52.89
（三）成人高等学校 Adult HEIs	43119	21847	50.67	25214	13740	54.49
（四）民办的其他高等教育机构 Other Non-government HEIs	22469	11667	51.92	10326	5280	51.13
二、中等教育 Secondary Education	7681640	4069679	52.98	6065556		
（一）高中阶段教育 Senior Secondary Education	3681359	1909006	51.86	2575569		
1.高中 Senior Secondary Schools	2595259	1382627	53.28	1735980	904917	52.13
普通高中 Regular Senior Secondary Schools	2591946	1381193	53.29	1733459	903797	52.14
完全中学 Combined Secondary Schools	1041601	562022	53.96	526135	271111	51.53
高级中学 Regular High Schools	1306471	662895	50.74	1147876	601521	52.40
十二年一贯制学校 12-Year Schools	243874	156276	64.08	59448	31165	52.42
成人高中 Adult High Schools	3313	1434	43.28	2521	1120	44.43
2.中等职业教育 Secondary Vocational Education	1086100	526379	48.47	839589		
普通中专 Regular Specialized Secondary Schools	401426	199505	49.70	302697	160214	52.93
成人中专 Adult Specialized Secondary Schools	63644	30466	47.87	47210	24364	51.61
职业高中 Vocational High Schools	344647	172980	50.19	285074	150875	52.92
技工学校 Skilled Workers Schools	265053	118195	44.59	196446		
其他中职机构（不计校数） Other Institutions	11330	5233	46.19	8162	4183	51.25
（二）初中阶段教育 Junior Secondary Education	4000281	2160673	54.01	3489987	1901611	54.49
1.初中 Junior Secondary Schools	3997502	2159354	54.02	3487789	1900525	54.49
初级中学 Regular Junior Secondary Schools	2770381	1429689	51.61	2514419	1346067	53.53
九年一贯制学校 9-Year Schools	1226629	729437	59.47	515074	277228	53.82
十二年一贯制学校 12-Year Schools				63816	40527	63.51
完全中学 Combined Secondary Schools				394019	236481	60.02
职业初中 Vocational Junior Secondary Schools	492	228	46.34	461	222	48.16
2.成人初中 Adult Junior Secondary Schools	2779	1319	47.46	2198	1086	49.41
三、初等教育 Primary Education	5560547	3508317	63.09	5801544	3788753	65.31
（一）普通小学 Regular Primary Schools	5537298	3497880	63.17	5789145	3782693	65.34
小学 Primary Schools	5537298	3497880	63.17	5176454	3355723	64.83
九年一贯制学校 9-Year Schools				554609	380298	68.57
十二年一贯制学校 12-Year Schools				58082	46672	80.36
（二）成人小学 Adult Primary Schools	23249	10437	44.89	12399	6060	48.87
其中：扫盲班 of Which：Literacy Classes	15727	6630	42.16	7405	3332	45.00
四、工读学校 Correctional Work-Study Schools	2889	1114	38.56	2081	859	41.28
五、特殊教育 Special Education Schools	62468	43625	69.84	53213	39034	73.35
六、学前教育 Pre-school Education Institutions	3817830	3512926	92.01	2232067	2184795	97.88

注：完全中学的学校数和教职工数计入高中阶段教育，九年一贯制学校的校数和教职工数计入初中阶段教育，十二年一贯制学校的校数和教职工数计入高中阶段教育。专任教师是按照教育层次进行归类。

Note：The numbers of complete secondary schools and their educational personnel are calculated into the number of senior secondary education, the numbers of Combined Primary and Lower econdary Schools and their educational personnel are calculated into the junior secondary education, the numbers of the Combined Primary and Secondary Schools and their educational personnel are calculated into senior secondary education. The fulltime teachers are classified by educational level.

各级各类学校少数民族学生数
Number of Minority Students of Schools by Type and Level

单位：人
unit：person

	总计 Total	少数民族学生 Minority Students	
		人数 Number	占学生总数的比重(%) Percentage
一、高等教育 Higher Education			
(一)研究生 Postgraduates	1981051	115321	5.82
博　士 Doctor's Degree	342027	21865	6.39
硕　士 Master's Degree	1639024	93456	5.70
(二)普通本专科 Undergraduate in Regular HEIs	26958433	2318212	8.60
本　科 Normal Courses	16129535	1436227	8.90
专　科 Short-cycle Courses	10828898	881985	8.14
(三)成人本专科 Undergraduate in Adult HEIs	5843883	506509	8.67
本　科 Normal Courses	2686619	233766	8.70
专　科 Short-cycle Courses	3157264	272743	8.64
(四)其他各类高等学历教育 Students Enrolled in Other Formal Programs			
1. 在职人员攻读硕士学位 Master's Degree Programs for On-the-job Personnel	581843		
2. 网络本专科生 Web-based Undergraduates	6449329	455791	7.07
本　科 Normal Courses	2339270	165575	7.08
专　科 Short-cycle Courses	4110059	290216	7.06
二、中等教育 Secondary Education			
(一)高中阶段教育 Senior Secondary Education			
1. 高中 Senior Secondary Schools			
普通高中 Regular Senior Secondary Schools	23666465	2397498	10.13
完全中学 Combined Secondary Schools	7341339	709240	9.66
高级中学 Regular High Schools	15469418	1642478	10.62
十二年一贯制学校 12-Year Schools	855708	45780	5.35
成人高中 Adult High Schools	324127	21625	6.67
2. 中等职业教育 Secondary Vocational Education			
普通中专 Regular Specialized Secondary Schools	7181209	701564	9.77
成人中专 Adult Specialized Secondary Schools	1411680	140107	9.92
职业高中 Vocational High Schools	4165715	379751	9.12
技工学校 Skilled Workers Schools			
(二)初中阶段教育 Junior Secondary Education			
1. 初中 Junior Secondary Schools	43293684	4872944	11.26
初级中学 Regular Junior Secondary Schools	30882372	3708250	12.01
九年一贯制学校 9-Year Schools	6011849	572617	9.52
十二年一贯制学校 12-Year Schools	943819	52087	5.52
完全中学 Combined Secondary Schools	5451910	538985	9.89
职业初中 Vocational Junior Secondary Schools	3734	1005	26.91
2. 成人初中 Adult Junior Secondary Schools			
三、初等教育 Primary Education			
(一)普通小学 Regular Primary Schools	99130126	11366692	11.47
小学 Primary Schools	88468544	10375451	11.73
九年一贯制学校 9-Year Schools	9703690	934815	9.63
十二年一贯制学校 12-Year Schools	957892	56426	5.89
(二)成人小学 Adult Primary Schools	832683	64124	7.70
其中：扫盲班 of Which：Literacy Classes			
四、工读学校 Correctional Work-Study Schools			
五、特殊教育 Special Education Schools	491740	46569	9.47
六、学前教育 Pre-school Education Institutions	44138630	4128476	9.35

注：成人高中数据包括成人初中数据。
Note：Data on Minority Students of Adult Junior Secondary Schools are included in the data of Adult High Schools.

各级各类学校少数民族教师、教职工数

Number of Minority Educational Personnel and Full-time Teachers of Schools by Type and Level

单位:人
unit:person

	教职工数 Educational Personnel	少数民族教职工 Minority Educational Personnel		专任教师数 Full-time Teachers	少数民族专任教师 Minority Full-time Teachers	
		人数 Number	占教职工总数的比重(%) Percentage		人数 Number	占专任教师总数的比重(%) Percentage
一、高等教育 Higher Education						
(一)研究生培养机构(不计校数) Institutions Providing Postgraduate Programs						
1. 普通高校 Regular HEIs						
2. 科研机构 Research Institutes						
(二)普通高等学校 Regular HEIs	2404784	140282	5.83	1601968	91037	5.68
1. 本科院校 HEIs Offering Degree Programs	1750614	103677	5.92	1134030	65050	5.74
其中:独立学院 of Which:Independent Institutions	164913	7249	4.40	123428	4876	3.95
2. 高职(专科)院校 Higher Vocational Colleges	652580	36533	5.60	466934	25943	5.56
3. 其他普通高教机构(不计校数) Other Institutions	1590	72	4.53	1004	44	4.38
(三)成人高等学校 Adult HEIs	43119	2160	5.01	25214	1284	5.09
(四)民办的其他高等教育机构 Other Non-government HEIs	22469	178	0.79	10326	69	0.67
二、中等教育 Secondary Education						
(一)高中阶段教育 Senior Secondary Education						
1.高中 Senior Secondary Schools	2598038	203808	7.84	1738178	142261	8.18
普通高中 Regular Senior Secondary Schools	2591946	203598	7.86	1733459	142117	8.20
完全中学 Combined Secondary Schools	1041601	81641	7.84	526135	40800	7.75
高级中学 Regular High Schools	1306471	110308	8.44	1147876	98222	8.56
十二年一贯制学校 12-Year Schools	243874	11649	4.78	59448	3095	5.21
成人高中 Adult High Schools	6092	210	3.45	4719	144	3.05
2.中等职业教育 Secondary Vocational Education						
普通中专 Regular Specialized Secondary Schools	401426	24389	6.08	302697	18549	6.13
成人中专 Adult Specialized Secondary Schools	63644	3195	5.02	47210	2390	5.06
职业高中 Vocational High Schools	344647	19063	5.53	285074	15442	5.42
技工学校 Skilled Workers Schools						
其他中职机构(不计校数) Other Institutions	11330	161	1.42	8162	102	1.25
(二)初中阶段教育 Junior Secondary Education						
1.初中 Junior Secondary Schools	3997502	368004	9.21	3487789	323804	9.28
初级中学 Regular Junior Secondary Schools	2770381	268143	9.68	2514419	245238	9.75
九年一贯制学校 9-Year Schools	1226629	99736	8.13	515074	42965	8.34
十二年一贯制学校 12-Year Schools				63816	3481	5.45
完全中学 Combined Secondary Schools				394019	32003	8.12
职业初中 Vocational Junior Secondary Schools	492	125	25.41	461	117	25.38
2.成人初中 Adult Junior Secondary Schools						
三、初等教育 Primary Education						
(一)普通小学 Regular Primary Schools	5537298	600315	10.84	5789145	607696	10.5
小学 Primary Schools	5537298	600315	10.84	5176454	557524	10.77
九年一贯制学校 9-Year Schools				554609	46883	8.45
十二年一贯制学校 12-Year Schools				58082	3289	5.66
(二)成人小学 Adult Primary Schools	23249	2017	8.68	12399	921	7.43
其中:扫盲班 of Which: Literacy Classes						
四、工读学校 Correctional Work-Study Schools						
五、特殊教育 Special Education Schools	62468	5289	8.47	53213	4574	8.60
六、学前教育 Pre-school Education Institutions	3817830	249875	6.54	2232067	161621	7.24

注:1.完全中学的学校数和教职工数计入高中阶段教育,九年一贯制学校的校数和教职工数计入初中阶段教育,十二年一贯制学校的校数和教职工数计入高中阶段教育。专任教师是按照教育层次进行归类。

2.成人高中少数民族教职工数和专任教师数包括成人初中少数民族教职工数和专任教师数。

Note:1. The numbers of complete secondary schools and their educational personnel are calculated into the number of senior secondary education, the numbers of Combined Primary and Lower econdary Schools and their educational personnel are calculated into the junior secondary education, the numbers of the Combined Primary and Secondary Schools and their educational personnel are calculated into senior secondary education. The fulltime teachers are classified by educational level.

2.The number of Minority Educational Personnel and Full-time teachers employed by Adult Junior High Schools is included in that employed by Adult High Schools.

各级各类学校校数
Number of Schools by Type and Level

单位：所
unit：institution

	1949	1965	1978	1980	1985	2000	2005	2010	2014	2015	2016
一、高等教育 Higher Education											
（一）研究生培养机构（不计校数） Institutions Providing Postgraduate Programs						738	766	797	788	792	793
1. 普通高校 Regular HEIs						415	450	481	571	575	576
2. 科研机构 Research Institutes						323	316	316	217	217	217
（二）普通高等学校 Regular HEIs	205	434	598	675	1016	1041	1792	2358	2529	2560	2596
1. 本科院校 HEIs Offering Degree Programs						599	701	1112	1202	1219	1237
2. 高职（专科）院校 Higher Vocational Colleges						442	1091	1246	1327	1341	1359
3. 其他普通高教机构（不计校数） Other Institutions							428	56	31	28	25
（三）成人高等学校 Adult HEIs	1	964	10395	2775	1216	772	481	365	295	292	284
（四）民办的其他高等教育机构 Other Non-government HEIs							1077	836	799	813	813
二、中等教育 Secondary Education							96082	85053	79670	78421	77398
（一）高中阶段教育 Senior Secondary Education							31532	28574	25677	24945	24711
1.高中 Senior Secondary Schools							17066	14712	13799	13743	13818
普通高中 Regular Senior Secondary Schools	1597	4112	49215	31300	17318	14564	16092	14058	13253	13240	13383
成人高中 Adult High Schools						1939	974	654	546	503	435
2.中等职业教育 Secondary Vocational Education							14466	13862	11878	11202	10893
普通中专 Regular Specialized Secondary Schools	1171	1265	2760	3069	3557	3646	3207	3938	3536	3456	3398
成人中专 Adult Specialized Secondary Schools						4634	2582	1720	1457	1294	1243
职业高中 Vocational High Schools						7655	5822	5206	4067	3907	3726
技工学校 Skilled Workers Schools	3	281	2013	3305	3548	3792	2855	2998	2818	2545	2526
其他中职机构（不计校数） Other Institutions							2386	2012	402	486	342
（二）初中阶段教育 Junior Secondary Education							64550	56479	53993	53476	52687
1.普通初中 Regular Junior Secondary Schools	2448	13990	113130	87077	75903	62704	61885	54823	52597	52383	52102
2. 职业初中 Vocational Junior Secondary Schools						1194	601	67	26	22	16
3.成人初中 Adult Junior Secondary Schools						2001	2064	1589	1370	1071	569
三、初等教育 Primary Education							427697	290597	219632	205283	189435
（一）普通小学 Regular Primary Schools	346769	1681939	949323	917316	832309	553622	366213	257410	201377	190525	177633
（二）成人小学 Adult Primary Schools					100337	156839	61484	33187	18255	14758	11802
其中：扫盲班 of Which：Literacy Classes					176076	104863	43572	22227	12861	10747	8289
四、工读学校 Correctional Work-Study Schools					98	74	77	77	79	86	89
五、特殊教育 Special Education Schools		266	292	292	375	1539	1593	1706	2000	2053	2080
六、学前教育 Pre-school Education Institutions		19226	163952	170419	172262	175836	124402	150420	209881	223683	239812

各级各类学历教育学生数
Number of Students of Formal Education by Type and Level

单位:万人
unit: 10 thousand persons

	1949	1965	1978	1980	1985	2000	2005	2010	2014	2015	2016
一、高等教育 Higher Education											
(一)研究生(人) Postgraduates (person)	629	4546	10934	21604	87331	301239	978610	1538416	1847689	1911406	1981051
(二)普通本专科 Undergraduate in Regular HEIs	11.65	67.44	85.63	114.37	170.31	556.09	1561.78	2231.79	2547.70	2625.30	2695.84
(三)成人本专科 Undergraduate in Adult HEIs	0.01	41.30	140.80	155.40	172.50	353.64	436.07	536.04	653.12	635.94	584.39
(四)其他各类高等学历教育 Students Enrolled in Other Formal Programs											
1. 在职人员攻读硕士学位 Master's Degree Programs for On-the-job Personnel							25.47	42.03	59.61	58.75	58.18
2. 网络本专科生 Web-based Undergraduates							265.27	453.14	631.45	628.47	644.93
二、中等教育 Secondary Education							10297.15	10018.58	8601.54	8383.34	8327.44
(一)高中阶段教育 Senior Secondary Education							4030.94	4676.25	4170.65	4037.69	3970.06
1. 高中 Senior Secondary Schools							2430.90	2438.83	2415.37	2380.99	2371.05
普通高中 Regular Senior Secondary Schools	20.72	130.82	1553.08	969.79	741.13	1201.26	2409.09	2427.34	2400.47	2374.40	2366.65
成人高中 Adult High Schools				75.12	138.98	32.40	21.81	11.50	14.90	6.59	4.40
2. 中等职业教育 Secondary Vocational Education							1600.04	2237.42	1755.28	1656.70	1599.01
普通中专 Regular Specialized Secondary Schools	22.88	54.74	88.92	124.34	157.11	489.52	629.77	877.71	749.14	732.71	718.12
成人中专 Adult Specialized Secondary Schools	0.01	351.80	123.90	449.40		169.26	112.55	212.40	194.36	162.67	141.17
职业高中 Vocational High Schools		77.50		31.92	184.34	414.56	582.43	726.33	472.82	439.86	416.57
技工学校 Skilled Workers Schools	0.27	10.10	38.20	70.04	74.17	140.10	275.30	420.98	338.97	321.46	323.15
(二)初中阶段教育 Junior Secondary Education							6266.21	5342.33	4430.89	4345.65	4357.38
1. 普通初中 Regular Junior Secondary Schools	83.18	802.97	4995.17	4538.29	3964.83	6167.65	6171.81	5275.91	4383.86	4311.44	4329.00
2. 职业初中 Vocational Junior Secondary Schools		365.84		13.45	45.23	88.64	43.14	3.42	0.77	0.51	0.37
3. 成人初中 Adult Junior Secondary Schools				302.57	273.30	18.77	51.27	63.00	46.26	33.70	28.01
三、初等教育 Primary Education							11171.83	10135.36	9567.49	9787.00	9996.28
(一)普通小学 Regular Primary Schools	2439.10	11620.90	14624.00	14627.00	13370.20	13013.25	10864.07	9940.70	9451.07	9692.18	9913.01
(二)成人小学 Adult Primary Schools	1326.80	823.70	6467.20	1646.10	303.23	480.88	307.76	194.66	116.43	94.82	83.27
其中:扫盲班 of Which: Literacy Classes	1326.80		1806.70	1220.90	518.98	249.32	192.44	108.08	45.55	47.48	33.42
四、工读学校 Correctional Work-Study Schools					0.65	0.77	0.84	1.07	0.85	0.79	0.72
五、特殊教育 Special Education Schools		2.29	3.09	3.31	4.17	37.76	36.44	42.56	39.49	44.22	49.17
六、学前教育 Pre-school Education Institutions		171.30	787.70	1150.80	1479.70	2244.18	2179.03	2976.67	4050.71	4264.83	4413.86

各级各类学历教育招生数

Number of Entrants of Formal Education by Type and Level

单位:万人

unit: 10 thousand persons

	1949	1965	1978	1980	1985	2000	2005	2010	2014	2015	2016
一、高等教育 Higher Education											
(一)研究生(人) Postgraduates (person)	242	1456	10708	3616	46871	128484	364831	538177	621323	645055	667064
(二)普通本专科 Undergraduate in Regular HEIs	3.06	16.42	40.15	28.12	61.92	220.61	504.46	661.76	721.40	737.85	748.61
(三)成人本专科 Undergraduate in Adult HEIs					78.78	156.15	193.03	208.43	265.60	236.75	211.23
(四)其他各类高等学历教育 Students Enrolled in Other Formal Programs											
1. 在职人员攻读硕士学位 Master's Degree Programs for On-the-job Personnel							10.17	12.49	16.24	12.79	12.94
2. 网络本专科生 Web-based Undergraduates							89.10	166.37	206.19	203.40	229.61
二、中等教育 Secondary Education							3520.98	3422.82	2864.18	2808.88	2883.43
(一)高中阶段教育 Senior Secondary Education							1533.39	1706.24	1416.36	1397.86	1396.26
1. 高中 Senior Secondary Schools							877.73	836.24	796.60	796.61	802.92
普通高中 Regular Senior Secondary Schools	7.11	45.89	692.91	383.40	257.51	472.69	877.73	836.24	796.60	796.61	802.92
成人高中 Adult High Schools				50.05	107.61	30.47					
2. 中等职业教育 Secondary Vocational Education							655.66	870.00	619.76	601.25	593.34
普通中专 Regular Specialized Secondary Schools	9.74	20.85	44.70	46.76	66.83	132.59	241.13	316.61	259.66	259.95	255.18
成人中专 Adult Specialized Secondary Schools				152.22		53.39	47.95	116.11	74.16	64.68	59.53
职业高中 Vocational High Schools		55.67		24.06	98.49	150.39	248.21	278.67	161.54	155.20	151.43
技工学校 Skilled Workers Schools			25.70	33.13	35.54	50.38	118.37	158.61	124.41	121.43	127.20
(二)初中阶段教育 Junior Secondary Education							1987.58	1716.58	1447.82	1411.02	1487.17
1. 普通初中 Regular Junior Secondary Schools	34.12	299.89	2005.98	1550.91	1349.40	2263.30	1976.52	1715.49	1447.58	1410.85	1487.03
2. 职业初中 Vocational Junior Secondary Schools		250.81		6.66	17.61	32.27	11.06	1.09	0.24	0.18	0.14
3. 成人初中 Adult Junior Secondary Schools				194.81	237.02	14.67					
三、初等教育 Primary Education							1671.74	1691.70	1658.42	1729.04	1752.47
(一)普通小学 Regular Primary Schools	680.00	3296.02	3315.36	2942.34	2298.17	1946.47	1671.74	1691.70	1658.42	1729.04	1752.47
(二)成人小学 Adult Primary Schools				248.29	194.95	452.52					
其中:扫盲班 of Which: Literacy Classes				720.48	326.14	210.61					
四、工读学校 Correctional Work-Study Schools					0.32	0.44	0.35	0.40	0.35	0.38	0.33
五、特殊教育 Special Education Schools			0.59	0.59	0.92	5.29	4.93	6.49	7.07	8.33	9.15
六、学前教育 Pre-school Education Institutions						1531.11	1356.24	1700.39	1987.78	2008.85	1922.09

各级各类学校教职工数
Number of Educational Personnel of School by Type and Level

单位:万人
unit: 10 thousand persons

	1949	1965	1978	1980	1985	2000	2005	2010	2014	2015	2016
一、高等教育 Higher Education											
(一)研究生培养机构(不计校数) Institutions Providing Postgraduate Programs											
1. 普通高校 Regular HEIs											
2. 科研机构 Research Institutes											
(二)普通高等学校 Regular HEIs	4.6	33.3	51.8	63.2	87.06	111.28	174.21	215.66	233.57	236.93	240.48
1. 本科院校 HEIs Offering Degree Programs						92.69	119.78	154.80	170.31	172.76	175.06
2. 高职(专科)院校 Higher Vocational Colleges						17.50	44.00	60.32	62.50	63.93	65.26
3. 其他普通高教机构(不计校数) Other Institutions						1.08	10.43	0.54	0.76	0.25	0.16
(三)成人高等学校 Adult HEIs				6.45	14.34	18.70	14.89	7.71	5.29	5.13	4.31
(四)民办的其他高等教育机构 Other Non-government HEIs							4.81	3.81	2.63	2.44	2.25
二、中等教育 Secondary Education							685.77	709.50	761.55	763.01	768.16
(一)高中阶段教育 Senior Secondary Education							682.48	708.55	365.11	364.94	368.14
1.高中 Senior Secondary Schools							573.16	586.39	251.90	254.76	259.53
普通高中 Regular Senior Secondary Schools	10.4	67.7	391.7	389.7	355.69	491.10	572.02	585.93	250.94	254.32	259.19
成人高中 Adult High Schools					5.65	2.17	1.13	0.47	0.96	0.43	0.33
2.中等职业教育 Secondary Vocational Education							109.32	122.16	113.21	110.18	108.61
普通中专 Regular Specialized Secondary Schools	2.4	12.2	23.7	29.8	40.32	48.81	33.48	43.50	41.81	40.88	40.14
成人中专 Adult Specialized Secondary Schools				3.19		20.84	12.13	8.53	7.34	6.60	6.36
职业高中 Vocational High Schools		30.6		4.1	21.59	44.69	38.93	40.32	36.09	35.28	34.46
技工学校 Skilled Workers Schools			6.66	13.61	21.53	23.96	20.40	26.49	26.52	26.03	26.51
其他中职机构(不计校数) Other Institutions							4.38	3.30	1.45	1.40	1.13
(二)初中阶段教育 Junior Secondary Education							3.29	0.94	396.45	398.07	400.03
1.普通初中 Regular Junior Secondary Schools									395.49	397.57	399.70
2.职业初中 Vocational Junior Secondary Schools							2.40	0.22	0.08	0.06	0.05
3.成人初中 Adult Junior Secondary Schools					7.29	0.79	0.89	0.73	0.87	0.44	0.28
三、初等教育 Primary Education							624.82	617.56	552.94	551.94	556.05
(一)普通小学 Regular Primary Schools	84.9	407.5	562	605.4	602.1	645.49	613.22	610.98	548.89	548.94	553.73
(二)成人小学 Adult Primary Schools				2.02		16.24	11.61	6.58	4.05	2.99	2.32
其中:扫盲班 of Which: Literacy Classes				7.40		11.01	8.94	5.04	2.61	2.22	1.57
四、工读学校 Correctional Work-Study Schools					0.32	0.27	0.26	0.26	0.28	0.30	0.29
五、特殊教育 Special Education Schools		0.37	0.69	0.8	1.15	4.37	4.23	4.92	5.74	5.95	6.25
六、学前教育 Pre-school Education Institutions		16.2	46.9	61	79.8	114.43	115.20	184.93	314.22	349.58	381.78

各级各类学校专任教师数

Number of Full-time Teachers of Schools by Type and Level

单位：万人

unit：10 thousand persons

	1949	1965	1978	1980	1985	2000	2005	2010	2014	2015	2016
一、高等教育 Higher Education											
（一）研究生培养机构（不计校数） Institutions Providing Postgraduate Programs											
1. 普通高校 Regular HEIs											
2. 科研机构 Research Institutes											
（二）普通高等学校 Regular HEIs	1.61	13.81	20.63	24.69	34.43	46.28	96.58	134.31	153.45	157.26	160.20
1. 本科院校 HEIs Offering Degree Programs						37.08	63.00	93.55	109.17	111.64	113.40
2. 高职（专科）院校 Higher Vocational Colleges						8.66	26.79	40.41	43.83	45.46	46.69
3. 其他普通高教机构（不计校数） Other Institutions						0.53	6.80	0.35	0.46	0.16	0.10
（三）成人高等学校 Adult HEIs				3.32	6.93	9.34	8.43	4.59	3.15	3.02	2.52
（四）民办的其他高等教育机构 Other Non-government HEIs							2.25	1.78	1.21	1.11	1.03
二、中等教育 Secondary Education							555.36	592.20	602.51	602.22	606.56
（一）高中阶段教育 Senior Secondary Education							205.64	239.22	252.91	254.28	257.56
1.高中 Senior Secondary Schools							130.66	152.17	167.07	169.88	173.60
普通高中 Regular Senior Secondary Schools	1.4	7.79	74.13	57.07	49.17	75.69	129.95	151.82	166.27	169.54	173.35
成人高中 Adult High Schools					3.23	1.35	0.71	0.35	0.80	0.34	0.25
2.中等职业教育 Secondary Vocational Education							74.98	87.05	85.84	84.41	83.96
普通中专 Regular Specialized Secondary Schools	1.56	5.51	9.96	12.87	17.4	25.64	20.30	29.50	30.69	30.43	30.27
成人中专 Adult Specialized Secondary Schools				1.78		11.83	7.50	5.70	5.31	4.82	4.72
职业高中 Vocational High Schools		5.29		1.65	11.58	28.18	28.25	30.70	29.33	29.00	28.51
技工学校 Skilled Workers Schools			2.8	6.14	8.89	14.00	16.11	18.95	19.46	19.16	19.64
其他中职机构（不计校数） Other Institutions							2.82	2.20	1.04	0.99	0.82
（二）初中阶段教育 Junior Secondary Education							349.72	352.97	349.60	347.93	349.00
1.普通初中 Regular Junior Secondary Schools	5.26	37.92	244.07	244.9	215.99	324.86	347.18	352.34	348.77	347.51	348.73
2. 职业初中 Vocational Junior Secondary Schools		14.42		0.67	2.49	3.83	2.02	0.20	0.08	0.06	0.05
3.成人初中 Adult Junior Secondary Schools					5.00	0.43	0.51	0.44	0.76	0.37	0.22
三、初等教育 Primary Education							563.71	564.58	565.56	570.08	580.15
（一）普通小学 Regular Primary Schools	83.6	385.71	522.55	549.94	537.68	586.03	559.25	561.71	563.39	568.51	578.91
（二）成人小学 Adult Primary Schools				1.65	2.87	4.76	4.47	2.87	2.17	1.57	1.24
其中：扫盲班 of Which：Literacy Classes				4.83	4.26	2.93	3.17	1.95	1.08	1.07	0.74
四、工读学校 Correctional Work-Study Schools					0.13	0.15	0.17	0.17	0.19	0.21	0.21
五、特殊教育 Special Education Schools		0.26	0.42	0.48	0.73	3.20	3.19	3.97	4.81	5.03	5.32
六、学前教育 Pre-school Education Institutions		6.18	27.75	41.07	54.99	85.65	72.16	114.42	184.41	205.10	223.21

高中阶段学生数的构成
Composition of Students in Senior Secondary Schools

	合计 Total	普通高中 Regular Senior Secondary Schools	成人高中 Adult Hitg Schools	中等职业教育 Secondary Vocational Schools				
				小计 Subtotal	中等专业学校 Regular Specialized Secondary Schools	成人中专 Adult Specialized Secondary Schools	职业高中 Vocational High Schools	技工学校 Skilled Worker Schools
学生数(万人) No. of Students (10 thousand persons)								
1985	1295.7	741.1	139.0	415.6	157.1		184.3	74.2
1990	1528.6	717.3	47.8	763.5	224.4	158.8	247.1	133.2
2000	2447.2	1201.3	32.4	1213.5	489.5	169.3	414.6	140.1
2005	4030.9	2409.1	21.8	1600.0	629.8	112.5	582.4	275.3
2006	4341.9	2514.5	17.5	1809.9	725.8	107.6	655.6	320.8
2007	4527.4	2522.4	18.1	1987.0	781.6	113.0	725.2	367.1
2008	4574.7	2476.3	12.7	2085.7	817.3	120.6	750.3	397.5
2009	4639.9	2434.3	11.5	2194.1	840.4	161.0	778.4	414.3
2010	4676.2	2427.3	11.5	2237.4	877.7	212.4	726.3	421.0
2011	4685.6	2454.8	26.5	2204.3	855.2	238.7	681.0	429.4
2012	4594.3	2467.2	14.4	2112.7	812.6	254.3	623.0	422.8
2013	4369.9	2435.9	11.1	1923.0	772.2	230.0	534.2	386.6
2014	4170.7	2400.5	14.9	1755.3	749.1	194.4	472.8	339.0
2015	4037.7	2374.4	6.6	1656.7	732.7	162.7	439.9	321.5
2016	3970.1	2366.6	4.4	1599.0	718.1	141.2	416.6	323.2
比重(%)Percentage								
1985	100.0	57.2	10.7	32.1	12.1	0.0	14.2	5.7
1990	100.0	46.9	3.1	49.9	14.7	10.4	16.2	8.7
2000	100.0	49.1	1.3	49.6	20.0	6.9	16.9	5.7
2005	100.0	59.8	0.5	39.7	15.6	2.8	14.4	6.8
2006	100.0	57.9	0.4	41.7	16.7	2.5	15.1	7.4
2007	100.0	55.7	0.4	43.9	17.3	2.5	16.0	8.1
2008	100.0	54.1	0.3	45.6	17.9	2.6	16.4	8.7
2009	100.0	52.5	0.2	47.3	18.1	3.5	16.8	8.9
2010	100.0	51.9	0.2	47.8	18.8	4.5	15.5	9.0
2011	100.0	52.4	0.6	47.0	18.3	5.1	14.5	9.2
2012	100.0	53.7	0.3	46.0	17.7	5.5	13.6	9.2
2013	100.0	55.7	0.3	44.0	17.7	5.3	12.2	8.8
2014	100.0	57.6	0.4	42.1	18.0	4.7	11.3	8.1
2015	100.0	58.8	0.2	41.0	18.1	4.0	10.9	8.0
2016	100.0	59.6	0.1	40.3	18.1	3.6	10.5	8.1

教育规模
Size of Education

单位:万人
unit: 10 thousand person

年　份 Year	学校数(万所) Schools (10 Thousand)	在校生数(万人) Enrolment	教职工数(万人) Educational Personnel	教育人口 Educational Population	教育人口比重(%) Propotion of Education Population
1985	144.0	21753.0	1261.0	23014.0	22.0
1990	136.0	23654.0	1432.0	25086.0	22.2
1996	155.0	30401.0	1549.0	31950.0	26.2
1997	157.0	31076.0	1577.0	32653.0	26.7
1998	155.0	31809.0	1580.0	33389.0	27.0
1999	159.0	32672.0	1596.0	34268.0	27.5
2000	149.0	32093.0	1592.0	33685.0	26.8
2001	135.0	32135.0	1574.0	33709.0	26.6
2002	117.0	31873.0	1579.0	33452.0	26.2
2003	96.0	31989.0	1610.0	33599.0	26.2
2004	68.0	32557.7	1597.0	34154.7	26.4
2005	65.3	36904.1	1624.2	38528.3	29.6
2006	62.5	31859.5	1652.3	33511.8	25.6
2007	65.5	32187.2	1675.3	33862.5	25.8
2008	57.7	32098.6	1692.3	33790.9	25.6
2009	55.2	32097.3	1715.5	33812.8	25.3
2010	53.1	32215.9	1740.6	33956.4	25.3
2011	52.7	32755.4	1781.5	34536.9	25.6
2012	52.3	32142.4	1809.9	33952.3	25.1
2013	52.0	31813.1	1837.3	33650.4	25.1
2014	51.4	31734.7	1874.0	33608.7	24.7
2015	51.2	31907.1	1915.3	33822.4	25.2
2016	51.2	32294.4	1959.6	34254.0	25.5

小学学龄儿童净入学率

Net Enrolment Ratio of School-age Children in Primary Schools

单位:%
unit:%

年 份 Year	学龄儿童入学率 Net Enrollment Rate of School-age Children		
	全国学龄儿童数(万人) No. of School-age Children (10,000 persons)	已入学学龄儿童数(万人) No. of School-age Childen Enrolled (10,000 persons)	净入学率 Net Enrolment Ratio
1985	10362.3	9942.8	95.9
1990	9740.7	9529.7	97.8
1995	12375.4	12192.5	98.5
2000	12445.3	12333.9	99.1
2001	11766.4	11561.2	99.1
2002	11310.4	11150.0	98.6
2003	10908.3	10761.6	98.7
2004	10548.1	10437.1	98.9
2005	10207.0	10120.3	99.2
2006	10075.5	10001.5	99.3
2007	9947.9	9896.8	99.5
2008	9772.0	9727.1	99.5
2009	9606.6	9548.6	99.4
2010	9501.5	9473.3	99.7
2011	9522.4	9502.5	99.8
2012	9296.8	9282.7	99.9
2013	8962.1	8935.7	99.7
2014	9107.1	9090.1	99.8
2015	9368.2	9356.7	99.9
2016	9583.6	9575.9	99.9

注:1991 年以前的净入学率是按 7-11 周岁统一计算的;从 1991 年起净入学率是按各地不同入学年龄和学制分别计算的。

Note:Net Enrolment Rate of school-age children before 1991 was calculated on the basis of primary school pupils aged 7-11 enroled. From 1991 onwards its calculation has taken account of the age of entry and the lenth of schooling prevailing.

各级教育毛入学率

Gross Enrolment Rate of Education by Level

单位:%
unit:%

年 份 Year	学前教育 Pre-school Education Institutions 3-5 周岁 the Age of 3-5	小学 Primary Education 按各地相应学龄计算 According to ProvincialEntrant Age Primary Schools Years	初中阶段 Junior Secondary Education 12-14 周岁 the Age of 12-14	高中阶段 Senior Secondary Education 15-17 周岁 the age of 15-17		高等教育 Higher Education 18-22 周岁 the Age of 18-22
				职前 Pre. Job	全口径 Full Aperture	
1990		111.0	66.7	21.9		3.4
1995		106.6	78.4	28.8	33.6	7.2
2000		104.6	88.6	38.2	42.8	12.5
2001	35.9	104.5	88.7	38.6	42.8	13.3
2002	36.8	107.5	90.0	38.4	42.8	15.0
2003	37.4	107.2	92.7	42.1	43.8	17.0
2004	40.8	106.6	94.1	46.5	48.1	19.0
2005	41.4	106.4	95.0	50.9	52.7	21.0
2006	42.5	106.3	97.0	57.7	59.8	22.0
2007	44.6	106.2	98.0		66.0	23.0
2008	47.3	105.7	98.5		74.0	23.3
2009	50.9	104.8	99.0		79.2	24.2
2010	56.6	104.6	100.1		82.5	26.5
2011	62.3	104.2	100.1		84.0	26.9
2012	64.5	104.3	102.1		85.0	30.0
2013	67.5	104.4	104.1		86.0	34.5
2014	70.5	103.8	103.5		86.5	37.5
2015	75.0	103.5	104.0		87.0	40.0
2016	77.4	104.4	104.0		87.5	42.7

各级普通学校毕业生升学率
Promotion Rate of Graduates of Regular School by Levels

单位:%
unit:%

年　份 Year	小学升初中 Promotion Rate of Primary Schools Graduates	初中升高级中学 Promotion Rate of Junior Secondary Schools Graduates	高中升高等教育 Promotion Rate of Senior Secondary Schools Graduates
1990	74.6	40.6	27.3
1995	90.8	50.3	49.9
2000	94.9	51.2	73.2
2001	95.5	52.9	78.8
2002	97.0	58.3	83.5
2003	97.9	59.6	83.4
2004	98.1	63.8	82.5
2005	98.4	69.7	76.3
2006	100.0	75.7	75.1
2007	99.9	80.5	70.3
2008	99.7	82.1	72.7
2009	99.1	85.6	77.6
2010	98.7	87.5	83.3
2011	98.3	88.9	86.5
2012	98.3	88.4	87.0
2013	98.3	91.2	87.6
2014	98.0	95.1	90.2
2015	98.2	94.1	92.5
2016	98.7	93.7	94.5

注:高中升学率为普通高校招生数与普通高中毕业生数之比。

Note:Promotion Rate of Senior Secondary Schools Graduates is the Ratio of Total Number of New Entrants Admitted to HEIs to the Total Number of Graduates of Regular Senior Secondary Schools of the Current Year.

每十万人口各级学校平均在校生数
Number of Enrolment of Per 100,000 Inhabitants by Level

单位:人
unit: person

年　份 Year	普通高校 Higher Educations	高中阶段 Senior Secondary Education	初中阶段 Junior Secondary Education	小学 Primary Education	学前教育 Pre-education
1990	326	1337	3426	10707	1725
1995	457	1610	3945	11010	2262
2000	723	2000	4969	10335	1782
2001	931	2021	5161	9937	1602
2002	1146	2283	5240	9525	1595
2003	1298	2523	5209	9100	1560
2004	1420	2824	5058	8725	1617
2005	1613	3070	4781	8358	1676
2006	1816	3321	4557	8192	1731
2007	1924	3409	4364	8037	1787
2008	2042	3463	4227	7819	1873
2009	2128	3495	4097	7584	2001
2010	2189	3504	3955	7448	2230
2011	2253	3495	3779	7403	2554
2012	2335	3411	3535	7196	2736
2013	2418	3227	3279	6913	2876
2014	2488	3100	3222	6946	2977
2015	2524	2965	3152	7086	3118
2016	2530	2887	3150	7211	3211

各级普通学校生师比
Pupil-Teacher Ratio of Regular Schools by level

年 份 Year	普通小学 Regular Primary Schools	初中 Junior Secondary Schools	普通高中 Regular Senior Secondary Schools	中等职业学校 Secondary Vacational Schools	普通高校 Regular HEIs		
					全国 Total	本科院校 HEIs Offering Degree Programs	专科院校 Higher Vocational Colleges
1993	22.37	15.65	14.96	13.42	8.00	7.82	8.61
1994	22.85	16.07	12.16	14.26	9.25	9.00	10.10
1995	23.30	16.73	12.95	15.98	9.83	9.71	10.16
1996	23.73	17.18	13.45	16.42	10.36	10.32	10.20
1997	24.16	17.33	14.05	16.92	10.87	10.80	10.85
1998	23.98	17.56	14.60	16.36	11.62	11.63	11.09
1999	23.12	18.17	15.16	15.68	13.37	13.67	12.23
2000	22.21	19.03	15.87	15.24	16.30	16.04	17.65
2001	21.64	19.24	16.73	15.04	18.22	18.47	17.15
2002	21.04	19.25	17.80	16.58	19.00	20.60	14.20
2003	20.50	19.13	18.35	17.63	17.00	21.07	14.75
2004	19.98	18.65	18.65	19.15	16.22	17.44	13.15
2005	19.43	17.80	18.54	21.34	16.85	17.75	14.78
2006	19.17	17.15	18.13	22.65	17.93	17.77	18.26
2007	18.82	16.52	17.48	23.13	17.28	17.31	17.20
2008	18.38	16.07	16.78	23.32	17.23	17.21	17.27
2009	17.88	15.47	16.30	25.27	17.27	17.23	17.35
2010	17.70	14.98	15.99	25.69	17.33	17.38	17.21
2011	17.71	14.38	15.77	24.97	17.42	17.48	17.28
2012	17.36	13.59	15.47	24.19	17.52	17.65	17.23
2013	16.76	12.76	14.95	22.64	17.53	17.71	17.11
2014	16.78	12.57	14.44	21.34	17.68	17.73	17.57
2015	17.05	12.41	14.01	20.47	17.73	17.69	17.77
2016	17.12	12.41	13.65	19.68	17.07	16.78	17.73

普通高等学校校均规模
Average Size of Regular Higher Educational Institutions

单位:人
unit:person

	1994	1995	1996	1997	1998	1999	2000	2001	2002	2003	2004	2005	2006	2007	2008	2009	2010	2011	2012	2013	2014	2015	2016
全 国 Total	2591	2758	2927	3112	3335	3815	5289	5870	6471	7143	7704	7666	8148	8571	8679	9086	9298	9446	9675	9814	9995	10197	10342
本科院校 HEIs Offering Degree Programs	3418	3632	3857	4062	4418	5275	6916	8730	10454	11662	13561	13514	13937	14057	12097	12634	13100	13564	13999	14261	14342	14444	14532
高职(专科)院校 Higher Vocational Colleges	1338	1405	1466	1594	1701	1975	2282	2337	2523	2893	3209	3909	4515	5095	5564	5903	5904	5813	5858	5876	6057	6336	6528

各级自学考试基本情况

Basic Statistics of State-administered Examination for Self-learners by Level

单位：人，人次
unit: person

	2012		2013		2014		2015		2016	
	上半年 First half year	下半年 Second half year	上半年 First half year	下半年 Second half year	上半年 First half year	下半年 Second half year	上半年 First half year	下半年 Second half year	上半年 First half year	下半年 Second half year
毕业生人数 Graduates	373793	357395	403213	331020	382717	391077	345090	394201	347140	330577
本科 Normal Courses	272829	263114	300028	244401	283415	286031	256910	295187	254879	263075
专科 Short-cycle Courses	100964	94281	103185	86619	99302	105046	88180	99014	92261	67502
单科合格科次数 Passed Main-Courses	4717831	4020534	4504154	3791344	4222633	3587751	3253778	2689573	2855921	2513098
本科 Normal Courses	3633315	3162536	3575846	3048174	3432370	2914833	2625944	2205620	2347555	2067903
专科 Short-cycle Courses	1084516	857998	928308	743170	790263	672918	627834	483953	508366	445195
报考人数 Applicants	4507361	4031649	4025917	3637105	3751231	3282469	3151436	2664256	2750218	2290815
本科 Normal Courses	3244057	2945818	3015420	2746375	2857969	2517747	2407814	2046837	2146408	1807546
专科 Short-cycle Courses	1263304	1085831	1010497	890730	893262	764722	743622	617419	603810	483269
首次报考人数 First Time	895881	551496	808792	524943	770737	399823	617209	300789	554570	294099
本科 Normal Courses	668477	386221	617437	385927	622598	320900	511236	236177	456637	220421
专科 Short-cycle Courses	227404	165275	191355	139016	148139	78923	105973	64612	97933	73678
报考科次 Main-Courses be Examined	10581826	9398641	9318675	8644834	9018778	8048621	7697525	6623765	6786402	5745116
本科 Normal Courses	7739886	7020328	7114731	6645457	6960539	6233502	5927125	5102587	5309048	4586816
专科 Short-cycle Courses	2841940	2378313	2203944	1999377	2058239	1815119	1770400	1521178	1477354	1158300
实考人数 Actual Examined	3576943	3122577	3328968	2840782	2951095	2571533	2505340	2093774	2189452	1789483
本科 Normal Courses	2630548	2333736	2524541	2196518	2309472	2027343	1976240	1667211	1764552	1430793
专科 Short-cycle Courses	946395	788841	804427	644264	641623	544190	529100	426563	424900	358690
实考科次 Actual Main-Courses Examined	8012441	6881607	7356184	6331928	6702844	5916683	5740461	4845721	5025861	4221829
本科 Normal Courses	6007967	5282901	5706255	5008220	5344923	4747604	4613569	3930469	4107894	3427073
专科 Short-cycle Courses	2004474	1598706	1649929	1323708	1357921	1169079	1126892	915252	917967	794756
在档考生人数 Exmainees with Study Record	34223026	34417127	34822706	35016629	35404649	35413395	35685514	35592102	35799532	35763054
本科 Normal Courses	13546775	13669882	13987291	14128817	14468000	14502869	14757195	14698185	14899943	14857289
专科 Short-cycle Courses	20538122	20609116	20697286	20749683	20798520	20772397	20790190	20755788	20761460	20767636
其中：新生数 of Which: Current Session	895881	551496	808792	524943	770737	399823	617209	300789	554570	294099
本科 Normal Courses	668477	386221	617437	385927	622598	320900	511236	236177	456637	220421
专科 Short-cycle Courses	227404	165275	191355	139016	148139	78923	105973	64612	97933	73678

二、高等教育
Higher Education

高等教育学校(机构)数
Number of Higher Education Institutions

单位:所
unit:institution

	合计 Total	中央部门办 HEIs under Central Ministries & Agencies			地方公办 HEIs under Local Auth.				民办 Non-government
		小计 Subtotal	教育部 HEIs under MOE	其他部门 HEIs under Other Central Agencies	小计 Subtotal	教育部门 HEIs under MOE	其他部门 Run by Non-ed. Dept.	地方企业 Local Enterprises	
(一)研究生培养机构 Institutions Providing Postgraduate Programs	793	286	76	210	501	442	58	1	6
1. 普通高校 Regular HEIs	576	110	76	34	461	441	20		5
2. 科研机构 Research Institutes	217	176		176	40	1	38	1	1
(二)普通高等学校 Regular HEIs	2596	118	76	42	1737	1099	591	47	741
1. 本科院校 HEIs Offering Degree Programs	1237	113	76	37	700	626	74		424
其中:独立学院 of Which:Independent Institutions	266								266
2. 高职(专科)院校 Higher Vocational Colleges	1359	5		5	1037	473	517	47	317
(三)成人高等学校 Adult HEIs	284	13	1	12	270	90	140	40	1
(四)民办的其他高等教育机构 Other Non-government HEIs	813								813

普通高等学校校数
Number of Regular Higher Educational Institutions

单位:所
unit:institution

	合计 Total	本科院校 HEIs Offering Degree Programs	高职(专科)学校 Higher Vocational Colleges	其中:职业技术学院 of Which: TertiaryVocational-technicalColleges
总　计 Total	**2596**	**1237**	**1359**	**1228**
综合大学 Comprehensive University	619	300	319	317
理工院校 Natural Sciences & Technology	923	361	562	551
农业院校 Agriculture	81	41	40	40
林业院校 Forestry	19	6	13	13
医药院校 Medicine & Pharmacy	195	107	88	48
师范院校 Teacher Training	225	156	69	4
语文院校 Language & Literature	55	31	24	23
财经院校 Finance & Economics	262	126	136	129
政法院校 Political Science & Law	73	36	37	33
体育院校 Physical Culture	34	16	18	17
艺术院校 Art	92	43	49	49
民族院校 Ethnic Nationality	18	14	4	4
合计中:民办高校 of the Total:Non-government HEIs	741	424	317	310

普通高等学校在校生规模
Size of Enrolment of Regular Higher Educational Institutions

单位:所
unit:institution

	学校数 Institutions	300人及以下 300 and Under	301-500人 301 to 500	501-1000人 501 to 1000	1001-1500人 1001 to 1500	1501-2000人 1501 to 2000	2001-3000人 2001 to 3000	3001-4000人 3001 to 4000	4001-5000人 4001 to 5000	5001-10000人 5001 to 10000	10001-20000人 10001 to 20000	20001-30000人 20001 to 30000	30001人及以上 30001 and Over
总　计 Total	**2596**	**53**	**27**	**55**	**54**	**68**	**110**	**138**	**150**	**825**	**834**	**225**	**57**
综合大学 Comprehensive University	619	12	5	5	12	10	20	24	23	198	214	73	23
理工院校 Natural Sciences & Technology	923	23	14	23	18	20	38	43	54	288	310	72	20
农业院校 Agriculture	81	1		1		1	3	9		22	28	10	6
林业院校 Forestry	19				1			2	1	8	6	1	
医药院校 Medicine & Pharmacy	195	1	2	4	2	3	5	10	13	84	66	5	
师范院校 Teacher Training	225	1	1	5	1	4	8	14	7	53	91	33	7
语文院校 Language & Literature	55	1	1	1	1	1	2	5	5	23	13	2	
财经院校 Finance & Economics	262	4	1	6	4	8	10	10	17	93	83	25	1
政法院校 Political Science & Law	73	3		3	3	6	3	11	18	20	6		
体育院校 Physical Culture	34	5	2	2	2	1	6		2	13	1		
艺术院校 Art	92	2	1	5	10	14	14	8	10	18	10		
民族院校 Ethnic Nationality	18						1	2		5	6	4	

普通高等学校设置(研究生、本科)专业数

Number of Specialities and Number of Educational Programmes Offered by Regular Higher Educational Institutions

	合计 Total	哲学 Philo-sophy	经济 Econ-omics	法学 Law	教育 Educ-ation	文学 Liter-ature	历史 History	理学 Science	工学 Engin-eering	农学 Agric-ulture	医学 Med-icine	管理学 Admin-istration	艺术 Art	其他 other
博士 Doctor's Degree														
种数 No. of Sp.	465	9	18	38	20	24	9	63	150	35	64	19	13	3
点数 No. of Ed. Prog.	9580	212	517	680	254	546	212	1651	3100	567	1236	496	105	4
硕士 Master's Degree														
种数 No. of Sp.	470	9	18	38	20	24	9	63	150	35	63	19	13	9
点数 No. of Ed. Prog.	26953	623	1605	2721	1131	1801	353	4024	7836	1052	3202	1990	601	14
普通本科														
General Bachelor's Degree														
种数 No. of Sp.	595	5	22	36	19	67	8	48	203	35	56	56	40	
点数 No. of Ed. Prog.	52469	93	2635	1764	1893	5397	344	4924	17136	1097	2096	8827	6263	
成人本科														
Adult Bachelor's Degree														
种数 No. of Sp.	368	2	17	18	17	28	4	26	122	21	34	46	33	
点数 No. of Ed. Prog.	13710	3	673	704	907	1077	135	989	3820	367	964	3139	932	

普通高等学校设置(专科)专业数

Number of Specialities and Number of Educational Programmes Established by Field of Study in Regular Higher Educational Institutions

	合计 Total	农林牧渔大类	资源环境与安全大类	能源动力与材料大类	土木建筑大类	水利大类	装备制造大类	生物与化工大类	轻工纺织大类	食品药品与粮食大类	交通运输大类	电子信息大类	医药卫生大类	财经商贸大类	旅游大类	文化艺术大类	新闻传播大类	教育与体育大类	公安与司法大类	公共管理与服务大类
普通专科																				
种数	789	50	71	51	38	20	65	19	32	21	69	43	49	55	15	55	25	53	36	22
点数	50158	1235	1342	869	4495	183	6095	944	461	1123	2515	6377	2417	8777	2252	4048	863	4718	586	858
成人专科																				
种数	582	35	56	28	35	15	45	14	23	18	44	32	41	42	11	38	14	51	22	18
点数	22778	594	668	375	1786	117	2678	403	172	193	653	2373	1369	5222	858	1108	169	2717	482	841

高等教育学校(机构)学生数
Number of Students in Higher Education Institutions

单位:人
unit:person

	毕(结)业生数 Graduates	授予学位数 Degrees Awarded	招生数 Entrants 合计 Total	其中 of Which 应届生 Autumn Session	其中 of Which 春季招生 Spring Session	其中 of Which 预科生转入 Preparatory Students Enrolled	在校生数 Enrolment	预计毕业生数 Estimated Graduates for Next Year
研究生 Postgraduates	563938	558781	667064	450392			1981051	740753
博　士 Doctor's Degrees	55011	53360	77252	41791			342027	161799
硕　士 Master's Degrees	508927	505421	589812	408601			1639024	578954
普通本专科 Undergraduates in Regular HEIs	7041800	3659686	7486110	6729866	4331	44841	26958433	7595176
本　科 Normal Courses	3743680	3659686	4054007	3529034	1910	43745	16129535	3991586
专　科 Short-cycle Courses	3298120		3432103	3200832	2421	1096	10828898	3603590
成人本专科 Undergraduates in Adult HEIs	2444650	142821	2112290				5843883	2577201
本　科 Normal Courses	1021846	142821	969387				2686619	1095517
专　科 Short-cycle Courses	1422804		1142903				3157264	1481684
网络本专科生 Web-based Undergraduates	1874787	56694	2296088		1182508		6449329	
本　科 Normal Courses	700906	56694	847568		433664		2339270	
专　科 Short-cycle Courses	1173881		1448520		748844		4110059	
在职人员攻读硕士学位 Master's Degree Programs for On-the-job Personnel		108455	129438				581843	
自考助学班 Class run by Non-government HEIs for Students Preparing for Self-directed State-administered Examinations	81890						166905	
普通预科生 College-preparatory Class							44537	
研究生课程进修班 Postgraduate Courses	20009						22711	
进修及培训 In-service Training	8526875						7638622	
留学生 Foreign Students	109894	20876	138362		37991		243735	

分部门、分计划

Number of Postgraduate Students

	学校(机构)数(所)(Schools)	毕业生数 Graduates			招生数 Entrants		
		合计 Total	博士 Doctor's Degrees	硕士 Master's Degrees	合计 Total	博士 Doctor's Degrees	硕士 Master's Degrees
总计 Total	**793**	**563938**	**55011**	**508927**	**667064**	**77252**	**589812**
国家任务 State-planned Programs		477699	45610	432089	648151	72999	575152
委托培养 Contractual Programs		27040	7422	19618	18913	4253	14660
自筹经费 Self-financed Programs		59199	1979	57220			
一、中央部门所属 Under Central Ministries&Agencies	**286**	**280414**	**44139**	**236275**	**334264**	**60499**	**273765**
1.教育部 Under MOE	76	225108	32531	192577	266023	44585	221438
2.其他部门 Under Other Central Agencies	210	55306	11608	43698	68241	15914	52327
二、地方所属 Under Local Auth.	**507**	**283524**	**10872**	**272652**	**332800**	**16753**	**316047**
1.教育部门 Run by Edu.Dept.	442	277894	10795	267099	326044	16572	309472
2.其他部门 Run by Non-ed. Dept.	58	5443	77	5366	6405	181	6224
3.地方企业 Run by Local Enterprises	1				3		3
4.民办 Non-government	6	187		187	348		348

分部门、分计划

Number of Postgraduate Students

	学校(机构)数(所)(Schools)	毕业生数 Graduates			招生数 Entrants		
		合计 Total	博士 Doctor's Degrees	硕士 Master's Degrees	合计 Total	博士 Doctor's Degrees	硕士 Master's Degrees
总计 Total	**576**	**556401**	**53641**	**502760**	**658510**	**75240**	**583270**
国家任务 State-planned Programs		470442	44295	426147	639923	71089	568834
委托培养 Contractual Programs		26863	7368	19495	18587	4151	14436
自筹经费 Self-financed Programs		59096	1978	57118			
一、中央部门所属 Under Central Ministries&Agencies	**110**	**273870**	**42806**	**231064**	**326931**	**58548**	**268383**
1.教育部 Under MOE	76	225108	32531	192577	266023	44585	221438
2.其他部门 Under Other Central Agencies	34	48762	10275	38487	60908	13963	46945
二、地方所属 Under Local Auth.	**466**	**282531**	**10835**	**271696**	**331579**	**16692**	**314887**
1.教育部门 Run by Edu.Dept.	441	277879	10795	267084	326029	16572	309457
2.其他部门 Run by Non-ed. Dept.	20	4465	40	4425	5202	120	5082
3.地方企业 Run by Local Enterprises							
4.民办 Non-government	5	187		187	348		348

研究生数(总计)
by Sector and Program (Total)

单位:人
unit:person

在校生数 Enrolment			预计毕业生数 Estimated Graduates for Next Year		
合计 Total	博 士 Doctor's Degrees	硕 士 Master's Degrees	合计 Total	博 士 Doctor's Degrees	硕 士 Master's Degrees
1981051	**342027**	**1639024**	**740753**	**161799**	**578954**
1863366	292945	1570421	662736	124661	538075
93172	43265	49907	54969	31706	23263
24513	5817	18696	23048	5432	17616
1037385	**271438**	**765947**	**400306**	**125841**	**274465**
829856	207739	622117	324666	100104	224562
207529	63699	143830	75640	25737	49903
943666	**70589**	**873077**	**340447**	**35958**	**304489**
925580	69888	855692	334369	35636	298733
17362	701	16661	5868	322	5546
9		9	3		3
715		715	207		207

研究生数(普通高校)
by Sector and Program (Regular HEIs)

单位:人
unit:person

在校生数 Enrolment			预计毕业生数 Estimated Graduates for Next Year		
合计 Total	博 士 Doctor's Degrees	硕 士 Master's Degrees	合计 Total	博 士 Doctor's Degrees	硕 士 Master's Degrees
1954755	**334160**	**1620595**	**730765**	**158314**	**572451**
1838407	285616	1552791	653429	121449	531980
92041	42733	49308	54490	31435	23055
24307	5811	18496	22846	5430	17416
1014628	**263846**	**750782**	**391473**	**122477**	**268996**
829856	207739	622117	324666	100104	224562
184772	56107	128665	66807	22373	44434
940127	**70314**	**869813**	**339292**	**35837**	**303455**
925534	69888	855646	334353	35636	298717
13878	426	13452	4732	201	4531
715		715	207		207

分部门、分计划
Number of Postgraduate Students by

学校(机构)数(所)(Schools)		毕业生数 Graduates			招生数 Entrants		
		合计 Total	博士 Doctor's Degrees	硕士 Master's Degrees	合计 Total	博士 Doctor's Degrees	硕士 Master's Degrees
总 计 Total	**217**	**7537**	**1370**	**6167**	**8554**	**2012**	**6542**
国家任务 State-planned Programs		7257	1315	5942	8228	1910	6318
委托培养 Contractual Programs		177	54	123	326	102	224
自筹经费 Self-financed Programs		103	1	102			
一、中央部门所属 Under Central Ministries&Agencies	**176**	**6544**	**1333**	**5211**	**7333**	**1951**	**5382**
1.教育部 Under MOE							
2.其他部门 Under Other Central Agencies	176	6544	1333	5211	7333	1951	5382
二、地方所属 Under Local Auth.	**41**	**993**	**37**	**956**	**1221**	**61**	**1160**
1.教育部门 Run by Edu.Dept.	1	15		15	15		15
2.其他部门 Run by Non-ed. Dept.	38	978	37	941	1203	61	1142
3.地方企业 Run by Local Enterprises	1				3		3
4.民办 Non-government	1						

分学科研
Number of Postgraduate

	毕业生数 Graduates			招生数 Entrants		
	合计 Total	博士 Doctor's Degrees	硕士 Master's Degrees	合计 Total	博士 Doctor's Degrees	硕士 Master's Degrees
总 计 Total	**563938**	**55011**	**508927**	**667064**	**77252**	**589812**
其中:女 of Which: Female	291037	21535	269502	354577	31639	322938
学术型学位 Academic Degree	344415	52700	291715	384938	74743	310195
专业学位 Professional Degree	219523	2311	217212	282126	2509	279617
哲学 Philosophy	3879	633	3246	4319	853	3466
经济学 Economics	26978	2046	24932	30396	2809	27587
法学 Law	39576	2661	36915	43531	3834	39697
教育学 Education	31427	1023	30404	37569	1452	36117
文学 Literature	31123	1852	29271	33561	2520	31041
历史学 History	5164	674	4490	5884	997	4887
理学 Science	51437	11589	39848	66199	16084	50115
工学 Engineering	196827	19067	177760	232624	29643	202981
农学 Agriculture	21795	2445	19350	26957	3480	23477
医学 Medicine	65798	9211	56587	79341	10463	68878
军事学 Military Science	195	24	171	185	29	156
管理学 Administrators	71998	3237	68761	85047	4369	80678
艺术学 Art	17741	549	17192	21451	719	20732

研究生数(科研机构)

Sector and Program (Research Institutes)

单位:人
unit:person

在校生数 Enrolment			预计毕业生数 Estimated Graduates for Next Year		
合计 Total	博 士 Doctor's Degrees	硕 士 Master's Degrees	合计 Total	博 士 Doctor's Degrees	硕 士 Master's Degrees
26296	**7867**	**18429**	**9988**	**3485**	**6503**
24959	7329	17630	9307	3212	6095
1131	532	599	479	271	208
206	6	200	202	2	200
22757	**7592**	**15165**	**8833**	**3364**	**5469**
22757	7592	15165	8833	3364	5469
3539	**275**	**3264**	**1155**	**121**	**1034**
46		46	16		16
3484	275	3209	1136	121	1015
9		9	3		3

究生数(总计)

Students by Academic Field (Total)

单位:人
unit:person

在校生数 Enrolment			预计毕业生数 Estimated Graduates for Next Year		
合计 Total	博 士 Doctor's Degrees	硕 士 Master's Degrees	合计 Total	博 士 Doctor's Degrees	硕 士 Master's Degrees
1981051	**342027**	**1639024**	**740753**	**161799**	**578954**
1003110	132132	870978	354233	61273	292960
1245286	333076	912210	465228	158071	307157
735765	8951	726814	275525	3728	271797
14568	4165	10403	5852	2142	3710
82970	13600	69370	32644	7152	25492
127775	17769	110006	49250	8933	40317
97878	6480	91398	40629	3211	37418
95309	11399	83910	36901	5824	31077
19135	4794	14341	7333	2451	4882
203901	63409	140492	70063	26416	43647
712357	141776	570581	258128	67982	190146
71423	14291	57132	27503	7193	20310
227162	36427	190735	74267	14908	59359
663	168	495	302	113	189
265871	24954	240917	116873	14317	102556
62039	2795	59244	21008	1157	19851

分学科研
Number of Postgraduate Students

	毕业生数 Graduates			招生数 Entrants		
	合计 Total	博士 Doctor's Degrees	硕士 Master's Degrees	合计 Total	博士 Doctor's Degrees	硕士 Master's Degrees
总计 Total	**556401**	**53641**	**502760**	**658510**	**75240**	**583270**
其中:女 of Which: Female	287938	21060	266878	350724	30908	319816
学术型学位 Academic Degree	338426	51330	287096	378263	72736	305527
专业学位 Professional Degree	217975	2311	215664	280247	2504	277743
哲学 Philosophy	3759	597	3162	4161	794	3367
经济学 Economics	26336	1881	24455	29591	2555	27036
法学 Law	38701	2514	36187	42488	3566	38922
教育学 Education	31427	1023	30404	37569	1452	36117
文学 Literature	31032	1813	29219	33445	2464	30981
历史学 History	5039	647	4392	5731	960	4771
理学 Science	50811	11421	39390	65454	15839	49615
工学 Engineering	194116	18673	175443	229928	29118	200810
农学 Agriculture	21014	2270	18744	26023	3208	22815
医学 Medicine	65180	9093	56087	78643	10321	68322
军事学 Military Science	194	24	170	184	29	155
管理学 Administrators	71217	3182	68035	84016	4273	79743
艺术学 Art	17575	503	17072	21277	661	20616

分学科研
Number of Postgraduate Students

	毕业生数 Graduates			招生数 Entrants		
	合计 Total	博士 Doctor's Degrees	硕士 Master's Degrees	合计 Total	博士 Doctor's Degrees	硕士 Master's Degrees
总计 Total	**7537**	**1370**	**6167**	**8554**	**2012**	**6542**
其中:女 of Which: Female	3099	475	2624	3853	731	3122
学术型学位 Academic Degree	5989	1370	4619	6675	2007	4668
专业学位 Professional Degree	1548		1548	1879	5	1874
哲学 Philosophy	120	36	84	158	59	99
经济学 Economics	642	165	477	805	254	551
法学 Law	875	147	728	1043	268	775
教育学 Education						
文学 Literature	91	39	52	116	56	60
历史学 History	125	27	98	153	37	116
理学 Science	626	168	458	745	245	500
工学 Engineering	2711	394	2317	2696	525	2171
农学 Agriculture	781	175	606	934	272	662
医学 Medicine	618	118	500	698	142	556
军事学 Military Science	1		1	1		1
管理学 Administrators	781	55	726	1031	96	935
艺术学 Art	166	46	120	174	58	116

究生数(普通高校)
by Academic Field (Regular HEIs)

单位:人
unit:person

在校生数 Enrolment			预计毕业生数 Estimated Graduates for Next Year		
合计 Total	博 士 Doctor's Degrees	硕 士 Master's Degrees	合计 Total	博 士 Doctor's Degrees	硕 士 Master's Degrees
1954755	**334160**	**1620595**	**730765**	**158314**	**572451**
992272	129459	862813	350441	60137	290304
1223522	325214	898308	457182	154586	302596
731233	8946	722287	273583	3728	269855
14073	3954	10119	5671	2057	3614
80625	12583	68042	31630	6641	24989
124729	16889	107840	48088	8628	39460
97878	6480	91398	40629	3211	37418
94973	11231	83742	36784	5760	31024
18714	4663	14051	7164	2393	4771
201557	62499	139058	69173	25969	43204
703194	139209	563985	254790	66771	188019
68613	13380	55233	26441	6781	19660
225097	35969	189128	73544	14721	58823
660	168	492	301	113	188
263156	24541	238615	115660	14112	101548
61486	2594	58892	20890	1157	19733

究生数(科研机构)
by Academic Field (Research Institutes)

单位:人
unit:person

在校生数 Enrolment			预计毕业生数 Estimated Graduates for Next Year		
合计 Total	博 士 Doctor's Degrees	硕 士 Master's Degrees	合计 Total	博 士 Doctor's Degrees	硕 士 Master's Degrees
26296	**7867**	**18429**	**9988**	**3485**	**6503**
10838	2673	8165	3792	1136	2656
21764	7862	13902	8046	3485	4561
4532	5	4527	1942		1942
495	211	284	181	85	96
2345	1017	1328	1014	511	503
3046	880	2166	1162	305	857
336	168	168	117	64	53
421	131	290	169	58	111
2344	910	1434	890	447	443
9163	2567	6596	3338	1211	2127
2810	911	1899	1062	412	650
2065	458	1607	723	187	536
3		3	1		1
2715	413	2302	1213	205	1008
553	201	352	118		118

在职人员攻读硕士学位分学科学生数
Number of On-the-job Students Studying for Master's Degree by Discipline

单位:人
unit:person

	授予学位数 Degree Awarded	招生数 Entrants	在校生数 Enrolment
总　计 Total	**108455**	**129438**	**581843**
其中:女 of Which: Female	41885	51578	212459
学术型学位 Academic Degree	4138	1876	16708
专业学位 Professional Degree	104317	127562	565135
哲　学 Philosophy	6		25
经济学 Economics	346	100	473
法　学 Law	5441	5591	22697
教育学 Education	13355	18584	79053
文　学 Literature	182	288	1226
历史学 History	3		18
理　学 Science	171	72	663
工　学 Engineering	60559	71815	331075
农　学 Agriculture	8057	10414	47675
医　学 Medicine	2599	2359	14038
军事学 Military Science			
管理学 Administrators	15764	17820	77934
艺术学 Art	1972	2395	6966

普通高等教育工科分大类本科学生数

Number of Engineering Studentsfor Normal Courses by Subfield of Regular HEIs

单位:人
unit:person

	毕业生数(人) Graduates	招生数(人) Entrants	在校生数(人) Enrolment
总　计 Total	**1226730**	**1378558**	**5375655**
力学类 Mechanics	4608	5116	19687
机械类 Mechanical Engineering	192131	205703	809744
仪器类 Instrument	19228	17863	75373
材料类 Materials Science	62104	73442	275522
能源动力类 Thermal & Nuclear Energy	22821	26455	101253
电气类 Electric	82766	87456	348732
电子信息类 Electronic Information	163931	178808	691351
自动化类 Automation	45290	49408	198990
计算机类 Computer	194927	269537	974499
土木类 Civil Engineering	130931	117325	517484
水利类 Hydraulics	13193	14008	55410
测绘类 Sruvey & Measure	9892	12438	46219
化工与制药类 Chemical Engineering &Pharmaceutics	49805	54428	211868
地质类 Geology	12923	11359	49587
矿业类 Mining Industry	17425	13031	56165
纺织类 Textile	12676	9707	39975
轻工类 Light Industry	8590	8064	32821
交通运输类 Transportation	27744	32931	131364
海洋工程类 Oceanic	3076	3564	12938
航空航天类 Aeronautics & Astronautics	6371	8789	30281
兵器类 Weaponry	3339	3063	13186
核工程类 Nuclear Engineering	2529	2597	10143
农业工程类 Agriculture Engineering	6469	6364	27789
林业工程类 Forestry Engineering	2691	2590	10370
环境科学与工程类 Environmental Science & Engineering	31171	40447	145840
生物医学工程类 Biomedical Engineering	5295	6745	24251
食品科学与工程类 Food Science & Engineering	32418	42583	157151
建筑类 Architectural	31036	35681	162800
安全科学与工程类 Safety Science & Engineering	9340	10376	40882
生物工程类 Biotechnology	16376	20298	75127
公安技术类 Public SecurityTechnology	5634	8382	28853

普通、成人本、专科

Number of Students for Regular and Adult

	毕业生数 Graduates			招生数 Entrants	
	合计 Total	本科 Normal Courses	专科 Short-cycle Courses	合计 Total	本科 Normal Courses
一、普通本、专科总计 Undergraduate in Regular HEIs Total	**7041800**	**3743680**	**3298120**	**7486110**	**4054007**
1. 中央部门所属院校 Under Central Ministries&Agencies	434549	418635	15914	461501	445090
其中:教育部所属院校 of Which: Under MOE	322412	319055	3357	337087	335032
2. 地方所属学校 Under Local Auth.	6607251	3325045	3282206	7024609	3608917
其中:民办 Non-govemment	1540561	932149	608412	1738615	998791
二、成人本、专科总计 Undergraduate in Adult HEIs Total	**2444650**	**1021846**	**1422804**	**2112290**	**969387**
1. 中央部门所属院校 Under Central Ministries&Agencies	280896	164838	116058	217030	135967
其中:教育部所属院校 of Which: Under MOE	236114	142803	93311	177029	113402
2. 地方所属学校 Under Local Auth.	2163754	857008	1306746	1895260	833420
其中:民办 Non-govemment	42447	4564	37883	79304	10102

普通本、专科分

Number of Undergraduate Students

	毕业生数 Graduates			招生数 Entrants	
	合计 Total	本科 Normal Courses	专科 Short-cycle Courses	合计 Total	本科 Normal Courses
总　计 Total	**7041800**	**3743680**	**3298120**	**7486110**	**4054007**
其中:女 of Which:Female	3717853	1995345	1722508	4204396	2279299
一、普通高等学校 Regular HEIs	**7013028**	**3743680**	**3269348**	**7463984**	**4054007**
1. 按类型分 by Type					
本科院校 HEIs Offering Degree Programs	4412586	3730269	682317	4574083	4049920
其中:独立学院 of Which:Independent Institutions	630935	599916	31019	617469	583881
高职(专科)院校 Higher Vocational Colleges	2578562		2578562	2883443	
其他机构(点)(不计校数)Other Institutions	21880	13411	8469	6458	4087
2. 按性质类型分 by Type of School					
综合大学 Comprehensive Universities	1909874	1048776	861098	2040731	1124223
理工院校 Natural Sciences & Tech.	2526461	1154500	1371961	2691238	1260123
农业院校 Agriculture	266447	161845	104602	279911	178187
林业院校 Forestry	51960	27038	24922	53706	28169
医药院校 Medicine & Pharmacy	427572	208905	218667	461681	232452
师范院校 Teacher Training	741203	539305	201898	744457	566637
语文院校 Language & Literature	114354	63442	50912	126049	72704
财经院校 Finance & Economics	690926	362788	328138	744356	390968
政法院校 Political Science & Law	99532	47791	51741	103265	51570
体育院校 Physical Culture	30440	24249	6191	34996	27162
艺术院校 Art	94148	52477	41671	117814	63159
民族院校 Ethnic Minorities	60111	52564	7547	65780	58653
二、成人高等学校 Adult HEIs	**28772**		**28772**	**22126**	

分举办者学生数
Programs by Providers in HEIs

单位:人
unit:person

专科 Short-cycle Courses	在校生数 Enrolment			预计毕业生数 Estimated Graduates for Next Year		
	合计 Total	本科 Normal Courses	专科 Short-cycle Courses	合计 Total	本科 Normal Courses	专科 Short-cycle Courses
3432103	**26958433**	**16129535**	**10828898**	**7595176**	**3991586**	**3603590**
16411	1841905	1791541	50364	468357	451157	17200
2055	1360507	1352746	7761	342467	339365	3102
3415692	25116528	14337994	10778534	7126819	3540429	3586390
739824	6162035	3895921	2266114	1690839	946892	743947
1142903	**5843883**	**2686619**	**3157264**	**2577201**	**1095517**	**1481684**
81063	603984	386345	217639	275434	165011	110423
63627	487838	320636	167202	223661	138099	85562
1061840	5239899	2300274	2939625	2301767	930506	1371261
69202	177806	19273	158533	60389	6084	54305

性质类别学生数
by Type of Courses in Regular HEIs

单位:人
unit:person

专科 Short cycle Courses	在校生数 Enrolment			预计毕业生数 Estimated Graduates for Next Year		
	合计 Total	本科 Normal Courses	专科 Short-cycle Courses	合计 Total	本科 Normal Courses	专科 Short-cycle Courses
3432103	**26958433**	**16129535**	**10828898**	**7595176**	**3991586**	**3603590**
1925097	14161004	8619566	5541438	3877222	2077701	1799521
3409977	**26888630**	**16129535**	**10759095**	**7571780**	**3991586**	**3580194**
524163	17976219	16107340	1868879	4682685	3982220	700465
33588	2467391	2365369	102022	630974	595857	35117
2883443	8871049		8871049	2871115		2871115
2371	41362	22195	19167	17980	9366	8614
916508	7382973	4476269	2906704	2078455	1114550	963905
1431115	9475568	4975190	4500378	2738688	1234907	1503781
101724	1031753	701636	330117	283260	172482	110778
25537	196167	114015	82152	55939	28939	27000
229229	1747805	1028271	719534	466599	232719	233880
177820	2854949	2249968	604981	779984	569065	210919
53345	444681	280480	164201	121848	67829	54019
353388	2616154	1527752	1088402	739474	378934	360540
51695	353990	201663	152327	102419	51604	50815
7834	133053	105249	27804	34282	25866	8416
54655	399906	239885	160021	105807	57580	48227
7127	251631	229157	22474	65025	57111	7914
22126	**69803**		**69803**	**23396**		**23396**

成人本、专科分

Number of Students for Adult

	毕业生数 Graduates			招生数 Entrants	
	合计 Total	本科 Normal Courses	专科 Short-cycle Courses	合计 Total	本科 Normal Courses
总　计 Total	**2444650**	**1021846**	**1422804**	**2112290**	**969387**
其中:女 of Which:Female	1384151	587208	796943	1230999	597502
一、成人高等学校 Adult HEIs	**166936**	**14226**	**152710**	**126384**	**12115**
其中:全脱产 of Which:Full-time	102171	6333	95838	70669	4826
职工高等学校 Workers' Colleges	59485	2474	57011	36946	1861
农民高等学校 Peasants' Colleges	624		624	327	
管理干部学院 Institutes for Administration	13060	2744	10316	4510	541
教育学院 Educational Colleges	30616	6863	23753	21253	6358
独立函授学院 Independent Correspondence Colleges					
广播电视大学 Radio/TV Universities	63145	2145	61000	63348	3355
其他机构 Other Institutions	6		6		
二、普通高等学校 Regular HEIs	**2277714**	**1007620**	**1270094**	**1985906**	**957272**
函授 Correspondence	1386363	620985	765378	1225868	581087
业余 Spare time Schools	886659	385591	501068	756669	375201
脱产 Full-time Courses for Adults	4692	1044	3648	3369	984

普通本科分学科学生数

Number of Regular Students for Normal Courses in HEIs by Discipline

单位:人
unit:person

	毕业生数 Graduates	招生数 Entrants	在校生数 Enrolment	预计毕业生数 Estimated Graduates for Next Year
总　计 Total	**3743680**	**4054007**	**16129535**	**3991586**
其中: 女 of Which: Female	1995345	2279299	8619566	2077701
哲　学 Philosophy	2046	2866	9911	2234
经济学 Economics	224165	236371	946488	237845
法　学 Law	134880	139750	559597	141015
教育学 Education	134202	155838	596697	146597
文　学 Literature	374636	386342	1491599	377957
其中:外语 of Which:Foreign Language	204487	209267	795313	204022
历史学 History	17946	18609	73777	18555
理　学 Science	257436	281861	1085235	268919
工　学 Engineering	1226730	1378558	5375655	1321280
农　学 Agriculture	64499	72529	279373	68656
医　学 Medicine	234751	270173	1207311	266398
管理学 Administrators	729175	720367	2966717	761716
艺术学 Art	343214	390743	1537175	380414
总计中:师范生 of Total:Students Enrolled in Teacher Training Institutions	369501	356452	1468144	382345

性质类别学生数
Programs by Type of Schools in HEIs

单位:人
unit:person

	在校生数 Enrolment			预计毕业生数 Estimated Graduates for Next Year		
专科 Short-cycle Courses	合计 Total	本科 Normal Courses	专科 Short-cycle Courses	合计 Total	本科 Normal Courses	专科 Short-cycle Courses
1142903	**5843883**	**2686619**	**3157264**	**2577201**	**1095517**	**1481684**
633497	3375366	1615588	1759778	1390875	589629	801246
114269	347770	29902	317868	176874	12030	164844
65843	196956	12287	184669	107005	5212	101793
35085	99282	3867	95415	54184	1607	52577
327	771		771	444		444
3969	14068	2332	11736	8357	1190	7167
14895	57684	15563	42121	26743	5425	21318
59993	175952	8140	167812	87143	3808	83335
	13		13	3		3
1028634	**5496113**	**2656717**	**2839396**	**2400327**	**1083487**	**1316840**
644781	3281236	1566600	1714636	1470110	669258	800852
381468	2205854	1086708	1119146	926424	413162	513262
2385	9023	3409	5614	3793	1067	2726

普通专科分专业大类学生数
Number of Regular Students for Short-cycle Courses in HEIs by Discipline

单位:人
unit:person

	毕业生数 Graduates	招生数 Entrants	在校生数 Enrolment	预计毕业生数 Estimated Graduates for Next Year
总　计 Total	**3298120**	**3432103**	**10828898**	**3603590**
其中:女 of Which: Female	1722508	1925097	5541438	1799521
农林牧渔大类 Agriculture, Forestry, Husbandry and Fishing	55911	57727	179040	57768
资源环境与安全大类 Resources Environment and Safety	59693	41521	150107	57690
能源动力与材料大类 Energy Power and Material	40176	38928	124093	42413
土木建筑大类 Civil Engineering and Architecture	380770	268687	1010323	397864
水利大类 Water Resources	13965	13389	42802	14418
装备制造大类 Equipment Manufacturing	386263	393597	1301903	437141
生物与化工大类 Biology and Chemical Engineering	42809	31234	117289	43241
轻工纺织大类 Light Idustry and Textile	17206	16364	51878	17818
食品药品与粮食大类 Food, Medicine and Grain	50289	56278	172504	55359
交通运输大类 Transportation and Communication	150735	210564	587929	176323
电子信息大类 Electronic Information	283440	408656	1104021	321695
医药卫生大类 Medical and Health	373714	425334	1307628	421944
财经商贸大类 Finance, Economics and Business	716563	729323	2363155	795161
旅游大类 Tourism	102422	114986	340687	109850
文化艺术大类 Culture and Arts	164272	163211	525817	178553
新闻传播大类 Journalism and Communication	28837	30620	91606	28739
教育与体育大类 Education and Sport	354196	351902	1118253	367429
公安与司法大类 Public Security and Justice	48192	47069	141455	47618
公共管理与服务大类 Public Administration and Service	28667	32713	98408	32566
总计中:师范生 of theTotal: Students Enrolled in Teacher Training Institutions	215159	193701	667532	226819

成人本科分学科学生数

Number of Adult Students for Normal Courses in HEIs by Discipline

单位:人
unit:person

	毕业生数 Graduates	招生数 Entrants	在校生数 Enrolment	预计毕业生数 Estimated Graduates for Next Year
总 计 Total	**1021846**	**969387**	**2686619**	**1095517**
其中：女 of Which：Female	587208	597502	1615588	589629
哲学 Philosophy	7	18	143	27
经济学 Economics	28520	20551	61649	27793
法学 Law	45112	37416	98381	43333
教育学 Education	59603	73993	172931	71912
文学 Literature	79073	58084	167820	77354
其中:外语 of Which:Foreign Language	21381	12567	41382	19889
历史学 History	1526	888	2775	1299
理学 Science	20518	13570	41210	20352
工学 Engineering	254155	206592	615726	265571
农学 Agriculture	17259	15378	42353	18863
医学 Medicine	228578	298242	772464	266625
管理学 Administrators	271933	232884	667873	286115
艺术学 Art	15562	11771	43294	16273
总计中:师范生 of Total:Students Enrolled in Teacher Training Institutions	83261	74643	195739	88245

成人专科分专业大类学生数
Number of Adult Students for Short-cycle Courses in HEIs by Discipline

单位:人
unit:person

	毕业生数 Graduates	招生数 Entrants	在校生数 Enrolment	预计毕业生数 Estimated Graduates for Next Year
总 计 Total	**1422804**	**1142903**	**3157264**	**1481684**
其中:女 of Which: Female	796943	633497	1759778	801246
农林牧渔大类 Agriculture,Forestry,Husbandry and Fishing	24158	21566	56773	27902
资源环境与安全大类 Resources Environment and Safety	41412	10027	46477	27879
能源动力与材料大类 Energy Power and Material	13014	6889	22085	11054
土木建筑大类 Civil Engineering and Architecture	122482	83462	253069	126671
水利大类 Water Resources	5179	3121	8890	4647
装备制造大类 Equipment Manufacturing	151028	129484	346764	163336
生物与化工大类 Biology and Chemical Engineering	9973	6317	20168	10605
轻工纺织大类 Light Idustry and Textile	4620	2522	7921	4416
食品药品与粮食大类 Food,Medicine and Grain	3007	2181	6343	3091
交通运输大类 Transportation and Communication	46325	44046	120248	52532
电子信息大类 Electronic Information	85150	71429	184713	87009
医药卫生大类 Medical and Health	221108	159335	542906	232821
财经商贸大类 Finance,Economics and Business	358610	322105	813175	375219
旅游大类 Tourism	25305	19719	53391	27015
文化艺术大类 Culture and Arts	31542	30070	80433	38342
新闻传播大类 Journalism and Communication	1668	1316	3489	1799
教育与体育大类 Education and Sport	206309	165054	431777	213095
公安与司法大类 Public Security and Justice	18576	15496	38477	18288
公共管理与服务大类 Public Administration and Service	53338	48764	120165	55963
总计中:师范生 of theTotal: Students Enrolled in Teacher Training Institutions	119339	87565	227661	112719

网络本科分学科学生数

Number of Web-based Students for Normal Courses in HEIs by Discipline

单位:人
unit:person

	毕业生数 Graduates	招生数 Entrants	在校生数 Enrolment
总　计 Total	**700906**	**847568**	**2339270**
其中: 女 of Which: Female	373996	437195	1209322
哲　学 Philosophy			
经济学 Economics	29615	35056	97329
法　学 Law	57995	64358	205572
教育学 Education	27596	48685	105377
文　学 Literature	37134	48226	124336
其中:外语 of Which:Foreign Language	6144	7050	22988
历史学 History	411	567	4269
理　学 Science	6399	8190	21207
工　学 Engineering	168703	204619	526852
农　学 Agriculture	6002	9739	21153
医　学 Medicine	63525	79239	209649
管理学 Administrators	300758	345396	1011853
艺术学 Art	2768	3493	11673
总计中:师范生 of Total:Students Enrolled in Teacher Training Institutions	20083	32285	57449

高等教育学生

Changes in Enrolment of

	上学年初报表在校学生数 Enrolment at Beginning of Orevious Academic Year	增加学生数 Factors of Increase					
		合计 Total	招生 No. of Students Admitted	复学 Students Resuming Studies	转入 Transfers from Other Inst.	其他 Others	合计 Total
博士生 Doctor's Degrees	326687	79917	77252	1901	9	755	64577
硕士生 Master's Degrees	1584719	597663	589812	5005	741	2105	543358
普通本科生 Normal Courses	15766848	4322425	4234921	50316	29461	7727	3959738
普通专科生 Short-cycle Courses	10486120	3876928	3798574	27408	40852	10094	3534150
成人本科生 Normal Courses Provided by Adult HEIs	2793354	993771	969387	7397	7396	9591	1100506
成人专科生 Short-cycle Courses Provided by Adult HEIs	3565998	1175795	1142903	7498	10765	14629	1584529
网络本科生 Normal Courses Provided by Web-based Programs	2294807	864224	847568	2213	1246	13197	819761
网络专科生 Short-cycle Courses Provided by Web-based Programs	3989864	1499702	1448520	17133	2731	31318	1379507

网络专科分专业大类学生数
Number of Web-based Students for Short-cycle Courses in HEIs by Discipline

单位:人
unit:person

	毕业生数 Graduates	招生数 Entrants	在校生数 Enrolment
总　计 Total	**1173881**	**1448520**	**4110059**
其中:女 of Which: Female	563105	655353	1864463
农林牧渔大类 Agriculture, Forestry, Husbandry and Fishing	40019	48355	157719
资源环境与安全大类 Resources Environment and Safety	17889	6968	29417
能源动力与材料大类 Energy Power and Material	9325	10315	21462
土木建筑大类 Civil Engineering and Architecture	134798	127252	383418
水利大类 Water Resources	6059	7360	21883
装备制造大类 Equipment Manufacturing	70908	110173	286047
生物与化工大类 Biology and Chemical Engineering	3063	3597	10019
轻工纺织大类 Light Idustry and Textile	410	314	928
食品药品与粮食大类 Food, Medicine and Grain	1149	1602	4835
交通运输大类 Transportation and Communication	21438	26455	59887
电子信息大类 Electronic Information	44032	77208	205558
医药卫生大类 Medical and Health	57588	67813	186012
财经商贸大类 Finance, Economics and Business	361327	443771	1258873
旅游大类 Tourism	4662	9862	27772
文化艺术大类 Culture and Arts	3885	5556	19005
新闻传播大类 Journalism and Communication	958	1316	4587
教育与体育大类 Education and Sport	104861	143463	398883
公安与司法大类 Public Security and Justice	62164	86248	241737
公共管理与服务大类 Public Administration and Service	229346	270892	792017
总计中:师范生 of theTotal: Students Enrolled in Teacher Training Institutions	17179	22713	42935

数变动情况
Higher Educations

单位:人
unit:person

减少学生数 Factors of Decrease								本学年初报表在校学生数 Enrolment at Beginning of Current Academic Year
毕业 Graduates	结业 Completers of Courses without Formal awards	休学 Suspended	退学 Quitting	开除 Expelled	死亡 Death	转出 Transfers to Other Inst.	其他 Others	
55011	1401	1965	3612	121	32	119	2316	342027
508927	1836	4868	7689	84	105	1815	18034	1639024
3743680	56304	69252	42707	1283	1245	28770	16497	16129535
3298120	44754	53913	78889	2214	554	33383	22323	10828898
1021846	8239	15069	28443	92	17	5692	21108	2686619
1422804	17638	27493	57588	208	31	9858	48909	3157264
700906	2372	6955	50369	33	9	127	58990	2339270
1173881	3131	26981	49323	39	7	324	125821	4110059

高等教育非学历教育学生情况
Number of Students of Non-formal Education of Higher Education

单位:人/人次
unit:person/person-time

	结业生数 Completers		注册学生数 Enrolment	
	合计 Total	其中:女 of Which:Female	合计 Total	其中:女 of Which:Female
研究生课程进修班 Postgraduate Courses	20009	11471	22711	12757
自考助学班 Classes run by Non-government HEIs for Students Preparing for Self-directed State-administered Examinations	81890	46927	166905	92959
普通预科生 College-preparatory Classes			44537	25619
进修及培训 In-service Training	8526875	3929912	7638622	3807827
一个月以内 1 Months Under	5763783	2460830	4552005	1924518
一个月至三个月以内 1 Months to 3 Months Under	1596674	901121	1556625	1106786
三个月至半年以内 3 Months to 6 Months Under	493218	246255	495720	246669
半年至一年以内 6 Months to 1 Year Under	619177	295791	947615	496609
一年及以上 1 Year and over	54023	25915	86657	33245
总计中:资格证书培训 of Total: For Certificates of Vocational Qualifications	2706287	1357599	2746245	1384147
岗位证书培训 For Certificates of Job-related Qualifications	2687647	1129752	2187020	906212
第一产业类培训 Training for first industry	388999	123873	347299	109158
第二产业类培训 Training for Second Industry	1345604	371330	1188319	321682
第三产业类培训 Training for Third Industry	6792272	3434709	6103004	3376987

高等教育学生中其他情况

Other Circumstances of Students in Higher Education

单位：人
unit：person

	共产党员 Member of C.P.A	共青团员 Member of C.Y.L	华侨 Overseas Chinese	港澳台 From HK, Macao and Taiwan	少数民族 Minorities	残疾人 Disabled
总　计 Total	**2518713**	**28317909**	**3634**	**32002**	**3395833**	**23615**
研究生 Postgraduates	732213	986732	197	7162	115321	1219
博　士 Doctor's Degree	161769	81439	68	2871	21865	141
硕　士 Master's Degree	570444	905293	129	4291	93456	1078
普通本专科 Undergraduates in Regular HEIs	956262	23771300	2335	22991	2318212	20571
本　科 Normal Courses	821456	14456207	1692	22800	1436227	10067
专　科 Short-cycle Courses	134806	9315093	643	191	881985	10504
成人本专科 Undergraduates in Adult HEIs	358934	2070463	1102	1514	506509	542
本　科 Normal Courses	243148	848121	1086	1104	233766	164
专　科 Short-cycle Courses	115786	1222342	16	410	272743	378
网络本专科生 Web-based Undergraduates	471304	1489414		335	455791	1283
本　科 Normal Courses	231924	495153		110	165575	492
专　科 Short-cycle Courses	239380	994261		225	290216	791

	毕(结)业生数 Graduates	授予学位数 Degrees Awarded	招生数 Entrants	
			合计 Total	其中:春季招生 of Which: Spring term
总　计 Total	**109894**	**20876**	**138362**	**37991**
其中:女 of Which:Female	52413	8566	64789	19574
按层次分 by Level of Training				
博士研究生 Doctor's Degrees	1453	1152	4891	161
硕士研究生 Master's Degrees	7910	6863	14348	509
本科 Normal Courses	16520	12861	29873	3511
专科 Short-cycle Courese	603		2176	391
培训 In-service Training	83408		87074	33419
分大洲 By Continent				
亚洲 Asia	63155	14101	81021	21983
非洲 Africa	11699	3586	18471	3205
欧洲 Europe	22226	1953	25528	7819
北美洲 North America	9259	737	9660	3990
南美洲 South America	1757	315	1919	469
大洋洲 Australia	1798	184	1763	525
分经费来源 By Sources of Support				
国际组织资助 Aided by IGOs	405	30	657	37
中国政府资助 Aided by Chinese Government	21437	6983	32806	3638
本国政府资助 Aided by home Government	1326	296	856	287
学校间交换 Aided by Inter-institutional Exchanges	15313	373	18884	7050
自费 Sclf-supporting	71413	13194	85159	26979

生 情 况
International Students

单位:人
unit:person

在校生数 Enrolment					
合计 Total	第一年 1st Year	第二年 2nd Year	第三年 3rd Year	第四年 4th Year	第五年及以上 5th Year and Over
243735	**125075**	**47980**	**31975**	**23159**	**15546**
104856	58000	19189	12815	9107	5745
15064	4772	3662	3128	1872	1630
34608	14046	10880	6340	2371	971
104280	28163	24157	20881	18392	12687
3156	1967	747	377	65	
86627	76127	8534	1249	459	258
153343	73948	30061	21014	16659	11661
41202	17670	9907	6997	4105	2523
32088	22094	5412	2561	1408	613
11638	8003	1577	849	648	561
3135	1839	675	327	204	90
2329	1521	348	227	135	98
1158	653	201	186	112	6
62915	31183	14985	9565	5036	2146
2791	893	629	595	402	272
20313	16813	2571	582	256	91
156558	75533	29594	21047	17353	13031

高等教育学校(机构)
Number of Educational

	合计 Total	校本部 Educational Personnel			
		小计 Subtotal	专任教师		
			小计 Subtotal	正高级 Senior	副高级 Sub-senior
总　计 Total	**2447903**	**2338964**	**1627182**	**203399**	**481635**
其中:女 of Which: Female	1184255	1133936	802298	62164	221932
普通高校 Regular HEIs	2404784	2296172	1601968	202154	473801
成人高校 Adult HEIs	43119	42792	25214	1245	7834

高等教育学校(机构)
Personnel in HEIs(Regular HEIs)

	合计 Total	校本部 Educational Personnel			
		小计 Subtotal	专任教师		
			小计 Subtotal	正高级 Senior	副高级 Sub-senior
总　计 Total	**2404784**	**2296172**	**1601968**	**202154**	**473801**
其中:女 of Which: Female	1162408	1112245	788558	61611	217792
分类型:本科院校 by Type:HEIs Offening Degree Programs	1750614	1654926	1134030	181583	356360
其中:独立学院 of Which: Independent Institutions	164913	164369	123428	13477	32556
高职(专科)院校 Higher Vocational Colleges	652580	639656	466934	20502	117170
其他机构 Other Institutions	1590	1590	1004	69	271
分举办者:1.中央部门办 by Providers:Central Ministries & Agencies	386895	334887	199787	57348	73380
教育部 Under MOE	296949	258838	152372	43047	57606
其他部门 Other Coutral Agencies	89946	76049	47415	14301	15774
2.地方公办 Local Authorities	1586531	1532640	1090669	116793	327162
教育部门 Ed. Dept.	1254498	1206741	857245	104477	263344
其他部门 Non-Ed. Dept.	313258	307276	221402	12022	59790
地方企业 Local Enterprises	18775	18623	12022	294	4028
3.民办 Non-government	431358	428645	311512	28013	73259

教职工情况(总计)
Personnel in HEIs(Total)

单位:人
unit:person

教职工数 Educational Personnel								
教职工 in Main Campus						研机构人员 Personnel in Affiliated Research Org.	校办企业职工 Employees in School-run Factories & Farms	其他附设机构人员 Personnel in Others Subsidiary Units
Full-time Teachers			行政人员 Adm. Personnel	教辅人员 Supporting Staff	工勤人员 Workers			
中级 Middle	初级 Junior	未定职级 No-ranking						
647259	193147	101742	339802	222686	149294	31470	23526	53943
350946	111790	55466	162839	125677	43122	12280	7167	30872
636438	188893	100682	331482	216513	146209	31382	23365	53865
10821	4254	1060	8320	6173	3085	88	161	78

教职工情况(普通高校)
Number of Educational

单位:人
unit:person

教职工数 Educational Personnel								
教职工 in Main Campus						研机构人员 Personnel in Affiliated Research Org.	校办企业职工 Employees in School-run Factories & Farms	其他附设机构人员 Personnel in Others Subsidiary Units
Full-time Teachers			行政人员 Adm. Personnel	教辅人员 Supporting Staff	工勤人员 Workers			
中级 Middle	初级 Junior	未定职级 No-ranking						
636438	**188893**	**100682**	**331482**	**216513**	**146209**	**31382**	**23365**	**53865**
344985	109275	54895	159109	122222	42356	12222	7099	30842
445538	96650	53899	247345	167090	106461	30222	19326	46140
50322	18265	8808	21341	10117	9483	97	139	308
190446	92080	46736	83870	49218	39634	1160	4039	7725
454	163	47	267	205	114			
59595	5079	4385	60695	47628	26777	21521	9211	21276
45248	3041	3430	48464	36233	21769	17059	8508	12544
14347	2038	955	12231	11395	5008	4462	703	8732
457512	128328	60874	213111	138625	90235	9229	12888	31774
359447	86361	43616	167560	111701	70235	8261	11320	28176
92715	40173	16702	42499	25071	18304	927	1467	3588
5350	1794	556	3052	1853	1696	41	101	10
119331	55486	35423	57676	30260	29197	632	1266	815

高等教育学校(机构)
Number of Educational

	合计 Total	校本部 Educational Personnel			
		小计 Subtotal	专任教师		
			小计 Subtotal	正高级 Senior	副高级 Sub-senior
总　计 Total	**43119**	**42792**	**25214**	**1245**	**7834**
其中:女 of which: Female	21847	21691	13740	553	4140
分类型:职工高等学校 by type:Workers' Colleges	16150	16044	9747	241	3112
农民高等学校 Peasants' College	136	136	91		14
管理干部学院 Institutes for Administration	5572	5527	3316	395	1045
教育学院 Educational College	6030	5998	4085	185	1369
独立函授学院 Independent Correspondence Colleges					
广播电视大学 Radio/Tv Universities	14542	14398	7564	421	2180
其他机构 Other Institutions	689	689	411	3	114
分举办者:1.中央部门办	1179	1165	503	49	225
by Providers:Central Ministries & Agencies					
教育部 Under MOE	514	500	150	13	77
其他部门 Other Coutral Agencies	665	665	353	36	148
2.地方公办 Local Authorities	41940	41627	24711	1196	7609
教育部门 Ed. Dept.	20373	20215	11647	580	3496
其他部门 Non-Ed. Dept.	18289	18149	11160	581	3403
地方企业 Local Enterprises	3278	3263	1904	35	710
3.民办 Non-government					

教职工情况(成人高校)
Personnel in HEIs(Adult HEIs)

单位:人
unit:person

教职工数 Educational Personnel								
教职工 in Main Campus						研机构人员 Personnel in Affiliated Research Org.	校办企业职工 Employees in School-run Factories & Farms	其他附设机构人员 Personnel in Others Subsidiary Units
Full-time Teachers			行政人员 Adm. Personnel	教辅人员 Supporting Staff	工勤人员 Workers			
中级 Middle	初级 Junior	未定职级 No-ranking						
10821	**4254**	**1060**	**8320**	**6173**	**3085**	**88**	**161**	**78**
5961	2515	571	3730	3455	766	58	68	30
4495	1570	329	2943	1896	1458	7	71	28
41	36		20	16	9			
1291	382	203	1088	613	510	17		28
1632	796	103	866	760	287	18		14
3185	1367	411	3247	2817	770	46	90	8
177	103	14	156	71	51			
188	28	13	295	286	81	14		
56		4	111	217	22	14		
132	28	9	184	69	59			
10633	4226	1047	8025	5887	3004	74	161	78
5017	2093	461	4207	3324	1037	45	89	24
4788	1843	545	3262	2115	1612	29	57	54
828	290	41	556	448	355		15	

研究生指导

Number of Supervisors

	合计 Total	29 岁及以下 29 and Under	30-34 岁 30 to 34	35-39 岁 35 to 39
总　计 Total	**378947**	**1664**	**24913**	**64054**
其中:女 of Which: Female	116381	594	7943	22382
按专业技术职务分:正高级 by Rank:Senior	182084	190	1832	9597
副高级 Sub-senior	171923	369	13351	46082
中级 Middle	24940	1105	9730	8375
分指导关系:博士导师	18677	37	390	1149
by Level of Programs Supervised:Supervisors of Doctoral Programs				
其中:女 of Which: Female	3093	4	68	199
硕士导师 Supervisors of Master's Degree Programs	289127	1593	22599	55983
其中:女 of Which: Female	100200	585	7546	20921
博士、硕士导师	71143	34	1924	6922
Supervisors of Doc. & Mas. Degree Programs				
其中:女 of Which: Female	13088	5	329	1262

研究生指导教

Number of Supervisors of

	合计 Total	29 岁及以下 29 and Under	30-34 岁 30 to 34	35-39 岁 35 to 39
总　计 Total	**363684**	**1491**	**24488**	**62188**
其中:女 of Which: Female	113341	573	7847	21907
按专业技术职务分:正高级 by Rank:Senior	171273	47	1789	9107
副高级 Sub-senior	167547	346	12989	44733
中级 Middle	24864	1098	9710	8348
分指导关系:博士导师	15957	28	377	1082
by Level of Programs Supervised:Supervisors of Doctoral Programs				
其中:女 of Which: Female	2692	4	66	189
硕士导师 Supervisors of Master's Degree Programs	277948	1429	22204	54252
其中:女 of Which: Female	97731	564	7452	20461
博士、硕士导师	69779	34	1907	6854
Supervisors of Doc. & Mas. Degree Programs				
其中:女 of Which: Female	12918	5	329	1257

教师情况(总计)
of Postgraduate Programs (Total)

单位:人
unit:person

40-44 岁 40 to 44	45-49 岁 45 to 49	50-54 岁 50 to 54	55-59 岁 55 to 59	60-64 岁 60 to 64	65 岁及以上 65 and Over
76242	**70463**	**89112**	**32631**	**13560**	**6308**
27854	23793	23905	6722	2372	816
24285	37633	65109	26071	11945	5422
48501	31639	23317	6339	1545	780
3456	1191	686	221	70	106
2210	2935	5558	2793	1913	1692
471	667	879	381	265	159
63258	54645	61583	20725	6681	2060
24971	20131	19163	5018	1428	437
10774	12883	21971	9113	4966	2556
2412	2995	3863	1323	679	220

师情况(普通高校)
Postgraduate Programs (Regular HEIsl)

单位:人
unit:person

40-44 岁 40 to 44	45-49 岁 45 to 49	50-54 岁 50 to 54	55-59 岁 55 to 59	60-64 岁 60 to 64	65 岁及以上 65 and Over
73324	**67245**	**85053**	**30957**	**12986**	**5952**
27135	23097	23204	6497	2290	791
22629	35180	61488	24548	11407	5078
47247	30882	22883	6189	1510	768
3448	1183	682	220	69	106
1946	2443	4622	2323	1670	1466
417	571	748	320	235	142
60840	52205	58845	19722	6453	1998
24346	19574	18649	4872	1383	430
10538	12597	21586	8912	4863	2488
2372	2952	3807	1305	672	219

分学科专任教师数(总计)
Number of Full-time Teachers by Field of Study (Total)

单位:人
unit:person

	合计 Total	正高级 Senior	副高级 Sub-Senior	中 级 Middle	初 级 Junior	未定职级 No-Ranking
总 计 Total	**1627182**	**203399**	**481635**	**647259**	**193147**	**101742**
其中:女 of Which: Female	802298	62164	221932	350946	111790	55466
哲学 Philosophy	40358	5325	12189	15545	4597	2702
经济学 Economics	90435	10749	27483	35072	10870	6261
法学 Law	76837	9125	21950	31963	8959	4840
教育学 Education	138612	10651	39122	56717	21971	10151
其中:体育 of which:Sport	64737	4697	20131	26886	9426	3597
文学 Literature	224460	17853	59756	105391	28654	12806
其中:外语 of which:Foreign Language	128865	7358	31967	67279	15902	6359
历史学 History	17084	3109	5476	6235	1431	833
理学 Science	182631	32707	60894	65462	14688	8880
工学 Engineering	443880	60520	139834	172901	45132	25493
其中:计算机 of which:Computer	96669	8231	28240	44635	11047	4516
农学 Agriculture	39560	7519	13120	13613	3302	2006
其中:林学 of Which:Forestry	7250	1136	2311	2613	796	394
医学 Medicine	125221	22958	38779	42134	14438	6912
管理学 Administrators	138388	14450	38843	55727	18451	10917
艺术学 Art	109716	8433	24189	46499	20654	9941

注:不包含民办的其他高等教育机构数据
Note:Data of Non-government HEIs are not included.

分学科专任教师数(普通高校)
Number of Full-time Teachers by Field of Study (Regular HEIs)

单位:人
unit:person

	合计 Total	正高级 Senior	副高级 Sub-Senior	中级 Middle	初级 Junior	未定职级 No-Ranking
总计 Total	**1601968**	**202154**	**473801**	**636438**	**188893**	**100682**
其中:女 of Which: Female	788558	61611	217792	344985	109275	54895
哲学 Philosophy	39480	5259	11881	15191	4492	2657
经济学 Economics	88056	10554	26671	34108	10549	6174
法学 Law	75218	8985	21458	31283	8743	4749
教育学 Education	135782	10514	38282	55580	21380	10026
其中:体育 of which:Sport	63827	4680	19917	26467	9204	3559
文学 Literature	220460	17685	58508	103617	27954	12696
其中:外语 of which:Foreign Language	127126	7302	31442	66438	15625	6319
历史学 Hiotory	16763	3084	5342	6115	1395	827
理学 Science	180063	32594	60009	64374	14283	8803
工学 Engineering	437642	60351	137986	170081	44036	25188
其中:计算机 of which:Computer	94390	8165	27655	43451	10672	4447
农学 Agriculture	39210	7506	13024	13481	3224	1975
其中:林学 of Which:Forestry	7209	1135	2301	2596	784	393
医学 Medicine	124446	22908	38500	41814	14341	6883
管理学 Administrators	136154	14300	38169	54739	18097	10849
艺术学 Art	108694	8414	23971	46055	20399	9855

分学科专任教师数（成人高校）
Number of Full-time Teachers by Field of Study（Adult HEIs）

单位：人
unit：person

	合计 Total	正高级 Senior	副高级 Sub-Senior	中级 Middle	初级 Junior	未定职级 No-Ranking
总计 Total	**25214**	**1245**	**7834**	**10821**	**4254**	**1060**
其中：女 of Which：Female	13740	553	4140	5961	2515	571
哲学 Philosophy	878	66	308	354	105	45
经济学 Economics	2379	195	812	964	321	87
法学 Law	1619	140	492	680	216	91
教育学 Education	2830	137	840	1137	591	125
其中：体育 of which：Sport	910	17	214	419	222	38
文学 Literature	4000	168	1248	1774	700	110
其中：外语 of which：Foreign Language	1739	56	525	841	277	40
历史学 History	321	25	134	120	36	6
理学 Science	2568	113	885	1088	405	77
工学 Engineering	6238	169	1848	2820	1096	305
其中：计算机 of which：Computer	2279	66	585	1184	375	69
农学 Agriculture	350	13	96	132	78	31
其中：林学 of Which：Forestry	41	1	10	17	12	1
医学 Medicine	775	50	279	320	97	29
管理学 Administrators	2234	150	674	988	354	68
艺术学 Art	1022	19	218	444	255	86

分学科专任教师数(民办的其他高等教育机构)
Number of Full-time Teachers by Field of Study (Other Non-government HEIs)

单位:人
unit:person

	合计 Total	正高级 Senior	副高级 Sub-Senior	中级 Middle	初级 Junior	未定职级 No-Ranking
总计 Total	**10326**	**827**	**1911**	**3438**	**1646**	**2504**
其中:女 of Which: Female	5280	277	868	1803	938	1394
哲学 Philosophy	335	44	93	104	51	43
经济学 Economics	793	80	238	280	98	97
法学 Law	358	36	100	112	58	52
教育学 Education	1025	75	177	278	208	287
其中:体育 of which:Sport	394	13	41	110	101	129
文学 Literature	2610	131	366	1007	392	714
其中:外语 of which:Foreign Language	1582	64	175	562	268	513
历史学 History	122	13	28	34	20	27
理学 Science	570	64	148	150	81	127
工学 Engineering	2241	138	360	882	329	532
其中:计算机 of which:Computer	1204	51	181	531	149	292
农学 Agriculture	64	7	19	12	17	9
其中:林学 of Which:Forestry	14	1	3	3	5	2
医学 Medicine	343	48	81	98	64	52
管理学 Administrators	830	87	172	260	135	176
艺术学 Art	1035	104	129	221	193	388

专任教师、聘请校外教师学历情况(总计)
Number of Academic Qualifications of Full-time and Part-time Teachers in HEIs(Total)

单位:人
unit:person

	合计 Total	博士 Doctor's Degrees	硕士 Master's Degrees	本科 Normal Courses	专科及以下 Short-cycle Courses and Under
1.专任教师 Full-time Teachers	1627182	367089	587849	651672	20572
其中:女 of Which: Female	802298	130975	338701	325164	7458
正高级 Senior	203399	107383	33934	60901	1181
副高级 Sub-senior	481635	137655	120377	218968	4635
中　级 Middle	647259	106836	289204	243793	7426
初　级 Junior	193147	1812	94235	93313	3787
未定职级 No-ranking	101742	13403	50099	34697	3543
2.聘请校外教师 Part-time Teachers	498823	71224	156735	243156	27708
其中:女 of Which: Female	193118	17666	68810	98352	8290
外籍教师 Foreign Teachers	16958	8071	4356	4404	127
其他高校教师 Other HEI Teachers	134490	30107	52495	49344	2544
正高级 Senior	85961	36861	21262	26273	1565
副高级 Sub-senior	143683	20511	43177	74803	5192
中　级 Middle	157061	9416	55116	83297	9232
初　级 Junior	43353	579	15606	24278	2890
未定职级 No-ranking	68765	3857	21574	34505	8829

注:不包含民办的其他高等教育机构数据
Note: Data of Non-government HEIs are not included.

专任教师、聘请校外教师学历情况(普通高校)
Number of Academic Qualifications of Full-time and Part-time Teachers in HEIs(Regular HEIs)

单位:人
unit:person

	合计 Total	博士 Doctor's Degrees	硕士 Master's Degrees	本科 Normal Courses	专科及以下 Short-cycle Courses and Under
1.专任教师 Full-time Teachers	1601968	366289	581615	634501	19563
其中:女 of Which: Female	788558	130568	334914	315966	7110
正高级 Senior	202154	107199	33621	60155	1179
副高级 Sub-senior	473801	137320	118769	213206	4506
中　级 Middle	636438	106587	286269	236665	6917
初　级 Junior	188893	1805	93253	90289	3546
未定职级 No-ranking	100682	13378	49703	34186	3415
2.聘请校外教师 Part-time Teachers	465340	70754	149994	217685	26907
其中:女 of Which: Female	176750	17515	65357	85919	7959
外籍教师 Foreign Teachers	16948	8071	4354	4396	127
其他高校教师 Other HEI Teachers	127634	29833	50480	44963	2358
正高级 Senior	84811	36743	20858	25651	1559
副高级 Sub-senior	133388	20287	41227	66791	5083
中　级 Middle	141634	9317	51986	71463	8868
初　级 Junior	38444	559	14863	20332	2690
未定职级 No-ranking	67063	3848	21060	33448	8707

专任教师、聘请校外教师学历情况(成人高校)
Number of Academic Qualifications of Full-time and Part-time Teachers in HEIs(Adult HEIs)

单位:人
unit:person

	合计 Total	博士 Doctor's Degrees	硕士 Master's Degrees	本科 Normal Courses	专科及以下 Short-cycle Courses and Under
1.专任教师 Full-time Teachers	25214	800	6234	17171	1009
其中:女 of Which: Female	13740	407	3787	9198	348
正高级 Senior	1245	184	313	746	2
副高级 Sub-senior	7834	335	1608	5762	129
中　级 Middle	10821	249	2935	7128	509
初　级 Junior	4254	7	982	3024	241
未定职级 No-ranking	1060	25	396	511	128
2.聘请校外教师 Part-time Teachers	33483	470	6741	25471	801
其中:女 of Which: Female	16368	151	3453	12433	331
外籍教师 Foreign Teachers	10		2	8	
其他高校教师 Other HEI Teachers	6856	274	2015	4381	186
正高级 Senior	1150	118	404	622	6
副高级 Sub-senior	10295	224	1950	8012	109
中　级 Middle	15427	99	3130	11834	364
初　级 Junior	4909	20	743	3946	200
未定职级 No-ranking	1702	9	514	1057	122

专任教师、聘请校外教师学历情况(民办的其他高等教育机构)
Number of Academic Qualifications of Full-time and Part-time Teachers in HEIs(Other Non-government HEIs)

单位:人
unit:person

	合计 Total	博士 Doctor's Degrees	硕士 Master's Degrees	本科 Normal Courses	专科及以下 Short-cycle Courses and Under
1.专任教师 Full-time Teachers	10326	334	1986	7077	929
其中:女 of Which: Female	5280	103	1053	3677	447
正高级 Senior	827	124	224	462	17
副高级 Sub-senior	1911	107	476	1221	107
中　级 Middle	3438	69	690	2470	209
初　级 Junior	1646	3	224	1223	196
未定职级 No-ranking	2504	31	372	1701	400
2.聘请校外教师 Part-time Teachers	9943	940	3151	5448	404
其中:女 of Which: Female	4194	250	1320	2463	161
外籍教师 Foreign Teachers	31	2	13	16	
其他高校教师 Other HEI Teachers	2278	317	915	1018	28
正高级 Senior	1483	426	489	537	31
副高级 Sub-senior	2920	377	1064	1426	53
中　级 Middle	3453	114	1110	2077	152
初　级 Junior	1009	7	262	695	45
未定职级 No-ranking	1078	16	226	713	123

专任教师年龄情况(总计)
Number of Full-time Teachers by Age (Total)

单位:人
unit:person

	合计 Total	29岁及以下 29 and Under	30-34岁 30 to 34	35-39岁 35 to 39	40-44岁 40 to 44	45-49岁 45 to 49	50-54岁 50 to 54	55-59岁 55 to 59	60-64岁 60 to 64	65岁及以上 65 and Over
总　计 Total	**1627182**	**212125**	**329971**	**351458**	**242015**	**189698**	**196854**	**70505**	**23629**	**10927**
其中:女 of Which: Female	802298	129797	185071	187245	115181	83732	75940	17514	5910	1908
正高级 Senior	203399	55	1480	9528	26846	43250	71634	31039	13787	5780
副高级 Sub-senior	481635	1032	25980	103502	115670	97986	94448	30313	8163	4541
中　级 Middle	647259	48485	215305	212178	90385	43669	27599	7664	1465	509
初　级 Junior	193147	97315	63593	19643	6434	3257	2039	775	71	20
未定职级 No-ranking	101742	65238	23613	6607	2680	1536	1134	714	143	77

注:不含民办的其他高等教育机构数据
Note: Data of Non-government HEIs are not included.

专任教师年龄情况(普通高校)
Number of Full-time Teachers by Age (Regular HEIs)

单位:人
unit:person

	合计 Total	29岁及以下 29 and Under	30-34岁 30 to 34	35-39岁 35 to 39	40-44岁 40 to 44	45-49岁 45 to 49	50-54岁 50 to 54	55-59岁 55 to 59	60-64岁 60 to 64	65岁及以上 65 and Over
总　计 Total	**1601968**	**208985**	**325117**	**346789**	**237821**	**186220**	**193369**	**69178**	**23573**	**10916**
其中:女 of Which: Female	788558	127774	182189	184586	112917	81875	74167	17239	5903	1908
正高级 Senior	202154	55	1479	9499	26671	42940	71171	30798	13764	5777
副高级 Sub-senior	473801	1024	25768	102379	113789	96084	92485	29599	8139	4534
中　级 Middle	636438	47924	212239	209209	88541	42567	26653	7340	1457	508
初　级 Junior	188893	95484	62209	19141	6174	3121	1938	736	70	20
未定职级 No-ranking	100682	64498	23422	6561	2646	1508	1122	705	143	77

专任教师年龄情况(成人高校)
Number of Full-time Teachers by Age (Adult HEIs)

单位:人
unit:person

	合计 Total	29岁及以下 29 and Under	30-34岁 30 to 34	35-39岁 35 to 39	40-44岁 40 to 44	45-49岁 45 to 49	50-54岁 50 to 54	55-59岁 55 to 59	60-64岁 60 to 64	65岁及以上 65 and Over
总 计 Total	**25214**	**3140**	**4854**	**4669**	**4194**	**3478**	**3485**	**1327**	**56**	**11**
其中:女 of Which: Female	13740	2023	2882	2659	2264	1857	1773	275	7	
正高级 Senior	1245		1	29	175	310	463	241	23	3
副高级 Sub-senior	7834	8	212	1123	1881	1902	1963	714	24	7
中 级 Middle	10821	561	3066	2969	1844	1102	946	324	8	1
初 级 Junior	4254	1831	1384	502	260	136	101	39	1	
未定职级 No-ranking	1060	740	191	46	34	28	12	9		

专任教师年龄情况(民办的其他高等教育机构)
Number of Full-time Teachers by Age (Other Non-government HEIs)

单位:人
unit:person

	合计 Total	29岁及以下 29 and Under	30-34岁 30 to 34	35-39岁 35 to 39	40-44岁 40 to 44	45-49岁 45 to 49	50-54岁 50 to 54	55-59岁 55 to 59	60-64岁 60 to 64	65岁及以上 65 and Over
总 计 Total	**10326**	**2319**	**2209**	**1730**	**1514**	**871**	**657**	**479**	**279**	**268**
其中:女 of Which: Female	5280	1458	1211	895	720	381	274	188	90	63
正高级 Senior	827		24	47	95	125	149	140	113	134
副高级 Sub-senior	1911	25	104	287	361	397	324	217	109	87
中 级 Middle	3438	499	874	780	773	230	124	77	44	37
初 级 Junior	1646	659	507	239	145	56	22	12	6	
未定职级 No-ranking	2504	1136	700	377	140	63	38	33	7	10

专任教师、聘请校外教

Number of Full-time and Part-time Teachers

	专任教师中按授课内容分 Full-time Teachers Classified by Teaching Content			
	合计 Total	公共课基础课 Common Required Course	专业课 Special Subjects	
			小计 Subtotal	其中:双师型 of Which: Double-teacher Type
总　计 Total	**1564418**	**391806**	**1172612**	**287908**
其中:女 of Which: Female	774278	210855	563423	145615
正高级 Senior	195200	32238	162962	30491
副高级 Sub-senior	465376	109426	355950	109544
中级 Middle	622492	168367	454125	147873
初级 Junior	185621	55229	130392	
未定职级 No-ranking	95729	26546	69183	
普通高校 Regular HEIs	**1539849**	**384664**	**1155185**	**283063**
其中:女 of Which: Female	760848	206876	553972	142983
正高级 Senior	193983	31933	162050	30160
副高级 Sub-senior	457739	107338	350401	107596
中级 Middle	611937	165380	446557	145307
初级 Junior	181495	53801	127694	
未定职级 No-ranking	94695	26212	68483	
成人高校 Adult HEIs	**24569**	**7142**	**17427**	**4845**
其中:女 of Which: Female	13430	3979	9451	2632
正高级 Senior	1217	305	912	331
副高级 Sub-senior	7637	2088	5549	1948
中级 Middle	10555	2987	7568	2566
初级 Junior	4126	1428	2698	
未定职级 No-ranking	1034	334	700	

注:不含民办的其他高等教育机构数据。

Note: Data of Non-government HEIs are not included.

专任教师、聘请校外教

Data on Academic Qualification of Full-time and Invited Teachers

	专任教师中按授课内容分 Full-time Teachers Classified by Teaching Content			
	合计 Total	公共课基础课 Common Required Course	专业课 Special Subjects	
			小计 Subtotal	其中:双师型 of Which: Double-teacher Type
总　计 Total	**10198**	**3525**	**6673**	**1169**
其中:女 of Which: Female	5210	1847	3363	546
正高级 Senior	806	268	538	136
副高级 Sub-senior	1885	649	1236	382
中级 Middle	3400	1344	2056	651
初级 Junior	1640	561	1079	
未定职级 No-ranking	2467	703	1764	

师岗位分类情况(总计)

Classified by Teaching Content in HEIs (Total)

单位:人
unit:person

聘请校外教师按授课内容分 Part-time Teachers Classfied by Teaching Content				专任教师中不任课人数 Full-time Teachers by Non-teaching				
合计 Total	公共课基础课 Common Required Course	专业课 Special Subjects		合计 Total	进修 In-service	科研 Research	病休 Sick Leave	其他 Others
		小计 Subtotal	其中:双师型 of Which: Double-teacher Type					
498823	**89131**	**409692**	**90758**	**62764**	**24035**	**12297**	**2260**	**24172**
193118	40049	153069	36098	28020	11498	4089	1423	11010
85961	10949	75012	12244	8199	1939	3710	151	2399
143683	25007	118676	35780	16259	7585	3241	544	4889
157061	29150	127911	42734	24767	11179	4184	1048	8356
43353	9982	33371		7526	2511	438	401	4176
68765	14043	54722		6013	821	724	116	4352
465340	**78007**	**387333**	**85537**	**62119**	**24004**	**12258**	**2236**	**23621**
176750	34526	142224	33492	27710	11481	4078	1408	10743
84811	10624	74187	11997	8171	1939	3695	151	2386
133388	21408	111980	33751	16062	7577	3230	543	4712
141634	24220	117414	39789	24501	11166	4173	1031	8131
38444	8240	30204		7398	2502	436	395	4065
67063	13515	53548		5987	820	724	116	4327
33483	**11124**	**22359**	**5221**	**645**	**31**	**39**	**24**	**551**
16368	5523	10845	2606	310	17	11	15	267
1150	325	825	247	28		15		13
10295	3599	6696	2029	197	8	11	1	177
15427	4930	10497	2945	266	13	11	17	225
4909	1742	3167		128	9	2	6	111
1702	528	1174		26	1			25

师岗位分类情况(民办的其他高等教育机构)

Classified by Teaching Content Invited from Other Institutions

单位:人
unit:person

聘请校外教师按授课内容分 Part-time Teachers Classfied by Teaching Content				专任教师中不任课人数 Full-time Teachers by Non-teaching				
合计 Total	公共课基础课 Common Required Course	专业课 Special Subjects		合计 Total	进修 In-service	科研 Research	病休 Sick Leave	其他 Others
		小计 Subtotal	其中:双师型 of Which: Double-teacher Type					
9943	**3181**	**6762**	**897**	**128**	**17**		**5**	**106**
4194	1395	2799	348	70	11		5	54
1483	475	1008	152	21				21
2920	916	2004	367	26				26
3453	1124	2329	378	38	6		3	29
1009	347	662		6	4			2
1078	319	759		37	7		2	28

专任教师
Changes of Full-time

	上学年初报表专任教师数 Number of Full-time Teachers at Beginning of Previous Academic Year	增加专任 Factors of			
		合计 Total	录用毕业生 New Recruits from Current Year Graduates		
			小计 Subtotal	其中:of Which:	
				研究生 Completing Doc. & Mas. Deg.	本科 Completing Normal Courses
总　计 Total	**1602811**	**105860**	**53568**	**45051**	**3894**
其中:女 of Which: Female	780786	55696	29849	24940	1604
普通高校 Regular HEIs	1573592	104976	53154	44765	3894
其中:女 of Which: Female	765110	55233	29619	24778	1604
成人高校 Adult HEIs	29219	884	414	286	
其中:女 of Which: Female	15676	463	230	162	

专任教师
Changes of Full-time Teachers in HEIs

	上学年初报表专任教师数 Number of Full-time Teachers at Beginning of Previous Academic Year	增加专任 Factors of			
		合计 Total	录用毕业生 New Recruits from Current Year Graduates		
			小计 Subtotal	其中:of Which:	
				研究生 Completing Doc. & Mas. Deg.	本科 Completing Normal Courses
总　计 Total	**11183**	**910**	**280**	**49**	**10**
其中:女 of Which: Female	5629	467	164	30	2

变动情况(总计)
Teachers in HEIs (Total)

单位:人
unit:person

教师数 Increase				减少专任教师数 Factors of Decrease				本学年初报表专任教师数 Number of Full-time Teachers at Beginning of Current Academic Year
外单位教师调入 Teachers Recruited from Other Units		校内、外非教师调入 Non-teaching Personnel Changed into Teachers		合计 Total	自然减员 Retired from their Posts during Previous Academic Year	调离教师岗位 Transferred from Teaching to Non-teaching Posts	其他 Others	
小计 Subtotal	其中:高校调入 of Which: fromReg. HEIs	小计 Subtotal	其中:本校调整 of Which: with Change of Status in Their Own Institutions					
26606	**13009**	**25686**	**13291**	**81489**	**26535**	**17246**	**37708**	**1627182**
12662	6016	13185	7260	34184	10273	6984	16927	802298
26395	**12923**	**25427**	**13134**	**76600**	**25932**	**17005**	**33663**	**1601968**
12548	5972	13066	7187	31785	10035	6887	14863	788558
211	**86**	**259**	**157**	**4889**	**603**	**241**	**4045**	**25214**
114	44	119	73	2399	238	97	2064	13740

变动情况(民办的其他高等教育机构)
(Other Non-government HEIs)

单位:人
unit:person

教师数 Increase				减少专任教师数 Factors of Decrease				本学年初报表专任教师数 Number of Full-time Teachers at Beginning of Current Academic Year
外单位教师调入 Teachers Recruited from Other Units		校内、外非教师调入 Non-teaching Personnel Changed into Teachers		合计 Total	自然减员 Retired from their Posts during Previcus Academic Year	调离教师岗位 Transferred from Teaching to Non-teaching Posts	其他 Others	
小计 Subtotal	其中:高校调入 of Which: fromReg. HEIs	小计 Subtotal	其中:本校调整 of Which: with Change of Status in Their Own Institutions					
417	**40**	**213**	**68**	**1767**	**533**	**393**	**841**	**10326**
195	31	108	34	816	214	150	452	5280

资产
Condition of Fixed Assets

	占地面积(平方米) Areas Occupied (m^2)			图书音像资料情况 Audio-visual ed.Resources	
				图书(万册) Books&Magazines in Libraries (10,000 Volume)	
	合计 Total	其中:绿化用地面积 of Which: Green Areas	其中:运动场地面积 of Which: Sports Areas	合计 Total	当年新增 New Added in Current Year
学校产权 Owned by HEIs	**1768975045.54**	**573849054.66**	**133039565.28**	**252753.22**	**11677.70**
非学校产权中独立使用 Not Owned by HEIs	246417405.42	53434752.26	14649071.01	6454.97	277.46
普通高校 Regular HEIs					
学校产权 Owned by HEIs	1748689255.13	569214785.48	131022507.65	249592.85	11606.24
非学校产权中独立使用 Not Owned by HEIs	222365890.24	47713842.49	11529680.16	2723.87	218.14
成人高校 Adult HEIs					
学校产权 Owned by HEIs	20285790.41	4634269.18	2017057.63	3160.36	71.46
非学校产权中独立使用 Not Owned by HEIs	24051515.18	5720909.77	3119390.85	3731.10	59.33

注:不包含民办的其他高等教育机构数据。
Note:Data of Non-government HEIs are not included。

资产情况
Condition of Fixed Assets

	占地面积(平方米) Areas Occupied (m^2)			图书音像资料情况 Audio-visual ed.Resources	
				图书(万册) Books&Magazines in Libraries (10,000 Volume)	
	合计 Total	其中:绿化用地面积 of Which: Green Areas	其中:运动场地面积 of Which: Sports Areas	合计 Total	当年新增 New Added in Current Year
学校产权 Owned by HEIs	**5569905.24**	**1171336.58**	**529939.86**	**1133.48**	**47.87**
非学校产权中独立使用 Not Owned by HEIs	3785851.27	709781.86	494158.19	286.98	13.34

情况(总计)
and Teaching Resources(Total)

计算机数(台) PC (Set)			教室(间) Classroom(Room)		固定资产值(万元) Fixed Assets (10000 yuan)				
合计 Total	其中:教学用计算机 No. of Computers Used for Instruction		合计 Total	其中:网络多媒体教室 of Which: Network Multimedia Classroom	计 Total	其中:教学、科研仪器设备资产 of which: Teaching Equipment & Instruments		其中:信息化设备资产值 of Which: Assets of Information Facilities	
	小计 Subtotal	其中:平板电脑 of Which: Tablet PC				小计 Subtotal	当年新增 New Added in Current Year	小计 Subtotal	其中:软件 of Which: Software
11733886	**8874309**	**97568**	**640694**	**342676**	**196438133.05**	**45003240.12**	**5446860.05**	**12745834.59**	**2309616.01**
342664	241700	2852	109249	51693	12708175.62	925233.09	67299.69		
11542614	8733408	94388	624215	335908	194500634.90	44621105.35	5418793.83	12552439.75	2285311.39
72352	60247	569	81173	38007	11124059.06	533101.62	43246.55		
191272	140901	3180	16479	6768	1937498.15	382134.77	28066.23	193394.84	24304.61
270312	181453	2283	28076	13686	1584116.57	392131.47	24053.15		

(民办的其他高等教育机构)
and Teaching Resources(Other Non-government HEIs)

计算机数(台) PC (Set)			教室(间) Classroom(Room)		固定资产值(万元) Fixed Assets (10000 yuan)				
合计 Total	其中:教学用计算机 No. of Computers Used for Instruction		合计 Total	其中:网络多媒体教室 of Which: Network Multimedia Classroom	计 Total	其中:教学、科研仪器设备资产 of which: Teaching Equipment & Instruments		其中:信息化设备资产值 of Which: Assets of Information Facilities	
	小计 Subtotal	其中:平板电脑 of Which: Tablet PC				小计 Subtotal	当年新增 New Added in Current Year	小计 Subtotal	其中:软件 of Which: Software
66130	**53663**	**3129**	**5020**	**1508**	**1001397.48**	**87652.63**	**5524.66**	**23881.36**	**3783.74**
13364	10569	520	5844	1794	110152.49	30793.89	1288.24		

校舍情况(总计)

Conditions of School Buidings (Total)

单位:平方米
unit:m²

	学校产权校舍建筑面积 Floor Area of School Building Owned by HEIs				正在施工校舍建筑面积 Floor Area Under Construction	非学校产权中独立使用校舍建筑面积 Floor Area of School Building Not Owned by HEIs
	合计 Total	其中:危房 of Which: Dilapidated Buildings	其中:当年新增校舍 of Which: New Added in Current Year	其中:被外单位借用 of Which: Floor Space Hired by Other Schools or Units		
总　计 Total	**840176099.70**	**1325958.48**	**25701348.50**	**1417610.80**	**60583871.84**	**111019137.21**
一、教学及辅助用房 Buildings for Instraction and Ancillary Uses	**372789777.59**	**519310.57**	**10807167.70**	**481530.45**	**31957637.21**	**50574928.16**
教室 Classroom	136642949.47	162778.51	3040130.59	173550.75	8173896.61	21362639.57
图书馆 Library	44548013.83	48891.84	1300057.03	23334.43	4416118.88	5247244.91
实验室、实习场所 Lab. And Practice Facilities	140086620.14	263196.85	4823229.55	228352.65	11539473.84	18436112.55
专用科研用房 Office Special for Research	19439730.26	23250.54	787937.95	26512.62	4197826.61	1116808.19
体育馆 Gymnasium	24117270.68	1479.90	579700.88	19673.00	2749792.13	3137542.59
会堂 Hall	7955193.21	19712.93	276111.70	10107.00	880529.14	1274580.35
二、行政办公用房 Administritive	**47535433.82**	**94017.36**	**1072313.34**	**49227.41**	**2449616.11**	**6293754.02**
三、生活用房 Residential Buildings	**310218797.33**	**509243.78**	**8521259.8**	**578507.90**	**17419969.07**	**52146742.25**
学生宿舍(公寓)Students'Dormitories	230065183.02	284748.37	5994796.56	393294.80	10954455.05	41434217.78
学生食堂 Students'Dining Halls	32934673.77	14284.94	667807.14	38177.12	1573864.07	5137748.24
教工宿舍(公寓) Apartments for Single	19432665.25	133278.14	1279487.84	7535.80	3451494.53	2968145.38
教工食堂 Dining Halls for Teachers, Staff and Workers	1872199.87	627.00	36608.04	300.00	63923.11	315453.36
生活福利及附属用房 Residential, Welfare and Anxiliary Buildings	25914075.42	76305.33	542560.22	139200.18	1376232.31	2291177.49
四、教工住宅 Residential Quarters for Teachers &Workers	**90547232.59**	**170373.64**	**3974708.68**	**74122.22**	**5207005.03**	
五、其他用房 Other	**19084858.37**	**33013.13**	**1325898.98**	**234222.82**	**3549644.42**	**2003712.78**

注:不包含民办的其他高等教育机构数据。

Note:Data of Non-government HEIs are not included.

校舍情况(普通高校)
Conditions of School Buidings (Regional HEIs)

单位:平方米
unit:m²

	学校产权校舍建筑面积 Floor Area of School Building Owned by HEIs				正在施工校舍建筑面积 Floor Area Under Construction	非学校产权中独立使用校舍建筑面积 Floor Area of School Building Not Owned by HEIs
	合计 Total	其中:危房 of Which: Dilapidated Buildings	其中:当年新增校舍 of Which: New Added in Current Year	其中:被外单位借用 of Which: Floor Space Hired by Other Schools or Units		
总　计 Total	**828010640.81**	**1284970.20**	**25391847.24**	**1396272.77**	**59890314.29**	**98699844.33**
一、教学及辅助用房 Buildings for Instraction and Ancillary Uses	**367223466.96**	**513264.57**	**10652121.58**	**474095.45**	**31726694.36**	**43861366.11**
教室 Classroom	133740217.77	159320.51	2965183.07	171475.75	8050492.39	17818537.19
图书馆 Library	44020465.09	47164.84	1274534.11	22914.43	4385718.76	4745468.81
实验室、实习场所 Lab. And Practice Facilities	138685245.59	262335.85	4789117.35	227712.65	11494038.52	16321457.61
专用科研用房 Office Special for Research	19381684.41	23250.54	784067.95	26512.62	4175762.61	1087077.45
体育馆 Gymnasium	23643381.10	1479.90	566395.28	16173.00	2744172.94	2849046.83
会堂 Hall	7752473.00	19712.93	272823.82	9307.00	876509.14	1039778.22
二、行政办公用房 Administritive	**46284366.56**	**83211.08**	**1035623.33**	**49077.18**	**2157545.90**	**5191285.54**
三、生活用房 Residential Buildings	**306375894.98**	**485307.78**	**8426176.76**	**565963.9**	**17263968.76**	**47793603.36**
学生宿舍(公寓)Students'Dormitories	227441602.02	260812.37	5932284.62	388114.80	10865586.47	38372390.91
学生食堂 Students'Dining Halls	32435441.68	14284.94	655029.22	36677.12	1564356.89	4508874.67
教工宿舍(公寓) Apartments for Single	19313208.35	133278.14	1273487.84	7535.80	3417883.53	2759291.69
教工食堂 Dining Halls for Teachers, Staff and Workers	1797619.80	627.00	34158.04		56421.56	225142.26
生活福利及附属用房 Residential, Welfare and Anxiliary Buildings	25388023.13	76305.33	531217.04	133636.18	1359720.31	1927903.83
四、教工住宅 Residential Quarters for Teachers &Workers	**89323079.26**	**170373.64**	**3974708.68**	**74122.22**	**5207005.03**	
五、其他用房 Other	**18803833.05**	**32813.13**	**1303216.89**	**233014.02**	**3535100.24**	**1853589.32**

校舍情况(成人高校)
Conditions of School Buidings (Adult HEIs)

单位:平方米
unit:m^2

	学校产权校舍建筑面积 Floor Area of School Building Owned by HEIs				正在施工校舍建筑面积 Floor Area Under Construction	非学校产权中独立使用校舍建筑面积 Floor Area of School Building Not Owned by HEIs
	合计 Total	其中:危房 of Which: Dilapidated Buildings	其中:当年新增校舍 of Which: New Added in Current Year	其中:被外单位借用 of Which: Floor Space Hired by Other Schools or Units		
总 计 Total	**12165458.89**	**40988.28**	**309501.26**	**21338.03**	**693557.55**	**12319292.88**
一、教学及辅助用房	**5566310.63**	**6046.00**	**155046.12**	**7435.00**	**230942.85**	**6713562.05**
Buildings for Instraction and Ancillary Uses						
教室 Classroom	2902731.70	3458.00	74947.52	2075.00	123404.22	3544102.38
图书馆 Library	527548.74	1727.00	25522.92	420.00	30400.12	501776.10
实验室、实习场所 Lab. And Practice Facilities	1401374.55	861.00	34112.2	640.00	45435.32	2114654.94
专用科研用房 Office Special for Research	58045.85		3870.00		22064.00	29730.74
体育馆 Gymnasium	473889.58		13305.60	3500.00	5619.19	288495.76
会堂 Hall	202720.21		3287.88	800.00	4020.00	234802.13
二、行政办公用房 Administritive	**1251067.26**	**10806.28**	**36690.01**	**150.23**	**292070.21**	**1102468.48**
三、生活用房 Residential Buildings	**3842902.35**	**23936.00**	**95083.04**	**12544**	**156000.31**	**4353138.89**
学生宿舍(公寓)Students' Dormitories	2623581.00	23936.00	62511.94	5180.00	88868.58	3061826.87
学生食堂 Students'Dining Halls	499232.09		12777.92	1500.00	9507.18	628873.57
教工宿舍(公寓) Apartments for Single	119456.90		6000.00		33611.00	208853.69
教工食堂 Dining Halls for Teachers, Staff and Workers	74580.07		2450.00	300.00	7501.55	90311.10
生活福利及附属用房 Residential, Welfare and Anxiliary Buildings	526052.29		11343.18	5564.00	16512.00	363273.66
四、教工住宅 Residential Quarters for Teachers &Workers	**1224153.33**					
五、其他用房 Other	**281025.32**	**200.00**	**22682.09**	**1208.80**	**14544.18**	**150123.46**

校舍情况(民办的其他高等教育机构)

Conditions of School Buidings (Other Non-government HEIs)

单位:平方米
unit:m²

	学校产权校舍建筑面积 Floor Area of School Building Owned by HEIs				正在施工校舍建筑面积 Floor Area Under Construction	非学校产权中独立使用校舍建筑面积 Floor Area of School Building Not Owned by HEIs
	合计 Total	其中:危房 of Which: Dilapidated Buildings	其中:当年新增校舍 of Which: New Added in Current Year	其中:被外单位借用 of Which: Floor Space Hired by Other Schools or Units		
总　计 Total	**3120766.49**		**127475.06**	**1000.00**	**319143.40**	**3028509.51**
一、教学及辅助用房 Buildings for Instraction and Ancillary Uses	**1517550.68**		**29290.82**	**1000.00**	**154140.90**	**1456767.95**
教室 Classroom	935573.08		20309.45	1000.00	83351.00	939317.87
图书馆 Library	102273.57		7059.87		26806.00	166639.27
实验室、实习场所 Lab. And Practice Facilities	359779.06		1921.50		5650.00	183805.15
专用科研用房 Office Special for Research	3801.00				11678.90	22766.00
体育馆 Gymnasium	64820.00				6800.00	96319.42
会堂 Hall	51303.97				19855.00	47920.24
二、行政办公用房 Administritivc	**208704.20**		**2480.00**		**13770.00**	**227355.90**
三、生活用房 Residential Buildings	**1249364.59**		**95704.24**		**141166.5**	**1316575.06**
学生宿舍(公寓)Students'Dormitories	872458.24		61418.87		78992.80	1038602.10
学生食堂 Students'Dining Halls	189587.4		5637.37		31862.00	141757.20
教工宿舍(公寓) Apartments for Single	96321.63		24115.00		13926.00	81561.64
教工食堂 Dining Halls for Teachers, Staff and Workers	12898.02				1899.00	12866.00
生活福利及附属用房 Residential, Welfare and Anxiliary Buildings	78099.30		4533.00		14486.70	41788.12
四、教工住宅 Residential Quarters for Teachers &Workers	**86619.02**				**8316.00**	
五、其他用房 Other	**58528.00**				**1750.00**	**27810.60**

三、中等教育
Secondary Education

(一)高中阶段教育
Senior Secondary Education

普通高中校数、班数
Number of Regular Senior Secondary Schools and Classes

	学校数(所) Schools				班数(个) Classes
	合计 Total	完全中学 Combined Secondary Schools	高级中学 Regular High Schools	十二年一贯制学校 12-Year Schools	
总　计 Total	**13383**	**5479**	**6706**	**1198**	**450566**
教育部门办 Run by Ed. Dept.	10422	4412	5765	245	391233
其他部门办 Run by Non-ed. Dept.	165	55	71	39	3391
地方企业办 Run by Local Enterprises	9	4	1	4	137
民办 Non-government	2787	1008	869	910	55805
城区 Urban Area	6628	2730	3174	724	220890
教育部门办 Run by Ed. Dept.	4898	2103	2629	166	188536
其他部门办 Run by Non-ed. Dept.	79	25	33	21	1651
地方企业办 Run by Local Enterprises	5	3	1	1	76
民办 Non-government	1646	599	511	536	30627
其中:城乡结合区 of Which:Urban-rural Transitional Area	996	324	501	171	34536
教育部门办 Run by Ed. Dept.	639	221	399	19	27607
其他部门办 Run by Non-ed. Dept.	9	1	5	3	95
地方企业办 Run by Local Enterprises	2	2			19
民办 Non-government	346	100	97	149	6815
镇区 Counties & Towns Area	6103	2441	3287	375	214784
教育部门办 Run by Ed. Dept.	5073	2069	2940	64	191484
其他部门办 Run by Non-ed. Dept.	80	27	37	16	1639
地方企业办 Run by Local Enterprises	3	1		2	61
民办 Non-government	947	344	310	293	21600
其中:镇乡结合区 of Which: County-town Transitional Area	1493	542	837	114	52355
教育部门办 Run by Ed. Dept.	1162	425	724	13	45003
其他部门办 Run by Non cd. Dcpt.	2		1	1	47
地方企业办 Run by Local Enterprises	1			1	6
民办 Non-government	328	117	112	99	7299
乡村 Rural Area	652	308	245	99	14892
教育部门办 Run by Ed. Dept.	451	240	196	15	11213
其他部门办 Run by Non-ed. Dept.	6	3	1	2	101
地方企业办 Run by Local Enterprises	1			1	
民办 Non-government	194	65	48	81	3578
总计中:其他学校附设班 of the Total: Classes Attached to Others Schools					1791
独立设置少数民族学校 Inde. Sec. Schools for Minorities	468	258	172	38	13314

普通高中班额情况

Size of Class in Regular Senior Secondary Schools

单位:个
unit:class

	合计 Total	一年级 Grade 1	二年级 Grade 2	三年级 Grade 3
合　计 Total	**450566**	**151860**	**149300**	**149406**
城区: Urban Area				
25 人及以下 Under 25 Persons	5091	1462	1702	1927
26-35 人 Between 26-35	12809	3564	4438	4807
36-45 人 Between 36-46	44733	14791	14859	15083
46-55 人 Between 46-55	99009	35355	32607	31047
56-65 人 Between 56-65	43556	14058	14466	15032
66 人及以上 Over 66 Persons	15692	4965	5307	5420
其中:城乡结合区: of Which:Urban-rural Transitional Area				
25 人及以下 Under 25 Persons	597	184	202	211
26-35 人 Between 26-35	1234	346	427	461
36-45 人 Between 36-46	5745	1929	1918	1898
46-55 人 Between 46-55	17504	6300	5671	5533
56-65 人 Between 56-65	6583	2017	2224	2342
66 人及以上 Over 66 Persons	2873	961	1004	908
镇区:Counties&Towns Area				
25 人及以下 Under 25 Persons	2415	642	786	987
26-35 人 Between 26-35	6406	1616	2163	2627
36-45 人 Between 36-46	30334	9731	9844	10759
46-55 人 Between 46-55	86783	29817	28626	28340
56-65 人 Between 56-65	56063	18563	18998	18502
66 人及以上 Over 66 Persons	32783	12100	10589	10094
其中:镇乡结合区: of Which:County-town Transitional Area				
25 人及以下 Under 25 Persons	513	107	168	238
26-35 人 Between 26-35	1380	361	480	539
36-45 人 Between 36-46	7884	2438	2622	2824
46-55 人 Between 46-55	22610	8153	7251	7206
56-65 人 Between 56-65	13254	4268	4651	4335
66 人及以上 Over 66 Persons	6714	2509	2153	2052
乡村:Rural Area				
25 人及以下 Under 25 Persons	470	145	148	177
26-35 人 Between 26-35	735	191	273	271
36-45 人 Between 36-46	2941	1040	958	943
46-55 人 Between 46-55	6429	2254	2135	2040
56-65 人 Between 56-65	3032	1104	956	972
66 人及以上 Over 66 Persons	1285	462	445	378

普通高中学生数

Number of Students in Rugular Senior Secondary Schools

单位：人
unit：person

	毕业生数 Graduates	招生数 Entrants	在校生数 Enrolment					预计毕业生数 Estimated Graduates for Next Year
			合计 Total	其中：女 of Which：Female	一年级 Grade 1	二年级 Grade 2	三年级 Grade 3	
总　计 Total	**7923500**	**8029206**	**23666465**	**11974903**	**8034323**	**7839244**	**7792898**	**7792898**
其中：女 of Which：Female	3975463	4070927	11974903		4073332	3977138	3924433	3924433
少数民族学生 Minority Students	716956	852122	2397498	1271062	853595	792835	751068	751068
十二年一贯制学校 12 year Schools	235057	319574	855708	378598	320012	280295	255401	255401
完全中学 Complete Schools	2440700	2510805	7341339	3668899	2511506	2429547	2400286	2400286
附设普通高中班 Regular Senior School Classes Attached	24659	29065	78691	37410	29069	26091	23531	23531
独立设置少数民族学校 Independent Schools for Minority	195104	245812	687958	373656	246650	228512	212796	212796
残疾人 Schools for Handicapped	8473	7499	20815	8314	7531	6905	6379	6379
随迁子女 Migrant Children	258082	399808	1114474	510055	407066	368883	338525	336546
其中：外省迁入 of Which：from Other Province	63923	125782	328218	156004	128894	107900	91424	90999
本省外县迁入 From Other County	194159	274026	786256	354051	278172	260983	247101	245547
教育部门 Run by Ed.Dept.	7070043	6941605	20702498	10640614	6945419	6851379	6905700	6905700
其他部门 Run by Non-ed.Dept.	54999	56161	167390	85866	56168	55801	55421	55421
地方企业办 Run by Local Enterprises	1738	2517	5783	2861	2517	1643	1623	1623
民办 Non-government	796720	1028923	2790794	1245562	1030219	930421	830154	830154
城区 Urban Area	3788663	3741850	11125875	5649508	3744273	3693771	3687831	3687831
教育部门办 Run by Ed. Dept.	3338311	3181988	9578494	4954073	3184302	3171498	3222694	3222694
其他部门办 Run by Non-ed. Dept.	27397	26096	79872	40657	26103	27157	26612	26612
地方企业办 Run by Local Enterprises	1023	1252	3043	1443	1252	883	908	908
民办 Non-government	421932	532514	1464466	653335	532616	494233	437617	437617
其中：城乡结合区 of Which：Urban-rural Transitional Area	592458	604922	1787422	889093	605066	592733	589623	589623
教育部门办 Run by Ed. Dept.	502279	480880	1455466	746572	481016	482860	491590	491590
其他部门办 Run by Non-ed. Dept.	1430	1085	3978	1596	1085	1428	1465	1465
地方企业办 Run by Local Enterprises	211	632	942	446	632	160	150	150
民办 Non-government	88538	122325	327036	140479	122333	108285	96418	96418
镇区 Counties & Towns Area	3901550	4017364	11783882	5950752	4019981	3898639	3865262	3865262
教育部门办 Run by Ed. Dept.	3541393	3557458	10543062	5387443	3558881	3489646	3494535	3494535
其他部门办 Run by Non-ed. Dept.	26040	28115	82426	42635	28115	27145	27166	27166
地方企业办 Run by Local Enterprises	715	1265	2740	1418	1265	760	715	715
民办 Non-government	333402	430526	1155654	519256	431720	381088	342846	342846
其中：镇乡结合区 of Which：County-town Transitional Area	927629	974745	2839554	1433784	976029	941562	921963	921963
教育部门办 Run by Ed. Dept.	818738	827699	2457934	1261547	828177	817937	811820	811820
其他部门办 Run by Non-ed. Dept.	1104	1152	3409	1781	1152	1125	1132	1132
地方企业办 Run by Local Enterprises	75	72	181	94	72	48	61	61
民办 Non-government	107712	145822	378030	170362	146628	122452	108950	108950
乡村 Rural Area	233287	269992	756708	374643	270069	246834	239805	239805
教育部门办 Run by Ed. Dept.	190339	202159	580942	299098	202236	190235	188471	188471
其他部门办 Run by Non-ed. Dept.	1562	1950	5092	2574	1950	1499	1643	1643
地方企业办 Run by Local Enterprises								
民办 Non-government	41386	65883	170674	72971	65883	55100	49691	49691

中学学校教职工数(初级中学、九年一贯制学校、
Number of Educational Personnel in

	教职工数 Educational Personnel			
	合计 Total	专任教师 Full-time Teachers	行政人员 Adm. Personnel	教辅人员 Supporting Staff
总　计 Total	**6589448**	**5833939**	**199581**	**268320**
其中:女 of Which: Female	3540547	3231292	54465	135293
少数民族 Minority	571602	516093	13882	20909
教育部门 Run by Ed.Dept.	5644405	5114180	154214	224915
其他部门 Run by Non-ed. Dept.	63306	51657	3507	2587
地方企业办 Run by Local Enterprises	2546	2158	124	79
民办 Non-government	879191	665944	41736	40739
城区 Urban Area	2588775	2255305	95999	119073
教育部门办 Run by Ed. Dept.	2083444	1867445	70116	93482
其他部门办 Run by Non-ed. Dept.	18500	15172	1134	1215
地方企业办 Run by Local Enterprises	1410	1166	87	47
民办 Non-government	485421	371522	24662	24329
其中:城乡结合区 of Which:Urban-rural Transitional Area	448293	386785	14344	19801
教育部门办 Run by Ed. Dept.	318789	289701	8309	12611
其他部门办 Run by Non-ed. Dept.	2071	1642	78	198
地方企业办 Run by Local Enterprises	308	216	15	10
民办 Non-government	127125	95226	5942	6982
镇区 Counties & Towns Area	3106344	2769732	78589	123917
教育部门办 Run by Ed. Dept.	2747798	2495910	63085	109556
其他部门办 Run by Non-ed. Dept.	40139	32459	2209	1257
地方企业办 Run by Local Enterprises	847	759	16	24
民办 Non-government	317560	240604	13279	13080
其中:镇乡结合区 Of Which: County-town Transitional Area	769374	683165	19483	30503
教育部门办 Run by Ed. Dept.	649484	592030	14306	25414
其他部门办 Run by Non-ed. Dept.	932	804	26	57
地方企业办 Run by Local nterprises	181	170		
民办 Non-government	118777	90161	5151	5032
乡村 Rural Area	894329	808902	24993	25330
教育部门办 Run by Ed. Dept.	813163	750825	21013	21877
其他部门办 Run by Non-ed. Dept.	4667	4026	164	115
地方企业办 Run by Local nterprises	289	233	21	8
民办 Non-government	76210	53818	3795	3330

职业初中、完全中学、高级中学、十二年一贯制学校）
General Secondary Schools

单位：人
unit: person

		代课教师 Substitute Teachers	兼任教师 Part-timeTeachers
工勤人员 Workers	校办企业职工 Employees in School-run Factories & Farms		
285359	**2249**	**65244**	**18290**
118495	1002	43724	9656
20671	47	3517	2373
150147	949	50479	11186
5552	3	730	151
185		22	2
129475	1297	14013	6951
116964	1434	27482	7639
51785	616	22028	3766
976	3	317	112
110		7	2
64093	815	5130	3759
27049	314	3930	1098
8083	85	3058	272
153		18	
67			
18746	229	854	826
133635	471	26291	7271
78934	313	18987	4640
4214		379	39
48			
50439	158	6925	2592
36057	166	6891	1711
17629	105	5078	752
45		14	
11			
18372	61	1799	959
34760	344	11471	3380
19428	20	9464	2780
362		34	
27		15	
14943	324	1958	600

普通高中分课程专

Number of Full-time Teachers in Regular Senior Secondary Schools

	合计 Total	其中:女 of Which: Female	思想品德(政治) Rirtue Education	语文 Language & Literature	数学 Mathe-matics	外语 Foreign Languages				物理 Physics
						计 Total	英语 English	日语 Japanese	俄语 Russian	
总　计 Total	**1733459**	**903797**	**107620**	**267642**	**265386**	**258283**	**255830**	**662**	**504**	**151369**
其中:女 of Which:Female	903797		58416	162060	113228	192717	190873	539	395	48930
少数民族 Minorities	142117	76653	9602	22746	20019	18033	17757	158	31	11835
研究生毕业 Graduate	137689	89792	9842	21487	19837	22370	22056	131	55	10535
本科毕业 Under-graduate	1559619	802331	95772	241382	241037	231825	229739	517	445	137961
专科毕业 Associate Bachelor	35338	11474	1967	4672	4468	4052	3999	14	4	2856
高中阶段毕业 High School Graduate	754	180	39	95	42	35	35			15
高中阶段以下毕业 Below High School Graduate	59	20		6	2	1	1			2
城区 Urban Area	856102	479431	52328	130657	130898	128791	127463	466	224	75292
其中:城乡结合区 of Which: Urban-rural Transitional Area	133817	71891	8489	20507	20239	19919	19834	49	18	11558
镇区 Counties & Towns Area	822116	397075	51755	128353	126077	121621	120555	189	273	71502
其中:镇乡结合区 of Which: County-town Transitional Area	202855	100884	13027	31505	30766	29797	29539	46	61	17449
乡村 Rural Area	55241	27291	3537	8632	8411	7871	7812	7	7	4575

普通高中专任教师专业技术

Number of Full-time Teachers in Regular

	合计 Total	其中:女 of Which: Female	24岁及以下 24 and Under	25-29 26 to 29	30-34 30 to 34
总　计 Total	**1733459**	**903797**	**60322**	**254185**	**347748**
其中: 女 of Which:Female	903797		42393	171240	213972
少数民族 Minorities	142117	76653	7332	27682	27791
中学高级 Senior	476786	188879	9	47	2884
中学一级 1st Grade	634539	324526	171	14810	139904
中学二级 2nd Grade	482651	299027	17582	170550	186977
中学三级 3rd Grade	11131	6440	1649	5228	2493
未定职级 No-ranking	128352	84925	40911	63550	15490
城区 Urban Area	856102	479431	26733	115922	165895
其中:城乡结合区 of Which: Urban-rural Transitional Area	133817	71891	5323	21608	28511
镇区 Counties & Towns Area	822116	397075	30320	127341	170270
其中:镇乡结合区 of Which: County- town Transitional Area	202855	100884	7862	32906	42685
乡村 Rural Area	55241	27291	3269	10922	11583

任教师学历情况
by Subject Taught & Academic Qualifications

单位:人
unit:person

化学 Chemistry	生物 Biology	地理 Geography	历史 History	信息技术 Infor Technology	通用技术 General Technology	体育与健康 Physical Training and Healthy	艺术 Art	音乐 Music	美术 Fine Arts	综合实践活动 Composite Practice	其他 Others	当年不任课 No Teaching Load in Current Year
146265	**110096**	**94413**	**100219**	**40912**	**12328**	**83249**	**2820**	**30658**	**32795**	**3311**	**11909**	**14184**
72371	63335	47257	51636	18673	4138	17095	1547	21166	15759	1354	7391	6724
11691	9109	8071	8445	3577	956	6960	236	2847	2463	214	3745	1568
12351	12197	7242	10385	2335	513	3475	120	1241	1841	132	1229	557
131427	96234	85282	88140	37577	11281	76522	2535	28414	29876	2918	9607	11829
2468	1654	1867	1668	976	524	3155	157	978	1060	214	963	1639
19	9	22	26	24	10	91	7	25	17	44	102	132
	2					6	1		1	3	8	27
72641	54387	46598	49182	20094	6447	41863	1102	15255	16477	1361	5499	7230
11169	8695	7523	7913	3229	1008	6419	174	2555	2740	242	668	770
69162	52232	44699	47817	19452	5430	38748	1600	14409	15277	1833	5661	6488
16863	13026	11280	12056	5006	1380	9512	385	3758	4052	396	1307	1290
4462	3477	3116	3220	1366	451	2638	118	994	1041	117	749	466

职务、年龄结构情况
Senior Secondary Schools by Rank and Age

单位:人
unit:person

35-39 35 to 39	40-44 40 to 44	45-49 45 to 49	50-54 50 to 54	55-59 55 to 59	60 岁及以上 60 and Over
352430	**267766**	**243870**	**168972**	**36043**	**2123**
190079	126376	101876	55712	1707	442
24912	20950	19090	12109	2170	81
35187	104067	165054	138651	29209	1678
230958	144351	71591	26873	5652	229
80716	17248	5976	2694	850	58
1011	374	191	121	54	10
4558	1726	1058	633	278	148
177161	131677	124634	93717	19003	1360
27553	19750	16738	11666	2374	294
164403	128253	113182	71555	16156	636
41777	31762	26203	15890	3490	280
10866	7836	6054	3700	884	127

普通高中专任
Changes of Full-time Teachers in

	上学年初报表专任教师数 Number of Full-time Teachers at Beginning of Previous Academic Year	增加教师 Factors of Increase				
		合计 Total	录用毕业生 New Recruits from Current Year Graduates		调入 Teachers Recruited from Other Units	校内调整 of Which: with Change of Status in Their Own Institutions
			小计 Subtotal	其中:师范生 of Which:Students Enrolled in Teacher Training Institutions		
总　计 Total	**1695354**	**133674**	**49907**	**39615**	**51763**	**24036**
其中:女 of Which: Female	870620	78388	35292	28098	27496	11279
城区 Urban Area	834839	64963	22965	18322	24569	11974
其中:女 of Which: Female	462386	38972	16340	13076	13586	6017
其中:城乡结合区 of Which: Urban-rural Transitional Area	129106	12474	4985	4064	5277	1311
其中:女 of Which: Female	68280	7416	3423	2816	2883	656
镇区 Counties & Towns Area	807467	61865	24052	19135	24452	11138
其中:女 of Which: Female	382901	35323	16972	13576	12392	4819
其中:镇乡结合区 of Which: County-town Transitional Area	197569	16483	6911	5451	6576	2350
其中:女 of Which: Female	96517	9521	4926	3876	3279	1027
乡村 Rural Area	53048	6846	2890	2158	2742	924
其中:女 of Which: Female	25333	4093	1980	1446	1518	443

普通高中学生、教职工
Supplementary Information on Students and Full-time

	在校学生中 of Total Students			
	共产党员 Member of C.P.C.	共青团员 Member of C.Y.L.	华侨 Overseas Chinese	港澳台 From H.K, Macao and Taiwan
总　计 Total	**7887**	**17675153**	**1262**	**7191**
其中:女 of Which: Female	3910	9202925	560	3460
城区 Urban Area	3450	8394766	664	6030
其中:女 of Which: Female	1646	4409646	301	2931
其中:城乡结合区 of Which: Urban-rural Transitional Area	2088	1348545	109	1284
其中:女 of Which: Female	1031	695883	49	623
镇区 Counties & Towns Area	4306	8761452	472	793
其中:女 of Which: Female	2211	4523836	203	364
其中:镇乡结合区 of Which: County-town Transitional Area	1320	2146331	39	104
其中:女 of Which: Female	696	1115010	16	49
乡村 Rural Area	131	518935	126	368
其中:女 of Which: Female	53	269443	56	165

教师变动情况
Regular Senior Secondary Schools

单位:人
unit:person

	减少教师 Factors of Decrease					本学年初报表专任教师数 Number of Full-time Teachers at Beginning of Current Academic Year
其他 Others	合计 Total	自然减员 Retired from Their Posts during Previcus Academic Year	调出 Transferred from teaching to Non-Teaching Posts	校内调整 of Which: with Change of Status in Their Own Institutions	其他 Others	
7968	**95569**	**12493**	**46248**	**24285**	**12543**	**1733459**
4321	45211	4712	23532	11218	5749	903797
5455	43700	6867	19635	10958	6240	856102
3029	21927	2831	10441	5500	3155	479431
901	7763	980	4203	1697	883	133817
454	3805	405	2179	787	434	71891
2223	47216	5245	24107	12153	5711	822116
1140	21149	1686	11916	5227	2320	397075
646	11197	1097	5914	2644	1542	202855
289	5154	371	3036	1096	651	100884
290	4653	381	2506	1174	592	55241
152	2135	195	1175	491	274	27291

政治面貌及其他
Teachers of Regular Senior Secondary Schools

单位:人
unit:person

专任教师中 of Total Full-time Teachers			
共产党员 Member of C.P.C.	共青团员 Member of C.Y.L.	民主党派 Member of Non-Communist Part	华侨 Overseas Chinese
579805	**86947**	**30721**	**76**
262243	56634	14210	45
321390	42225	25330	59
162750	28642	12307	33
44493	7132	1882	6
20761	4615	774	3
241829	39895	4979	15
92561	25006	1742	11
57891	9857	1097	5
22329	6080	425	4
16586	4827	412	2
6932	2986	161	1

普通高中

Condition of School Buildings in

	合计 Total	城区 Urban Area	其中:城乡结合区 of Which:Urban-rural Transitional Area
总　计 Total	**491423112.33**	**251977974.08**	**44683222.87**
其中:危房 of Which:Floor Space of Dilapidated Buildings	3872388.81	1580194.13	179584.84
当年新增校舍 New Floor Space Added in Current Year	20195925.55	9074730.77	1528519.08
一、教学及辅助用房 Teaching & Assistant Buildings	186499633.38	98910826.58	16033164.91
教室 Classroom	111696935.94	56747384.51	9328085.30
实验室 Laboratory	31447009.97	16706716.58	2652904.26
图书室 Library	16412464.19	9019624.53	1436963.66
微机室 PC-room	7645053.48	4051009.94	643979.03
语音室 Linguistic	3107698.69	1568216.49	291199.72
体育馆 Gymnasium	16190471.11	10817874.53	1680032.94
二、行政办公用房 Administritive	39605766.86	22064405.93	3386995.83
其中:教师办公室 of Which: for Teachers	23153375.31	12584060.09	1924521.69
三、生活用房 Residential and Welfare	229822628.67	108073833.08	21812724.07
教工宿舍 Apartments for Single	41717832.54	16385930.00	3629599.25
其中:教师周转宿舍 Accommodation for Circulation of Teachers	9119929.65	3502839.84	931983.28
学生宿舍 Students'Dormitories	124127318.63	58062998.88	11878105.07
食堂 Dining Halls	39767226.53	19451780.69	3871716.36
厕所 Toilet	12027737.77	6768130.69	1217303.67
其他 Others	12182513.20	7404992.82	1215999.72
四、其他用房 Rooms for Other Purposes	35495083.42	22928908.49	3450338.06

普通高中

Condition of School Buildings in

	占地面积 Areas Occupied			图书(册) Books & Magazines in Libraries (Volume)	计算机数(台) PC (Set)		
	合计 Total	其中 of Which:			合计 Total	其中:教学用计算机 No. of Computers Used for Instruction	
		绿化用地面积 Green Areas	运动场地面积 Sports Areas			小计 Subtotal	其中:平板电脑 of Which: Tablet PC
合　计 Total	**990978267.99**	**260138302.46**	**234293731.56**	**878793365**	**4867866**	**4044291**	**199469**
城区 Urban Area	460932597.91	129833811.00	113005753.06	467542876	2824275	2329318	130647
其中:城乡结合区 Of Which: Urban-rural Transitional Area	89110563.04	27224409.12	19997483.76	73367786	413028	346293	20711
镇区 Counties & Towns Area	479022992.64	116366916.89	110614383.39	380998608	1874206	1571603	58752
其中:镇乡结合区 Of Which: County-town Transitional Area	123379746.85	31045133.24	27493538.61	95116456	469448	398980	16281
乡村 Rural Area	51022677.44	13937574.57	10673595.11	30251881	169385	143370	10070

办学条件(一)
Regular Senior Secondary Schools (1)

镇区 Counties & Towns Area	其中:镇乡结合区 of Which: County-town Transitional Area	乡村 Rural Area
217542876.06	**55486748.05**	**21902262.19**
2129888.68	412538.81	162306.00
9567850.57	2528340.94	1553344.21
80295578.99	20114938.33	7293227.81
50303048.89	12407732.41	4646502.54
13661484.00	3504248.32	1078809.39
6775981.20	1717096.06	616858.46
3316677.81	829722.39	277365.73
1435845.54	386457.82	103636.66
4802541.55	1269681.33	570055.03
16159120.27	4066862.41	1382240.66
9803857.18	2519652.36	765458.04
110292227.75	28553702.47	11456567.84
22570641.44	5584443.84	2761261.10
4870637.90	1258740.02	746451.91
60148261.26	15785640.99	5916058.49
18502367.80	4862841.51	1813078.04
4721295.19	1232617.65	538311.89
4349662.06	1088158.48	427858.32
10795949.05	2751244.84	1770225.88

办学条件(二)
Regular Senior Secondary Schools (2)

教室中: Classroom		教室中:普通教室(间) of Which: General Classroom(Room)		固定资产总值(万元) Total Value of Fixed Asset (10 thousand yuan)		
合计 Total	其中:网络多媒体教室 of Which: Network Multimedia Classroom	合计 Total	其中:网络多媒体教室 of Which: Network Multimedia Classroom	合计 Total	其中:教学仪器设备资产值(万元) Of Which: Total Volue of Equip& Instru.(10,000 yuan) 小计 Subtotal	其中:实验设备 of Which:for Prefession
1020332	**638365**	**776412**	**567550**	**75019435.87**	**7869229.43**	**2590202.62**
523198	353518	391686	306968	41351008.32	4897380.12	1447309.61
84190	55598	62431	48806	7278667.77	664891.56	234383.17
456050	262361	353966	240573	30360991.91	2693852.36	1051251.37
113183	65662	86742	60200	7921149.31	669553.70	266419.91
41084	22486	30760	20009	3307435.63	277996.96	91641.64

普通高中办学条件(三)
Condition of School Buildings in Regular Senior Secondary Schools (3)

单位:所
unit:school

	体育运动场(馆)面积达标校数 Schools No: Sprots Areas Reached Standard	体育器械配备达标校数 Schools No: Sports Equip. Reached Standard	音乐器械配备达标校数 Schools No: Musical Instru. Reached Standard	美术器械配备达标校数 Schools No: Fine Arts Instru. Reached Standard	理科实验仪器达标校数 Schools No: Equip. of Natural Sci. Reached Standard	建立校园网校数 Schools No: Campus Networks Set	接入互联网校数 School No.: Campus Networks Set
合计 Total	**11948**	**12201**	**12020**	**12038**	**12248**	**11864**	**13219**
城区 Urban Area	5981	6168	6086	6118	6174	6098	6536
其中:城乡结合区 of Which:Urban-rural Transitional Area	922	934	920	923	927	901	983
镇区 Counties & Towns Area	5385	5448	5365	5349	5488	5223	6045
其中:镇乡结合区 of Which:County-town Transitional Area	1333	1356	1333	1335	1346	1282	1477
乡村 Rural Area	582	585	569	571	586	543	638

成人高中
Basic Statistics of

	学校数(所) Schools	教学班(点)(个) External Teaching Sites	毕(结)业生数 Graduates	
			合计 Total	其中:女 of Which:Female
总　计 Total	**435**	**803**	**46402**	**22781**
职工高中 Senior Sec.Schools for Staff &workers	135	281	18741	8837
农民高中 Senior Sec.Shools for Peasants	300	522	27661	13944

中等职业学校(机构)数

Number of Secondary Vocational Schools(Institutions)

单位:所
unit:institution

	合计 Total	中央部门办 HEIs under Central Ministries& Agencies	地方公办 Under Local Authorities				民办 Non-government
			小计 Subtotal	教育部门 Run by Ed. Dept.	其他部门 Run by other Dept.	地方企业 Run by Local Enterprises	
中等职业学校 Secondary Vocational Schools	**8367**	**22**	**6230**	**4942**	**1201**	**87**	**2115**
其中:普通中专学校 of Which: Reg.Specialized Sec. chools	3398	16	2559	1625	892	42	823
成人中专学校 Adults Specialized Sec. Schools	1243	2	1122	948	152	22	119
职业高中学校 Vocational High Schools	3726	4	2549	2369	157	23	1173
其他机构(不计校数) Other Institutions	342	2	294	192	97	5	46
附设中职班(不计校数) Secondary Vocational Classes Attached	1200	1	945	586	344	15	254

注:未含技工学校数据(下同)。
Note:Data on Skilled Workers are not included(Same as the Followings).

基本情况

Adult High Schools

单位:人
unit:person

注册学生数 Enrolment		教职工数 Educational Personnel		专任教师 Full-time Teacher		聘请校外教师 Part-time Teachers
合计 Total	其中:女 of Which: Female	合计 Total	其中:女 of Which: Female	合计 Total	其中:女 of Which: Female	
43996	**20676**	**3313**	**1434**	**2521**	**1120**	**2467**
19778	9508	1290	588	1059	465	972
24218	11168	2023	846	1462	655	1495

中等职业学校分办学类型及

Number of Students and Educational Personnel of Secondary

	合计 Total			中职全日制学生 Full-time Students of SVSs		
	毕业生数 Graduates	招生数 Entrants	在校学生数 Enrolment	毕业生数 Graduates	招生数 Entrants	在校学生数 Enrolment
总　计 Total	**4405572**	**4661428**	**12758604**	**3797568**	**4152708**	**11597853**
其中:女 of Which: Female	2160019	2135237	6034257	1901164	1917190	5550526
分办学类型:普通中专学校 by Type:Reg. Specialized Sec. Schools	2162887	2241880	6306620	1859961	2023310	5708962
成人中专学校 Adults Specialized Sec. Schools	155099	166526	405054	74668	97095	263281
职业高中学校 Vocational High Schools	1614213	1793675	4707721	1428649	1592168	4337364
其他机构 Other Institutions	71375	65441	183127	54693	48564	140091
附设中职班 Secondary Vocational Classes Attached	401998	393906	1156082	379597	391571	1148155
分举办者:1.中央部门办 by Providers:Under Central Ministries & Agencies	2807	2170	7323	2807	2170	7323
2.地方公办 Under Local Authorities	3811246	3922840	10909887	3282494	3480979	9869552
教育部门 Under Ed. Dept	2990815	3119287	8553588	2548279	2739688	7697652
其他部门 Run by Non-ed. Dept	792756	767844	2258012	707781	705947	2074824
地方企业 Run by Local Enterprises	27675	35709	98287	26434	35344	97076
3.民办 Non-government	591519	736418	1841394	512267	669559	1720978

举办者的中职学生及教职工情况
Vocational Schools by Types and Providers

单位:人
unit:person

中职非全日制学生 Part-time Students of SVSs			教职工数 Educational Personnel							聘请校外教师 Part-time Teachers
				其中:专任教师 of Which: Full-time Teachers						
毕业生数 Graduates	招生数 Entrants	在校学生数 Enrolment	合计 Total	小计 Subtotal	正高级 Senior	副高级 Sub-senior	中级 Middle	初级 Junior	未定职级 No Rank	
608004	**508720**	**1160751**	**821047**	**643143**	**2602**	**158549**	**256446**	**165371**	**60175**	**95319**
258855	218047	483731	408184	339636	1116	74733	136291	93707	33789	42765
302926	218570	597658	401426	302697	1676	75736	117843	76520	30922	43658
80431	69431	141773	63644	47210	314	13709	20610	9339	3238	22530
185564	201507	370357	344647	285074	565	67105	114517	77830	25057	27506
16682	16877	43036	11330	8162	47	1999	3476	1682	958	1625
22401	2335	7927								
			1880	1217	14	337	574	258	34	113
528752	441861	1040335	714876	570951	1452	151369	234431	148105	35594	85614
442536	379599	855936	570644	474427	754	125450	197338	123548	27337	50459
84975	61897	183188	135640	91245	656	24520	35242	23122	7705	34256
1241	365	1211	8592	5279	42	1399	1851	1435	552	899
79252	66859	120416	104291	70975	1136	6843	21441	17008	24547	9592

中等职业学校(机构)
Number of Students in Secondary

	毕业生数 Graduates		招生数 Entrants		
	合计 Total	其中:获得职业资格证书 of Which: Reciptents of Vocational Qualifications	合计 Total	其中:应届毕业 of Which: Graduates of Current Year	
				小计 Subtotal	其中:初中毕业生 of Which: Junior Secondary School Graduates
一、中职学生总计 Students of SVSs Total	4405572	3547673	4661428	4198668	4093675
其中:中职全日制学生 of Which: Full-time Students of SVSs	3797568	3077960	4152708	3964264	3884460
中职非全日制学生 Part-time Students of SVSs	608004	469713	508720	234404	209215
1.普通中专学生 Students of Regular SSSs	2290235	1757180	2551840	2423242	2360281
2.成人中专学生 Students of Adult SSSs	696629	539711	595252	309231	283381
3.职业高中学生 Students of Vocational High Schools	1418708	1250782	1514336	1466195	1450013
二、培训学生 Traninees	4856408				
三、外国留学生 Foreign Students	954				

注:SSSs=中等专业学校

Note:SSSs=Specialized Secondary Schools

中等职业学校(机构)
Number of Female Students in Secondary

	毕业生数 Graduates		招生数 Entrants		
	合计 Total	其中:获得职业资格证书 of Which: Reciptents of Vocational Qualifications	合计 Total	其中:应届毕业 of Which: Graduates of Current Year	
				小计 Subtotal	其中:初中毕业生 of Which: Junior Secondary School Graduates
一、中职学生总计 Students of SVSs Total	2160019	1717225	2135237	1938053	1894868
其中:中职全日制学生 of Which: Full-time Students of SVSs	1901164	1519345	1917190	1837430	1804844
中职非全日制学生 Part-time Students of SVSs	258855	197880	218047	100623	90024
1.普通中专学生 Students of Regular SSSs	1216393	919695	1234104	1178845	1152189
2.成人中专学生 Students of Adult SSSs	302730	232299	251346	129835	119075
3.职业高中学生 Students of Vocational High Schools	640896	565231	649787	629373	623604
二、培训学生 Traninees	2231302				
三、外国留学生 Foreign Students	514				

注:SSSs=中等专业学校

Note:SSSs=Specialized Secondary Schools

各类学生数
Vocatingal Schools (Institutions)

单位:人
unit:person

	在校学生数 Enrolment					预计毕业生数 Estimated Graduates for Next Year	
其中:五年制高职中职段 of Which·5-year Secondary Vocational Education	合计 Total	一年级 Grade 1	二年级 Grade 2	三年级 Grade 3	四年级及以上 Over Grade 4	合计 Total	其中:五年制高职中职段 of Which:5-year Secondary Vocational Education
477230	12758604	4666663	4148824	3850271	92846	4192367	399545
477061	11597853	4155205	3831266	3545037	66345	3629799	399545
169	1160751	511458	317558	305234	26501	562568	
423327	7181209	2553454	2384449	2184987	58319	2240284	359191
1278	1411680	598158	399247	386430	27845	648500	841
52625	4165715	1515051	1365128	1278854	6682	1303583	39513
	3274820						
	2379						

各类女学生数
Vocatingal Schools (Institutions)

单位:人
unit:person

	在校学生数 Enrolment					预计毕业生数 Estimated Graduates for Next Year	
其中:五年制高职中职段 of Which:5-year Secondary Vocational Education	合计 Total	一年级 Grade 1	二年级 Grade 2	三年级 Grade 3	四年级及以上 Over Grade 4	合计 Total	其中:五年制高职中职段 of Which:5-year Secondary Vocational Education
244846	6034257	2138163	1963104	1880799	52191	1977407	218252
244715	5550526	1918483	1835265	1755671	41107	1748343	218252
131	483731	219680	127839	125128	11084	229064	
222265	3624837	1235224	1205030	1147369	37214	1139401	198832
304	588612	253057	163433	160390	11732	265128	175
22277	1820808	649882	594641	573040	3245	572878	19245
	1555432						
	1075						

中等职业学校(机构)学生分科类情况(总计)

Number of Students by Field of Education in Secondary Vocational Schools (Institutions) (Total)

单位:人
unit:person

	毕业生数 Graduates		招生数 Entrants			在校学生数 Enrolment	预计毕业生数 Estimated Graduates for Next Year
				其中:应届毕业 of Which: Graduates of Current Year			
	合计 Total	其中:获得职业资格证书 of Which: Reciptentsof Vocational Qualifications	合计 Total	小计 Subtotal	其中:初中毕业生 of Which: Junior Secondary School Graduates		
总 计 Total	**4405572**	**3547673**	**4661428**	**4198668**	**4093675**	**12758604**	**4192367**
其中:女 of Which: Female	2160019	1717225	2135237	1938053	1894868	6034257	1977407
农林牧渔类 Agriculture, Forestry, Husbandry &Fisheries	391465	284025	293260	205054	197478	898107	350727
资源环境类 Resources & Environment	21537	18872	7344	6194	6007	27859	12929
能源与新能源类 Energy Resources & New ER	15534	13489	12688	11681	11056	41385	16048
土木水利类 Civil Engineering & Water Conservancy	202534	169720	151149	134735	128903	471638	188109
加工制造类 Manufacturing	636091	549398	569330	516070	504395	1654699	576451
石油化工 Petroleum & Chemical Industries	29602	24714	15747	13869	13505	55052	21156
轻纺食品 Light, Textile & Food Industries	42259	36790	39428	31544	30578	102993	41569
交通运输类 Communication & Transport	387971	328141	534680	493280	482933	1412653	424590
信息技术类 Information Technology	732737	619716	784499	714915	699095	2065301	671019
医药卫生类 Medicine, Pharmaceuticals & Health Care	443900	301102	450903	418741	405684	1340680	429435
休闲保健类 Recreations services & Make-up Artists	24605	20246	33024	30100	29426	86014	25156
财经商贸类 Finance, Economics, Commerce & Trade	482064	378881	556876	514745	502834	1516292	470937
旅游服务类 Tourist Services	204530	169900	269571	246382	241828	674204	199841
文化艺术类 Culture & Arts	211857	168360	249656	230905	222936	678789	206683
体育与健身 Sports & Body-building	35740	21991	49960	47526	46409	125829	34827
教育类 Educational Services	432156	355334	523940	480762	472574	1318941	422400
司法服务类 Legal Services	16362	9339	19745	17715	16498	48049	14065
公共管理与服务类 Public Administration & Services	52590	43853	55386	45240	43100	133806	49284
其他 Others	42038	33802	44242	39210	38436	106313	37141

中等职业学校(机构)学生分科类情况(全日制学生)
Number of Students by Field of Education in Secondary Vocational Schools (Institutions) (Full-time Students)

单位:人
unit:person

	毕业生数 Graduates		招生数 Entrants			在校学生数 Enrolment	预计毕业生数 Estimated Graduates for Next Year
				其中:应届毕业 of Which: Graduates of Current Year			
	合计 Total	其中:获得职业资格证书 of Which: Recipientsof Vocational Qualifications	合计 Total	小计 Subtotal	其中:初中毕业生 of Which: Junior Secondary School Graduates		
总　计 Total	**3797568**	**3077960**	**4152708**	**3964264**	**3884460**	**11597853**	**3629799**
其中:女 of Which: Female	1901164	1519345	1917190	1837430	1804844	5550526	1748343
农林牧渔类 Agriculture, Forestry, Husbandry &Fisheries	246802	183370	184798	159168	156015	583959	213744
资源环境类 Resources & Environment	18618	16157	6991	5951	5764	24602	11237
能源与新能源类 Energy Resources & New ER	14944	12983	12357	11654	11029	39148	15224
土木水利类 Civil Engineering & Water Conservancy	185522	154894	133590	126019	122589	436664	171376
加工制造类 Manufacturing	541856	476536	494376	478978	470798	1476875	489850
石油化工 Petroleum & Chemical Industries	27249	23330	14345	13648	13289	50436	19526
轻纺食品 Light, Textile & Food Industries	31176	26485	29884	25567	24838	86122	31839
交通运输类 Communication & Transport	342575	292091	495748	478832	470125	1324429	384756
信息技术类 Information Technology	603456	509916	688541	663131	653042	1848830	560620
医药卫生类 Medicine, Pharmaceuticals & Health Care	432626	294440	446656	416155	403190	1332727	425783
休闲保健类 Recreations services & Make-up Artists	22766	18613	30572	29007	28398	79252	23054
财经商贸类 Finance, Economics, Commerce & Trade	445609	353649	520394	501045	490912	1433801	436848
旅游服务类 Tourist Services	175213	146228	245035	236947	233204	623540	176422
文化艺术类 Culture & Arts	188751	149105	232698	221870	215267	638494	188458
体育与健身 Sports & Body-building	32883	21683	48633	46424	45416	121845	31736
教育类 Educational Services	401169	331735	475201	463390	457446	1256866	375692
司法服务类 Legal Services	14636	7873	18637	17162	15992	45556	13120
公共管理与服务类 Public Administration & Services	36947	30861	39816	36529	35126	104568	32268
其他 Others	34770	28011	34436	32787	32020	90139	28246

中等职业学校(机构)学生分科类情况(普通中专)

Number of Students by Field of Education in Secondary Vocational Schools (Institutions) (Regular SSSs)

单位:人
unit: person

	毕业生数 Graduates		招生数 Entrants			在校学生数 Enrolment	预计毕业生数 Estimated Graduates for Next Year
				其中:应届毕业 of Which: Graduates of Current Year			
	合计 Total	其中:获得职业资格证书 of Which: Reciptentsof Vocational Qualifications	合计 Total	小计 Subtotal	其中:初中毕业生 of Which: Junior Secondary School Graduates		
总　计 Total	**2290235**	**1757180**	**2551840**	**2423242**	**2360281**	**7181209**	**2240284**
其中:女 of Which: Female	1216393	919695	1234104	1178845	1152189	3624837	1139401
农林牧渔类 Agriculture, Forestry, Husbandry &Fisheries	100757	72294	86207	72905	71164	257832	91034
资源环境类 Resources & Environment	12096	10065	4794	4069	3905	16640	7036
能源与新能源类 Energy Resources & New ER	11827	9966	10229	9703	9098	31452	11981
土木水利类 Civil Engineering & Water Conservancy	132216	107787	95119	89481	86623	317813	126648
加工制造类 Manufacturing	287654	243055	281184	271932	266190	833455	273042
石油化工 Petroleum & Chemical Industries	20471	17083	10470	9993	9668	37112	14519
轻纺食品 Light, Textile & Food Industries	13199	10179	13562	11754	11290	39120	13350
交通运输类 Communication & Transport	201274	165840	300937	289025	282811	804632	231698
信息技术类 Information Technology	291340	232550	343500	329094	321802	920041	276578
医药卫生类 Medicine, Pharmaceuticals & Health Care	386738	254815	394344	365443	353615	1184245	380074
休闲保健类 Recreations services & Make-up Artists	12623	9964	16919	16040	15491	43035	11976
财经商贸类 Finance, Economics, Commerce & Trade	294354	220793	335408	320928	312576	940247	289241
旅游服务类 Tourist Services	80156	62351	124456	119647	116714	309546	86285
文化艺术类 Culture & Arts	98254	72341	131305	122800	117032	365356	104812
体育与健身 Sports & Body-building	23487	14494	29814	27925	26977	79607	21355
教育类 Educational Services	283357	226903	331872	323684	319186	889036	265274
司法服务类 Legal Services	8727	3315	8660	8287	7150	23525	7904
公共管理与服务类 Public Administration & Services	19325	14595	17987	15714	14393	49098	15239
其他 Others	12380	8790	15073	14818	14596	39417	12238

中等职业学校(机构)学生分科类情况(成人中专)
Number of Students by Field of Education in Secondary Vocational Schools (Institutions) (Adult SSSs)

单位:人
unit:person

	毕业生数 Graduates		招生数 Entrants			在校学生数 Enrolment	预计毕业生数 Estimated Graduates for Next Year
				其中:应届毕业 of Which: Graduates of Current Year			
	合计 Total	其中:获得职业资格证书 of Which: Recipients of Vocational Qualifications	合计 Total	小计 Subtotal	其中:初中毕业生 of Which: Junior Secondary School Graduates		
总　计 Total	**696629**	**539711**	**595252**	**309231**	**283381**	**1411680**	**648500**
其中:女 of Which: Female	302730	232299	251346	129835	119075	588612	265128
农林牧渔类 Agriculture, Forestry, Husbandry &Fisheries	157916	107718	119373	50105	45609	347830	148617
资源环境类 Resources & Environment	3537	3079	433	272	272	3805	2109
能源与新能源类 Energy Resources & New ER	766	662	585	281	281	2783	943
土木水利类 Civil Engineering & Water Conservancy	22802	19198	21376	12175	9740	45979	21011
加工制造类 Manufacturing	103890	81266	81024	42670	39136	199413	95255
石油化工 Petroleum & Chemical Industries	2536	1450	1402	221	216	4718	1692
轻纺食品 Light, Textile & Food Industries	11209	10422	9703	6136	5899	17195	9803
交通运输类 Communication & Transport	58864	47762	53573	28667	26984	130228	53081
信息技术类 Information Technology	141521	119755	107644	62613	56777	250798	123452
医药卫生类 Medicine, Pharmaceuticals & Health Care	17383	11487	8939	6730	6474	24980	9861
休闲保健类 Recreations services & Make-up Artists	2212	1958	2737	1375	1310	7894	2511
财经商贸类 Finance, Economics, Commerce & Trade	45064	32302	44089	20746	18812	106798	44008
旅游服务类 Tourist Services	33006	26400	29249	14055	13238	63162	26879
文化艺术类 Culture & Arts	25494	21217	20219	12106	10733	49064	21017
体育与健身 Sports & Body-building	5272	1932	10203	9925	9813	21570	6649
教育类 Educational Services	37800	30262	53909	22435	20159	77532	52077
司法服务类 Legal Services	2771	2490	2675	1724	1677	6024	1792
公共管理与服务类 Public Administration & Services	17268	14518	17600	10269	9532	34697	18682
其他 Others	7318	5833	10519	6726	6719	17210	9061

中等职业学校(机构)学生分科类情况(职业高中)
Number of Students by Field of Education in Secondary Vocational Schools (Institutions) (Vocational High Schools)

单位:人
unit:person

	毕业生数 Graduates		招生数 Entrants			在校学生数 Enrolment	预计毕业生数 Estimated Graduates for Next Year
				其中:应届毕业 of Which: Graduates of Current Year			
	合计 Total	其中:获得职业资格证书 of Which: Reciptentsof Vocational Qualifications	合计 Total	小计 Subtotal	其中:初中毕业生 of Which: Junior Secondary School Graduates		
总　计 Total	**1418708**	**1250782**	**1514336**	**1466195**	**1450013**	**4165715**	**1303583**
其中:女 of Which: Female	640896	565231	649787	629373	623604	1820808	572878
农林牧渔类 Agriculture, Forestry, Husbandry &Fisheries	132792	104013	87680	82044	80705	292445	111076
资源环境类 Resources & Environment	5904	5728	2117	1853	1830	7414	3784
能源与新能源类 Energy Resources & New ER	2941	2861	1874	1697	1677	7150	3124
土木水利类 Civil Engineering & Water Conservancy	47516	42735	34654	33079	32540	107846	40450
加工制造类 Manufacturing	244547	225077	207122	201468	199069	621831	208154
石油化工 Petroleum & Chemical Industries	6595	6181	3875	3655	3621	13222	4945
轻纺食品 Light, Textile & Food Industries	17851	16189	16163	13654	13389	46678	18416
交通运输类 Communication & Transport	127833	114539	180170	175588	173138	477793	139811
信息技术类 Information Technology	299876	267411	333355	323208	320516	894462	270989
医药卫生类 Medicine, Pharmaceuticals & Health Care	39779	34800	47620	46568	45595	131455	39500
休闲保健类 Recreations services & Make-up Artists	9770	8324	13368	12685	12625	35085	10669
财经商贸类 Finance, Economics, Commerce & Trade	142646	125786	177379	173071	171446	469247	137688
旅游服务类 Tourist Services	91368	81149	115866	112680	111876	301496	86677
文化艺术类 Culture & Arts	88109	74802	98132	95999	95171	264369	80854
体育与健身 Sports & Body-building	6981	5565	9943	9676	9619	24652	6823
教育类 Educational Services	110999	98169	138159	134643	133229	352373	105049
司法服务类 Legal Services	4864	3534	8410	7704	7671	18500	4369
公共管理与服务类 Public Administration & Services	15997	14740	19799	19257	19175	50011	15363
其他 Others	22340	19179	18650	17666	17121	49686	15842

中等职业学校(机构)分年龄学生数
Number of Students by Age in Secondary Vocatingal Schools (Institutions)

单位:人
unit:person

	合计 Total	14岁及以下 14 Years and Under	15岁 15 Years	16岁 16 Years	17岁 17 Years	18岁 18 Years	19岁 19 Years	20岁 20 Years	21岁 21 Years	22岁及以上 22 Years and Over
总　计 Total	**12758604**	**196393**	**2102130**	**3319269**	**3171784**	**1917746**	**719764**	**307700**	**194889**	**828929**
中职全日制学生 Full-time Students of SVSs	11597853	195111	2044969	3232800	3065771	1822397	632080	220096	113189	271440
中职非全日制学生 Part-time Students of SVSs	1160751	1282	57161	86469	106013	95349	87684	87604	81700	557489
1.普通中专学生 Students of Regular SSSs	7181209	130906	1222104	1981549	1891698	1160379	415493	152251	73667	153162
2.成人中专学生 Students of Adult SSSs	1411680	3476	96904	150701	166690	130009	101273	94173	89436	579018
3.职业高中学生 Students of High Vocational Schools	4165715	62011	783122	1187019	1113396	627358	202998	61276	31786	96749

中等职业学校(机构)分年龄女学生数
Number of Female Students by Age in Secondary Vocatingal Schools (Institutions)

单位:人
unit:person

	合计 Total	14岁及以下 14 Years and under	15岁 15 Years	16岁 16 Years	17岁 17 Years	18岁 18 Years	19岁 19 Years	20岁 20 Years	21岁 21 Years	22岁及以上 22 Years and Over
总　计 Total	**6034257**	**103266**	**991810**	**1573906**	**1525948**	**915349**	**338794**	**142100**	**85355**	**357729**
中职全日制学生 Full-time Students of SVSs	5550526	102787	968337	1534913	1480396	874460	302859	107285	53186	126303
中职非全日制学生 Part-time Students of SVSs	483731	479	23473	38993	45552	40889	35935	34815	32169	231426
1.普通中专学生 Students of Regular SSSs	3624837	72464	612124	992295	964963	586516	209621	78648	36852	71354
2.成人中专学生 Students of Adult SSSs	588612	1417	40007	65691	71953	56166	40632	37037	34655	241054
3.职业高中学生 Students of High Vocational Schools	1820808	29385	339679	515920	489032	272667	88541	26415	13848	45321

中等职业学校（机构）
Changes in Enrolment of Secondary

	上学年初报表在校学生数 Enrolment at Beginning of Previous Academic Year	增加学生数 Factors of Increase				
		合计 Total	招生 No.of Students Admitted	复学 Students Resuming Studies	转入 Transfers from Other Inst.	其他 Others
总　计 Total	**13350509**	**4995641**	**4661428**	**9034**	**258893**	**66286**
中职全日制学生 Full-time Students of SVSs	11999579	4440128	4152708	8946	229943	48531
中职非全日制学生 Part-time Students of SVSs	1350930	555513	508720	88	28950	17755
1.普通中专学生 Students of Regular SSSs	7330718	2747180	2551840	5489	156654	33197
2.成人中专学生 Students of Adult SSSs	1625891	648063	595252	272	33885	18654
3.职业高中学生 Students of High Vocational Schools	4393900	1600398	1514336	3273	68354	14435

中等职业学校（机构）
Changes in Female Enrolment of

	上学年初报表在校学生数 Enrolment at Beginning of Previous Academic Year	增加学生数 Factors of Increase				
		合计 Total	招生 No.of Students Admitted	复学 Students Resuming Studies	转入 Transfers from Other Inst.	其他 Others
总　计 Total	**6444646**	**2303847**	**2135237**	**3545**	**131879**	**33186**
中职全日制学生 Full-time Students of SVSs	5881300	2066084	1917190	3497	119969	25428
中职非全日制学生 Part-time Students of SVSs	563346	237763	218047	48	11910	7758
1.普通中专学生 Students of Regular SSSs	3796378	1343904	1234104	2237	88996	18567
2.成人中专学生 Students of Adult SSSs	688554	275092	251346	65	15471	8210
3.职业高中学生 Students of High Vocational Schools	1959714	684851	649787	1243	27412	6409

学生变动情况
Vocatingal Schools (Institutions)

单位：人
unit: person

减少学生数 Factors of Decrease									本学年初报表在校学生数 Total Enrolment at Beginning of Current Academic Year
合计 Total	毕业 Graduates	结业 Completers of Courses Without Formal Awards	休学 Suspended	退学 Quitting	开除 Expelled	死亡 Dead	转出 Transfers to Other Inst.	其他 Others	
5587546	**4405572**	**119312**	**23998**	**423315**	**7236**	**352**	**414688**	**193073**	**12758604**
4841854	3797568	61093	23521	391555	7171	351	388835	171760	11597853
745692	608004	58219	477	31760	65	1	25853	21313	1160751
2896689	2290235	35103	17215	251460	5317	218	198374	98767	7181209
862274	696629	59572	1101	38507	168	3	39582	26712	1411680
1828583	1418708	24637	5682	133348	1751	131	176732	67594	4165715

女学生变动情况
Secondary Vocatingal Schools (Institutions)

单位：人
unit: person

减少学生数 Factors of Decrease									本学年初报表在校学生数 Total Enrolment at Beginning of Current Academic Year
合计 Total	毕业 Graduates	结业 Completers of Courses Without Formal Awards	休学 Suspended	退学 Quitting	开除 Expelled	死亡 Dead	转出 Transfers to Other Inst.	其他 Others	
2714236	**2160019**	**52672**	**8852**	**181939**	**1999**	**106**	**212740**	**95909**	**6034257**
2396858	1901164	27038	8673	168958	1992	106	202276	86651	5550526
317378	258855	25634	179	12981	7		10464	9258	483731
1515445	1216393	15135	6130	111471	1473	69	110986	53788	3624837
375034	302730	26163	284	15351	33		18637	11836	588612
823757	640896	11374	2438	55117	493	37	83117	30285	1820808

中等职业学校(机构)其他学生情况

Supplementary Information on Students in Secondary Vocational Schools(Institutions)

单位:人
unit:person

	共产党员 Member of C.P.A	共青团员 Member of C.Y.L	华侨 Overseas Chinese	港澳台 From HK, Macao and Taiwan	少数民族 Minorities	残疾人 Disabled
总计 Total	**23625**	**7419073**	**160**	**1054**	**1221422**	**18407**
其中:女 of Which: Female	6504	3707062	66	399	565841	6643
中职全日制学生 Full-time Students of SVSs	11073	7134053	160	1052	1103293	18076
中职非全日制学生 Part-time Students of SVSs	12552	285020		2	118129	331
1.普通中专学生 Students of Regular SSSs	6624	4241254	59	753	701564	10260
2.成人中专学生 Students of Adult SSSs	13755	412329	3	31	140107	854
3.职业高中学生 Students of High Vocational Schools	3246	2765490	98	270	379751	7293

中等职业学校(机构)培训学生情况

Number of Trainees in Secondary Vocational Schools(Institutions)

单位:人次
unit:person-time

	结业生数 Graduates		注册学生数 Enrolment	
	合计 Total	其中:女 of Which: Female	合计 Total	其中:女 of Which: Female
总计 Total	**4856408**	**2231302**	**3274820**	**1555432**
其中:少数民族 Of Which:Minority	335005	163558	196412	95794
资格证书培训 For Certificates of Vocational Qualifications	1861848	847139	1413001	660062
岗位证书培训 For Certificates of Job-related Qualifications	1465952	651529	931606	417527
按产业结构分:第一产业类培训 by Industry: Training for First Industry	1136837	533639	731489	357189
第二产业类培训 Training for Second Industry	1002414	313519	755289	240275
第三产业类培训 Training for Third Industry	2717157	1384144	1788042	957968
按培训时间分:一个月以内 by Length of Training:1 Months Under	3149872	1404602	1888872	877697
一个月至三个月以内 1 Months to 3 Months	769880	369236	548043	268630
三个月至半年以内 3 months to 6 Months	379895	181612	267300	132274
半年至一年以内 6 Months to 1 Year	327638	162866	238828	116942
一年及以上 1 Year and Over	229123	112986	331777	159889

中等职业学校(机构)外国留学生情况
Number of Foreign Students in Secondary Vocational Schools(Institutions)

单位:人
unit:person

	结业生数 Graduates		注册学生数 Enrolment	
	合计 Total	其中:女 of Which: Female	合计 Total	其中:女 of Which: Female
总　计 Total	**954**	**514**	**2379**	**1075**
按时间分:by Time				
一个月以内 1 Months Under	464	295	479	297
一个月至三个月以内 1 Months to 3 Months	41	12	40	12
三个月至半年以内 3 months to 6 Months	10	7	18	8
半年至一年以内 6 Months to 1 Year	83	48	167	83
一年及以上 1 Year and Over	356	152	1675	675
按大洲分:by Continent				
亚洲 Asia	804	457	2045	955
非洲 Africa	60	12	160	33
欧洲 Europe	79	40	137	68
北美洲 North America	2	1	12	5
南美洲 South America	4	2	18	11
大洋洲 Oceania	5	2	7	3

中等职业学校
Number of Educational Personnel in

	教职工数 Educational		
	合计 Total	校本部 Educational Personne	
		小计 Subtotal	专任教师 Full-time Teachers
总　计 Total	**821047**	**813370**	**643143**
其中:女 of Which: Female	408184	404538	339636
正高级 Senior	3716	3702	2602
副高级 Sub-senior	182233	181924	158549
中　级 Middle	292915	292060	256446
初　级 Junior	193727	192719	165371
未定职级 No-ranking	148456	142965	60175
总计中:聘任制 of Which:Part-time	179819	177958	139143
其中:女 Of Which: Female	90496	89457	72858
正高级 Senior	1033	1033	772
副高级 Sub-senior	30415	30408	27210
中　级 Middle	57550	57419	51297
初　级 Junior	44103	43701	37809
未定职级 No-ranking	46718	45397	22055

中等职业学校(机构)
Number of Educational Personnel in

	教职工数 Educational		
	合计 Total	校本部 Educational Personne	
		小计 Subtotal	专任教师 Full-time Teachers
总　计 Total	**401426**	**397014**	**302697**
其中:女 of Which: Female	199505	197362	160214
正高级 Senior	2279	2268	1676
副高级 Sub-senior	86510	86380	75736
中　级 Middle	137179	136731	117843
初　级 Junior	93232	92590	76520
未定职级 No-ranking	82226	79045	30922
总计中:聘任制 of Which:Part-time	86846	85548	64277
其中:女 Of Which: Female	44070	43263	33813
正高级 Senior	559	559	462
副高级 Sub-senior	13678	13671	12212
中　级 Middle	26117	26011	22857
初　级 Junior	21873	21504	17809
未定职级 No-ranking	24619	23803	10937

(机构)教职工数(总计)
Secondary Vocational Schools (Institutions) (Total)

单位:人
unit:person

Personnel					聘请校外教师 Part-time Teachers
教 职 工 in Main Campus			校办企业职工 Employees in School-run Factories & Farms	其他附设机构人员 Personnel in Others Subsidiary Units	
行政人员 Adm. Personnel	教辅人员 Supporting Staff	工勤人员 Workers			
68879	**49563**	**51785**	**3793**	**3884**	**95319**
25129	24268	15505	1598	2048	42765
934	137	29	2	12	2594
17436	5506	433	37	272	18423
18115	16132	1367	56	799	33028
11378	14481	1489	97	911	15071
21016	13307	48467	3601	1890	26203
14716	11245	12854	512	1349	
6127	5659	4813	230	809	
231	28	2			
2341	774	83	3	4	
3268	2534	320	9	122	
2644	2925	323	15	387	
6232	4984	12126	485	836	

教职工数(普通中专学校)
Secondary Vocational Schools (Institutions) (Regular SSSs)

单位:人
unit:person

Personnel					聘请校外教师 Part-time Teachers
教 职 工 in Main Campus			校办企业职工 Employees in School-run Factories & Farms	其他附设机构人员 Personnel in Others Subsidiary Units	
行政人员 Adm. Personnel	教辅人员 Supporting Staff	工勤人员 Workers			
39991	**25318**	**29008**	**2085**	**2327**	**43658**
15539	13023	8586	747	1396	21883
488	95	9		11	1301
8056	2311	277	23	107	7582
10062	8062	764	28	420	13364
7555	7526	989	56	586	7597
13830	7324	26969	1978	1203	13814
8124	6086	7061	285	1013	
3635	3129	2686	117	690	
78	17	2			
1080	323	56	3	4	
1656	1309	189	3	103	
1777	1690	228	9	360	
3533	2747	6586	270	546	

中等职业学校(机构)
Number of Educational Personnel in Secondary

	教职工数 Educational		
	合计 Total	校本部 Educational Personne	
		小计 Subtotal	专任教师 Full-time Teachers
总　计 Total	**63644**	**62851**	**47210**
其中:女 of Which: Female	30466	30081	24364
正高级 Senior	403	403	314
副高级 Sub-senior	16237	16222	13709
中　级 Middle	24664	24649	20610
初　级 Junior	11835	11827	9339
未定职级 No-ranking	10505	9750	3238
总计中:聘任制 of Which:Part-time	11662	11625	8675
其中:女 Of Which: Female	5812	5794	4553
正高级 Senior	75	75	63
副高级 Sub-senior	2219	2219	1922
中　级 Middle	3990	3990	3387
初　级 Junior	2181	2181	1793
未定职级 No-ranking	3197	3160	1510

中等职业学校(机构)
Number of Educational Personnel in Secondary

	教职工数 Educational		
	合计 Total	校本部 Educational Personne	
		小计 Subtotal	专任教师 Full-time Teachers
总　计 Total	**344647**	**342271**	**285074**
其中:女 of Which: Female	172980	171894	150875
正高级 Senior	962	961	565
副高级 Sub-senior	76975	76817	67105
中　级 Middle	126963	126583	114517
初　级 Junior	86518	86172	77830
未定职级 No-ranking	53229	51738	25057
总计中:聘任制 of Which:Part-time	78922	78421	64292
其中:女 Of Which: Female	39329	39120	33395
正高级 Senior	377	377	229
副高级 Sub-senior	14237	14237	12821
中　级 Middle	26680	26662	24381
初　级 Junior	19405	19381	17671
未定职级 No-ranking	18223	17764	9190

教职工数(成人中专学校)
Vocational Schools (Institutions)(Adult SSSs)

单位:人
unit:person

Personnel					
教 职 工 in Main Campus			校办企业职工 Employees in School-run Factories & Farms	其他附设机构人员 Personnel in Others Subsidiary Units	聘请校外教师 Part-time Teachers
行政人员 Adm. Personnel	教辅人员 Supporting Staff	工勤人员 Workers			
6878	4785	3978	617	176	22530
2295	2211	1211	309	76	7534
83	2	4			923
1945	548	20		15	6671
2137	1774	128		15	11895
1101	1308	79		8	2439
1612	1153	3747	617	138	602
1277	1023	650	12	25	
485	512	244	1	17	
12					
175	120	2			
293	298	12			
156	218	14			
641	387	622	12	25	

教职工数(职业高中学校)
Vocational Schools (Institutions)(Vocational High Schools)

单位:人
unit:person

Personnel					
教 职 工 in Main Campus			校办企业职工 Employees in School-run Factories & Farms	其他附设机构人员 Personnel in Others Subsidiary Units	聘请校外教师 Part-time Teachers
行政人员 Adm. Personnel	教辅人员 Supporting Staff	工勤人员 Workers			
20693	18571	17933	1029	1347	27506
6915	8646	5458	516	570	12567
343	37	16		1	334
7033	2547	132	14	144	3787
5542	6068	456	20	360	7175
2533	5404	405	32	314	4765
5242	4515	16924	963	528	11445
5119	4024	4986	199	302	
1940	1952	1833	110	99	
137	11				
1065	328	23			
1269	899	113		18	
662	973	75		24	
1986	1813	4775	199	260	

中等职业学校(机构)

Number of Educational Personnel in Secondary

	教职工数 Educational		
	合计 Total	校本部 Educational Personne	
		小计 Subtotal	专任教师 Full-time Teachers
总 计 Total	**11330**	**11234**	**8162**
其中:女 of Which: Female	5233	5201	4183
正高级 Senior	72	70	47
副高级 Sub-senior	2511	2505	1999
中 级 Middle	4109	4097	3476
初 级 Junior	2142	2130	1682
未定职级 No-ranking	2496	2432	958
总计中:聘任制 of Which:Part-time	2389	2364	1899
其中:女 Of Which: Female	1285	1280	1097
正高级 Senior	22	22	18
副高级 Sub-senior	281	281	255
中 级 Middle	763	756	672
初 级 Junior	644	635	536
未定职级 No-ranking	679	670	418

教职工数(其他机构)
Vocational Schools (Institutions)(Other Institutions)

单位:人
unit:person

Personnel					聘请校外教师 Part-time Teachers
教　职　工 in Main Campus			校办企业职工 Employees in School-run Factories & Farms	其他附设机构人员 Personnel in Others Subsidiary Units	
行政人员 Adm. Personnel	教辅人员 Supporting Staff	工勤人员 Workers			
1317	**889**	**866**	**62**	**34**	**1625**
380	388	250	26	6	781
20	3		2		36
402	100	4		6	383
374	228	19	8	4	594
189	243	16	9	3	270
332	315	827	43	21	342
196	112	157	16	9	
67	66	50	2	3	
4					
21	3	2			
50	28	6	6	1	
49	44	6	6	3	
72	37	143	4	5	

中等职业学校(机构)分科专任教师数(总计)

Number of Full-time Teachers by Field of Education in Secondary Vocational Schools(Institutions)(Total)

单位:人
unit:person

	合计 Total	其中:女 of Which: Female	正高级 Senior	副高级 Sub-Senior	中级 Middle	初级 Junior	未定职级 No-ranking
总　计 Total	**643143**	**339636**	**2602**	**158549**	**256446**	**165371**	**60175**
其中:女 of Which: Female	339636		1116	74733	136291	93707	33789
文化基础课 General Required Subjects	266836	150190	661	74535	110955	61227	19458
专业课 Specialized Subjects	350976	180378	1858	79552	135515	96852	37199
农林牧渔类 Agriculture, Forestry, Animal Husbandry & Fisheries	20761	9010	167	6262	8610	4732	990
资源环境类 Resources & Environment	1617	662	6	425	636	447	103
能源与新能源类 Energy Resources & New ER	2609	1047	14	739	944	655	257
土木水利类 Civil Engineering & Water Conservancy	11113	5005	49	2544	3890	3280	1350
加工制造类 Manufacturing	47019	17441	202	11603	17865	12860	4489
石油化工类 Petroleum & Chemical Industries	2883	1325	22	862	1050	697	252
轻纺食品类 Light, Textile & Food Industries	4239	2379	19	945	1523	1232	520
交通运输类 Communication & Transport	20417	6777	129	3621	7000	6115	3552
信息技术类 Information Technology	59570	29672	163	12343	25625	16047	5392
医药卫生类 Medicine, Pharmacy & Health Care	23837	15585	438	6088	8865	6000	2446
休闲保健类 Recreation Services & Make-up Artists	1409	861	5	242	540	416	206
财经商贸类 Finance, Economics, Commerce & Trade	37611	24823	127	9369	14391	10017	3707
旅游服务类 Tourist Services	16947	10931	44	3406	6313	5095	2089
文化艺术类 Culture & Arts	33390	21273	256	5609	12073	10820	4632
体育与健身 Sports & Body-building	14675	4051	57	2976	5872	4230	1540
教育类 Educational Services	35016	20696	89	8692	13748	9332	3155
司法服务类 Legal Services	1700	783	12	339	613	388	348
公共管理与服务类 Public Administration & Services	5394	2872	26	1043	2093	1542	690
其他 Others	10769	5185	33	2444	3864	2947	1481
实习指导课 Practice Guidance Lessons	25331	9068	83	4462	9976	7292	3518

中等职业学校(机构)分科专任教师数(普通中专学校)
Number of Full-time Teachers by Field of Education in Secondary Vocational Schools(Institutions) (Regular SSSs)

单位:人
unit:person

	合计 Total	其中:女 of Which: Female	正高级 Senior	副高级 Sub-Senior	中级 Middle	初级 Junior	未定职级 No-ranking
总　计 Total	**302697**	**160214**	**1676**	**75736**	**117843**	**76520**	**30922**
其中:女 of Which: Female	160214		747	36597	62719	42955	17196
文化基础课 General Required Subjects	109939	62078	387	31114	44892	24520	9026
专业课 Specialized Subjects	179573	93536	1244	42485	67971	47903	19970
农林牧渔类 Agriculture, Forestry, Animal Husbandry & Fisheries	6739	2958	64	2354	2511	1414	396
资源环境类 Resources & Environment	999	422	2	290	389	258	60
能源与新能源类 Energy Resources & New ER	1670	670	9	520	600	379	162
土木水利类 Civil Engineering & Water Conservancy	6607	3141	41	1631	2188	1895	852
加工制造类 Manufacturing	24775	9473	145	6382	9333	6473	2442
石油化工类 Petroleum & Chemical Industries	1817	868	20	599	657	413	128
轻纺食品类 Light, Textile & Food Industries	2001	1136	17	493	720	502	269
交通运输类 Communication & Transport	10553	3556	74	1874	3460	3148	1997
信息技术类 Information Technology	27929	13662	98	5930	12090	7105	2706
医药卫生类 Medicine, Pharmacy & Health Care	18212	12197	357	4950	6708	4473	1724
休闲保健类 Recreation Services & Make-up Artists	562	342	4	91	220	165	82
财经商贸类 Finance, Economics, Commerce & Trade	21385	14025	84	5538	8195	5409	2159
旅游服务类 Tourist Services	7282	4540	25	1498	2716	2096	947
文化艺术类 Culture & Arts	17904	11354	174	3135	6475	5687	2433
体育与健身 Sports & Body-building	8432	2334	53	1965	3310	2383	721
教育类 Educational Services	14370	8670	47	3411	5322	3940	1650
司法服务类 Legal Services	1020	501	10	240	379	212	179
公共管理与服务类 Public Administration & Services	2431	1295	7	468	931	683	342
其他 Others	4885	2392	13	1116	1767	1268	721
实习指导课 Practice Guidance Lessons	13185	4600	45	2137	4980	4097	1926

中等职业学校(机构)分科专任教师数(成人中专学校)
Number of Full-time Teachers by Field of Education in Secondary Vocational Schools(Institutions) (Adult SSSs)

单位:人
unit:person

	合计 Total	其中:女 of Which: Female	正高级 Senior	副高级 Sub-Senior	中级 Middle	初级 Junior	未定职级 No-ranking
总　计 Total	**47210**	**24364**	**314**	**13709**	**20610**	**9339**	**3238**
其中:女 of Which: Female	24364		112	6389	11044	5116	1703
文化基础课 General Required Subjects	24115	13370	79	7523	10637	4408	1468
专业课 Specialized Subjects	20810	9939	222	5440	8988	4596	1564
农林牧渔类 Agriculture, Forestry, Animal Husbandry & Fisheries	5477	2139	90	1303	2594	1313	177
资源环境类 Resources & Environment	103	33	1	38	54	9	1
能源与新能源类 Energy Resources & New ER	141	41		46	72	22	1
土木水利类 Civil Engineering & Water Conservancy	476	235	2	106	208	114	46
加工制造类 Manufacturing	1117	373	11	296	385	291	134
石油化工类 Petroleum & Chemical Industries	26	8		5	14	7	
轻纺食品类 Light, Textile & Food Industries	197	56		29	77	77	14
交通运输类 Communication & Transport	886	407	20	123	275	201	267
信息技术类 Information Technology	1661	747	17	354	655	433	202
医药卫生类 Medicine, Pharmacy & Health Care	899	546	25	248	372	204	50
休闲保健类 Recreation Services & Make-up Artists	38	19		7	18	10	3
财经商贸类 Finance, Economics, Commerce & Trade	941	531	18	277	375	184	87
旅游服务类 Tourist Services	309	192	4	59	112	86	48
文化艺术类 Culture & Arts	756	422	1	109	284	224	138
体育与健身 Sports & Body-building	443	117		43	192	116	92
教育类 Educational Services	6097	3467	18	2159	2824	954	142
司法服务类 Legal Services	55	27	1	12	14	12	16
公共管理与服务类 Public Administration & Services	337	191	11	72	126	67	61
其他 Others	851	388	3	154	337	272	85
实习指导课 Practice Guidance Lessons	2285	1055	13	746	985	335	206

中等职业学校(机构)分科专任教师数(职业高中学校)

Number of Full-time Teachers by Field of Education in Secondary Vocational Schools(Institutions)(Vocational High Schools)

单位:人
unit:person

	合计 Total	其中:女 of Which: Female	正高级 Senior	副高级 Sub-Senior	中级 Middle	初级 Junior	未定职级 No-ranking
总 计 Total	**285074**	**150875**	**565**	**67105**	**114517**	**77830**	**25057**
其中:女 of Which: Female	150875		235	30870	60801	44668	14301
文化基础课 General Required Subjects	129219	72803	180	34967	53930	31569	8573
专业课 Specialized Subjects	146413	74806	361	30643	56786	43478	15145
农林牧渔类 Agriculture, Forestry, Animal Husbandry & Fisheries	8420	3857	13	2548	3452	1990	417
资源环境类 Resources & Environment	489	199	3	88	183	173	42
能源与新能源类 Energy Resources & New ER	796	335	5	172	271	254	94
土木水利类 Civil Engineering & Water Conservancy	3928	1583	6	789	1462	1243	428
加工制造类 Manufacturing	20642	7418	40	4805	7927	6003	1867
石油化工类 Petroleum & Chemical Industries	1025	447	2	257	373	272	121
轻纺食品类 Light, Textile & Food Industries	2026	1181	2	418	724	646	236
交通运输类 Communication & Transport	8784	2751	34	1603	3207	2714	1226
信息技术类 Information Technology	29465	14985	48	5963	12640	8397	2417
医药卫生类 Medicine, Pharmacy & Health Care	4237	2601	39	771	1555	1223	649
休闲保健类 Recreation Services & Make-up Artists	807	499	1	144	301	240	121
财经商贸类 Finance, Economics, Commerce & Trade	14923	10003	24	3477	5688	4337	1397
旅游服务类 Tourist Services	9231	6122	15	1835	3431	2872	1078
文化艺术类 Culture & Arts	14440	9298	79	2323	5194	4842	2002
体育与健身 Sports & Body-building	5503	1496	3	897	2256	1670	677
教育类 Educational Services	13670	8086	21	2859	5211	4282	1297
司法服务类 Legal Services	604	241	1	81	213	161	148
公共管理与服务类 Public Administration & Services	2546	1359	8	489	1002	780	267
其他 Others	4877	2345	17	1124	1696	1379	661
实习指导课 Practice Guidance Lessons	9442	3266	24	1495	3801	2783	1339

中等职业学校(机构)分科专任教师数(其他机构)

Number of Full-time Teachers by Field of Education in Secondary Vocational Schools(Institutions) (Other Institutions)

单位:人
unit:person

	合计 Total	其中:女 of Which: Female	正高级 Senior	副高级 Sub-Senior	中级 Middle	初级 Junior	未定职级 No-ranking
总　计 Total	**8162**	**4183**	**47**	**1999**	**3476**	**1682**	**958**
其中:女 of Which: Female	4183		22	877	1727	968	589
文化基础课 General Required Subjects	3563	1939	15	931	1496	730	391
专业课 Specialized Subjects	4180	2097	31	984	1770	875	520
农林牧渔类 Agriculture, Forestry, Animal Husbandry & Fisheries	125	56		57	53	15	
资源环境类 Resources & Environment	26	8		9	10	7	
能源与新能源类 Energy Resources & New ER	2	1		1	1		
土木水利类 Civil Engineering & Water Conservancy	102	46		18	32	28	24
加工制造类 Manufacturing	485	177	6	120	220	93	46
石油化工类 Petroleum & Chemical Industries	15	2		1	6	5	3
轻纺食品类 Light, Textile & Food Industries	15	6		5	2	7	1
交通运输类 Communication & Transport	194	63	1	21	58	52	62
信息技术类 Information Technology	515	278		96	240	112	67
医药卫生类 Medicine, Pharmacy & Health Care	489	241	17	119	230	100	23
休闲保健类 Recreation Services & Make-up Artists	2	1			1	1	
财经商贸类 Finance, Economics, Commerce & Trade	362	264	1	77	133	87	64
旅游服务类 Tourist Services	125	77		14	54	41	16
文化艺术类 Culture & Arts	290	199	2	42	120	67	59
体育与健身 Sports & Body-building	297	104	1	71	114	61	50
教育类 Educational Services	879	473	3	263	391	156	66
司法服务类 Legal Services	21	14		6	7	3	5
公共管理与服务类 Public Administration & Services	80	27		14	34	12	20
其他 Others	156	60		50	64	28	14
实习指导课 Practice Guidance Lessons	419	147	1	84	210	77	47

中等职业学校(机构)专任教师、聘请校外教师学历情况(合计)
Number of Full-time and Part-time Teachers by Academic Qualifications in Secondary Vocational Schools(Institutions)(Total)

单位:人
unit:person

	合计 Total	博士研究生 Doctors	硕士研究生 Masters	本科 Normal Courses	专科 Short-cycle Courses	高中阶段及以下 Below High School Graduate
1.专任教师 Full-time Teacher	**643143**	**552**	**45476**	**538134**	**56569**	**2412**
其中:女 of Which: Female	339636	253	28604	287295	22810	674
实习指导课教师 Practice Course Teacher	25331	6	849	18524	5503	449
正高级 Senior	2602	82	504	1807	201	8
副高级 Sub-senior	158549	190	11696	139563	6958	142
中　级 Middle	256446	183	19125	215950	20503	685
初　级 Junior	165371	47	8897	138197	17484	746
未定职级 No-ranking	60175	50	5254	42617	11423	831
2.聘请校外教师 Part-time Teacher	**95319**	**487**	**7078**	**69809**	**16554**	**1391**
其中:女 of Which: Female	42765	143	3505	32612	6200	305
实习指导课教师 Practice Course Teacher	9038	9	553	5838	2310	328
外籍教师 Foreign Teachers Among Part-time Teachers	182	2	24	147	9	
正高级 Senior	2594	136	580	1703	146	29
副高级 Sub-senior	18423	130	2045	14529	1634	85
中　级 Middle	33028	147	2096	24821	5633	331
初　级 Junior	15071	17	972	10817	3126	139
未定职级 No-ranking	26203	57	1385	17939	6015	807

中等职业学校(机构)专任教师、聘请校外教师学历情况(普通中专学校)

Number of Full-time and Part-time Teachers by Academic Qualifications in Secondary Vocational Schools(Institutions)(Regular SSSs)

单位:人
unit:person

	合计 Total	博士研究生 Doctors	硕士研究生 Masters	本科 Normal Courses	专科 Short-cycle Courses	高中阶段及以下 Below High School Graduate
1.专任教师 Full-time Teacher	**302697**	**395**	**30345**	**248080**	**22520**	**1357**
其中:女 of Which: Female	160214	175	19210	131514	8978	337
实习指导课教师 Practice Course Teacher	13185	1	539	9342	2984	319
正高级 Senior	1676	62	331	1152	125	6
副高级 Sub-senior	75736	145	7945	65129	2427	90
中　级 Middle	117843	131	12884	96734	7744	350
初　级 Junior	76520	34	5892	63302	6891	401
未定职级 No-ranking	30922	23	3293	21763	5333	510
2.聘请校外教师 Part-time Teacher	**43658**	**325**	**4484**	**32874**	**5339**	**636**
其中:女 of Which: Female	21883	102	2394	17151	2113	123
实习指导课教师 Practice Course Teacher	3998	8	342	2660	848	140
外籍教师 Foreign Teachers Among Part-time Teachers	91	2	15	69	5	
正高级 Senior	1301	73	238	893	77	20
副高级 Sub-senior	7582	90	1119	5778	550	45
中　级 Middle	13364	132	1354	10479	1288	111
初　级 Junior	7597	16	756	5718	1064	43
未定职级 No-ranking	13814	14	1017	10006	2360	417

中等职业学校(机构)专任教师、聘请校外教师学历情况(成人中专学校)

Number of Full-time and Part-time Teachers by Academic Qualifications in Secondary Vocational Schools(Institutions)(Adult SSSs)

单位:人
unit:person

	合计 Total	博士研究生 Doctors	硕士研究生 Masters	本科 Normal Courses	专科 Short-cycle Courses	高中阶段及以下 Below High School Graduate
1.专任教师 Full-time Teacher	**47210**	**51**	**2120**	**36688**	**8095**	**256**
其中:女 of Which: Female	24364	28	1196	19274	3772	94
实习指导课教师 Practice Course Teacher	2285	2	82	1759	413	29
正高级 Senior	314	9	76	212	17	
副高级 Sub-senior	13709	25	704	11729	1242	9
中　级 Middle	20610	13	776	16076	3624	121
初　级 Junior	9339	3	343	6553	2373	67
未定职级 No-ranking	3238	1	221	2118	839	59
2.聘请校外教师 Part-time Teacher	**22530**	**96**	**1308**	**16023**	**4869**	**234**
其中:女 of Which: Female	7534	17	481	5199	1774	63
实习指导课教师 Practice Course Teacher	1969	1	96	1270	554	48
外籍教师 Foreign Teachers Among Part-time Teachers	7		4	2	1	
正高级 Senior	923	54	271	555	43	
副高级 Sub-senior	6671	28	574	5294	744	31
中　级 Middle	11895	10	348	8288	3088	161
初　级 Junior	2439	1	62	1501	836	39
未定职级 No-ranking	602	3	53	385	158	3

中等职业学校（机构）专任教师、聘请校外教师学历情况（职业高中学校）

Number of Full-time and Part-time Teachers by Academic Qualifications in Secondary Vocational Schools (Institutions) (Vocational High Schools)

单位：人
unit: person

	合计 Total	博士研究生 Doctors	硕士研究生 Masters	本科 Normal Courses	专科 Short-cycle Courses	高中阶段及以下 Below High School Graduate
1.专任教师 Full-time Teacher	**285074**	**80**	**12126**	**246994**	**25112**	**762**
其中：女 of Which: Female	150875	39	7677	133280	9651	228
实习指导课教师 Practice Course Teacher	9442	3	168	7141	2031	99
正高级 Senior	565	11	87	409	56	2
副高级 Sub-senior	67105	15	2820	61031	3199	40
中　级 Middle	114517	22	5075	100408	8803	209
初　级 Junior	77830	7	2521	67023	8007	272
未定职级 No-ranking	25057	25	1623	18123	5047	239
2.聘请校外教师 Part-time Teacher	**27506**	**61**	**1022**	**19717**	**6191**	**515**
其中：女 of Which: Female	12567	24	500	9683	2246	114
实习指导课教师 Practice Course Teacher	2777		91	1689	862	135
外籍教师 Foreign Teachers Among Part-time Teachers	84		5	76	3	
正高级 Senior	334	9	65	232	22	6
副高级 Sub-senior	3787	12	270	3175	322	8
中　级 Middle	7175	5	320	5589	1202	59
初　级 Junior	4765		94	3434	1180	57
未定职级 No-ranking	11445	35	273	7287	3465	385

中等职业学校(机构)专任教师、聘请校外教师学历情况(其他机构)

Number of Full-time and Part-time Teachers by Academic Qualifications in Secondary Vocational Schools(Institutions)(Other Institutions)

单位:人
unit:person

	合计 Total	博士研究生 Doctors	硕士研究生 Masters	本科 Normal Courses	专科 Short-cycle Courses	高中阶段及以下 Below High School Graduate
1.专任教师 Full-time Teacher	**8162**	**26**	**885**	**6372**	**842**	**37**
其中:女 of Which: Female	4183	11	521	3227	409	15
实习指导课教师 Practice Course Teacher	419		60	282	75	2
正高级 Senior	47		10	34	3	
副高级 Sub-senior	1999	5	227	1674	90	3
中　级 Middle	3476	17	390	2732	332	5
初　级 Junior	1682	3	141	1319	213	6
未定职级 No-ranking	958	1	117	613	204	23
2.聘请校外教师 Part-time Teacher	1625	5	264	1195	155	6
其中:女 of Which: Female	781		130	579	67	5
实习指导课教师 Practice Course Teacher	294		24	219	46	5
外籍教师 Foreign Teachers Among Part-time Teachers						
正高级 Senior	36		6	23	4	3
副高级 Sub-senior	383		82	282	18	1
中　级 Middle	594		74	465	55	
初　级 Junior	270		60	164	46	
未定职级 No-ranking	342	5	42	261	32	2

中等职业学校(机构)
Number of Full-time Teachers by Age in

	合计 Total	29 岁及以下 29 and Under	30-34 岁 30 to 34	35-39 岁 35 to 39
总　计 Total	**643143**	**108894**	**118621**	**113927**
其中:女 of Which: Female	339636	67985	70489	64448
正高级 Senior	2602		3	137
副高级 Sub-senior	158549	9	1490	12338
中　级 Middle	256446	8772	49258	68794
初　级 Junior	165371	57793	57488	28846
未定职级 No-ranking	60175	42320	10382	3812
普通中专学校 Regular SSSs	302697	55474	59814	50857
其中:女 of Which: Female	160214	35019	35370	28436
正高级 Senior	1676		2	79
副高级 Sub-senior	75736	2	826	6278
中　级 Middle	117843	4556	27014	31326
初　级 Junior	76520	29208	26491	11330
未定职级 No-ranking	30922	21708	5481	1844
成人中专学校 Adult SSSs	47210	5268	6134	7682
其中:女 of Which: Female	24364	2973	3384	4407
正高级 Senior	314			23
副高级 Sub-senior	13709		110	715
中　级 Middle	20610	668	2650	4539
初　级 Junior	9339	2451	2819	2155
未定职级 No-ranking	3238	2149	555	250
职业高中学校 High Vocational Schools	285074	46758	51196	54036
其中:女 of Which: Female	150875	29153	30819	30837
正高级 Senior	565		1	35
副高级 Sub-senior	67105	7	526	5198
中　级 Middle	114517	3362	18934	32081
初　级 Junior	77830	25570	27564	15064
未定职级 No-ranking	25057	17819	4171	1658
其他机构 Other Institutions	8162	1394	1477	1352
其中:女 of Which: Female	4183	840	916	768
正高级 Senior	47			
副高级 Sub-senior	1999		28	147
中　级 Middle	3476	186	660	848
初　级 Junior	1682	564	614	297
未定职级 No-ranking	958	644	175	60

专任教师分年龄情况
Secondary Vocational Schools (Institutions)

单位:人
unit:person

40-44 岁 40 to 44	45-49 岁 45 to 49	50-54 岁 50 to 54	55-59 岁 55 to 59	60 岁及以上 60 and over
109833	**98963**	**70985**	**20755**	**1165**
58252	47290	29606	1337	229
264	582	943	503	170
35420	51161	45011	12559	561
60774	39389	22483	6659	317
11551	6670	2167	826	30
1824	1161	381	208	87
47649	44420	34325	9638	520
24685	21106	14749	780	69
176	391	624	317	87
16617	23767	22169	5848	229
24864	16826	10223	2902	132
5111	2863	1077	422	18
881	573	232	149	54
8701	9289	7569	2454	113
4954	4980	3521	115	30
30	53	131	54	23
2359	4219	4694	1560	52
5218	4230	2524	756	25
956	686	197	74	1
138	101	23	10	12
52213	43894	28163	8295	519
27951	20632	10947	414	122
57	128	176	113	55
16011	22572	17589	4926	276
29982	17692	9418	2892	156
5392	3049	862	318	11
771	453	118	46	21
1270	1360	928	368	13
662	572	389	28	8
1	10	12	19	5
433	603	559	225	4
710	641	318	109	4
92	72	31	12	
34	34	8	3	

中等职业学校(机构)专任教师、
Number of Full-time and Part-time Teachers

	本学年授课专任教师 Full-time Teacher by Teaching Content			
	合计 Total	文化基础课 Common Required Subject	专业课、实习指导课 Special Subject and Practice Course	
			小计 Subtotal	其中:双师型 of Which:Double-teacher Type
总　计 Total	**635951**	**263836**	**372115**	**189547**
其中:女 of Which: Female	336397	148818	187579	90594
正高级 Senior	2554	651	1903	945
副高级 Sub-senior	156413	73592	82821	50419
中　级 Middle	253549	109715	143834	83685
初　级 Junior	163688	60550	103138	46480
未定职级 No-ranking	59747	19328	40419	8018
普通中专学校 Regular SSSs	299893	108807	191086	102333
其中:女 of Which: Female	158892	61549	97343	49236
正高级 Senior	1657	379	1278	692
副高级 Sub-senior	74964	30785	44179	28926
中　级 Middle	116797	44473	72324	45107
初　级 Junior	75821	24254	51567	23290
未定职级 No-ranking	30654	8916	21738	4318
成人中专学校 Adult SSSs	45559	23542	22017	5168
其中:女 of Which: Female	23647	13064	10583	2230
正高级 Senior	305	79	226	59
副高级 Sub-senior	13217	7357	5860	1388
中　级 Middle	19812	10356	9456	2379
初　级 Junior	9034	4282	4752	1125
未定职级 No-ranking	3191	1468	1723	217
职业高中学校 High Vocational Schools	282362	127929	154433	80123
其中:女 of Which: Female	149684	72266	77418	38282
正高级 Senior	545	178	367	173
副高级 Sub-senior	66240	34522	31718	19563
中　级 Middle	113478	53391	60087	35311
初　级 Junior	77154	31285	45869	21726
未定职级 No-ranking	24945	8553	16392	3350
其他机构 Other Institutions	8137	3558	4579	1923
其中:女 of Which: Female	4174	1939	2235	846
正高级 Senior	47	15	32	21
副高级 Sub-senior	1992	928	1064	542
中　级 Middle	3462	1495	1967	888
初　级 Junior	1679	729	950	339
未定职级 No-ranking	957	391	566	133

聘请校外教师岗位分类情况

by Teaching Course in Secondary Vocational Schools (Institutions)

单位:人
unit:person

本学年授课聘请校外教师 Part-time Teacher by Teaching Content				本学年不授课专任教师 Full-time Teacher by Non-teaching			
合计 Total	文化基础课 Common Required Subject	专业课、实习指导课 Special Subject andPractice Course		合计 Total	进修 In-service	病休 Sick-Leave	其他 Others
		小计 Subtotal	其中:双师型 of Which: Double-teacher Type				
95319	**22415**	**72904**	**25408**	**7192**	**713**	**749**	**5730**
42765	12247	30518	10381	3239	353	413	2473
2594	458	2136	955	48	1		47
18423	3769	14654	6353	2136	174	173	1789
33028	7042	25986	10666	2897	297	320	2280
15071	4114	10957	3548	1683	172	236	1275
26203	7032	19171	3886	428	69	20	339
43658	10638	33020	12435	2804	169	320	2315
21883	6175	15708	5663	1322	91	192	1039
1301	166	1135	599	19	1		18
7582	1587	5995	2831	772	21	87	664
13364	2863	10501	4712	1046	69	136	841
7597	1990	5607	2035	699	43	87	569
13814	4032	9782	2258	268	35	10	223
22530	5123	17407	5629	1651	247	15	1389
7534	2314	5220	1826	717	126	4	587
923	218	705	211	9			9
6671	1388	5283	1800	492	88	5	399
11895	2572	9323	3077	798	125	7	666
2439	752	1687	478	305	30	3	272
602	193	409	63	47	4		43
27506	6216	21290	7081	2712	295	412	2005
12567	3507	9060	2785	1191	135	216	840
334	68	266	142	20			20
3787	678	3109	1623	865	65	81	719
7175	1441	5734	2739	1039	102	177	760
4765	1281	3484	1022	676	98	144	434
11445	2748	8697	1555	112	30	10	72
1625	438	1187	263	25	2	2	21
781	251	530	107	9	1	1	7
36	6	30	3				
383	116	267	99	7			7
594	166	428	138	14	1		13
270	91	179	13	3	1	2	
342	59	283	10	1			1

中等职业学校(机构)

Changes of Full-time Teachers in Secondary

	上学年初报表专任教师数 Number of Full-time Teachers at Beginning of Previous Academic Year	增加专任 Factors of				
		合计 Total	录用毕业生 New Recruits from Current Year Graduates			外单位 Teachers Recruited
			小计 Subtotal	研究生 Completing Doc,&Mas. Deg.Prog.	本科生 Completing 1st Degree Courses	小计 Subtotal
总　计 Total	**652291**	**46093**	**17965**	**2777**	**13242**	**16951**
其中:女 of Which: Female	338656	25763	11199	1969	8257	8948
普通中专学校 Regular SSSs	306024	22818	9581	1758	6805	7008
其中:女 of Which: Female	159746	12738	5857	1243	4098	3688
成人中专学校 Adult SSSs	47942	3269	953	198	669	1609
其中:女 of Which: Female	24134	1891	608	137	426	958
职业高中学校 High Vocational Schools	288551	19467	7258	791	5639	8112
其中:女 of Which: Female	149857	10839	4621	562	3656	4201
其他机构 Other Institutions	9774	539	173	30	129	222
其中:女 of Which: Female	4919	295	113	27	77	101

专任教师变动情况
Vocatingal Schools (Institutions)

单位:人
unit:person

教师数 Increase				减少专任教师数 Factors of Decrease				本学年初报表专任教师数 Number of Full-time Teachers at Beginning of Current Academic Year
教师调入 from Other Units	非教师调入 Non-teaching Personnel Changed into Teachers		其他 Others	合计 Total	自然减员 Retired from Their Posts during Previous Academic Year	调离教师岗位 Transferred from Teaching to Non-teaching Posts	其他 Others	
其中:中职学校调入 of Which: from Other SVSs	小计 Subtotal	其中:本校调整 of Which: with Change of Status in Their Own Institutions						
6387	**6173**	**3692**	**5004**	**55241**	**11180**	**18215**	**25846**	**643143**
3094	2981	1770	2635	24783	4350	7932	12501	339636
3358	3356	1838	2873	26145	5316	6893	13936	302697
1514	1644	922	1549	12270	2098	3248	6924	160214
381	422	246	285	4001	1148	1409	1444	47210
242	190	111	135	1661	416	537	708	24364
2554	2334	1563	1763	22944	4541	9018	9385	285074
1303	1120	721	897	9821	1763	3740	4318	150875
94	61	45	83	2151	175	895	1081	8162
35	27	16	54	1031	73	407	551	4183

中等职业学校
Condition of Fixed Assets and Teaching Resources in

	占地面积(平方米) Areas Occupied (m2)			图书(册) Books (Volume)	
	合计 Total	其中:绿化用地面积 of Which: Green Areas	其中:运动场地面积 of Which: Sports Areas	合计 Total	当年新增 New Added in Current Year
总　计 Total					
学校产权 Owned by SVSs	463855859.87	109738315.73	72823313.75	326476292	13502004
非学校产权中独立使用 Not Owned by SVSs	39702916.89	7210858.87	6274488.63	8916451	496038
普通中专学校 Regular SSSs					
学校产权 Owned by SsSs	241995513.47	62737815.09	35922301.10	178861211	6570891
非学校产权中独立使用 Not Owned by SsSs	19957909.63	3968267.17	3278963.66	4553836	208359
成人中专学校 Adult SSSs					
学校产权 Owned by Adult SSSs	21005778.15	3661439.08	2804733.10	17912201	569312
非学校产权中独立使用 Not Owned by Adult SSSs	2503582.66	385286.93	342846.33	2018626	122600
职业高中学校 High Vocational Schools					
学校产权 Owned by VHSs	193534059.62	41958846.96	33075952.39	124252468	5996226
非学校产权中独立使用 Not Owned by VHSs	16187765.45	2641885.61	2503616.31	1993132	145622
其他机构 Other Institutions					
学校产权 Owned by SVSs	7320508.63	1380214.60	1020327.16	5450412	365575
非学校产权中独立使用 Not Owned by SVSs	1053659.15	215419.16	149062.33	350857	19457

(机构)资产情况
Secondary Vocatingal Schools (Institutions)

计算机数(台) PC (Set)			教室中:普通教室(间) of Which: General Classroom (Room)		固定资产值(万元) Fixed Assets (10,000 yuan)		
合计 Total	其中:教学用计算机 No. of Computers Used for Instruction		合计 Total	其中:网络多媒体教室 of Which: Network Multimedia Classroom	合计 Total	其中:教学、实习仪器设备资产值 of which:Teaching Equipment & Instruments	
	小计 Subtotal	其中:平板电脑 of Which: Tablet PC				小计 Subtotal	当年新增 New Added in Current Year
3184396	2646966	106448	402241	174559	31088732.98	7094397.43	902957.55
70816	59800	3233	42341	13912	1557821.20	172019.17	24261.55
1700534	1414931	51941	196270	90761	17565154.48	4002152.43	514663.10
33527	28067	1359	21709	7679	857162.17	91334.33	14788.45
155382	122025	7989	23339	6278	1010012.95	209914.12	20430.19
12183	10258	872	3932	1181	87453.74	17298.91	1518.94
1287997	1077456	45696	176538	74953	12147717.21	2811346.33	361212.45
22278	19248	990	15922	4726	571798.58	56722.74	6875.68
40483	32554	822	6094	2567	365848.34	70984.55	6651.81
2828	2227	12	778	326	41406.72	6663.19	1078.48

中等职业学校(机构)教职工其他情况
Supplementary Information on Educational Personnel in Secondary Vocational Schools (Institutions)

单位:人
unit:person

	共产党员 Member of C.P.A	共青团员 Member of C.Y.L	民主党派 Member of Non-Communist Part	华 侨 Overseas Chinese	港澳台 From HK,Macao and Taiwan	少数民族 Minorities
总 计 Total						
教职工 Educational Personnel	289425	44121	11360	28	26	46808
其中:女 of Which: Female	123827	25411	6103	10	14	23403
专任教师 Full-time Teachers	219034	34148	9529	16	10	36483
其中:女 Of Which: Female	100962	20477	5287	8	7	19067
普通中专学校 SSSs						
教职工 Educational Personnel	151586	22564	6965	23	23	24389
其中:女 of Which: Female	67921	12989	3758	7	12	12203
专任教师 Full-time Teachers	110935	16940	5894	12	10	18549
其中:女 Of Which: Female	53980	10144	3254	5	7	9702
成人中专学校 Adult SSSs						
教职工 Educational Personnel	25216	3311	552			3195
其中:女 of Which: Female	9834	1751	289			1530
专任教师 Full-time Teachers	18320	2325	403			2390
其中:女 Of Which: Female	7742	1284	218			1202
职业高中学校 High Vocational Schools						
教职工 Educational Personnel	108046	17606	3712	5	3	19063
其中:女 of Which: Female	44297	10289	1981	3	2	9585
专任教师 Full-time Teachers	86510	14386	3125	4		15442
其中:女 Of Which: Female	37833	8750	1754	3		8103
其他机构 Other Institutions						
教职工 Educational Personnel	4577	640	131			161
其中:女 of Which: Female	1775	382	75			85
专任教师 Full-time Teachers	3269	497	107			102
其中:女 Of Which: Female	1407	299	61			60

中等职业学校(机构)校舍情况

Conditions of School Buidings in Secondary Vocatingal Schools (Institutions) (Total)

单位:平方米
unit: m^2

	学校产权校舍建筑面积 Floor Area of School Building Owned by SVSs				正在施工校舍建筑面积 Floor Area Under Construction	非学校产权中独立使用校舍建筑面积 Floor Area of School Building Not Owned by SVSs
	合计 Total	其中:危房 of Which: Dilapidated Buildings	其中:当年新增校舍 of Which: New Added in Current Year	其中:被外单位借用 of Which: Floor Space Hired by Other Schools or Units		
总　计 Total	**212502660.13**	**1193646.55**	**5923924.76**	**753707.99**	**8234529.26**	**20980936.59**
一、教学及辅助用房 Buildings for Instraction and Ancillary Uses	102401265.73	524967.18	3151986.38	348460.77	4888807.64	10169895.88
教室 Classroom	45028323.29	315040.58	1002485.85	248571.30	1549728.48	4651623.92
图书馆 Library	7144047.99	23693.20	205001.70	7632.80	472550.80	758520.62
实验室、实习场所 Lab. and Practice Facilities	41191840.91	158669.30	1710974.54	83216.64	2267405.22	3469639.83
体育馆 Gymnasium	5998845.08	3930.00	179513.01	5086.03	492073.15	905827.23
会堂 Hall	3038208.46	23634.10	54011.28	3954.00	107049.99	384284.28
二、行政办公用房 Administritive	14442026.21	92925.02	325099.10	73468.61	425594.59	1296831.51
三、生活用房 Residential Buildings	79037058.61	481302.80	2167855.78	305191.61	2400883.82	8761963.29
学生宿舍(公寓) Students' Dormitories	52897017.26	320352.97	1539301.82	226590.17	1589636.21	6075083.99
学生食堂 Students' Dining Halls	13154841.28	49712.47	349601.43	39625.48	431665.62	1268295.26
教工宿舍(公寓) Apartments for Single	5692300.69	60375.42	183539.84	21271.00	301625.77	768737.13
教工食堂 Dining Halls for Teachers, Staff and Workers	1119355.65	3276.00	26933.89	792.24	17423.20	122198.27
生活福利及附属用房 Residential, Welfare and Anxiliary Buildings	6173543.73	47585.94	68478.8	16912.72	60533.02	527648.64
四、教工住宅 Residential Quarters for Teachers & Workers	9886707.19	57298.96	128776.40	7550.00	214527.60	
五、其他用房 Other	6735602.39	37152.59	150207.10	19037.00	304715.61	752245.91

中等职业学校(机构)校舍情况(普通中专学校)

Conditions of School Buidings in Secondary Vocatingal Schools (Institutions) (Regular SSSs)

单位:平方米
unit:m^2

	学校产权校舍建筑面积 Floor Area of School Building Owned by Regular SSSs				正在施工校舍建筑面积 Floor Area Under Construction	非学校产权中独立使用校舍建筑面积 Floor Area ofSchool BuildingNot Owned by Regular SSSs
	合计 Total	其中:危房 of Which: Dilapidated Buildings	其中:当年新增校舍 of Which: New Added in Current Year	其中:被外单位借用 of Which: Floor Space Hired by Other Schools or Units		
总　计 Total	**115412074.85**	**679411.42**	**3080458.56**	**363296.28**	**5842223.78**	**11654708.70**
一、教学及辅助用房 Buildings for Instraction and Ancillary Uses	55065665.48	294494.00	1574637.66	167739.77	3293650.56	5738744.04
教室 Classroom	23241002.21	155928.93	506843.09	114503.93	1108623.81	2559849.60
图书馆 Library	4059046.17	17885.00	151177.45	2635.00	360301.37	348988.59
实验室、实习场所 Lab. and Practice Facilities	22229254.59	99273.97	766800.42	47847.81	1398466.12	2006723.81
体育馆 Gymnasium	3937814.49	3611.00	122653.75	2266.03	337749.39	619231.29
会堂 Hall	1598548.02	17795.10	27162.95	487.00	88509.87	203950.75
二、行政办公用房 Administritive	7505337.50	44357.76	171983.59	36403.5	316719.18	687105.67
三、生活用房 Residential Buildings	42916929.76	297246.66	1193162.07	144124.01	1849049.16	4809234.70
学生宿舍(公寓) Students' Dormitories	29494111.54	212727.60	864187.58	114433.14	1235731.45	3416768.56
学生食堂 Students' Dining Halls	6910723.87	28329.44	203089.76	16083.48	319800.96	647000.49
教工宿舍(公寓) Apartments for Single	2811996.93	27805.42	96894.32	6745.00	245018.51	347590.27
教工食堂 Dining Halls for Teachers, Staff and Workers	561759.43	438.00	6480.50	260.06	8879.50	60875.64
生活福利及附属用房 Residential, Welfare and Anxiliary Buildings	3138337.99	27946.20	22509.91	6602.33	39618.74	336999.74
四、教工住宅 Residential Quarters for Teachers & Workers	6628761.33	29436.00	83501.40	7550.00	151124.60	
五、其他用房 Other	3295380.78	13877.00	57173.84	7479.00	231680.28	419624.29

中等职业学校(机构)校舍情况(成人中专学校)

Conditions of School Buidings in Secondary Vocatingal Schools (Institutions)(Adult SSSs)

单位:平方米
unit:m^2

	学校产权校舍建筑面积 Floor Area of School Building Owned by Adult SSSs				正在施工校舍建筑面积 Floor Area Under Construction	非学校产权中独立使用校舍建筑面积 Floor Area ofSchool BuildingNot Owned by SVSs
	合计 Total	其中:危房 of Which: Dilapidated Buildings	其中:当年新增校舍 of Which: New Added in Current Year	其中:被外单位借用 of Which: Floor Space Hired by Other Schools or Units		
总　计 Total	**9118425.30**	**92918.52**	**211022.48**	**86205.91**	**84036.82**	**1709632.90**
一、教学及辅助用房 Buildings for Instraction and Ancillary Uses	3852759.30	36142.00	92664.44	32451.90	71836.82	858106.28
教室 Classroom	2211797.13	30081.00	26327.72	23731.85	22892.80	395335.98
图书馆 Library	332431.29	1103.00	6183.01	2378.05	13367	116850.02
实验室、实习场所 Lab. and Practice Facilities	961483.57	3130.00	47376.20	2039.00	10577.02	285807.58
体育馆 Gymnasium	165653.16		9942.00	2100.00	25000.00	27141.76
会堂 Hall	181394.15	1828	2835.51	2203.00		32970.94
二、行政办公用房 Administritive	1072628.84	14774.40	12498.11	16110.01		157325.16
三、生活用房 Residential Buildings	3324146.80	33886.12	91289.66	36399.00	12200.00	639599.10
学生宿舍(公寓) Students' Dormitories	2119892.57	13807.00	66198.77	27227.00	10000.00	395828.54
学生食堂 Students' Dining Halls	478279.00	2212.00	15433.40	3840		127842.10
教工宿舍(公寓) Apartments for Single	235307.94	11330.00	5133.20	2800.00		74591.09
教工食堂 Dining Halls for Teachers, Staff and Workers	72675.90	724.00	1147.01	360.00	2200.00	12349.73
生活福利及附属用房 Residential, Welfare and Anxiliary Buildings	417991.39	5813.12	3377.28	2172.00		28987.64
四、教工住宅 Residential Quarters for Teachers & Workers	502086.18	2125.00	8960.00			
五、其他用房 Other	366804.18	5991.00	5610.27	1245.00		54602.36

中等职业学校(机构)校舍情况(职业高中学校)
Conditions of School Buidings in Secondary Vocatingal Schools (Institutions)(Vocational High Schools)

单位:平方米
unit:m^2

	学校产权校舍建筑面积 Floor Area of School Building Owned by VHSs				正在施工校舍建筑面积 Floor Area Under Construction	非学校产权中独立使用校舍建筑面积 Floor Area of School Building Not Owned by VHSs
	合计 Total	其中:危房 of Which: Dilapidated Buildings	其中:当年新增校舍 of Which: New Added in Current Year	其中:被外单位借用 of Which: Floor Space Hired by Other Schools or Units		
总 计 Total	**84885324.28**	**406234.61**	**2591073.34**	**288212.82**	**2259566.46**	**7255788.69**
一、教学及辅助用房 Buildings for Instraction and Ancillary Uses	42043217.33	189323.18	1467394.90	134672.70	1478413.06	3408190.66
教室 Classroom	18886714.09	125905.65	456247.86	96803.92	399399.87	1610236.34
图书馆 Library	2604191.42	4705.20	46841.24	2619.75	98882.43	273958.01
实验室、实习场所 Lab. and Practice Facilities	17599751.73	54882.33	893675.72	33265.03	833266.88	1136139.44
体育馆 Gymnasium	1752631.07	319.00	46917.26	720.00	129323.76	244315.68
会堂 Hall	1199929.02	3511.00	23712.82	1264.00	17540.12	143541.19
二、行政办公用房 Administritive	5649720.30	33330.86	137667.40	20754.7	108875.41	427927.65
三、生活用房 Residential Buildings	31625660.79	140569.02	862273.05	122472.42	535839.66	3163989.7
学生宿舍(公寓) Students' Dormitories	20517191.92	89140.37	588344.47	84930.03	340109.76	2154053.49
学生食堂 Students' Dining Halls	5571442.41	17766.03	130518.27	18720.00	111864.66	472550.27
教工宿舍(公寓) Apartments for Single	2563346.81	18468.00	81512.32	10886.00	56607.26	334321.77
教工食堂 Dining Halls for Teachers, Staff and Workers	457568.64	1688.00	19306.38		6343.70	48568.30
生活福利及附属用房 Residential, Welfare and Anxiliary Buildings	2516111.01	13506.62	42591.61	7936.39	20914.28	154495.87
四、教工住宅 Residential Quarters for Teachers & Workers	2589217.70	25726.96	36315.00		63403.00	
五、其他用房 Other	2977508.16	17284.59	87422.99	10313.00	73035.33	255680.68

中等职业学校(机构)校舍情况(其他机构)

Conditions of School Buildings in Secondary Vocatingal Schools (Institutions) (Other Institutions)

单位:平方米
unit:m²

	学校产权校舍建筑面积 Floor Area of School Building Owned by SVSs				正在施工校舍建筑面积 Floor Area Under Construction	非学校产权中独立使用校舍建筑面积 Floor Area of School Building Not Owned by SVSs
	合计 Total	其中:危房 of Which: Dilapidated Buildings	其中:当年新增校舍 of Which: New Added in Current Year	其中:被外单位借用 of Which: Floor Space Hired by Other Schools or Units		
总　计 Total	**3086835.70**	**15082.00**	**41370.38**	**15992.98**	**48702.20**	**360806.30**
一、教学及辅助用房 Buildings for Instraction and Ancillary Uses	1439623.62	5008.00	17289.38	13596.40	44907.20	164854.90
教室 Classroom	688809.86	3125.00	13067.18	13531.60	18812.00	86202.00
图书馆 Library	148379.11		800.00			18724.00
实验室、实习场所 Lab. and Practice Facilities	401351.02	1383.00	3122.20	64.80	25095.20	40969.00
体育馆 Gymnasium	142746.36					15138.50
会堂 Hall	58337.27	500	300		1000.00	3821.40
二、行政办公用房 Administritive	214339.57	462.00	2950.00	200.40		24473.03
三、生活用房 Residential Buildings	1170321.26	9601.00	21131.00	2196.18	3795.00	149139.79
学生宿舍(公寓) Students' Dormitories	765821.23	4678.00	20571.00		3795.00	108433.40
学生食堂 Students' Dining Halls	194396.00	1405.00	560.00	982.00		20902.4
教工宿舍(公寓) Apartments for Single	81649.01	2772.00		840.00		12234.00
教工食堂 Dining Halls for Teachers, Staff and Workers	27351.68	426.00		172.18		404.60
生活福利及附属用房 Residential, Welfare and Anxiliary Buildings	101103.34	320.00		202.00		7165.39
四、教工住宅 Residential Quarters for Teachers & Workers	166641.98	11.00				
五、其他用房 Other	95909.27					22338.58

职业技术培训
Basic Statistics of Vocational-Technical

	学校数（所）Schools	教学班(点)（个）External Teaching Sites (classes)	结业生数 合计 Total
总　计 Total	**93358**	**483478**	**42349860**
职工技术培训学校(机构) Vocational-Technical Training Schools	2124	31458	2976878
教育部门办 Run by Ed. Dept.	859	14651	1555204
其他部门办 Run by Non-Ed. Dept.	867	14343	1224972
民办 Non-state/private	398	2464	196702
农村成人文化技术培训学校(机构) Technical Training Schools for Peasants	70982	217120	29787579
教育部门办 Run by Ed. Dept.	67953	206069	28589097
其中:县办 Of which:County-run	1914	22421	3052623
乡办 Of which:Township-run	11188	82197	13796893
村办 Of which:Village-run	54851	101451	11739581
其他部门办 Run by Non-Ed. Dept.	2424	6445	950786
民办 Non-government	605	4606	247696
其他培训机构(含社会培训机构) Others	20252	234900	9585403
教育部门办 Run by Ed. Dept.	617	5142	755010
其他部门办 Run by Non-Ed. Dept.	1137	16670	1636350
民办 Non-government	18498	213088	7194043
总计中:少数民族 Total of: Minority			3141336
培训形式:资格证书培训			5073023
Mode of training: For Certificates of Vocational Qualifications			
岗位证书培训 For Certificates of Job-related qualifications			11061261
按产业结构分:第一产业类培训 By industry: training for first industry			16534102
第二产业类培训 Training for Second Industry			6664491
第三产业类培训 Training for Third Industry			19151267
按培训时间分:by Lengh of Training			
一个月以内 1 Months			26602068
一个月至三个月以内 1 Month to 3 Months			7137949
三个月至半年以内 3 Months to 6 Months			4284826
半年至一年以内 6 Months to 1 Year			3369370
一年及以上 1 Year and Over			955647

机构基本情况
Training Institutions

单位:人/人次
unit:person/person-time

Graduates	注册学生数 Enrolment		教职工数 Educational Personnel		聘请校外教师 Part-time Teachers
其中:女 of Which: Female	合计 Total	其中:女 of Which: Female	合计 Total	其中:专任教师 of Which: Full-time Teacher	
20584862	**41352048**	**20100949**	**450842**	**263916**	**240298**
1298826	2923507	1233142	59155	45871	13995
835102	1463291	762990	42089	34422	7840
364258	1256926	369530	10163	6805	4150
99466	203290	100622	6903	4644	2005
14431550	28006345	13566007	140489	75796	140866
13831117	26922119	13023157	129118	69439	132628
1461521	2887196	1387237	19546	14844	13387
6750499	12965285	6337949	47245	27132	57399
5619097	11069638	5297971	62327	27463	61842
491943	836578	416838	4496	2682	5760
108490	247648	126012	6875	3675	2478
4854486	10422196	5301800	251198	142249	85437
391403	771571	442664	10373	7095	4057
802088	1633608	736778	27650	11032	12707
3660995	8017017	4122358	213175	124122	68673
1509162	3035847	1454749	7612	3726	5764
2314268	4949860	2260119			
5172396	10971737	4997981			
7879150	15686321	7512596			
3132763	6428768	2970446			
9572949	19236959	9617907			
13023173	24596500	11946413			
3453705	7175554	3528768			
2008482	4519584	2101062			
1625895	3794152	1895885			
473607	1266258	628821			

职业技术培训机构资产情况
Condition of Fixed Assets and Teaching Resources in Vocational Technical Training Institutions

	合 计 Total	职工技术培训学校(机构) Vocational Technical Training Schools (Institutions)	农村成人文化技术培训学校(机构) Technical Training Schools for Peasants	其他培训机构(含社会培训机构) Others
占地面积(平方米) Areas Occupied (m^2)	106363850.62	29753311.38	52190924.3	24419614.94
教学行政用房建筑面积(平方米) Administritive (m^2)	46675905.73	8803005.84	14744775.6	23128124.29
图书(册) Books (Volume)	144472557	22659901	45663854	76148802
计算机数(台) PC (Set)	676618	166834	216848	292936
其中:教学用计算机 No. of Computers Used for Instruction	568486	144285	195787	228414
其中:平板电脑 of Which: Tablet PC	66694	9053	18627	39014
教室(间) Classroom(Room)	272278	32725	95340	144213
其中:网络多媒体教室 of Which: Network Multimedia Classroom	71731	11195	21891	38645
固定资产总值(万元) Fixed Assets (in 10000 yuan)	9884570.28	2748579.3	1336988.25	5799002.73
其中:教学、实习仪器设备资产值 of Which: Teaching Equipment &Instruments	4593539.15	1737936.66	275121.37	2580481.11

(二)初中阶段教育
Junior Secondary Education

初中阶段校数、班数
Number of Schools, Classes of Junior Secondary Education

	学校数(所) Schools				班数(个) Classes				
	合计 Total	初级中学 Regular Junior Secondary Schools	九年一贯制学校 9-Year Schools	职业初中 Vocational Junior Secondary Schools	小计 Subtotal	一年级 Grade 1	二年级 Grade 2	三年级 Grade 3	四年级 Grade 4
总　计 Total	**52118**	**36471**	**15631**	**16**	**915292**	**312671**	**296789**	**295664**	**10168**
教育部门 Run by Ed. Dept.	46492	34998	11480	14	798573	271365	258934	259131	9143
其他部门 Run by Non-ed. Dept.	516	155	360	1	5898	1882	1867	1927	222
地方企业办 Run by Local Enterprises	25	2	23		255	90	83	82	
民办 Non-government	5085	1316	3768	1	110566	39334	35905	34524	803
城区 Urban Area	11924	7792	4129	3	318531	108717	101733	101862	6219
教育部门 Run by Ed. Dept.	9400	7153	2245	2	257870	87407	82097	82902	5464
其他部门 Run by Non-ed. Dept.	129	60	68	1	1880	599	614	634	33
地方企业办 Run by Local Enterprises	10	1	9		141	47	48	46	
民办 Non-government	2385	578	1807		58640	20664	18974	18280	722
其中:城乡结合区 Of Which: Urban-rural Transitional Area	2555	1502	1053		52504	18368	16907	16554	675
教育部门 Run by Ed. Dept.	1877	1411	466		39283	13463	12616	12583	621
其他部门 Run by Non-ed. Dept.	20	12	8		173	54	52	57	10
地方企业办 Run by Local Enterprises	1		1		18	8	6	4	
民办 Non-government	657	79	578		13030	4843	4233	3910	44
镇区 Counties & Towns Area	24023	18355	5663	5	445926	152812	145529	144560	3025
教育部门 Run by Ed. Dept.	21780	17733	4043	4	399409	136266	130427	129930	2786
其他部门 Run by Non-ed. Dept.	327	82	245		3571	1132	1107	1143	189
地方企业办 Run by Local Enterprises	6		6		77	31	23	23	
民办 Non-government	1910	540	1369	1	42869	15383	13972	13464	50
其中:镇乡结合区 Of Which: County-town Transitional Area	6012	4530	1481	1	110101	37998	35816	35565	722
教育部门 Run by Ed. Dept.	5283	4338	944	1	94330	32243	30697	30696	694
其他部门 Run by Non-ed. Dept.	14	7	7		171	62	53	53	3
地方企业办 Run by Local Enterprises	1		1		16	5	5	6	
民办 Non-government	714	185	529		15584	5688	5061	4810	25
乡村 Rural Area	16171	10324	5839	8	150835	51142	49527	49242	924
教育部门 Run by Ed. Dept.	15312	10112	5192	8	141294	47692	46410	46299	893
其他部门 Run by Non-ed. Dept.	60	13	47		447	151	146	150	
地方企业办 Run by Local Enterprises	9	1	8		37	12	12	13	
民办 Non-government	790	198	592		9057	3287	2959	2780	31
总计中:四年制 of the Total: 4-Year					43518	11947	11097	10330	10144
其他学校附设班 Classes Attached to Others Schools					4034	1344	1313	1322	55
独立设置少数民族学校 Inde. Sec. Schools for Minorities	1609	1057	549	3	29488	9882	9782	9780	44

初中班额情况

Size of Junior Secondary Schools Education Classes

单位:个
unit:class

	合计 Total	一年级 Grade 1	二年级 Grade 2	三年级 Grade 3	四年级 Grade 4
合　计 Total	**915292**	**312671**	**296789**	**295664**	**10168**
城区：Urban Area					
25 人及以下 Under 25 Persons	10568	2947	3426	3301	894
26-35 人 Between 26-35	32163	10020	10683	10147	1313
36-45 人 Between 36-46	90245	29446	30442	28786	1571
46-55 人 Between 46-55	136013	49470	42127	42858	1558
56-65 人 Between 56-65	36405	12557	11135	12207	506
66 人及以上 Over 66 Persons	13137	4277	3920	4563	377
其中:城乡结合区:					
of Which:Urban-rural Transitional Area					
25 人及以下 Under 25 Persons	1402	418	457	464	63
26-35 人 Between 26-35	5183	1532	1717	1810	124
36-45 人 Between 36-46	15521	5224	5183	4939	175
46-55 人 Between 46-55	22765	8690	7020	6825	230
56-65 人 Between 56-65	5551	1794	1887	1806	64
66 人及以上 Over 66 Persons	2082	710	643	710	19
镇区:Counties&Towns Area					
25 人及以下 Under 25 Persons	9433	3076	3149	2979	229
26-35 人 Between 26-35	37434	11894	12650	12227	663
36-45 人 Between 36-46	118276	39858	38678	38672	1068
46-55 人 Between 46-55	187397	66103	60385	60051	858
56-65 人 Between 56-65	61455	20931	20083	20270	171
66 人及以上 Over 66 Persons	31931	10950	10584	10361	36
其中:镇乡结合区:					
of Which:County-town Transitional Area					
25 人及以下 Under 25 Persons	2263	712	750	744	57
26-35 人 Between 26-35	8532	2698	2885	2828	121
36-45 人 Between 36-46	28901	9886	9380	9325	310
46-55 人 Between 46-55	47618	16700	15435	15291	192
56-65 人 Between 56-65	15234	5421	4801	4991	21
66 人及以上 Over 66 Persons	7553	2581	2565	2386	21
乡村:Rural Area					
25 人及以下 Under 25 Persons	8611	2799	2911	2764	137
26-35 人 Between 26-35	23558	7620	7919	7772	247
36-45 人 Between 36-46	49422	16892	16078	16091	361
46-55 人 Between 46-55	49676	17037	16154	16340	145
56-65 人 Between 56-65	13682	4743	4451	4454	34
66 人及以上 Over 66 Persons	5886	2051	2014	1821	

	毕业生数 Graduates	招生数 Entrants	合计 Total	其中女 of Which: Female
总　计 Total	**14238679**	**14871663**	**43293684**	**20085705**
其中:女 of Which: Female	6674570	6900787	20085705	
少数民族学生 Minority Students	1556562	1680174	4872944	2340204
四年制 4-Year	421303	510439	1802246	857356
九年一贯制学校 9-Year Schools	1839773	2128330	6011849	2681814
十二年一贯制学校 12-Year Schools	280519	335815	943819	389444
完全中学 Complete Secondary Schools	1856446	1862834	5451910	2534437
附设普通初中班 Junior Sec. Classes Attached	67251	59256	176821	79115
附设职业初中班 Vocational Junior Sec. Classes Attached	123	90	271	72
独立设置少数民族学校 Inde. Sec.Schools for Minorities	466246	458978	1366959	659012
随迁子女 Migrant Children	1215919	1685496	4750492	2063891
其中:外省迁入 of Which: from Other Province	451736	709618	1929550	825737
本省外县迁入 From Other County	764183	975878	2820942	1238154
进城务工人员随迁子女 Children of Migrant Workers	918719	1264891	3580615	1548978
其中:外省迁入 of Which: from Other Province	332178	524193	1427294	605943
本省外县迁入 From Other County	586541	740698	2153321	943035
农村留守儿童 Children Left Behind	1661156	1857715	5362151	2505667
教育部门 Run by Ed. Dept.	12554109	12911444	37739665	17768515
其他部门 Run by Non-ed. Dept.	75709	69315	215875	100033
地方企业办 Run by Local Enterprises	3121	3538	9976	4371
民办 Non-government	1605740	1887366	5328168	2212786
城区 Urban Area	4829977	5134548	14894194	6856831
教育部门 Run by Ed. Dept.	3971147	4141097	12074932	5650349
其他部门 Run by Non-ed. Dept.	27423	23380	74966	33235
地方企业办 Run by Local Enterprises	1766	1832	5263	2308
民办 Non-government	829641	968239	2739033	1170939
其中:城乡结合区 of Which:Urban-rural Transitional Area	759724	868310	2457562	1104699
教育部门 Run by Ed. Dept.	585204	639299	1844066	857519
其他部门 Run by Non-ed. Dept.	2482	2038	6851	2936
地方企业办 Run by Local Enterprises	152	336	790	360
民办 Non-government	171886	226637	605855	243884
镇区 Counties & Towns Area	7161283	7465976	21729103	10113374
教育部门 Run by Ed. Dept.	6461141	6652487	19420895	9168428
其他部门 Run by Non-ed. Dept.	42501	40386	125332	59500
地方企业办 Run by Local Enterprises	1083	1392	3628	1653
民办 Non-government	656558	771711	2179248	883793
其中:镇乡结合区 of Which: County-town Transitional Area	1728948	1858920	5368407	2484427
教育部门 Run by Ed. Dept.	1503309	1574738	4582651	2165351
其他部门 Run by Non-ed. Dept.	2352	2610	7635	3665
地方企业办 Run by Local Enterprises	225	226	665	274
民办 Non-government	223062	281346	777456	315137
乡村 Rural Area	2247419	2271139	6670387	3115500
教育部门 Run by Ed. Dept.	2121821	2117860	6243838	2949738
其他部门 Run by Non-ed. Dept.	5785	5549	15577	7298
地方企业办 Run by Local Enterprises	272	314	1085	410
民办 Non-government	119541	147416	409887	158054

学 生 数
Secondary Schools

单位：人
unit: person

在校生数 Enrolment				计毕业生数 Estimated Graduates for Next Year
一年级 Grade 1	二年级 Grade 2	三年级 Grade 3	四年级 Grade 4	
14874787	**13976083**	**14027252**	**415562**	**14027603**
6901926	6451917	6533556	198306	6531286
1680859	1602620	1580955	8510	1580852
510626	460847	415211	415562	415562
2129237	1929426	1872213	80973	1871004
335912	302456	300465	4986	300388
1863333	1762089	1794521	31967	1795991
59277	57408	58048	2088	58829
90	114	61	6	36
459349	452455	453748	1407	453699
1699175	1552391	1439537	59389	1414364
716045	632337	550727	30441	537117
983130	920054	888810	28948	877247
1274837	1171678	1088806	45294	1069621
528719	469309	408232	21034	397903
746118	702369	680574	24260	671718
1860804	1780999	1715078	5270	1705880
12913835	12179452	12269290	377088	12269048
69365	67833	71067	7610	71904
3538	3167	3271		3271
1888049	1725631	1683624	30864	1683380
5135975	4716192	4785104	256923	4794542
4141940	3807068	3898411	227513	3907855
23420	24193	25989	1364	26099
1832	1641	1790		1790
968783	883290	858914	28046	858798
868455	787863	772468	28776	770806
639403	589678	587983	27002	586354
2038	2021	2265	527	2262
336	247	207		207
226678	195917	182013	1247	181983
7467485	7075968	7061177	124473	7051894
6653882	6327039	6323547	116427	6313638
40396	38756	39934	6246	40661
1392	1122	1114		1114
771815	709051	696582	1800	696481
1859104	1744861	1734535	29907	1727516
1574889	1489615	1489276	28871	1482325
2610	2387	2514	124	2538
226	210	229		229
281379	252649	242516	912	242424
2271327	2183923	2180971	34166	2181167
2118013	2045345	2047332	33148	2047555
5549	4884	5144		5144
314	404	367		367
147451	133290	128128	1018	128101

初中阶段学龄人口及在校学生情况
Number of School-age Population and Enrolment of Junior Secondary Schools

单位:人
unit:person

	在校学龄人口数 School-age Population		在校生数 Enrolment					
	合计 Total	其中:女 of Which: Female	合计 Total	其中:女 of Which: Female	一年级 Grade 1	二年级 Grade 2	三年级 Grade 3	四年级 Grade 4
总　计 Total	**38483307**	**17903137**	**43293684**	**20085705**	**14874787**	**13976083**	**14027252**	**415562**
10 岁及以下 Under 10 Years			19182	10264	17213	1575	393	1
11 岁 11 Years	363292	175403	1083119	542853	1051216	29368	2510	25
12 岁 12 Years	10023931	4727208	10583332	5006314	9501716	1043980	37499	137
13 岁 13 Years	13265995	6158090	13265995	6158090	3675155	8503590	1078965	8285
14 岁 14 Years	13081868	6023185	13083303	6023863	527662	3736172	8544163	275306
15 岁 15 Years	1748221	819251	4459696	2001830	77309	558139	3706014	118234
16 岁 16 Years			671077	287791	16999	81926	560204	11948
17 岁 17 Years			102024	43195	4507	15980	80112	1425
18 岁及以上 Over 18 Years			25956	11505	3010	5353	17392	201
城区 Urban Area	13334830	6164924	14894194	6856831	5135975	4716192	4785104	256923
10 岁及以下 Under 10 Years			7344	3963	6773	492	78	1
11 岁 11 Years	233087	112342	490049	245923	478311	11137	579	22
12 岁 12 Years	3826138	1801871	3953983	1867047	3480439	459067	14359	118
13 岁 13 Years	4531319	2089428	4531319	2089428	1031233	3021718	472796	5572
14 岁 14 Years	4476043	2040108	4477106	2040611	121238	1078734	3092154	184980
15 岁 15 Years	268243	121175	1251563	537285	14042	125318	1053251	58952
16 岁 16 Years			157784	62944	3016	15983	132319	6466
17 岁 17 Years			20522	7809	669	2794	16363	696
18 岁及以上 Over 18 Years			4524	1821	254	949	3205	116
其中:城乡结合区 of Which: Urban-rural Transitional Area	2199990	993264	2457562	1104699	868455	787863	772468	28776
10 岁及以下 Under 10 Years			890	498	792	82	16	
11 岁 11 Years	29715	14614	67043	32969	65238	1710	87	8
12 岁 12 Years	614719	283384	633667	292958	570521	61084	2055	7
13 岁 13 Years	760031	341204	760031	341204	203530	492709	63406	386
14 岁 14 Years	737330	327743	737371	327762	25038	206934	484861	20538
15 岁 15 Years	58195	26319	226580	97086	2543	21992	195200	6845
16 岁 16 Years			27324	10370	678	2778	23126	742
17 岁 17 Years			3910	1503	83	434	3174	219
18 岁及以上 Over 18 Years			746	349	32	140	543	31

初中阶段学龄人口及在校学生情况(续)
Number of School-age Population and Enrolment of Junior Secondary Schools(Cont.)

单位:人
unit:person

	在校学龄人口数 School-age Population		在校生数 Enrolment					
	合计 Total	其中:女 of Which: Female	合计 Total	其中:女 of Which: Female	一年级 Grade 1	二年级 Grade 2	三年级 Grade 3	四年级 Grade 4
镇区 Counties & Towns Area	19284740	8993142	21729103	10113374	7467485	7075968	7061177	124473
10 岁及以下 Under 10 Years			8735	4593	7769	727	239	
11 岁 11 Years	106251	51463	463228	231972	447013	14680	1532	3
12 岁 12 Years	4841864	2280958	5173837	2446339	4697964	457734	18122	17
13 岁 13 Years	6701661	3120053	6701661	3120053	1965521	4260871	473247	2022
14 岁 14 Years	6580193	3042405	6580563	3042579	291882	1975775	4239770	73136
15 岁 15 Years	1054771	498263	2365045	1078263	43831	310527	1965697	44990
16 岁 16 Years			367619	160173	9025	44542	310251	3801
17 岁 17 Years			54500	23308	2477	8346	43224	453
18 岁及以上 Over 18 Years			13915	6094	2003	2766	9095	51
其中:镇乡结合区 of Which: County-town Transitional Area	4804244	2229887	5368407	2484427	1859104	1744861	1734535	29907
10 岁及以下 Under 10 Years			1928	1008	1745	141	42	
11 岁 11 Years	33705	16272	121264	60242	116857	4142	264	1
12 岁 12 Years	1288721	605736	1346350	633962	1221196	120113	5035	6
13 岁 13 Years	1661142	768828	1661142	768828	445749	1094372	120726	295
14 岁 14 Years	1623613	746082	1623799	746166	61267	452425	1090563	19544
15 岁 15 Years	197063	92969	522625	235262	9657	61519	442505	8944
16 岁 16 Years			77546	33300	2011	10034	64495	1006
17 岁 17 Years			11219	4601	414	1599	9106	100
18 岁及以上 Over 18 Years			2534	1058	208	516	1799	11
乡村 Rural Area	5863737	2745071	6670387	3115500	2271327	2183923	2180971	34166
10 岁及以下 Under 10 Years			3103	1708	2671	356	76	
11 岁 11 Years	23954	11598	129842	64958	125892	3551	399	
12 岁 12 Years	1355929	644379	1455512	692928	1323313	127179	5018	2
13 岁 13 Years	2033015	948609	2033015	948609	678401	1221001	132922	691
14 岁 14 Years	2025632	940672	2025634	940673	114542	681663	1212239	17190
15 岁 15 Years	425207	199813	843088	386282	19436	122294	687066	14292
16 岁 16 Years			145674	64674	4958	21401	117634	1681
17 岁 17 Years			27002	12078	1361	4840	20525	276
18 岁及以上 Over 18 Years			7517	3590	753	1638	5092	34

初中分课程专任

Number of Full-time Teachers in Junior Secondary

	合计 Total	其中:女 of Which: Female	思想品德(政治) Politics	语文 Language & Literature	数学 Mathematics	外语 Foreign Languages				科学 Science	物理 Physics
						小计 Subtotal	英语 English	日语 Japanese	俄语 Russian		
总　计 Total	**3487789**	**1900525**	**226958**	**618292**	**595786**	**545392**	**542795**	**338**	**185**	**30248**	**237809**
其中:女 of Which:Female	1900525		118138	391299	293989	428077	426244	292	151	13367	84595
少数民族 Minorities	323804	169921	23232	59366	52858	41747	41443	118	12	557	22659
研究生毕业 Graduate	76857	57002	5168	13665	11291	14253	14127	38	27	739	4665
本科毕业 Under-graduate	2799585	1608928	178676	516896	485875	462662	460652	256	141	25635	190405
专科毕业 Associate Bachelor	602922	232791	42594	86954	97728	68127	67670	44	17	3783	42459
高中阶段毕业 High School Graduate	8182	1785	514	768	870	346	342			90	279
高中阶段以下毕业 Below High School Graduate	243	19	6	9	22	4	4			1	1
城区 Urban Area	1161214	748090	70876	202259	197737	192238	191139	255	110	12953	79633
其中:城乡结合区 of Which: Urban-rural Transitional Area	193274	114054	12102	33869	32817	31056	30958	15		2780	12535
镇区 Counties & Towns Area	1718815	871697	115039	306743	294455	265502	264396	68	51	13617	116319
其中:镇乡结合区 of Which: County-town Transitional Area	421160	221176	28391	75689	72554	65133	64849	16	5	4204	27631
乡村 Rural Area	607760	280738	41043	109290	103594	87652	87260	15	24	3678	41857

教师学历情况

Schools by Subject Taught & Educational Attainment

单位：人
unit: person

化学 Chem-istry	生物 Biology	历史与社会 History and Soliety	地理 Geogr-aphy	历史 History	体育与健康 Physical Training and Healthy	艺术 Art	音乐 Music	美术 Fine Arts	综合实践活动 Comprehensive Practice			其他 Others	当年不任课 No Teaching Load in Current Year
									小计 Subtotal	信息技术 Information Technique	劳动与技术 Skills Teaching		
152175	**143762**	**30936**	**136567**	**178287**	**190505**	**6273**	**91386**	**87556**	**131131**	**90712**	**35019**	**42272**	**42454**
73452	79277	14859	67912	91233	38222	3221	65482	47661	49379	35982	11554	21674	18688
14497	13315	1459	12417	16682	18591	522	8888	7632	11182	8310	2538	12635	5565
3914	3887	669	2888	4477	4051	106	1480	1758	2076	1783	233	1140	630
123280	109452	24146	101582	137512	147223	4149	72089	67477	97278	72243	21255	27698	27550
24818	30072	6000	31643	35865	38374	1947	17524	17968	30807	16450	12845	12822	13437
160	348	121	445	426	815	70	286	346	929	230	654	587	782
3	3		9	7	42	1	7	7	41	6	32	25	55
50651	45087	10406	42061	57073	68900	1395	30499	28665	41990	30383	9732	12328	16463
7949	7761	2088	7349	9662	11022	295	5131	4892	7464	5081	1872	2204	2298
74043	72516	15012	69485	89814	90398	3392	44659	43011	64797	43430	18655	19913	20100
17567	17920	4153	17246	21858	21650	959	10819	10411	16134	10618	4804	4201	4640
27481	26159	5518	25021	31400	31207	1486	16228	15880	24344	16899	6632	10031	5891

初中专任教师专业技术
Number of Full-time Teachers in Junior Secondary

	合 计 Total	其中:女 of Which: Female	24 岁及以下 24 and Under	25-29 25 to 29	30-34 30 to 34
总 计 Total	**3487789**	**1900525**	**117256**	**432613**	**563414**
其中:女 of Which:Female	1900525		87139	308313	364917
少数民族 Minorities	323804	169921	12144	45701	57416
中学高级 Senior	641158	289716	25	47	2100
中学一级 1st Grade	1495431	760946	483	18802	168409
中学二级 2nd Grade	1038428	639810	25006	269997	349428
中学三级 3rd Grade	38698	23321	5417	18095	8335
未定职级 No-ranking	274074	186732	86325	125672	35142
城区 Urban Area	1161214	748090	38395	137519	183476
其中:城乡结合区 of Which: Urban-rural Transitional Area	193274	114054	8200	24541	31055
镇区 Counties & Towns Area	1718815	871697	53349	200852	276304
其中:镇乡结合区 of Which: County-town Transitional Area	421160	221176	14357	50654	68805
乡村 Rural Area	607760	280738	25512	94242	103634

职务、年龄结构情况
Schools by Prefessional Rank and Age

单位:人
unit:person

35-39 35 to 39	40-44 40 to 44	45-49 45 to 49	50-54 50 to 54	55-59 55 to 59	60 岁及以上 60 and Over
684473	**667418**	**551626**	**360379**	**108635**	**1975**
392046	342781	258510	142995	3321	503
64800	61767	47790	27566	6548	72
33966	137368	227042	185759	53808	1043
400176	423332	281684	154228	47739	578
233381	98970	38018	17591	5958	79
3820	1391	775	536	318	11
13130	6357	4107	2265	812	264
223148	219800	199178	129397	29229	1072
37536	37055	30805	18981	4901	200
341771	339384	272309	176604	57599	643
86932	83292	63892	39494	13499	235
119554	108234	80139	54378	21807	260

初中专任
Changes of Full-time Teachers in

	上学年初报表专任教师数 Number of Full-time Teachers at Beginning of Previous Academic Year	增加教师 Factors of Increase					
		合计 Total	录用毕业生 New Recruits from Current Year Graduates		调入 Teachers Recruited from Other Units	校内调整 of Which: with Change of Status in Their Own Institutions	其他 Others
			小计 Subtotal	其中:师范生 of Which: Students Enrolled in Teacher Training Institutions			
总　计 Total	**3475636**	**323210**	**82934**	**61938**	**162715**	**56887**	**20674**
其中:女 of Which: Female	1860680	187994	60925	45618	89670	25516	11883
城区 Urban Area	1136547	110470	28005	21621	53557	18233	10675
其中:女 of Which: Female	724638	70375	20946	16200	33042	9638	6749
其中:城乡结合区 of Which: Urban-rural Transitional Area	188001	21773	5969	4557	10851	2707	2246
其中:女 of Which: Female	109378	13215	4218	3203	6484	1241	1272
镇区 Counties & Towns Area	1712310	156277	36647	27345	83364	28915	7351
其中:女 of Which: Female	853316	86620	26688	20011	43932	12286	3714
其中:镇乡结合区 of Which: County-town Transitional Area	416501	41078	10072	7270	23346	6309	1351
其中:女 of Which: Female	214435	23441	7547	5480	12508	2659	727
乡村 Rural Area	626779	56463	18282	12972	25794	9739	2648
其中:女 of Which: Female	282726	30999	13291	9407	12696	3592	1420

教师变动情况
Junior Secondary Schools

单位：人
unit:person

减少教师 Factors of Decrease					本学年初报表专任教师数 Number of Full-time Teachers at Beginning of Current Academic Year
合计 Total	自然减员 Retired from Their Posts during Previous Academic Year	调出 Transferred from teaching to Non Teaching Posts	校内调整 of Which: with Change of Status in Their Own Institutions	其他 Others	
311057	**38043**	**179776**	**63547**	**29691**	**3487789**
148149	12520	92285	28854	14490	1900525
85803	13063	42016	18767	11957	1161214
46923	5971	24513	9873	6566	748090
16500	2270	8760	2830	2640	193274
8539	885	4929	1381	1344	114054
149772	17925	89328	31135	11384	1718815
68239	4957	44646	13432	5204	871697
36419	4417	22147	7353	2502	421160
16700	1209	11060	3266	1165	221176
75482	7055	48432	13645	6350	607760
32987	1592	23126	5549	2720	280738

初中学生、专任教师政治面貌及其他
Supplementary Information on Students and Full-time Teachers of Junior Secondary Schools

单位：人
unit：person

	在校学生中 of Total Students			专任教师中 of Total Full-time Teachers			
	共青团员 Member of C.Y.L.	华　侨 Overseas Chinese	港澳台 From H.K, Macao and Taiwan	共产党员 Member of C.P.C.	共青团员 Member of C.Y.L.	民主党派 Member of Non-Communist Part	华　侨 Overseas Chinese
总　计 Total	10832355	2968	11808	1030819	143474	23373	351
其中：女 of Which：Female	5498937	1384	5427	420974	99672	13976	170
城区 Urban Area	2966713	1366	10039	382581	57088	19215	82
其中：女 of Which：Female	1528152	580	4629	213784	41726	12183	47
其中：城乡结合区 of Which：Urban-rural Transitional Area	525290	233	2047	56778	10665	1117	21
其中：女 of Which：Female	264394	96	944	26543	7463	574	10
镇区 Counties & Towns Area	5906640	1185	1124	471408	60280	3333	255
其中：女 of Which：Female	2980385	594	493	155936	40712	1490	116
其中：镇乡结合区 of Which：County-town Transitional Area	1445470	445	255	111206	15576	486	2
其中：女 of Which：Female	719009	231	111	36790	10555	215	
乡村 Rural Area	1959002	417	645	176830	26106	825	14
其中：女 of Which：Female	990400	210	305	51254	17234	303	7

初中办学条件(一)

Condition of School Buildings in Junior Secondary Schools (1)

单位:平方米
unit: m²

	合计 Total	城区 Urban Area	其中:城乡结合区 Of Which: Urban-rural Transitional Area	镇区 Counties & Towns Area	其中:镇乡结合区 Of Which: County-town Transitional Area	乡村 Rural Area
总　计 Total	**578271997.22**	**174911557.96**	**35879975.09**	**287489030.71**	**73609381.81**	**115871408.55**
其中:危房 Of Which: Floor Space of Dilapidated Buildings	5478729.02	780093.62	128642.63	2982137.04	658539.50	1716498.36
当年新增校舍 New Floor Space Added in Current Year	29398137.46	7843777.86	1872310.90	14485278.99	3904668.94	7069080.61
一、教学及辅助用房 Teaching & Assistant Buildings	235977844.48	80063907.80	15485779.40	111399233.23	28287350.97	44514703.45
教室 Classroom	161660839.95	52321590.97	10349974.13	77744037.22	19805667.97	31595211.76
实验室 Laboratory	35972153.95	11909487.18	2273092.81	17208073.93	4395984.96	6854592.84
图书室 Library	14137614.34	5113955.69	914473.57	6501945.35	1645263.39	2521713.30
微机室 PC-room	10732912.67	3344941.19	635874.02	5171937.27	1269481.97	2216034.21
语音室 Linguistic	3678858.19	1189369.99	224764.24	1833460.45	454478.08	656027.75
体育馆 Gymnasium	9795465.38	6184562.78	1087600.63	2939779.01	716474.60	671123.59
二、行政办公用房 Administritive	50538266.73	18921904.66	3269709.92	22931929.12	5982616.09	8684432.95
其中:教师办公室 Of Which: for Teachers	30615620.35	10865449.24	1862162.39	14171864.40	3617650.58	5578306.71
三、生活用房 Residential and Welfare	242305336.41	52687787.05	13157326.54	134257911.88	34164540.76	55359637.48
教工宿舍 Apartments for Single	55501136.25	8661965.35	2374804.05	31521169.35	7425693.27	15318001.55
其中:教师周转宿舍 of Which: Accommodation for Circulation of Teachers	14667151.07	1534434.61	398695.42	8373130.44	1807903.06	4759586.02
学生宿舍 Students'Dormitories	105086868.23	19027166.65	5414604.84	62245119.95	16072866.64	23814581.63
食堂 Dining Halls	45686980.56	11246988.89	2725590.10	24532194.19	6503218.56	9907797.48
厕所 Toilet	17412453.91	6026842.30	1226679.07	8058247.27	2131854.18	3327364.34
其他 Others	18617897.46	7724823.86	1415648.48	7901181.12	2030908.11	2991892.48
四、其他用房 Rooms for Other Purposes	49450549.60	23237958.45	3967159.23	18899956.48	5174873.99	7312634.67

初中办学
Condition of School Buildings in

	占地面积(平方米) Areas Occupied(m^2)			图书(册) Books & Magazines in Libraries (Volume)	计算机 No.
	合计 Total	其中: of Which:			合计 Total
		绿化用地面积 Green Areas	运动场地面积 Sports Areas		
总　计 Total	**1555876890.52**	**313671080.11**	**434166123.29**	**1487950874**	**7199297**
城区 Urban Area	365507538.14	82691561.08	117998262.48	489567373	2710492
其中:城乡结合区 of Which: Urban-rural Transitional Area	85666709.88	20411210.38	25574140.55	93830447	495784
镇区 Counties and Towns Area	807663701.01	161128860.02	219082229.17	718591618	3229995
其中:镇乡结合区 of Which: County-town Transitional Area	201834340.31	39196111.45	54101981.05	181471762	809025
乡村 Rural Area	382705651.37	69850659.01	97085631.64	279791883	1258810

初中办学
Condition of School Buildings in

	体育运动场(馆)面积达标校数 Schools No: Sprots Areas Reached Standard	体育器械配备达标校数 Schools No: Sports Equip. Reached Standard
总　计 Total	**44490**	**46698**
城区 Urban Area	10421	11014
其中:城乡结合区 of Which: Urban-rural Transitional Area	2249	2344
镇区 Counties and Towns Area	20783	21733
其中:镇乡结合区 of Which: County-town Transitional Area	5159	5378
乡村 Rural Area	13286	13951

条件(二)
Junior Secondary Schools (2)

数(台) of Computers		教室(间) Classroom(Room)		教室中:普通教室(间) of Which: General Classroom (Room)		固定资产总值(万元) Total Volue of Fixed Asset (10,000 yuan)		
其中:教学用计算机 No. of Computers Used for Instruction		合计 Total	其中:网络多媒体教室 of Which: Network Multimedia Classroom	合计 Total	其中:网络多媒体教室 of Which: Network Multimedia Classroom	合计 Total	其中:教学仪器设备资产值 of Which: Total Volue of Equip & Instru.	
小计 Subtotal	其中:平板电脑 of Which: Tablet PC						小计 Subtotal	其中:实验设备 for Prefession
6030093	**235058**	**1738300**	**1025943**	**1291415**	**893723**	**73969532.43**	**8700568.65**	**2679853.95**
2267918	123631	546852	379806	402166	323044	27014654.84	3657154.20	938001.07
420507	24468	108176	74091	79979	64232	5567934.38	638890.60	197922.12
2721688	79154	822822	471035	615749	415710	34571458.00	3646243.97	1230173.89
690003	23426	209296	120861	158210	106801	9029259.93	883772.26	302170.96
1040487	32273	368626	175102	273500	154969	12383419.59	1397170.48	511678.99

条件(三)
Junior Secondary Schools (3)

单位:所
unit:school

音乐器械配备达标校数 Schools No: Musical Instru. Reached Standard	美术器械配备达标校数 Schools No: Fine Arts Instru. Reached Standard	理科实验仪器达标校数 Schools No: Equip. of Natural Sci. Reached Standard	建立校园网校数 Schools No: Campus Networks Set	接入互联网校数 Schools No: Internet Access
46323	**46168**	**47227**	**38887**	**51279**
10937	10892	10968	10228	11709
2324	2315	2336	2094	2504
21545	21476	22070	18059	23707
5325	5307	5443	4477	5905
13841	13800	14189	10600	15863

成人初中基本情况
Basic Statistics of Adult Junior Secondary Schools

单位:人(人次)
unit:person

	学校数(所) Schools	教学班(点)(个) External Teaching Sites	毕(结)业生数 Graduates		注册学生数 Enrolment		教职工数 Educational Personnel		专任教师 Full-time Teacher		聘请校外教师 Part-time Teachers
			合计 Total	其中:女 Of which: Female	合计 Total	其中:女 Of which: Female	合计 Total	其中:女 Of which: Female	合计 Total	其中:女 Of which: Female	
总　计 Total	**569**	**2272**	**311504**	**137524**	**280131**	**119674**	**2779**	**1319**	**2198**	**1086**	**2307**
职工初中 Junior Secondary Schools for Staff & workers	22	36	10151	4850	10120	4635	651	343	513	299	331
农民初中 Junior Secondary Shools for Peasants	547	2236	301353	132674	270011	115039	2128	976	1685	787	1976

四、初等教育（小学）
Primary Education
(Primary Schools)

小学校数、教学点数及班数

Number of Schools, Extemal Teaching Sites & Classes in Primary Schools

	学校数(所) Schools	教学点数(个) Extemal Teaching Sites	班数(个) Classes
总　计 Total	**177633**	**98437**	**2628727**
教育部门 Run by Ed. Dept.	171316	97991	2432186
其他部门 Run by Non-ed. Dept.	312	97	10254
地方企业办 Run by Local Enterprises	30		604
民办 Non-government	5975	349	185683
城区 Urban Area	26649	1531	713878
教育部门 Run by Ed. Dept.	24460	1523	615507
其他部门 Run by Non-ed. Dept.	105	5	2622
地方企业办 Run by Local Enterprises	12		338
民办 Non-government	2072	3	95411
其中:城乡结合区 Of Which:Urban-rural Transitional Area	7815	1176	143565
教育部门 Run by Ed. Dept.	7256	1175	114138
其他部门 Run by Non-ed. Dept.	11	1	214
地方企业办 Run by Local Enterprises	2		52
民办 Non-government	546		29161
镇区 Counties & Towns Area	44581	10106	867133
教育部门 Run by Ed. Dept.	42355	10026	800125
其他部门 Run by Non-ed. Dept.	152	28	6335
地方企业办 Run by Local Enterprises	3		116
民办 Non-government	2071	52	60557
其中:镇乡结合区 Of Which: County-town Transitional Area	19145	7494	274290
教育部门 Run by Ed. Dept.	18318	7450	250988
其他部门 Run by Non-ed. Dept.	9	4	162
地方企业办 Run by Local Enterprises	1		31
民办 Non-government	817	40	23109
乡村 Rural Area	106403	86800	1047716
教育部门 Run by Ed. Dept.	104501	86442	1016554
其他部门 Run by Non-ed. Dept.	55	64	1297
地方企业办 Run by Local Enterprises	15		150
民办 Non-government	1832	294	29715
总计中:五年制 Of the Total: 5-Year			68394
九年一贯制学校 9-Year Sec. Schools			233970
十二年一贯制学校 12-Year Sec. Schools			24775
其他学校附设 Other Primary Schools Attached			7068
独立设置的少数民族学校 Inde. Sec. Schools for Minorities	7161		81715

小学班额情况
Size of Primary Classes

单位：个
unit：class

	合计 Total	一年级 Grade 1	二年级 Grade 2	三年级 Grade 3	四年级 Grade 4	五年级 Grade 5	六年级 Grade 6	复式班 Multiple-grade Classes
合　计 Total	**2628727**	**492399**	**473479**	**440963**	**427038**	**409017**	**376375**	**9456**
城区：Urban Area								
25 人及以下 Under 25 Persons	31381	5957	5554	5351	4987	5201	4288	43
26-35 人 Between 26-35	76929	13911	13315	12908	12629	13283	10883	
36-45 人 Between 36-46	268328	55241	49417	46155	42541	39756	35217	1
46-55 人 Between 46-55	219438	40155	39309	37991	37166	33402	31415	
56-65 人 Between 56-65	82512	12512	13400	13998	14925	14039	13638	
66 人及以上 Over 66 Persons	35290	4379	5383	5564	6626	6812	6526	
其中：城乡结合区：of Which：Urban-rural Transitional Area								
25 人及以下 Under 25 Persons	14418	2796	2627	2512	2330	2192	1929	32
26-35 人 Between 26-35	20632	3594	3548	3458	3479	3492	3061	
36-45 人 Between 36-46	54430	10839	9831	9197	8629	8348	7585	1
46-55 人 Between 46-55	38350	7391	7017	6490	6358	5725	5369	
56-65 人 Between 56-65	11282	1885	2064	1944	1859	1886	1644	
66 人及以上 Over 66 Persons	4453	592	750	763	769	792	787	
镇区：Counties&Towns Area								
25 人及以下 Under 25 Persons	86526	18152	16859	15327	13376	11631	10523	658
26-35 人 Between 26-35	121429	22059	20921	20671	19998	19701	18052	27
36-45 人 Between 36-46	318904	59990	55139	51761	51613	51106	49286	9
46-55 人 Between 46-55	201903	34328	34265	32464	33636	33823	33382	5
56-65 人 Between 56-65	90037	13244	14454	14257	15513	16488	16081	
66 人及以上 Over 66 Persons	48334	6303	7369	7833	8740	9216	8873	
其中：镇乡结合区：of Which：County-town Transitional Area								
25 人及以下 Under 25 Persons	50271	10771	10034	8969	7789	6547	5744	417
26-35 人 Between 26-35	50841	9283	8979	8589	8316	8272	7385	17
36-45 人 Between 36-46	94132	17562	16304	15286	15354	15206	14414	6
46-55 人 Between 46-55	50478	8628	8647	7980	8372	8497	8349	5
56-65 人 Between 56-65	19542	3003	3251	3138	3197	3523	3430	
66 人及以上 Over 66 Persons	9026	1217	1399	1484	1606	1677	1643	
乡村：Rural Area								
25 人及以下 Under 25 Persons	471253	106848	99246	82856	68367	57243	48352	8341
26-35 人 Between 26-35	245145	44299	43554	41326	40947	39296	35450	273
36-45 人 Between 36-46	213059	37211	36332	34141	35435	36371	33496	73
46-55 人 Between 46-55	86485	13431	14232	13547	14916	15517	14828	14
56-65 人 Between 56-65	24581	3459	3715	3760	4328	4700	4612	7
66 人及以上 Over 66 Persons	7193	920	1015	1053	1295	1432	1473	5

小学
Number of Students

	毕业生数 Graduates	招生数 Entrants		在校生数	
		合计 Total	其中:受过学前教育 of Which: Those Received the pre-school Education	合计 Total	其中:女 of Which: Female
总　计 Total	**15074466**	**17524659**	**17237153**	**99130126**	**45964114**
其中:女 of Which: Female	6981909	8156211	8023235	45964114	
少数民族 Minorities	1677215	2083374	1936744	11366692	5417176
五年制 5-Year	532745	533348	532208	2618492	1230715
九年一贯制学校 9-Year Schools	1527985	1676992	1657612	9703690	4378713
十二年一贯制学校 12-Year Schools	155987	160544	159013	957892	397626
附设小学班 Primary School Classes	172283	25694	24607	306559	137688
复式班 Morning & Afternoon Shift Classes	1988	33060	30808	100866	48714
小学教学点 External Teaching Sites	337622	1124582	1087320	4271017	2042970
独立设置少数民族学校 Inde. Sec. Schools for Minorities	460666	547548	493319	3080760	1480992
随迁子女 Migrant Children	1712230	2454161	2431029	13756900	6017487
其中:外省迁入 of Which: from Other Province	825373	1157848	1149030	6558314	2845393
本省外县迁入 From Other County	886857	1296313	1281999	7198586	3172094
进城务工人员随迁子女 Children of Migrant Workers	1300339	1836194	1826155	10367103	4520120
其中:外省迁入 of Which: from Other Province	598536	820450	817391	4705763	2033618
本省外县迁入 From Other County	701803	1015744	1008764	5661340	2486502
农村留守儿童 Children Left Behind	1625062	2020683	1980919	11900723	5504328
教育部门 Run by Ed. Dept.	13815119	16182693	15908075	91181154	42622248
其他部门 Run by Non-ed. Dept.	63360	60844	59998	365062	172085
地方企业办 Run by Local Enterprises	3397	3545	3467	20619	9312
民办 Non-government	1192590	1277577	1265613	7563291	3160469
城区 Urban Area	4785385	5917751	5869129	32671812	14971881
教育部门 Run by Ed. Dept.	4188656	5183432	5141752	28591165	13222370
其他部门 Run by Non-ed. Dept.	17591	16873	16759	104500	48863
地方企业办 Run by Local Enterprises	1643	2274	2260	12175	5536
民办 Non-government	577495	715172	708358	3963972	1695112
其中:城乡结合区 of Which: Urban-rural Transitional Area	849102	1130146	1120526	6044559	2738484
教育部门 Run by Ed. Dept.	663821	904240	896523	4784919	2207791
其他部门 Run by Non-ed. Dept.	1500	1109	1039	7225	3432
地方企业办 Run by Local Enterprises	243	578	578	2384	1064
民办 Non-government	183538	224219	222386	1250031	526197
镇区 Counties & Towns Area	5966526	6434917	6368407	37540969	17288059
教育部门 Run by Ed. Dept.	5483769	6025475	5963482	34842374	16187889
其他部门 Run by Non-ed. Dept.	39195	37341	36735	220636	104252
地方企业办 Run by Local Enterprises	1149	772	738	4790	2260
民办 Non-government	442413	371329	367452	2473169	993658
其中:镇乡结合区 of Which: County-town Transitional Area	1629130	1869441	1848120	10586801	4878466
教育部门 Run by Ed. Dept.	1466792	1723928	1704559	9645566	4499614
其他部门 Run by Non-ed. Dept.	1002	1016	974	6131	2857
地方企业办 Run by Local Enterprises	290	170	136	1368	640
民办 Non-government	161046	144327	142451	933736	375355
乡村 Rural Area	4322555	5171991	4999617	28917345	13704174
教育部门 Run by Ed. Dept.	4142694	4973786	4802841	27747615	13211989
其他部门 Run by Non-ed. Dept.	6574	6630	6504	39926	18970
地方企业办 Run by Local Enterprises	605	499	469	3654	1516
民办 Non-government	172682	191076	189803	1126150	471699

学生数
in Primary Schools

单位:人
unit:person

在校生数 Enrolment						预计毕业生数 Estimated Graduates for Next Year
一年级 Grade 1	二年级 Grade 2	三年级 Grade 3	四年级 Grade 4	五年级 Grade 5	六年级 Grade 6	
17528636	**17210882**	**16446700**	**16560693**	**16211542**	**15171673**	**15675117**
8158124	7995134	7609396	7675014	7521248	7005198	7240358
2084873	1989745	1888828	1851586	1813855	1737805	1746587
533482	526683	523797	531086	503444		503444
1677038	1626407	1580083	1620504	1634670	1564988	1639645
160397	160029	158236	157926	158124	163180	167907
25658	24178	22148	27433	42463	164679	165263
33063	35932	13915	9359	5262	3335	3333
1125169	1067828	769855	592922	433317	281926	287590
548572	536313	513164	506355	500506	475850	478882
2470409	2458496	2363283	2331627	2213754	1919331	2028029
1166644	1165112	1129670	1137581	1075171	884136	961810
1303765	1293384	1233613	1194046	1138583	1035195	1066219
1847293	1844541	1784111	1759759	1676770	1454629	1538014
826652	830314	812384	818949	777055	640409	696502
1020641	1014227	971727	940810	899715	814220	841512
2026079	2041847	1947196	2005825	1994639	1885137	1885258
16186906	15881466	15153299	15228666	14858315	13872502	14335768
60861	59723	59564	63721	63630	57563	63297
3545	3416	3383	3271	3438	3566	3597
1277324	1266277	1230454	1265035	1286159	1238042	1272455
5918015	5737204	5570078	5502820	5183231	4760464	5056102
5184194	5014604	4881524	4824987	4528598	4157258	4427887
16870	16536	17289	18388	17566	17851	18014
2274	2083	2010	1894	1885	2029	2060
714677	703981	669255	657551	635182	583326	608141
1130235	1089085	1022622	989273	946603	866741	905161
904471	866174	814214	778934	740596	680530	711576
1110	1082	1158	1219	1248	1408	1420
578	511	439	315	227	314	314
224076	221318	206811	208805	204532	184489	191851
6436237	6337122	6098362	6263084	6313108	6093056	6232860
6026592	5925795	5681993	5804474	5816445	5587075	5716287
37361	36533	35422	38503	39241	33576	39090
772	816	790	780	763	869	869
371512	373978	380157	419327	456659	471536	476614
1869607	1830051	1729640	1743566	1749608	1664329	1701436
1724000	1686107	1584864	1584242	1577138	1489215	1523874
1016	1068	892	1008	1037	1110	1117
170	209	252	239	232	266	266
144421	142667	143632	158077	171201	173738	176179
5174384	5136556	4778260	4794789	4715203	4318153	4386155
4976120	4941067	4589782	4599205	4513272	4128169	4191594
6630	6654	6853	6830	6823	6136	6193
499	517	583	597	790	668	668
191135	188318	181042	188157	194318	183180	187700

小学学龄人口入学
Number of Schools-age Population

	在校学龄人口数 School-age Population		招生数 Entrants		
	合计 Total	其中:女 of Which: Female	合计 Total	其中:受过学前教育 of Which: Those Received thePre-school Education	合计 Total
总　计 Total	**95758757**	**44466817**	**17524659**	**17237153**	**99130126**
5 岁及以下 Under 5 Years			145994		146100
6 岁 6 Years	13342053	6264461	13956641		14172156
7 岁 7 Years	17097931	7952741	3252629		17097931
8 岁 8 Years	16641863	7732400	143623		16641863
9 岁 9 Years	16491874	7660634	16637		16491874
10 岁 10 Years	16084250	7461989	4413		16084250
11 岁 11 Years	14475775	6642596	1972		14554932
12 岁 12 Years	1625011	751996	1110		3499365
13 岁 13 Years			411		342093
14 岁 14 Years			270		68989
15 岁及以上 Over 15 Years			959		30573
城区 Urban Area	31748027	14574992	5917751	5869129	32671812
5 岁及以下 Under 5 Years			41309		41087
6 岁 6 Years	4897711	2288183	4999268		5059473
7 岁 7 Years	5713427	2626512	841768		5713427
8 岁 8 Years	5641076	2588874	31705		5641076
9 岁 9 Years	5546891	2546472	2158		5546891
10 岁 10 Years	5189864	2373417	750		5189864
11 岁 11 Years	4559101	2063260	407		4596632
12 岁 12 Years	199957	88274	260		809563
13 岁 13 Years			67		62729
14 岁 14 Years			16		8591
15 岁及以上 Over 15 Years			43		2479
其中:城乡结合区 of Which: Urban-rural Transitional Area	5859378	2660175	1130146	1120526	6044559
5 岁及以下 Under 5 Years			6672		6638
6 岁 6 Years	912877	421975	928193		936809
7 岁 7 Years	1083833	493926	188001		1083833
8 岁 8 Years	1039130	471523	6102		1039130
9 岁 9 Years	996451	450911	659		996451
10 岁 10 Years	945487	427382	258		945487
11 岁 11 Years	835051	373557	130		841768
12 岁 12 Years	46549	20901	76		177650
13 岁 13 Years			40		14254
14 岁 14 Years			7		2040
15 岁及以上 Over 15 Years			8		499

及在校生情况
of Primary Schools

单位:人
unit:person

在校学生数 Enrolment						
其中:女 of Which: Female	一年级 Grade 1	二年级 Grade 2	三年级 Grade 3	四年级 Grade 4	五年级 Grade 5	六年级 Grade 6
45964114	**17528636**	**17210882**	**16446700**	**16560693**	**16211542**	**15171673**
75290	145717	367	16			
6669173	13958632	211828	1592	104		
7952741	3255250	13551712	284574	6190	205	
7732400	144159	3228561	12784825	475076	8994	248
7660634	16477	181871	3132031	12581227	568137	12131
7461989	4042	25831	204174	3200313	12059208	590682
6677005	1786	5983	27448	245332	3217278	11057105
1546861	950	2533	6611	38470	297608	3153193
144998	393	972	2104	7451	42275	288898
29368	269	548	1294	3194	11208	52476
13655	961	676	2031	3336	6629	16940
14971881	5918015	5737204	5570078	5502820	5183231	4760464
22100	41024	63				
2367467	5000367	58812	269	25		
2626512	842132	4783558	86562	1113	62	
2588874	31666	852253	4606274	148500	2296	87
2546472	1900	37688	831525	4496201	176888	2689
2373417	517	3141	41018	803827	4152635	188726
2079168	208	955	3323	47944	790092	3754110
338854	96	408	735	4021	54101	750202
24770	47	210	191	762	5482	56037
3275	15	55	91	271	1233	6926
972	43	61	90	156	442	1687
2738484	1130235	1089085	1022622	989273	946603	866741
3460	6631	7				
433606	928023	8730	44	12		
493926	188409	882768	12381	251	24	
471523	6084	187490	822285	22636	608	27
450911	628	8245	177906	780904	28227	541
427382	238	995	8860	173322	730476	31596
376488	107	466	810	10977	173534	655874
74779	66	221	235	944	12107	164077
5478	35	126	66	151	1267	12609
735	6	24	20	51	281	1658
196	8	13	15	25	79	359

小学学龄人口入学
Number of Schools-age Population

	在校学龄人口数 School-age Population		招生数 Entrants		
	合计 Total	其中:女 of Which: Female	合计 Total	其中:受过学前教育 of Which: Those Received thePre-school Education	合计 Total
镇区 Counties & Towns Area	36219605	16703395	6434917	6368407	37540969
5 岁及以下 Under 5 Years			59077		59235
6 岁 6 Years	4937588	2304887	5197414		5291111
7 岁 7 Years	6307920	2916179	1125543		6307920
8 岁 8 Years	6165273	2846824	45979		6165273
9 岁 9 Years	6201590	2859030	4318		6201590
10 岁 10 Years	6235438	2874587	1187		6235438
11 岁 11 Years	5740405	2612716	415		5768517
12 岁 12 Years	631391	289172	223		1351313
13 岁 13 Years			89		126070
14 岁 14 Years			55		22847
15 岁及以上 Over 15 Years			617		11655
其中:镇乡结合区 of Which: County-town Transitional Area	10246885	4729834	1869441	1848120	10586801
5 岁及以下 Under 5 Years			17785		17847
6 岁 6 Years	1467188	686156	1513081		1538673
7 岁 7 Years	1825582	844842	324153		1825582
8 岁 8 Years	1751673	809885	12516		1751673
9 岁 9 Years	1731823	799142	1245		1731823
10 岁 10 Years	1736800	799826	462		1736800
11 岁 11 Years	1580472	719328	113		1587518
12 岁 12 Years	153347	70655	48		357829
13 岁 13 Years			25		31621
14 岁 14 Years			9		5489
15 岁及以上 Over 15 Years			4		1946
乡村 Rural Area	27791125	13188430	5171991	4999617	28917345
5 岁及以下 Under 5 Years			45608		45778
6 岁 6 Years	3506754	1671391	3759959		3821572
7 岁 7 Years	5076584	2410050	1285318		5076584
8 岁 8 Years	4835514	2296702	65939		4835514
9 岁 9 Years	4743393	2255132	10161		4743393
10 岁 10 Years	4658948	2213985	2476		4658948
11 岁 11 Years	4176269	1966620	1150		4189783
12 岁 12 Years	793663	374550	627		1338489
13 岁 13 Years			255		153294
14 岁 14 Years			199		37551
15 岁及以上 Over 15 Years			299		16439

单位:人
unit:person

在校学生数 Enrolment						
其中:女 of Which: Female	一年级 Grade 1	二年级 Grade 2	三年级 Grade 3	四年级 Grade 4	五年级 Grade 5	六年级 Grade 6
17288059	6436237	6337122	6098362	6263084	6313108	6093056
30213	59085	141	9			
2476321	5197557	92869	648	37		
2916179	1126647	5053980	124384	2849	60	
2846824	46177	1119230	4793084	203135	3568	79
2859030	4347	60505	1099459	4782306	249695	5278
2874587	1024	7595	68833	1170150	4726477	261359
2625229	416	1568	8000	87144	1205500	4465889
592456	223	713	1863	12744	107772	1227998
52422	89	229	589	2352	14161	108650
9628	55	136	316	838	3344	18158
5170	617	156	1177	1529	2531	5645
4878466	1869607	1830051	1729640	1743566	1749608	1664329
9067	17788	54	5			
720935	1513095	25422	149	7		
844842	324405	1465623	35023	516	15	
809885	12574	319554	1365067	53494	968	16
799142	1248	16516	308508	1339178	65023	1350
799826	298	2027	18154	323857	1325552	66912
722430	113	490	2041	22529	327074	1235271
156058	48	236	439	2970	26525	327611
13183	25	53	149	634	3253	27507
2234	9	41	55	224	803	4357
864	4	35	50	157	395	1305
13704174	5174384	5136556	4778260	4794789	4715203	4318153
22977	45608	163	7			
1825385	3760708	60147	675	42		
2410050	1286471	3714174	73628	2228	83	
2296702	66316	1257078	3385467	123441	3130	82
2255132	10230	83678	1201047	3302720	141554	4164
2213985	2501	15095	94323	1226336	3180096	140597
1972608	1162	3460	16125	110244	1221686	2837106
615551	631	1412	4013	21705	135735	1174993
67806	257	533	1324	4337	22632	124211
16465	199	357	887	2085	6631	27392
7513	301	459	764	1651	3656	9608

小学教
Number of Educational

	教 职 Educational			
	合计 Total	专任教师 Full-time Teachers	行政人员 Adm. Personnel	教辅人员 Supporting Staff
总 计 Total	**5537298**	**5176454**	**140882**	**98906**
其中:女 of Which: Female	3497880	3355723	42474	45949
少数民族 Minority	600315	557524	12998	11695
教育部门 Run by Ed.Dept.	5262035	4967966	127535	88614
其他部门 Run by Non-ed. Dept.	17647	14676	825	760
地方企业办 Run by Local Enterprises	748	674	31	25
民办 Non-government	256868	193138	12491	9507
城区 Urban Area	1608856	1496978	47450	27162
教育部门办 Run by Ed. Dept.	1481862	1399352	41186	22382
其他部门办 Run by Non-ed. Dept.	5618	4736	279	314
地方企业办 Run by Local Enterprises	511	450	25	23
民办 Non-government	120865	92440	5960	4443
其中:城乡结合区 of Which:Urban-rural Transitional Area	286805	266175	8368	4042
教育部门办 Run by Ed. Dept.	256589	243126	6790	3162
其他部门办 Run by Non-ed. Dept.	678	561	30	31
地方企业办 Run by Local Enterprises	69	65	1	2
民办 Non-government	29469	22423	1547	847
镇区 Counties & Towns Area	1987372	1850154	47385	42446
教育部门办 Run by Ed. Dept.	1888267	1777174	42656	38249
其他部门办 Run by Non-ed. Dept.	10065	8218	471	397
地方企业办 Run by Local Enterprises	24	23	1	
民办 Non-government	89016	64739	4257	3800
其中:镇乡结合区 Of Which: County-town Transitional Area	584332	548760	13111	9568
教育部门办 Run by Ed. Dept.	551499	524663	11518	8303
其他部门办 Run by Non-ed. Dept.	311	278	9	13
地方企业办 Run by Local nterprises				
民办 Non-government	32522	23819	1584	1252
乡村 Rural Area	1941070	1829322	46047	29298
教育部门办 Run by Ed. Dept.	1891906	1791440	43693	27983
其他部门办 Run by Non-ed. Dept.	1964	1722	75	49
地方企业办 Run by Local nterprises	213	201	5	2
民办 Non-government	46987	35959	2274	1264

职工数
Personnel in Primary Schools

单位：人
unit：person

工　数 Personnel		代课教师 Substitute Teachers	兼任教师 Part-time Teachers
工勤人员 Workers	校办企业职工 Employees in School-run Factories & Farms		
120655	**401**	**160304**	**26275**
53533	201	124142	16494
18093	5	11791	5547
77750	170	153267	25297
1377	9	157	12
18		20	58
41510	222	6860	908
37031	235	41849	6062
18871	71	40870	5746
289		56	6
13		20	1
17858	164	903	309
8194	26	6640	822
3511		6456	752
56			
1			
4626	26	184	70
47265	122	44722	5756
30124	64	41347	5300
970	9	73	2
			44
16171	49	3302	410
12844	49	15369	1697
7004	11	14683	1504
11			
5829	38	686	193
36359	44	73733	14457
28755	35	71050	14251
118		28	4
5			13
7481	9	2655	189

小学分课程专任

Number of Full-time Teachers in Primary School

	总计 Total	其中:女 of Which: Female	品德与生活（社会） Virtue Education	语 文 Language & Literature	数 学 Mathematics	外语 Foreign		
						小计 Subtotal	英语 English	日语 Japanese
总 计 Total	**5789145**	**3782693**	**225383**	**2119408**	**1698195**	**426284**	**424795**	**87**
其中:女 of Which:Female	3782693		110327	1599469	1047310	365779	364659	75
少数民族 Minorities	607696	360263	24113	225333	180401	27280	27140	38
研究生毕业 Graduate	44914	37120	1165	15375	8360	6639	6633	3
本科毕业 Under-graduate	2874007	2142570	82092	1092756	786156	291088	290224	51
专科毕业 Associate Bachelor	2502616	1494847	115198	897376	786360	124226	123651	31
高中阶段毕业 High School Graduate	364105	107462	26633	112901	116259	4305	4262	2
高中阶段以下毕业 Below High School Graduate	3503	694	295	1000	1060	26	25	

小学专任教师专业

Nomber of Full-time Teachers in Primary

	合计 Total	其中:女 of Which Female	24 岁及以下 24 and Under	25-29 25 to 29	30-34 30 to 34
合 计 Total	**5789145**	**3782693**	**304434**	**835593**	**908798**
女 Female	3782693		256753	677936	682741
少数民族 Minorities	607696	360263	27900	86474	104526
中学高级 Senior Secondary	166014	90658	31	72	1113
小学高级 Senior Primary	2877403	1700997	1018	27277	232443
小学一级 1st Grade Primary	1879750	1309373	47830	436829	546927
小学二级 2nd Grade Primary	200703	146570	24980	88430	46408
小学三级 3rd Grade Primary	16580	12037	3380	7174	2787
未定职级 No-ranking	648695	523058	227195	275811	79120

教师学历情况
by Subject Taught and Educational Attainment

单位:人
unit: person

Languages						综合实践活动 Practical Activities				
俄语 Russian	体育 Physical	科学 Science	艺术 Art	音乐 Music	美术 Fine Arts	小计 Subtotal	信息技术 Information Technique	劳动与技术 Skills Teaching	其他 Others	当年不任课 No Teaching Load in Current Year
35	**311594**	**190446**	**23727**	**214798**	**200258**	**211153**	**148365**	**53668**	**116177**	**51722**
23	76259	85364	14668	169164	129474	85074	56773	23688	73609	26196
10	30166	18317	2034	20790	17411	19243	13100	5275	34034	8574
	4225	1628	140	2114	2575	1536	1299	175	745	412
19	153106	76026	9173	121648	106037	94301	73571	17122	42518	19106
13	129260	94589	12513	81554	79193	98879	66341	28083	59974	23494
3	24756	18049	1890	9404	12352	16261	7088	8187	12730	8565
	247	154	11	78	101	176	66	101	210	145

技术职务、年龄结构情况
Schools by Professional Rank and Age

单位:人
unit: person

35-39 35 to 39	40-44 40 to 44	45-49 45 to 49	50-54 50 to 54	55-59 55 to 59	60岁及以上 60 and Over
1091830	**873480**	**733014**	**700566**	**337584**	**3846**
771005	577172	451564	360065	4682	775
112843	98033	80997	70122	26680	121
11490	34410	51043	49838	17814	203
602301	620447	559023	555454	276835	2605
424034	192483	106731	85844	38623	449
21725	8533	5042	3589	1945	51
1260	745	506	424	287	17
31020	16862	10669	5417	2080	521

小学专任教

Changes of Full-time

	上学年初报表专任教师数 Total Number of Full-time Teachers at Beginning of Previous Academic Year	增加教师 Factors of Increase				
		合计 Total	录用毕业生 New Recruits from Current Year Graduates		入 Teachers Recruited from Other Units	校内调整 Of Which: with change of status in their own institutions
			小计 Subtotal	其中:师范生		
合 计 Total	**5685118**	**787415**	**180904**	**127258**	**438377**	**119997**
其中:女 Of Which: Female	3623304	515914	147617	104092	274364	59819
城区 Urban Area	1652043	216735	54812	40865	115608	21281
其中:女 Of Which: Female	1290470	164296	45491	34035	85838	13498
其中:城乡结合区 Of Which: Urban-rural Transitional Area	310915	49333	12131	8902	27162	5110
其中:女 Of Which: Female	224620	35879	9894	7322	19204	3066
镇区 Counties and Towns Area	2018068	273890	56532	39428	162769	42343
其中:女 Of Which: Female	1340464	181277	46869	32782	104487	21774
其中:镇乡结合区 Of Which: County-town Transitional Area	594797	84433	16850	11721	52005	12581
其中:女 Of Which: Female	386947	55467	14019	9777	32708	6646
乡村 Rural Area	2015007	296790	69560	46965	160000	56373
其中:女 Of Which: Female	992370	170341	55257	37275	84039	24547

小学学生、教职工

Supplementary Information on Students and

	在校学生中 Of Total In-school Students			教职工中 Of Total Staff & Workers	
	共青团员 Member of C.Y.L.	华侨 Overseas Chinese	港澳台 From H.K, Macao and Taiwan	共产党员 Member of C.P.C.	共青团员 Member of C.Y.L.
合 计 Total	**94290**	**11535**	**88970**	**1443812**	**232153**
其中:女 Of Which: Female	43690	5314	39953	715517	189854
城区 Urban Area	20537	4362	74392	493990	106177
其中:女 Of Which: Female	9250	2060	33498	343783	89666
其中:城乡结合区 Of Which:Urban-rural Transitional Area	2632	804	12019	77736	18678
其中:女 Of Which: Female	1179	413	5463	45059	15521
镇区 Counties and Towns Area	45555	4206	9692	491653	65011
其中:女 Of Which: Female	20656	1937	4321	227140	53806
其中:镇乡结合区 Of Which: County-town Transitional Area	11326	986	3387	132798	17546
其中:女 Of Which: Female	5466	392	1569	58392	14482
乡村 Rural Area	28198	2967	4886	458169	60965
其中:女 Of Which: Female	13784	1317	2134	144594	46382

师变动情况

Teachers in Primary Schools

单位：人
unit: person

	减少教师 Factors of Decrease					本学年初报表专任教师数 Total Number of Full-time Teachers at Beginning of Current Academic Year
其他 Others	合计 Total	自然减员 Retired from their posts during previcus academic year	调出 Transferred from teaching to Non-Teaching posts	校内调整 Of Which: with change of status in their own institutions	其他 Others	
48137	**683388**	**118017**	**390372**	**118921**	**56078**	**5789145**
34114	356525	41208	225152	57639	32526	3782693
25034	133811	22230	74861	17391	19329	1734967
19469	89668	13077	52315	10937	13339	1365098
4930	34379	5345	19571	4317	5146	325869
3715	21719	2617	13083	2571	3448	238780
12246	213003	38512	121162	38200	15129	2078955
8147	118091	15147	74566	19409	8969	1403650
2997	71320	12297	42842	11706	4475	607910
2094	38722	4420	25795	5960	2547	403692
10857	336574	57275	194349	63330	21620	1975223
6498	148766	12984	98271	27293	10218	1013945

政治面貌及其他

Educational Pcrsonncl of Primary Schools

单位：人
unit: person

工 中 Personnel		专任教师中 Of Total Full-time Teachers			
民主党派 Member of Dem. Parties	华侨 Overseas Chinese	共产党员 Member of C.P.C.	共青团员 Member of C.Y.L.	民主党派 Member of Dem. Parties	华侨 Overseas Chinese
12182	789	1469415	286642	12400	877
8658	425	757411	235126	8862	504
8771	244	509464	135772	8975	241
6671	158	362458	114594	6855	166
569	33	81803	27823	597	36
391	19	49739	23093	415	24
1783	294	500040	81241	1770	377
1209	180	242107	67182	1209	244
443	157	133402	22955	441	232
252	110	61679	18933	251	169
1628	251	459911	69629	1655	259
778	87	152846	53350	798	94

小学办学
Condition of School Buildings

	合计 Total	城区 Urban Area
总　计 Total	**709644879.00**	**195049442.28**
其中:危房 Of Which: Floor Space of Dilapidated Buildings	8358199.67	1216804.13
当年新增校舍 New Floor Space Added in Current Year	43838488.48	9834883.84
一、教学及辅助用房 Teaching & Assistant Buildings	385114507.79	107597344.40
教室 Classroom	312696676.19	84793618.89
实验室 Laboratory	23207993.41	6106155.10
图书室 Library	20055650.19	5287194.45
微机室 PC-room	15696413.37	4213846.41
语音室 Linguistic	4436822.28	1317832.61
体育馆 Gymnasium	9020952.35	5878696.94
二、行政办公用房 Administritive	63646670.00	20205113.61
其中:教师办公室 Of Which: for Teachers	42440969.75	12375845.81
三、生活用房 Residential and Welfare	183742445.89	34789676.96
教工宿舍 Apartments for Single	53733120.02	6464441.15
其中:教师周转宿舍 Accommodation for Circulation of Teachers	14309761.17	962302.26
学生宿舍 Students'Dormitories	37589082.61	3889269.95
食堂 Dining Halls	38794009.99	8040517.35
厕所 Toilet	29923789.70	8125039.77
其他 Others	23702443.57	8270408.74
四、其他用房 Rooms for Other Purposes	77141255.33	32457307.31

条件(一)
in Primary Schools (1)

单位:平方米
unit: m^2

其中:城乡结合区 of Which: Urban-rural Transitional Area	镇区 Counties and Towns Area	其中:镇乡结合区 of Which: County-town Transitional Area	乡村 Rural Area
39137844.99	**240672522.92**	**75137547.57**	**273922913.80**
229025.85	2233400.76	789688.02	4907994.78
2223471.24	16172227.21	5030947.20	17831377.43
20953532.32	129469672.52	41662419.07	148047490.87
16522345.78	105933060.90	33938135.18	121969996.40
1234819.26	7787806.27	2613896.54	9314032.04
1071661.84	6353698.81	2180764.76	8414756.93
860396.34	5269120.11	1755021.24	6213446.85
267923.99	1747194.97	530136.83	1371794.70
996385.11	2378791.46	644464.52	763463.95
3613966.44	21369973.99	6750565.48	22071582.40
2225798.00	14088605.14	4569614.66	15976518.80
8180847.09	67733909.21	19464005.07	81218859.72
2038352.05	19908714.67	5574351.15	27359964.20
274155.03	5660471.27	1299368.56	7686987.64
1044102.54	16686177.00	3965177.23	17013635.66
1896065.87	14347629.41	4242231.28	16405863.23
1708452.05	9305119.27	3180856.64	12493630.66
1493874.58	7486268.86	2501388.77	7945765.97
6389499.14	22098967.21	7260557.95	22584980.81

	占地面积 Areas Occupied			图书(册) Books & Magazines in Libraries (Volume)	计算机数(台)	
	合计 Total	其中:of Which:			合计 Total	其中:教学用 of Which: No. of
		绿化用地面积 Green Areas	运动场地面积 Sports Areas			小计 Subtotal
合　计 Total	**2278702309.87**	**393773499.89**	**700666933.03**	**2134286720**	**11083844**	**9431525**
城区 Urban Area	402505410.50	80223059.47	148869366.81	717316900	4070140	3479922
其中:城乡结合区 of Which: Urban-rural Transitional Area	109077934.30	23055021.96	37065752.77	125979171	713927	611197
镇区 Counties and Towns Area	704611999.51	121352769.64	227581928.18	759008020	3727015	3185852
其中:镇乡结合区 of Which: County-town Transitional Area	247010541.27	42395728.23	77728512.63	226856595	1128283	977534
乡村 Rural Area	1171584899.86	192197670.78	324215638.04	657961800	3286689	2765751

小学办学条件(三)
Condition of School Buildings in Primary Schools (3)

单位:所
unit:school

	体育运动场(馆)面积达标校数 Schools No: Sprots Areas Reached Standard	体育器械配备达标校数 Schools No: Sports Equip. Reached Standard	音乐器械配备达标校数 Schools No: Musical Instru. Reached Standard	美术器械配备达标校数 Schools No: Fine Arts Instru. Reached Standard	教学自然实验仪器达标校数 Schools No: Equip. of Natural Sci. Reached Standard	建立校园网校数 Schools No: Campus Networks Set	接入互联网校数 Schools No: Internet Access
合　计 Total	**133224**	**142422**	**141227**	**141170**	**141823**	**99614**	**164339**
城区 Urban Area	22081	24429	24413	24340	24206	21387	26106
其中:城乡结合区 Of Which: Urban- rural Transitional Area	6411	6879	6849	6826	6834	5517	7586
镇区 Counties and Towns Area	35128	37971	37723	37661	37781	28584	43052
其中:镇乡结合区 Of Which: County-town Transitional Area	14498	15549	15425	15417	15515	11248	18278
乡村 Rural Area	76015	80022	79091	79169	79836	49643	95181

条件(二)
in Primary Schools (2)

PC (set)	教室(间)Classroom(Room)		教教室中:普通教室(间)of Which: General Classroom(Room)		固定资产总值(万元) Total Value of Fixed Asset (10,000 yuan)		
计算机 Computers Used for Instruction / 其中:平板电脑 of Which: Tablet PC	合计 Total	其中:网络多媒体教室 of Which: Network Multimedia Classroom	合计 Total	其中:网络多媒体教室 of Which: Network Multimedia Classroom	合计 Total	其中:教学仪器设备资产值 of Which: Total Value of Equip & Instru. 小计 Subtotal	其中:实验设备 of Which: for Prefession
370704	**3783534**	**1848335**	**2975610**	**1633839**	**88398686.10**	**11903051.44**	**2477120.44**
200719	906595	655257	687302	559797	30599655.41	5096728.08	835661.31
26396	184336	116985	137844	100931	5806739.54	776413.05	157596.72
94025	1182529	640810	939342	581031	29910108.89	3723032.64	828748.81
29096	405522	188853	318899	168874	8721666.32	1025095.62	253976.71
75960	1694410	552268	1348966	493011	27888921.80	3083290.72	812710.31

成人小学基本情况
Basic Statistics of Adult Primary Schools by Province

单位:人(人次)
unit:person

	学校数(所) Schools	教学班(点)(个) External Teaching Sites	毕(结)业生数 Graduates		注册学生数 Enrolment		教职工数 Educational Personnel		专任教师 Full-time Teacher		聘请校外教师 Part-time Teachers
			合计 Total	其中:女 of which: Female	合计 Total	其中:女 of which: Female	合计 Total	其中:女 of which: Female	合计 Total	其中:女 of which: Female	
合　计 Total	**11802**	**20776**	**858508**	**487173**	**832683**	**479377**	**23249**	**10437**	**12399**	**6060**	**17923**
其中:少数民族 of which: Minority	980	2665	59332	27267	64124	31369	2017	932	921	408	2358
职工小学 General Primary Schools for Staff & workers	39	51	5992	3038	4439	2382	283	176	218	147	77
农民小学 General Primary Shools for Peasants	11763	20725	852516	484135	828244	476995	22966	10261	12181	5913	17846
小学班 Primary Classes	3474	5858	521366	310739	494043	296077	7239	3631	4776	2581	7167
扫盲班 Literacy Classes	8289	14867	331150	173396	334201	180918	15727	6630	7405	3332	10679

五、工读学校
Correctional Work-study Schools

工读学校基本情况

Basic Statistics of Correctional Work-study Schools

单位:人
unit:person

	学校数(所) Schools	班数(个) Classes	离校人数 Sclools Leavers	入校人数 No.of Persons Enrolled	在校生数 Enrolment	教职工数 Educational Personnel	
						合计 Total	其中专任教师 Of Which: Full-time Teachers
合　计 Total	**89**	**331**	**3298**	**3295**	**7181**	**2889**	**2081**
其中:女 of Which:Female			491	414	954	1114	859

六、特殊教育
Special Education

特殊教育

Basic Statistics of

	学校数（所）Schools	班数（个）Classes	毕业生数 Graduates	招生数 Entrants	合计 Total	其中:女 Of Which: Female	小学 一年级 Grade 1	二年级 Grade 2
总　计 Total	**2080**	**22604**	**59164**	**91521**	**491740**	**176744**	**60771**	**63806**
女 Female			20774	32941	176744		21620	22618
少数民族学生 Minority Students			4926	9469	46569	18835	6381	6482
寄宿生 Of the TotalBoarders			14067	24911	147653	55947	14987	15531
特殊教育学校中:寄宿生 of the Special Education Schools: Boarders			7799	16155	110910	41813	13411	13749
职业技术班 Vocational and Technical Classes			790	744	3382	1070	31	5
视力残疾 Visual Impairment	29	1150	6331	6659	36082	13543	3020	3687
听力残疾 Hearing Impairment	425	6874	13156	14566	89990	37095	9064	9222
智力残疾 Intellectual Disability	464	13781	26445	47917	260546	90214	36539	38334
其他残疾 Other Disability	1162	799	13232	22379	105122	35892	12148	12563
特殊教育学校 Schools for Special Edu.		22047	22541	39698	220918	82099	32625	32490
视力残疾 Visual Impairment		1138	1594	1552	8644	3154	884	931
听力残疾 Hearing Impariment		6842	9730	8804	61407	26792	5679	5566
智力残疾 Intellecutual Disability		13334	10791	27227	142767	49560	24112	23947
其他残疾 Other Disability		733	426	2115	8100	2593	1950	2046
小学附设特教班 Classes Attached to Primary Schools		507	290	483	3023	1046	533	462
视力残疾 Visual Impairment		11	1	1	18	4	1	3
听力残疾 Hearing Impariment		31	27	15	152	54	12	16
智力残疾 Intellecutual Disability		401	247	381	2585	910	431	400
其他残疾 Other Disability		64	15	86	268	78	89	43
小学随班就读 Followers In Primary Schools			19031	27299	192598	66846	27569	30823
视力残疾 Visual Impairment			2215	2118	17874	6612	2135	2753
听力残疾 Hearing Impariment			1785	3325	20846	7402	3367	3640
智力残疾 Intellecutual Disability			9352	11833	88682	30778	11958	13956
其他残疾 Other Disability			5679	10023	65196	22054	10109	10474
初中附设特教班 Special Classes Attached to Junior High Schools		41	12	124	272	110	34	20
视力残疾 Visual Impairment		1			1	1		
听力残疾 Hearing Impariment			1					
智力残疾 Intellecutual Disability		38	10	121	267	109	34	20
其他残疾 Other Disability		2	1	3	4			
初中随班就读 Followers in Junior High Schools			17262	23894	74854	26621		
视力残疾 Visual Impairment			2521	2988	9545	3772		
听力残疾 Hearing Impariment			1613	2419	7579	2845		
智力残疾 Intellecutual Disability			6017	8335	26176	8837		
其他残疾 Other Disability			7111	10152	31554	11167		
其他学校附设特教班 Special Classes Attached to Other Schools		9	28	23	75	22	10	11
视力残疾 Visual Impairment								
听力残疾 Hearing Impariment		1		3	6	2	6	
智力残疾 Intellecutual Disability		8	28	20	69	20	4	11
其他残疾 Other Disability								
城区 Urban Area	998	12617	24121	31926	180307	65104	21784	21770
其中:城乡结合区 Of Which: Urban-rural Transitional Area	159	2087	3712	5453	31139	11228	3978	4646
镇区 County and Town Area	946	8714	23769	39519	203079	73877	24620	26674
其中:镇乡结合区 Of Which: County-town Transitional Area	305	2781	5443	11022	56776	20272	7473	8191
乡村 Rural Area	136	1273	11274	20076	108354	37763	14367	15362

基本情况
Special Education

单位：人
unit：person

在校生数 Enrolment										
阶段 Primary Education				初中阶段 Junior Secondary Education				高中阶段 Senior Secondary Education		
三年级 Grade 3	四年级 Grade 4	五年级 Grade 5	六年级 Grade 6	一年级 Grade 1	二年级 Grade 2	三年级 Grade 3	四年级 Grade 4	一年级 Grade 1	二年级 Grade 2	三年级及以上 Over and Grade 3
60181	**60894**	**59112**	**53454**	**41536**	**41184**	**38851**	**1923**	**3732**	**3319**	**2977**
21524	21916	20947	18883	15296	15047	14176	691	1516	1309	1201
5817	5989	5337	4837	4087	3622	3461	13	186	206	151
15794	16668	16330	15138	16577	15709	14580	297	2168	1995	1879
13603	13829	13071	11435	9356	8561	7561	292	2168	1995	1879
46	39	32	107	132	178	100	18	909	954	831
3852	4229	4119	4234	3846	4048	3825	59	361	396	406
9673	10513	10599	9761	8652	8296	8170	226	2058	1885	1871
34638	33999	32105	28056	18432	17984	16058	1429	1289	1002	681
12018	12153	12289	11403	10606	10856	10798	209	24	36	19
27027	25721	23929	20667	17326	15643	14315	1197	3716	3285	2977
801	885	810	938	836	645	713	38	361	396	406
5979	6918	7068	6630	6211	5707	5652	183	2058	1885	1871
19043	17199	15409	12552	9918	9033	7728	904	1273	968	681
1204	719	642	547	361	258	222	72	24	36	19
489	456	521	524	17	13	8				
2	1	8	3							
43	28	29	12	5	7					
406	381	467	475	12	6	7				
38	46	17	34			1				
32644	34694	34648	32220							
3049	3343	3301	3293							
3651	3567	3502	3119							
15171	16396	16215	14986							
10773	11388	11630	10822							
21	23	14	43	100	9	8				
				1						
18	23	14	43	99	8	8				
3					1					
				24089	25519	24520	726			
				3009	3403	3112	21			
				2436	2582	2518	43			
				8399	8937	8315	525			
				10245	10597	10575	137			
				4				16	34	
				4				16	34	
20424	20222	20081	18789	15793	15587	15386	1524	3323	2946	2678
3573	3710	3624	3319	2478	2361	2441	121	299	307	282
24496	24961	24131	21550	19241	18978	17320	317	298	262	231
7292	7322	7026	5934	4462	4487	4169	93	118	99	110
15261	15711	14900	13115	6502	6619	6145	82	111	111	68

特殊教育学

Number of Educational Personnel

	教　职 Educational		
	合计 Total	专任教师 Full-time Teachers	行政人员 Adm. Personnel
合　计 Total	**62468**	**53213**	**3443**
其中:女 of Which:Female	43625	39034	1689
少数民族 Minorities	5289	4574	282

特殊教育学校专任

Number of Full-time Teachers in Special Education

	合计 Total	按学历分 By Educational Attainment				
		研究生毕业 Graduate	本科毕业 Under-graduate	专科毕业 Associate Bachelor	高中阶段毕业 High School Graduate	高中阶段以下毕业 Below High School Graduate
合　计 Total	**53213**	**1085**	**33386**	**17307**	**1389**	**46**
其中:女 of Which:Female	39034	869	24878	12456	803	28
受过特教专业培训 Trainea in special Education	36704	830	23962	11153	753	6

特殊教育专任

Changes of Full-time Teachers in

	上学年初报表专任教师数 Number of Full-time Teachers at Beginning of Previous Academic Year	增加教师 Factors of Increase					
		合计 Total	录用毕业生 New Recruitsfrom Current Year Graduates		调入 Teachers Recruited from Other Units	校内调整 of Which: with change of status in Their Own Institutions	其他 Others
			小计 Subtotal	其中:师范生 of Which: Students Enrolled in Teacher Training Institutions			
合　计 Total	**50334**	**5356**	**2014**	**1434**	**2506**	**522**	**314**
其中:女 Of Which: Female	36756	3852	1681	1197	1651	285	235

校教职工数
in Special Education Schools

单位：人
unit：person

工　数 Personnel		代课教师 Substitute Teachers	兼任教师 Part-time Teachers
教辅人员 Supporting Staff	工勤人员 Workers		
2255	**3557**	**1403**	**267**
1472	1430	1133	153
154	279	60	15

教师学历、专业技术职务情况
Schools by Educational Attainment and Professional Rank

单位：人
unit：person

按专业技术职务分 By Professional Rank					
中学高级 Senior Secondary	小学高级 Senior Primary	小学一级 1st Grade Primary	小学二级 2nd Grade Primary	小学三级 3rd Grade Primary	未定职级 No-ranking
5777	25156	14729	1930	234	5387
3555	18234	11104	1503	196	4442
3693	16996	10708	1421	186	3700

教师变动情况
Special Education Schools

单位：人
unit：person

减少教师 Factors of Decrease					本学年初报表专任教师数 Number of Full-time Teachers at Beginning of Current Academic Year
合计 Total	自然减员 Retired from Their Posts during Previcus Academic Year	调出 Transferred from Teaching to Non-Teaching Posts	校内调整 Of Which：with Change of Status in Their Own Institutions	其他 Others	
2477	**609**	**1203**	**478**	**187**	**53213**
1574	360	824	259	131	39034

特殊教育学校办学条件(一)

Condition of School Buildings in Special Education Schools(1)

单位:平方米
unit:m^2

	合计 Total
总　计 Total	**9238675.41**
其中:危房 Of Which : Floor Space of Dilapidated Buildings	66992.91
当年新增校舍 New Added in Current Year	438906.37
一、教学及辅助用房 Teaching & Assistant Buildings	4237445.90
教室 Classroom Only	2337621.62
专用教室 Classroom	1411673.56
实验室 Laboratory	169525.36
微机室 PC-room	146925.36
图书室 Library	171700.00
二、行政办公用房 Administritive	910226.48
其中:教师办公室 Of Which: for Teachers	510394.12
三、生活用房 Residential and Welfare	2663392.94
四、其他用房 Rooms for Other Purposes	1427610.09

特殊教育学校办学条件(二)

Condition of School Buildings in Special Education Schools (2)

	占地面积(平方米) Areas Occupied(m^2)			图书(册) Books & Magazines in Libraries (Volume)	数字资源 Digital Resources		
	合计 Total	其中 of which			数据库(个) Database	电子图书(册) E-books (Volume)	音视频(小时) Audio Video(Hours)
		绿化用地面积 Green Areas	运动场地面积 Sports Areas				
总　计 Total	19701196.63	4100362.79	4767005.04	8826203	9627	20584693	474900

七、学前教育
Pre-primary Education

幼儿园园数、班数
Number of Kindergartens, Classes in Pre-Primary Education

	园数(所) Kindergartens		班数(个) Classes
	合计 Total	其中:少数民族幼儿园 Of Which: Minorities	
总　计 Total	**239812**	**5455**	**1527353**
教育部门 Run by Ed. Dept.	66119	4723	532526
其他部门办 Run by Non-ed. Dept.	1824	32	21173
地方企业 Run by Local Enterprises	1328		10740
事业单位 Run by Public Institutions	3272	37	20449
部队 Run by Army	513		4247
集体办 Run by Communities	12553	48	65945
民办 Non-government	154203	615	872273
城区 Urban Area	74262	368	551252
教育部门 Run by Ed. Dept.	9769	172	108972
其他部门办 Run by Non-ed. Dept.	1091	3	12370
地方企业 Run by Local Enterprises	1063		8819
事业单位 Run by Public Institutions	1026	15	8327
部队 Run by Army	480		4097
集体办 Run by Communities	3988	14	29228
民办 Non-government	56845	164	379439
其中:城乡结合区 Of Which: Urban-rural Transitional Area	14583	76	96929
教育部门 Run by Ed. Dept.	2005	57	17169
其他部门办 Run by Non-ed. Dept.	54		545
地方企业 Run by Local Enterprises	79		582
事业单位 Run by Public Institutions	127	1	687
部队 Run by Army	13		97
集体办 Run by Communities	1767	3	10820
民办 Non-government	10538	15	67029

幼儿园园数、班数(续)
Number of Kindergartens, Classes in Pre-Primary Education(Cont.)

	园数(所) Kindergartens		班数(个) Classes
	合计 Total	其中:少数民族幼儿园 Of Which:Minorities	
镇区 County and Town Area	81666	1056	548603
教育部门 Run by Ed. Dept.	21492	753	195379
其他部门办 Run by Non-ed. Dept.	584	10	5839
地方企业 Run by Local Enterprises	227		1690
事业单位 Run by Public Institutions	915	14	5829
部队 Run by Army	14		73
集体办 Run by Communities	2676	9	17706
民办 Non-government	55758	270	322087
其中:镇乡结合区 Of Which: County-town Transitional Area	25032	240	154985
教育部门 Run by Ed. Dept.	6648	184	54328
其他部门办 Run by Non-ed. Dept.	56	1	766
地方企业 Run by Local Enterprises	47		322
事业单位 Run by Public Institutions	255	1	1632
部队 Run by Army	2		9
集体办 Run by Communities	1418	6	7835
民办 Non-government	16606	48	90093
乡村 Rural Area	83884	4031	427498
教育部门 Run by Ed. Dept.	34858	3798	228175
其他部门办 Run by Non-ed. Dept.	149	19	2964
地方企业 Run by Local Enterprises	38		231
事业单位 Run by Public Institutions	1331	8	6293
部队 Run by Army	19		77
集体办 Run by Communities	5889	25	19011
民办 Non-government	41600	181	170747
其中:独立设置幼儿园 of the Total:Inde. Kinder.			1343819
附设幼儿班 Kinder. Classes Attached to School			183534

学前教育分年龄幼儿数(总计)
Number of Children in Pre-school Education by Age(Total)

单位:人
unit:person

	入园(班)人数 Entrants	在园(班)人数 Enrolment	离园(班)人数 Leavers
总 计 Total	**19220862**	**44138630**	**16231822**
其中:女 of Which:Female	9010053	20561449	7666502
少数民族 Minorities	2236975	4128476	1729270
残疾人 Disability	10332	25557	35257
教育部门 Run by Ed. Dept.	8138074	16121113	7151991
2岁及以下 2 Years and Under	114701	122917	
3岁 3 years	3005719	3276181	
4岁 4 years	1607683	4759838	
5岁 5 years	2686588	6617827	1372165
6岁及以上 6 years and over	723383	1344350	5779826
其他部门 Run by Non-ed.Dept.	332224	694300	191993
2岁及以下 2 Years and Under	15620	16722	
3岁 3 years	142879	167079	
4岁 4 years	65298	219158	
5岁 5 years	70549	238022	25903
6岁及以上 6 years and over	37878	53319	166090
地方企业 Run by Local Enterprises	109842	330139	105400
2岁及以下 2 Years and Under	11007	11912	
3岁 3 years	70022	91825	
4岁 4 years	15654	111223	
5岁 5 years	11602	106695	14741
6岁及以上 6 years and over	1557	8484	90659
事业单位 Run by Public Institutions	278490	590637	278003
2岁及以下 2 Years and Under	12240	13637	
3岁 3 years	90735	113553	
4岁 4 years	51962	170921	
5岁 5 years	107142	262265	57169
6岁及以上 6 years and over	16411	30261	220834
部队 Run by Army	40928	136360	40948
2岁及以下 2 Years and Under	4167	4500	
3岁 3 years	28757	37722	
4岁 4 years	4806	48510	
5岁 5 years	2919	43757	4442
6岁及以上 6 years and over	279	1871	36506
集体 Run by Communities	670524	1889492	640349
2岁及以下 2 Years and Under	26893	29301	
3岁 3 years	437385	507880	
4岁 4 years	112651	638820	
5岁 5 years	84325	672569	59213
6岁及以上 6 years and over	9270	40922	581136
民办 Non-government	9650780	24376589	7823138
2岁及以下 2 Years and Under	721322	843311	
3岁 3 years	4336449	5861363	
4岁 4 years	2253408	7966722	
5岁 5 years	2032672	8747113	1531437
6岁及以上 6 years and over	306929	958080	6291701

注:幼儿数包括:独立设置幼儿园和附设幼儿班的幼儿数,下同。
Note:Data on Independent Set Kindergarten and Attached Preschool are included in the number of Children. The same below.

学前教育分年龄幼儿数(城区)

Number of Children in Pre-primary Education by Age(Urban Area)

单位:人
unit:person

	入园(班)人数 Entrants	在园(班)人数 Enrolment	离园(班)人数 Leavers
总　计 Total	**5963959**	**15910581**	**5089243**
其中:女 of Which:Female	2796861	7391317	2379932
少数民族 Minorities	325912	765486	260341
残疾人 Disability	3891	11201	8395
教育部门 Run by Ed. Dept.	1516851	3661287	1307478
2岁及以下 2 Years and Under	34455	36922	
3岁 3 years	928552	1005469	
4岁 4 years	208117	1186435	
5岁 5 years	288597	1313486	196165
6岁及以上 6 years and over	57130	118975	1111313
其他部门 Run by Non-ed.Dept.	147531	418997	130131
2岁及以下 2 Years and Under	12956	13858	
3岁 3 years	100681	120416	
4岁 4 years	17672	138521	
5岁 5 years	14753	138942	16051
6岁及以上 6 years and over	1469	7260	114080
地方企业 Run by Local Enterprises	88273	270217	86308
2岁及以下 2 Years and Under	9463	10323	
3岁 3 years	57118	75810	
4岁 4 years	11721	90602	
5岁 5 years	8734	86835	11326
6岁及以上 6 years and over	1237	6647	74982
事业单位 Run by Public Institutions	105252	266924	101323
2岁及以下 2 Years and Under	9111	9722	
3岁 3 years	52474	67343	
4岁 4 years	13434	82111	
5岁 5 years	26482	100672	19790
6岁及以上 6 years and over	3751	7076	81533
部队 Run by Army	39039	132290	39975
2岁及以下 2 Years and Under	4061	4393	
3岁 3 years	27779	36579	
4岁 4 years	4316	47031	
5岁 5 years	2670	42513	4293
6岁及以上 6 years and over	213	1774	35682
集体 Run by Communities	323366	925393	300703
2岁及以下 2 Years and Under	15592	17134	
3岁 3 years	216701	256999	
4岁 4 years	49463	310967	
5岁 5 years	37958	322550	28078
6岁及以上 6 years and over	3652	17743	272625
民办 Non-government	3743647	10235473	3123325
2岁及以下 2 Years and Under	351173	415344	
3岁 3 years	1771328	2537338	
4岁 4 years	806321	3311891	
5岁 5 years	718943	3615470	492694
6岁及以上 6 years and over	95882	355430	2630631

学前教育分年龄幼儿数(城乡结合区)
Number of Children in Pre-school Education by Ages (Urban-rural Transitional Area)

单位:人
unit:person

	入园(班)人数 Entrants	在园(班)人数 Enrolment	离园(班)人数 Leavers
总　计 Total	**1079769**	**2802117**	**918873**
其中:女 of Which:Female	501184	1288549	420056
少数民族 Minorities	53786	113372	40569
残疾人 Disability	752	2429	1375
教育部门 Run by Ed. Dept.	252597	543261	211448
2岁及以下 2 Years and Under	5240	5710	
3岁 3 years	115162	127376	
4岁 4 years	43121	162745	
5岁 5 years	70652	211253	34935
6岁及以上 6 years and over	18422	36177	176513
其他部门 Run by Non-ed.Dept.	6331	17118	5929
2岁及以下 2 Years and Under	296	351	
3岁 3 years	4161	4898	
4岁 4 years	999	5781	
5岁 5 years	737	5751	540
6岁及以上 6 years and over	138	337	5389
地方企业 Run by Local Enterprises	6494	16523	5355
2岁及以下 2 Years and Under	337	355	
3岁 3 years	3751	4798	
4岁 4 years	1144	5573	
5岁 5 years	1044	5382	472
6岁及以上 6 years and over	218	415	4883
事业单位 Run by Public Institutions	10670	23567	11013
2岁及以下 2 Years and Under	234	250	
3岁 3 years	4364	5161	
4岁 4 years	1840	6818	
5岁 5 years	3691	10331	3516
6岁及以上 6 years and over	541	1007	7497
部队 Run by Army	776	3189	1021
2岁及以下 2 Years and Under	97	97	
3岁 3 years	602	865	
4岁 4 years	54	1151	
5岁 5 years	23	1035	111
6岁及以上 6 years and over		41	910
集体 Run by Communities	116634	331051	108430
2岁及以下 2 Years and Under	4769	5358	
3岁 3 years	72910	89057	
4岁 4 years	21762	111264	
5岁 5 years	15848	117420	12663
6岁及以上 6 years and over	1345	7952	95767
民办 Non-government	686267	1867408	575677
2岁及以下 2 Years and Under	50236	59215	
3岁 3 years	321238	446880	
4岁 4 years	161691	613610	
5岁 5 years	135091	679849	94596
6岁及以上 6 years and over	18011	67854	481081

学前教育分年龄幼儿数(镇区)
Number of Children in Pre-school Education by Ages (Counties & Towns Area)

单位:人
unit:person

	入园(班)人数 Entrants	在园(班)人数 Enrolment	离园(班)人数 Leavers
总　计 Total	**7555042**	**17052679**	**6328257**
其中:女 of Which:Female	3524212	7920751	2992459
少数民族 Minorities	834648	1652217	650765
残疾人 Disability	3671	8648	12778
教育部门 Run by Ed. Dept.	3220690	6674757	2867256
2 岁及以下 2 Years and Under	53211	56509	
3 岁 3 years	1297477	1419123	
4 岁 4 years	673851	2049804	
5 岁 5 years	965158	2700553	591756
6 岁及以上 6 years and over	230993	448768	2275500
其他部门 Run by Non-ed.Dept.	101237	183728	55491
2 岁及以下 2 Years and Under	2518	2695	
3 岁 3 years	31801	35929	
4 岁 4 years	26826	57548	
5 岁 5 years	26845	66052	8508
6 岁及以上 6 years and over	13247	21504	46983
地方企业 Run by Local Enterprises	19118	54039	17008
2 岁及以下 2 Years and Under	1397	1442	
3 岁 3 years	11886	14678	
4 岁 4 years	3291	18634	
5 岁 5 years	2392	17723	3150
6 岁及以上 6 years and over	152	1562	13858
事业单位 Run by Public Institutions	89509	176229	93513
2 岁及以下 2 Years and Under	1977	2338	
3 岁 3 years	23013	28111	
4 岁 4 years	17685	48646	
5 岁 5 years	39941	85196	18635
6 岁及以上 6 years and over	6893	11938	74878
部队 Run by Army	883	2277	532
2 岁及以下 2 Years and Under	63	63	
3 岁 3 years	535	640	
4 岁 4 years	161	797	
5 岁 5 years	110	732	67
6 岁及以上 6 years and over	14	45	465
集体 Run by Communities	195456	542659	186248
2 岁及以下 2 Years and Under	6028	6363	
3 岁 3 years	129866	145659	
4 岁 4 years	31190	184095	
5 岁 5 years	25216	195247	15658
6 岁及以上 6 years and over	3156	11295	170590
民办 Non-government	3928149	9418990	3108209
2 岁及以下 2 Years and Under	265613	308860	
3 岁 3 years	1674598	2204059	
4 岁 4 years	959639	3070668	
5 岁 5 years	887462	3427360	668367
6 岁及以上 6 years and over	140837	408043	2439842

学前教育分年龄学生数(镇乡结合区)
Number of Children in Pre-school Education by Ages (County-town Transitional Area)

单位:人
unit:person

	入园(班)人数 Entrants	在园(班)人数 Enrolment	离园(班)人数 Leavers
总 计 Total	**2040031**	**4592673**	**1731851**
其中:女 of Which:Female	953285	2135028	817834
少数民族 Minorities	159195	304385	127335
残疾人 Disability	997	2067	3076
教育部门 Run by Ed. Dept.	852477	1690379	770448
2岁及以下 2 Years and Under	12058	12894	
3岁 3 years	314953	342925	
4岁 4 years	170322	506009	
5岁 5 years	281824	708683	154473
6岁及以上 6 years and over	73320	119868	615975
其他部门 Run by Non-ed.Dept.	12885	22638	5179
2岁及以下 2 Years and Under	451	461	
3岁 3 years	4065	4919	
4岁 4 years	2005	6109	
5岁 5 years	4002	8614	494
6岁及以上 6 years and over	2362	2535	4685
地方企业 Run by Local Enterprises	3106	10364	3278
2岁及以下 2 Years and Under	115	128	
3岁 3 years	2269	2659	
4岁 4 years	470	3717	
5岁 5 years	238	3567	175
6岁及以上 6 years and over	14	293	3103
事业单位 Run by Public Institutions	25952	47475	27442
2岁及以下 2 Years and Under	337	407	
3岁 3 years	6573	7574	
4岁 4 years	4804	12758	
5岁 5 years	12702	24088	5677
6岁及以上 6 years and over	1536	2648	21765
部队 Run by Army	151	293	59
2岁及以下 2 Years and Under			
3岁 3 years	67	81	
4岁 4 years	54	116	
5岁 5 years	27	70	
6岁及以上 6 years and over	3	26	59
集体 Run by Communities	85481	227520	78700
2岁及以下 2 Years and Under	2769	2928	
3岁 3 years	52338	59439	
4岁 4 years	15712	77067	
5岁 5 years	13088	82832	8166
6岁及以上 6 years and over	1574	5254	70534
民办 Non-government	1059979	2594004	846745
2岁及以下 2 Years and Under	71015	82041	
3岁 3 years	472230	615222	
4岁 4 years	254925	852840	
5岁 5 years	229506	943960	178544
6岁及以上 6 years and over	32303	99941	668201

学前教育分年龄幼儿数(乡村)
Number of Children in Pre-school Education by Ages (Rural Area)

单位:人
unit:person

	入园(班)人数 Entrants	在园(班)人数 Enrolment	离园(班)人数 Leavers
总　计 Total	**5701861**	**11175370**	**4814322**
其中:女 of Which:Female	2688980	5249381	2294111
少数民族 Minorities	1076415	1710773	818164
残疾人 Disability	2770	5708	14084
教育部门 Run by Ed. Dept.	3400533	5785069	2977257
2岁及以下 2 Years and Under	27035	29486	
3岁 3 years	779690	851589	
4岁 4 years	725715	1523599	
5岁 5 years	1432833	2603788	584244
6岁及以上 6 years and over	435260	776607	2393013
其他部门 Run by Non-ed.Dept.	83456	91575	6371
2岁及以下 2 Years and Under	146	169	
3岁 3 years	10397	10734	
4岁 4 years	20800	23089	
5岁 5 years	28951	33028	1344
6岁及以上 6 years and over	23162	24555	5027
地方企业 Run by Local Enterprises	2451	5883	2084
2岁及以下 2 Years and Under	147	147	
3岁 3 years	1018	1337	
4岁 4 years	642	1987	
5岁 5 years	476	2137	265
6岁及以上 6 years and over	168	275	1819
事业单位 Run by Public Institutions	83729	147484	83167
2岁及以下 2 Years and Under	1152	1577	
3岁 3 years	15248	18099	
4岁 4 years	20843	40164	
5岁 5 years	40719	76397	18744
6岁及以上 6 years and over	5767	11247	64423
部队 Run by Army	1006	1793	441
2岁及以下 2 Years and Under	43	44	
3岁 3 years	443	503	
4岁 4 years	329	682	
5岁 5 years	139	512	82
6岁及以上 6 years and over	52	52	359
集体 Run by Communities	151702	421440	153398
2岁及以下 2 Years and Under	5273	5804	
3岁 3 years	90818	105222	
4岁 4 years	31998	143758	
5岁 5 years	21151	154772	15477
6岁及以上 6 years and over	2462	11884	137921
民办 Non-government	1978984	4722126	1591604
2岁及以下 2 Years and Under	104536	119107	
3岁 3 years	890523	1119966	
4岁 4 years	487448	1584163	
5岁 5 years	426267	1704283	370376
6岁及以上 6 years and over	70210	194607	1221228

幼儿园教
Number of Educational Personnel

	教 职 Educational	
	合计 Total	园长 Kindergarten Heads
总 计 Total	**3817830**	**266716**
其中:女 of Which: Female	3512926	239979
少数民族 Minorities	249875	19624
学前教育专业 Pre-primary Education Programmes	1775076	151093
教育部门 Run by Ed. Dept.	905042	58362
其他部门办 Run by Non-ed.Dept.	71863	3213
地方企业 Run by LocalEnterprises	44894	2203
事业单位 Run by PublicInstitutions	47359	3333
部队 Run by Army	20325	872
集体办 Run by Communities	190510	11979
民办 Non-government	2537837	186754
城区 Urban Area	1875033	104743
教育部门 Run by Ed. Dept.	335816	14330
其他部门办 Run by Non-ed. Dept.	54703	2302
地方企业 Run by Local Enterprises	37062	1793
事业单位 Run by Public Institutions	30925	1583
部队 Run by Army	19720	832
集体办 Run by Communities	104108	5195
民办 Non-government	1292699	78708
其中:城乡结合区 Of Which:Urban-rural Transitional Area	299983	18444
教育部门 Run by Ed. Dept.	37437	2105
其他部门办 Run by Non-ed. Dept.	2417	86
地方企业 Run by Local Enterprises	2559	150
事业单位 Run by Public Institutions	1468	131
部队 Run by Army	445	20
集体办 Run by Communities	36618	2122
民办 Non-government	219039	13830
镇区 County and Town Area	1330138	93317
教育部门 Run by Ed. Dept.	383345	22351
其他部门办 Run by Non-ed. Dept.	15666	790
地方企业 Run by Local Enterprises	6909	349
事业单位 Run by Public Institutions	10335	873
部队 Run by Army	283	18
集体办 Run by Communities	50161	2813
民办 Non-government	863439	66123
其中:镇乡结合区 Of Which:County-town Transitional Area	347848	27060
教育部门 Run by Ed. Dept.	83539	6085
其他部门办 Run by Non-ed. Dept.	1585	95
地方企业 Run by Local Enterprises	1345	66
事业单位 Run by Public Institutions	2489	250
部队 Run by Army	21	2
集体办 Run by Communities	21150	1405
民办 Non-government	237719	19157
乡村 Rural Area	612659	68656
教育部门 Run by Ed. Dept.	185881	21681
其他部门办 Run by Non-ed. Dept.	1494	121
地方企业 Run by Local Enterprises	923	61
事业单位 Run by Public Institutions	6099	877
部队 Run by Army	322	22
集体办 Run by Communities	36241	3971
民办 Non-government	381699	41923

职工数
in Kindergarten

单位:人
unit: person

工数 Personnel				代课教师 Substitute Teachers	兼任教师 Part-time Teachers
专任教师 Full-time Teachers	保健医 Health Physician	保育员 Caretaker	其他 Other		
2232067	**94014**	**710469**	**514564**	**173243**	**38302**
2184795	84690	695391	308071	163682	31424
161621	3600	39163	25867	10623	10403
1508554	12099	75682	27648	62107	10289
620242	15435	123479	87524	129316	13504
40003	1967	13046	13634	2311	7673
24937	1224	8198	8332	720	117
28306	1138	7617	6965	3047	1493
10271	698	3953	4531	167	130
114854	4157	33588	25932	7682	980
1393454	69395	520588	367646	30000	14405
1048592	53790	370652	297256	45862	8742
219647	8550	49266	44023	31296	2433
30107	1600	10066	10628	1201	446
20530	1058	6746	6935	560	66
17171	912	5607	5652	1437	434
9913	679	3844	4452	165	130
59562	2707	20452	16192	1413	249
691662	38284	274671	209374	9790	4984
165705	8262	60560	47012	7388	1181
24106	753	6149	4324	4915	379
1436	62	345	488	5	27
1402	66	464	477	18	4
884	30	236	187	443	36
229	16	96	84	5	
20837	905	6978	5776	577	47
116811	6430	46292	35676	1425	688
812958	27745	240721	155397	81907	15360
269518	5194	53563	32719	65092	5396
9052	350	2735	2739	993	2510
3929	146	1254	1231	143	43
7089	157	1343	873	596	754
174	8	46	37		
31864	920	8505	6059	2820	460
491332	20970	173275	111739	12263	6197
208993	7697	63195	40903	21797	3164
57668	1102	11980	6704	16525	990
1000	41	249	200	54	567
875	23	180	201	34	10
1623	43	344	229	249	128
17		2			
13529	400	3351	2465	1361	129
134281	6088	47089	31104	3574	1340
370517	12479	99096	61911	45474	14200
131077	1691	20650	10782	32928	5675
844	17	245	267	117	4717
478	20	198	166	17	8
4046	69	667	440	1014	305
184	11	63	42	2	
23428	530	4631	3681	3449	271
210460	10141	72642	46533	7947	3224

幼儿园园长、专任教师
Breakdown of Kinder-garten Heads, Full-time Teachers

	合计 Total	按学历分 By Educational Attainment				
		研究生毕业 Graduate	本科毕业 Under-graduate	专科毕业 Associate Bachelor	高中阶段毕业 High School Graduate	高中阶段以下毕业 Below High School Graduate
合　计 Total	**2498783**	**6654**	**522639**	**1408570**	**513707**	**47213**
园长 Kindergarten Heads	266716	2791	83313	143245	34372	2995
专任教师 Full-rime Teachers	2232067	3863	439326	1265325	479335	44218
城区 Urban Area	1153335	5370	293797	665117	178808	10243
园长 Kindergarten Heads	104743	2150	41388	52011	8663	531
专任教师 Full-rime Teachers	1048592	3220	252409	613106	170145	9712
其中:城乡结合区 Of Which: Urban-rural Transitional Area	184149	328	31393	108826	40875	2727
园长 Kindergarten Heads	18444	174	6088	9937	2105	140
专任教师 Full-rime Teachers	165705	154	25305	98889	38770	2587
镇区 County and Town Area	906275	1001	172683	514582	199122	18887
园长 Kindergarten Heads	93317	512	27407	52002	12411	985
专任教师 Full-rime Teachers	812958	489	145276	462580	186711	17902
其中:镇乡结合区 Of Which: County-town Transitional Area	236053	220	36503	132781	60486	6063
园长 Kindergarten Heads	27060	107	7128	15389	4088	348
专任教师 Full-rime Teachers	208993	113	29375	117392	56398	5715
乡村 Rural Area	439173	283	56159	228871	135777	18083
园长 Kindergarten Heads	68656	129	14518	39232	13298	1479
专任教师 Full-rime Teachers	370517	154	41641	189639	122479	16604

学历、专业技术职务情况
by Educational Attainment and Professional Rank

单位：人
unit: person

中学高级 Senior Secondary	小学高级 Senior Primary	小学一级 1st Grade Primary	小学二级 2nd Grade Primary	小学三级 3rd Grade Primary	未定职级 No-ranking
19242	**222553**	**294687**	**117494**	**22130**	**1822677**
10225	45683	30002	9296	1990	169520
9017	176870	264685	108198	20140	1653157
10392	103520	139377	52989	10115	836942
5842	18214	12656	4101	987	62943
4550	85306	126721	48888	9128	773999
925	8871	15012	6767	1583	150991
452	2281	2209	868	227	12407
473	6590	12803	5899	1356	138584
6693	85189	108395	43774	7860	654364
3259	15992	9118	2777	568	61603
3434	69197	99277	40997	7292	592761
1252	17386	23844	10046	1621	181904
654	4169	2587	840	150	18660
598	13217	21257	9206	1471	163244
2157	33844	46915	20731	4155	331371
1124	11477	8228	2418	435	44974
1033	22367	38687	18313	3720	286397

幼儿园教职工
Supplementary Information on Students and

	教职工中 Of Total Educational Personnel		
	共产党员 Member of C.P.C.	共青团员 Member of C.Y.L.	民主党派 Member of Dem. Parties
合　计 Total	**239448**	**629315**	**5934**
其中:女 Of Which: Female	207799	616789	5499
城区 Urban Area	125263	378877	3775
其中:女 Of Which: Female	114968	372364	3486
其中:城乡结合区 Of Which:Urban-rural Transitional Area	12351	57869	677
其中:女 Of Which: Female	10823	56934	600
镇区 Counties and Towns Area	80930	183644	1702
其中:女 Of Which: Female	69238	180024	1591
其中:镇乡结合区 Of Which: County-town Transitional Area	16884	45319	457
其中:女 Of Which: Female	13862	44434	411
乡村 Rural Area	33255	66794	457
其中:女 Of Which: Female	23593	64401	422

政治面貌及其他
Educational Personnel of Kindergarten

单位:人
unit:person

华　侨 Overseas Chinese	专任教师中 Of Total Full-time Teachers			
	共产党员 Member of C.P.C.	共青团员 Member of C.Y.L.	民主党派 Member of Dem. Parties	华　侨 Overseas Chinese
906	**161687**	**545041**	**3004**	**527**
844	151410	538650	2958	517
348	84018	330568	1821	176
330	81524	327107	1795	172
80	7810	49002	276	34
73	7435	48623	269	34
402	57413	157963	900	252
375	53145	156365	888	250
61	11170	38420	225	34
55	10198	38127	223	34
156	20256	56510	283	99
139	16741	55178	275	95

幼儿园办学条件
Condition of Kindergarten Buildings (1)

单位:平方米
unit:m^2

	合计 Total	城区 Urban Area	其中:城乡结合区 Of Which: Urban-rural Transitional Area	镇区 Counties and Towns Area	其中:镇乡结合区 Of Which: County-town Transitional Area	乡村 Rural Area
总　计 Total	**286993542.42**	**125482551.67**	**21881524.97**	**106933683.58**	**28151956.53**	**54577307.17**
其中 of Which:						
危房 Floor Space of Dilapidated Buildings	746535.08	288687.78	22140.00	293974.75	52927.21	163872.55
当年新增校舍 New Added in Current Year	14180677.54	4175051.48	883827.32	6258384.11	1599183.40	3747241.95
一、教学及辅助用房 Teaching & Assistant Buildings	199508524.31	86233643.11	14711838.85	75153417.25	19741107.82	38121463.95
活动室 Recreational	116609983.12	50419720.05	8654787.68	43691316.47	11533964.67	22498946.60
洗手间 Toilet	19028665.84	8211613.48	1397425.31	7157756.09	1884417.65	3659296.27
睡眠室 Bedroom	49986266.31	22653583.86	3738922.60	18850117.99	4800754.80	8482564.46
保健室 Health Care Room	5939435.29	1975270.26	365470.58	2363970.99	657146.10	1600194.04
图书室 Reading Room	7944173.75	2973455.46	555232.68	3090255.71	864824.60	1880462.58
二、行政办公用房 Administritive	19813072.68	7886309.65	1345411.02	7602107.85	2039182.57	4324655.18
其中:教师办公室 Of Which: for Teachers	11558992.56	3981617.46	723294.67	4647511.01	1260239.79	2929864.09
三、生活用房 Residential and Welfare	29921082.64	12839087.19	2466018.25	10899863.63	2870057.81	6182131.82
其中:厨房 of Which:Kitchen	14209658.55	6199237.71	1094127.21	5087590.53	1363621.12	2922830.31
四、其他用房 Rooms for Other Purposes	37750862.79	18523511.72	3358256.85	13278294.85	3501608.33	5949056.22

幼儿园办学条件(二)
Condition of Kindergarten Buildings (2)

	占地面积(平方米) Areas Occupied(m^2)			图书(册) Books & Magazines in Libraries (Volume)	数字资源 Digital Resources		
	合计 Total	其中 of which 绿化用地面积 Green Areas	其中 of which 运动场地面积 Sports Areas		数据库(个) Database	电子图书(册) E-books (Volume)	音视频(小时) Audio Video(Hours)
总　计 Total	**518424625.46**	**87597663.13**	**173823328.94**	**324906807**	**8265689**	**1572698385**	**86548192**
城区 Urban Area	178223278.52	31583920.88	61915821.23	143608540	7283810	1436596677	28965610
其中:城乡结合区 of Which: Urban-rural Transitional Area	33879444.22	6277852.61	11824660.83	23340399	247270	857338749	11110933
镇区 Counties and Towns Area	194403690.71	32316501.38	64360462.84	122256932	638326	80959580	21801445
其中:镇乡结合区 of Which: County-town Transitional Area	54622304.15	9109507.21	18322530.84	32259000	173932	35070692	4097559
乡村 Rural Area	145797656.23	23697240.87	47547044.87	59041335	343553	55142128	35781137

八、各级各类学校分布情况
Geographical Distribution of Schools by Type and Level

高等教育学校(机构)数
Number of Higher Education Institutions

单位：所
unit: institution

地　区 Region	普通高校 Regular HEIs				成人高等学校 Adult HEIs		民办的其他高等教育机构 Other Non-government HEIs
	合计 Total	其中:中央部门办 of Which: HEIs unde Central Ministries & Agencies	本科院校 HEIs Offering Degree Programs	高职(专科)院校 Higher Vocational Colleges	合计 Total	其中:中央部门办 of Which: HEIs unde Central Ministries & Agencies	
总　计 Total	**2596**	**118**	**1237**	**1359**	**284**	**13**	**813**
北　京 Beijing	91	37	66	25	24	8	65
天　津 Tianjin	55	3	30	25	14		
河　北 Hebei	120	4	61	59	6	1	36
山　西 Shanxi	80		33	47	11		48
内蒙古 Inner Mongolia	53		17	36	2		
辽　宁 Liaoning	116	5	65	51	20	2	68
吉　林 Jilin	60	2	37	23	14		14
黑龙江 Heilongjiang	82	3	39	43	21		36
上　海 Shanghai	64	10	38	26	14		217
江　苏 Jiangsu	166	10	77	89	8	1	
浙　江 Zhejiang	107	2	59	48	9		20
安　徽 Anhui	119	2	45	74	6		7
福　建 Fujian	88	2	37	51	3		
江　西 Jiangxi	98		42	56	8		23
山　东 Shandong	144	3	67	77	11		71
河　南 Henan	129	1	55	74	11		51
湖　北 Hubei	128	8	68	60	14		18

高等教育学校(机构)数(续)
Number of Higher Education Institutions(Cont.)

单位：所
unit: institution

地 区 Region	普通高校 Regular HEIs				成人高等学校 Adult HEIs		民办的其他高等教育机构 Other Non-government HEIs
	合计 Total	其中:中央部门办 of Which: HEIs unde Central Ministries & Agencies	本科院校 HEIs Offering Degree Programs	高职(专科)院校 Higher Vocational Colleges	合计 Total	其中:中央部门办 of Which: HEIs unde Central Ministries & Agencies	
湖 南 Hunan	123	3	51	72	12		29
广 东 Guangdong	147	5	62	85	14		30
广 西 Guangxi	73		36	37	6		
海 南 Hainan	18		7	11	1		
重 庆 Chongqing	65	2	25	40	4		6
四 川 Sichuan	109	6	51	58	17	1	39
贵 州 Guizhou	64		27	37	3		
云 南 Yunnan	72	1	31	41	2		
西 藏 Tibet	7		4	3			
陕 西 Shaanxi	93	6	55	38	15		
甘 肃 Gansu	49	2	22	27	5		35
青 海 Qinghai	12		4	8	2		
宁 夏 Ningxia	18	1	8	10	1		
新 疆 Xinjiang	46		18	28	6		

地 区 Region	毕(结)业生数 Graduates				授予学位数 Degree Awarded	招生数	
	合计 Total	其中:女 of Which: Female	博 士 Doctor's Degree	硕 士 Master's Degree		合计 Total	其中:女 of Which: Female
总 计 Total	**563938**	**291037**	**55011**	**508927**	**558781**	**667064**	**354577**
北 京 Beijing	88629	43720	16968	71661	88479	105635	53463
天 津 Tianjin	16997	9365	1685	15312	16767	18696	10870
河 北 Hebei	12606	7525	424	12182	12553	14469	8298
山 西 Shanxi	9118	5394	376	8742	9083	10078	6265
内蒙古 Inner Mongolia	5652	3340	179	5473	5789	6427	4109
辽 宁 Liaoning	27760	15545	1845	25915	27090	33704	18895
吉 林 Jilin	17479	10427	1696	15783	17460	19680	11996
黑龙江 Heilongjiang	19510	10202	1650	17860	19479	21889	11266
上 海 Shanghai	39733	19729	5009	34724	38941	49079	25955
江 苏 Jiangsu	43683	21262	4112	39571	43387	53054	26613
浙 江 Zhejiang	17801	8734	1817	15984	17571	22246	11286
安 徽 Anhui	15994	6813	1329	14665	14920	18523	8383
福 建 Fujian	11968	6346	995	10973	11933	14088	7571
江 西 Jiangxi	9008	4568	169	8839	9014	10775	5721
山 东 Shandong	24137	13698	1591	22546	23583	28543	16304
河 南 Henan	11954	6882	322	11632	11792	14206	8470
湖 北 Hubei	35124	17016	3677	31447	35323	40282	20189
湖 南 Hunan	18813	9540	1540	17273	18933	22243	11807
广 东 Guangdong	27155	13667	2947	24208	26862	32393	16903
广 西 Guangxi	8840	4585	169	8671	8809	10025	5433
海 南 Hainan	1248	746	19	1229	1228	1657	979
重 庆 Chongqing	15378	8123	925	14453	15363	17562	9440
四 川 Sichuan	25210	11889	2055	23155	24539	29508	15054
贵 州 Guizhou	4728	2553	49	4679	4760	5736	3363
云 南 Yunnan	9930	5492	379	9551	9915	11185	6401
西 藏 Tibet	477	299	5	472	471	584	326
陕 西 Shaanxi	28104	14201	2269	25835	28156	34230	17618
甘 肃 Gansu	8806	4470	601	8205	8610	10699	5620
青 海 Qinghai	990	541	7	983	901	1319	718
宁 夏 Ningxia	1532	961	34	1498	1521	1815	1117
新 疆 Xinjiang	5574	3404	168	5406	5549	6734	4144

构)研究生数
Higher Education Institutions

单位:人
unit:person

Entrants		在校生数 Enrolment				预计毕业生数 Estimated Graduates for Next Year			
博士 Doctor's Degree	硕士 Master's Degree	合计 Total	其中:女 of Which: Female	博士 Doctor's Degree	硕士 Master's Degree	合计 Total	其中:女 of Which: Female	博士 Doctor's Degree	硕士 Master's Degree
77252	**589812**	**1981051**	**1003110**	**342027**	**1639024**	**740753**	**354233**	**161799**	**578954**
22630	83005	317610	151484	95356	222254	118493	55200	39441	79052
2193	16503	54491	30487	9052	45439	19483	10441	3882	15601
654	13815	41673	23752	2893	38780	14880	8168	1636	13244
531	9547	29299	17473	2636	26663	10731	5883	1606	9125
301	6126	18520	11388	1394	17126	7132	4224	504	6628
2762	30942	99083	53042	14545	84538	38093	19432	7579	30514
2254	17426	59981	34997	10172	49809	22326	12617	5719	16607
2638	19251	63620	31337	12526	51094	25406	11836	6235	19171
6809	42270	144987	72232	29857	115130	55650	26291	13458	42192
5997	47057	161530	76735	28139	133391	61955	27275	14714	47241
2580	19666	67232	32492	11507	55725	22408	10422	4010	18398
1943	16580	51738	22830	6445	45293	17829	7713	2717	15112
1345	12743	42731	21901	5700	37031	15945	7327	2329	13616
350	10425	30344	15775	1290	29054	10295	5287	643	9652
2109	26434	82055	45755	9322	72733	29817	16037	4615	25202
567	13639	39525	23133	2005	37520	13386	7624	654	12732
5029	35253	120504	57487	23130	97374	49040	22148	12824	36216
2209	20034	70759	35223	11733	59026	28904	12235	7401	21503
3742	28651	92875	46611	14990	77885	35646	16352	7424	28222
326	9699	27713	14582	1198	26515	10596	4881	602	9994
76	1581	4921	2829	271	4650	1756	1003	137	1619
1332	16230	52156	26949	5997	46159	18518	9391	2141	16377
3074	26434	92420	43464	14701	77719	35179	15492	7911	27268
171	5565	16448	9160	611	15837	5577	3017	289	5288
556	10629	33041	18222	2473	30568	12173	6437	1233	10940
27	557	1553	875	64	1489	517	312	16	501
3751	30479	105671	51053	18807	86864	37812	16051	9340	28472
873	9826	31199	15758	3720	27479	11416	5391	2025	9391
47	1272	3508	1883	125	3383	1090	601	43	1047
72	1743	4650	2820	175	4475	1635	988	48	1587
304	6430	19214	11381	1193	18021	7065	4157	623	6442

普通高校
Number of Postgraduates in

地　区 Region	毕(结)业生数 Graduates				授予学位数 Degrees Awarded	招生数	
	合计 Total	其中:女 Of which: Female	博　士 Doctor's Degrees	硕　士 Master's Degrees		合计 Total	其中:女 Of which: Female
总　计 Total	**556401**	**287938**	**53641**	**502760**	**551299**	**658510**	**350724**
北　京 Beijing	83469	41482	15738	67731	83373	99612	50695
天　津 Tianjin	16997	9365	1685	15312	16767	18696	10870
河　北 Hebei	12568	7515	424	12144	12515	14440	8289
山　西 Shanxi	9059	5366	376	8683	9025	10024	6237
内蒙古 Inner Mongolia	5650	3340	179	5471	5787	6423	4109
辽　宁 Liaoning	27714	15533	1845	25869	27044	33665	18880
吉　林 Jilin	17445	10412	1696	15749	17427	19606	11944
黑龙江 Heilongjiang	19261	10104	1628	17633	19231	21633	11148
上　海 Shanghai	39212	19486	4970	34242	38415	48488	25659
江　苏 Jiangsu	43526	21212	4098	39428	43231	52885	26561
浙　江 Zhejiang	17726	8710	1816	15910	17496	22137	11239
安　徽 Anhui	15988	6813	1329	14659	14914	18515	8382
福　建 Fujian	11888	6296	995	10893	11853	13988	7511
江　西 Jiangxi	9008	4568	169	8839	9014	10775	5721
山　东 Shandong	24091	13683	1591	22500	23537	28493	16281
河　南 Henan	11890	6871	320	11570	11728	14153	8454
湖　北 Hubei	34838	16943	3669	31169	35037	40014	20098
湖　南 Hunan	18783	9536	1540	17243	18903	22220	11802
广　东 Guangdong	27074	13631	2940	24134	26781	32289	16854
广　西 Guangxi	8840	4585	169	8671	8809	10025	5433
海　南 Hainan	1248	746	19	1229	1228	1657	979
重　庆 Chongqing	15360	8116	925	14435	15345	17524	9422
四　川 Sichuan	24925	11778	2030	22895	24255	29209	14928
贵　州 Guizhou	4728	2553	49	4679	4760	5736	3363
云　南 Yunnan	9905	5487	377	9528	9890	11159	6395
西　藏 Tibet	477	299	5	472	471	584	326
陕　西 Shaanxi	27879	14150	2255	25624	27932	34043	17559
甘　肃 Gansu	8756	4452	595	8161	8560	10649	5606
青　海 Qinghai	990	541	7	983	901	1319	718
宁　夏 Ningxia	1532	961	34	1498	1521	1815	1117
新　疆 Xinjiang	5574	3404	168	5406	5549	6734	4144

研究生数
Higher Education Institutions

单位:人
unit:person

Entrants		在校生数 Enrolment				预计毕业生数 Estimated Graduates for Next Year			
博士 Doctor's Degrees	硕士 Master's Degrees	合计 Total	其中:女 Of which: Female	博士 Doctor's Degrees	硕士 Master's Degrees	合计 Total	其中:女 Of which: Female	博士 Doctor's Degrees	硕士 Master's Degrees
75240	**583270**	**1954755**	**992272**	**334160**	**1620595**	**730765**	**350441**	**158314**	**572451**
20793	78819	298898	143516	88360	210538	111159	52360	36366	74793
2193	16503	54491	30487	9052	45439	19483	10441	3882	15601
654	13786	41587	23729	2893	38694	14853	8161	1636	13217
531	9493	29136	17382	2636	26500	10674	5851	1606	9068
301	6122	18508	11388	1394	17114	7129	4224	504	6625
2762	30903	98950	53003	14532	84418	38043	19422	7570	30473
2254	17352	59825	34902	10172	49653	22287	12599	5719	16568
2614	19019	62816	31018	12403	50413	25114	11716	6182	18932
6754	41734	143248	71464	29597	113651	54999	26014	13319	41680
5976	46909	160978	76576	28033	132945	61751	27222	14655	47096
2579	19558	66930	32389	11501	55429	22324	10401	4009	18315
1943	16572	51717	22828	6445	45272	17822	7712	2717	15105
1345	12643	42527	21776	5700	36827	15860	7273	2329	13531
350	10425	30344	15775	1290	29054	10295	5287	643	9652
2109	26384	81904	45686	9322	72582	29765	16013	4615	25150
565	13588	39346	23086	1996	37350	13330	7609	652	12678
5023	34991	119676	57224	23088	96588	48770	22065	12814	35956
2208	20012	70683	35211	11730	58953	28879	12230	7400	21479
3734	28555	92572	46473	14958	77614	35546	16305	7406	28140
326	9699	27713	14582	1198	26515	10596	4881	602	9994
76	1581	4921	2829	271	4650	1756	1003	137	1619
1332	16192	52070	26909	5997	46073	18498	9380	2141	16357
3047	26162	91505	43106	14575	76930	34860	15382	7845	27015
171	5565	16448	9160	611	15837	5577	3017	289	5288
553	10606	32948	18196	2451	30497	12133	6428	1218	10915
27	557	1553	875	64	1489	517	312	16	501
3731	30312	105041	50902	18701	86340	37590	16011	9312	28278
866	9783	31048	15716	3697	27351	11365	5376	2016	9349
47	1272	3508	1883	125	3383	1090	601	43	1047
72	1743	4650	2820	175	4475	1635	988	48	1587
304	6430	19214	11381	1193	18021	7065	4157	623	6442

地 区 Region	毕(结)业生数 Graduates				授予学位数 Degrees Awarded	招生数	
	合计 Total	其中:女 of Which: Female	博 士 Doctor's Degrees	硕 士 Master's Degrees		合计 Total	其中:女 of Which: Female
总 计 Total	**7537**	**3099**	**1370**	**6167**	**7482**	**8554**	**3853**
北 京 Beijing	5160	2238	1230	3930	5106	6023	2768
天 津 Tianjin							
河 北 Hebei	38	10		38	38	29	9
山 西 Shanxi	59	28		59	58	54	28
内蒙古 Inner Mongolia	2			2	2	4	
辽 宁 Liaoning	46	12		46	46	39	15
吉 林 Jilin	34	15		34	33	74	52
黑龙江 Heilongjiang	249	98	22	227	248	256	118
上 海 Shanghai	521	243	39	482	526	591	296
江 苏 Jiangsu	157	50	14	143	156	169	52
浙 江 Zhejiang	75	24	1	74	75	109	47
安 徽 Anhui	6			6	6	8	1
福 建 Fujian	80	50		80	80	100	60
江 西 Jiangxi							
山 东 Shandong	46	15		46	46	50	23
河 南 Henan	64	11	2	62	64	53	16
湖 北 Hubei	286	73	8	278	286	268	91
湖 南 Hunan	30	4		30	30	23	5
广 东 Guangdong	81	36	7	74	81	104	49
广 西 Guangxi							
海 南 Hainan							
重 庆 Chongqing	18	7		18	18	38	18
四 川 Sichuan	285	111	25	260	284	299	126
贵 州 Guizhou							
云 南 Yunnan	25	5	2	23	25	26	6
西 藏 Tibet							
陕 西 Shaanxi	225	51	14	211	224	187	59
甘 肃 Gansu	50	18	6	44	50	50	14
青 海 Qinghai							
宁 夏 Ningxia							
新 疆 Xinjiang							

研究生数
Higher Education Institutions

单位:人
unit:person

Entrants		在校生数 Enrolment				预计毕业生数 Estimated Graduates for Next Year			
博士 Doctor's Degrees	硕士 Master's Degrees	合计 Total	其中:女 of Which: Female	博士 Doctor's Degrees	硕士 Master's Degrees	合计 Total	其中:女 of Which: Female	博士 Doctor's Degrees	硕士 Master's Degrees
2012	**6542**	**26296**	**10838**	**7867**	**18429**	**9988**	**3792**	**3485**	**6503**
1837	4186	18712	7968	6996	11716	7334	2840	3075	4259
	29	86	23		86	27	7		27
	54	163	91		163	57	32		57
	4	12			12	3			3
	39	133	39	13	120	50	10	9	41
	74	156	95		156	39	18		39
24	232	804	319	123	681	292	120	53	239
55	536	1739	768	260	1479	651	277	139	512
21	148	552	159	106	446	204	53	59	145
1	108	302	103	6	296	84	21	1	83
	8	21	2		21	7	1		7
	100	204	125		204	85	54		85
	50	151	69		151	52	24		52
2	51	179	47	9	170	56	15	2	54
6	262	828	263	42	786	270	83	10	260
1	22	76	12	3	73	25	5	1	24
8	96	303	138	32	271	100	47	18	82
	38	86	40		86	20	11		20
27	272	915	358	126	789	319	110	66	253
3	23	93	26	22	71	40	9	15	25
20	167	630	151	106	524	222	40	28	194
7	43	151	42	23	128	51	15	9	42

地　区 Region	毕(结)业生数 Graduates				授予学位数 Degrees Awarded	招生数	
	合计 Total	其中:女 of Which: Female	本　科 Normal Courses	专　科 Short-cycle Courses		合计 Total	其中:女 of Which: Female
总　计 Total	**9486450**	**5102004**	**4765526**	**4720924**	**3802507**	**9598400**	**5435395**
北　京 Beijing	241508	127526	170403	71105	131658	213735	113259
天　津 Tianjin	169882	88783	95521	74361	77003	162846	84978
河　北 Hebei	457159	248912	227613	229546	168604	497531	283424
山　西 Shanxi	259574	135067	124900	134674	102695	229922	141475
内蒙古 Inner Mongolia	159407	87716	79477	79930	53632	130829	76024
辽　宁 Liaoning	337277	173775	196931	140346	170031	319540	170169
吉　林 Jilin	254575	140102	152654	101921	111742	222933	124045
黑龙江 Heilongjiang	273128	141189	161117	112011	128692	234942	125682
上　海 Shanghai	181601	95782	122258	59343	95425	179104	97921
江　苏 Jiangsu	655121	336906	332511	322610	264064	640041	357684
浙　江 Zhejiang	397334	227842	186782	210552	153167	358583	215825
安　徽 Anhui	405784	216120	191829	213955	149330	382253	215522
福　建 Fujian	243256	131721	130976	112280	112614	231488	131408
江　西 Jiangxi	313812	153792	146774	167038	122479	337640	187573
山　东 Shandong	676582	374340	319351	357231	237290	734410	441973
河　南 Henan	643390	350371	307696	335694	246940	667881	388996
湖　北 Hubei	496250	243528	256412	239838	214371	473192	236537
湖　南 Hunan	434707	228118	211287	223420	159889	460594	260448
广　东 Guangdong	700210	397628	295285	404925	239490	764673	419187
广　西 Guangxi	282643	162686	121214	161429	92309	347921	204481
海　南 Hainan	57562	32518	29435	28127	24576	58941	33869
重　庆 Chongqing	247186	135829	121090	126096	105527	253604	143999
四　川 Sichuan	521047	293054	219220	301827	180420	536603	310789
贵　州 Guizhou	150892	84673	78899	71993	60588	219367	129574
云　南 Yunnan	218353	127945	112382	105971	84627	245766	157514
西　藏 Tibet	13435	7098	8214	5221	5495	15413	8428
陕　西 Shaanxi	377994	192984	207743	170251	184589	336359	183985
甘　肃 Gansu	151961	73165	82614	69347	69451	151547	79666
青　海 Qinghai	20239	11436	11704	8535	9910	24295	14102
宁　夏 Ningxia	41877	22149	20480	21397	16549	44410	25614
新　疆 Xinjiang	102704	59249	42754	59950	29350	122037	71244

本、专科学生数
Short-cycle Courses in Higher Education

单位:人
unit:person

Entrants		在校生数 Enrolment				预计毕业生数 Estimated Graduates for Next Year			
本　科 Normal Courses	专　科 Short-cycle Courses	合计 Total	其中:女 of Which: Female	本　科 Normal Courses	专　科 Short-cycle Courses	合计 Total	其中:女 of Which: Female	本　科 Normal Courses	专　科 Short-cycle Courses
5023394	**4575006**	**32802316**	**17536370**	**18816154**	**13986162**	**10172377**	**5268097**	**5087103**	**5085274**
165982	47753	773984	401739	624143	149841	245803	121905	175912	69891
97423	65423	573336	291034	366699	206637	178436	89850	99087	79349
259550	237981	1585323	868452	920247	665076	462049	238010	241888	220161
135403	94519	864300	481120	530921	333379	260317	135467	136187	124130
69800	61029	467779	254085	268543	199236	140577	76617	70711	69866
197248	122292	1147529	588324	787732	359797	344289	168005	214192	130097
147296	75637	779139	416525	552426	226713	250562	132028	155421	95141
149917	85025	861611	444103	585462	276149	276613	141140	165425	111188
120515	58589	658549	352555	471401	187148	202049	103748	134476	67573
364127	275914	2181146	1090313	1306333	874813	702218	332088	363916	338302
184872	173711	1237204	682129	699197	538007	406068	220493	194526	211542
200026	182227	1336465	698659	739379	597086	420567	216922	198441	222126
134014	97474	893123	474567	557206	335917	272527	141644	150561	121966
155559	182081	1201611	605708	589749	611862	363205	183196	149950	213255
358311	376099	2498154	1366113	1299501	1198653	815771	435995	383836	431935
314798	353083	2190222	1178821	1186139	1004083	671918	356261	324490	347428
251656	221536	1605690	791478	959608	646082	505122	237692	260598	244524
223601	236993	1456022	775032	795575	660447	449177	229907	216634	232543
330717	433956	2544841	1400667	1238582	1306259	780361	429966	315460	464901
156425	191496	1065167	602374	526646	538521	343579	166016	142497	201082
30778	28163	200803	112462	115882	84921	58117	30033	28401	29716
120374	133230	870627	474128	471684	398943	267657	143610	121848	145809
255455	281148	1806182	998100	919798	886384	578784	321116	231869	346915
96207	123160	691249	396734	357660	333589	198504	110855	97006	101498
128050	117716	862959	505100	493060	369899	249117	144306	127646	121471
9750	5663	55628	29175	37006	18622	17206	8489	9947	7259
188609	147750	1236876	641658	752709	484167	375804	185684	204923	170881
84234	67313	537903	266059	331417	206486	159413	69697	88126	71287
12034	12261	74020	40926	42087	31933	20755	9750	10931	9824
24464	19946	143977	79452	86296	57681	44750	24834	22055	22695
56199	65838	400897	228778	203066	197831	111062	62773	50143	60919

Number of Regular Students Enrolled in Normal and

地区 Region	毕(结)业生数 Graduates				授予学位数 Degrees Awarded	招生数	
	合计 Total	其中:女 of Which: Female	本科 Normal Courses	专科 Short-cycle Courses		合计 Total	其中:女 of Which: Female
总计 Total	**7041800**	**3717853**	**3743680**	**3298120**	**3659686**	**7486110**	**4204396**
北京 Beijing	155327	81055	120007	35320	117728	151150	79215
天津 Tianjin	137906	71304	79590	58316	76383	139027	72291
河北 Hebei	335218	185766	163600	171618	161485	357918	205782
山西 Shanxi	199259	109236	101534	97725	99604	203651	126202
内蒙古 Inner Mongolia	111516	60513	55088	56428	53343	121850	70199
辽宁 Liaoning	263530	136153	165851	97679	164454	255721	134577
吉林 Jilin	164912	87578	113696	51216	110216	173218	92959
黑龙江 Heilongjiang	199598	103718	127314	72284	126058	197846	104614
上海 Shanghai	132596	69306	87670	44926	85486	137458	74734
江苏 Jiangsu	481554	246983	244215	237339	237518	452701	262143
浙江 Zhejiang	273342	155119	146241	127101	144075	257892	157682
安徽 Anhui	308025	155937	147112	160913	144898	307395	169865
福建 Fujian	199465	106712	112010	87455	110819	197740	111296
江西 Jiangxi	256369	118768	121461	134908	118749	295980	159907
山东 Shandong	509142	276744	236551	272591	232497	555211	335924
河南 Henan	486850	258026	242816	244034	238011	550127	320314
湖北 Hubei	394158	193066	216203	177955	211325	390697	192388
湖南 Hunan	316504	162541	162337	154167	156054	349431	195664
广东 Guangdong	489397	262402	233592	255805	231471	539813	286440
广西 Guangxi	189441	103152	82517	106924	80696	248411	139104
海南 Hainan	48713	26211	25305	23408	24316	53176	29324
重庆 Chongqing	189918	103963	109317	80601	104719	204887	115813
四川 Sichuan	362127	198323	182477	179650	179168	414747	235119
贵州 Guizhou	116794	64323	64230	52564	60107	186996	108607
云南 Yunnan	152435	87039	85795	66640	83399	179949	116921
西藏 Tibet	9201	4686	5203	3998	5027	10143	5441
陕西 Shaanxi	321348	166731	183804	137544	180486	283555	154503
甘肃 Gansu	119911	58681	70621	49290	68550	125813	65856
青海 Qinghai	14097	7455	8031	6066	7665	19063	10576
宁夏 Ningxia	29436	15932	16845	12591	16129	32353	18514
新疆 Xinjiang	73711	40430	32647	41064	29250	92191	52422

普通本、专科学生数
Short-cycle Courses in Higher Education

单位：人
unit: person

Entrants		在校生数 Enrolment				预计毕业生数 Estimated Graduates for Next Year			
本 科 Normal Courses	专 科 Short-cycle Courses	合计 Total	其中：女 of Which: Female	本 科 Normal Courses	专 科 Short-cycle Courses	合计 Total	其中：女 of Which: Female	本 科 Normal Courses	专 科 Short-cycle Courses
4054007	**3432103**	**26958433**	**14161004**	**16129535**	**10828898**	**7595176**	**3877222**	**3991586**	**3603590**
127715	23435	599188	305251	511754	87434	162698	81123	127542	35156
85066	53961	513842	260833	337252	176590	145275	73224	83379	61896
182061	175857	1216096	661267	708713	507383	333949	175775	173349	160600
119819	83832	756287	425020	474271	282016	212584	112711	114091	98493
62560	59290	436699	234340	246455	190244	122672	65257	59754	62918
166002	89719	998719	505907	710581	288138	280452	137025	183155	97297
118753	54465	642263	335828	475665	166598	174472	89760	118274	56198
126134	71712	735857	377982	513947	221910	201155	104630	128515	72640
93146	44312	514683	272423	371266	143417	146284	75901	96508	49776
268822	183879	1745847	866604	1068951	676896	510184	241329	264573	245611
145368	112524	996143	546488	610706	385437	287237	153839	153876	133361
160469	146926	1145007	581374	638702	506305	328540	166324	155487	173053
117999	79741	756392	395371	499185	257207	215419	109450	127992	87427
135137	160843	1038951	501827	518949	520002	299797	143925	125230	174567
262746	292465	1995880	1077881	1009390	986490	584293	313557	252214	332079
256193	293934	1874752	993177	1034237	840515	514968	265340	259373	255595
212750	177947	1401840	681533	860578	541262	406081	189311	219946	186135
173177	176254	1225016	645674	688126	536890	340196	170894	168539	171657
275080	264733	1892878	1001847	1076753	816125	533925	278671	257466	276459
114813	133598	810282	438892	422949	387333	222713	102671	95768	126945
28021	25155	184875	99969	107657	77218	51937	26850	25521	26416
111571	93316	732475	398119	445398	287077	203825	108738	109876	93949
218165	196582	1446559	773424	820977	625582	404090	216078	194606	209484
81540	105456	573932	322576	301642	272290	152668	82195	76587	76081
100628	79321	656594	380163	401259	255335	179507	103795	99316	80191
5993	4150	35034	18192	23912	11122	9115	4424	5569	3546
161016	122539	1076254	560036	677259	398995	311833	158654	177571	134262
72261	53552	457204	227792	291662	165542	127991	56353	72533	55458
9235	9828	61860	32971	36146	25714	15294	7465	8479	6815
19486	12867	117149	63492	76218	40931	32508	17652	18154	14354
42281	49910	319875	174751	168975	150900	83514	44301	38343	45171

Number of Adult Students Enrolled in Normal and

地区 Region	毕(结)业生数 Graduates				授予学位数 Degrees Awarded	招生数	
	合计 Total	其中:女 of Which: Female	本科 Normal Courses	专科 Short-cycle Courses		合计 Total	其中:女 of Which: Female
总计 Total	**2444650**	**1384151**	**1021846**	**1422804**	**142821**	**2112290**	**1230999**
北京 Beijing	86181	46471	50396	35785	13930	62585	34044
天津 Tianjin	31976	17479	15931	16045	620	23819	12687
河北 Hebei	121941	63146	64013	57928	7119	139613	77642
山西 Shanxi	60315	25831	23366	36949	3091	26271	15273
内蒙古 Inner Mongolia	47891	27203	24389	23502	289	8979	5825
辽宁 Liaoning	73747	37622	31080	42667	5577	63819	35592
吉林 Jilin	89663	52524	38958	50705	1526	49715	31086
黑龙江 Heilongjiang	73530	37471	33803	39727	2634	37096	21068
上海 Shanghai	49005	26476	34588	14417	9939	41646	23187
江苏 Jiangsu	173567	89923	88296	85271	26546	187340	95541
浙江 Zhejiang	123992	72723	40541	83451	9092	100691	58143
安徽 Anhui	97759	60183	44717	53042	4432	74858	45657
福建 Fujian	43791	25009	18966	24825	1795	33748	20112
江西 Jiangxi	57443	35024	25313	32130	3730	41660	27666
山东 Shandong	167440	97596	82800	84640	4793	179199	106049
河南 Henan	156540	92345	64880	91660	8929	117754	68682
湖北 Hubei	102092	50462	40209	61883	3046	82495	44149
湖南 Hunan	118203	65577	48950	69253	3835	111163	64784
广东 Guangdong	210813	135226	61693	149120	8019	224860	132747
广西 Guangxi	93202	59534	38697	54505	11613	99510	65377
海南 Hainan	8849	6307	4130	4719	260	5765	4545
重庆 Chongqing	57268	31866	11773	45495	808	48717	28186
四川 Sichuan	158920	94731	36743	122177	1252	121856	75670
贵州 Guizhou	34098	20350	14669	19429	481	32371	20967
云南 Yunnan	65918	40906	26587	39331	1228	65817	40593
西藏 Tibet	4234	2412	3011	1223	468	5270	2987
陕西 Shaanxi	56646	26253	23939	32707	4103	52804	29482
甘肃 Gansu	32050	14484	11993	20057	901	25734	13810
青海 Qinghai	6142	3981	3673	2469	2245	5232	3526
宁夏 Ningxia	12441	6217	3635	8806	420	12057	7100
新疆 Xinjiang	28993	18819	10107	18886	100	29846	18822

成人本、专科学生数
Short-cycle Courses in Higher Education

单位：人
unit：person

Entrants		在校生数 Enrolment				预计毕业生数 Estimated Graduates for Next Year			
本 科 Normal Courses	专 科 Short-cycle Courses	合计 Total	其中：女 of Which：Female	本 科 Normal Courses	专 科 Short-cycle Courses	合计 Total	其中：女 of Which：Female	本 科 Normal Courses	专 科 Short-cycle Courses
969387	**1142903**	**5843883**	**3375366**	**2686619**	**3157264**	**2577201**	**1390875**	**1095517**	**1481684**
38267	24318	174796	96488	112389	62407	83105	40782	48370	34735
12357	11462	59494	30201	29447	30047	33161	16626	15708	17453
77489	62124	369227	207185	211534	157693	128100	62235	68539	59561
15584	10687	108013	56100	56650	51363	47733	22756	22096	25637
7240	1739	31080	19745	22088	8992	17905	11360	10957	6948
31246	32573	148810	82417	77151	71659	63837	30980	31037	32800
28543	21172	136876	80697	76761	60115	76090	42268	37147	38943
23783	13313	125754	66121	71515	54239	75458	36510	36910	38548
27369	14277	143866	80132	100135	43731	55765	27847	37968	17797
95305	92035	435299	223709	237382	197917	192034	90759	99343	92691
39504	61187	241061	135641	88491	152570	118831	66654	40650	78181
39557	35301	191458	117285	100677	90781	92027	50598	42954	49073
16015	17733	136731	79196	58021	78710	57108	32194	22569	34539
20422	21238	162660	103881	70800	91860	63408	39271	24720	38688
95565	83634	502274	288232	290111	212163	231478	122438	131622	99856
58605	59149	315470	185644	151902	163568	156950	90921	65117	91833
38906	43589	203850	109945	99030	104820	99041	48381	40652	58389
50424	60739	231006	129358	107449	123557	108981	59013	48095	60886
55637	169223	651963	398820	161829	490134	246436	151295	57994	188442
41612	57898	254885	163482	103697	151188	120866	63345	46729	74137
2757	3008	15928	12493	8225	7703	6180	3183	2880	3300
8803	39914	138152	76009	26286	111866	63832	34872	11972	51860
37290	84566	359623	224676	98821	260802	174694	105038	37263	137431
14667	17704	117317	74158	56018	61299	45836	28660	20419	25417
27422	38395	206365	124937	91801	114564	69610	40511	28330	41280
3757	1513	20594	10983	13094	7500	8091	4065	4378	3713
27593	25211	160622	81622	75450	85172	63971	27030	27352	36619
11973	13761	80699	38267	39755	40944	31422	13344	15593	15829
2799	2433	12160	7955	5941	6219	5461	2285	2452	3009
4978	7079	26828	15960	10078	16750	12242	7182	3901	8341
13918	15928	81022	54027	34091	46931	27548	18472	11800	15748

高等教育网络本科、

Number of Web-based Students Enrolled in Normal and

地 区 Region	毕(结)业生数 Graduates				授予学位数 Degrees Awarded	招生
	合计 Total	其中:女 of Which: Female	本 科 Normal Courses	专 科 Short-cycle Courses		合计 Total
总 计 Total	**1874787**	**937101**	**700906**	**1173881**	**56694**	**2296088**
北 京 Beijing	1044421	541639	334836	709585	26029	1197292
天 津 Tianjin	34112	20095	16973	17139	965	49904
河 北 Hebei						
山 西 Shanxi						
内蒙古 Inner Mongolia						
辽 宁 Liaoning	92028	39726	47866	44162	5548	108291
吉 林 Jilin	64676	35729	29448	35228	595	110126
黑龙江 Heilongjiang	23282	8992	7299	15983	526	30097
上 海 Shanghai	43272	24455	13823	29449	1811	43484
江 苏 Jiangsu	24302	12945	13345	10957	4855	30708
浙 江 Zhejiang	15379	9611	11829	3550	3167	13741
安 徽 Anhui	142	45	142			55
福 建 Fujian	25400	14982	13800	11600	663	35089
江 西 Jiangxi						
山 东 Shandong	49089	21014	22565	26524	1117	59171
河 南 Henan	35317	22525	14310	21007	1660	51509
湖 北 Hubei	64775	26009	23074	41701	1933	83183
湖 南 Hunan	27104	14876	12397	14707	408	26866
广 东 Guangdong	32361	20691	14726	17635	935	38457
广 西 Guangxi						
海 南 Hainan						
重 庆 Chongqing	72072	28798	30763	41309	868	66671
四 川 Sichuan	140973	53547	56868	84105	2122	194742
贵 州 Guizhou						
云 南 Yunnan						
西 藏 Tibet						
陕 西 Shaanxi	67885	31044	29193	38692	3492	129734
甘 肃 Gansu	18197	10378	7649	10548		26968
青 海 Qinghai						
宁 夏 Ningxia						
新 疆 Xinjiang						

专科生学生数
Short-cycle Courses in Higher Education

单位：人
unit：person

数 Entrants			在校生数 Enrolment			
其中：女 of Which: Female	本 科 Normal Courses	专 科 Short-cycle Courses	合计 Total	其中：女 of Which：Female	本 科 Normal Courses	专 科 Short-cycle Courses
1092548	847568	1448520	6449329	3073785	2339270	4110059
574435	376577	820715	4069913	1963907	1277372	2792541
15169	19319	30585	111848	46002	46412	65436
50700	58292	49999	275232	124955	153523	121709
64067	50525	59601	238665	134284	111131	127534
11213	10111	19986	60788	22672	21368	39420
24094	14309	29175	126224	65617	34318	91906
15933	15584	15124	69234	35703	38033	31201
8746	10697	3044	41173	24376	30722	10451
15	55		1881	603	947	934
19948	18909	16180	66797	34710	33539	33258
26989	24682	34489	145857	63088	64991	80866
28285	21182	30327	109331	56966	47299	62032
36572	29854	53329	185728	76515	71031	114697
14974	13585	13281	65484	35023	32292	33192
24111	18104	20353	97384	58568	45139	52245
28958	28972	37699	149665	60239	68324	81341
76756	75624	119118	361110	141894	149124	211986
56787	50684	79050	210447	93251	85760	124687
14796	10503	16465	62568	35412	27945	34623

地区 Region	毕(结)业生数 Graduates			招生数 Entrants		
	合计 Total	本科 Normal Courses	专科 Short-cycle Courses	合计 Total	本科 Normal Courses	专科 Short-cycle Courses
总计 Total	**1909874**	**1048776**	**861098**	**2040731**	**1124223**	**916508**
北京 Beijing	19995	16573	3422	17295	15995	1300
天津 Tianjin	36344	13024	23320	37159	14371	22788
河北 Hebei	61499	25652	35847	70195	31899	38296
山西 Shanxi	54592	29771	24821	48120	31488	16632
内蒙古 Inner Mongolia	48413	28295	20118	53201	33240	19961
辽宁 Liaoning	41383	21237	20146	38239	20104	18135
吉林 Jilin	28361	25835	2526	29132	26668	2464
黑龙江 Heilongjiang	54144	32422	21722	54081	32280	21801
上海 Shanghai	16303	16059	244	16080	15923	157
江苏 Jiangsu	78589	66340	12249	76052	72509	3543
浙江 Zhejiang	105533	42852	62681	97375	42223	55152
安徽 Anhui	32600	24267	8333	33762	27110	6652
福建 Fujian	64066	44198	19868	63414	42933	20481
江西 Jiangxi	99213	42643	56570	114261	46325	67936
山东 Shandong	244055	104424	139631	271235	119137	152098
河南 Henan	68509	53176	15333	67605	55475	12130
湖北 Hubei	45299	42410	2889	41061	39767	1294
湖南 Hunan	139354	84030	55324	153703	87033	66670
广东 Guangdong	236568	99044	137524	257369	113804	143565
广西 Guangxi	47506	27378	20128	66025	35526	30499
海南 Hainan	20926	16120	4806	20781	16821	3960
重庆 Chongqing	49044	30974	18070	52267	30757	21510
四川 Sichuan	120577	49011	71566	134684	54616	80068
贵州 Guizhou	39543	18236	21307	64664	19281	45383
云南 Yunnan	30048	19482	10566	33742	22917	10825
西藏 Tibet	3631	2013	1618	3926	2027	1899
陕西 Shaanxi	68932	39623	29309	59609	33414	26195
甘肃 Gansu	23208	13534	9674	23635	15773	7862
青海 Qinghai	4172	4172		7649	4736	2913
宁夏 Ningxia	7359	5312	2047	7720	5909	1811
新疆 Xinjiang	20108	10669	9439	26690	14162	12528

专科生学生数
Comprehensive Universities

单位：人
unit:person

在校生数 Enrolment			预计毕业生数 Estimated Graduates for Next Year		
合计 Total	本 科 Normal Courses	专 科 Short-cycle Courses	合计 Total	本 科 Normal Courses	专 科 Short-cycle Courses
7382973	**4476269**	**2906704**	**2078455**	**1114550**	**963905**
73274	67642	5632	20071	17427	2644
126128	53882	72246	37881	13038	24843
229045	119628	109417	60793	27276	33517
188814	129317	59497	55432	33247	22185
196435	131957	64478	52886	31797	21089
144317	88054	56263	42507	23884	18623
117119	109920	7199	29883	27310	2573
201109	132452	68657	56152	33688	22464
67411	66749	662	18205	17929	276
318493	291399	27094	83676	71911	11765
368953	177583	191370	110626	44543	66083
130805	105114	25691	35237	25481	9756
252768	188074	64694	71442	50035	21407
394270	180555	213715	113663	44007	69656
972298	451158	521140	291907	112457	179450
262404	224694	37710	67809	56437	11372
170123	164447	5676	44929	42284	2645
552953	346369	206584	151791	85530	66261
891328	452640	438688	257170	111229	145941
210941	127764	83177	55369	29078	26291
76839	66095	10744	19316	16304	3012
188279	124593	63686	52062	31570	20492
455013	207046	247967	132523	50183	82340
184725	71175	113550	50394	19394	31000
128355	88609	39746	34669	21965	12704
13672	8294	5378	3659	2080	1579
230012	140517	89495	67635	37092	30543
89921	62005	27916	24712	14482	10230
24709	18854	5855	5091	4241	850
29601	23366	6235	7984	5727	2257
92859	56317	36542	22981	12924	10057

高等理工院校本科、
Number of Students of Institutions

地 区 Region	毕(结)业生数 Graduates			招生数	
	合计 Total	本 科 Normal Courses	专 科 Short-cycle Courses	合计 Total	本 科 Normal Courses
总 计 Total	**2526461**	**1154500**	**1371961**	**2691238**	**1260123**
北 京 Beijing	64754	49908	14846	63091	54677
天 津 Tianjin	52621	29429	23192	53043	33255
河 北 Hebei	131477	61533	69944	139746	66846
山 西 Shanxi	59133	29135	29998	61975	34464
内蒙古 Inner Mongolia	29793	5182	24611	33794	5604
辽 宁 Liaoning	124239	83369	40870	120537	83051
吉 林 Jilin	60949	31555	29394	64027	32999
黑龙江 Heilongjiang	55713	37621	18092	55846	38548
上 海 Shanghai	49477	31872	17605	52373	34424
江 苏 Jiangsu	271554	105945	165609	245949	116355
浙 江 Zhejiang	67865	41702	26163	65782	42141
安 徽 Anhui	129474	44913	84561	128600	52187
福 建 Fujian	61245	30924	30321	62276	34976
江 西 Jiangxi	81017	42595	38422	97544	47569
山 东 Shandong	122811	54720	68091	139981	60769
河 南 Henan	208050	76655	131395	255969	82692
湖 北 Hubei	244748	104688	140060	243898	103147
湖 南 Hunan	88365	36501	51864	99237	39862
广 东 Guangdong	119720	38998	80722	133704	52308
广 西 Guangxi	61053	20639	40414	77908	30248
海 南 Hainan	5954		5954	7437	
重 庆 Chongqing	67612	26857	40755	79180	29521
四 川 Sichuan	117118	60027	57091	135381	73848
贵 州 Guizhou	12056		12056	29789	2843
云 南 Yunnan	29628	8189	21439	34287	10128
西 藏 Tibet					
陕 西 Shaanxi	138817	79798	59019	125061	72120
甘 肃 Gansu	40316	16844	23472	45968	17516
青 海 Qinghai	3322		3322	3297	
宁 夏 Ningxia	8105	4472	3633	9900	5921
新 疆 Xinjiang	19475	429	19046	25658	2104

专科生学生数

of Science & Technology

单位：人
unit：person

Entrants	在校生数 Enrolment			预计毕业生数 Estimated Graduates for Next Year		
专　科 Short-cycle Courses	合计 Total	本　科 Normal Courses	专　科 Short-cycle Courses	合计 Total	本　科 Normal Courses	专　科 Short-cycle Courses
1431115	**9475568**	**4975190**	**4500378**	**2738688**	**1234907**	**1503781**
8414	253064	217288	35776	68419	53652	14767
19788	198510	131436	67074	57096	32836	24260
72900	467220	257146	210074	130236	63198	67038
27511	229217	135483	93734	64891	32154	32737
28190	110815	22173	88642	34313	5423	28890
37486	476033	351687	124346	133389	90879	42510
31028	227100	131864	95236	64558	32503	32055
17298	207031	152838	54193	55993	37670	18323
17949	195300	136246	59054	54884	35120	19764
129594	935191	461062	474129	286798	114269	172529
23641	256117	177295	78822	72652	45584	27068
76413	474610	204659	269951	140387	48326	92061
27300	227817	140128	87689	64554	35201	29353
49975	339255	180811	158444	97851	43795	54056
79212	490087	232210	257877	139923	57025	82898
173277	808000	327141	480859	224839	82119	142720
140751	842829	415286	427543	256386	107895	148491
59375	333739	156256	177483	94691	38668	56023
81396	443959	191848	252111	131172	44076	87096
47660	257010	113662	143348	75143	26933	48210
7437	23875		23875	9065		9065
49659	260097	110290	149807	74330	25578	48752
61533	476909	277180	199729	135847	67316	68531
26946	77639	11516	66123	21613	2840	18773
24159	116299	40545	75754	34366	10387	23979
52941	470965	298956	172009	134967	77316	57651
28452	155809	71029	84780	45161	17864	27297
3297	9620		9620	3154		3154
3979	34550	22128	12422	8912	4904	4008
23554	76901	7027	69874	23098	1376	21722

高等农业院校本科、
Number of Students of

地 区 Region	毕(结)业生数 Graduates			招生数	
	合计 Total	本 科 Normal Courses	专 科 Short-cycle Courses	合计 Total	本 科 Normal Courses
总 计 Total	**266447**	**161845**	**104602**	**279911**	**178187**
北 京 Beijing	6062	4281	1781	5765	4408
天 津 Tianjin	3392	2832	560	2792	2547
河 北 Hebei	11217	8449	2768	9343	9343
山 西 Shanxi	9918	9289	629	10380	9527
内蒙古 Inner Mongolia	8017	6823	1194	8101	7111
辽 宁 Liaoning	12468	5960	6508	10999	6223
吉 林 Jilin	11591	8851	2740	12594	9037
黑龙江 Heilongjiang	21099	10066	11033	20510	9179
上 海 Shanghai	4222	3178	1044	4059	3035
江 苏 Jiangsu	17138	4266	12872	16322	4274
浙 江 Zhejiang	4240	2202	2038	3913	2256
安 徽 Anhui	4974	4974		4389	4389
福 建 Fujian	10969	5399	5570	11185	5451
江 西 Jiangxi	6113	4593	1520	8732	5229
山 东 Shandong	18669	13791	4878	22289	17103
河 南 Henan	21468	6687	14781	25563	12333
湖 北 Hubei	4391	4391		4611	4611
湖 南 Hunan	9499	6464	3035	10262	6685
广 东 Guangdong	19796	19420	376	21743	21743
广 西 Guangxi	7335		7335	8693	
海 南 Hainan					
重 庆 Chongqing					
四 川 Sichuan	11540	7722	3818	12802	9954
贵 州 Guizhou				346	
云 南 Yunnan	8292	3994	4298	9431	4672
西 藏 Tibet	1234	935	299	1641	1442
陕 西 Shaanxi	11536	5271	6265	11231	5152
甘 肃 Gansu	7929	3982	3947	7477	4126
青 海 Qinghai	1072		1072	1192	
宁 夏 Ningxia					
新 疆 Xinjiang	12266	8025	4241	13546	8357

专科生学生数
Institutions of Agriculture

单位:人
unit:person

Entrants	在校生数 Enrolment			预计毕业生数 Estimated Graduates for Next Year		
专 科 Short-cycle Courses	合计 Total	本 科 Normal Courses	专 科 Short-cycle Courses	合计 Total	本 科 Normal Courses	专 科 Short-cycle Courses
101724	**1031753**	**701636**	**330117**	**283260**	**172482**	**110778**
1357	22756	17861	4895	6291	4396	1895
245	12203	11047	1156	3299	2855	444
	38696	36221	2475	10554	8888	1666
853	39762	37559	2203	10283	9709	574
990	31482	27979	3503	8068	6837	1231
4776	42205	26440	15765	12116	6666	5450
3557	47288	36067	11221	12845	9192	3653
11331	72334	37870	34464	21341	9892	11449
1024	15530	11815	3715	4173	2953	1220
12048	58159	17603	40556	18205	4459	13746
1657	16095	9558	6537	4724	2392	2332
	18091	18091		4820	4820	
5734	40724	22966	17758	11601	5905	5696
3503	30229	19643	10586	7627	4763	2864
5186	80949	63996	16953	21467	15998	5469
13230	89771	41393	48378	26106	8461	17645
	18755	18755		4691	4691	
3577	37208	26189	11019	9964	6452	3512
	88198	88194	4	21032	21029	3
8693	24312		24312	7614		7614
2848	46589	36359	10230	12175	8229	3946
346	797		797			
4759	32681	18402	14279	8982	4497	4485
199	5898	5235	663	1415	1151	264
6079	39537	21305	18232	11558	5536	6022
3351	28723	16838	11885	8565	4261	4304
1192	3430		3430	1016		1016
5189	49351	34250	15101	12728	8450	4278

高等林业院校本科、
Number of Students of

地 区 Region	毕(结)业生数 Graduates			招生数	
	合计 Total	本 科 Normal Courses	专 科 Short-cycle Courses	合计 Total	本 科 Normal Courses
总 计 Total	**51960**	**27038**	**24922**	**53706**	**28169**
北 京 Beijing	3211	3211		3306	3306
天 津 Tianjin					
河 北 Hebei					
山 西 Shanxi	1743		1743	1240	
内蒙古 Inner Mongolia					
辽 宁 Liaoning	1878		1878	2189	
吉 林 Jilin					
黑龙江 Heilongjiang	8676	4561	4115	9072	4815
上 海 Shanghai					
江 苏 Jiangsu	6485	6485		6930	6930
浙 江 Zhejiang	3577	3577		3471	3471
安 徽 Anhui	1031		1031	905	
福 建 Fujian	2322		2322	1922	
江 西 Jiangxi	2446		2446	2737	
山 东 Shandong					
河 南 Henan	257		257	1457	
湖 北 Hubei	3543		3543	2819	
湖 南 Hunan	6232	5656	576	6504	5913
广 东 Guangdong					
广 西 Guangxi	2031		2031	2418	
海 南 Hainan					
重 庆 Chongqing					
四 川 Sichuan					
贵 州 Guizhou					
云 南 Yunnan	5600	3548	2052	6070	3734
西 藏 Tibet					
陕 西 Shaanxi					
甘 肃 Gansu	2732		2732	2191	
青 海 Qinghai					
宁 夏 Ningxia	196		196	475	
新 疆 Xinjiang					

专科生学生数
Institutions of Forestry

单位:人
unit:person

Entrants	在校生数 Enrolment			预计毕业生数 Estimated Graduates for Next Year		
专 科 Short-cycle Courses	合计 Total	本 科 Normal Courses	专 科 Short-cycle Courses	合计 Total	本 科 Normal Courses	专 科 Short-cycle Courses
25537	**196167**	**114015**	**82152**	**55939**	**28939**	**27000**
	13271	13271		3397	3397	
1240	4453		4453	1656		1656
2189	6625		6625	2179		2179
4257	30939	18809	12130	8148	4516	3632
	27345	27345		6918	6918	
	14419	14419		3725	3725	
905	3171		3171	1123		1123
1922	6280		6280	1994		1994
2737	10301		10301	3613		3613
1457	3502		3502	483		483
2819	9293		9293	3456		3456
591	25596	23866	1730	6601	6020	581
2418	7480		7480	2464		2464
2336	23755	16305	7450	6835	4363	2472
2191	8697		8697	3082		3082
475	1040		1040	265		265

高等医药院校本科、

Number of Students of Institutions of

地 区 Region	毕(结)业生数 Graduates			招生数	
	合计 Total	本 科 Normal Courses	专 科 Short-cycle Courses	合计 Total	本 科 Normal Courses
总 计 Total	**427572**	**208905**	**218667**	**461681**	**232452**
北 京 Beijing	3324	2041	1283	3974	2921
天 津 Tianjin	8482	4140	4342	8739	4786
河 北 Hebei	31230	10568	20662	33576	10890
山 西 Shanxi	10605	6709	3896	14209	10033
内蒙古 Inner Mongolia	4380	2359	2021	3938	2468
辽 宁 Liaoning	20638	14877	5761	21422	16258
吉 林 Jilin	8847	3593	5254	10976	3779
黑龙江 Heilongjiang	14786	9239	5547	13556	9229
上 海 Shanghai	5698	886	4812	4390	1808
江 苏 Jiangsu	18096	11083	7013	21985	12934
浙 江 Zhejiang	13281	6326	6955	12627	7135
安 徽 Anhui	23913	11728	12185	23964	12856
福 建 Fujian	14594	4597	9997	14532	5074
江 西 Jiangxi	13716	6573	7143	15045	6893
山 东 Shandong	50080	22615	27465	46246	19467
河 南 Henan	32790	10187	22603	36478	9383
湖 北 Hubei	10650	6823	3827	10038	6374
湖 南 Hunan	22045	7515	14530	22165	9405
广 东 Guangdong	22566	16175	6391	23972	16442
广 西 Guangxi	14014	7473	6541	18972	10659
海 南 Hainan	2603	1601	1002	2764	1837
重 庆 Chongqing	12411	4757	7654	10091	3775
四 川 Sichuan	19221	11246	7975	21970	14342
贵 州 Guizhou	15973	8887	7086	27119	13556
云 南 Yunnan	12650	5862	6788	15748	7318
西 藏 Tibet	175	175		300	260
陕 西 Shaanxi	9836	5552	4284	8684	5548
甘 肃 Gansu	3888	1915	1973	6586	3272
青 海 Qinghai	645		645	985	
宁 夏 Ningxia	2091	1243	848	1613	1099
新 疆 Xinjiang	4344	2160	2184	5017	2651

专科生学生数
Medicine & Pharmacy

单位:人
unit:person

Entrants	在校生数 Enrolment			预计毕业生数 Estimated Graduates for Next Year		
专 科 Short-cycle Courses	合计 Total	本 科 Normal Courses	专 科 Short-cycle Courses	合计 Total	本 科 Normal Courses	专 科 Short-cycle Courses
229229	**1747805**	**1028271**	**719534**	**466599**	**232719**	**233880**
1053	16050	11474	4576	3918	2186	1732
3953	33352	20328	13024	9019	4548	4471
22686	113760	50584	63176	30317	11542	18775
4176	55658	42502	13156	13333	8854	4479
1470	16526	10732	5794	4487	2378	2109
5164	91442	75227	16215	22457	17255	5202
7197	35729	16579	19150	9770	4134	5636
4327	59634	43001	16633	15369	9919	5450
2582	15403	4804	10599	6148	960	5188
9051	78742	54127	24615	20099	12786	7313
5492	50963	30838	20125	13971	6825	7146
11108	95114	56780	38334	26883	13071	13812
9458	55124	24309	30815	15924	5310	10614
8152	60577	29172	31405	16239	6127	10112
26779	181102	89568	91534	54311	23453	30858
27095	122012	48744	73268	32659	11911	20748
3664	40488	29373	11115	10695	6919	3776
12760	80867	40431	40436	22202	8742	13460
7530	93321	70752	22569	24259	17083	7176
8313	71549	46305	25244	17189	9141	8048
927	10672	7674	2998	2797	1716	1081
6316	43565	19792	23773	13439	4787	8652
7628	86142	59595	26547	20478	11916	8562
13563	91886	57335	34551	22177	12312	9865
8430	59167	31775	27392	15713	6578	9135
40	1298	1218	80	205	205	
3136	37747	26418	11329	10296	6239	4057
3314	19084	11147	7937	4504	1991	2513
985	2848		2848	881		881
514	6915	4983	1932	2010	1166	844
2366	21068	12704	8364	4850	2665	2185

高等师范院校本科、
Number of Students of Institutions of

地 区 Region	毕(结)业生数 Graduates			招生数	
	合计 Total	本 科 Normal Courses	专 科 Short-cycle Courses	合计 Total	本 科 Normal Courses
总 计 Total	**741203**	**539305**	**201898**	**744457**	**566637**
北 京 Beijing	4914	4619	295	5344	5233
天 津 Tianjin	10803	10009	794	9898	9316
河 北 Hebei	52203	33820	18383	51287	35923
山 西 Shanxi	26260	13785	12475	26531	16018
内蒙古 Inner Mongolia	11060	7851	3209	11718	8451
辽 宁 Liaoning	20918	12786	8132	20565	11510
吉 林 Jilin	25402	21434	3968	25813	22472
黑龙江 Heilongjiang	20659	15349	5310	18970	13716
上 海 Shanghai	8954	8452	502	8502	8502
江 苏 Jiangsu	47612	30489	17123	38040	33403
浙 江 Zhejiang	24935	22974	1961	23087	21596
安 徽 Anhui	60230	48900	11330	57526	51100
福 建 Fujian	22891	18500	4391	20777	17530
江 西 Jiangxi	24128	15818	8310	27074	18004
山 东 Shandong	22397	16671	5726	23186	18948
河 南 Henan	74895	58449	16446	73461	55465
湖 北 Hubei	25763	16105	9658	29222	15665
湖 南 Hunan	13651	10593	3058	15274	12357
广 东 Guangdong	27572	22495	5077	27554	23330
广 西 Guangxi	23302	14633	8669	27517	18404
海 南 Hainan	6692	3953	2739	7506	5334
重 庆 Chongqing	17689	13291	4398	15748	13976
四 川 Sichuan	46208	28980	17228	47791	36329
贵 州 Guizhou	29626	24412	5214	36680	26855
云 南 Yunnan	24619	15586	9033	29001	19909
西 藏 Tibet	1118		1118	1386	
陕 西 Shaanxi	32357	23772	8585	27653	20241
甘 肃 Gansu	19354	15635	3719	17527	14243
青 海 Qinghai	2561	2016	545	3135	2224
宁 夏 Ningxia	1465	1408	57	2492	1612
新 疆 Xinjiang	10965	6520	4445	14192	8971

专科生学生数
Languages & Literatures

单位:人
unit:person

Entrants	在校生数 Enrolment			预计毕业生数 Estimated Graduates for Next Year		
专 科 Short-cycle Courses	合计 Total	本 科 Normal Courses	专 科 Short-cycle Courses	合计 Total	本 科 Normal Courses	专 科 Short-cycle Courses
177820	**2854949**	**2249968**	**604981**	**779984**	**569065**	**210919**
111	21828	21067	761	5718	5241	477
582	41640	39743	1897	10755	10061	694
15364	188995	140646	48349	52932	35745	17187
10513	100168	64336	35832	27917	16022	11895
3267	44436	33772	10664	12191	8567	3624
9055	78823	50602	28221	22804	13716	9088
3341	99547	87964	11583	26338	21886	4452
5254	70502	56165	14337	19495	14602	4893
	34804	34698	106	9289	9183	106
4637	168350	129994	38356	50280	32626	17654
1491	99141	92908	6233	26017	23585	2432
6426	231898	203947	27951	61613	50911	10702
3247	85833	75045	10788	23130	19798	3332
9070	100000	67877	32123	28585	16931	11654
4238	88151	70882	17269	23800	17447	6353
17996	284056	229552	54504	77164	59190	17974
13557	96080	61695	34385	24848	15346	9502
2917	58796	47301	11495	14780	11064	3716
4224	104970	92996	11974	27993	23631	4362
9113	93011	68381	24630	24339	16444	7895
2172	26210	18554	7656	6731	4181	2550
1772	70669	59594	11075	20556	15965	4591
11462	181862	132743	49119	51730	31270	20460
9825	126617	98555	28062	33914	26488	7426
9092	104877	76038	28839	27420	18531	8889
1386	3106		3106	900		900
7412	108873	85929	22944	30704	23348	7356
3284	70451	59346	11105	19718	15926	3792
911	11323	8708	2615	2869	2246	623
880	8235	6168	2067	2484	1481	1003
5221	51697	34762	16935	12970	7633	5337

高等语文院校本科、
Number of Students of

地 区 Region	毕(结)业生数 Graduates			招生数	
	合计 Total	本 科 Normal Courses	专 科 Short-cycle Courses	合计 Total	本 科 Normal Courses
总 计 Total	**114354**	**63442**	**50912**	**126049**	**72704**
北 京 Beijing	11481	8331	3150	11286	8832
天 津 Tianjin	4839	3537	1302	5456	3667
河 北 Hebei	7356	887	6469	10598	1946
山 西 Shanxi	5574		5574	7447	2355
内蒙古 Inner Mongolia	72		72	145	
辽 宁 Liaoning	5291	3337	1954	5440	4360
吉 林 Jilin	4752	4752		5339	5339
黑龙江 Heilongjiang	2275	2275		2309	2309
上 海 Shanghai	5262	1438	3824	4597	1475
江 苏 Jiangsu					
浙 江 Zhejiang	9103	8441	662	9633	8971
安 徽 Anhui	4196	1029	3167	5314	1995
福 建 Fujian	2430		2430	2345	
江 西 Jiangxi					
山 东 Shandong	3101		3101	2801	
河 南 Henan					
湖 北 Hubei	1885	1872	13	2706	2403
湖 南 Hunan	10343	2190	8153	10785	2018
广 东 Guangdong	7003	7003		7301	7301
广 西 Guangxi	2903	1058	1845	4184	3325
海 南 Hainan	795		795	1314	
重 庆 Chongqing	6678	6678		6499	6499
四 川 Sichuan	4308	2777	1531	7457	3067
贵 州 Guizhou					
云 南 Yunnan	406		406	1163	
西 藏 Tibet					
陕 西 Shaanxi	11524	7837	3687	9250	6842
甘 肃 Gansu	2777		2777	2680	
青 海 Qinghai					
宁 夏 Ningxia					
新 疆 Xinjiang					

专科生学生数
Languages & Literatures

单位:人
unit:person

Entrants	在校生数 Enrolment			预计毕业生数 Estimated Graduates for Next Year		
专科 Short-cycle Courses	合计 Total	本科 Normal Courses	专科 Short-cycle Courses	合计 Total	本科 Normal Courses	专科 Short-cycle Courses
53345	**444681**	**280480**	**164201**	**121848**	**67829**	**54019**
2454	42285	34566	7719	11598	8633	2965
1789	19511	14508	5003	5206	3699	1507
8652	29268	7126	22142	8076	1685	6391
5092	24052	7261	16791	6787	994	5793
145	337		337	85		85
1080	19716	16015	3701	5038	3542	1496
	21055	21055		5249	5249	
	9229	9229		2268	2268	
3122	17916	5956	11960	5983	1512	4471
662	38186	36185	2001	9615	8923	692
3319	17548	7079	10469	5046	1486	3560
2345	7447		7447	2411		2411
2801	10621		10621	3913		3913
303	8820	8502	318	2093	2080	13
8767	35364	9572	25792	10736	2542	8194
	29075	29075		7058	7058	
859	14194	9524	4670	3853	1696	2157
1314	3918		3918	1181		1181
	26165	26165		6540	6540	
4390	22249	10896	11353	5091	2560	2531
1163	2997		2997	719		719
2408	36731	27766	8965	10459	7362	3097
2680	7997		7997	2843		2843

高等财经院校本科、
Number of Students of Institutions of

地区 Region	毕(结)业生数 Graduates			招生数	
	合计 Total	本科 Normal Courses	专科 Short-cycle Courses	合计 Total	本科 Normal Courses
总计 Total	**690926**	**362788**	**328138**	**744356**	**390968**
北京 Beijing	22161	14686	7475	19977	14712
天津 Tianjin	15087	12573	2514	15095	12702
河北 Hebei	21560	14864	6696	21781	16688
山西 Shanxi	25212	12845	12367	28350	15434
内蒙古 Inner Mongolia	9071	4578	4493	8895	4706
辽宁 Liaoning	18300	10432	7868	18190	10167
吉林 Jilin	13118	10193	2925	14067	10534
黑龙江 Heilongjiang	17659	14475	3184	17960	14282
上海 Shanghai	31555	17926	13629	36716	19948
江苏 Jiangsu	29199	11021	18178	33440	12656
浙江 Zhejiang	36306	15302	21004	34541	14195
安徽 Anhui	44592	11301	33291	46106	10832
福建 Fujian	18505	7943	10562	17870	10787
江西 Jiangxi	23143	8231	14912	22992	10000
山东 Shandong	32408	15371	17037	33495	16525
河南 Henan	68435	36639	31796	76697	38615
湖北 Hubei	33883	21606	12277	32428	23370
湖南 Hunan	16692	7995	8697	19448	8450
广东 Guangdong	45240	25248	19992	55914	34482
广西 Guangxi	17173	4610	12563	23086	5879
海南 Hainan	10400	3631	6769	11714	4029
重庆 Chongqing	28910	20138	8772	32482	20559
四川 Sichuan	16469	5679	10790	20872	5803
贵州 Guizhou	13374	7630	5744	18428	10599
云南 Yunnan	29007	19713	9294	36998	21789
西藏 Tibet	322	88	234	207	135
陕西 Shaanxi	35569	14055	21514	29815	10019
甘肃 Gansu	10272	10272		9555	8700
青海 Qinghai					
宁夏 Ningxia	3561		3561	2866	
新疆 Xinjiang	3743	3743		4371	4371

专科生学生数
Finance & Economies

单位:人
unit:person

Entrants	在校生数 Enrolment			预计毕业生数 Estimated Graduates for Next Year		
专　科 Short-cycle Courses	合计 Total	本　科 Normal Courses	专　科 Short-cycle Courses	合计 Total	本　科 Normal Courses	专　科 Short-cycle Courses
353388	**2616154**	**1527752**	**1088402**	**739474**	**378934**	**360540**
5265	77973	59377	18596	22701	15121	7580
2393	56825	48883	7942	14807	11989	2818
5093	82220	64812	17408	22462	16367	6095
12916	97178	57313	39865	26233	13111	13122
4189	32341	18492	13849	9760	4752	5008
8023	68353	43403	24950	19857	11542	8315
3533	51858	41130	10728	13845	10313	3532
3678	67794	57536	10258	17578	14570	3008
16768	127712	78462	49250	35827	20178	15649
20784	107729	47838	59891	30355	11636	18719
20346	125229	59213	66016	37410	15101	22309
35274	152769	43032	109737	46788	11392	35396
7083	68724	43699	25025	21155	10703	10452
12992	79266	36551	42715	24414	8486	15928
16970	119388	62385	57003	34861	16090	18771
38082	264211	154692	109519	75451	39318	36133
9058	123227	90882	32345	34305	22634	11671
10998	63544	31536	32008	17785	7887	9898
21432	199485	129564	69921	53135	28342	24793
17207	70100	21213	48887	20975	5087	15888
7685	38608	15334	23274	11257	3320	7937
11923	111259	77751	33508	28657	18573	10084
15069	62794	21187	41607	16912	5257	11655
7829	60558	36405	24153	16051	8807	7244
15209	136971	88789	48182	37151	22737	14414
72	740	517	223	193	83	110
19796	104875	44243	60632	32680	12270	20410
855	37023	36168	855	9324	9324	
2866	10055		10055	3601		3601
	17345	17345		3944	3944	

高等政法院校本科、
Number of Students of Institutions of

地 区 Region	毕(结)业生数 Graduates			招生数	
	合计 Total	本 科 Normal Courses	专 科 Short-cycle Courses	合计 Total	本 科 Normal Courses
总 计 Total	**99532**	**47791**	**51741**	**103265**	**51570**
北 京 Beijing	10455	7735	2720	11747	8478
天 津 Tianjin	772		772	1042	
河 北 Hebei	8124	2666	5458	9404	1997
山 西 Shanxi	2880		2880	1901	500
内蒙古 Inner Mongolia	307		307	450	
辽 宁 Liaoning	4844	2502	2342	3753	2192
吉 林 Jilin	3345	1318	2027	3195	1441
黑龙江 Heilongjiang	1186		1186	1625	
上 海 Shanghai	6362	5256	1106	5939	5069
江 苏 Jiangsu	2225	2225		2919	2919
浙 江 Zhejiang	2598	1255	1343	2301	1323
安 徽 Anhui	3023		3023	3240	
福 建 Fujian	700	449	251	1248	1248
江 西 Jiangxi	3351	1008	2343	3101	1117
山 东 Shandong	6511	3126	3385	7610	4291
河 南 Henan	5055	1023	4032	6790	2230
湖 北 Hubei	3956	851	3105	4269	1041
湖 南 Hunan	3122	1393	1729	3082	1454
广 东 Guangdong	3185	1620	1565	3084	1706
广 西 Guangxi	1368		1368	1446	910
海 南 Hainan	1343		1343	1660	
重 庆 Chongqing	5171	5171		4839	4839
四 川 Sichuan	3445	2093	1352	2986	1326
贵 州 Guizhou	1097		1097	1564	
云 南 Yunnan	2393	1448	945	2103	1144
西 藏 Tibet	257		257	311	
陕 西 Shaanxi	5834	3554	2280	5113	3168
甘 肃 Gansu	3433	2735	698	3779	2623
青 海 Qinghai	375		375	335	
宁 夏 Ningxia	932		932	973	
新 疆 Xinjiang	1883	363	1520	1456	554

专科生学生数
Political Science & Law

单位：人
unit:person

Entrants	在校生数 Enrolment			预计毕业生数 Estimated Graduates for Next Year		
专　科 Short-cycle Courses	合计 Total	本　科 Normal Courses	专　科 Short-cycle Courses	合计 Total	本　科 Normal Courses	专　科 Short-cycle Courses
51695	**353990**	**201663**	**152327**	**102419**	**51604**	**50815**
3269	41113	32332	8781	11382	8554	2828
1042	3117		3117	956		956
7407	27807	8912	18895	7727	2717	5010
1401	6548	500	6048	2670		2670
450	1285		1285	401		401
1561	13791	8768	5023	4555	2448	2107
1754	10690	5254	5436	3270	1185	2085
1625	4224		4224	1331		1331
870	22659	20840	1819	6553	5661	892
	11806	11806		2960	2960	
978	8522	5381	3141	2704	1406	1298
3240	8747		8747	2603		2603
	4964	4964		1040	1040	
1984	11324	4340	6984	3627	1121	2506
3319	23709	14290	9419	6402	3460	2942
4560	20104	8021	12083	5002	1937	3065
3228	14373	3935	10438	4472	945	3527
1628	11352	6606	4746	3196	1634	1562
1378	10017	5685	4332	2537	1027	1510
536	4389	1898	2491	1486		1486
1660	4753		4753	1590		1590
	19966	19966		5095	5095	
1660	10268	5996	4272	3393	2013	1380
1564	5052		5052	1772		1772
959	8150	4990	3160	2504	1477	1027
311	867		867	277		277
1945	20556	13949	6607	6006	3743	2263
1156	13740	10717	3023	3606	2677	929
335	943		943	280		280
973	3130		3130	1123		1123
902	6024	2513	3511	1899	504	1395

高等体育院校本科、
Number of Students of Institutions

地 区 Region	毕(结)业生数 Graduates			招生数	
	合计 Total	本 科 Normal Courses	专 科 Short-cycle Courses	合计 Total	本 科 Normal Courses
总 计 Total	**30440**	**24249**	**6191**	**34996**	**27162**
北 京 Beijing	2885	2829	56	3097	3042
天 津 Tianjin	2456	2224	232	2663	2663
河 北 Hebei	1315	1236	79	1623	1534
山 西 Shanxi	408		408	456	
内蒙古 Inner Mongolia	148		148	200	
辽 宁 Liaoning	1935	1872	63	1872	1837
吉 林 Jilin	1512	1512		1621	1621
黑龙江 Heilongjiang	1306	1306		2131	1633
上 海 Shanghai	1004	900	104	1109	961
江 苏 Jiangsu	1300	1257	43	1703	1703
浙 江 Zhejiang	266		266	123	
安 徽 Anhui	501		501	449	
福 建 Fujian	371		371	443	
江 西 Jiangxi					
山 东 Shandong	1635	1635		2075	2075
河 南 Henan	875		875	438	
湖 北 Hubei	4045	3838	207	4366	3996
湖 南 Hunan	567		567	1100	
广 东 Guangdong	2703	1406	1297	2764	1578
广 西 Guangxi	390		390	1409	
海 南 Hainan					
重 庆 Chongqing					
四 川 Sichuan	2193	2193		2439	2439
贵 州 Guizhou					
云 南 Yunnan	468		468	745	
西 藏 Tibet					
陕 西 Shaanxi	2041	2041		2080	2080
甘 肃 Gansu					
青 海 Qinghai					
宁 夏 Ningxia					
新 疆 Xinjiang	116		116	90	

专科生学生数
of Physical Culture

单位:人
unit:person

Entrants	在校生数 Enrolment			预计毕业生数 Estimated Graduates for Next Year		
专　科 Short-cycle Courses	合计 Total	本　科 Normal Courses	专　科 Short-cycle Courses	合计 Total	本　科 Normal Courses	专　科 Short-cycle Courses
7834	**133053**	**105249**	**27804**	**34282**	**25866**	**8416**
55	12097	11921	176	3013	2947	66
	10500	10118	382	2715	2460	255
89	5584	5390	194	1376	1284	92
456	1006		1006	409		409
200	442		442	62		62
35	7856	7599	257	2081	1956	125
	6293	6293		1559	1559	
498	6881	5904	977	1390	1390	
148	4371	3976	395	1155	1055	100
	6617	6617		1523	1523	
123	740		740	348		348
449	1682		1682	470		470
443	1475		1475	478		478
	7746	7746		1824	1824	
438	6303		6303	2089		2089
370	16456	15538	918	4198	3957	241
1100	2771		2771	747		747
1186	11201	6560	4641	3294	1651	1643
1409	2798		2798	480		480
	9360	9360		2176	2176	
745	2264		2264	676		676
	8227	8227		2084	2084	
90	383		383	135		135

高等艺术院校本科、
Number of Students of

地区 Region	毕(结)业生数 Graduates			招生数	
	合计 Total	本科 Normal Courses	专科 Short-cycle Courses	合计 Total	本科 Normal Courses
总计 Total	**94148**	**52477**	**41671**	**117814**	**63159**
北京 Beijing	3319	3027	292	3502	3345
天津 Tianjin	3055	1822	1233	3140	1759
河北 Hebei	6781	3925	2856	8224	4995
山西 Shanxi	756		756	867	
内蒙古 Inner Mongolia	255		255	1408	980
辽宁 Liaoning	8042	5893	2149	8165	5950
吉林 Jilin	4706	4653	53	4863	4863
黑龙江 Heilongjiang	538		538	915	143
上海 Shanghai	3759	1703	2056	3693	2001
江苏 Jiangsu	8699	5104	3595	9361	5139
浙江 Zhejiang	4546	1610	2936	4142	2057
安徽 Anhui	982		982	961	
福建 Fujian	1245		1245	1412	
江西 Jiangxi	672		672	1377	
山东 Shandong	4888	4198	690	5905	4431
河南 Henan	2709		2709	5085	
湖北 Hubei	4764	2919	1845	5113	2828
湖南 Hunan	2890		2890	3681	
广东 Guangdong	5044	2183	2861	6408	2386
广西 Guangxi	4424	3131	1293	6805	5803
海南 Hainan					
重庆 Chongqing	2403	1451	952	3781	1645
四川 Sichuan	12044	4795	7249	19247	7760
贵州 Guizhou					
云南 Yunnan	4333	3024	1309	5044	3531
西藏 Tibet					
陕西 Shaanxi	2483	2301	182	3208	2432
甘肃 Gansu					
青海 Qinghai					
宁夏 Ningxia				336	
新疆 Xinjiang	811	738	73	1171	1111

专科生学生数
Institutions of Art

单位：人
unit: person

Entrants	在校生数 Enrolment			预计毕业生数 Estimated Graduates for Next Year		
专 科 Short-cycle Courses	合计 Total	本 科 Normal Courses	专 科 Short-cycle Courses	合计 Total	本 科 Normal Courses	专 科 Short-cycle Courses
54655	**399906**	**239885**	**160021**	**105807**	**57580**	**48227**
157	14207	13685	522	3365	3163	202
1381	11828	7307	4521	3366	1893	1473
3229	27883	18248	9635	7792	4647	3145
867	2539		2539	732		732
428	2600	1350	1250	419		419
2215	32502	25792	6710	9128	6988	2140
	19540	19539	1	4944	4943	1
772	2291	143	2148	574		574
1692	13577	7720	5857	4067	1957	2110
4222	32848	21160	11688	9065	5485	3580
2085	14756	7326	7430	4342	1792	2550
961	3176		3176	1002		1002
1412	4784		4784	1602		1602
1377	3637		3637	952		952
1474	20808	17155	3653	5580	4460	1120
5085	11901		11901	2498		2498
2285	18828	11489	7339	5080	2797	2283
3681	10073		10073	3071		3071
4022	21324	9439	11885	6275	2340	3935
1002	23858	18338	5520	5397	3444	1953
2136	12475	7247	5228	3146	1768	1378
11487	58613	25895	32718	14194	4999	9195
1513	19081	14046	5035	5141	3476	1665
776	11915	9949	1966	3121	2581	540
336	615		615	45		45
60	4247	4057	190	909	847	62

高等民族院校本科、

Number of Students of

地 区 Region	毕(结)业生数 Graduates			招生数	
	合计 Total	本 科 Normal Courses	专 科 Short-cycle Courses	合计 Total	本 科 Normal Courses
总 计 Total	**60111**	**52564**	**7547**	**65780**	**58653**
北 京 Beijing	2766	2766		2766	2766
天 津 Tianjin					
河 北 Hebei					
山 西 Shanxi					
内蒙古 Inner Mongolia					
辽 宁 Liaoning	3586	3586		4350	4350
吉 林 Jilin					
黑龙江 Heilongjiang	1001		1001	724	
上 海 Shanghai					
江 苏 Jiangsu					
浙 江 Zhejiang					
安 徽 Anhui					
福 建 Fujian					
江 西 Jiangxi					
山 东 Shandong					
河 南 Henan					
湖 北 Hubei	10700	10700		9548	9548
湖 南 Hunan	3363		3363	4190	
广 东 Guangdong					
广 西 Guangxi	3838	3595	243	4323	4059
海 南 Hainan					
重 庆 Chongqing					
四 川 Sichuan	8896	7954	942	9028	8681
贵 州 Guizhou	5125	5065	60	8406	8406
云 南 Yunnan	4991	4949	42	5617	5486
西 藏 Tibet	2464	1992	472	2372	2129
陕 西 Shaanxi					
甘 肃 Gansu	5704	5704		6008	6008
青 海 Qinghai	1950	1843	107	2470	2275
宁 夏 Ningxia	5727	4410	1317	5978	4945
新 疆 Xinjiang					

专科生学生数
Nationalities Institutions

单位:人
unit:person

Entrants	在校生数 Enrolment			预计毕业生数 Estimated Graduates for Next Year		
专　科 Short-cycle Courses	合计 Total	本　科 Normal Courses	专　科 Short-cycle Courses	合计 Total	本　科 Normal Courses	专　科 Short-cycle Courses
7127	**251631**	**229157**	**22474**	**65025**	**57111**	**7914**
	11270	11270		2825	2825	
	16994	16994		4279	4279	
724	2829		2829	1037		1037
	40676	40676		10398	10398	
4190	12407		12407	4286		4286
264	16597	15864	733	4167	3945	222
347	36343	34720	1623	9394	8687	707
	26658	26656	2	6747	6746	1
131	21997	21760	237	5331	5305	26
243	9453	8648	805	2466	2050	416
	24412	24412		6008	6008	
195	8987	8584	403	2003	1992	11
1033	23008	19573	3435	6084	4876	1208

高等职业学校本科、

Number of Students of

地 区 Region	毕(结)业生数 Graduates			招生数	
	合计 Total	本 科 Normal Courses	专 科 Short-cycle Courses	合计 Total	本 科 Normal Courses
总 计 Total	**2343742**		**2343742**	**2624755**	
北 京 Beijing	22402		22402	16067	
天 津 Tianjin	48528		48528	46299	
河 北 Hebei	99455		99455	115233	
山 西 Shanxi	63809		63809	58832	
内蒙古 Inner Mongolia	43187		43187	48568	
辽 宁 Liaoning	67052		67052	66733	
吉 林 Jilin	27333		27333	31262	
黑龙江 Heilongjiang	52626		52626	54589	
上 海 Shanghai	30346		30346	33766	
江 苏 Jiangsu	215092		215092	176972	
浙 江 Zhejiang	112137		112137	102368	
安 徽 Anhui	125503		125503	123504	
福 建 Fujian	64903		64903	67434	
江 西 Jiangxi	74807		74807	101893	
山 东 Shandong	173717		173717	203010	
河 南 Henan	131906		131906	184892	
湖 北 Hubei	134266		134266	141566	
湖 南 Hunan	129114		129114	153941	
广 东 Guangdong	218907		218907	236968	
广 西 Guangxi	63575		63575	92139	
海 南 Hainan	16302		16302	18903	
重 庆 Chongqing	62398		62398	81391	
四 川 Sichuan	112171		112171	146413	
贵 州 Guizhou	38426		38426	81307	
云 南 Yunnan	37758		37758	47713	
西 藏 Tibet	1485		1485	1720	
陕 西 Shaanxi	95789		95789	89060	
甘 肃 Gansu	36308		36308	43928	
青 海 Qinghai	5414		5414	8601	
宁 夏 Ningxia	9749		9749	9202	
新 疆 Xinjiang	29277		29277	40481	

专科生学生数
Higher Vocational Colleges

单位：人
unit：person

Entrants	在校生数 Enrolment			预计毕业生数 Estimated Graduates for Next Year		
专 科 Short-cycle Courses	合计 Total	本 科 Normal Courses	专 科 Short-cycle Courses	合计 Total	本 科 Normal Courses	专 科 Short-cycle Courses
2624755	**8074788**		**8074788**	**2616297**		**2616297**
16067	59442		59442	23395		23395
46299	149150		149150	51482		51482
115233	318578		318578	96558		96558
58832	193532		193532	66866		66866
48568	151454		151454	48949		48949
66733	214428		214428	72108		72108
31262	91927		91927	29827		29827
54589	166094		166094	53656		53656
33766	106091		106091	35311		35311
176972	629281		629281	224141		224141
102368	345623		345623	118028		118028
123504	414679		414679	137271		137271
67434	210382		210382	69329		69329
101893	319202		319202	101883		101883
203010	675987		675987	220150		220150
184892	500883		500883	141085		141085
141566	427319		427319	146413		146413
153941	457441		457441	142932		142932
236968	711901		711901	235739		235739
92139	257448		257448	80850		80850
18903	57040		57040	19679		19679
81391	233335		233335	71926		71926
146413	436131		436131	136004		136004
81307	203903		203903	56736		56736
47713	150977		150977	45841		45841
1720	5094		5094	1504		1504
89060	288455		288455	97039		97039
43928	130949		130949	42377		42377
8601	22483		22483	6181		6181
9202	29819		29819	10272		10272
40481	115760		115760	32765		32765

广播电视大学本、
Number of Students in

地　区 Region	毕(结)业生数 Graduates			招生数	
	合计 Total	本　科 Normal Courses	专　科 Short-cycle Courses	合计 Total	本　科 Normal Courses
总　计 Total	**63145**	**2145**	**61000**	**63348**	**3355**
北　京 Beijing	350		350		
天　津 Tianjin	88		88	9	
河　北 Hebei	2328	40	2288	3839	119
山　西 Shanxi	1268		1268	683	
内蒙古 Inner Mongolia	1054		1054	10	
辽　宁 Liaoning	1391		1391	1664	
吉　林 Jilin	1938		1938	172	
黑龙江 Heilongjiang	990		990	862	
上　海 Shanghai					
江　苏 Jiangsu	4266	324	3942	3318	181
浙　江 Zhejiang	5000		5000	4364	173
安　徽 Anhui	503	123	380	260	85
福　建 Fujian	3056		3056	2665	83
江　西 Jiangxi	976	589	387	1132	441
山　东 Shandong	2904		2904	11417	1089
河　南 Henan	416	26	390	71	5
湖　北 Hubei	2015	291	1724	687	164
湖　南 Hunan	470		470	204	
广　东 Guangdong	3177		3177	6797	236
广　西 Guangxi	266	187	79	339	235
海　南 Hainan	92		92	104	
重　庆 Chongqing	8858		8858	8794	
四　川 Sichuan	8872	509	8363	5124	212
贵　州 Guizhou	2692		2692	711	
云　南 Yunnan	2908	37	2871	2975	170
西　藏 Tibet					
陕　西 Shaanxi	695	19	676	2559	162
甘　肃 Gansu	2759		2759	1295	
青　海 Qinghai	542		542	512	
宁　夏 Ningxia	1514		1514	1808	
新　疆 Xinjiang	1757		1757	973	

专科学生数
Radio/TV Universities

单位:人
unit:person

Entrants	在校生数 Enrolment			预计毕业生数 Estimated Graduates for Next Year		
专 科 Short-cycle Courses	合计 Total	本 科 Normal Courses	专 科 Short-cycle Courses	合计 Total	本 科 Normal Courses	专 科 Short-cycle Courses
59993	**175952**	**8140**	**167812**	**87143**	**3808**	**83335**
	213		213	213		213
9	149		149	140		140
3720	9632	197	9435	4064	40	4024
683	1754		1754	1071		1071
10	433		433	423		423
1664	3567		3567	1903		1903
172	871		871	699		699
862	2664		2664	1496		1496
3137	14530	1187	13343	11212	1006	10206
4191	13883	173	13710	5467		5467
175	1301	628	673	516	176	340
2582	10684	83	10601	3546		3546
691	4076	980	3096	2797	539	2258
10328	17201	1575	15626	5737	445	5292
66	404	25	379	333	20	313
523	2026	594	1432	1169	260	909
204	591		591	303		303
6561	13326	424	12902	3546	188	3358
104	1092	655	437	451	304	147
104	202		202	98		98
8794	28989		28989	13734		13734
4912	17653	875	16778	12171	663	11508
711	5293		5293	4036		4036
2805	6694	265	6429	3631	43	3588
2397	8194	479	7715	3615	124	3491
1295	3098		3098	1803		1803
512	1023		1023	360		360
1808	3794		3794	1986		1986
973	2615		2615	623		623

职工高等学校本、
Number of Students in

地 区 Region	毕(结)业生数 Graduates			招生数	
	合计 Total	本 科 Normal Courses	专 科 Short-cycle Courses	合计 Total	本 科 Normal Courses
总 计 Total	**59485**	**2474**	**57011**	**36946**	**1861**
北 京 Beijing	4417	204	4213	3934	39
天 津 Tianjin	6034		6034	3952	
河 北 Hebei	823		823	1178	
山 西 Shanxi	7606	914	6692	1757	608
内蒙古 Inner Mongolia					
辽 宁 Liaoning	6774		6774	5050	
吉 林 Jilin	4271	1258	3013	2710	1182
黑龙江 Heilongjiang	1486		1486	240	
上 海 Shanghai	1881		1881	1422	
江 苏 Jiangsu	64		64	89	
浙 江 Zhejiang	2087		2087	1453	
安 徽 Anhui	574		574	89	
福 建 Fujian					
江 西 Jiangxi	969		969	98	
山 东 Shandong	1593		1593	724	
河 南 Henan	5007		5007	2645	
湖 北 Hubei					
湖 南 Hunan	2929		2929	2494	
广 东 Guangdong	2099		2099	2448	
广 西 Guangxi	167		167	74	
海 南 Hainan					
重 庆 Chongqing	169		169	53	
四 川 Sichuan	5872	77	5795	3470	25
贵 州 Guizhou	102		102		
云 南 Yunnan				28	
西 藏 Tibet					
陕 西 Shaanxi	3654	21	3633	1990	7
甘 肃 Gansu	157		157	133	
青 海 Qinghai	750		750	915	
宁 夏 Ningxia					
新 疆 Xinjiang					

专科学生数
Workers' Colleges

单位：人
unit: person

Entrants	在校生数 Enrolment			预计毕业生数 Estimated Graduates for Next Year		
专科 Short-cycle Courses	合计 Total	本科 Normal Courses	专科 Short-cycle Courses	合计 Total	本科 Normal Courses	专科 Short-cycle Courses
35085	**99282**	**3867**	**95415**	**54184**	**1607**	**52577**
3895	9638	287	9351	4803	113	4690
3952	10000		10000	6048		6048
1178	1922		1922	743		743
1149	6986	1550	5436	3853	684	3169
5050	9342		9342	3724		3724
1528	5729	1926	3803	3019	744	2275
240	2442		2442	1814		1814
1422	5208		5208	3499		3499
89	202		202	113		113
1453	3639		3639	2034		2034
89	742		742	653		653
98	1049		1049	901		901
724	2455		2455	1644		1644
2645	6592		6592	3875		3875
2494	5247		5247	2571		2571
2448	5579		5579	2628		2628
74	153		153	87		87
53	352		352	181		181
3445	11092	60	11032	6318	35	6283
	146		146	116		116
28	261		261	77		77
1983	7995	44	7951	4064	31	4033
133	637		637	481		481
915	1874		1874	938		938

教育学院本、

Number of Students in

地 区 Region	毕(结)业生数 Graduates			招生数	
	合计 Total	本 科 Normal Courses	专 科 Short-cycle Courses	合计 Total	本 科 Normal Courses
总 计 Total	**30616**	**6863**	**23753**	**21253**	**6358**
北 京 Beijing	929	300	629	605	319
天 津 Tianjin					
河 北 Hebei					
山 西 Shanxi	247		247	18	
内蒙古 Inner Mongolia					
辽 宁 Liaoning	1562	430	1132	1686	577
吉 林 Jilin	2306	907	1399	173	97
黑龙江 Heilongjiang	5482	1895	3587	2304	1426
上 海 Shanghai					
江 苏 Jiangsu	1497		1497	1398	
浙 江 Zhejiang	3068	788	2280	1971	738
安 徽 Anhui					
福 建 Fujian	2369	837	1532	4472	1659
江 西 Jiangxi	4374		4374	2145	
山 东 Shandong	21		21	2	
河 南 Henan	3792	421	3371	906	
湖 北 Hubei	963		963	856	
湖 南 Hunan	994		994	479	
广 东 Guangdong					
广 西 Guangxi	2007	1285	722	3460	1542
海 南 Hainan					
重 庆 Chongqing					
四 川 Sichuan					
贵 州 Guizhou					
云 南 Yunnan					
西 藏 Tibet					
陕 西 Shaanxi	436		436	305	
甘 肃 Gansu					
青 海 Qinghai					
宁 夏 Ningxia					
新 疆 Xinjiang	569		569	473	

专科学生数
Educational Colleges

单位:人
unit:person

Entrants	在校生数 Enrolment			预计毕业生数 Estimated Graduates for Next Year		
专 科 Short-cycle Courses	合计 Total	本 科 Normal Courses	专 科 Short-cycle Courses	合计 Total	本 科 Normal Courses	专 科 Short-cycle Courses
14895	**57684**	**15563**	**42121**	**26743**	**5425**	**21318**
286	2090	1030	1060	827	260	567
18	146		146	128		128
1109	3103	1023	2080	1417	446	971
76	1796	1130	666	1407	817	590
878	5372	2720	2652	2834	1060	1774
1398	2903		2903	1505		1505
1233	5408	2828	2580	2170	901	1269
2813	17648	4445	13203	6055	1096	4959
2145	6666		6666	4410		4410
2	5		5	3		3
906	3022		3022	2105		2105
856	1712		1712	856		856
479	749		749	270		270
1918	4911	2387	2524	1451	845	606
305	971		971	666		666
473	1182		1182	639		639

管理干部学院本、
Number of Students in

地区 Region	毕(结)业生数 Graduates			招生数	
	合计 Total	本科 Normal Courses	专科 Short-cycle Courses	合计 Total	本科 Normal Courses
总计 Total	**13060**	**2744**	**10316**	**4510**	**541**
北京 Beijing	2099	142	1957	653	
天津 Tianjin				6	
河北 Hebei	3		3	3	
山西 Shanxi	93		93		
内蒙古 Inner Mongolia					
辽宁 Liaoning	111	106	5	77	72
吉林 Jilin	777	240	537	282	67
黑龙江 Heilongjiang	2473	424	2049	1394	265
上海 Shanghai	334		334	335	
江苏 Jiangsu	2921		2921	1100	
浙江 Zhejiang					
安徽 Anhui	135		135	35	
福建 Fujian					
江西 Jiangxi	133	119	14	8	5
山东 Shandong	2932	1401	1531		
河南 Henan					
湖北 Hubei	43		43	75	
湖南 Hunan					
广东 Guangdong					
广西 Guangxi	656	312	344	323	132
海南 Hainan					
重庆 Chongqing					
四川 Sichuan					
贵州 Guizhou					
云南 Yunnan					
西藏 Tibet					
陕西 Shaanxi	350		350	219	
甘肃 Gansu					
青海 Qinghai					
宁夏 Ningxia					
新疆 Xinjiang					

专科学生数
Institutes for Administration

单位:人
unit:person

Entrants	在校生数 Enrolment			预计毕业生数 Estimated Graduates for Next Year		
专 科 Short-cycle Courses	合计 Total	本 科 Normal Courses	专 科 Short-cycle Courses	合计 Total	本 科 Normal Courses	专 科 Short-cycle Courses
3969	**14068**	**2332**	**11736**	**8357**	**1190**	**7167**
653	2438	113	2325	1785	113	1672
6	29		29	23		23
3	13		13	8		8
	5		5	5		5
5	247	211	36	117	86	31
215	789	178	611	507	111	396
1129	3456	533	2923	2062	268	1794
335	900		900	299		299
1100	2650		2650	1550		1550
35	154		154	119		119
3	265	206	59	257	201	56
75	182		182	107		107
191	2380	1091	1289	1177	411	766
219	560		560	341		341

普通高等学校举办函授、业余、
Number of Students in Correspondence
Courses for Adults run

	函授、业余 Divisions of Correspondence and Sparetime Schools							
	毕业生数 Graduates			招生数 Entrants			在校生数 Enrolment	
	合计 Total	本 科 Normal Courses	专 科 Short-cycle Courses	合计 Total	本 科 Normal Courses	专 科 Short-cycle Courses	合计 Total	本 科 Normal Courses
总 计 Total	**2273022**	**1006576**	**1266446**	**1982537**	**956288**	**1026249**	**5487090**	**2653308**
北 京 Beijing	78353	49717	28636	57393	37909	19484	160417	110959
天 津 Tianjin	25854	15931	9923	19852	12357	7495	49316	29447
河 北 Hebei	118161	63504	54657	133894	76713	57181	355308	209071
山 西 Shanxi	51101	22452	28649	23813	14976	8837	99122	55100
内蒙古 Inner Mongolia	46837	24389	22448	8969	7240	1729	30647	22088
辽 宁 Liaoning	63909	30544	33365	55342	30597	24745	132551	75917
吉 林 Jilin	79747	36553	43194	46051	27197	18854	126920	73527
黑龙江 Heilongjiang	63099	31484	31615	32296	22092	10204	111820	68262
上 海 Shanghai	46790	34588	12202	39889	27369	12520	137758	100135
江 苏 Jiangsu	164257	87811	76446	181434	95124	86310	414663	236100
浙 江 Zhejiang	113435	39559	73876	92575	38444	54131	216978	84867
安 徽 Anhui	96547	44594	51953	74474	39472	35002	189261	100049
福 建 Fujian	38366	18129	20237	26611	14273	12338	108399	53493
江 西 Jiangxi	50520	24605	25915	38277	19976	18301	150282	69514
山 东 Shandong	159990	81399	78591	167056	94476	72580	482613	288536
河 南 Henan	147322	64433	82889	114132	58600	55532	305388	151877
湖 北 Hubei	99066	39915	59151	80877	38742	42135	199920	98426
湖 南 Hunan	113809	48949	64860	107986	50424	57562	224419	107449
广 东 Guangdong	205352	61693	143659	215503	55401	160102	632813	161405
广 西 Guangxi	90104	36912	53192	95314	39703	55611	246349	99564
海 南 Hainan	8757	4130	4627	5661	2757	2904	15726	8225
重 庆 Chongqing	48241	11773	36468	39870	8803	31067	108811	26286
四 川 Sichuan	144173	36156	108017	113262	37053	76209	330876	97886
贵 州 Guizhou	29940	14669	15271	30333	14667	15666	108927	56018
云 南 Yunnan	63010	26550	36460	62814	27252	35562	199410	91536
西 藏 Tibet	4234	3011	1223	5270	3757	1513	20594	13094
陕 西 Shaanxi	51441	23899	27542	47630	27424	20206	142758	74927
甘 肃 Gansu	28957	11993	16964	24269	11973	12296	76892	39755
青 海 Qinghai	4850	3673	1177	3805	2799	1006	9263	5941
宁 夏 Ningxia	10927	3635	7292	10249	4978	5271	23034	10078
新 疆 Xinjiang	25873	9926	15947	27636	13740	13896	75855	33776

脱产分本专科学生数

divisions、Sparetime Schools & Short-cycle by Regular HEIs

单位：人
unit: person

	脱产 Short-cycle courses for Adults								
	毕业生数 Graduates			招生数 Entrants			在校生数 Enrolment		
专　科 Short-cycle Courses	合计 Total	本　科 Normal Courses	专　科 Short-cycle Courses	合计 Total	本　科 Normal Courses	专　科 Short-cycle Courses	合计 Total	本　科 Normal Courses	专　科 Short-cycle Courses
2833782	**4692**	**1044**	**3648**	**3369**	**984**	**2385**	**9023**	**3409**	**5614**
49458	33	33							
19869									
146237	626	469	157	699	657	42	2352	2266	86
44022									
8559									
56634									
53393									
43558									
37623									
178563	562	161	401	1		1	351	95	256
132111	396	194	202	328	149	179	1140	623	517
89212									
54906									
80768	471		471				322	100	222
194077									
153511	3		3				64		64
101494	5	3	2				10	10	
116970	1	1							
471408	185		185	112		112	245		245
146785	2	1	1						
7501									
82525									
232990	3	1	2				2		2
52909	1364		1364	1327		1327	2951		2951
107874									
7500									
67831	70		70	101		101	144		144
37137	177		177	37		37	72		72
3322									
12956									
42079	794	181	613	764	178	586	1370	315	1055

在职人员攻读硕士
Number of On-the-job

地　区 Region	授予学位数 Degrees Awarded
总　计 Total	**108455**
北　京 Beijing	17995
天　津 Tianjin	4313
河　北 Hebei	2139
山　西 Shanxi	1970
内蒙古 Inner Mongolia	1248
辽　宁 Liaoning	5107
吉　林 Jilin	4360
黑龙江 Heilongjiang	3119
上　海 Shanghai	7125
江　苏 Jiangsu	7886
浙　江 Zhejiang	3125
安　徽 Anhui	1946
福　建 Fujian	3045
江　西 Jiangxi	1056
山　东 Shandong	5886
河　南 Henan	2163
湖　北 Hubei	8359
湖　南 Hunan	3534
广　东 Guangdong	3772
广　西 Guangxi	669
海　南 Hainan	240
重　庆 Chongqing	3296
四　川 Sichuan	5208
贵　州 Guizhou	528
云　南 Yunnan	2950
西　藏 Tibet	1
陕　西 Shaanxi	4947
甘　肃 Gansu	1031
青　海 Qinghai	320
宁　夏 Ningxia	448
新　疆 Xinjiang	669

学位学生数
Students Studying for Master's Degrees

单位:人
unit: person

招生数(人) Entrants	在校生数(人) Enrolment
129438	581843
18246	81392
3813	14374
2463	9519
1956	7608
1583	7362
4587	20114
3164	15357
3766	16516
10655	46856
10090	52132
3617	17418
2730	10999
2385	12438
2019	8399
7046	27615
2670	11804
12352	56266
6664	23912
4948	21523
1177	5144
446	2424
4977	20397
6763	28215
866	4162
2021	10600
1	26
6317	36967
442	5713
239	1114
457	1431
978	4046

	毕(结)业生数 Graduates												
	自考助学班 Classes Run by Non-government HEIs for Students Preparing for Self-directed State-administrated Examinatio	普通预科生 College-preparatory Classes	研究生课程进修班 Postgraduate Courses	进修及培训 In-service Training									
				总计 Total	其中:资格证书培训 of Which: For Certificates of Vocational qualifications	岗位证书培训 For Certificates of Job-related qualifications	其中:第一产业类培训 of Which: Training for First Industry	第二产业类培训 Training for Second Industry	第三产业类培训 Training for Third Industry	一个月以内 Months under	一个月至三个月以内 1 Months to 3 Months under	三个月至半年以内 3 Months to 6 Months under	半年至一年以内 3 Months to 6 Monthsr under
总　计 Total	**138229**		**20009**	**9204262**	**2837563**	**2829065**	**416985**	**1434795**	**7352482**	**6084601**	**1671021**	**668513**	**661768**
北　京 Beijing	6627		8342	957447	54809	180380	23458	51219	882770	761907	47343	96990	34717
天　津 Tianjin	9095		1767	292873	109245	152493	43757	100104	149012	227247	53295	8632	3604
河　北 Hebei	3998		179	177300	21155	29980	2914	37889	136497	145466	26167	3565	2002
山　西 Shanxi	2063			76088	23422	21010	348	4869	70871	54101	2535	830	2966
内蒙古 Inner Mongolia			189	80978	44676	21322	6028	49753	25197	69696	10217	827	236
辽　宁 Liaoning	9319			370649	62463	254724	8415	191700	170534	263359	42928	50602	13230
吉　林 Jilin	9990			56057	15991	2023	34134	1168	20755	46202	670	7344	1018
黑龙江 Heilongjiang	478		54	103714	29894	54622	2925	46948	53841	92782	1901	257	8709
上　海 Shanghai	29		1168	734218	99441	205592	3076	64027	667115	401095	79678	187512	42191
江　苏 Jiangsu	14962		3413	609844	253571	164872	65583	166660	377601	411630	119638	46941	24784
浙　江 Zhejiang	10880		937	842559	189413	273485	33816	76161	732582	710612	105899	12312	10790
安　徽 Anhui	829		297	317373	50728	44908	5632	19890	291851	88513	8938	5964	210168
福　建 Fujian	982			236855	41579	170255	9974	5931	220950	69151	64551	6164	95756
江　西 Jiangxi	5180			77557	19781	29278	6197	11918	59442	61905	8881	4913	830
山　东 Shandong	3257		13	428648	155173	177882	5035	100713	322900	339058	56740	18056	11163
河　南 Henan	3041		665	332840	217521	101801	6825	17099	308916	275196	39867	12316	2005
湖　北 Hubei	23466		7	248552	100983	60930	10930	65709	171913	180806	40057	15853	8561
湖　南 Hunan	9978			266012	98647	50681	25787	33870	206355	209493	26099	10722	10412
广　东 Guangdong	6647		1703	1371202	793145	102135	5054	41871	1324277	568665	744722	27922	21541
广　西 Guangxi	4395		475	205716	73294	87371	39067	67913	98736	183614	17613	3180	1155
海　南 Hainan	763			15938	4317	1888	630	1338	13970	10880	1379	1371	2150
重　庆 Chongqing	1319			150503	54142	68216	2292	74657	73554	129908	12069	4514	2645
四　川 Sichuan	6124			428078	115450	96631	23484	63010	341584	353317	49605	14220	3526
贵　州 Guizhou	795		73	108264	50788	26605	15875	25018	67371	68219	20833	1568	17644
云　南 Yunnan			581	121983	48326	54261	8481	29974	83528	97418	21216	3104	245
西　藏 Tibet	639			6687	1754	3093	1515		5172	6127	354	206	
陕　西 Shaanxi			146	167698	54699	51348	9469	54104	104125	115341	34173	12324	2465
甘　肃 Gansu	2713			222847	9775	206957	5055	4230	213562	8753	6660	79386	126216
青　海 Qinghai	465			45233	1739	37630		5392	39841	19941	1464	23717	
宁　夏 Ningxia				16355	7342	7258	2412	9715	4228	13364	1543	44	
新　疆 Xinjiang	195			134194	34300	89434	8817	11945	113432	100835	23986	7157	1039

注:含民办的其他高等教育机构数据。

Note: Data of Non-government HEIs is Included.

教育学生情况(总计)
Education of HEIS (Total)

单位:人/人次
unit:person/person-time

	注册学生数 Enrolment													
				进修及培训 In-service Training										
一年及以上 1 year and over	自考助学班 Classes Run by Non-government HEIs for Students Preparing for Self-directed State-administrated Examinations	普通预科生 College-preparatory Classes	研究生课程进修班 Postgraduate Courses	总计 Total	其中:资格证书培训 of Which: For Certificates of Vocational qualifi-cations	岗位证书培训 For Certificates of Job-related qualifi-cations	其中:第一产业类培训 of Which: Training for First Industry	第二产业类培训 Training for Second Industry	第三产业类培训 Training for Third Industry	一个月以内 Months under	一个月至三个月以内 1 Months to 3 Months under	三个月至半年以内 3 Months to 6 Months under	半年至一年以内 3 Months to 6 Monthsr under	一年及以上 1 year and over
118359	**270845**	**44537**	**22711**	**8290235**	**2869274**	**2319039**	**377997**	**1277553**	**6634685**	**4844037**	**1618599**	**615396**	**1001879**	**210324**
16490	14756	1248	10122	847764	47390	120688	22224	42410	783130	644849	43266	94484	32681	32484
95	9889	707	572	324044	129086	163305	48422	107809	167813	228671	53248	9074	12724	20327
100	6944	657	177	110160	24474	10030	3154	25511	81495	77058	26848	3378	1705	1171
15656	6319	57		57550	28841	20727	355	3826	53369	31232	4021	1677	3730	16890
2		1403	302	70164	43718	13916	2409	46354	21401	62507	6573	600	460	24
530	19757	1472		326933	63543	235928	8602	186458	131873	222739	43471	49765	10907	51
823	37268	1580		59173	18924	2125	34210	1654	23309	49176	685	7422	1077	813
65	2096	1445		61750	28393	23314	2187	27402	32161	48187	2988	1023	9274	278
23742	76	1161		659036	103875	162742	3970	66169	588897	343612	78524	135596	50040	51264
6851	30961	138	2441	462794	234273	119154	52511	118671	291612	289755	101450	38229	25387	7973
2946	19722	527	3121	452319	100565	110343	23294	32307	396718	376443	57317	6496	8279	3784
3790	1598	279	297	323585	57790	43491	6155	18801	298629	92245	9294	5914	210403	5729
1233	7977	954		219486	43965	162145	13401	6447	199638	53332	61415	7641	95875	1223
1028	4294	4428		53857	25806	24867	6424	6149	41284	38198	6031	7572	910	1146
3631	4517	567	20	406980	135338	122554	20637	91585	294758	325847	38135	19322	16490	7186
3456	2979	2124	867	338816	223692	102977	3805	20688	314323	276719	40490	16500	4384	723
3275	27178	2972	763	243621	103922	53426	10552	76487	156582	173407	31428	17850	10376	10560
9286	17595	1991		511962	190225	51608	25844	36832	449286	130510	28753	16390	325866	10443
8352	17292	581	1873	1243899	810393	94716	5753	34671	1203475	424276	762525	32868	15601	8629
154	6794	3482	744	160705	76940	70887	1036	78737	80932	133330	24781	1098	1202	294
158	7258	119		10752	6943	3191	637	1338	8777	4674	2399	1371	2150	158
1367	2595	1625		82901	52996	22385	3091	38872	40938	61939	15659	2952	2351	
7410	14312	2855		440276	118995	103204	25926	67361	346989	344812	56097	15260	4421	19686
	2153	4464	253	110902	47597	31530	15918	26397	68587	62368	23275	1560	23213	486
		2579	1159	129936	50765	58277	8058	33048	88830	100773	24028	5003	128	4
	639			5895	962	3093	1239		4656	5335	354	206		
3395		644		175605	58707	57637	10529	53295	111781	115718	41696	11455	3353	3383
1832	3117	1931		227758	11274	207017	6233	5150	216375	9529	7671	79159	127850	3549
111	840	1100		32568	1410	25405			32568	9040	223	23305		
1404		1447		17519	7629	8135	2584	10707	4228	14428	1643	44		1404
1177	1919			121525	20843	90222	8837	12417	100271	93328	24311	2182	1042	662

高等教育非学历
Number of Students in Non-formal

	毕(结)业生数 Graduates												
	自考助学班 Classes Run by Non-government HEIs for Students Preparing for Self-directed State-administrated Examinatio	普通预科生 College-preparatory Classes	研究生课程进修班 Postgraduate Courses	进修及培训 In-service Training									
				总计 Total	其中:资格证书培训 of Which: For Certificates of Vocational qualifications	岗位证书培训 For Certificates of Job-related qualifications	其中:第一产业类培训 of Which: Training for First Industry	第二产业类培训 Training for Second Industry	第三产业类培训 Training for Third Industry	一个月以内 Months under	一个月至三个月以内 1 Months to 3 Months under	三个月至半年以内 3 Months to 6 Months under	半年至一年以内 3 Months to 6 Monthsn under
总　计 Total	**80071**		**19878**	**5804314**	**1610260**	**1869189**	**319799**	**1255722**	**4228793**	**4674488**	**679124**	**255582**	**153099**
北　京 Beijing	273		8211	465629	41190	87297	5287	48126	412216	375199	31479	26710	25574
天　津 Tianjin	9095		1767	152240	72364	52473	7564	50514	94162	108469	36448	3624	3604
河　北 Hebei	214		179	119649	19839	29455	1398	37889	80362	91820	23910	2323	1596
山　西 Shanxi				50512	4496	17967	138	3220	47154	49155	516	317	130
内蒙古 Inner Mongolia			189	80978	44676	21322	6028	49753	25197	69696	10217	827	236
辽　宁 Liaoning	34			251156	20613	186198	8415	189801	52940	234664	7041	1413	7768
吉　林 Jilin	9075			48492	9455	1815	34134	960	13398	45488	594	1104	818
黑龙江 Heilongjiang	55		54	85742	27812	47068	2355	42640	40747	83493	1828	257	99
上　海 Shanghai			1168	219852	42928	99505	2057	5536	212259	156323	27999	17858	12697
江　苏 Jiangsu	14962		3413	577743	234909	153836	58712	157220	361811	395363	110312	43928	22967
浙　江 Zhejiang	2871		937	783170	182861	262591	33773	74693	674704	668617	93546	11465	7973
安　徽 Anhui	642		297	84395	29391	33993	3762	17054	63579	62682	7065	3594	10585
福　建 Fujian	982			72799	41241	14252	9974	5931	56894	51416	13110	6064	976
江　西 Jiangxi	3384			67595	19334	29202	6127	11661	49807	55339	5963	4707	649
山　东 Shandong	61		13	307154	116503	121191	3624	79715	223815	249296	42374	7402	6674
河　南 Henan			665	107539	26566	71480	5706	16458	85375	79352	13588	11789	990
湖　北 Hubei	17173		7	247390	99831	60920	10930	65649	170811	180231	39972	15351	8561
湖　南 Hunan	3714			214861	90959	43241	25107	32108	157646	164373	25162	10422	9482
广　东 Guangdong	4828		1703	608261	70895	77991	5044	38993	564224	531992	25961	25934	21021
广　西 Guangxi	4395		475	184976	73068	87371	23460	67479	94037	164849	17613	1205	1155
海　南 Hainan	58			6823	4317	1888	630	1338	4855	1765	1379	1371	2150
重　庆 Chongqing	313			146145	52624	66174	1035	73751	71359	129110	12049	2828	791
四　川 Sichuan	3938			396365	106841	84547	21734	59763	314868	336099	44601	12704	2194
贵　州 Guizhou	795		73	91249	50563	9815	15875	24793	50581	68219	20833	1343	854
云　南 Yunnan			581	121983	48326	54261	8481	29974	83528	97418	21216	3104	245
西　藏 Tibet	639			6687	1754	3093	1515		5172	6127	354	206	
陕　西 Shaanxi			146	104901	35015	13445	1822	39421	63658	86142	10666	6714	1054
甘　肃 Gansu	1910			13765	8027	2476	3883	4230	5652	6113	6335	100	1217
青　海 Qinghai	465			45233	1739	37630		5392	39841	19941	1464	23717	
宁　夏 Ningxia				16355	7342	7258	2412	9715	4228	13364	1543	44	
新　疆 Xinjiang	195			124675	24781	89434	8817	11945	103913	92373	23986	7157	1039

教育学生情况(普通高校)
Education of Regular HEIs

单位:人/人次
unit:person/person-time

	注册学生数 Enrolment													
				进修及培训 In-service Training										
一年及以上 1 year and over	自考助学班 Classes Run by Non-government HEIs for Students Preparing for Self-directed State-administrated Examinations	普通预科生 College-preparatory Classes	研究生课程进修班 Postgraduate Courses	总计 Total	其中:资格证书培训 of Which: For Certificates of Vocational qualifications	岗位证书培训 For Certificates of Job-related qualifications	其中:第一产业类培训 of Which: Training for First Industry	第二产业类培训 Training for Second Industry	第三产业类培训 Training for Third Industry	一个月以内 Months under	一个月至三个月以内 1 Months to 3 Months under	三个月至半年以内 3 Months to 6 Months under	半年至一年以内 3 Months to 6 Monthsr under	一年及以上 1 year and over
42021	**158796**	**44537**	**22531**	**4947685**	**1610344**	**1409995**	**294112**	**1106947**	**3546626**	**3701503**	**635730**	**254344**	**303137**	**52971**
6667	555	1248	9942	398065	34923	75493	4496	39124	354445	322913	25632	21280	20760	7480
95	9889	707	572	135139	74245	32973	7564	50587	76988	101560	25816	4066	3636	61
	502	657	177	104895	22951	9542	1548	25399	77948	76407	24493	1869	1291	835
394		57		26506	6383	18829	138	3065	23303	24702	1313	317	130	44
2		1403	302	70164	43718	13916	2409	46354	21401	62507	6573	600	460	24
270	422	1472		232247	22103	182682	8602	185288	38357	218218	7628	905	5445	51
488	36239	1580		51425	12388	1815	34195	1319	15911	48360	594	1157	826	488
65	1407	1445		49119	26747	20665	2187	26456	20476	44648	2915	1023	255	278
4975		1161		162636	42941	53741	2690	6910	153036	97560	27634	17930	12924	6588
5173	30961	138	2441	449624	226806	114265	50690	117767	281167	284092	99422	38001	22206	5903
1569	5046	527	3121	404470	93903	102576	23234	29125	352111	338851	54166	6249	4684	520
469	1458	279	297	89080	34780	32722	4334	16059	68687	66441	7441	3569	10930	699
1233	7649	954		63145	43627	6142	13401	6447	43297	43312	9974	7541	1095	1223
937	3128	4428		52023	25499	24867	6344	6067	39612	38198	5865	6386	625	949
1408	1880	567	20	310028	110177	74346	19513	71643	218872	252647	34025	9391	10670	3295
1820	183	2124	867	113022	32697	72329	2735	20233	90054	80259	13942	15843	2978	
3275	15907	2972	763	242580	102891	53416	10552	76424	155604	173041	31341	17320	10376	10502
5422	9922	1991		341196	141741	44913	25164	35962	280070	122662	27891	16170	168339	6134
3353	12850	581	1873	490398	88345	79266	5753	34041	450604	397072	43809	30981	14956	3580
154	6794	3482	744	160705	76940	70887	1036	78737	80932	133330	24781	1098	1202	294
158	58	119		10752	6943	3191	637	1338	8777	4674	2399	1371	2150	158
1367	1379	1625		79174	51523	20131	2313	38172	38689	61939	15659	1231	345	
767	5636	2855		396189	113490	90672	21554	64623	310012	328667	51084	12916	2138	1384
	2153	4464	253	88328	47372	9181	15918	26172	46238	62368	23275	1335	864	486
		2579	1159	129936	50765	58277	8058	33048	88830	100773	24028	5003	128	4
	639			5895	962	3093	1239		4656	5335	354	206		
325		644		103970	36282	13637	1852	38313	63805	87328	10021	4955	1353	313
	1380	1931		15750	9708	2666	4535	5150	6065	6843	7478	100	1329	
111	840	1100		32568	1410	25405			32568	9040	223	23305		
1404		1447		17519	7629	8135	2584	10707	4228	14428	1643	44		1404
120	1919			121137	20455	90222	8837	12417	99883	93328	24311	2182	1042	274

高等教育非学历

Number of Students in Non-formal

	毕(结)业生数 Graduates												
	自考助学班 Classes Run by Non-government HEIs for Students Preparing for Self-directed State-administrated Examinatio	普通预科生 College-preparatory Classes	研究生课程进修班 Postgraduate Courses	进修及培训 In-service Training									
				总计 Total	其中:资格证书培训 of Which: For Certificates of Vocational qualifications	岗位证书培训 For Certificates of Job-related qualifications	其中:第一产业类培训 of Which: Training for First Industry	第二产业类培训 Training for Second Industry	第三产业类培训 Training for Third Industry	一个月以内 Months under	一个月至三个月以内 1 Months to 3 Months under	三个月至半年以内 3 Months to 6 Months under	半年至一年以内 3 Months to 6 Monthsr under
总　计 Total	**1819**			**2722561**	**1096027**	**818458**	**69200**	**89882**	**2563479**	**1089295**	**917550**	**237636**	**466078**
北　京 Beijing				429974	6733	88997			429974	339503	10502	69361	8761
天　津 Tianjin				140633	36881	100020	36193	49590	54850	118778	16847	5008	
河　北 Hebei				53000		73			53000	53000			
山　西 Shanxi				1459		1459		1459		1459			
内蒙古 Inner Mongolia													
辽　宁 Liaoning				119493	41850	68526		1899	117594	28695	35887	49189	5462
吉　林 Jilin				6448	6240	208		208	6240	208		6240	
黑龙江 Heilongjiang				17869	2014	7519	570	4308	12991	9186	73		8610
上　海 Shanghai				108214	10606	44690		1822	106392	79850	8760	13710	5894
江　苏 Jiangsu				32101	18662	11036	6871	9440	15790	16267	9326	3013	1817
浙　江 Zhejiang	192			51668	2556	9980			51668	40057	10555		830
安　徽 Anhui				222376	16010	5640	22	78	222276	24263	837	245	197031
福　建 Fujian				164056	338	156003			164056	17735	51441	100	94780
江　西 Jiangxi	922			76		76			76	76			
山　东 Shandong				20957	6205	9010			20957	16584	1466	2907	
河　南 Henan				220679	189278	29961	499		220180	195299	25380		
湖　北 Hubei				502	502			50	452			502	
湖　南 Hunan				50151	7688	6440	680	762	48709	44120	937	300	930
广　东 Guangdong				739430	716710	9624		2808	736622	20666	717974	790	
广　西 Guangxi				20740	226		15607	434	4699	18765		1975	
海　南 Hainan	705			9115					9115	9115			
重　庆 Chongqing				818	20		481	41	296	798	20		
四　川 Sichuan				19290	4080	10322		2075	17215	15020	3881	269	120
贵　州 Guizhou				17015	225	16790		225	16790			225	16790
云　南 Yunnan													
西　藏 Tibet													
陕　西 Shaanxi				62797	19684	37903	7647	14683	40467	29199	23507	5610	1411
甘　肃 Gansu				204181		204181	630		203551	2190	157	78192	123642
青　海 Qinghai													
宁　夏 Ningxia													
新　疆 Xinjiang				9519	9519				9519	8462			

教育学生情况(成人高校)

Education of Adults HEIS

单位:人/人次
Unit: person/person-time

一年及以上 1 year and over	注册学生数 Enrolment 自考助学班 Classes Run by Non-government HEIs for Students Preparing for Self-directed State-administrated Examinations	普通预科生 College-preparatory Classes	研究生课程进修班 Postgraduate Courses	进修及培训 In-service Training 总计 Total	其中:资格证书培训 of Which: For Certificates of Vocational qualifications	岗位证书培训 For Certificates of Job-related qualifications	其中:第一产业类培训 of Which: Training for First Industry	第二产业类培训 Training for Second Industry	第三产业类培训 Training for Third Industry	一个月以内 Months under	一个月至三个月以内 1 Months to 3 Months under	三个月至半年以内 3 Months to 6 Months under	半年至一年以内 3 Months to 6 Monthsr under	一年及以上 1 year and over
12002	**8109**			**2690937**	**1135901**	**777025**	**53187**	**81372**	**2556378**	**850502**	**920895**	**241376**	**644478**	**33686**
1847				371761	5888	38994			371761	274794	11829	71150	11301	2687
				188905	54841	130332	40858	57222	90825	127111	27432	5008	9088	20266
260				94686	41440	53246		1170	93516	4521	35843	48860	5462	
				6550	6240	310		310	6240	310		6240		
				12631	1646	2649		946	11685	3539	73		9019	
				115502	11156	45102		1822	113680	80475	8997	19912	5448	670
1678				13170	7467	4889	1821	904	10445	5663	2028	228	3181	2070
226	156			41074	2556	6296			41074	36383	935		3530	226
				222376	16010	5640	22	78	222276	24263	837	245	197031	
	328			156341	338	156003			156341	10020	51441	100	94780	
	425													
				20957	6205	9010			20957	16584	1466	2907		
				220679	189268	29961	499		220180	195299	25380			
				530	530			53	477			530		
3864				170766	48484	6695	680	870	169216	7848	862	220	157527	4309
				736831	716710	7025		630	736201	18067	717974	790		
	7200													
				19400	4084	10343		2160	17240	15045	3966	269	120	
				22574	225	22349		225	22349			225	22349	
3070				71635	22425	44000	8677	14982	47976	28390	31675	6500	2000	3070
				204181		204181	630		203551	2190	157	78192	123642	
1057				388	388				388					388

	毕(结)业生数 Graduates												
				进修及培训 In-service Training									
	自考助学班 Classes Run by Non-government HEIs for Students Preparing for Self-directed State-administrated Examinatio	普通预科生 College-preparatory Classes	研究生课程进修班 Postgraduate Courses	总计 Total	其中:资格证书培训 of Which: For Certificates of Vocational qualifications	岗位证书培训 For Certificates of Job-related qualifications	其中:第一产业类培训 of Which: Training for First Industry	第二产业类培训 Training for Second Industry	第三产业类培训 Training for Third Industry	一个月以内 Months under	一个月至三个月以内 1 Months to 3 Months under	三个月至半年以内 3 Months to 6 Months under	半年至一年以内 3 Months to 6 Monthsr under
总　计 Total	**56339**			**677387**	**131276**	**141418**	**27986**	**89191**	**560210**	**320818**	**74347**	**175295**	**42591**
北　京 Beijing	6354			61844	6886	4086	18171	3093	40580	47205	5362	919	382
天　津 Tianjin													
河　北 Hebei	3784			4651	1316	452	1516		3135	646	2257	1242	406
山　西 Shanxi	2063			24117	18926	1584	210	190	23717	3487	2019	513	2836
内蒙古 Inner Mongolia													
辽　宁 Liaoning	9285												
吉　林 Jilin	915			1117	296				1117	506	76		200
黑龙江 Heilongjiang	423			103	68	35			103	103			
上　海 Shanghai	29			406152	45907	61397	1019	56669	348464	164922	42919	155944	23600
江　苏 Jiangsu													
浙　江 Zhejiang	7817			7721	3996	914	43	1468	6210	1938	1798	847	1987
安　徽 Anhui	187			10602	5327	5275	1848	2758	5996	1568	1036	2125	2552
福　建 Fujian													
江　西 Jiangxi	874			9886	447		70	257	9559	6490	2918	206	181
山　东 Shandong	3196			100537	32465	47681	1411	20998	78128	73178	12900	7747	4489
河　南 Henan	3041			4622	1677	360	620	641	3361	545	899	527	1015
湖　北 Hubei	6293			660	650	10		10	650	575	85		
湖　南 Hunan	6264			1000		1000		1000		1000			
广　东 Guangdong	1819			23511	5540	14520	10	70	23431	16007	787	1198	520
广　西 Guangxi													
海　南 Hainan													
重　庆 Chongqing	1006			3540	1498	2042	776	865	1899			1686	1854
四　川 Sichuan	2186			12423	4529	1762	1750	1172	9501	2198	1123	1247	1212
贵　州 Guizhou													
云　南 Yunnan													
西　藏 Tibet													
陕　西 Shaanxi													
甘　肃 Gansu	803			4901	1748	300	542		4359	450	168	1094	1357
青　海 Qinghai													
宁　夏 Ningxia													
新　疆 Xinjiang													

学生情况(民办的其他高等教育机构)
of Other Non-government HEIs

单位:人/人次
unit:person/person-time

注册学生数 Enrolment														
	自考助学班 Classes Run by Non-government HEIs for Students Preparing for Self-directed State-administrated Examinations	普通预科生 College-preparatory Classes	研究生课程进修班 Postgraduate Courses	进修及培训 In-service Training										
一年及以上 1 year and over				总计 Total	其中:资格证书培训 of Which: For Certificates of Vocational qualifi-cations	岗位证书培训 For Certi-ficates of Job-related qualifi-cations	其中:第一产业类培训 of Which: Training for First Industry	第二产业类培训 Training for Second Industry	第三产业类培训 Training for Third Industry	一个月以内 Months under	一个月至三个月以内 1 Months to 3 Months under	三个月至半年以内 3 Months to 6 Months under	半年至一年以内 3 Months to 6 Monthsr under	一年及以上 1 year and over
64336	**103940**			**651613**	**123029**	**132019**	**30698**	**89234**	**531681**	**292032**	**61974**	**119676**	**54264**	**123667**
7976	14201			77938	6579	6201	17728	3286	56924	47142	5805	2054	620	22317
100	6442			5265	1523	488	1606	112	3547	651	2355	1509	414	336
15262	6319			31044	22458	1898	217	761	30066	6530	2708	1360	3600	16846
	19335													
335	1029			1198	296		15	25	1158	506	91	25	251	325
	689													
18767	76			380898	49778	63899	1280	57437	322181	165577	41893	97754	31668	44006
1151	14520			6775	4106	1471	60	3182	3533	1209	2216	247	65	3038
3321	140			12129	7000	5129	1799	2664	7666	1541	1016	2100	2442	5030
91	741			1834	307		80	82	1672		166	1186	285	197
2223	2637			75995	18956	39198	1124	19942	54929	56616	2644	7024	5820	3891
1636	2796			5115	1727	687	571	455	4089	1161	1168	657	1406	723
	11271			511	501	10		10	501	366	87			58
	7673													
4999	4442			16670	5338	8425			16670	9137	742	1097	645	5049
	1216			3727	1473	2254	778	700	2249			1721	2006	
6643	8676			24687	1421	2189	4372	578	19737	1100	1047	2075	2163	18302
1832	1737			7827	1566	170	1068		6759	496	36	867	2879	3549

地　区 Region	毕(结)业生数 Graduates	授予学位数 Degrees Awarded	招生数 Entrants	
			合计 Total	其中:春季招生 Of Which: Spring term
总　计 Total	**109894**	**20876**	**138362**	**37991**
北　京 Beijing	24072	5176	27802	8642
天　津 Tianjin	5327	662	5182	1008
河　北 Hebei	491	251	753	201
山　西 Shanxi	152	4	261	13
内蒙古 Inner Mongolia	432	185	734	49
辽　宁 Liaoning	4942	1561	6671	1632
吉　林 Jilin	2177	505	2252	580
黑龙江 Heilongjiang	3696	626	4631	2013
上　海 Shanghai	13930	1933	19551	6135
江　苏 Jiangsu	8885	1507	13226	2639
浙　江 Zhejiang	8350	1124	8700	2701
安　徽 Anhui	520	133	1044	199
福　建 Fujian	1866	305	1565	326
江　西 Jiangxi	868	450	977	276
山　东 Shandong	6166	562	7324	2077
河　南 Henan	1022	148	1449	462
湖　北 Hubei	5547	1213	6895	1930
湖　南 Hunan	1055	275	1570	391
广　东 Guangdong	3697	1209	4561	910
广　西 Guangxi	2888	563	3884	961
海　南 Hainan	411	25	1201	297
重　庆 Chongqing	3334	431	3636	667
四　川 Sichuan	2395	461	3383	938
贵　州 Guizhou	627	16	1134	212
云　南 Yunnan	3228	471	4072	1243
西　藏 Tibet			20	
陕　西 Shaanxi	2289	631	3614	896
甘　肃 Gansu	523	127	652	11
青　海 Qinghai	58	6	128	25
宁　夏 Ningxia	133	18	289	93
新　疆 Xinjiang	813	298	1201	464

学生情况
Foreign Students

单位:人
unit:person

在校生数 Enrolment					
合计 Total	第一年 1st year	第二年 2nd year	第三年 3rd year	第四年 4th year	第五年及以上 5th year
243735	**125075**	**47980**	**31975**	**23159**	**15546**
41177	22318	7838	5019	3904	2098
8330	4216	1474	1085	910	645
3146	757	726	683	505	475
431	328	74	28	1	
2348	770	371	476	393	338
16207	6802	3531	2838	2065	971
4544	2233	890	630	409	382
6939	3316	1184	1009	962	468
31416	18882	6107	3028	2329	1070
23147	12308	4711	2830	1669	1629
15848	7823	3259	2314	1466	986
2494	1081	666	397	253	97
3777	1391	872	693	455	366
3482	1013	843	555	496	575
11503	7307	1716	1169	782	529
2728	1385	532	327	263	221
14613	6700	2942	2187	1413	1371
3253	1509	715	511	382	136
10304	4605	2187	1509	1130	873
6146	3494	1104	737	629	182
1803	1185	201	139	129	149
3853	1871	846	548	324	264
5541	3035	1034	668	380	424
1853	1120	453	169	89	22
7174	4097	1203	864	686	324
20	20				
6524	3370	1337	830	555	432
1394	649	322	196	179	48
288	135	73	41	13	26
570	154	121	90	87	118
2882	1201	648	405	301	327

高等教育学校(机构)
Number of Educational

	教职 Educational					
	合计 Total	校本部 Educational Personnel				
		小计 Subtotal	专任教师 Full-time Teachers			
			小计 Subtotal	正高级 Senior	副高级 Sub-senior	中级 Middle
总　计 Total	**2447903**	**2338964**	**1627182**	**203399**	**481635**	**647259**
北　京 Beijing	146164	127380	71523	20053	24744	22511
天　津 Tianjin	47500	46632	31153	4795	10037	12438
河　北 Hebei	104769	101858	70951	10012	21479	28485
山　西 Shanxi	61971	59854	42442	2891	11214	16553
内蒙古 Inner Mongolia	39666	38854	26132	2765	8357	10194
辽　宁 Liaoning	101554	99287	66711	9149	20900	27620
吉　林 Jilin	65383	62993	41111	6462	13243	15669
黑龙江 Heilongjiang	77347	75025	48107	7658	16561	19052
上　海 Shanghai	74822	70060	43061	7821	13953	17009
江　苏 Jiangsu	166854	158019	110494	14714	37392	46569
浙　江 Zhejiang	91391	87232	61170	8846	18873	26102
安　徽 Anhui	81678	79416	60233	5147	16337	23636
福　建 Fujian	68083	65468	44968	5001	13103	18620
江　西 Jiangxi	77794	75595	56167	5201	14133	22773
山　东 Shandong	151949	147302	108830	10730	30871	46860
河　南 Henan	141100	135689	104325	8722	27208	42590
湖　北 Hubei	132019	126185	84193	10969	27270	31427
湖　南 Hunan	101715	98016	69477	7518	20283	28334
广　东 Guangdong	153438	146873	103598	13056	27207	43017
广　西 Guangxi	65118	58204	41502	4511	11059	16924
海　南 Hainan	14844	14655	9399	1089	2565	3821
重　庆 Chongqing	58631	56836	41212	4624	11875	17011
四　川 Sichuan	126017	120341	86994	9144	22915	34004
贵　州 Guizhou	45609	45068	33421	3016	10654	10589
云　南 Yunnan	52743	51757	38968	4012	10477	14545
西　藏 Tibet	3663	3618	2467	194	773	989
陕　西 Shaanxi	106250	101174	67642	8504	19318	27753
甘　肃 Gansu	39790	36585	27133	3243	9002	10050
青　海 Qinghai	6887	6613	4513	802	1485	1045
宁　夏 Ningxia	11707	11331	8120	1371	2312	2175
新　疆 Xinjiang	31447	31044	21165	1379	6035	8894

注:不含民办的其他高等教育机构数据。
Note: Data of Non-government HEIs is not Included.

教职工情况(总计)
Personnel in HEIs(Total)

单位:人
unit: person

工　数
Personnel

教职工 in Main Campus					科研机构人员 Personnel in Affiliated Research Org.	校办企业职工 Employees in School-run Factories & Farms	其他附设机构人员 Personnel in Others Subsidiary Units
		行政人员 Adm. Personnel	教辅人员 Supporting Staff	工勤人员 Workers			
初级 Junior	未定职级 No-ranking						
193147	**101742**	**339802**	**222686**	**149294**	**31470**	**23526**	**53943**
2550	1665	24121	18739	12997	7671	1155	9958
2538	1345	7967	4935	2577	362	260	246
7436	3539	14375	9226	7306	387	859	1665
8240	3544	7783	5551	4078	603	318	1196
2953	1863	5836	4313	2573	195	233	384
6865	2177	16924	8243	7409	687	571	1009
4983	754	9124	6814	5944	526	215	1649
3418	1418	11833	7860	7225	1114	523	685
2945	1333	12702	9709	4588	1834	1717	1211
8291	3528	24090	14895	8540	2629	1541	4665
3931	3418	14612	8491	2959	1731	778	1650
11599	3514	8946	6069	4168	896	315	1051
6498	1746	11381	6503	2616	706	1344	565
8702	5358	7436	8246	3746	431	1047	721
14728	5641	18608	12344	7520	1143	2325	1179
18420	7385	13685	9213	8466	432	648	4331
9592	4935	19668	12639	9685	1698	2176	1960
7449	5893	13504	9456	5579	868	1406	1425
8584	11734	22022	14411	6842	2700	919	2946
3502	5506	8280	4746	3676	165	669	6080
1132	792	2302	1489	1465	69	43	77
4809	2893	8157	4428	3039	340	420	1035
15469	5462	15870	9675	7802	1185	2438	2053
5298	3864	6331	3441	1875	283	61	197
6549	3385	6060	3895	2834	359	289	338
342	169	577	367	207	20		25
8446	3621	15763	10254	7515	1424	893	2759
3395	1443	4805	2446	2201	545	285	2375
652	529	848	793	459	264		10
1358	904	1631	936	644	125		251
2473	2384	4561	2559	2759	78	78	247

高等教育学校(机构)
Number of Female Educational

	教职 Educational					
	合计 Total	校本部 Educational Personnel				
		小计 Subtotal	专任教师 Full-time Teachers			
			小计 Subtotal	正高级 Senior	副高级 Sub-senior	中级 Middle
总　计 Total	**1184255**	**1133936**	**802298**	**62164**	**221932**	**350946**
北　京 Beijing	73228	63095	32324	5042	12177	12758
天　津 Tianjin	23855	23530	15923	1634	5113	7087
河　北 Hebei	55305	54123	40265	4515	11825	16985
山　西 Shanxi	33063	31931	24122	1269	6033	9610
内蒙古 Inner Mongolia	20867	20598	15160	1283	4761	6164
辽　宁 Liaoning	52207	51332	36696	3679	11262	16338
吉　林 Jilin	32323	31220	22379	2742	7113	8995
黑龙江 Heilongjiang	38206	37240	26045	3365	8676	11092
上　海 Shanghai	35924	34258	20627	1696	6564	9830
江　苏 Jiangsu	76505	72635	50308	3320	15730	24823
浙　江 Zhejiang	42864	41468	27901	2228	7876	13891
安　徽 Anhui	34863	34032	25926	1112	5953	11031
福　建 Fujian	33118	31973	21912	1387	5696	10094
江　西 Jiangxi	35298	34435	25948	1568	5503	11163
山　东 Shandong	73529	71806	55926	3281	14382	26038
河　南 Henan	66906	63809	50814	2985	12182	21632
湖　北 Hubei	60327	57709	37991	2560	11210	16402
湖　南 Hunan	49068	47779	34081	1917	8937	15420
广　东 Guangdong	74190	71186	49481	3467	11772	23105
广　西 Guangxi	33717	29034	20459	1448	5020	9027
海　南 Hainan	7601	7505	4891	340	1150	2256
重　庆 Chongqing	27369	26699	19211	1129	5001	8777
四　川 Sichuan	59746	57148	41649	2565	9981	17630
贵　州 Guizhou	23110	22876	17312	1234	5448	5570
云　南 Yunnan	27188	26717	20743	1483	5161	8175
西　藏 Tibet	1793	1767	1267	67	365	544
陕　西 Shaanxi	49215	46954	32128	2368	8041	14756
甘　肃 Gansu	17731	16353	12444	939	3845	5010
青　海 Qinghai	3272	3161	2354	355	801	533
宁　夏 Ningxia	6125	6006	4523	617	1244	1225
新　疆 Xinjiang	15742	15557	11488	569	3110	4985

注:不含民办的其他高等教育机构数据。
Note: Data of Non-government HEIs is not Included.

女教职工情况(总计)
Personnel in HEIs(Total)

单位:人
unit: person

工数 Personnel							
教职工 in Main Campus					科研机构人员 Personnel in Affiliated Research Org.	校办企业职工 Employees in School-run Factories & Farms	其他附设机构人员 Personnel in Others Subsidiary Units
		行政人员 Adm. Personnel	教辅人员 Supporting Staff	工勤人员 Workers			
初级 Junior	未定职级 No-ranking						
111790	**55466**	**162839**	**125677**	**43122**	**12280**	**7167**	**30872**
1512	835	13940	11977	4854	3367	287	6479
1408	681	4167	2838	602	102	57	166
4730	2210	6362	5452	2044	165	247	770
5171	2039	3322	3381	1106	217	136	779
1835	1117	2393	2497	548	95	24	150
4156	1261	8481	4758	1397	262	128	485
3069	460	3892	3799	1150	256	58	789
2021	891	5238	4267	1690	560	105	301
1809	728	7317	5143	1171	701	427	538
4699	1736	11545	8284	2498	933	358	2579
2239	1667	7921	4790	856	532	192	672
6104	1726	3816	3184	1106	253	70	508
3894	841	5698	3517	846	271	541	333
4827	2887	3036	4461	990	162	308	393
9024	3201	7053	6834	1993	546	563	614
10327	3688	5757	4964	2274	155	175	2767
5329	2490	9382	7167	3169	658	942	1018
4302	3505	6485	5649	1564	268	329	692
4821	6316	11254	8056	2395	939	301	1764
1911	3053	4322	2705	1548	95	254	4334
662	483	1129	863	622	36	13	47
2846	1458	4122	2479	887	92	89	489
8548	2925	7742	4968	2789	474	1181	943
2955	2105	3169	1869	526	112	10	112
3980	1944	2813	2128	1033	154	73	244
197	94	244	218	38	7		19
4971	1992	7213	5580	2033	542	213	1506
1820	830	1955	1372	582	138	65	1175
349	316	282	445	80	104		7
864	573	726	541	216	48		71
1410	1414	2063	1491	515	36	21	128

高等教育学校(机构)
Number of Educational

	教职 Educational					
	合计 Total	校本部 Educational Personnel				
		小计 Subtotal	专任教师 Full-time Teachers			
			小计 Subtotal	正高级 Senior	副高级 Sub-senior	中级 Middle
总　计 Total	**2404784**	**2296172**	**1601968**	**202154**	**473801**	**636438**
北　京 Beijing	142953	124205	70013	19944	24245	21789
天　津 Tianjin	46233	45365	30509	4748	9751	12198
河　北 Hebei	103789	100884	70447	9979	21327	28312
山　西 Shanxi	59845	57737	41301	2864	10819	16094
内蒙古 Inner Mongolia	39263	38451	25935	2747	8269	10131
辽　宁 Liaoning	98546	96282	64946	9048	20149	26968
吉　林 Jilin	63359	60982	39823	6352	12776	15168
黑龙江 Heilongjiang	74901	72594	46829	7538	15978	18663
上　海 Shanghai	73357	68618	42308	7805	13759	16576
江　苏 Jiangsu	165722	156891	109846	14625	37182	46289
浙　江 Zhejiang	90214	86066	60477	8824	18636	25770
安　徽 Anhui	80416	78182	59479	5117	16144	23257
福　建 Fujian	67488	64873	44751	4972	13014	18543
江　西 Jiangxi	76969	74770	55550	5140	13986	22496
山　东 Shandong	150345	145698	107748	10678	30510	46366
河　南 Henan	138777	133366	102725	8694	26779	41913
湖　北 Hubei	131014	125180	83517	10955	27072	31186
湖　南 Hunan	100543	96847	68726	7499	20010	28007
广　东 Guangdong	149360	142864	101160	13004	26710	41872
广　西 Guangxi	63690	56781	40421	4412	10733	16416
海　南 Hainan	14651	14462	9306	1085	2551	3764
重　庆 Chongqing	57453	55684	40583	4595	11684	16742
四　川 Sichuan	123931	118289	85832	9128	22624	33418
贵　州 Guizhou	45028	44493	33087	3002	10568	10494
云　南 Yunnan	52559	51573	38924	4008	10455	14530
西　藏 Tibet	3663	3618	2467	194	773	989
陕　西 Shaanxi	103453	98408	66133	8452	18917	27021
甘　肃 Gansu	39256	36051	26731	3228	8867	9865
青　海 Qinghai	6625	6351	4340	793	1443	960
宁　夏 Ningxia	11584	11208	8044	1363	2281	2149
新　疆 Xinjiang	29797	29399	20010	1361	5789	8492

教职工情况(普通高校)
Personnel in Regular HEIs

单位:人
unit: person

工 数
Personnel

教职工 in Main Campus					科研机构人员 Personnel in Affiliated Research Org.	校办企业职工 Employees in School-run Factories & Farms	其他附设机构人员 Personnel in Others Subsidiary Units
		行政人员 Adm. Personnel	教辅人员 Supporting Staff	工勤人员 Workers			
初级 Junior	未定职级 No-ranking						
188893	**100682**	**331482**	**216513**	**146209**	**31382**	**23365**	**53865**
2420	1615	23257	18102	12833	7655	1153	9940
2475	1337	7727	4624	2505	362	260	246
7314	3515	14110	9134	7193	381	859	1665
8023	3501	7326	5230	3880	599	318	1191
2936	1852	5766	4224	2526	195	233	384
6631	2150	16423	7797	7116	687	568	1009
4810	717	8797	6524	5838	513	215	1649
3261	1389	11414	7353	6998	1114	508	685
2857	1311	12434	9386	4490	1823	1705	1211
8235	3515	23912	14644	8489	2625	1541	4665
3862	3385	14339	8346	2904	1721	778	1649
11483	3478	8744	5878	4081	896	315	1023
6477	1745	11147	6378	2597	706	1344	565
8601	5327	7346	8179	3695	431	1047	721
14566	5628	18374	12189	7387	1143	2325	1179
17969	7370	13337	8943	8361	432	648	4331
9379	4925	19463	12548	9652	1698	2176	1960
7364	5846	13268	9351	5502	868	1406	1422
8111	11463	21202	13948	6554	2688	862	2946
3421	5439	8120	4648	3592	160	669	6080
1117	789	2241	1466	1449	69	43	77
4685	2877	7909	4203	2989	340	403	1026
15235	5427	15403	9514	7540	1185	2406	2051
5179	3844	6162	3378	1866	277	61	197
6546	3385	5968	3860	2821	359	289	338
342	169	577	367	207	20		25
8172	3571	15227	9812	7236	1424	871	2750
3350	1421	4734	2401	2185	545	285	2375
628	516	810	760	441	264		10
1352	899	1601	928	635	125		251
2092	2276	4344	2398	2647	77	77	244

	教职 Educational					
	合计 Total	校本部 Educational Personnel				
		小计 Subtotal	专任教师 Full-time Teachers			
			小计 Subtotal	正高级 Senior	副高级 Sub-senior	中级 Middle
总　计 Total	**1162408**	**1112245**	**788558**	**61611**	**217792**	**344985**
北　京 Beijing	71280	61168	31325	4990	11847	12263
天　津 Tianjin	23157	22832	15507	1613	4927	6926
河　北 Hebei	54780	53602	39950	4498	11730	16858
山　西 Shanxi	31890	30764	23383	1256	5778	9308
内蒙古 Inner Mongolia	20664	20395	15044	1271	4710	6130
辽　宁 Liaoning	50636	49762	35686	3628	10788	15981
吉　林 Jilin	31273	30179	21601	2668	6848	8699
黑龙江 Heilongjiang	37003	36037	25341	3297	8379	10865
上　海 Shanghai	35132	33477	20158	1690	6446	9546
江　苏 Jiangsu	75934	72068	49990	3300	15622	24680
浙　江 Zhejiang	42275	40885	27524	2219	7757	13703
安　徽 Anhui	34296	33475	25594	1106	5874	10867
福　建 Fujian	32830	31685	21774	1374	5633	10047
江　西 Jiangxi	34931	34068	25652	1543	5434	11047
山　东 Shandong	72838	71115	55394	3264	14241	25789
河　南 Henan	65701	62604	49932	2973	11972	21261
湖　北 Hubei	59858	57240	37658	2555	11127	16277
湖　南 Hunan	48548	47259	33724	1907	8814	15260
广　东 Guangdong	72071	69112	48211	3445	11539	22501
广　西 Guangxi	32983	28303	19874	1414	4850	8731
海　南 Hainan	7503	7407	4836	337	1140	2222
重　庆 Chongqing	26840	26173	18919	1118	4921	8648
四　川 Sichuan	58867	56285	41121	2562	9852	17359
贵　州 Guizhou	22798	22569	17122	1224	5397	5518
云　南 Yunnan	27094	26623	20714	1481	5147	8165
西　藏 Tibet	1793	1767	1267	67	365	544
陕　西 Shaanxi	47809	45560	31364	2347	7857	14392
甘　肃 Gansu	17498	16120	12258	933	3792	4917
青　海 Qinghai	3167	3056	2276	353	776	496
宁　夏 Ningxia	6069	5950	4489	612	1232	1213
新　疆 Xinjiang	14890	14705	10870	566	2997	4772

女教职工情况(普通高校)
Personnel in Regular HEIs

单位:人
unit: person

工　数 Personnel							
教职工 in Main Campus					科研机构人员 Personnel in Affiliated Research Org.	校办企业职工 Employees in School-run Factories & Farms	其他附设机构人员 Personnel in Others Subsidiary Units
初级 Junior	未定职级 No-ranking	行政人员 Adm. Personnel	教辅人员 Supporting Staff	工勤人员 Workers			
109275	**54895**	**159109**	**122222**	**42356**	**12222**	**7099**	**30842**
1422	803	13413	11597	4833	3357	285	6470
1366	675	4065	2662	598	102	57	166
4663	2201	6242	5401	2009	161	247	770
5023	2018	3147	3197	1037	213	136	777
1824	1109	2374	2439	538	95	24	150
4040	1249	8219	4520	1337	262	127	485
2955	431	3795	3650	1133	247	58	789
1928	872	5053	3995	1648	560	105	301
1761	715	7186	4970	1163	694	423	538
4661	1727	11453	8142	2483	929	358	2579
2197	1648	7803	4726	832	526	192	672
6040	1707	3722	3075	1084	253	70	498
3879	841	5614	3455	842	271	541	333
4761	2867	3011	4419	986	162	308	393
8906	3194	6985	6783	1953	546	563	614
10050	3676	5610	4821	2241	155	175	2767
5212	2487	9301	7122	3159	658	942	1018
4260	3483	6402	5590	1543	268	329	692
4533	6193	10849	7765	2287	933	262	1764
1871	3008	4255	2645	1529	92	254	4334
657	480	1102	850	619	36	13	47
2784	1448	4023	2355	876	92	88	487
8442	2906	7530	4881	2753	474	1167	941
2894	2089	3078	1844	525	107	10	112
3977	1944	2769	2107	1033	154	73	244
197	94	244	218	38	7		19
4803	1965	6977	5291	1928	542	206	1501
1799	817	1934	1352	576	138	65	1175
337	314	276	429	75	104		7
860	572	709	537	215	48		71
1173	1362	1968	1384	483	36	21	128

高等教育学校(机构)
Number of Educational

		教职 Educational				
		校本部 Educational Personnel				
	合计 Total	小计 Subtotal	专任教师 Full-time Teachers			
			小计 Subtotal	正高级 Senior	副高级 Sub-senior	中级 Middle
总　计 Total	**43119**	**42792**	**25214**	**1245**	**7834**	**10821**
北　京 Beijing	3211	3175	1510	109	499	722
天　津 Tianjin	1267	1267	644	47	286	240
河　北 Hebei	980	974	504	33	152	173
山　西 Shanxi	2126	2117	1141	27	395	459
内蒙古 Inner Mongolia	403	403	197	18	88	63
辽　宁 Liaoning	3008	3005	1765	101	751	652
吉　林 Jilin	2024	2011	1288	110	467	501
黑龙江 Heilongjiang	2446	2431	1278	120	583	389
上　海 Shanghai	1465	1442	753	16	194	433
江　苏 Jiangsu	1132	1128	648	89	210	280
浙　江 Zhejiang	1177	1166	693	22	237	332
安　徽 Anhui	1262	1234	754	30	193	379
福　建 Fujian	595	595	217	29	89	77
江　西 Jiangxi	825	825	617	61	147	277
山　东 Shandong	1604	1604	1082	52	361	494
河　南 Henan	2323	2323	1600	28	429	677
湖　北 Hubei	1005	1005	676	14	198	241
湖　南 Hunan	1172	1169	751	19	273	327
广　东 Guangdong	4078	4009	2438	52	497	1145
广　西 Guangxi	1428	1423	1081	99	326	508
海　南 Hainan	193	193	93	4	14	57
重　庆 Chongqing	1178	1152	629	29	191	269
四　川 Sichuan	2086	2052	1162	16	291	586
贵　州 Guizhou	581	575	334	14	86	95
云　南 Yunnan	184	184	44	4	22	15
西　藏 Tibet						
陕　西 Shaanxi	2797	2766	1509	52	401	732
甘　肃 Gansu	534	534	402	15	135	185
青　海 Qinghai	262	262	173	9	42	85
宁　夏 Ningxia	123	123	76	8	31	26
新　疆 Xinjiang	1650	1645	1155	18	246	402

教职工情况(成人高校)
Personnel in Adult HEIs

单位:人
unit: person

工　数 Personnel							
教职工 in Main Campus					科研机构人员 Personnel in Affiliatcd Research Org.	校办企业职工 Employees in School-run Factories & Farms	其他附设机构人员 Personnel in Others Subsidiary Units
		行政人员 Adm. Personnel	教辅人员 Supporting Staff	工勤人员 Workers			
初级 Junior	未定职级 No-ranking						
4254	**1060**	**8320**	**6173**	**3085**	**88**	**161**	**78**
130	50	864	637	164	16	2	18
63	8	240	311	72			
122	24	265	92	113	6		
217	43	457	321	198	4		5
17	11	70	89	47			
234	27	501	446	293		3	
173	37	327	290	106	13		
157	29	419	507	227		15	
88	22	268	323	98	11	12	
56	13	178	251	51	4		
69	33	273	145	55	10		1
116	36	202	191	87			28
21	1	234	125	19			
101	31	90	67	51			
162	13	234	155	133			
451	15	348	270	105			
213	10	205	91	33			
85	47	236	105	77			3
473	271	820	463	288	12	57	
81	67	160	98	84	5		
15	3	61	23	16			
124	16	248	225	50		17	9
234	35	467	161	262		32	2
119	20	169	63	9	6		
3		92	35	13			
274	50	536	442	279		22	9
45	22	71	45	16			
24	13	38	33	18			
6	5	30	8	9			
381	108	217	161	112	1	1	3

高等教育学校(机构)

Number of Female Educational

	教职 Educational					
	合计 Total	校本部 Educational Personnel				
		小计 Subtotal	专任教师 Full-time Teachers			
			小计 Subtotal	正高级 Senior	副高级 Sub-senior	中级 Middle
总　计 Total	**21847**	**21691**	**13740**	**553**	**4140**	**5961**
北　京 Beijing	1948	1927	999	52	330	495
天　津 Tianjin	698	698	416	21	186	161
河　北 Hebei	525	521	315	17	95	127
山　西 Shanxi	1173	1167	739	13	255	302
内蒙古 Inner Mongolia	203	203	116	12	51	34
辽　宁 Liaoning	1571	1570	1010	51	474	357
吉　林 Jilin	1050	1041	778	74	265	296
黑龙江 Heilongjiang	1203	1203	704	68	297	227
上　海 Shanghai	792	781	469	6	118	284
江　苏 Jiangsu	571	567	318	20	108	143
浙　江 Zhejiang	589	583	377	9	119	188
安　徽 Anhui	567	557	332	6	79	164
福　建 Fujian	288	288	138	13	63	47
江　西 Jiangxi	367	367	296	25	69	116
山　东 Shandong	691	691	532	17	141	249
河　南 Henan	1205	1205	882	12	210	371
湖　北 Hubei	469	469	333	5	83	125
湖　南 Hunan	520	520	357	10	123	160
广　东 Guangdong	2119	2074	1270	22	233	604
广　西 Guangxi	734	731	585	34	170	296
海　南 Hainan	98	98	55	3	10	34
重　庆 Chongqing	529	526	292	11	80	129
四　川 Sichuan	879	863	528	3	129	271
贵　州 Guizhou	312	307	190	10	51	52
云　南 Yunnan	94	94	29	2	14	10
西　藏 Tibet						
陕　西 Shaanxi	1406	1394	764	21	184	364
甘　肃 Gansu	233	233	186	6	53	93
青　海 Qinghai	105	105	78	2	25	37
宁　夏 Ningxia	56	56	34	5	12	12
新　疆 Xinjiang	852	852	618	3	113	213

女教职工情况(成人高校)
Personnel in Adult HEIs

单位:人
unit: person

工　数 Personnel							
教职工 in Main Campus					科研机构人员 Personnel in Affiliated Research Org.	校办企业职工 Employees in School-run Factories & Farms	其他附设机构人员 Personnel in Others Subsidiary Units
		行政人员 Adm. Personnel	教辅人员 Supporting Staff	工勤人员 Workers			
初级 Junior	未定职级 No-ranking						
2515	**571**	**3730**	**3455**	**766**	**58**	**68**	**30**
90	32	527	380	21	10	2	9
42	6	102	176	4			
67	9	120	51	35	4		
148	21	175	184	69	4		2
11	8	19	58	10			
116	12	262	238	60		1	
114	29	97	149	17	9		
93	19	185	272	42			
48	13	131	173	8	7	4	
38	9	92	142	15	4		
42	19	118	64	24	6		
64	19	94	109	22			10
15		84	62	4			
66	20	25	42	4			
118	7	68	51	40			
277	12	147	143	33			
117	3	81	45	10			
42	22	83	59	21			
288	123	405	291	108	6	39	
40	45	67	60	19	3		
5	3	27	13	3			
62	10	99	124	11		1	2
106	19	212	87	36		14	2
61	16	91	25	1	5		
3		44	21				
168	27	236	289	105		7	5
21	13	21	20	6			
12	2	6	16	5			
4	1	17	4	1			
237	52	95	107	32			

高等教育学校(机构)

Number of Educational Personnel in

	教职 Educational					
	合计 Total	校本部 Educational Personnel				
		小计 Subtotal	专任教师 Full-time Teachers			
			小计 Subtotal	正高级 Senior	副高级 Sub-senior	中级 Middle
总　计 Total	**22469**	**22331**	**10326**	**827**	**1911**	**3438**
北　京 Beijing	4327	4316	1715	190	283	529
天　津 Tianjin						
河　北 Hebei	974	974	530	66	104	140
山　西 Shanxi	988	988	558	66	114	152
内蒙古 Inner Mongolia						
辽　宁 Liaoning	1234	1234	873	51	202	514
吉　林 Jilin	325	325	190	23	56	64
黑龙江 Heilongjiang	108	108	48	2	15	9
上　海 Shanghai	4831	4828	1605	137	262	496
江　苏 Jiangsu						
浙　江 Zhejiang	1611	1609	671	16	83	286
安　徽 Anhui	432	432	192	3	13	37
福　建 Fujian						
江　西 Jiangxi	193	193	43	3	5	17
山　东 Shandong	2686	2599	1559	107	298	521
河　南 Henan	531	531	293	12	41	98
湖　北 Hubei	594	594	167	21	71	50
湖　南 Hunan	299	299	144	16	30	44
广　东 Guangdong	900	890	402	22	67	134
广　西 Guangxi						
海　南 Hainan						
重　庆 Chongqing	477	466	242	13	87	112
四　川 Sichuan	1409	1409	776	32	82	168
贵　州 Guizhou						
云　南 Yunnan						
西　藏 Tibet						
陕　西 Shaanxi						
甘　肃 Gansu	550	536	318	47	98	67
青　海 Qinghai						
宁　夏 Ningxia						
新　疆 Xinjiang						

教职工情况(民办的其他高等教育机构)
Other Non-government HEIs

单位:人
unit: person

工数 Personnel 教职工 in Main Campus 初级 Junior	未定职级 No-ranking	行政人员 Adm. Personnel	教辅人员 Supporting Staff	工勤人员 Workers	科研机构人员 Personnel in Affiliated Research Org.	校办企业职工 Employees in School-run Factories & Farms	其他附设机构人员 Personnel in Others Subsidiary Units
1646	**2504**	**6737**	**3161**	**2107**	**6**	**35**	**97**
219	494	1416	715	470		4	7
84	136	227	123	94			
91	135	251	86	93			
101	5	310	36	15			
18	29	79	28	28			
15	7	25	11	24			
204	506	1905	999	319	2	1	
169	117	485	237	216	2		
26	113	147	49	44			
7	11	77	48	25			
304	329	607	200	233	2	17	68
37	105	116	74	48			
19	6	199	146	82			
29	25	83	45	27			
69	110	224	121	143		10	
22	8	128	59	37		3	8
179	315	309	137	187			
53	53	149	47	22			14

高等教育学校(机构)
Number of Female Educational Personnel in

	教职 Educational					
	合计 Total	校本部 Educational Personnel				
		小计 Subtotal	专任教师 Full-time Teachers			
			小计 Subtotal	正高级 Senior	副高级 Sub-senior	中级 Middle
总　计 Total	**11667**	**11593**	**5280**	**277**	**868**	**1803**
北　京 Beijing	2174	2170	854	60	135	285
天　津 Tianjin						
河　北 Hebei	470	470	296	24	41	90
山　西 Shanxi	484	484	282	16	66	65
内蒙古 Inner Mongolia						
辽　宁 Liaoning	678	678	467	35	114	272
吉　林 Jilin	196	196	120	8	34	44
黑龙江 Heilongjiang	77	77	36	1	12	6
上　海 Shanghai	2849	2847	848	36	94	248
江　苏 Jiangsu						
浙　江 Zhejiang	924	923	384	5	46	174
安　徽 Anhui	200	200	89	1	4	19
福　建 Fujian						
江　西 Jiangxi	73	73	19	1		9
山　东 Shandong	1239	1182	726	37	140	251
河　南 Henan	258	258	146	3	17	47
湖　北 Hubei	307	307	76	9	30	21
湖　南 Hunan	164	164	92	11	16	33
广　东 Guangdong	447	447	199	7	23	69
广　西 Guangxi						
海　南 Hainan						
重　庆 Chongqing	194	190	91	3	27	50
四　川 Sichuan	720	720	426	11	33	94
贵　州 Guizhou						
云　南 Yunnan						
西　藏 Tibet						
陕　西 Shaanxi						
甘　肃 Gansu	213	207	129	9	36	26
青　海 Qinghai						
宁　夏 Ningxia						
新　疆 Xinjiang						

女教职工情况(民办的其他高等教育机构)
Other Non-government HEIs

单位:人
unit: person

工数 Personnel							
教职工 in Main Campus					科研机构人员 Personnel in Affiliated Research Org.	校办企业职工 Employees in School-run Factories & Farms	其他附设机构人员 Personnel in Others Subsidiary Units
		行政人员 Adm. Personnel	教辅人员 Supporting Staff	工勤人员 Workers			
初级 Junior	未定职级 No-ranking						
938	**1394**	**3602**	**1808**	**903**	**3**	**13**	**58**
127	247	720	372	224		2	2
65	76	90	60	24			
52	83	128	40	34			
43	3	176	26	9			
10	24	50	18	8			
12	5	16	10	15			
137	333	1166	662	171	1	1	
89	70	296	136	107	1		
9	56	72	23	16			
4	5	33	17	2			
152	146	275	102	79	1	10	46
19	60	59	37	16			
12	4	107	89	35			
21	11	40	22	10			
37	63	113	77	58			
8	3	51	30	18			4
110	178	159	69	66			
31	27	49	18	11			6

专任教师学历、专业技术职务情况(总计)
Number of Full-time Teacher by Academic Qualification and Professional Rank(Total)

单位:人
unit: person

地区 Region	合计 Total	按学历分 By Academic Qualification				按专业技术职务分 By Professional Rank				
		博士 Doctor's Degrees	硕士 Master's Degrees	本科 Normal Courses	专科及以下 Short-cycle Courses and Under	正高级 Senior	副高级 Sub-Senior	中级 Middle	初级 Junior	未定职级 No-ranking
总计 Total	**1627182**	**367089**	**587849**	**651672**	**20572**	**203399**	**481635**	**647259**	**193147**	**101742**
北京 Beijing	71523	42230	17867	11018	408	20053	24744	22511	2550	1665
天津 Tianjin	31153	10789	10607	9566	191	4795	10037	12438	2538	1345
河北 Hebei	70951	10388	26261	33471	831	10012	21479	28485	7436	3539
山西 Shanxi	42442	5500	16152	20125	665	2891	11214	16553	8240	3544
内蒙古 Inner Mongolia	26132	3249	9337	12962	584	2765	8357	10194	2953	1863
辽宁 Liaoning	66711	14748	24783	26215	965	9149	20900	27620	6865	2177
吉林 Jilin	41111	9661	16361	14623	466	6462	13243	15669	4983	754
黑龙江 Heilongjiang	48107	11248	17343	19215	301	7658	16561	19052	3418	1418
上海 Shanghai	43061	21548	13279	7825	409	7821	13953	17009	2945	1333
江苏 Jiangsu	110494	34795	37233	37937	529	14714	37392	46569	8291	3528
浙江 Zhejiang	61170	18522	21062	21190	396	8846	18873	26102	3931	3418
安徽 Anhui	60233	9479	26013	24244	497	5147	16337	23636	11599	3514
福建 Fujian	44968	10072	16634	17843	419	5001	13103	18620	6498	1746
江西 Jiangxi	56167	7252	17292	29962	1661	5201	14133	22773	8702	5358
山东 Shandong	108830	20563	38543	48372	1352	10730	30871	46860	14728	5641
河南 Henan	104325	14932	40262	47512	1619	8722	27208	42590	18420	7385
湖北 Hubei	84193	22069	29986	31170	968	10969	27270	31427	9592	4935
湖南 Hunan	69477	12075	23199	33389	814	7518	20283	28334	7449	5893
广东 Guangdong	103598	23852	37637	40421	1688	13056	27207	43017	8584	11734
广西 Guangxi	41502	5025	19288	16671	518	4511	11059	16924	3502	5506
海南 Hainan	9399	1412	3557	4315	115	1089	2565	3821	1132	792
重庆 Chongqing	41212	8347	16680	15662	523	4624	11875	17011	4809	2893
四川 Sichuan	86994	14861	32704	37881	1548	9144	22915	34004	15469	5462
贵州 Guizhou	33421	3481	11777	17647	516	3016	10654	10589	5298	3864
云南 Yunnan	38968	5304	14020	18854	790	4012	10477	14545	6549	3385
西藏 Tibet	2467	229	1245	961	32	194	773	989	342	169
陕西 Shaanxi	67642	17271	25998	23582	791	8504	19318	27753	8446	3621
甘肃 Gansu	27133	4045	10545	12227	316	3243	9002	10050	3395	1443
青海 Qinghai	4513	455	1233	2719	106	802	1485	1045	652	529
宁夏 Ningxia	8120	1094	3013	3891	122	1371	2312	2175	1358	904
新疆 Xinjiang	21165	2593	7938	10202	432	1379	6035	8894	2473	2384

注:不含民办的其他高等教育机构数据。
Note: Data of Non-government HEIs is not Included.

专任教师学历、专业技术职务情况(普通高校)

Number of Full-time Teacher by Academic Qualification and Professional Rank(Regular HEIs)

单位:人
unit:person

地 区 Region	合计 Total	按学历分 By Academic Qualification				按专业技术职务分 By Professional Rank				
		博 士 Doctor's Degrees	硕 士 Master's Degrees	本 科 Normal Courses	专科及以下 Short-cycle Courses and Under	正高级 Senior	副高级 Sub-Senior	中 级 Middle	初 级 Junior	未定职级 No-ranking
总 计 Total	**1601968**	**366289**	**581615**	**634501**	**19563**	**202154**	**473801**	**636438**	**188893**	**100682**
北 京 Beijing	70013	41937	17296	10387	393	19944	24245	21789	2420	1615
天 津 Tianjin	30509	10728	10450	9142	189	4748	9751	12198	2475	1337
河 北 Hebei	70447	10386	26112	33123	826	9979	21327	28312	7314	3515
山 西 Shanxi	41301	5495	15954	19253	599	2864	10819	16094	8023	3501
内蒙古 Inner Mongolia	25935	3246	9287	12820	582	2747	8269	10131	2936	1852
辽 宁 Liaoning	64946	14724	24480	24889	853	9048	20149	26968	6631	2150
吉 林 Jilin	39823	9601	15923	13871	428	6352	12776	15168	4810	717
黑龙江 Heilongjiang	46829	11222	17171	18163	273	7538	15978	18663	3261	1389
上 海 Shanghai	42308	21496	13022	7384	406	7805	13759	16576	2857	1311
江 苏 Jiangsu	109846	34747	36998	37589	512	14625	37182	46289	8235	3515
浙 江 Zhejiang	60477	18504	20873	20710	390	8824	18636	25770	3862	3385
安 徽 Anhui	59479	9463	25836	23704	476	5117	16144	23257	11483	3478
福 建 Fujian	44751	10050	16516	17766	419	4972	13014	18543	6477	1745
江 西 Jiangxi	55550	7239	17169	29485	1657	5140	13986	22496	8601	5327
山 东 Shandong	107748	20558	38286	47588	1316	10678	30510	46366	14566	5628
河 南 Henan	102725	14929	40018	46189	1589	8694	26779	41913	17969	7370
湖 北 Hubei	83517	22066	29750	30735	966	10955	27072	31186	9379	4925
湖 南 Hunan	68726	12072	23116	32778	760	7499	20010	28007	7364	5846
广 东 Guangdong	101160	23806	37060	38731	1563	13004	26710	41872	8111	11463
广 西 Guangxi	40421	4978	18791	16140	512	4412	10733	16416	3421	5439
海 南 Hainan	9306	1412	3535	4244	115	1085	2551	3764	1117	789
重 庆 Chongqing	40583	8338	16397	15380	468	4595	11684	16742	4685	2877
四 川 Sichuan	85832	14845	32497	37076	1414	9128	22624	33418	15235	5427
贵 州 Guizhou	33087	3477	11666	17437	507	3002	10568	10494	5179	3844
云 南 Yunnan	38924	5303	14017	18816	788	4008	10455	14530	6546	3385
西 藏 Tibet	2467	229	1245	961	32	194	773	989	342	169
陕 西 Shaanxi	66133	17265	25684	22511	673	8452	18917	27021	8172	3571
甘 肃 Gansu	26731	4044	10468	11937	282	3228	8867	9865	3350	1421
青 海 Qinghai	4340	455	1211	2609	65	793	1443	960	628	516
宁 夏 Ningxia	8044	1094	3009	3822	119	1363	2281	2149	1352	899
新 疆 Xinjiang	20010	2580	7778	9261	391	1361	5789	8492	2092	2276

专任教师学历、专业技术职务情况(成人高校)

Number of Full-time Teacher by Academic Qualification and Professional Rank(Adult HEIs)

单位:人
unit:person

地 区 Region	合计 Total	按学历分 By Academic Qualification				按专业技术职务分 By Professional Rank				
		博 士 Doctor's Degrees	硕 士 Master's Degrees	本 科 Normal Courses	专科及以下 Short-cycle Courses and Under	正高级 Senior	副高级 Sub-Senior	中 级 Middle	初 级 Junior	未定职级 No-ranking
总 计 Total	**25214**	**800**	**6234**	**17171**	**1009**	**1245**	**7834**	**10821**	**4254**	**1060**
北 京 Beijing	1510	293	571	631	15	109	499	722	130	50
天 津 Tianjin	644	61	157	424	2	47	286	240	63	8
河 北 Hebei	504	2	149	348	5	33	152	173	122	24
山 西 Shanxi	1141	5	198	872	66	27	395	459	217	43
内蒙古 Inner Mongolia	197	3	50	142	2	18	88	63	17	11
辽 宁 Liaoning	1765	24	303	1326	112	101	751	652	234	27
吉 林 Jilin	1288	60	438	752	38	110	467	501	173	37
黑龙江 Heilongjiang	1278	26	172	1052	28	120	583	389	157	29
上 海 Shanghai	753	52	257	441	3	16	194	433	88	22
江 苏 Jiangsu	648	48	235	348	17	89	210	280	56	13
浙 江 Zhejiang	693	18	189	480	6	22	237	332	69	33
安 徽 Anhui	754	16	177	540	21	30	193	379	116	36
福 建 Fujian	217	22	118	77		29	89	77	21	1
江 西 Jiangxi	617	13	123	477	4	61	147	277	101	31
山 东 Shandong	1082	5	257	784	36	52	361	494	162	13
河 南 Henan	1600	3	244	1323	30	28	429	677	451	15
湖 北 Hubei	676	3	236	435	2	14	198	241	213	10
湖 南 Hunan	751	3	83	611	54	19	273	327	85	47
广 东 Guangdong	2438	46	577	1690	125	52	497	1145	473	271
广 西 Guangxi	1081	47	497	531	6	99	326	508	81	67
海 南 Hainan	93		22	71		4	14	57	15	3
重 庆 Chongqing	629	9	283	282	55	29	191	269	124	16
四 川 Sichuan	1162	16	207	805	134	16	291	586	234	35
贵 州 Guizhou	334	4	111	210	9	14	86	95	119	20
云 南 Yunnan	44	1	3	38	2	4	22	15	3	
西 藏 Tibet										
陕 西 Shaanxi	1509	6	314	1071	118	52	401	732	274	50
甘 肃 Gansu	402	1	77	290	34	15	135	185	45	22
青 海 Qinghai	173		22	110	41	9	42	85	24	13
宁 夏 Ningxia	76		4	69	3	8	31	26	6	5
新 疆 Xinjiang	1155	13	160	941	41	18	246	402	381	108

专任教师学历、专业技术职务情况(民办的其他高等教育机构)
Number of Full-time Teacher by Academic Qualification and Professional Rank(Other Non-government HEIs)

单位:人
unit:person

地区 Region	合计 Total	按学历分 By Academic Qualification				按专业技术职务分 By Professional Rank				
		博士 Doctor's Degrees	硕士 Master's Degrees	本科 Normal Courses	专科及以下 Short-cycle Courses and Under	正高级 Senior	副高级 Sub-Senior	中级 Middle	初级 Junior	未定职级 No-ranking
总计 Total	**10326**	**334**	**1986**	**7077**	**929**	**827**	**1911**	**3438**	**1646**	**2504**
北京 Beijing	1715	84	404	1093	134	190	283	529	219	494
天津 Tianjin										
河北 Hebei	530	1	126	334	69	66	104	140	84	136
山西 Shanxi	558	25	98	360	75	66	114	152	91	135
内蒙古 Inner Mongolia										
辽宁 Liaoning	873		187	668	18	51	202	514	101	5
吉林 Jilin	190	32	62	88	8	23	56	64	18	29
黑龙江 Heilongjiang	48		1	44	3	2	15	9	15	7
上海 Shanghai	1605	87	312	1088	118	137	262	496	204	506
江苏 Jiangsu										
浙江 Zhejiang	671	14	158	472	27	16	83	286	169	117
安徽 Anhui	192	2	28	158	4	3	13	37	26	113
福建 Fujian										
江西 Jiangxi	43	2	11	25	5	3	5	17	7	11
山东 Shandong	1559	22	177	1086	274	107	298	521	304	329
河南 Henan	293	6	46	220	21	12	41	98	37	105
湖北 Hubei	167	13	64	80	10	21	71	50	19	6
湖南 Hunan	144	16	36	77	15	16	30	44	29	25
广东 Guangdong	402	7	77	281	37	22	67	134	69	110
广西 Guangxi										
海南 Hainan										
重庆 Chongqing	242		21	211	10	13	87	112	22	8
四川 Sichuan	776	17	101	577	81	32	82	168	179	315
贵州 Guizhou										
云南 Yunnan										
西藏 Tibet										
陕西 Shaanxi										
甘肃 Gansu	318	6	77	215	20	47	98	67	53	53
青海 Qinghai										
宁夏 Ningxia										
新疆 Xinjiang										

聘请校外教师学历情况(总计)
Number of Part-time Teachers by Academic Qualifications (Total)

单位:人
unit:person

	合计 Total	博士 Doctor's Degrees	硕士 Master's Degrees	本科 Normal Courses	专科及以下 Short-cycle Courses and Under
总　计 Total	**498823**	**71224**	**156735**	**243156**	**27708**
北　京 Beijing	17590	5902	5327	5611	750
天　津 Tianjin	10702	1046	2507	6381	768
河　北 Hebei	15766	1707	5341	7842	876
山　西 Shanxi	6247	733	2151	3041	322
内蒙古 Inner Mongolia	7812	496	2809	4171	336
辽　宁 Liaoning	15750	2639	5102	7267	742
吉　林 Jilin	8860	1562	2421	4421	456
黑龙江 Heilongjiang	16406	2930	5893	7097	486
上　海 Shanghai	15001	4912	4365	5082	642
江　苏 Jiangsu	45726	6815	13482	22131	3298
浙　江 Zhejiang	26081	3128	7157	13851	1945
安　徽 Anhui	19521	3457	7283	8291	490
福　建 Fujian	13206	2072	3452	6778	904
江　西 Jiangxi	15785	1259	5146	8537	843
山　东 Shandong	38339	5078	10937	20119	2205
河　南 Henan	27649	2439	10102	14205	903
湖　北 Hubei	27560	4896	9859	11520	1285
湖　南 Hunan	21558	3136	6831	10951	640
广　东 Guangdong	40829	3939	10787	22011	4092
广　西 Guangxi	15610	1019	5404	8003	1184
海　南 Hainan	2777	406	790	1422	159
重　庆 Chongqing	15553	1841	5820	7470	422
四　川 Sichuan	20968	3360	6834	9686	1088
贵　州 Guizhou	7692	697	2242	4275	478
云　南 Yunnan	12464	1343	4257	6171	693
西　藏 Tibet	209	54	55	76	24
陕　西 Shaanxi	19255	2866	6424	9274	691
甘　肃 Gansu	4453	874	1442	1928	209
青　海 Qinghai	939	20	82	644	193
宁　夏 Ningxia	1252	36	342	784	90
新　疆 Xinjiang	7263	562	2091	4116	494

聘请校外教师学历情况（普通高校）

Number of Part-time Teachers by Academic Qualifications（Regular HEIs）

单位：人
unit：person

	合计 Total	博士 Doctor's Degrees	硕士 Master's Degrees	本科 Normal Courses	专科及以下 Short-cycle Courses and Under
总　计 Total	**465340**	**70754**	**149994**	**217685**	**26907**
北　京 Beijing	17011	5873	5091	5355	692
天　津 Tianjin	9051	1043	2205	5043	760
河　北 Hebei	15542	1703	5272	7745	822
山　西 Shanxi	5739	722	2005	2703	309
内蒙古 Inner Mongolia	7740	496	2793	4115	336
辽　宁 Liaoning	13384	2624	4359	5688	713
吉　林 Jilin	7674	1555	2345	3323	451
黑龙江 Heilongjiang	15227	2911	5750	6104	462
上　海 Shanghai	14603	4887	4213	4864	639
江　苏 Jiangsu	40658	6793	12593	18022	3250
浙　江 Zhejiang	22591	3098	6499	11086	1908
安　徽 Anhui	19303	3453	7189	8171	490
福　建 Fujian	13190	2071	3441	6774	904
江　西 Jiangxi	15405	1222	5006	8357	820
山　东 Shandong	37877	5075	10904	19696	2202
河　南 Henan	25432	2421	9753	12386	872
湖　北 Hubei	27426	4881	9806	11454	1285
湖　南 Hunan	21472	3136	6814	10885	637
广　东 Guangdong	36367	3912	9988	18561	3906
广　西 Guangxi	15226	1011	5280	7756	1179
海　南 Hainan	2717	402	773	1390	152
重　庆 Chongqing	15234	1838	5723	7261	412
四　川 Sichuan	19597	3299	6596	8650	1052
贵　州 Guizhou	7477	696	2215	4141	425
云　南 Yunnan	12464	1343	4257	6171	693
西　藏 Tibet	209	54	55	76	24
陕　西 Shaanxi	14788	2750	5203	6280	555
甘　肃 Gansu	4364	867	1423	1870	204
青　海 Qinghai	899	20	82	622	175
宁　夏 Ningxia	1149	36	338	685	90
新　疆 Xinjiang	5524	562	2023	2451	488

聘请校外教师学历情况(成人高校)
Number of Part-time Teachers by Academic Qualifications (Adult HEIs)

单位:人
unit:person

	合计 Total	博 士 Doctor's Degrees	硕士 Master's Degrees	本科 Normal Courses	专科及以下 Short-cycle Courses and Under
总 计 Total	**33483**	**470**	**6741**	**25471**	**801**
北 京 Beijing	579	29	236	256	58
天 津 Tianjin	1651	3	302	1338	8
河 北 Hebei	224	4	69	97	54
山 西 Shanxi	508	11	146	338	13
内蒙古 Inner Mongolia	72		16	56	
辽 宁 Liaoning	2366	15	743	1579	29
吉 林 Jilin	1186	7	76	1098	5
黑龙江 Heilongjiang	1179	19	143	993	24
上 海 Shanghai	398	25	152	218	3
江 苏 Jiangsu	5068	22	889	4109	48
浙 江 Zhejiang	3490	30	658	2765	37
安 徽 Anhui	218	4	94	120	
福 建 Fujian	16	1	11	4	
江 西 Jiangxi	380	37	140	180	23
山 东 Shandong	462	3	33	423	3
河 南 Henan	2217	18	349	1819	31
湖 北 Hubei	134	15	53	66	
湖 南 Hunan	86		17	66	3
广 东 Guangdong	4462	27	799	3450	186
广 西 Guangxi	384	8	124	247	5
海 南 Hainan	60	4	17	32	7
重 庆 Chongqing	319	3	97	209	10
四 川 Sichuan	1371	61	238	1036	36
贵 州 Guizhou	215	1	27	134	53
云 南 Yunnan					
西 藏 Tibet					
陕 西 Shaanxi	4467	116	1221	2994	136
甘 肃 Gansu	89	7	19	58	5
青 海 Qinghai	40			22	18
宁 夏 Ningxia	103		4	99	
新 疆 Xinjiang	1739		68	1665	6

聘请校外教师学历情况(民办的其他高等教育机构)
Number of Part-time Teachers by Academic Qualifications (Other Non-government HEIs)

单位:人
unit:person

	合计 Total	博 士 Doctor's Degrees	硕士 Master's Degrees	本科 Normal Courses	专科及以下 Short-cycle Courses and Under
总 计 Total	**9943**	**940**	**3151**	**5448**	**404**
北 京 Beijing	1509	123	487	851	48
天 津 Tianjin					
河 北 Hebei	269	6	103	147	13
山 西 Shanxi	423	49	113	230	31
内蒙古 Inner Mongolia					
辽 宁 Liaoning	371	35	130	206	
吉 林 Jilin	110	29	27	52	2
黑龙江 Heilongjiang	64		15	45	4
上 海 Shanghai	3836	536	1013	2154	133
江 苏 Jiangsu					
浙 江 Zhejiang	569	22	219	315	13
安 徽 Anhui	64	4	23	34	3
福 建 Fujian					
江 西 Jiangxi	134		24	56	54
山 东 Shandong	695	42	229	336	88
河 南 Henan	180	21	67	88	4
湖 北 Hubei	380	16	196	165	3
湖 南 Hunan					
广 东 Guangdong	403	17	218	167	1
广 西 Guangxi					
海 南 Hainan					
重 庆 Chongqing	149		66	83	
四 川 Sichuan	575	29	139	400	7
贵 州 Guizhou					
云 南 Yunnan					
西 藏 Tibet					
陕 西 Shaanxi					
甘 肃 Gansu	212	11	82	119	
青 海 Qinghai					
宁 夏 Ningxia					
新 疆 Xinjiang					

资产情况(学校

Condition of Fixed Assets and Teaching

地区 Region	占地面积(平方米) Areas Occupied (m^2)			图书(万册) Books & Magazines in Libraries(10,000 Volume)		
	合计 Total	其中:绿化用地面积 of Which: Green Areas	其中:运动场地面积 of Which: Sports Areas	合计 Total	当年新增 New Added in Current Year	合计 Total
总 计 Total	**1768975045.54**	**573849054.66**	**133039565.28**	**252753.22**	**11677.70**	**11733886**
北 京 Beijing	48184856.67	13196140.23	3706372.31	11537.65	326.10	743733
天 津 Tianjin	40167810.81	9462964.02	3025071.56	5220.52	212.73	247069
河 北 Hebei	71754908.43	19207543.15	6670226.12	10341.75	456.29	423938
山 西 Shanxi	35677757.31	9176912.14	3414995.26	5924.57	205.66	225630
内蒙古 Inner Mongolia	34980945.87	9050329.41	2698758.44	3516.32	156.53	174842
辽 宁 Liaoning	68893809.32	20954243.42	5640753.84	9441.70	342.41	492833
吉 林 Jilin	44565991.42	12079901.08	3249702.03	6382.81	257.04	305789
黑龙江 Heilongjiang	60032215.74	14075512.61	4040580.27	7769.26	261.93	344936
上 海 Shanghai	34098619.25	12793014.14	2676903.62	7316.91	379.39	479704
江 苏 Jiangsu	129195461.10	46741381.07	9470756.06	17403.25	717.56	1019573
浙 江 Zhejiang	59844221.15	20141729.29	5589655.91	10793.46	456.36	588262
安 徽 Anhui	70627165.54	23153170.70	5518409.66	9247.64	460.58	399567
福 建 Fujian	49042451.04	17540389.25	3748148.37	7411.50	341.91	329544
江 西 Jiangxi	67629753.77	26229901.37	5645613.41	9435.68	615.38	355418
山 东 Shandong	135172941.77	46985418.27	9370268.20	17382.43	696.84	684104
河 南 Henan	109103271.01	31318163.09	8108752.71	15956.53	914.11	627655
湖 北 Hubei	92430614.16	33883056.81	6971644.94	13577.58	454.19	619889
湖 南 Hunan	75360121.71	24261623.26	4925879.61	11106.82	414.72	433407
广 东 Guangdong	98851880.29	37325873.04	7259831.50	15927.09	828.65	768995
广 西 Guangxi	45544647.43	14346004.46	3159058.36	6162.56	323.97	277735
海 南 Hainan	12977726.89	4152289.89	926347.24	1610.67	89.94	64897
重 庆 Chongqing	51557512.30	19212374.94	3812176.81	6495.11	299.36	304586
四 川 Sichuan	93230652.79	30522759.27	6521937.08	12427.36	644.80	527620
贵 州 Guizhou	44341859.06	16486085.43	3115790.92	4679.36	495.78	186072
云 南 Yunnan	39208614.25	14308198.82	3088179.98	5867.55	423.12	223298
西 藏 Tibet	3489447.86	960551.61	299005.26	386.30	25.12	15152
陕 西 Shaanxi	61252788.47	17325281.36	4736194.45	10903.74	443.63	490502
甘 肃 Gansu	33775564.77	9494288.44	2298743.70	3779.81	184.19	170574
青 海 Qinghai	4833289.87	1751855.00	413378.00	565.93	18.38	26053
宁 夏 Ningxia	11953337.94	3951929.47	802330.21	1079.10	133.99	56444
新 疆 Xinjiang	41194807.55	13760169.62	2134099.45	3102.28	97.04	126065

注:不含民办的其他高等教育机构数据。

Note: Data of Non-government HEIs is not Included.

产权)(总计)
Resources (Owned by HEIs)(Total)

计算机数(台) PC (set)		教室(间) Classroom(Room)		固定资产值(万元) Fixed Assets (10,000 yuan)				
其中:教学用计算机 No. of Computers Used forInstruction		合计 Total	其中:网络多媒体教室 of Which: Network Multimedia Classroom	合计 Total	其中:教学、科研仪器设备资产 of Which:Teaching Equipment & Instruments		其中:信息化设备资产值 of Which: Assets of Information Facilities	
小计 Subtotal	其中:平板电脑 of Which: Tablet PC				小计 Subtotal	当年新增 New Added in Current Year	小计 Subtotal	其中:软件 of Which: Software
8874309	**97568**	**640694**	**342676**	**196438133.05**	**45003240.12**	**5446860.05**	**12745834.59**	**2309616.01**
452152	9416	19759	13688	15907867.07	5523042.98	604573.57	1393090.79	335866.28
177768	1231	9869	5651	5095088.34	1177865.33	172599.18	305770.03	57402.40
326882	1273	30115	13690	6946766.00	1390112.53	161869.35	393840.03	62540.65
185066	1734	18604	8166	3412682.32	807065.58	101141.48	228650.55	28585.36
144970	931	13238	6639	3485616.00	716156.30	109843.99	179154.92	33711.20
391340	3725	27207	11795	7698687.96	1642724.22	194093.68	527658.96	76724.85
221694	2647	14626	6506	4724059.99	1196550.13	203182.62	345732.30	53273.42
274835	794	21809	8812	5977041.79	1466564.47	137857.53	401152.97	67907.20
323450	3850	14336	9435	8857242.99	2673130.34	326485.40	732530.48	154663.82
783413	11286	38491	26815	16238964.43	3785148.22	410391.04	1023026.50	149768.49
438124	4920	23447	16710	9549140.60	2199021.72	231343.18	583282.55	113030.32
317454	2423	27652	12758	5730245.60	1378423.40	156306.79	337981.14	56948.90
247963	1457	16611	9652	5887779.99	1187770.14	148840.96	349254.84	64633.79
281701	3482	24499	12231	5634263.70	1008847.20	131626.90	305422.69	44521.15
534550	3253	47475	23563	12137069.51	2315791.98	241063.61	682514.55	98850.72
521412	6646	43468	21215	8489436.83	1938058.36	290666.27	585085.70	79919.53
450107	2999	36587	18666	9428141.45	2175750.54	265724.48	530449.93	87990.61
330863	9979	32053	18257	6758613.03	1353591.37	127911.84	416926.04	64329.66
611574	7581	22762	17121	11646661.97	2725287.26	367916.46	829663.64	157765.47
232901	2221	13843	7605	4375261.11	934760.30	144974.94	253707.86	48000.72
52830	400	3057	2012	1256161.22	225142.55	28822.43	62223.75	11273.05
227993	2201	18804	11933	5988367.82	875655.11	103211.91	335234.80	55174.57
392068	3064	33230	18343	8965751.09	1945940.32	233211.61	611234.98	175468.57
146409	1737	19986	9041	3066655.65	538251.91	82192.25	185091.81	29284.04
175803	600	17460	7782	4707953.18	642041.77	80844.06	253396.37	32281.47
11097	70	907	609	272408.67	57616.69	8767.03	24013.64	4499.34
333718	3311	24967	12047	8471155.54	1827514.36	208718.29	509728.68	105597.34
126139	3152	10725	4821	2708963.11	565599.47	67629.71	137498.97	15654.81
20712	180	1557	772	312366.38	99206.48	20756.31	18134.18	6112.05
40853	159	3321	1662	915717.82	210764.02	35869.39	72475.28	16924.02
98468	846	10229	4679	1792001.86	419845.06	48423.79	131905.67	20912.18

资产情况(学校

Condition of Fixed Assets and Teaching

地 区 Region	占地面积(平方米) Areas Occupied (m^2)			图书(万册) Books & Magazines in Libraries(10,000 Volume)		
	合计 Total	其中:绿化用地面积 of Which: Green Areas	其中:运动场地面积 of Which: Sports Areas	合计 Total	当年新增 New Added in Current Year	合计 Total
总 计 Total	**1748689255.13**	**569214785.48**	**131022507.65**	**249592.85**	**11606.24**	**11542614**
北 京 Beijing	46776439.60	12900678.55	3620057.31	11311.19	318.31	728238
天 津 Tianjin	39689911.15	9386862.52	2991420.86	5061.65	212.28	241420
河 北 Hebei	71295383.83	19087809.15	6579271.12	10261.64	445.13	418892
山 西 Shanxi	34891565.31	8983336.14	3308153.26	5800.40	204.33	220000
内蒙古 Inner Mongolia	34890395.87	9042469.41	2690758.44	3497.69	156.53	172871
辽 宁 Liaoning	67762035.35	20785447.70	5404570.24	9221.59	341.11	475937
吉 林 Jilin	43774647.57	12005780.34	3174271.03	6279.73	253.54	299689
黑龙江 Heilongjiang	59273148.28	13947560.40	3954301.02	7573.43	259.34	338336
上 海 Shanghai	33467570.78	12720686.58	2636826.30	7190.56	379.14	465699
江 苏 Jiangsu	128624757.10	46609437.07	9412699.06	17309.25	715.86	1011657
浙 江 Zhejiang	59498384.65	20064136.29	5534621.91	10707.14	455.03	580806
安 徽 Anhui	69918110.54	23037012.70	5435169.66	9149.92	458.94	394465
福 建 Fujian	48946102.94	17519221.25	3736526.37	7352.70	341.66	327391
江 西 Jiangxi	66900294.77	25955959.37	5574819.41	9304.68	611.60	346612
山 东 Shandong	133695629.57	46580314.87	9260089.00	17277.13	694.04	678337
河 南 Henan	108375320.80	31173581.84	8018815.35	15753.47	906.35	618110
湖 北 Hubei	91922681.00	33760517.81	6932550.94	13478.25	451.66	617251
湖 南 Hunan	74779438.71	24067367.26	4860018.61	10990.71	409.28	424956
广 东 Guangdong	98023539.68	37097153.67	7213486.50	15844.79	827.14	759157
广 西 Guangxi	44865696.69	14223631.46	3109297.36	5990.68	321.33	270144
海 南 Hainan	12895599.89	4118524.89	923827.24	1601.37	89.94	63716
重 庆 Chongqing	50505190.30	18821331.94	3722536.81	6396.28	295.43	295417
四 川 Sichuan	91852543.42	30233585.98	6332223.08	12316.15	644.48	521426
贵 州 Guizhou	43891126.50	16340020.98	3064127.00	4634.74	494.51	183271
云 南 Yunnan	39155479.47	14295120.82	3086669.98	5860.75	423.12	222018
西 藏 Tibet	3489447.86	960551.61	299005.26	386.30	25.12	15152
陕 西 Shaanxi	59776975.77	16986505.35	4618312.17	10690.92	440.37	481394
甘 肃 Gansu	33689048.97	9480488.44	2291742.70	3737.08	183.67	168604
青 海 Qinghai	4750321.87	1735561.00	393269.00	554.19	18.38	25025
宁 夏 Ningxia	11930860.94	3945129.47	798710.21	1075.80	133.99	55418
新 疆 Xinjiang	39381605.95	13349000.62	2044360.45	2982.70	94.64	121205

产权)(普通高校)

Resources (Owned by HEIs)(Regular HEIs)

计算机数(台) PC (set)		教室(间) Classroom(Room)		固定资产值(万元) Fixed Assets (10,000 yuan)				
其中:教学用计算机 No. of Computers Used forInstruction		合计 Total	其中:网络多媒体教室 of Which: Network Multimedia Classroom	合计 Total	其中:教学、科研仪器设备资产 of Which:Teaching Equipment & Instruments		其中:信息化设备资产值 of Which: Assets of Information Facilities	
小计 Subtotal	其中:平板电脑 of Which: Tablet PC				小计 Subtotal	当年新增 New Added in Current Year	小计 Subtotal	其中:软件 of Which: Software
8733408	**94388**	**624215**	**335908**	**194500634.90**	**44621105.35**	**5418793.83**	**12552439.75**	**2285311.39**
441416	9279	18692	12963	15607949.59	5485996.64	600996.97	1360172.37	331793.20
174000	1185	9221	5407	5055429.14	1165907.85	172110.92	303960.07	57196.38
323881	1273	29716	13532	6906180.80	1381716.39	161548.69	389457.31	62247.33
180405	1734	17675	7963	3360116.59	792923.30	100498.68	223346.83	28432.58
143637	865	13121	6586	3476622.20	713636.94	109699.40	177244.42	33659.48
378648	3637	26002	11332	7581700.44	1619461.06	193219.48	519693.50	75988.17
217001	2600	13927	6348	4658350.55	1181502.73	202332.78	340547.05	51844.15
270106	788	20901	8627	5918068.90	1454730.27	137282.79	394827.96	66741.28
313087	3637	13533	8849	8721857.38	2640947.03	321594.42	705818.52	152060.97
778128	11261	38162	26609	16129551.45	3777063.78	410213.85	1015368.69	148826.59
432366	4870	22849	16358	9492281.52	2187030.02	230745.30	571833.35	111921.19
313356	2396	27159	12565	5681596.94	1371553.57	155860.20	330683.81	56020.31
246562	1311	16486	9565	5870115.42	1179212.09	147631.82	345669.10	64203.32
274267	2421	24102	11960	5566551.62	993184.58	130558.60	297227.12	43198.63
530421	3252	46843	23400	12045245.99	2300569.18	240253.21	678935.27	98243.24
513542	6416	42645	20884	8440264.35	1921751.50	290063.58	581018.42	79228.88
448090	2916	35874	18549	9383111.18	2165808.97	265014.09	527301.29	87898.01
325080	9756	31278	17812	6710384.80	1339916.21	126533.85	413264.03	63677.29
604249	7366	22240	16764	11574354.81	2703610.52	367218.42	820977.32	157232.23
226518	2216	13490	7404	4315062.52	920612.06	143813.28	248621.44	47304.12
51881	400	3012	1976	1251704.09	223268.22	28769.36	60457.67	11113.63
222797	2176	18178	11589	5870721.95	859430.82	102109.82	327033.57	53890.72
387306	2967	32349	18123	8876036.94	1927224.75	231905.02	605971.79	174039.77
144254	1736	19743	8949	3000953.98	533793.43	81080.80	181244.22	28594.90
174723	600	17373	7769	4690132.77	639103.07	80529.60	251264.37	31813.47
11097	70	907	609	272408.67	57616.69	8767.03	24013.64	4499.34
327027	3230	23696	11816	8384854.80	1801034.92	207474.61	504229.29	104741.34
124330	3146	10589	4775	2681236.26	561071.35	67335.13	134633.61	15470.84
19883	96	1502	742	306400.38	97716.48	20756.31	17594.18	6081.75
39845	158	3301	1648	913205.54	209995.55	35869.39	72016.28	16786.54
95505	630	9649	4435	1758183.31	413715.39	47006.43	128013.24	20561.76

资产情况(学校

Condition of Fixed Assets and Teaching

地 区 Region	占地面积(平方米) Areas Occupied (m^2)			图书(万册) Books & Magazines in Libraries(10,000 Volume)		
	合计 Total	其中:绿化用地面积 of Which: Green Areas	其中:运动场地面积 of Which: Sports Areas	合计 Total	当年新增 New Added in Current Year	合计 Total
总 计 Total	**20285790.41**	**4634269.18**	**2017057.63**	**3160.36**	**71.46**	**191272**
北 京 Beijing	1408417.07	295461.68	86315.00	226.46	7.78	15495
天 津 Tianjin	477899.66	76101.50	33650.70	158.87	0.45	5649
河 北 Hebei	459524.60	119734.00	90955.00	80.11	11.16	5046
山 西 Shanxi	786192.00	193576.00	106842.00	124.18	1.33	5630
内蒙古 Inner Mongolia	90550.00	7860.00	8000.00	18.63		1971
辽 宁 Liaoning	1131773.97	168795.72	236183.60	220.10	1.30	16896
吉 林 Jilin	791343.85	74120.74	75431.00	103.08	3.49	6100
黑龙江 Heilongjiang	759067.46	127952.21	86279.25	195.83	2.59	6600
上 海 Shanghai	631048.47	72327.56	40077.32	126.35	0.24	14005
江 苏 Jiangsu	570704.00	131944.00	58057.00	94.00	1.70	7916
浙 江 Zhejiang	345836.50	77593.00	55034.00	86.32	1.33	7456
安 徽 Anhui	709055.00	116158.00	83240.00	97.72	1.64	5102
福 建 Fujian	96348.10	21168.00	11622.00	58.80	0.25	2153
江 西 Jiangxi	729459.00	273942.00	70794.00	131.00	3.78	8806
山 东 Shandong	1477312.20	405103.40	110179.20	105.29	2.81	5767
河 南 Henan	727950.21	144581.25	89937.36	203.06	7.76	9545
湖 北 Hubei	507933.16	122539.00	39094.00	99.33	2.53	2638
湖 南 Hunan	580683.00	194256.00	65861.00	116.11	5.44	8451
广 东 Guangdong	828340.61	228719.37	46345.00	82.30	1.51	9838
广 西 Guangxi	678950.74	122373.00	49761.00	171.88	2.65	7591
海 南 Hainan	82127.00	33765.00	2520.00	9.30		1181
重 庆 Chongqing	1052322.00	391043.00	89640.00	98.83	3.94	9169
四 川 Sichuan	1378109.37	289173.29	189714.00	111.21	0.32	6194
贵 州 Guizhou	450732.56	146064.45	51663.92	44.62	1.27	2801
云 南 Yunnan	53134.78	13078.00	1510.00	6.80		1280
西 藏 Tibet						
陕 西 Shaanxi	1475812.70	338776.01	117882.28	212.82	3.26	9108
甘 肃 Gansu	86515.80	13800.00	7001.00	42.73	0.52	1970
青 海 Qinghai	82968.00	16294.00	20109.00	11.74		1028
宁 夏 Ningxia	22477.00	6800.00	3620.00	3.30		1026
新 疆 Xinjiang	1813201.60	411169.00	89739.00	119.58	2.40	4860

产权)(成人高校)
Resources (Owned by HEIs)(Adult HEIs)

计算机数(台) PC (set)		教室(间) Classroom(Room)		固定资产值(万元) Fixed Assets (10,000 yuan)				
其中:教学用计算机 No. of Computers Used forInstruction		合计 Total	其中:网络多媒体教室 of Which: Network Multimedia Classroom	合计 Total	其中:教学、科研仪器设备资产 of Which·Teaching Equipment & Instruments		其中:信息化设备资产值 of Which: Assets of Information Facilities	
小计 Subtotal	其中:平板电脑 of Which: Tablet PC				小计 Subtotal	当年新增 New Added in Current Year	小计 Subtotal	其中:软件 of Which: Software
140901	3180	16479	6768	1937498.15	382134.77	28066.23	193394.84	24304.61
10736	137	1067	725	299917.48	37046.34	3576.60	32918.42	4073.09
3768	46	648	244	39659.20	11957.48	488.26	1809.96	206.02
3001		399	158	40585.20	8396.15	320.66	4382.72	293.32
4661		929	203	52565.73	14142.28	642.80	5303.72	152.78
1333	66	117	53	8993.80	2519.36	144.59	1910.50	51.72
12692	88	1205	463	116987.52	23263.16	874.20	7965.46	736.68
4693	47	699	158	65709.44	15047.40	849.84	5185.25	1429.27
4729	6	908	185	58972.89	11834.19	574.74	6325.00	1165.92
10363	213	803	586	135385.61	32183.31	4890.97	26711.97	2602.85
5285	25	329	206	109412.98	8084.43	177.19	7657.81	941.90
5758	50	598	352	56859.08	11991.70	597.88	11449.20	1109.13
4098	27	493	193	48648.66	6869.83	446.59	7297.33	928.58
1401	146	125	87	17664.57	8558.05	1209.14	3585.74	430.47
7434	1061	397	271	67712.08	15662.62	1068.30	8195.57	1322.52
4129	1	632	163	91823.52	15222.80	810.40	3579.28	607.49
7870	230	823	331	49172.48	16306.86	602.69	4067.28	690.65
2017	83	713	117	45030.27	9941.57	710.39	3148.64	92.60
5783	223	775	445	48228.23	13675.16	1377.99	3662.01	652.37
7325	215	522	357	72307.17	21676.74	698.04	8686.32	533.24
6383	5	353	201	60198.59	14148.25	1161.67	5086.42	696.60
949		45	36	4457.12	1874.33	53.07	1766.08	159.42
5196	25	626	344	117645.88	16224.29	1102.09	8201.23	1283.86
4762	97	881	220	89714.14	18715.57	1306.59	5263.19	1428.81
2155	1	243	92	65701.67	4458.47	1111.45	3847.58	689.15
1080		87	13	17820.41	2938.70	314.46	2132.00	468.00
6691	81	1271	231	86300.74	26479.45	1243.68	5499.39	856.00
1809	6	136	46	27726.85	4528.12	294.58	2865.36	183.97
829	84	55	30	5966.00	1490.00		540.00	30.30
1008	1	20	14	2512.28	768.47		459.00	137.48
2963	216	580	244	33818.55	6129.67	1417.36	3892.42	350.42

地 区 Region	占地面积(平方米) Areas Occupied (m^2)			图书(万册) Books & Magazines in Libraries(10,000 Volume)		
	合计 Total	其中:绿化用地面积 of Which: Green Areas	其中:运动场地面积 of Which: Sports Areas	合计 Total	当年新增 New Added in Current Year	合计 Total
总 计 Total	**5569905.24**	**1171336.58**	**529939.86**	**1133.48**	**47.87**	**66130**
北 京 Beijing	359180.00	85119.00	13672.00	238.76	6.98	15465
天 津 Tianjin						
河 北 Hebei	216950.00	68066.00	30800.00	49.62	0.60	1759
山 西 Shanxi	422636.00	37022.00	35476.00	103.00	0.51	2945
内蒙古 Inner Mongolia						
辽 宁 Liaoning	129150.00	24402.00	14900.00	108.10		1393
吉 林 Jilin	29086.00	3000.00	10000.00	16.50	2.10	521
黑龙江 Heilongjiang	21942.00	2000.00	5000.00	2.00		233
上 海 Shanghai	168843.00	43129.00	21231.00	44.36	2.12	7470
江 苏 Jiangsu						
浙 江 Zhejiang	156256.00	87748.00	19385.00	37.71	0.83	3137
安 徽 Anhui	366997.00	86770.00	23044.00	56.90	2.10	7247
福 建 Fujian						
江 西 Jiangxi	642390.00	148765.00	107663.00	40.15	0.23	3612
山 东 Shandong	2151080.00	411978.00	153010.00	185.19	5.68	9697
河 南 Henan	111788.48	8517.18	2781.32	38.95	6.63	1115
湖 北 Hubei	154707.00	36373.00	10000.00	16.62	0.14	2044
湖 南 Hunan	6360.00		1000.00	25.10	0.55	1295
广 东 Guangdong	220418.56	6750.18	21000.54	49.70	11.75	3595
广 西 Guangxi						
海 南 Hainan						
重 庆 Chongqing	121833.00	34717.22	19833.00	38.20	4.00	914
四 川 Sichuan	278204.20	86280.00	39944.00	67.33	3.11	3097
贵 州 Guizhou						
云 南 Yunnan						
西 藏 Tibet						
陕 西 Shaanxi						
甘 肃 Gansu	12084.00	700.00	1200.00	15.29	0.54	591
青 海 Qinghai						
宁 夏 Ningxia						
新 疆 Xinjiang						

（民办的其他高等教育机构）
Resources（Other Non-government HEIs）

计算机数(台) PC (set)		教室(间) Classroom(Room)		固定资产值(万元) Fixed Assets (10,000 yuan)				
其中:教学用计算机 No. of Computers Used forInstruction		合计 Total	其中:网络多媒体教室 of Which: Network Multimedia Classroom	合计 Total	其中:教学、科研仪器设备资产 of Which:Teaching Equipment & Instruments		其中:信息化设备资产值 of Which: Assets of Information Facilities	
小计 Subtotal	其中:平板电脑 of Which: Tablet PC				小计 Subtotal	当年新增 New Added in Current Year	小计 Subtotal	其中:软件 of Which: Software
53663	**3129**	**5020**	**1508**	**1001397.48**	**87652.63**	**5524.66**	**23881.36**	**3783.74**
11911	128	783	77	128818.13	21710.77	1582.24	5453.33	500.98
1406	19	101	38	14008.57	2519.86	424.80	564.09	74.87
2448	35	541	51	16535.55	3425.26	197.88	1273.83	218.52
1045		532	225	5254.00	2902.00	9.00	43.90	7.40
441		65	25	1007.30	367.00	10.00	30.00	10.00
192		60		1108.00	210.00		68.71	10.19
6053	529	185	82	20661.90	6336.23	645.68	1718.14	196.09
2260	234	276	145	513687.50	6067.37	211.92	2171.12	246.36
6922	17	320	218	17300.64	7590.08	300.00	2200.00	153.80
3226	432	346	21	26616.44	1984.25	115.00	1039.00	269.90
7225	335	754	195	129614.93	19844.49	311.50	3934.32	1435.71
1007	144	111	21	4747.04	977.43	17.93	1341.18	253.28
1662	81	146	44	31333.71	2898.57	17.13	511.85	16.25
952		34	4	1979.00	1144.00	153.00	228.00	114.00
3052	445	213	123	16693.41	3260.45	91.50	1131.65	3.70
762	354	213	76	46430.90	1915.18	1036.00	1044.70	79.10
2660	221	305	146	24226.79	4032.53	333.07	991.55	166.58
439	155	35	17	1373.66	467.18	68.00	136.00	27.00

资产情况
Condition of Fixed Assets and Teaching

地区 Region	占地面积(平方米) Areas Occupied (m^2)			图书(万册) Books & Magazines in Libraries(10,000 Volume)		
	合计 Total	其中:绿化用地面积 of Which: Green Areas	其中:运动场地面积 of Which: Sports Areas	合计 Total	当年新增 New Added in Current Year	合计 Total
总　计 Total	**246417405.42**	**53434752.26**	**14649071.01**	**6454.97**	**277.46**	**342664**
北　京 Beijing	14406485.72	1702243.94	555656.12	54.56	0.15	241
天　津 Tianjin	2407965.70	178874.00	143832.00	679.86	3.80	9427
河　北 Hebei	6963928.36	662661.72	402168.74	71.46	2.37	4374
山　西 Shanxi	4852973.53	1085534.79	561706.22	131.56		8419
内蒙古 Inner Mongolia	2035510.38	433800.35	215294.66	24.32	0.50	1665
辽　宁 Liaoning	6441694.21	1380543.12	628812.72	293.50	15.74	14454
吉　林 Jilin	8138840.84	1081379.16	191702.52	45.26		4017
黑龙江 Heilongjiang	6118002.59	2118700.80	1083229.00	165.27		8178
上　海 Shanghai	5161401.09	1253230.80	293517.60	68.58	3.97	3655
江　苏 Jiangsu	21160336.18	5266915.59	1319640.30	505.14	12.29	43755
浙　江 Zhejiang	12176492.24	2594221.46	695073.48	533.54	22.42	38685
安　徽 Anhui	4954289.70	737647.00	289733.00	191.43	2.00	10820
福　建 Fujian	12265813.18	3217371.48	856024.44	335.23	122.85	7715
江　西 Jiangxi	9508512.28	2283268.08	483279.00	39.26		150
山　东 Shandong	12572457.97	2900091.58	551430.49	228.52	2.21	5650
河　南 Henan	11320177.02	2090620.13	640208.03	511.15	10.90	14581
湖　北 Hubei	13833657.22	2409258.50	681877.50	376.59	9.20	15852
湖　南 Hunan	8589352.32	1545128.72	283036.37	416.53	4.19	5575
广　东 Guangdong	28615629.93	8488360.57	1792582.34	915.46	43.39	54316
广　西 Guangxi	7303914.50	1805166.59	638394.38	219.85	8.40	49483
海　南 Hainan	2557971.76	525080.00	13495.00			
重　庆 Chongqing	1845050.96	503326.20	34682.00	1.47	0.07	115
四　川 Sichuan	13364377.63	2234198.35	687126.64	50.66	5.64	3777
贵　州 Guizhou	2103184.68	962241.28	83812.26	148.69		8795
云　南 Yunnan	7391633.76	1283759.10	304911.86	27.10	3.34	2032
西　藏 Tibet				1.45		
陕　西 Shaanxi	14642275.16	3925534.71	890440.00	195.84	4.03	16262
甘　肃 Gansu	3076215.85	286817.45	99081.51	2.91		180
青　海 Qinghai	33333.00					369
宁　夏 Ningxia	84000.02			32.00		
新　疆 Xinjiang	2491927.64	478776.79	228322.83	187.76		10122

注:不含民办的其他高等教育机构数据。

Note: Data of Non-government HEIs is not Included.

(非学校产权中独立使用)
Resources (Not Owned by HEIs)

计算机数(台) PC (set)		教室(间) Classroom(Room)		固定资产值(万元) Fixed Assets (10,000 yuan)				
其中:教学用计算机 No. of Computers Used for Instruction		合计 Total	其中:网络多媒体教室 of Which: Network Multimedia Classroom	合计 Total	其中:教学、科研仪器设备资产 of Which: Teaching Equipment & Instruments		其中:信息化设备资产值 of Which: Assets of Information Facilities	
小计 Subtotal	其中:平板电脑 of Which: Tablet PC				小计 Subtotal	当年新增 New Added in Current Year	小计 Subtotal	其中:软件 of Which: Software
241700	**2852**	**109249**	**51693**	**12708175.62**	**925233.09**	**67299.69**		
30		1429	701	268054.15	21069.20	7.20		
8181		2036	1406	218714.28	16228.98	700.54		
3903		1456	431	249801.57	23579.73	687.77		
7125		2407	1024	166770.03	16046.86	2506.41		
1474		1003	380	178784.75	1202.20	107.00		
10703	279	4270	1385	736520.91	49154.17	1504.31		
3200	265	2727	695	129013.70	6438.97	1074.72		
6622		1893	1114	108929.99	17827.79			
3163	15	2251	1481	382644.90	23122.46	4093.41		
34264	275	10001	6170	1163937.01	138340.56	10959.20		
30399	286	5518	3645	1262763.92	60368.59	5058.96		
9154		3166	1220	234688.16	20167.93	59.70		
6931		5289	2622	559654.10	53368.87	2625.76		
150		2440	616	204876.74	25770.61	1426.28		
3447		4939	1684	565348.80	34005.55	1485.61		
11492		7062	4285	515065.69	32842.83	4641.30		
12708	120	6859	1676	674646.82	49342.64	730.58		
5380	4	3803	1889	421551.51	36791.00	1429.00		
44226	995	14858	9450	2408228.58	90326.62	4191.59		
5608	412	3615	1627	245004.73	20471.88	4733.44		
		217	70	59247.92	909.30	62.40		
68	4	837	365	134991.54	4060.61	241.25		
2940	64	5925	3232	842713.04	98791.98	10408.19		
7865	13	1267	347	122464.61	22838.26	1665.05		
1808	10	3304	1212	550538.81	11208.33	659.55		
12532	30	6999	2249	155001.63	22915.67	2099.09		
120	80	352	140	86317.66	11886.06	1137.77		
300		13	13	3652.00	995.00			
				7556.00				
7907		3313	564	50692.06	15160.42	3003.63		

资产情况
Condition of Fixed Assets and Teaching

地　区 Region	占地面积(平方米) Areas Occupied (m^2)			图书(万册) Books & Magazines in Libraries(10,000 Volume)		
	合计 Total	其中:绿化用地面积 of Which: Green Areas	其中:运动场地面积 of Which: Sports Areas	合计 Total	当年新增 New Added in Current Year	合计 Total
总　计 Total	**222365890.24**	**47713842.49**	**11529680.16**	**2723.87**	**218.14**	**72352**
北　京 Beijing	14390982.72	1702243.94	555656.12	52.36	0.15	191
天　津 Tianjin	1823844.70	138193.00	40823.00	14.43	0.10	734
河　北 Hebei	6963928.36	662661.72	402168.74	71.46	2.37	4374
山　西 Shanxi	4737524.53	1074934.79	540546.22	95.58		4805
内蒙古 Inner Mongolia	2035510.38	433800.35	215294.66	24.32	0.50	1665
辽　宁 Liaoning	4525625.69	928609.37	383095.74	46.89		3220
吉　林 Jilin	7723008.84	974067.16	95613.52			65
黑龙江 Heilongjiang	5159114.59	2019812.80	854679.00	1.80		128
上　海 Shanghai	5142728.09	1249628.50	292467.60	68.58	3.97	3655
江　苏 Jiangsu	16899812.67	3925578.00	801874.17	61.21	1.81	2754
浙　江 Zhejiang	8614908.64	1521546.96	287893.48	157.59	16.47	291
安　徽 Anhui	3203905.70	504903.00	187929.00	96.18	2.00	2200
福　建 Fujian	12249344.18	3211704.48	856024.44	335.23	122.85	7715
江　西 Jiangxi	9404952.28	2253268.08	442279.00	39.26		150
山　东 Shandong	12572457.97	2900091.58	551430.49	228.52	2.21	5650
河　南 Henan	9650624.02	1616910.13	522299.03	150.37	3.83	5144
湖　北 Hubei	11958910.22	2069511.50	488804.50	95.16	9.20	3763
湖　南 Hunan	8492956.32	1511428.72	281036.37	399.55	4.19	4797
广　东 Guangdong	25301892.61	7443244.52	1164847.98	378.69	31.03	2701
广　西 Guangxi	7148347.50	1782185.59	612566.38	152.60	8.40	4532
海　南 Hainan	2557971.76	525080.00	13495.00			
重　庆 Chongqing	1845050.96	503326.20	34682.00	1.47	0.07	115
四　川 Sichuan	13176267.30	2166518.52	645309.74	50.66	5.64	3755
贵　州 Guizhou	1972184.08	947831.03	79819.08	138.49		6560
云　南 Yunnan	7391633.76	1283759.10	304911.86	27.10	3.34	2032
西　藏 Tibet				1.45		
陕　西 Shaanxi	13526389.96	3818648.71	777554.00			127
甘　肃 Gansu	3034656.85	272817.45	93281.51	2.91		180
青　海 Qinghai	33333.00					
宁　夏 Ningxia	84000.02			32.00		
新　疆 Xinjiang	744022.54	271537.29	3297.53			1049

(非学校产权中独立使用)(普通高校)
Resources (Not Owned by HEIs)(Regular HEIs)

计算机数(台) PC (set)		教室(间) Classroom(Room)		固定资产值(万元) Fixed Assets (10,000 yuan)				
其中:教学用计算机 No. of Computers Used for Instruction		合计 Total	其中:网络多媒体教室 of Which: Network Multimedia Classroom	合计 Total	其中:教学、科研仪器设备资产 of Which: Teaching Equipment & Instruments		其中:信息化设备资产值 of Which: Assets of Information Facilities	
小计 Subtotal	其中:平板电脑 of Which: Tablet PC				小计 Subtotal	当年新增 New Added in Current Year	小计 Subtotal	其中:软件 of Which: Software
60247	**569**	**81173**	**38007**	**11124059.06**	**533101.62**	**43246.55**		
26		1414	698	264959.15	20824.20			
600		963	381	193551.72	6828.87	140.54		
3903		1456	431	249801.57	23579.73	687.77		
4406		2180	947	154253.37	13649.45	2506.41		
1474		1003	380	178784.75	1202.20	107.00		
2681	5	2891	832	611166.88	17438.36	201.81		
60		2400	625	108666.75	794.54	181.14		
115		860	165	67376.27	8008.54			
3163	15	2182	1446	380661.24	22243.28	4093.41		
2131	10	6473	3890	739431.30	23836.91	1700.55		
244		2746	1616	963146.73	9617.52	804.78		
1995		1598	585	162716.77	6784.93	59.70		
6931		5289	2622	559654.10	53368.87	2625.76		
150		2375	616	199776.74	25770.61	1426.28		
3447		4939	1684	565348.80	34005.55	1485.61		
4952		3904	2201	438000.22	12591.07	4267.23		
3304		4307	1459	606011.00	30847.11	730.58		
4602	4	3699	1827	416539.21	35000.95	1213.00		
2390	302	10271	6784	2126839.01	13069.92	831.42		
1773	64	3162	1525	214962.78	15346.36	4486.50		
		217	70	59247.92	909.30	62.40		
68	4	837	365	134991.54	4060.61	241.25		
2925	64	5923	3231	841519.38	98761.21	10408.19		
5997	11	1100	299	114113.80	19009.38	1518.35		
1808	10	3304	1212	550538.81	11208.33	659.55		
90		4991	1771	119513.11	10724.20	100.00		
120	80	352	140	86317.66	11886.06	1137.77		
		13	13	986.00	8.00			
				7556.00				
892		324	192	7626.47	1725.55	1569.55		

地　区 Region	占地面积(平方米) Areas Occupied (m²)			图书(万册) Books & Magazines in Libraries(10,000 Volume)		
	合计 Total	其中:绿化用地面积 of Which: Green Areas	其中:运动场地面积 of Which: Sports Areas	合计 Total	当年新增 New Added in Current Year	合计 Total
总　计 Total	**24051515.18**	**5720909.77**	**3119390.85**	**3731.10**	**59.33**	**270312**
北　京 Beijing	15503.00			2.20		50
天　津 Tianjin	584121.00	40681.00	103009.00	665.43	3.70	8693
河　北 Hebei						
山　西 Shanxi	115449.00	10600.00	21160.00	35.98		3614
内蒙古 Inner Mongolia						
辽　宁 Liaoning	1916068.52	451933.75	245716.98	246.61	15.74	11234
吉　林 Jilin	415832.00	107312.00	96089.00	45.26		3952
黑龙江 Heilongjiang	958888.00	98888.00	228550.00	163.47		8050
上　海 Shanghai	18673.00	3602.30	1050.00			
江　苏 Jiangsu	4260523.51	1341337.59	517766.13	443.93	10.48	41001
浙　江 Zhejiang	3561583.60	1072674.50	407180.00	375.95	5.95	38394
安　徽 Anhui	1750384.00	232744.00	101804.00	95.25		8620
福　建 Fujian	16469.00	5667.00				
江　西 Jiangxi	103560.00	30000.00	41000.00			
山　东 Shandong						
河　南 Henan	1669553.00	473710.00	117909.00	360.78	7.07	9437
湖　北 Hubei	1874747.00	339747.00	193073.00	281.43		12089
湖　南 Hunan	96396.00	33700.00	2000.00	16.98		778
广　东 Guangdong	3313737.32	1045116.05	627734.36	536.77	12.36	51615
广　西 Guangxi	155567.00	22981.00	25828.00	67.25		44951
海　南 Hainan						
重　庆 Chongqing						
四　川 Sichuan	188110.33	67679.83	41816.90			22
贵　州 Guizhou	131000.60	14410.25	3993.18	10.20		2235
云　南 Yunnan						
西　藏 Tibet						
陕　西 Shaanxi	1115885.20	106886.00	112886.00	195.84	4.03	16135
甘　肃 Gansu	41559.00	14000.00	5800.00			
青　海 Qinghai						369
宁　夏 Ningxia						
新　疆 Xinjiang	1747905.10	207239.50	225025.30	187.76		9073

(非学校产权中独立使用)(成人高校)
Resources (Not Owned by HEIs) (Adult HEIs)

计算机数(台) PC (set)		教室(间) Classroom(Room)		固定资产值(万元) Fixed Assets (10,000 yuan)				
其中:教学用计算机 No. of Computers Used for Instruction		合计 Total	其中:网络多媒体教室 of Which: Network Multimedia Classroom	合计 Total	其中:教学、科研仪器设备资产 of Which: Teaching Equipment & Instruments		其中:信息化设备资产值 of Which: Assets of Information Facilities	
小计 Subtotal	其中:平板电脑 of Which: Tablet PC				小计 Subtotal	当年新增 New Added in Current Year	小计 Subtotal	其中:软件 of Which: Software
181453	**2283**	**28076**	**13686**	**1584116.57**	**392131.47**	**24053.15**		
4		15	3	3095.00	245.00	7.20		
7581		1073	1025	25162.56	9400.11	560.00		
2719		227	77	12516.66	2397.41			
8022	274	1379	553	125354.03	31715.81	1302.50		
3140	265	327	70	20346.95	5644.43	893.58		
6507		1033	949	41553.72	9819.25			
		69	35	1983.66	879.19			
32133	265	3528	2280	424505.71	114503.65	9258.65		
30155	286	2772	2029	299617.19	50751.07	4254.18		
7159		1568	635	71971.39	13383.00			
		65		5100.00				
6540		3158	2084	77065.47	20251.76	374.07		
9404	120	2552	217	68635.82	18495.53			
778		104	62	5012.30	1790.05	216.00		
41836	693	4587	2666	281389.57	77256.70	3360.16		
3835	348	453	102	30041.95	5125.52	246.94		
15		2	1	1193.66	30.77			
1868	2	167	48	8350.81	3828.88	146.70		
12442	30	2008	478	35488.52	12191.47	1999.09		
300				2666.00	987.00			
7015		2989	372	43065.59	13434.87	1434.08		

地 区 Region	占地面积(平方米) Areas Occupied (m^2)			图书(万册) Books & Magazines in Libraries(10,000 Volume)		
	合计 Total	其中:绿化用地面积 of Which: Green Areas	其中:运动场地面积 of Which: Sports Areas	合计 Total	当年新增 New Added in Current Year	合计 Total
总 计 Total	**3785851.27**	**709781.86**	**494158.19**	**286.98**	**13.34**	**13364**
北 京 Beijing	1054808.91	297666.00	202142.00	23.38	2.08	760
天 津 Tianjin						
河 北 Hebei	151847.98	18929.99	7099.99	2.40		565
山 西 Shanxi	440832.00	70837.00	34344.20	70.50	0.58	648
内蒙古 Inner Mongolia						
辽 宁 Liaoning	64026.00	5860.00	7750.00	3.50		2412
吉 林 Jilin	33393.00	7370.00	10750.00	10.50	0.10	150
黑龙江 Heilongjiang	12660.00	1370.00	2160.00			100
上 海 Shanghai	211838.40	16109.00	9067.00	51.40	1.26	3545
江 苏 Jiangsu						
浙 江 Zhejiang	350551.00	93559.00	48003.00	11.07	1.00	2661
安 徽 Anhui	148070.00	20000.00	10000.00	6.70		
福 建 Fujian						
江 西 Jiangxi	31441.00	7020.00	2428.00			37
山 东 Shandong	254132.22	44580.00	46130.00	27.80	1.10	509
河 南 Henan	168228.78	19009.37.00	24324.00	8.00	4.00	236
湖 北 Hubei	76706.00	8505.00	6980.00	1.50		56
湖 南 Hunan	43154.00	1000.00	2000.00	0.50		
广 东 Guangdong	272841.20	45061.50	32530.00	10.50	3.12	1087
广 西 Guangxi						
海 南 Hainan						
重 庆 Chongqing	20024.00		4005.00			
四 川 Sichuan	426896.90	50805.00	39395.00	6.48	0.10	450
贵 州 Guizhou						
云 南 Yunnan						
西 藏 Tibet						
陕 西 Shaanxi						
甘 肃 Gansu	24399.88	2100.00	5050.00	52.75		148
青 海 Qinghai						
宁 夏 Ningxia						
新 疆 Xinjiang						

（非学校产权中独立使用）（民办的其他高等教育机构）
Resources (Not Owned by HEIs) (Other Non-government HEIs)

计算机数（台） PC (set)		教室（间） Classroom (Room)		固定资产值（万元） Fixed Assets (10,000 yuan)				
其中：教学用计算机 No. of Computers Used for Instruction		合计 Total	其中：网络多媒体教室 of Which: Network Multimedia Classroom	合计 Total	其中：教学、科研仪器设备资产 of Which: Teaching Equipment & Instruments		其中：信息化设备资产值 of Which: Assets of Information Facilities	
小计 Subtotal	其中：平板电脑 of Which: Tablet PC				小计 Subtotal	当年新增 New Added in Current Year	小计 Subtotal	其中：软件 of Which: Software
10569	**520**	**5844**	**1794**	**110152.49**	**30793.89**	**1288.24**		
286	77	658	286	20337.66	3351.53	194.28		
506	2	69	22	1689.83	905.93	48.90		
545	10	459	139	4856.79	803.12	94.00		
2021		326	135	4834.10	2053.20	8.00		
140		58	3	1017.20	47.50	0.50		
100	30	166	8					
3015	231	1228	343	6163.99	2502.25	307.28		
2234		628	98	32059.89	5290.74	55.63		
		77	29	3882.00	21.00	12.00		
28		86	2	1779.20	8.20			
347	23	789	338	8536.66	1628.38	22.86		
14	7	233	154	8093.59	1589.30	21.12		
56		162	40	592.95	142.70			
		190	10					
806	8	402	74	2372.68	1701.34	436.07		
		8	8	7.00	5.00	2.00		
365	115	214	49	12900.40	10421.84	77.00		
106	17	91	56	1028.56	321.86	8.60		

校舍情况(总计)

Conditions of School Buidings (Total)

单位:平方米
unit: m^2

地 区 Region	学校产权校舍建筑面积 Floor Area of School Building Owned by HEIs				正在施工校舍建筑面积 Floor Area Under Construction	非学校产权中独立使用建筑面积 Floor Area of School Building Not Owned by HEIs
	合计 Total	其中:危房 of Which: Dilapidated Buildings	其中:当年新增校舍 of Which: New Added in Current Year	其中:被外单位借用 of Which: Floor Space Hired by Other Schools or Units		
总 计 Total	**840176099.70**	**1325958.48**	**25701348.50**	**1417610.80**	**60583871.84**	**111019137.21**
北 京 Beijing	40018942.93	150985.11	1480946.14	124297.82	2665711.16	1798614.55
天 津 Tianjin	16248366.64	2499.00	247093.35		2533342.02	1436512.30
河 北 Hebei	35298557.83		549546.62	1994.00	1390556.29	1968386.17
山 西 Shanxi	21109422.05	16318.16	224478.60	4298.27	1486847.93	2330330.94
内蒙古 Inner Mongolia	13659975.75	18883.28	164839.30		1005566.02	897110.14
辽 宁 Liaoning	32423183.91	47738.90	1199041.14		2164798.45	4314390.07
吉 林 Jilin	18857584.18		101625.41		846000.12	2358253.51
黑龙江 Heilongjiang	27007555.03	16516.00	227335.51	18545.00	913456.34	1669019.55
上 海 Shanghai	20376657.51		313684.17	275788.84	3067220.59	4066898.66
江 苏 Jiangsu	56808987.31	54142.35	721319.74	181906.40	3579233.08	10293559.55
浙 江 Zhejiang	31294565.98	1320.41	1682570.68	108797.00	3223783.46	7751015.94
安 徽 Anhui	33755029.92	78650.37	2041776.66	29550.35	1626250.92	2217038.58
福 建 Fujian	20160159.17	21943.00	584407.59	1966.40	1896280.36	6276101.01
江 西 Jiangxi	31957599.00	553.00	813656.21	222153.20	838086.41	3189200.46
山 东 Shandong	57689247.94	346858.38	809876.25	23791.30	3055406.79	5611485.62
河 南 Henan	57318882.72	52748.15	1373304.34	142365.96	2786659.31	6183102.37
湖 北 Hubei	48146579.45	29073.98	653099.20	89646.35	2301654.54	6323789.99
湖 南 Hunan	34755345.02	87144.71	992898.60		1686771.30	3893378.16
广 东 Guangdong	41890803.86	19990.30	1215383.80	1104.00	2137337.40	16016694.79
广 西 Guangxi	21331435.51	62597.28	673703.07	19255.00	1712540.50	3665415.17
海 南 Hainan	5368306.57	23951.61	204813.71		330775.54	893424.90
重 庆 Chongqing	23884745.19	6577.00	889177.27		1374180.73	1478080.68
四 川 Sichuan	40541988.10	44911.51	1864702.20	28697.06	3845604.24	5819724.14
贵 州 Guizhou	21269076.79	4781.33	3016330.19	9453.55	2449729.22	957468.95
云 南 Yunnan	16060556.38	108598.37	1060982.45	67567.00	2233276.32	2828066.84
西 藏 Tibet	1279568.95	6602.00	108946.47	6265.00	60892.00	
陕 西 Shaanxi	38352475.68	10215.95	533305.21	53579.30	4393019.56	5174464.46
甘 肃 Gansu	14786081.33	36340.40	910152.69		2925189.22	737906.76
青 海 Qinghai	2189900.59	2309.00	219797.56		331099.00	19124.00
宁 夏 Ningxia	3975435.06		214180.64	6589.00	128202.00	35822.00
新 疆 Xinjiang	12359083.35	73708.93	608373.73		1594401.02	814756.95

注:不含民办的其他高等教育机构数据。
Note: Data of Non-government HEIs is not Included.

校舍情况(普通高校)
Conditions of School Buidings (Regular HEIs)

单位:平方米
unit: m^2

地 区 Region	学校产权校舍建筑面积 Floor Area of School Building Owned by HEIs				正在施工校舍建筑面积 Floor Area Under Construction	非学校产权中独立使用建筑面积 Floor Area of School Building Not Owned by HEIs
	合计 Total	其中:危房 of Which: Dilapidated Buildings	其中:当年新增校舍 of Which: New Added in Current Year	其中:被外单位借用 of Which: Floor Space Hired by Other Schools or Units		
总 计 Total	**828010640.81**	**1284970.20**	**25391847.24**	**1396272.77**	**59890314.29**	**98699844.33**
北 京 Beijing	39084187.91	150985.11	1373487.03	124297.82	2662711.16	1789586.55
天 津 Tianjin	15956985.39	2499.00	183617.45		2509242.02	915819.30
河 北 Hebei	34980664.83		549546.62	1994.00	1390556.29	1968386.17
山 西 Shanxi	20480151.05	16318.16	224478.60	4298.27	1486847.93	2289497.94
内蒙古 Inner Mongolia	13564000.58	8408.00	164839.30		1005566.02	897110.14
辽 宁 Liaoning	31732568.24	47738.90	1199041.14		2144798.45	3372077.30
吉 林 Jilin	18444594.79		101625.41		586748.52	2114402.51
黑龙江 Heilongjiang	26421226.02	16516.00	227335.51	3830.00	913456.34	1218479.55
上 海 Shanghai	19864621.06		313684.17	269165.81	3067220.59	3996622.76
江 苏 Jiangsu	56463816.31	54142.35	721319.74	181906.40	3579233.08	7998314.78
浙 江 Zhejiang	31017713.00	1320.41	1682570.68	108797.00	3118003.46	5932430.81
安 徽 Anhui	33348864.92	78650.37	2024070.66	29550.35	1595993.92	1767431.58
福 建 Fujian	20053914.17	21943.00	584407.59	1966.40	1896280.36	6276101.01
江 西 Jiangxi	31508714.83	553.00	767979.45	222153.20	838086.41	3137361.46
山 东 Shandong	57110404.94	346858.38	809876.25	23791.30	2997404.79	5611485.62
河 南 Henan	56639280.01	52748.15	1369267.34	142365.96	2786659.31	4890757.37
湖 北 Hubei	47849899.45	29073.98	653099.20	89646.35	2301654.54	5501418.99
湖 南 Hunan	34322566.02	86944.71	986923.60		1612984.30	3844855.16
广 东 Guangdong	41502276.00	19990.30	1215383.80	1104.00	2137337.40	14141371.22
广 西 Guangxi	20881756.51	34825.28	673703.07	19255.00	1649036.50	3529422.17
海 南 Hainan	5296131.86	23951.61	175258.00		330775.54	893424.90
重 庆 Chongqing	23382425.19	6577.00	889177.27		1356180.73	1478080.68
四 川 Sichuan	39741238.48	44911.51	1863502.20	28697.06	3819630.29	5810054.14
贵 州 Guizhou	21015105.42	4781.33	3016330.19	9453.55	2449729.22	722083.61
云 南 Yunnan	16008811.38	108598.37	1060982.45	67567.00	2233276.32	2828066.84
西 藏 Tibet	1279568.95	6602.00	108946.47	6265.00	60892.00	
陕 西 Shaanxi	37398143.08	8535.95	533305.21	53579.30	4393019.56	4647965.06
甘 肃 Gansu	14664155.87	36340.40	910152.69		2925189.22	737906.76
青 海 Qinghai	2158045.59	2309.00	219797.56		331099.00	19124.00
宁 夏 Ningxia	3946564.06		214180.64	6589.00	128202.00	35822.00
新 疆 Xinjiang	11892244.90	72847.93	573957.95		1582499.02	334383.95

校舍情况(成人高校)
Conditions of School Buidings (Adult HEIs)

单位:平方米
unit: m^2

地 区 Region	学校产权校舍建筑面积 Floor Area of School Building Owned by HEIs				正在施工校舍建筑面积 Floor Area Under Construction	非学校产权中独立使用建筑面积 Floor Area of School Building Not Owned by HEIs
	合计 Total	其中:危房 of Which: Dilapidated Buildings	其中:当年新增校舍 of Which: New Added in Current Year	其中:被外单位借用 of Which: Floor Space Hired by Other Schools or Units		
总 计 Total	**12165458.89**	**40988.28**	**309501.26**	**21338.03**	**693557.55**	**12319292.88**
北 京 Beijing	934755.02		107459.11		3000.00	9028.00
天 津 Tianjin	291381.25		63475.90		24100.00	520693.00
河 北 Hebei	317893.00					
山 西 Shanxi	629271.00					40833.00
内蒙古 Inner Mongolia	95975.17	10475.28				
辽 宁 Liaoning	690615.67				20000.00	942312.77
吉 林 Jilin	412989.39				259251.60	243851.00
黑龙江 Heilongjiang	586329.01			14715.00		450540.00
上 海 Shanghai	512036.45			6623.03		70275.90
江 苏 Jiangsu	345171.00					2295244.77
浙 江 Zhejiang	276852.98				105780.00	1818585.13
安 徽 Anhui	406165.00		17706.00		30257.00	449607.00
福 建 Fujian	106245.00					
江 西 Jiangxi	448884.17		45676.76			51839.00
山 东 Shandong	578843.00				58002.00	
河 南 Henan	679602.71		4037.00			1292345.00
湖 北 Hubei	296680.00					822371.00
湖 南 Hunan	432779.00	200.00	5975.00		73787.00	48523.00
广 东 Guangdong	388527.86					1875323.57.00
广 西 Guangxi	449679.00	27772.00			63504.00	135993.00
海 南 Hainan	72174.71		29555.71			
重 庆 Chongqing	502320.00				18000.00	
四 川 Sichuan	800749.62		1200.00		25973.95	9670.00
贵 州 Guizhou	253971.37					235385.34
云 南 Yunnan	51745.00					
西 藏 Tibet						
陕 西 Shaanxi	954332.60	1680.00				526499.40
甘 肃 Gansu	121925.46					
青 海 Qinghai	31855.00					
宁 夏 Ningxia	28871.00					
新 疆 Xinjiang	466838.45	861.00	34415.78		11902.00	480373.00

校舍情况(民办的其他高等教育机构)

Conditions of School Buidings (Other Non-government HEIs)

单位:平方米
unit: m^2

地 区 Region	学校产权校舍建筑面积 Floor Area of School Building Owned by HEIs				正在施工校舍建筑面积 Floor Area Under Construction	非学校产权中独立使用建筑面积 Floor Area of School Building Not Owned by HEIs
	合计 Total	其中:危房 of Which: Dilapidated Buildings	其中:当年新增校舍 of Which: New Added in Current Year	其中:被外单位借用 of Which: Floor Space Hired by Other Schools or Units		
总 计 Total	**3120766.49**		**127475.06**	**1000.00**	**319143.40**	**3028509.51**
北 京 Beijing	496154.83		24326.00			1062273.39
天 津 Tianjin						
河 北 Hebei	186860.00				115967.00	39604.25
山 西 Shanxi	255252.00					132056.00
内蒙古 Inner Mongolia						
辽 宁 Liaoning	171823.00					107734.00
吉 林 Jilin	32200.00					30229.00
黑龙江 Heilongjiang	10651.00					11460.00
上 海 Shanghai	60212.00			1000.00	1100.00	337731.07
江 苏 Jiangsu						
浙 江 Zhejiang	278290.00					271327.00
安 徽 Anhui	195058.00					41992.00
福 建 Fujian						
江 西 Jiangxi	201365.00				74836.00	37629.00
山 东 Shandong	464120.48				2908.00	298107.79
河 南 Henan	158245.27		182.00			87886.03
湖 北 Hubei	99646.00					154908.00
湖 南 Hunan	6700.00					66746.00
广 东 Guangdong	83421.33					208460.20
广 西 Guangxi						
海 南 Hainan						
重 庆 Chongqing	159812.56		102967.06		120282.40	15534.00
四 川 Sichuan	238277.02					103353.90
贵 州 Guizhou						
云 南 Yunnan						
西 藏 Tibet						
陕 西 Shaanxi						
甘 肃 Gansu	22678.00				4050.00	21477.88
青 海 Qinghai						
宁 夏 Ningxia						
新 疆 Xinjiang						

普通高中校数、班数(总计)
Number of Schools and Classes in Regular Senior Secondary Schools(Total)

地 区 Region	学校数(所) Schools				班数(个) Classes			
	合计 Total	完全中学 Combined Secondary Schools	高级中学 Regular High Schools	十二年一贯制学校 12-Year Sec.Schools	合计 Total	一年级 Grade 1	二年级 Grade 2	三年级 Grade 3
总 计 Total	**13383**	**5479**	**6706**	**1198**	**450566**	**151860**	**149300**	**149406**
北 京 Beijing	305	187	38	80	5377	1703	1835	1839
天 津 Tianjin	182	104	71	7	3963	1286	1326	1351
河 北 Hebei	598	201	354	43	21370	7494	7122	6754
山 西 Shanxi	503	208	250	45	15209	4979	5033	5197
内蒙古 Inner Mongolia	289	115	152	22	9941	3301	3279	3361
辽 宁 Liaoning	412	64	325	23	13390	4498	4493	4399
吉 林 Jilin	241	66	166	9	7892	2668	2662	2562
黑龙江 Heilongjiang	372	90	260	22	10754	3596	3573	3585
上 海 Shanghai	256	97	138	21	4694	1557	1575	1562
江 苏 Jiangsu	571	115	407	49	21680	7148	7169	7363
浙 江 Zhejiang	574	73	461	40	18226	6157	6112	5957
安 徽 Anhui	672	316	285	71	21410	7050	7135	7225
福 建 Fujian	533	418	86	29	13329	4497	4449	4383
江 西 Jiangxi	469	241	150	78	16529	5642	5426	5461
山 东 Shandong	580	104	429	47	31212	10760	10234	10218
河 南 Henan	792	153	558	81	31074	10824	10342	9908
湖 北 Hubei	532	79	409	44	15822	5153	5195	5474
湖 南 Hunan	579	202	314	63	19122	6683	6357	6082
广 东 Guangdong	1031	563	347	121	39223	12769	13018	13436
广 西 Guangxi	450	178	258	14	14929	5335	4865	4729
海 南 Hainan	109	78	12	19	3385	1133	1132	1120
重 庆 Chongqing	260	226	32	2	10951	3580	3586	3785
四 川 Sichuan	739	520	153	66	25837	8503	8521	8813
贵 州 Guizhou	437	181	221	35	17534	6091	5745	5698
云 南 Yunnan	480	319	135	26	14264	4941	4713	4610
西 藏 Tibet	31	4	24	3	1162	398	390	374
陕 西 Shaanxi	485	201	243	41	14946	4895	4901	5150
甘 肃 Gansu	379	157	207	15	11304	3684	3741	3879
青 海 Qinghai	106	41	45	20	2302	806	752	744
宁 夏 Ningxia	62	19	43		2754	893	903	958
新 疆 Xinjiang	354	159	133	62	10981	3836	3716	3429

普通高中校数、班数(城区)
Number of Schools and Classes in Regular Senior Secondary Schools(Urban Area)

地　区 Region	学校数(所) Schools				班数(个) Classes			
	合计 Total	完全中学 Combined Secondary Schools	高级中学 Regular High Schools	十二年一贯制学校 12-Year Sec.Schools	合计 Total	一年级 Grade 1	二年级 Grade 2	三年级 Grade 3
总　计 Total	**6628**	**2730**	**3174**	**724**	**220890**	**74195**	**73379**	**73316**
北　京 Beijing	269	167	30	72	4810	1546	1628	1636
天　津 Tianjin	144	98	40	6	3153	1022	1055	1076
河　北 Hebei	268	118	131	19	9272	3227	3102	2943
山　西 Shanxi	243	146	73	24	6668	2198	2202	2268
内蒙古 Inner Mongolia	147	59	76	12	4887	1643	1614	1630
辽　宁 Liaoning	310	58	234	18	9329	3137	3132	3060
吉　林 Jilin	148	35	106	7	5409	1807	1829	1773
黑龙江 Heilongjiang	208	45	147	16	6267	2088	2089	2090
上　海 Shanghai	223	87	116	20	4051	1339	1363	1349
江　苏 Jiangsu	324	65	229	30	12110	4040	4016	4054
浙　江 Zhejiang	312	46	238	28	10414	3552	3493	3369
安　徽 Anhui	221	99	96	26	7429	2496	2455	2478
福　建 Fujian	206	152	38	16	6050	2063	2027	1960
江　西 Jiangxi	190	113	41	36	6381	2172	2114	2095
山　东 Shandong	313	62	229	22	16834	5752	5538	5544
河　南 Henan	327	81	215	31	11951	4138	3974	3839
湖　北 Hubei	321	54	235	32	9651	3151	3171	3329
湖　南 Hunan	209	87	94	28	7000	2420	2346	2234
广　东 Guangdong	649	310	241	98	26861	8872	8901	9088
广　西 Guangxi	191	73	108	10	6143	2183	2015	1945
海　南 Hainan	62	44	7	11	2119	702	714	703
重　庆 Chongqing	133	117	15	1	5911	1947	1936	2028
四　川 Sichuan	270	175	53	42	10557	3449	3477	3631
贵　州 Guizhou	148	58	74	16	5325	1798	1756	1771
云　南 Yunnan	193	123	50	20	4981	1719	1657	1605
西　藏 Tibet	12	1	8	3	427	141	145	141
陕　西 Shaanxi	230	126	73	31	5909	1934	1966	2009
甘　肃 Gansu	123	44	73	6	3597	1182	1195	1220
青　海 Qinghai	44	13	22	9	858	303	278	277
宁　夏 Ningxia	35	10	25		1707	553	571	583
新　疆 Xinjiang	155	64	57	34	4829	1621	1620	1588

普通高中校数、班数(城乡结合区)
Number of Schools and Classes in Regular Senior Secondary Schools(Urban-rural Transitional Area)

地 区 Region	学校数(所) Schools				班数(个) Classes			
	合计 Total	完全中学 Combined Secondary Schools	高级中学 Regular High Schools	十二年一贯制学校 12-Year Sec.Schools	合计 Total	一年级 Grade 1	二年级 Grade 2	三年级 Grade 3
总 计 Total	**996**	**324**	**501**	**171**	**34536**	**11737**	**11446**	**11353**
北 京 Beijing	21	8	4	9	307	102	101	104
天 津 Tianjin	12	5	6	1	319	105	105	109
河 北 Hebei	50	11	31	8	1994	659	674	661
山 西 Shanxi	33	13	16	4	922	306	302	314
内蒙古 Inner Mongolia	8	2	6		228	79	78	71
辽 宁 Liaoning	30	5	24	1	1072	359	362	351
吉 林 Jilin	11	3	6	2	208	73	69	66
黑龙江 Heilongjiang	18	4	13	1	421	142	138	141
上 海 Shanghai	14	3	7	4	210	72	73	65
江 苏 Jiangsu	33	8	20	5	1299	433	440	426
浙 江 Zhejiang	81	12	61	8	2370	825	785	760
安 徽 Anhui	45	20	20	5	1385	453	465	467
福 建 Fujian	27	19	3	5	767	271	256	240
江 西 Jiangxi	15	6	4	5	530	185	175	170
山 东 Shandong	80	12	61	7	4405	1535	1446	1424
河 南 Henan	60	5	42	13	2219	780	734	705
湖 北 Hubei	47	8	27	12	1396	469	453	474
湖 南 Hunan	25	8	11	6	786	270	263	253
广 东 Guangdong	188	77	76	35	7898	2636	2601	2661
广 西 Guangxi	32	12	16	4	1157	413	381	363
海 南 Hainan	8	5	2	1	212	69	69	74
重 庆 Chongqing	6	5	1		291	97	98	96
四 川 Sichuan	34	17	4	13	1024	348	336	340
贵 州 Guizhou	22	9	8	5	709	243	237	229
云 南 Yunnan	48	30	8	10	1226	426	404	396
西 藏 Tibet								
陕 西 Shaanxi	20	7	11	2	526	163	182	181
甘 肃 Gansu	7	3	4		183	61	61	61
青 海 Qinghai	7	3	4		147	48	49	50
宁 夏 Ningxia	2	1	1		73	23	24	26
新 疆 Xinjiang	12	3	4	5	252	92	85	75

普通高中校数、班数(镇区)
Number of Schools and Classes in Regular Senior Secondary Schools(Counties & Town Area)

地　区 Region	学校数(所) Schools				班数(个) Classes			
	合计 Total	完全中学 Combined Secondary Schools	高级中学 Regular High Schools	十二年一贯制学校 12-Year Sec.Schools	合计 Total	一年级 Grade 1	二年级 Grade 2	三年级 Grade 3
总　计 Total	**6103**	**2441**	**3287**	**375**	**214784**	**72469**	**71006**	**71309**
北　京 Beijing	21	10	7	4	395	106	142	147
天　津 Tianjin	34	6	27	1	734	239	245	250
河　北 Hebei	303	77	208	18	11242	3973	3727	3542
山　西 Shanxi	221	44	160	17	7596	2460	2520	2616
内蒙古 Inner Mongolia	134	51	75	8	4890	1605	1606	1679
辽　宁 Liaoning	97	5	88	4	3908	1310	1311	1287
吉　林 Jilin	85	28	56	1	2411	841	790	780
黑龙江 Heilongjiang	156	41	110	5	4297	1436	1428	1433
上　海 Shanghai	26	6	19	1	534	178	177	179
江　苏 Jiangsu	243	48	177	18	9472	3073	3122	3277
浙　江 Zhejiang	233	19	205	9	7104	2355	2387	2362
安　徽 Anhui	412	201	174	37	12973	4223	4361	4389
福　建 Fujian	285	227	47	11	6661	2222	2218	2221
江　西 Jiangxi	254	117	102	35	9764	3356	3190	3218
山　东 Shandong	248	39	192	17	13993	4847	4574	4572
河　南 Henan	440	68	323	49	18702	6525	6227	5950
湖　北 Hubei	188	23	154	11	5686	1839	1864	1983
湖　南 Hunan	334	105	196	33	11263	3973	3725	3565
广　东 Guangdong	315	217	87	11	10310	3232	3439	3639
广　西 Guangxi	233	93	137	3	7885	2828	2548	2509
海　南 Hainan	40	30	4	6	1118	362	379	377
重　庆 Chongqing	115	99	16		4605	1492	1504	1609
四　川 Sichuan	442	327	98	17	14853	4895	4897	5061
贵　州 Guizhou	263	108	143	12	11757	4114	3850	3793
云　南 Yunnan	254	176	75	3	8621	2978	2847	2796
西　藏 Tibet	9	1	8		350	118	115	117
陕　西 Shaanxi	237	67	161	9	8627	2827	2800	3000
甘　肃 Gansu	235	101	128	6	7263	2344	2404	2515
青　海 Qinghai	58	26	21	11	1336	466	437	433
宁　夏 Ningxia	27	9	18		1047	340	332	375
新　疆 Xinjiang	161	72	71	18	5387	1912	1840	1635

普通高中校数、班数(镇乡结合区)

Number of Schools and Classes in Regular Senior Secondary Schools(County-town Transitional Area)

地 区 Region	学校数(所) Schools				班数(个) Classes			
	合计 Total	完全中学 Combined Secondary Schools	高级中学 Regular High Schools	十二年一贯制学校 12-Year Sec.Schools	合计 Total	一年级 Grade 1	二年级 Grade 2	三年级 Grade 3
总 计 Total	**1493**	**542**	**837**	**114**	**52355**	**17836**	**17325**	**17194**
北 京 Beijing	8	4	2	2	89	12	36	41
天 津 Tianjin	16		16		377	125	128	124
河 北 Hebei	123	40	77	6	4458	1597	1480	1381
山 西 Shanxi	82	13	59	10	2629	850	868	911
内蒙古 Inner Mongolia	13	3	9	1	459	148	148	163
辽 宁 Liaoning	16	3	12	1	592	199	199	194
吉 林 Jilin	4	2	2		134	52	42	40
黑龙江 Heilongjiang	16	4	11	1	458	156	157	145
上 海 Shanghai	4	2	2		72	23	24	25
江 苏 Jiangsu	62	12	45	5	2481	786	815	880
浙 江 Zhejiang	78	6	68	4	2367	782	785	800
安 徽 Anhui	77	37	28	12	2037	665	700	672
福 建 Fujian	73	59	9	5	1667	574	551	542
江 西 Jiangxi	46	18	17	11	1470	527	465	478
山 东 Shandong	101	16	77	8	5747	2003	1859	1885
河 南 Henan	143	22	107	14	5547	1951	1862	1734
湖 北 Hubei	40	5	33	2	1119	369	359	391
湖 南 Hunan	86	26	50	10	2708	962	896	850
广 东 Guangdong	116	75	37	4	4390	1398	1476	1516
广 西 Guangxi	30	13	16	1	818	320	257	241
海 南 Hainan	10	8	1	1	295	95	100	100
重 庆 Chongqing	18	17	1		1014	325	326	363
四 川 Sichuan	57	33	20	4	1782	586	600	596
贵 州 Guizhou	64	32	27	5	2186	774	709	703
云 南 Yunnan	69	47	22		2492	874	826	792
西 藏 Tibet	2		2		96	34	32	30
陕 西 Shaanxi	59	18	37	4	2096	703	689	704
甘 肃 Gansu	45	16	29		1541	501	517	523
青 海 Qinghai	12	5	6	1	391	141	124	126
宁 夏 Ningxia	3		3		101	34	32	35
新 疆 Xinjiang	20	6	12	2	742	270	263	209

普通高中校数、班数(乡村)
Number of Schools and Classes in Regular Senior Secondary Schools(Rural Area)

地 区 Region	学校数(所) Schools				班数(个) Classes			
	合计 Total	完全中学 Combined Secondary Schools	高级中学 Regular High Schools	十二年一贯制学校 12-Year Sec.Schools	合计 Total	一年级 Grade 1	二年级 Grade 2	三年级 Grade 3
总 计 Total	**652**	**308**	**245**	**99**	**14892**	**5196**	**4915**	**4781**
北 京 Beijing	15	10	1	4	172	51	65	56
天 津 Tianjin	4		4		76	25	26	25
河 北 Hebei	27	6	15	6	856	294	293	269
山 西 Shanxi	39	18	17	4	945	321	311	313
内蒙古 Inner Mongolia	8	5	1	2	164	53	59	52
辽 宁 Liaoning	5	1	3	1	153	51	50	52
吉 林 Jilin	8	3	4	1	72	20	43	9
黑龙江 Heilongjiang	8	4	3	1	190	72	56	62
上 海 Shanghai	7	4	3		109	40	35	34
江 苏 Jiangsu	4	2	1	1	98	35	31	32
浙 江 Zhejiang	29	8	18	3	708	250	232	226
安 徽 Anhui	39	16	15	8	1008	331	319	358
福 建 Fujian	42	39	1	2	618	212	204	202
江 西 Jiangxi	25	11	7	7	384	114	122	148
山 东 Shandong	19	3	8	8	385	161	122	102
河 南 Henan	25	4	20	1	421	161	141	119
湖 北 Hubei	23	2	20	1	485	163	160	162
湖 南 Hunan	36	10	24	2	859	290	286	283
广 东 Guangdong	67	36	19	12	2052	665	678	709
广 西 Guangxi	26	12	13	1	901	324	302	275
海 南 Hainan	7	4	1	2	148	69	39	40
重 庆 Chongqing	12	10	1	1	435	141	146	148
四 川 Sichuan	27	18	2	7	427	159	147	121
贵 州 Guizhou	26	15	4	7	452	179	139	134
云 南 Yunnan	33	20	10	3	662	244	209	209
西 藏 Tibet	10	2	8		385	139	130	116
陕 西 Shaanxi	18	8	9	1	410	134	135	141
甘 肃 Gansu	21	12	6	3	444	158	142	144
青 海 Qinghai	4	2	2		108	37	37	34
宁 夏 Ningxia								
新 疆 Xinjiang	38	23	5	10	765	303	256	206

普通高中学生数(总计)

Number of Students in Regular Senior Secondary Schools (Total)

单位:人
unit: person

地 区 Region	毕业生数 Graduates	招生数 Entrants	在校生数 Enrolment 合计 Total	其中:女 of Which: Female	一年级 Grade 1	二年级 Grade 2	三年级 Grade 3	预计毕业生数 Estimated Graduates for Next Year
总 计 Total	**7923500**	**8029206**	**23666465**	**11974903**	**8034323**	**7839244**	**7792898**	**7792898**
北 京 Beijing	52841	53544	163130	83997	53687	55869	53574	53574
天 津 Tianjin	56059	54143	163974	85173	54143	54493	55338	55338
河 北 Hebei	368170	432658	1213315	638514	432669	403030	377616	377616
山 西 Shanxi	284423	244539	753777	394085	244565	248687	260525	260525
内蒙古 Inner Mongolia	160737	146962	448994	235558	146962	147932	154100	154100
辽 宁 Liaoning	216098	212049	625066	327957	212077	208921	204068	204068
吉 林 Jilin	138986	139534	404209	212260	139534	134330	130345	130345
黑龙江 Heilongjiang	190714	186283	549844	288643	186289	181749	181806	181806
上 海 Shanghai	51889	53066	157806	82705	53440	53014	51352	51352
江 苏 Jiangsu	338683	318236	951525	462359	318616	315196	317713	317713
浙 江 Zhejiang	259893	258898	765605	392887	258925	258670	248010	248010
安 徽 Anhui	388305	358775	1106953	518892	359552	370981	376420	376420
福 建 Fujian	196997	217129	634747	323422	217231	213748	203768	203768
江 西 Jiangxi	302009	330240	942855	417301	330445	305957	306453	306453
山 东 Shandong	579148	557806	1664949	855477	557806	552738	554405	554405
河 南 Henan	633076	695330	1995960	1010101	695341	669044	631575	631575
湖 北 Hubei	305669	277056	845040	396681	277074	277048	290918	290918
湖 南 Hunan	341973	393932	1109093	544867	393975	371050	344068	344068
广 东 Guangdong	703300	643293	1973727	968214	643527	652663	677537	677537
广 西 Guangxi	268465	338497	918939	495283	338518	296811	283610	283610
海 南 Hainan	58826	57268	169899	82457	57280	56688	55931	55931
重 庆 Chongqing	219224	199687	606811	311425	199807	194752	212252	212252
四 川 Sichuan	496623	476045	1447174	738709	476206	478792	492176	492176
贵 州 Guizhou	307414	342626	993695	514941	342645	326627	324423	324423
云 南 Yunnan	248914	288237	805829	443322	288366	264832	252631	252631
西 藏 Tibet	19964	19514	56897	30976	19546	18952	18399	18399
陕 西 Shaanxi	277569	257192	783114	383126	257940	257557	267617	267617
甘 肃 Gansu	219083	193389	603490	296591	193398	199181	210911	210911
青 海 Qinghai	38041	42622	120304	62769	43382	38734	38188	38188
宁 夏 Ningxia	56075	47703	151995	80568	47706	50493	53796	53796
新 疆 Xinjiang	144332	192953	537749	295643	193671	180705	163373	163373

普通高中学生数(城区)
Number of Students in Senior Secondary Schools (Urban Area)

单位:人
unit: person

地 区 Region	毕业生数 Graduates	招生数 Entrants	在校生数 Enrolment					预计毕业生数 Estimated Graduates for Next Year
			合计 Total	其中:女 of Which: Female	一年级 Grade 1	二年级 Grade 2	三年级 Grade 3	
总 计 Total	**3788663**	**3741850**	**11125875**	**5649508**	**3744273**	**3693771**	**3687831**	**3687831**
北 京 Beijing	46603	48190	145320	74596	48320	49385	47615	47615
天 津 Tianjin	42948	42581	128605	66730	42581	42668	43356	43356
河 北 Hebei	159995	177551	507809	268595	177551	168666	161592	161592
山 西 Shanxi	123969	107287	327920	172505	107301	107878	112741	112741
内蒙古 Inner Mongolia	84636	74272	225061	119106	74272	73995	76794	76794
辽 宁 Liaoning	147419	143702	423793	220867	143720	141906	138167	138167
吉 林 Jilin	95574	93296	275009	144404	93296	92171	89542	89542
黑龙江 Heilongjiang	110268	106124	313321	164402	106130	103867	103324	103324
上 海 Shanghai	44300	45698	135684	70963	45965	45660	44059	44059
江 苏 Jiangsu	182127	179322	527854	260662	179604	175052	173198	173198
浙 江 Zhejiang	146501	149698	439229	224395	149711	148396	141122	141122
安 徽 Anhui	130137	125052	377453	179996	125056	124635	127762	127762
福 建 Fujian	89884	101822	294202	151911	101844	99291	93067	93067
江 西 Jiangxi	117937	124721	359244	160820	124772	117775	116697	116697
山 东 Shandong	313908	289759	873251	451989	289759	289296	294196	294196
河 南 Henan	233177	246498	718456	367625	246504	241699	230253	230253
湖 北 Hubei	185881	166665	509424	241963	166676	166928	175820	175820
湖 南 Hunan	125141	134909	387221	189522	134909	130428	121884	121884
广 东 Guangdong	464722	442246	1340152	656288	442472	443009	454671	454671
广 西 Guangxi	108338	130528	361963	193760	130535	117531	113897	113897
海 南 Hainan	37033	34763	105118	49724	34769	35361	34988	34988
重 庆 Chongqing	114537	106024	321286	167958	106089	103515	111682	111682
四 川 Sichuan	201441	186991	580219	296084	187032	191507	201680	201680
贵 州 Guizhou	95151	94832	287965	150022	94839	95689	97437	97437
云 南 Yunnan	87190	94891	269922	150350	94900	89283	85739	85739
西 藏 Tibet	7622	6916	20628	11249	6937	6790	6901	6901
陕 西 Shaanxi	105179	99644	305315	152222	99676	102784	102855	102855
甘 肃 Gansu	65711	61656	188577	92159	61660	62918	63999	63999
青 海 Qinghai	14125	15090	43591	22463	15581	13970	14040	14040
宁 夏 Ningxia	32833	29847	94579	49744	29848	32188	32543	32543
新 疆 Xinjiang	74376	81275	237704	126434	81964	79530	76210	76210

普通高中学生数(城乡结合区)
Number of Students in Senior Secondary Schools (Urban-rural Transitional Area)

单位:人
unit:person

地 区 Region	毕业生数 Graduates	招生数 Entrants	在校生数 Enrolment					预计毕业生数 Estimated Graduates for Next Year
			合计 Total	其中:女 of Which: Female	一年级 Grade 1	二年级 Grade 2	三年级 Grade 3	
总 计 Total	**592458**	**604922**	**1787422**	**889093**	**605066**	**592733**	**589623**	**589623**
北 京 Beijing	2947	2927	8971	4713	2931	3067	2973	2973
天 津 Tianjin	4993	4724	14329	7819	4724	4680	4925	4925
河 北 Hebei	34159	38372	114957	59298	38372	37865	38720	38720
山 西 Shanxi	17164	14240	44186	22894	14240	14405	15541	15541
内蒙古 Inner Mongolia	3747	3110	9841	4852	3110	3387	3344	3344
辽 宁 Liaoning	17688	17360	51371	26314	17361	17171	16839	16839
吉 林 Jilin	3553	3756	10362	5257	3756	3425	3181	3181
黑龙江 Heilongjiang	7161	6924	20194	10280	6924	6494	6776	6776
上 海 Shanghai	2244	2493	7210	3936	2499	2492	2219	2219
江 苏 Jiangsu	20999	19814	58181	27541	19824	19707	18650	18650
浙 江 Zhejiang	33094	34900	99840	50014	34904	33376	31560	31560
安 徽 Anhui	23882	22573	68567	32655	22574	22896	23097	23097
福 建 Fujian	11101	13512	37766	18910	13516	12813	11437	11437
江 西 Jiangxi	10107	11663	32768	13959	11663	10545	10560	10560
山 东 Shandong	80456	77998	232478	115953	77998	77556	76924	76924
河 南 Henan	40533	46675	134882	67613	46675	45790	42417	42417
湖 北 Hubei	26611	25500	76775	36620	25502	24835	26438	26438
湖 南 Hunan	13107	15565	44489	21341	15565	15080	13844	13844
广 东 Guangdong	137819	133954	402839	193856	134052	132602	136185	136185
广 西 Guangxi	20534	24980	69432	36803	24982	22514	21936	21936
海 南 Hainan	4418	3674	11371	5195	3674	3660	4037	4037
重 庆 Chongqing	5209	5597	16946	8191	5597	5576	5773	5773
四 川 Sichuan	17516	17276	51868	27253	17282	17010	17576	17576
贵 州 Guizhou	11067	12457	36418	19112	12459	12350	11609	11609
云 南 Yunnan	23081	25664	72607	39165	25665	23357	23585	23585
西 藏 Tibet								
陕 西 Shaanxi	9452	8127	26141	13136	8129	9100	8912	8912
甘 肃 Gansu	3327	3335	10278	4846	3335	3478	3465	3465
青 海 Qinghai	1943	2379	7306	3699	2379	2322	2605	2605
宁 夏 Ningxia	1390	1122	3637	1987	1122	1211	1304	1304
新 疆 Xinjiang	3156	4251	11412	5881	4252	3969	3191	3191

普通高中学生数(镇区)
Number of Students in Senior Secondary Schools (Counties & Towns Area)

单位:人
unit:person

地 区 Region	毕业生数 Graduates	招生数 Entrants	在校生数 Enrolment 合计 Total	其中:女 of Which: Female	一年级 Grade 1	二年级 Grade 2	三年级 Grade 3	预计毕业生数 Estimated Graduates for Next Year
总 计 Total	**3901550**	**4017364**	**11783882**	**5950752**	**4019981**	**3898639**	**3865262**	**3865262**
北 京 Beijing	4598	3543	12328	6611	3552	4483	4293	4293
天 津 Tianjin	11791	10468	32010	16743	10468	10697	10845	10845
河 北 Hebei	196745	237944	656181	344359	237955	217385	200841	200841
山 西 Shanxi	144813	121609	379571	198826	121621	125916	132034	132034
内蒙古 Inner Mongolia	73721	70284	216539	112728	70284	71219	75036	75036
辽 宁 Liaoning	66236	65844	193675	103478	65854	64572	63249	63249
吉 林 Jilin	42708	44190	126043	66513	44190	41368	40485	40485
黑龙江 Heilongjiang	77382	76335	226601	119088	76335	74888	75378	75378
上 海 Shanghai	6452	6198	18642	9816	6298	6194	6150	6150
江 苏 Jiangsu	154870	137316	418939	199483	137414	138538	142987	142987
浙 江 Zhejiang	103847	99343	297844	154408	99357	100890	97597	97597
安 徽 Anhui	238835	216936	677055	314119	217709	229683	229663	229663
福 建 Fujian	98960	105634	313030	159146	105712	105241	102077	102077
江 西 Jiangxi	179305	199722	567023	250665	199876	182786	184361	184361
山 东 Shandong	261058	260290	773343	395120	260290	257495	255558	255558
河 南 Henan	392485	438565	1250705	629743	438570	418435	393700	393700
湖 北 Hubei	111441	102144	311557	144330	102151	102256	107150	107150
湖 南 Hunan	201778	241175	672499	331844	241216	224287	206996	206996
广 东 Guangdong	203687	168434	532710	262546	168436	176533	187741	187741
广 西 Guangxi	143483	186573	501089	272344	186587	161586	152916	152916
海 南 Hainan	19984	19150	57568	29143	19156	19288	19124	19124
重 庆 Chongqing	96007	85775	261478	131558	85823	83378	92277	92277
四 川 Sichuan	288150	281302	846437	431966	281421	280313	284703	284703
贵 州 Guizhou	206043	238165	682163	353128	238177	223747	220239	220239
云 南 Yunnan	152110	180297	500979	273741	180383	164392	156204	156204
西 藏 Tibet	6602	5720	17333	9386	5720	5772	5841	5841
陕 西 Shaanxi	164382	150960	457854	221609	151676	148360	157818	157818
甘 肃 Gansu	146309	123210	390304	192198	123212	128349	138743	138743
青 海 Qinghai	22285	25456	70886	37192	25725	22789	22372	22372
宁 夏 Ningxia	23242	17856	57416	30824	17858	18305	21253	21253
新 疆 Xinjiang	62241	96926	264080	148097	96955	89494	77631	77631

普通高中学生数(镇乡结合区)

Number of Students in Senior Secondary Schools (County-twon Transitional Area)

单位:人
unit:person

地区 Region	毕业生数 Graduates	招生数 Entrants	在校生数 Enrolment					预计毕业生数 Estimated Graduates for Next Year
			合计 Total	其中:女 of Which: Female	一年级 Grade 1	二年级 Grade 2	三年级 Grade 3	
总　计 Total	**927629**	**974745**	**2839554**	**1433784**	**976029**	**941562**	**921963**	**921963**
北　京 Beijing	1015	331	1563	783	331	590	642	642
天　津 Tianjin	5924	5494	16552	8660	5494	5551	5507	5507
河　北 Hebei	74536	96664	264411	137906	96675	88300	79436	79436
山　西 Shanxi	49360	41592	130386	67828	41600	43110	45676	45676
内蒙古 Inner Mongolia	6557	6415	19451	9555	6415	6169	6867	6867
辽　宁 Liaoning	10154	10130	29038	15302	10134	9583	9321	9321
吉　林 Jilin	2215	2335	6127	3300	2335	1922	1870	1870
黑龙江 Heilongjiang	8288	8236	23397	12207	8236	7910	7251	7251
上　海 Shanghai	988	867	2779	1398	873	933	973	973
江　苏 Jiangsu	41077	35346	111068	52985	35355	36616	39097	39097
浙　江 Zhejiang	34836	33259	100376	51881	33264	33495	33617	33617
安　徽 Anhui	35463	32208	101193	47310	32968	34912	33313	33313
福　建 Fujian	23656	26989	77314	38640	27002	25692	24620	24620
江　西 Jiangxi	25730	31841	85742	36803	31861	27037	26844	26844
山　东 Shandong	108092	106604	313729	160623	106604	103451	103674	103674
河　南 Henan	112682	123088	354759	179920	123088	119495	112176	112176
湖　北 Hubei	22033	21839	64756	30828	21841	20979	21936	21936
湖　南 Hunan	46139	58419	162798	80367	58448	54708	49642	49642
广　东 Guangdong	81473	72321	225867	111220	72323	75699	77845	77845
广　西 Guangxi	12715	20121	49475	25643	20121	15450	13904	13904
海　南 Hainan	4996	5242	15348	7966	5244	5093	5011	5011
重　庆 Chongqing	21909	19092	59578	30544	19111	18903	21564	21564
四　川 Sichuan	35047	31181	96105	50274	31206	32150	32749	32749
贵　州 Guizhou	33683	44239	124368	63605	44250	40838	39280	39280
云　南 Yunnan	42497	51586	141086	77388	51647	46400	43039	43039
西　藏 Tibet	1941	1548	4881	2645	1548	1776	1557	1557
陕　西 Shaanxi	38546	37487	110103	51478	37517	36274	36312	36312
甘　肃 Gansu	30895	26120	82588	40697	26121	27246	29221	29221
青　海 Qinghai	6816	7807	21598	11143	8067	6786	6745	6745
宁　夏 Ningxia	2109	1904	5680	3003	1904	1733	2043	2043
新　疆 Xinjiang	6257	14440	37438	21882	14446	12761	10231	10231

普通高中学生数(乡村)
Number of Students in Senior Secondary Schools (Rural Area)

单位:人
unit: person

地 区 Region	毕业生数 Graduates	招生数 Entrants	在校生数 Enrolment					预计毕业生数 Estimated Graduates for Next Year
			合计 Total	其中:女 of Which: Female	一年级 Grade 1	二年级 Grade 2	三年级 Grade 3	
总 计 Total	**233287**	**269992**	**756708**	**374643**	**270069**	**246834**	**239805**	**239805**
北 京 Beijing	1640	1811	5482	2790	1815	2001	1666	1666
天 津 Tianjin	1320	1094	3359	1700	1094	1128	1137	1137
河 北 Hebei	11430	17163	49325	25560	17163	16979	15183	15183
山 西 Shanxi	15641	15643	46286	22754	15643	14893	15750	15750
内蒙古 Inner Mongolia	2380	2406	7394	3724	2406	2718	2270	2270
辽 宁 Liaoning	2443	2503	7598	3612	2503	2443	2652	2652
吉 林 Jilin	704	2048	3157	1343	2048	791	318	318
黑龙江 Heilongjiang	3064	3824	9922	5153	3824	2994	3104	3104
上 海 Shanghai	1137	1170	3480	1926	1177	1160	1143	1143
江 苏 Jiangsu	1686	1598	4732	2214	1598	1606	1528	1528
浙 江 Zhejiang	9545	9857	28532	14084	9857	9384	9291	9291
安 徽 Anhui	19333	16787	52445	24777	16787	16663	18995	18995
福 建 Fujian	8153	9673	27515	12365	9675	9216	8624	8624
江 西 Jiangxi	4767	5797	16588	5816	5797	5396	5395	5395
山 东 Shandong	4182	7757	18355	8368	7757	5947	4651	4651
河 南 Henan	7414	10267	26799	12733	10267	8910	7622	7622
湖 北 Hubei	8347	8247	24059	10388	8247	7864	7948	7948
湖 南 Hunan	15054	17848	49373	23501	17850	16335	15188	15188
广 东 Guangdong	34891	32613	100865	49380	32619	33121	35125	35125
广 西 Guangxi	16644	21396	55887	29179	21396	17694	16797	16797
海 南 Hainan	1809	3355	7213	3590	3355	2039	1819	1819
重 庆 Chongqing	8680	7888	24047	11909	7895	7859	8293	8293
四 川 Sichuan	7032	7752	20518	10659	7753	6972	5793	5793
贵 州 Guizhou	6220	9629	23567	11791	9629	7191	6747	6747
云 南 Yunnan	9614	13049	34928	19231	13083	11157	10688	10688
西 藏 Tibet	5740	6878	18936	10341	6889	6390	5657	5657
陕 西 Shaanxi	8008	6588	19945	9295	6588	6413	6944	6944
甘 肃 Gansu	7063	8523	24609	12234	8526	7914	8169	8169
青 海 Qinghai	1631	2076	5827	3114	2076	1975	1776	1776
宁 夏 Ningxia								
新 疆 Xinjiang	7715	14752	35965	21112	14752	11681	9532	9532

普通高中女学生数
Number of Female Students in Rugular Senior Secondary Schools

单位:人
unit:person

地　区 Region	毕业生数 Graduates	招生数 Entrants	在校生数 Enrolment				预计毕业生数 Estimated Graduates for Next Year
			合计 Total	一年级 Grade 1	二年级 Grade 2	三年级 Grade 3	
总　计 Total	**3975463**	**4070927**	**11974903**	**4073332**	**3977138**	**3924433**	**3924433**
北　京 Beijing	27791	27071	83997	27129	29042	27826	27826
天　津 Tianjin	28703	28497	85173	28497	28067	28609	28609
河　北 Hebei	194012	227931	638514	227935	212637	197942	197942
山　西 Shanxi	147004	127389	394085	127398	130589	136098	136098
内蒙古 Inner Mongolia	83763	77339	235558	77339	77930	80289	80289
辽　宁 Liaoning	112793	111315	327957	111327	110057	106573	106573
吉　林 Jilin	72721	73851	212260	73851	70855	67554	67554
黑龙江 Heilongjiang	100465	97098	288643	97101	95785	95757	95757
上　海 Shanghai	27076	27859	82705	28003	27698	27004	27004
江　苏 Jiangsu	162479	155558	462359	155753	153134	153472	153472
浙　江 Zhejiang	132913	132999	392887	133010	132879	126998	126998
安　徽 Anhui	180708	168929	518892	169289	173738	175865	175865
福　建 Fujian	98942	111273	323422	111307	109754	102361	102361
江　西 Jiangxi	128424	147194	417301	147257	135920	134124	134124
山　东 Shandong	293072	287340	855477	287340	285662	282475	282475
河　南 Henan	317068	352866	1010101	352870	339255	317976	317976
湖　北 Hubei	141689	131014	396681	131020	130917	134744	134744
湖　南 Hunan	169473	192406	544867	192414	181855	170598	170598
广　东 Guangdong	345001	314957	968214	315322	321276	331616	331616
广　西 Guangxi	145478	180960	495283	180965	161449	152869	152869
海　南 Hainan	28422	28207	82457	28207	27297	26953	26953
重　庆 Chongqing	114021	101850	311425	101877	100230	109318	109318
四　川 Sichuan	253821	242517	738709	242571	244310	251828	251828
贵　州 Guizhou	155586	177941	514941	177949	170473	166519	166519
云　南 Yunnan	133012	160350	443322	160397	145138	137787	137787
西　藏 Tibet	10868	10364	30976	10374	10174	10428	10428
陕　西 Shaanxi	135557	126345	383126	126653	125328	131145	131145
甘　肃 Gansu	105476	95626	296591	95629	98509	102453	102453
青　海 Qinghai	19665	22316	62769	22670	20187	19912	19912
宁　夏 Ningxia	29952	25740	80568	25743	27044	27781	27781
新　疆 Xinjiang	79508	105825	295643	106135	99949	89559	89559

普通中学教职工数(总计)

Number of Educational Personnel in General Secondary Schools (Total)

单位:人
unit: person

地　区 Region	教职工数 Educational Personnel						代课教师 Substitute Teachers	兼任教师 Part-time Teachers
	合计 Total	专任教师 Full-time Teachers	行政人员 Adm. Personnel	教辅人员 Supporting Staff	工勤人员 Workers	校办企业职工 Employees in School-run Factories & Farms		
总　计 Total	**6589448**	**5833939**	**199581**	**268320**	**285359**	**2249**	**65244**	**18290**
北　京 Beijing	85352	64549	7921	9271	3546	65		879
天　津 Tianjin	53531	45166	3669	3413	1269	14	208	532
河　北 Hebei	331748	289240	11643	17083	13590	192	2577	278
山　西 Shanxi	221095	188420	5964	12100	14535	76	7219	1015
内蒙古 Inner Mongolia	130833	101233	6581	14578	8432	9	1560	125
辽　宁 Liaoning	203601	174614	19177	5550	4245	15	53	71
吉　林 Jilin	132530	107722	8229	12778	3734	67	588	165
黑龙江 Heilongjiang	178757	150770	9236	10766	7971	14	1979	399
上　海 Shanghai	81131	65738	5798	6374	3177	44	294	436
江　苏 Jiangsu	348313	306185	7597	17257	17098	176	2322	155
浙　江 Zhejiang	244842	216949	5879	9767	12089	158		590
安　徽 Anhui	291765	257203	7368	9608	17539	47	3521	954
福　建 Fujian	177262	157415	5030	7764	6815	238	1078	137
江　西 Jiangxi	204407	195394	1561	2236	5166	50	630	425
山　东 Shandong	484579	436116	10217	23394	14800	52	3128	323
河　南 Henan	487692	436264	13637	13787	23992	12	18778	1522
湖　北 Hubei	244193	212857	6610	11726	12861	139	2581	699
湖　南 Hunan	304863	275705	8136	10680	10325	17	2760	614
广　东 Guangdong	577578	508873	16443	19506	32115	641	3032	374
广　西 Guangxi	207510	185085	4088	7750	10569	18	1381	1266
海　南 Hainan	52644	45528	1136	1488	4418	74	98	928
重　庆 Chongqing	132304	121351	2892	3569	4470	22	746	239
四　川 Sichuan	390940	358182	7636	8879	16239	4	4663	1538
贵　州 Guizhou	216584	199887	4190	3091	9387	29	78	2555
云　南 Yunnan	204127	188490	2669	3939	8983	46	14	858
西　藏 Tibet	15864	15328	158	74	304		84	
陕　西 Shaanxi	198548	172875	9865	9106	6676	26	769	243
甘　肃 Gansu	149897	139993	2573	4231	3098	2	1145	740
青　海 Qinghai	31850	30270	290	340	950		764	36
宁　夏 Ningxia	34478	32463	354	942	719		419	154
新　疆 Xinjiang	170630	154074	3034	7273	6247	2	2775	40

普通中学教职工数(城区)
Number of Educational Personnel in General Secondary Schools (Urban Area)

单位:人
unit:person

地 区 Region	教职工数 Educational Personnel						代课教师 Substitute Teachers	兼任教师 Part-time Teachers
	合计 Total	专任教师 Full-time Teachers	行政人员 Adm. Personnel	教辅人员 Supporting Staff	工勤人员 Workers	校办企业职工 Employees in School-run Factories & Farms		
总　计 Total	**2588775**	**2255305**	**95999**	**119073**	**116964**	**1434**	**27482**	**7639**
北　京 Beijing	69813	53513	6401	7058	2776	65		830
天　津 Tianjin	38949	32510	2687	2715	1025	12	99	488
河　北 Hebei	109992	95624	3902	5764	4557	145	1457	157
山　西 Shanxi	78964	66196	3056	4233	5420	59	3485	753
内蒙古 Inner Mongolia	51479	41732	3432	4324	1985	6	603	105
辽　宁 Liaoning	109728	94431	10240	2737	2310	10	7	64
吉　林 Jilin	58863	48731	3109	4990	1968	65	323	62
黑龙江 Heilongjiang	78385	66732	4188	4872	2589	4	706	302
上　海 Shanghai	65971	53690	4518	5366	2371	26	248	339
江　苏 Jiangsu	170684	150899	4047	8327	7368	43	1169	84
浙　江 Zhejiang	129403	113683	3359	5400	6814	147		366
安　徽 Anhui	72804	64415	2090	2381	3910	8	1471	355
福　建 Fujian	67005	59262	2021	2645	3007	70	730	102
江　西 Jiangxi	60879	57567	760	761	1784	7	101	198
山　东 Shandong	207356	185543	4900	10928	5954	31	1514	175
河　南 Henan	136060	120850	5386	4028	5784	12	4986	297
湖　北 Hubei	113631	98190	3706	5510	6133	92	1658	232
湖　南 Hunan	79751	70512	2348	3785	3094	12	894	151
广　东 Guangdong	349413	301761	9530	14484	23150	488	2794	300
广　西 Guangxi	62632	55022	1501	2758	3345	6	729	306
海　南 Hainan	24284	20170	720	873	2451	70	75	610
重　庆 Chongqing	58125	52481	1608	1942	2087	7	253	68
四　川 Sichuan	113537	100501	2757	4278	6000	1	1461	294
贵　州 Guizhou	50358	45489	1285	854	2730		41	241
云　南 Yunnan	49508	44196	1188	1447	2636	41	8	211
西　藏 Tibet	3976	3782	52	20	122		84	
陕　西 Shaanxi	64888	55355	4761	2658	2111	3	156	41
甘　肃 Gansu	35836	32770	937	1010	1117	2	154	410
青　海 Qinghai	9260	8687	121	134	318		197	1
宁　夏 Ningxia	14500	13696	194	328	282		294	80
新　疆 Xinjiang	52741	47315	1195	2463	1766	2	1785	17

普通中学教职工数(城乡结合区)
Number of Educational Personnel in General Secondary Schools (Urban-rural Transitional Area)

单位:人
unit:person

地　区 Region	教职工数 Educational Personnel						代课教师 Substitute Teachers	兼任教师 Part-time Teachers
	合计 Total	专任教师 Full-time Teachers	行政人员 Adm. Personnel	教辅人员 Supporting Staff	工勤人员 Workers	校办企业职　工 Employees in School-run Factories & Farms		
总　计 Total	**448293**	**386785**	**14344**	**19801**	**27049**	**314**	**3930**	**1098**
北　京 Beijing	6509	4356	662	910	581			29
天　津 Tianjin	3334	2883	222	182	47			
河　北 Hebei	26073	22774	789	1170	1322	18	135	49
山　西 Shanxi	10472	8410	316	628	1106	12	351	249
内蒙古 Inner Mongolia	1415	1125	61	143	86		33	
辽　宁 Liaoning	10379	9140	802	163	270	4	2	2
吉　林 Jilin	2346	1905	168	202	68	3	3	
黑龙江 Heilongjiang	6703	5429	370	497	407		44	10
上　海 Shanghai	5081	4289	331	277	184		31	9
江　苏 Jiangsu	20565	17959	460	1089	1057		123	36
浙　江 Zhejiang	31710	26824	985	1313	2587	1		99
安　徽 Anhui	12646	11020	401	419	806		96	41
福　建 Fujian	9980	8398	297	459	808	18	66	1
江　西 Jiangxi	6735	6445	90	68	132		12	56
山　东 Shandong	56488	50327	1252	3182	1708	19	1027	92
河　南 Henan	23768	21115	769	530	1354		569	19
湖　北 Hubei	16948	14171	509	781	1478	9	113	63
湖　南 Hunan	11035	9563	304	652	516		73	11
广　东 Guangdong	113882	97482	3495	4404	8301	200	689	143
广　西 Guangxi	12173	10871	247	416	639		172	33
海　南 Hainan	2342	1995	41	107	199		25	66
重　庆 Chongqing	4811	4284	103	161	263			14
四　川 Sichuan	14644	12059	421	1095	1069		139	33
贵　州 Guizhou	6762	5996	158	68	540		6	13
云　南 Yunnan	12410	10969	303	222	886	30		29
西　藏 Tibet								
陕　西 Shaanxi	7632	6332	604	450	246		6	
甘　肃 Gansu	2740	2587	50	49	54		143	
青　海 Qinghai	1697	1645	9	20	23		5	
宁　夏 Ningxia	1061	1033	8	6	14		10	
新　疆 Xinjiang	5952	5399	117	138	298		57	1

普通中学教职工数(镇区)

Number of Educational Personnel in General Secondary Schools (Counties & Towns Area)

单位:人
unit:person

地 区 Region	教职工数 Educational Personnel						代课教师 Substitute Teachers	兼任教师 Part-time Teachers
	合计 Total	专任教师 Full-time Teachers	行政人员 Adm. Personnel	教辅人员 Supporting Staff	工勤人员 Workers	校办企业职工 Employees in School-run Factories & Farms		
总 计 Total	**3106344**	**2769732**	**78589**	**123917**	**133635**	**471**	**26291**	**7271**
北 京 Beijing	10031	7008	957	1542	524			24
天 津 Tianjin	10704	9203	690	612	199		13	44
河 北 Hebei	174395	151189	5916	9844	7399	47	856	63
山 西 Shanxi	108435	93553	2056	6114	6699	13	2494	201
内蒙古 Inner Mongolia	70336	52979	2714	8998	5642	3	864	6
辽 宁 Liaoning	73683	62666	6986	2341	1686	4	30	2
吉 林 Jilin	49359	39523	3159	5394	1283		204	56
黑龙江 Heilongjiang	74367	61966	3745	4089	4557	10	797	86
上 海 Shanghai	12580	10070	1045	821	629	15	39	87
江 苏 Jiangsu	163143	142901	3208	8263	8639	132	890	67
浙 江 Zhejiang	95755	85930	1946	3728	4140	11		221
安 徽 Anhui	161315	141108	3981	5437	10760	29	1575	348
福 建 Fujian	83316	74427	2118	4018	2705	48	187	7
江 西 Jiangxi	107915	103708	464	1238	2483	22	413	192
山 东 Shandong	239346	216754	4521	10798	7260	13	1451	110
河 南 Henan	271413	240946	6622	8557	15288		10075	1057
湖 北 Hubei	103052	90300	2282	5124	5307	39	729	416
湖 南 Hunan	160247	144595	4027	5873	5747	5	1100	428
广 东 Guangdong	176855	162445	5049	3986	5360	15	236	55
广 西 Guangxi	119564	106981	2092	4425	6060	6	580	691
海 南 Hainan	24721	22170	326	544	1681		23	221
重 庆 Chongqing	63400	58952	1090	1431	1916	11	180	116
四 川 Sichuan	208564	193251	3358	3922	8030	3	1743	707
贵 州 Guizhou	128992	119305	2181	2027	5453	26	22	1297
云 南 Yunnan	107124	99227	1031	2139	4722	5		368
西 藏 Tibet	8352	8146	46	36	124			
陕 西 Shaanxi	116679	102658	4244	5774	3989	14	536	130
甘 肃 Gansu	78225	72673	1213	2815	1524		305	165
青 海 Qinghai	16694	15924	148	171	451		462	30
宁 夏 Ningxia	14938	13914	128	549	347		86	65
新 疆 Xinjiang	72844	65260	1246	3307	3031		401	11

普通中学教职工数(镇乡结合区)

Number of Educational Personnel in General Secondary Schools (County-town Transitional Area)

单位:人
unit:person

地 区 Region	教职工数 Educational Personnel						代课教师 Substitute Teachers	兼任教师 Part-time Teachers
	合计 Total	专任教师 Full-time Teachers	行政人员 Adm. Personnel	教辅人员 Supporting Staff	工勤人员 Workers	校办企业职工 Employees in School-run Factories & Farms		
总 计 Total	**769374**	**683165**	**19483**	**30503**	**36057**	**166**	**6891**	**1711**
北 京 Beijing	3372	2213	500	416	243			22
天 津 Tianjin	4447	3877	298	201	71		8	44
河 北 Hebei	74003	64417	2495	3645	3440	6	241	14
山 西 Shanxi	33695	28545	675	2054	2410	11	929	102
内蒙古 Inner Mongolia	6860	4848	284	1222	506		32	
辽 宁 Liaoning	9486	8092	801	411	181	1	2	
吉 林 Jilin	4558	3573	340	549	96		35	
黑龙江 Heilongjiang	6543	5600	261	439	233	10	53	
上 海 Shanghai	3014	2377	232	241	164			39
江 苏 Jiangsu	41092	35969	893	2199	2001	30	480	2
浙 江 Zhejiang	32290	28860	679	1298	1445	8		96
安 徽 Anhui	32562	27423	960	973	3202	4	440	140
福 建 Fujian	22106	19757	571	940	827	11	51	1
江 西 Jiangxi	17895	16948	124	244	568	11	49	86
山 东 Shandong	92810	84146	1573	4236	2842	13	754	18
河 南 Henan	88440	77153	2331	2892	6064		2672	341
湖 北 Hubei	22595	19539	485	976	1570	25	166	180
湖 南 Hunan	44495	40635	1085	1445	1330		403	113
广 东 Guangdong	58118	53250	1691	1305	1862	10	15	27
广 西 Guangxi	21219	19216	359	602	1042		82	86
海 南 Hainan	3221	2808	35	61	317		1	16
重 庆 Chongqing	11552	10650	207	340	355		36	23
四 川 Sichuan	30727	27892	732	734	1369		203	104
贵 州 Guizhou	21991	20358	368	265	986	14	11	141
云 南 Yunnan	24771	22738	266	635	1127	5		66
西 藏 Tibet	1217	1181	8	12	16			
陕 西 Shaanxi	24803	21590	905	1224	1077	7	32	20
甘 肃 Gansu	15727	14712	165	553	297		60	21
青 海 Qinghai	4256	4176	17	14	49		83	
宁 夏 Ningxia	1588	1502	14	42	30		19	
新 疆 Xinjiang	9921	9120	129	335	337		34	9

普通中学教职工数(乡村)
Number of Educational Personnel in General Secondary Schools (Rural Area)

单位:人
unit:person

地 区 Region	教职工数 Educational Personnel						代课教师 Substitute Teachers	兼任教师 Part-time Teachers
	合计 Total	专任教师 Full-time Teachers	行政人员 Adm. Personnel	教辅人员 Supporting Staff	工勤人员 Workers	校办企业职工 Employees in School-run Factories & Farms		
总 计 Total	**894329**	**808902**	**24993**	**25330**	**34760**	**344**	**11471**	**3380**
北 京 Beijing	5508	4028	563	671	246			25
天 津 Tianjin	3878	3453	292	86	45	2	96	
河 北 Hebei	47361	42427	1825	1475	1634		264	58
山 西 Shanxi	33696	28671	852	1753	2416	4	1240	61
内蒙古 Inner Mongolia	9018	6522	435	1256	805		93	14
辽 宁 Liaoning	20190	17517	1951	472	249	1	16	5
吉 林 Jilin	24308	19468	1961	2394	483	2	61	47
黑龙江 Heilongjiang	26005	22072	1303	1805	825		476	11
上 海 Shanghai	2580	1978	235	187	177	3	7	10
江 苏 Jiangsu	14486	12385	342	667	1091	1	263	4
浙 江 Zhejiang	19684	17336	574	639	1135			3
安 徽 Anhui	57646	51680	1297	1790	2869	10	475	251
福 建 Fujian	26941	23726	891	1101	1103	120	161	28
江 西 Jiangxi	35613	34119	337	237	899	21	116	35
山 东 Shandong	37877	33819	796	1668	1586	8	163	38
河 南 Henan	80219	74468	1629	1202	2920		3717	168
湖 北 Hubei	27510	24367	622	1092	1421	8	194	51
湖 南 Hunan	64865	60598	1761	1022	1484		766	35
广 东 Guangdong	51310	44667	1864	1036	3605	138	2	19
广 西 Guangxi	25314	23082	495	567	1164	6	72	269
海 南 Hainan	3639	3188	90	71	286	4		97
重 庆 Chongqing	10779	9918	194	196	467	4	313	55
四 川 Sichuan	68839	64430	1521	679	2209		1459	537
贵 州 Guizhou	37234	35093	724	210	1204	3	15	1017
云 南 Yunnan	47495	45067	450	353	1625		6	279
西 藏 Tibet	3536	3400	60	18	58			
陕 西 Shaanxi	16981	14862	860	674	576	9	77	72
甘 肃 Gansu	35836	34550	423	406	457		686	165
青 海 Qinghai	5896	5659	21	35	181		105	5
宁 夏 Ningxia	5040	4853	32	65	90		39	9
新 疆 Xinjiang	45045	41499	593	1503	1450		589	12

普通中学女教职工数

Number of Female Educational Personnel in General Secondary Schools

单位:人
unit:person

地　区 Region	教职工数 Educational Personnel						代课教师 Substitute Teachers	兼任教师 Part-time Teachers
	合计 Total	专任教师 Full-time Teachers	行政人员 Adm. Personnel	教辅人员 Supporting Staff	工勤人员 Workers	校办企业职工 Employees in School-run Factories & Farms		
总　计 Total	**3540547**	**3231292**	**54465**	**135293**	**118495**	**1002**	**43724**	**9656**
北　京 Beijing	60727	48997	4369	6184	1173	4		603
天　津 Tianjin	35251	31545	1445	1988	271	2	139	376
河　北 Hebei	215091	197798	2674	9164	5381	74	1883	128
山　西 Shanxi	139008	124309	1631	6207	6835	26	4657	615
内蒙古 Inner Mongolia	76431	65363	1971	6790	2304	3	1027	74
辽　宁 Liaoning	130641	119708	6859	3417	655	2	50	40
吉　林 Jilin	81538	71907	2151	6263	1200	17	349	69
黑龙江 Heilongjiang	108765	97655	2996	5303	2811		1431	208
上　海 Shanghai	56093	47714	3024	4429	900	26	175	243
江　苏 Jiangsu	175671	160624	1528	7030	6432	57	1438	59
浙　江 Zhejiang	139958	126490	1677	5256	6444	91		283
安　徽 Anhui	121629	107364	1347	4359	8537	22	1856	370
福　建 Fujian	83929	75950	1179	3775	2857	168	746	49
江　西 Jiangxi	91064	87251	512	1124	2150	27	473	232
山　东 Shandong	253412	237148	2170	9235	4837	22	1894	149
河　南 Henan	279525	257916	3656	6879	11068	6	13521	852
湖　北 Hubei	105485	94177	1401	4656	5188	63	1612	274
湖　南 Hunan	147770	137483	1167	5288	3821	11	1849	306
广　东 Guangdong	327940	296190	3382	12136	15942	290	1939	184
广　西 Guangxi	108819	98637	982	4038	5152	10	989	732
海　南 Hainan	27302	23762	362	876	2269	33	76	613
重　庆 Chongqing	63951	60276	778	1653	1242	2	449	125
四　川 Sichuan	189727	177291	1617	4952	5866	1	3333	707
贵　州 Guizhou	96561	89006	786	1575	5172	22	50	1356
云　南 Yunnan	102137	95378	662	1996	4089	12	7	478
西　藏 Tibet	8042	7797	65	41	139		50	
陕　西 Shaanxi	106913	97713	2705	4268	2217	10	415	118
甘　肃 Gansu	62845	60145	266	1610	823	1	588	288
青　海 Qinghai	16985	16279	70	167	469		464	2
宁　夏 Ningxia	18499	17757	64	450	228		285	106
新　疆 Xinjiang	108838	101662	969	4184	2023		1979	17

普通中学教职工总数中
Number of General Secondary Schools Educational

地区 Region	教职工数 Educational Personnel		
	合计 Total	专任教师 Full-time Teachers	行政人员 Adm. Personnel
总计 Total	**879191**	**665944**	**41736**
北京 Beijing	11308	6897	1705
天津 Tianjin	3293	2380	345
河北 Hebei	47397	37405	2046
山西 Shanxi	45473	32284	1871
内蒙古 Inner Mongolia	5251	3934	471
辽宁 Liaoning	10860	9288	1015
吉林 Jilin	10353	8143	546
黑龙江 Heilongjiang	7340	5434	529
上海 Shanghai	11463	8469	849
江苏 Jiangsu	49648	38687	1761
浙江 Zhejiang	57769	44429	2170
安徽 Anhui	62762	45385	2971
福建 Fujian	22449	16747	1206
江西 Jiangxi	21181	17144	866
山东 Shandong	55416	44311	2416
河南 Henan	96221	72530	4907
湖北 Hubei	27057	19553	1198
湖南 Hunan	31512	25239	1150
广东 Guangdong	152344	117176	5471
广西 Guangxi	18812	13212	1048
海南 Hainan	9738	6403	510
重庆 Chongqing	10311	7728	534
四川 Sichuan	44084	31950	1909
贵州 Guizhou	25392	19613	1144
云南 Yunnan	13895	10569	853
西藏 Tibet	142	120	12
陕西 Shaanxi	19395	14612	1725
甘肃 Gansu	4072	3153	252
青海 Qinghai	546	364	56
宁夏 Ningxia	1036	870	57
新疆 Xinjiang	2671	1915	143

民办教职工数
Personnel Maintained by the Communities

单位：人
unit：person

教辅人员 Supporting Staff	工勤人员 Workers	校办企业职工 Employees in School-run Factories & Farms	代课教师 Substitute Teachers	兼任教师 Part-time Teachers
40739	**129475**	**1297**	**14013**	**6951**
1195	1481	30		102
273	295		174	492
2023	5920	3		144
2113	9197	8	2809	716
225	621		41	25
340	214	3		41
533	1117	14	100	5
311	1066			166
1254	860	31		222
2480	6698	22	130	68
2821	8222	127		478
3007	11365	34	1170	641
1026	3240	230	18	98
595	2534	42	189	243
2457	6210	22	1007	156
3410	15370	4	7663	771
1101	5172	33	3	375
1728	3395		68	392
6365	22797	535	245	143
997	3544	11	59	391
415	2355	55		32
425	1617	7	251	85
3169	7056			67
683	3923	29	31	128
477	1950	46		374
2	8			
929	2120	9		77
189	476	2	22	440
5	121		16	
45	64			78
146	467		17	1

普通高中专任教师学历、
Number of Full-time Teachers in Regular Senior Secondary Schools by

	合计 Total	其中：女 of Which: Female	按学历分 By Academic Qualification			
			研究生毕业 Graduate	本科毕业 Under-graduate	专科毕业 Associate Bachelor	高中阶段毕业 High School Graduate
总　计 Total	**1733459**	**903797**	**137689**	**1559619**	**35338**	**754**
北　京 Beijing	21056	15114	5470	15533	51	2
天　津 Tianjin	16401	11448	2581	13692	124	3
河　北 Hebei	89131	57162	6305	81092	1721	13
山　西 Shanxi	63339	39258	5424	56503	1398	14
内蒙古 Inner Mongolia	34823	20971	3739	30374	710	
辽　宁 Liaoning	50630	34454	4845	45161	580	40
吉　林 Jilin	29262	18992	2536	26457	264	4
黑龙江 Heilongjiang	42312	27188	2701	38974	621	15
上　海 Shanghai	17669	11641	3474	14178	16	1
江　苏 Jiangsu	95070	46214	13481	81058	524	7
浙　江 Zhejiang	67976	35521	5912	61655	403	6
安　徽 Anhui	77330	30190	4849	71037	1435	9
福　建 Fujian	50424	24165	2727	46592	1096	9
江　西 Jiangxi	54829	22796	3911	47053	3768	91
山　东 Shandong	129631	67404	11852	116023	1667	77
河　南 Henan	117866	61548	9498	104930	3411	27
湖　北 Hubei	66528	26439	4595	60286	1530	109
湖　南 Hunan	72229	30749	3504	67095	1539	91
广　东 Guangdong	151612	81897	14179	135710	1705	18
广　西 Guangxi	53370	28778	3421	48570	1356	15
海　南 Hainan	12790	6929	679	11667	444	
重　庆 Chongqing	39887	19184	2477	36599	771	39
四　川 Sichuan	96213	44096	4587	89240	2374	12
贵　州 Guizhou	61030	27785	2039	57248	1688	39
云　南 Yunnan	53875	27154	2201	50608	1040	26
西　藏 Tibet	4985	2542	248	4640	96	1
陕　西 Shaanxi	57471	30571	5384	51107	964	16
甘　肃 Gansu	45107	18236	2705	40295	2070	37
青　海 Qinghai	8923	4568	430	8045	441	7
宁　夏 Ningxia	10639	5617	628	9819	188	3
新　疆 Xinjiang	41051	25186	1307	38378	1343	23

专业技术职务情况（总计）
Academic Qualification and Professional Rank（Total）

单位：人
unit：person

高中阶段毕业以下 Below High School Graduate	按专业技术职务分 By Professional Rank				
	中学高级 Senior Secondary	中学一级 1st Grade	中学二级 2nd Grade	中学三级 3rd Grade	未定职级 No-ranking
59	**476786**	**634539**	**482651**	**11131**	**128352**
	7949	6743	4759	51	1554
1	5875	7104	2685	16	721
	22787	36600	22251	1064	6429
	12131	19130	23755	668	7655
	11643	12539	8165		2476
4	20135	17669	8619	311	3896
1	8269	11942	6940	92	2019
1	14082	16454	10130	133	1513
	5480	7900	3373	17	899
	35592	38026	18072	5	3375
	22950	24640	14899	279	5208
	23086	27210	18248	1089	7697
	15784	19404	13310	86	1840
6	20236	17090	11737	549	5217
12	27880	48821	42831	421	9678
	26933	40116	42082	1435	7300
8	22022	27129	14471	601	2305
	21504	28172	17206	397	4950
	32863	62998	41800	790	13161
8	11382	21519	14764	878	4827
	3471	4286	4108	77	848
1	9325	14321	14173	124	1944
	28138	35943	27317	189	4626
16	13591	17611	21217	597	8014
	15540	16544	16882	84	4825
	665	1734	1739	14	833
	13516	20469	19534	294	3658
	9010	15802	17349	222	2724
	2433	2864	2088	399	1139
1	2797	3076	3882	39	845
	9717	10683	14265	210	6176

普通高中专任教师学历、
Number of Full-time Teachers in Regular Senior Secondary Schools by

	合计 Total	其中:女 of Which: Female	按学历分 By Academic Qualification			
			研究生毕业 Graduate	本科毕业 Under-graduate	专科毕业 Associate Bachelor	高中阶段毕业 High School Graduate
总 计 Total	**856102**	**479431**	**92137**	**752086**	**11669**	**195**
北 京 Beijing	18606	13463	4846	13717	41	2
天 津 Tianjin	12994	9292	2413	10493	85	2
河 北 Hebei	39461	26147	3418	35410	630	3
山 西 Shanxi	27267	17599	2803	24022	440	2
内蒙古 Inner Mongolia	17737	11028	2330	15105	302	
辽 宁 Liaoning	35791	24911	3831	31640	299	20
吉 林 Jilin	19684	12979	2005	17496	179	3
黑龙江 Heilongjiang	24907	16409	2002	22526	369	10
上 海 Shanghai	15315	10224	3203	12098	13	1
江 苏 Jiangsu	53342	27617	9063	44030	245	4
浙 江 Zhejiang	38797	20703	3993	34625	175	4
安 徽 Anhui	26374	11661	2018	23909	444	3
福 建 Fujian	22288	12377	1854	20116	316	2
江 西 Jiangxi	21881	10092	2257	18545	1075	4
山 东 Shandong	71343	39269	7679	62947	691	23
河 南 Henan	44933	24756	5125	38872	932	4
湖 北 Hubei	40852	17681	3664	36469	705	8
湖 南 Hunan	26566	12314	1874	24282	385	25
广 东 Guangdong	101942	56727	11736	89448	745	13
广 西 Guangxi	22295	12742	2290	19722	278	3
海 南 Hainan	7828	4360	464	7167	197	
重 庆 Chongqing	22174	11189	2037	19862	249	26
四 川 Sichuan	39422	18814	2783	35860	772	7
贵 州 Guizhou	19415	10016	1198	17742	471	4
云 南 Yunnan	19261	10328	1373	17651	230	7
西 藏 Tibet	1798	888	127	1660	11	
陕 西 Shaanxi	21845	12633	2986	18496	358	5
甘 肃 Gansu	13690	6316	1185	12080	421	4
青 海 Qinghai	3279	1771	180	2950	144	5
宁 夏 Ningxia	6535	3592	488	5948	98	
新 疆 Xinjiang	18480	11533	912	17198	369	1

专业技术职务情况(城区)
Academic Qualification and Professional Rank(Urban Area)

单位:人
unit: person

	按专业技术职务分 By Professional Rank				
高中阶段毕业以下 Below High School Graduate	中学高级 Senior Secondary	中学一级 1st Grade	中学二级 2nd Grade	中学三级 3rd Grade	未定职级 No-ranking
15	**262477**	**319085**	**209369**	**4404**	**60767**
	7254	6075	4081	45	1151
1	4829	5639	1997	15	514
	10902	16798	8735	580	2446
	5854	8519	8947	132	3815
	6408	5939	3880		1510
1	14702	12613	5455	213	2808
1	5764	7769	4515	66	1570
	9018	9902	5186	75	726
	4815	6832	2865	17	786
	21845	21248	8222	4	2023
	13939	13916	7697	146	3099
	8445	9581	5612	363	2373
	7310	8316	5616	36	1010
	8759	6642	4609	164	1707
3	15936	27065	22619	201	5522
	11572	15899	14056	375	3031
6	15185	15741	8182	334	1410
	8773	10557	5410	105	1721
	25102	41987	25972	365	8516
2	5360	8537	6023	302	2073
	2260	2691	2264	39	574
	5868	8118	7059	56	1073
	12488	15037	10080	86	1731
	5354	5625	5935	134	2367
	6180	5957	5259	40	1825
	390	689	556	1	162
	5995	7726	6276	99	1749
	3702	5181	3969	66	772
	949	961	746	258	365
1	1968	1929	2092		546
	5551	5596	5454	87	1792

普通高中专任教师学历、
Number of Full-time Teachers in Regular Senior Secondary Schools by

	合计 Total	其中：女 of Which: Female	按学历分 By Academic Qualification			
			研究生毕业 Graduate	本科毕业 Under-graduate	专科毕业 Associate Bachelor	高中阶段毕业 High School Graduate
总　计 Total	**133817**	**71891**	**12313**	**119578**	**1885**	**41**
北　京 Beijing	1093	728	288	803	2	
天　津 Tianjin	1404	977	193	1196	15	
河　北 Hebei	8145	5336	602	7313	228	2
山　西 Shanxi	3920	2393	412	3425	81	2
内蒙古 Inner Mongolia	814	520	74	722	18	
辽　宁 Liaoning	4081	2760	366	3681	32	2
吉　林 Jilin	824	525	33	785	6	
黑龙江 Heilongjiang	1754	1152	178	1538	34	4
上　海 Shanghai	868	578	194	672	2	
江　苏 Jiangsu	5699	2688	743	4933	23	
浙　江 Zhejiang	8579	4587	716	7813	48	2
安　徽 Anhui	5032	2064	411	4548	73	
福　建 Fujian	2848	1464	172	2615	61	
江　西 Jiangxi	1758	726	153	1500	105	
山　东 Shandong	18196	9847	2054	15937	199	6
河　南 Henan	8306	4596	1006	7117	182	1
湖　北 Hubei	5913	2331	475	5374	64	
湖　南 Hunan	3032	1260	188	2810	33	1
广　东 Guangdong	29888	16085	2652	26978	253	5
广　西 Guangxi	4196	2391	306	3808	82	
海　南 Hainan	824	444	47	761	16	
重　庆 Chongqing	992	423	56	914	17	5
四　川 Sichuan	3793	1773	304	3441	48	
贵　州 Guizhou	2500	1268	100	2342	58	
云　南 Yunnan	4889	2559	247	4563	73	6
西　藏 Tibet						
陕　西 Shaanxi	1925	1083	218	1678	29	
甘　肃 Gansu	737	338	54	649	34	
青　海 Qinghai	601	300	8	548	40	5
宁　夏 Ningxia	323	147	16	305	2	
新　疆 Xinjiang	883	548	47	809	27	

专业技术职务情况(城乡结合区)
Academic Qualification and Professional Rank(Urban-rural Transitional Area)

单位:人
unit: person

	按专业技术职务分 By Professional Rank				
高中阶段毕业以下 Below High School Graduate	中学高级 Senior Secondary	中学一级 1st Grade	中学二级 2nd Grade	中学三级 3rd Grade	未定职级 No-ranking
	33869	**48465**	**37433**	**895**	**13155**
	346	312	253		182
	503	625	222		54
	2119	3382	1886	129	629
	663	1135	1405	36	681
	289	280	145		100
	1701	1229	704	53	394
	278	368	146		32
	709	543	436	3	63
	294	318	172	6	78
	2092	2207	1172		228
	2419	2931	2308	96	825
	1509	1742	954	136	691
	967	1005	721	1	154
	623	485	418	26	206
	3399	6110	6626	132	1929
	1722	2685	2843	51	1005
	2157	2191	1239	55	271
	933	1194	638	3	264
	5983	12665	8152	70	3018
	792	1567	1439	11	387
	125	199	419	1	80
	197	312	419		64
	1054	1392	1103	18	226
	565	709	809	2	415
	1389	1456	1338	5	701
	494	577	669	5	180
	153	254	284		46
	171	208	123	30	69
	108	133	75		7
	115	251	315	26	176

普通高中专任教师学历、

Number of Full-time Teachers in Regular Senior Secondary Schools by

	合计 Total	其中:女 of Which: Female	按学历分 By Academic Qualification			
			研究生毕业 Graduate	本科毕业 Under-graduate	专科毕业 Associate Bachelor	高中阶段毕业 High School Graduate
总　计 Total	**822116**	**397075**	**41901**	**757573**	**22072**	**527**
北　京 Beijing	1615	1135	435	1174	6	
天　津 Tianjin	3096	1962	154	2905	36	1
河　北 Hebei	46544	29118	2635	42870	1029	10
山　西 Shanxi	32587	19568	2192	29588	795	12
内蒙古 Inner Mongolia	16580	9632	1372	14821	387	
辽　宁 Liaoning	14367	9265	985	13088	271	20
吉　林 Jilin	9191	5794	513	8607	71	
黑龙江 Heilongjiang	16651	10300	684	15720	241	5
上　海 Shanghai	2007	1199	223	1783	1	
江　苏 Jiangsu	41371	18428	4395	36706	267	3
浙　江 Zhejiang	26756	13626	1675	24878	201	2
安　徽 Anhui	47484	17284	2622	43947	910	5
福　建 Fujian	25861	10855	801	24312	742	6
江　西 Jiangxi	32274	12439	1644	27935	2603	86
山　东 Shandong	56611	27289	3981	51622	945	54
河　南 Henan	71082	35846	4174	64435	2451	22
湖　北 Hubei	23609	8015	825	21958	726	99
湖　南 Hunan	42529	17189	1520	39868	1078	63
广　东 Guangdong	41815	21432	1720	39209	881	5
广　西 Guangxi	28154	14511	1018	26236	887	7
海　南 Hainan	4399	2252	186	3972	241	
重　庆 Chongqing	16223	7278	399	15352	459	12
四　川 Sichuan	55035	24420	1703	51792	1535	5
贵　州 Guizhou	40141	17170	810	38133	1151	31
云　南 Yunnan	32125	15541	725	30618	763	19
西　藏 Tibet	1422	719	67	1326	28	1
陕　西 Shaanxi	33811	17033	2288	30930	584	9
甘　肃 Gansu	29759	11284	1455	26709	1565	30
青　海 Qinghai	5251	2589	229	4735	285	2
宁　夏 Ningxia	4104	2025	140	3871	90	3
新　疆 Xinjiang	19662	11877	331	18473	843	15

专业技术职务情况(镇区)

Academic Qualification and Professional Rank(Counties & Towns Area)

单位:人
unit: person

	按专业技术职务分 By Professional Rank				
高中阶段毕业以下 Below High School Graduate	中学高级 Senior Secondary	中学一级 1st Grade	中学二级 2nd Grade	中学三级 3rd Grade	未定职级 No-ranking
43	**203562**	**296622**	**255948**	**6163**	**59821**
	454	393	438	2	328
	944	1310	642	1	199
	11307	18661	12736	473	3367
	5863	9841	13666	457	2760
	5102	6371	4170		937
3	5326	4917	3032	97	995
	2441	4004	2326	12	408
1	4844	6349	4689	57	712
	548	920	455		84
	13626	16649	9746	1	1349
	8392	9879	6597	121	1767
	13954	16495	11571	639	4825
	7974	10184	6943	49	711
6	11377	10341	7038	373	3145
9	11674	21209	19664	208	3856
	15023	23642	27176	1053	4188
1	6314	10614	5659	257	765
	11907	16310	11013	255	3044
	6347	17741	13690	357	3680
6	5422	11821	8103	536	2272
	1037	1441	1711	26	184
1	3186	5713	6532	66	726
	15169	20242	16739	100	2785
16	8058	11559	14737	454	5333
	8922	9953	10636	39	2575
	116	490	536	1	279
	7171	12073	12519	192	1856
	5071	10035	12744	112	1797
	1398	1757	1280	83	733
	829	1147	1790	39	299
	3766	4561	7370	103	3862

普通高中专任教师学历、
Number of Full-time Teachers in Regular Senior Secondary Schools by

	合计 Total	其中:女 of Which: Female	按学历分 By Academic Qualification			
			研究生毕业 Graduate	本科毕业 Under-graduate	专科毕业 Associate Bachelor	高中阶段毕业 High School Graduate
总　计 Total	**202855**	**100884**	**10812**	**186190**	**5687**	**162**
北　京 Beijing	428	291	170	257	1	
天　津 Tianjin	1530	946	75	1433	21	1
河　北 Hebei	18559	11646	1115	16997	438	9
山　西 Shanxi	11157	6738	563	10358	231	5
内蒙古 Inner Mongolia	1599	908	142	1420	37	
辽　宁 Liaoning	2344	1516	168	2125	50	1
吉　林 Jilin	499	303	92	403	4	
黑龙江 Heilongjiang	1569	963	73	1486	10	
上　海 Shanghai	241	152	26	215		
江　苏 Jiangsu	10852	4993	1319	9475	58	
浙　江 Zhejiang	8929	4584	526	8321	82	
安　徽 Anhui	7233	2584	325	6735	172	1
福　建 Fujian	6166	2566	128	5783	254	1
江　西 Jiangxi	4616	1876	176	3888	515	37
山　东 Shandong	23716	11325	1632	21683	372	25
河　南 Henan	21212	10953	1264	18773	1157	18
湖　北 Hubei	4565	1513	119	4314	124	8
湖　南 Hunan	10219	4160	418	9391	379	31
广　东 Guangdong	17188	8917	601	16269	315	3
广　西 Guangxi	2817	1533	68	2661	85	3
海　南 Hainan	1172	640	45	1086	41	
重　庆 Chongqing	3429	1557	125	3254	47	3
四　川 Sichuan	7000	3264	297	6518	185	
贵　州 Guizhou	7199	3013	127	6908	164	
云　南 Yunnan	9238	4703	209	8818	209	2
西　藏 Tibet	408	212	10	396	2	
陕　西 Shaanxi	8154	4131	530	7434	188	2
甘　肃 Gansu	6305	2380	372	5624	305	4
青　海 Qinghai	1616	777	51	1476	87	2
宁　夏 Ningxia	389	203	7	375	7	
新　疆 Xinjiang	2506	1537	39	2314	147	6

专业技术职务情况（镇乡结合区）
Academic Qualification and Professional Rank (County-town Transitional Area)

单位：人
unit: person

高中阶段毕业以下 Below High School Graduate	按专业技术职务分 By Professional Rank				
	中学高级 Senior Secondary	中学一级 1st Grade	中学二级 2nd Grade	中学三级 3rd Grade	未定职级 No-ranking
4	**46644**	**71965**	**64879**	**2209**	**17158**
	69	84	79		196
	445	622	365	1	97
	4419	7326	4953	136	1725
	2060	3254	4555	275	1013
	478	600	405		116
	816	836	532	3	157
	172	212	114		1
	540	502	430	11	86
	65	113	44		19
	3610	4283	2624		335
	2596	3165	2453	82	633
	1929	2361	1632	182	1129
	1734	2367	1798	19	248
	1288	1228	1074	155	871
4	4818	9092	8292	52	1462
	4451	6898	7793	441	1629
	1261	2023	996	63	222
	2780	3900	2642	70	827
	2581	7253	5736	108	1510
	449	1086	863	135	284
	214	321	583	14	40
	666	1100	1490	6	167
	1865	2547	2269	16	303
	1186	1924	2533	223	1333
	2586	2856	3087	16	693
	45	156	124		83
	1724	2758	2957	81	634
	996	1950	2777	48	534
	417	559	447	33	160
	58	116	156	30	29
	326	473	1076	9	622

普通高中专任教师学历、
Number of Full-time Teachers in Regular Senior Secondary Schools by

	合计 Total	其中:女 of Which: Female	按学历分 By Academic Qualification			
			研究生毕业 Graduate	本科毕业 Under-graduate	专科毕业 Associate Bachelor	高中阶段毕业 High School Graduate
总　计 Total	**55241**	**27291**	**3651**	**49960**	**1597**	**32**
北　京 Beijing	835	516	189	642	4	
天　津 Tianjin	311	194	14	294	3	
河　北 Hebei	3126	1897	252	2812	62	
山　西 Shanxi	3485	2091	429	2893	163	
内蒙古 Inner Mongolia	506	311	37	448	21	
辽　宁 Liaoning	472	278	29	433	10	
吉　林 Jilin	387	219	18	354	14	1
黑龙江 Heilongjiang	754	479	15	728	11	
上　海 Shanghai	347	218	48	297	2	
江　苏 Jiangsu	357	169	23	322	12	
浙　江 Zhejiang	2423	1192	244	2152	27	
安　徽 Anhui	3472	1245	209	3181	81	1
福　建 Fujian	2275	933	72	2164	38	1
江　西 Jiangxi	674	265	10	573	90	1
山　东 Shandong	1677	846	192	1454	31	
河　南 Henan	1851	946	199	1623	28	1
湖　北 Hubei	2067	743	106	1859	99	2
湖　南 Hunan	3134	1246	110	2945	76	3
广　东 Guangdong	7855	3738	723	7053	79	
广　西 Guangxi	2921	1525	113	2612	191	5
海　南 Hainan	563	317	29	528	6	
重　庆 Chongqing	1490	717	41	1385	63	1
四　川 Sichuan	1756	862	101	1588	67	
贵　州 Guizhou	1474	599	31	1373	66	4
云　南 Yunnan	2489	1285	103	2339	47	
西　藏 Tibet	1765	935	54	1654	57	
陕　西 Shaanxi	1815	905	110	1681	22	2
甘　肃 Gansu	1658	636	65	1506	84	3
青　海 Qinghai	393	208	21	360	12	
宁　夏 Ningxia						
新　疆 Xinjiang	2909	1776	64	2707	131	7

专业技术职务情况(乡村)
Academic Qualification and Professional Rank(Rural Area)

单位:人
unit: person

	按专业技术职务分 By Professional Rank				
高中阶段毕业以下 Below High School Graduate	中学高级 Senior Secondary	中学一级 1st Grade	中学二级 2nd Grade	中学三级 3rd Grade	未定职级 No-ranking
1	**10747**	**18832**	**17334**	**564**	**7764**
	241	275	240	4	75
	102	155	46		8
	578	1141	780	11	616
	414	770	1142	79	1080
	133	229	115		29
	107	139	132	1	93
	64	169	99	14	41
	220	203	255	1	75
	117	148	53		29
	121	129	104		3
	619	845	605	12	342
	687	1134	1065	87	499
	500	904	751	1	119
	100	107	90	12	365
	270	547	548	12	300
	338	575	850	7	81
1	523	774	630	10	130
	824	1305	783	37	185
	1414	3270	2138	68	965
	600	1161	638	40	482
	174	154	133	12	90
	271	490	582	2	145
	481	664	498	3	110
	179	427	545	9	314
	438	634	987	5	425
	159	555	647	12	392
	350	670	739	3	53
	237	586	636	44	155
	86	146	62	58	41
	400	526	1441	20	522

普通高中办学
Condition of School Buildings in Senior

地 区 Region	校舍建筑面积 Floor Space	教学及辅助用房 Teaching & Assistant Buildings							行政办公用房 Administrative	
		合计 Total	其中: of Which: 教室 Classroom	实验室 Laboratory	图书室 Library	微机室 PC-room	语音室 Linguistic	体育馆 Gymnasium	合计 Total	其中:教师办公室 of Which: for Teachers
总 计 Total	**491423112.33**	**186499633.38**	**111696935.94**	**31447009.97**	**16412464.19**	**7645053.48**	**3107698.69**	**16190471.11**	**39605766.86**	**23153375.31**
北 京 Beijing	9714216.48	3413452.11	1882873.08	575365.49	281249.30	139645.34	26236.52	508082.38	962701.49	493127.20
天 津 Tianjin	4753083.94	1762798.92	940225.26	307920.52	156646.17	74494.27	27001.43	256511.27	592966.12	352326.72
河 北 Hebei	22117854.42	8452019.18	4990926.02	1682023.60	830131.87	367757.94	146941.62	434238.13	1842112.87	1222265.68
山 西 Shanxi	17328839.72	6274513.99	3877695.07	1090986.48	598975.41	241307.89	93524.71	372024.43	1436328.88	903982.64
内蒙古 Inner Mongolia	9478534.25	3941405.81	2384626.56	593058.81	311364.02	130413.58	62277.79	459665.05	849117.02	592959.80
辽 宁 Liaoning	10569516.77	3852579.46	2110417.02	561635.88	366588.83	158860.13	68588.54	586489.06	1051026.76	593207.32
吉 林 Jilin	5722387.29	1961116.39	1147145.24	252571.23	148621.81	93273.95	47042.47	272461.69	606835.06	354109.46
黑龙江 Heilongjiang	8426296.98	3334200.40	1918710.91	499091.68	229817.25	144310.43	63494.23	478775.90	958407.17	568782.52
上 海 Shanghai	6902574.22	2758958.88	1244234.41	535375.23	271200.67	114688.69	44996.28	548463.60	734913.44	313457.49
江 苏 Jiangsu	28630206.62	12269282.92	5940870.70	2384369.62	1490769.31	708033.51	242612.68	1502627.10	2708307.74	1525943.95
浙 江 Zhejiang	23730581.82	9059138.63	4470512.42	1693727.87	1032457.65	305822.03	117597.68	1439020.98	1848278.46	1069448.13
安 徽 Anhui	24467375.43	8963306.03	5651872.07	1478446.68	779112.89	374043.70	129975.17	549855.52	1768782.81	947634.65
福 建 Fujian	18341537.33	7949554.91	4256638.08	1764935.79	875768.65	258058.80	81406.24	712747.35	1379538.01	642238.59
江 西 Jiangxi	17228166.09	7078738.38	4631028.86	947487.31	589140.16	335909.19	165588.24	409584.62	1298172.25	791574.19
山 东 Shandong	30114666.51	10446306.07	5682606.36	2114287.81	1017682.72	535040.93	291931.94	804756.31	2851602.57	1598256.48
河 南 Henan	29295675.69	10047877.57	6822358.80	1516816.30	825128.68	350953.67	143414.46	389205.66	2565519.40	1740185.80
湖 北 Hubei	18037342.10	5816771.43	3463982.90	1017718.24	488795.54	225575.68	128896.89	491802.18	1483786.49	853062.26
湖 南 Hunan	22546874.13	7758459.21	4305494.08	1300098.39	791506.54	327483.21	157801.73	876075.26	1430857.36	831650.87
广 东 Guangdong	49449534.10	20182573.16	12661247.88	3113871.48	1484883.10	719075.64	305712.81	1897782.25	3327513.26	1902569.21
广 西 Guangxi	15712651.29	5427643.00	3583892.48	762169.49	452222.41	202368.79	84500.26	342489.57	858363.34	548128.78
海 南 Hainan	4775945.62	1805924.86	1189908.76	261796.27	154290.00	55822.60	17209.60	126897.63	248103.79	129310.18
重 庆 Chongqing	13400729.03	5146065.09	3530264.80	677487.87	350082.88	179347.08	60814.51	348067.95	879073.14	440564.52
四 川 Sichuan	28215492.83	11001291.04	7543836.89	1562640.06	689443.41	443768.77	166641.20	594960.71	1752813.40	1043154.89
贵 州 Guizhou	15685782.62	5301672.82	3283835.65	910728.75	463692.44	178851.97	84123.54	380440.47	1154625.76	644038.49
云 南 Yunnan	16034526.18	6268434.79	3926688.60	1023081.75	536820.98	275129.45	95805.61	410908.40	1043907.29	586249.99
西 藏 Tibet	1258255.46	424910.51	239304.19	55440.88	53292.93	7825.52	5718.42	63328.57	71433.71	45922.35
陕 西 Shaanxi	14215632.34	5338464.40	3281829.81	1006186.67	413597.54	241519.29	121783.46	273547.63	1427868.62	871679.38
甘 肃 Gansu	9161153.50	3636734.36	2473825.39	612670.92	235355.93	164844.99	43852.64	106184.49	903960.78	622572.93
青 海 Qinghai	2378455.73	906959.71	537694.87	184670.75	76358.11	33993.87	12025.06	62217.05	204165.68	129947.29
宁 夏 Ningxia	2645084.40	1170732.35	636967.89	255268.97	96046.07	61359.87	26204.30	94885.25	310756.16	205297.22
新 疆 Xinjiang	11084139.44	4747747.00	3085420.89	705079.18	321420.92	195472.70	43978.66	396374.65	1053928.03	589726.33

条件(一)(总计)
Secondary Schools (1) (Total)

单位:平方米
unit: m^2

生活用房 Residential and Welfare							其他用房 Rooms for Other Purposes	校舍面积中 of the Floor Space	
合计 Total	教工宿舍 Apartments for Single		学生宿舍 Students' Dormitories	食堂 Dining Halls	厕所 Toilet	其他 Others		危房面积 Floor Space of Dilapidated Buildings	当年新增校舍 New Floor Space Added in Current Year
	小计 Subtotal	其中:教师周转宿舍 of Which: Accommodation for Circulation of Teachers							
229822628.67	**41717832.54**	**9119929.65**	**124127318.63**	**39767226.53**	**12027737.77**	**12182513.20**	**35495083.42**	**3872388.81**	**20195925.55**
2913368.46	404769.70	79607.43	1162389.77	613242.37	322729.79	410236.83	2424694.42		243900.84
1608056.54	146994.19	28612.11	675356.81	332125.77	180620.77	272959.00	789262.36		204569.02
10582233.65	1280005.87	296788.23	6289407.45	2027005.23	434738.21	551076.89	1241488.72	3649.00	1295328.61
8075243.09	1260454.60	106536.95	4362486.13	1603392.46	429061.44	419848.46	1542753.76	109206.17	560880.05
3931332.58	242362.37	55848.20	2398108.36	791450.74	256026.33	243384.78	756678.84		198484.36
4513608.98	244243.68	44750.15	2509591.83	1001067.22	344356.86	414349.39	1152301.57	9963.00	284114.72
2374755.12	61999.62	2894.61	1247315.62	536149.71	205283.28	324006.89	779680.72	4441.00	96977.17
3252134.18	118389.08	28790.15	1844484.25	650407.25	219258.58	419595.02	881555.23	73915.00	130426.03
2393690.16	129738.32	18766.00	1087856.44	459064.22	248767.80	468263.38	1015011.74		104634.16
11782466.74	1693494.25	253799.10	6292275.22	2487567.80	650803.30	658326.17	1870149.22		451506.07
10969293.29	1434141.58	245750.84	6198692.45	2243421.36	627205.86	465832.04	1853871.44		1069175.54
12258156.14	2611917.97	374995.89	6565933.38	2036673.86	537980.85	505650.08	1477130.45	48003.95	767301.82
7569488.10	1970430.13	341626.50	3733708.31	1193638.92	351348.61	320362.13	1442956.31	33341.00	653356.69
7971098.88	1550902.60	322291.80	4433559.38	1359475.95	350264.90	276896.05	880156.58	272408.36	919225.12
14687473.59	1905255.64	419943.16	8150711.13	3099673.46	816328.05	715505.31	2129284.28	45279.80	1162652.16
15342771.05	2602614.01	394935.24	8878003.14	2711456.40	661830.75	488866.75	1339507.67	63900.29	586558.03
9815262.10	3003549.66	435894.95	4545430.17	1456427.31	375378.51	434476.45	921522.08	148752.54	523235.58
11798177.02	3566931.89	719374.11	5339289.38	1826565.98	453663.49	611726.28	1559380.54	166093.54	601941.02
21602729.89	4921505.22	887567.49	11150429.08	3035013.48	1287763.98	1208018.13	4336717.79	41326.00	828480.02
8961063.58	2381852.49	566247.19	4828904.36	1112618.06	307030.62	330658.05	465581.37	350059.00	1195932.92
2442603.64	795102.68	289481.46	1159788.22	308616.54	117332.20	61764.00	279313.33	23586.80	276795.81
6639343.53	1504911.02	227440.87	3591601.20	1020979.80	275102.27	246749.24	736247.27	49277.95	471588.03
14284242.56	2540473.95	843729.14	8335747.02	2321721.46	635701.26	450598.87	1177145.83	110232.00	1682498.28
8212862.17	1557450.25	821688.01	4784287.60	1213732.16	372599.55	284792.61	1016621.87	4397.00	1998489.37
7948475.41	1178090.81	404471.34	4646787.00	1314313.19	367661.80	441622.61	773708.69	1023693.00	1713537.60
707364.15	233189.81	178407.22	318485.25	100539.84	15677.62	39471.63	54547.09	2167.00	32366.32
6614972.36	1312689.87	251066.95	3552651.15	1012074.57	400279.16	337277.61	834326.96	59996.97	625571.01
3881841.11	483919.70	121466.81	2260858.89	592358.70	293075.33	251628.49	738617.25	1228089.44	431947.87
1028317.40	130261.35	90788.33	549347.18	192083.47	72030.12	84595.28	239012.94		378156.39
1016499.07	28472.98	8811.00	632843.62	229172.68	82158.54	43851.25	147096.82		92760.21
4643704.13	421717.25	257558.42	2600988.84	885196.57	335677.94	400123.53	638760.28	610.00	613534.73

普通高中办学

Condition of School Buildings in

地 区 Region	校舍建筑面积 Floor Space	教学及辅助用房 Teaching & Assistant Buildings							行政办公用房 Administrative	
		合计 Total	其中：of Which：						合计 Total	其中：教师办公室 of Which: for Teachers
			教室 Classroom	实验室 Laboratory	图书室 Library	微机室 PC-room	语音室 Linguistic	体育馆 Gymnasium		
总 计 Total	**251977974.08**	**98910826.58**	**56747384.51**	**16706716.58**	**9019624.53**	**4051009.94**	**1568216.49**	**10817874.53**	**22064405.93**	**12584060.09**
北 京 Beijing	8501067.36	2995345.40	1679498.89	473785.66	246095.40	121670.13	21824.92	452470.40	865353.58	438483.56
天 津 Tianjin	3990817.69	1526247.94	797516.05	254643.53	141380.15	65640.71	23193.47	243874.03	519517.22	311857.62
河 北 Hebei	9986533.20	3961598.73	2276637.29	763217.81	433174.98	179442.63	67518.18	241607.84	933263.56	642725.23
山 西 Shanxi	7901930.40	2933538.18	1835633.61	483781.55	270987.23	104941.14	34312.14	203882.51	737144.54	457909.94
内蒙古 Inner Mongolia	4414076.02	1881676.03	1156278.70	256941.44	157758.27	58963.46	35500.17	216233.99	432015.35	304409.87
辽 宁 Liaoning	7466074.27	2783318.71	1488602.23	396851.10	271009.95	116636.30	48602.92	461616.21	755643.68	432647.39
吉 林 Jilin	3716221.66	1307438.35	722128.02	182018.91	102710.81	60074.80	27252.44	213253.37	402306.94	235404.04
黑龙江 Heilongjiang	4947578.74	2031627.04	1134950.60	296491.45	144748.08	85064.22	39257.95	331114.74	584678.03	324772.36
上 海 Shanghai	5986153.20	2450053.98	1120547.41	481177.92	232858.31	98953.75	40828.16	475688.43	628997.56	273425.26
江 苏 Jiangsu	16368571.34	7032785.02	3402589.08	1338087.90	856549.00	388915.78	99796.34	946846.92	1640647.57	908109.05
浙 江 Zhejiang	14650283.85	5631778.24	2710101.82	1032694.45	653863.95	187217.01	75336.96	972564.05	1175549.71	657290.59
安 徽 Anhui	7830218.98	3183246.13	1897350.92	560021.14	292334.85	142161.45	53072.13	238305.64	673010.18	357085.54
福 建 Fujian	8232951.09	3745188.20	1924676.15	830855.03	427168.01	116443.76	29983.47	416061.78	706604.53	335859.88
江 西 Jiangxi	7342467.51	3307453.73	2046254.18	476710.03	272677.82	149184.74	98483.64	264143.32	601103.37	358742.24
山 东 Shandong	16460021.52	5913194.90	3127545.93	1247399.28	602312.59	305009.05	133637.99	497290.06	1667057.64	904531.82
河 南 Henan	11749605.81	4260460.47	2765465.66	720136.77	349965.21	142191.98	55033.65	227667.20	1091822.62	704608.67
湖 北 Hubei	10964695.64	3826201.90	2222511.46	676094.34	329942.58	149857.91	82740.43	365055.18	991896.60	553277.47
湖 南 Hunan	9045590.59	3501691.97	1830342.50	596918.72	345749.40	142648.22	67316.73	518716.40	558658.45	308663.21
广 东 Guangdong	34092664.18	13537938.05	8227216.99	2073111.40	1054173.18	471768.16	186361.81	1525306.51	2403146.05	1350466.81
广 西 Guangxi	7065450.28	2639428.01	1603274.11	393870.08	234246.53	111943.09	53334.92	242759.28	421626.86	251318.17
海 南 Hainan	2862995.82	1097111.29	725345.36	173211.63	88201.60	36359.60	9596.60	64396.50	172202.83	92206.80
重 庆 Chongqing	7448903.92	3006604.17	1994984.11	378235.21	223544.86	109655.92	38483.77	261700.30	541371.20	274244.07
四 川 Sichuan	12378756.36	5036810.97	3337815.71	718942.74	328878.99	193787.13	71999.09	385387.31	816446.35	495919.78
贵 州 Guizhou	4802590.30	1614655.40	919404.53	290449.14	149654.41	58839.75	20227.04	176080.53	438921.72	230356.92
云 南 Yunnan	6628389.44	2587490.44	1448164.69	400035.20	249599.85	132685.73	47758.09	309246.88	499463.67	270865.76
西 藏 Tibet	463163.01	182814.50	87105.45	24914.51	35538.97	3140.53	1640.03	30475.01	25978.27	16410.65
陕 西 Shaanxi	6066230.65	2376455.30	1461695.22	425119.97	182664.09	112226.82	52758.56	141990.64	668998.90	408633.57
甘 肃 Gansu	2957600.34	1236683.10	791156.67	211108.56	92147.87	56907.66	21611.04	63751.30	329777.24	207674.39
青 海 Qinghai	976042.82	370041.66	204185.96	80568.67	33049.46	13859.17	4388.60	33989.80	85830.78	50378.29
宁 夏 Ningxia	1700442.27	767661.69	412908.09	165677.75	66113.98	37626.75	11926.64	73408.48	206196.28	135134.00
新 疆 Xinjiang	4979885.82	2184287.08	1395497.12	303644.69	150524.15	97192.59	14438.61	222989.92	489174.65	290647.14

条件(一)(城区)
Senior Secondary Schools (1) (Urban Area)

单位:平方米
unit: m^2

生活用房 Residential and Welfare							其他用房 Rooms for Other Purposes	校舍面积中 of the Floor Space	
合计 Total	教工宿舍 Apartments for Single		学生宿舍 Students' Dormitories	食堂 Dining Halls	厕所 Toilet	其他 Others		危房面积 Floor Space of Dilapidated Buildings	当年新增校舍 New Floor Space Added in Current Year
	小计 Subtotal	其中:教师周转宿舍 of Which: Accommodation for Circulation of Teachers							
108073833.08	**16385930.00**	**3502839.84**	**58062998.88**	**19451780.69**	**6768130.69**	**7404992.82**	**22928908.49**	**1580194.13**	**9074730.77**
2414095.54	346291.70	77512.43	896803.68	514332.52	288519.48	368148.16	2226272.84		231801.18
1224138.98	107771.45	22574.11	460767.41	267863.80	152213.15	235523.17	720913.55		160624.41
4373109.02	480527.58	141723.69	2542926.39	842669.74	209554.60	297430.71	718561.89	433.00	558636.22
3358166.91	495172.31	35432.35	1820533.21	637018.07	199283.43	206159.89	873080.77	79004.17	336603.61
1728048.40	117737.17	33067.20	1067971.68	343250.17	133345.59	65743.79	372336.24		85566.68
3035421.03	156418.01	33423.33	1573291.73	700270.26	257689.33	347751.70	891690.85	9963.00	211854.46
1490357.98	50467.61	2372.60	708032.94	342408.46	135699.70	253749.27	516118.39	1441.00	48420.11
1869791.75	70329.59	4907.65	976417.23	371399.94	137230.36	314414.63	461481.92	65017.00	17284.52
2036299.94	104053.73	15594.00	895500.99	383883.38	217249.04	435612.80	870801.72		103801.16
6408357.35	561973.41	93634.78	3576958.20	1443092.86	423635.52	402697.36	1286781.40		301417.12
6595039.90	786222.09	151854.33	3747967.59	1346677.45	389400.96	324771.81	1247916.00		680945.92
3387134.74	448155.12	71603.61	1936334.47	595334.01	196436.17	210874.97	586827.93	6668.94	200432.27
2965118.07	596221.48	129395.89	1553508.71	493433.83	163943.91	158010.14	816040.29	8102.00	560462.37
2962828.33	540101.09	147570.01	1549492.13	555905.96	183932.99	133396.16	471082.08	68218.00	411945.89
7526823.91	643068.37	190594.21	4269285.22	1677989.96	481036.15	455444.21	1352945.07	13783.80	591788.78
5681877.84	839059.35	123060.20	3310237.50	1039681.55	279236.68	213662.76	715444.88	44280.29	275322.72
5580187.41	1572291.39	189330.64	2610678.85	850726.47	245897.25	300593.45	566409.73	73894.54	301148.17
4208788.00	1153641.01	232409.71	1905715.72	691357.99	192333.82	265739.46	776452.17	15154.54	297539.62
14642744.27	2943855.12	583214.29	7676149.85	2195535.54	962355.89	864847.87	3508835.81	34270.00	531290.17
3782031.19	864618.52	219410.24	2097282.56	462789.78	148014.22	209326.11	222364.22	168491.00	508860.72
1439274.18	484304.56	141610.34	676527.51	174107.58	73318.53	31016.00	154407.52	13186.80	68668.00
3384879.17	638026.67	91316.48	1905289.22	505828.40	168609.24	167125.64	516049.38	27840.00	230853.73
5889232.22	801190.23	246415.86	3568184.79	1011102.92	302227.51	206526.77	636266.82	26128.00	627962.52
2371962.50	395140.77	181063.62	1389044.46	371189.31	129299.69	87288.27	377050.68	2540.00	536514.53
3036740.59	391675.33	105326.03	1713068.56	476658.34	159323.51	296014.85	504694.74	394365.00	396046.75
229772.18	78067.90	67700.55	105751.25	34655.02	7230.90	4067.11	24598.06	2167.00	8942.00
2442422.17	418573.90	61510.56	1285170.45	366694.74	214774.97	157208.11	578354.28	43664.67	146712.08
1091247.66	108304.18	14093.14	633507.70	168458.77	90248.12	90728.89	299892.34	481581.38	91189.24
360039.17	29699.84	18247.00	204825.09	56952.00	27512.53	41049.71	160131.21		194080.70
624191.87	22036.02	8451.00	363368.40	151011.04	59404.05	28372.36	102392.43		74604.41
1933710.81	140934.50	68419.99	1042405.39	379500.83	139173.40	231696.69	372713.28		283410.71

普通高中办学
Condition of School Buildings in Senior Secondary

地 区 Region	校舍建筑面积 Floor Space	教学及辅助用房 Teaching & Assistant Buildings							行政办公用房 Administrative	
		合计 Total	其中：of Which：						合计 Total	其中：教师办公室 of Which: for Teachers
			教室 Classroom	实验室 Laboratory	图书室 Library	微机室 PC-room	语音室 Linguistic	体育馆 Gymnasium		
总 计 Total	**44683222.87**	**16033164.91**	**9328085.30**	**2652904.26**	**1436963.66**	**643979.03**	**291199.72**	**1680032.94**	**3386995.83**	**1924521.69**
北 京 Beijing	707504.18	241869.11	118183.10	28051.00	15417.43	6402.89	2490.69	71324.00	47419.82	29694.70
天 津 Tianjin	309057.52	117403.52	67245.52	17556.75	7946.00	4466.00	790.25	19399.00	23321.00	11588.00
河 北 Hebei	2431993.99	829517.33	473242.03	148864.18	106641.63	34359.38	12004.29	54405.82	169840.64	122303.90
山 西 Shanxi	1180340.45	387754.68	275744.64	55575.00	34010.24	8742.32	2428.48	11254.00	96238.64	61608.24
内蒙古 Inner Mongolia	192675.20	83893.14	49912.46	12338.15	4465.34	2542.49	10692.57	3942.13	20783.45	12468.78
辽 宁 Liaoning	915816.27	319848.27	165374.97	43265.04	32593.65	16486.58	5816.82	56311.21	77242.19	45551.93
吉 林 Jilin	195473.48	50005.12	32934.63	7819.29	3291.47	3398.47	1795.26	766.00	20614.19	12164.46
黑龙江 Heilongjiang	423802.00	158175.00	88932.96	19239.80	12502.64	6421.60	4566.00	26512.00	34568.00	19152.16
上 海 Shanghai	622181.82	221286.11	117256.79	24799.60	24168.38	8398.60	4723.45	41939.29	68310.92	24587.38
江 苏 Jiangsu	1796291.06	720612.73	378186.02	124220.42	78571.27	41044.78	13483.84	85106.40	169612.48	76200.40
浙 江 Zhejiang	3785887.19	1363449.80	674023.07	257323.31	146281.01	43290.69	17445.34	225086.38	259411.19	162772.75
安 徽 Anhui	1850952.02	650328.62	406780.46	105793.11	62723.20	24625.81	6991.36	43414.68	136545.02	67046.84
福 建 Fujian	1168004.03	490047.75	257557.64	104953.45	59144.40	13323.37	3331.89	51737.00	65533.83	35210.85
江 西 Jiangxi	752476.00	318704.00	199824.00	36912.00	28927.00	23013.00	13444.00	16584.00	46969.00	29991.00
山 东 Shandong	4768833.34	1706429.39	874917.67	365603.58	156939.57	89008.60	47272.03	172687.94	417877.09	238096.84
河 南 Henan	2447899.20	768924.44	479308.74	136557.64	79593.54	27459.05	7534.48	38470.99	181936.53	140141.45
湖 北 Hubei	2021200.55	707530.83	403500.00	98771.09	54292.20	29242.54	25740.00	95985.00	157795.69	78498.96
湖 南 Hunan	1357715.34	448617.56	242012.56	72861.00	43828.00	12852.00	7589.00	69475.00	90407.00	39636.00
广 东 Guangdong	10330496.30	3868397.95	2421480.10	578797.62	282085.23	138572.04	67983.00	379479.96	731365.16	409572.49
广 西 Guangxi	1235653.87	406042.83	271955.75	50862.50	32125.35	17078.58	6568.65	27452.00	73802.46	46748.44
海 南 Hainan	254529.08	89205.00	55326.87	14334.83	6986.60	1877.60	474.60	10204.50	15391.83	7412.10
重 庆 Chongqing	289600.54	95075.10	64582.80	18849.52	3863.24	5806.30	1973.24		14495.24	9864.84
四 川 Sichuan	1628099.01	568291.34	371080.29	99360.44	36283.43	22339.26	7249.72	31978.20	98684.86	45518.03
贵 州 Guizhou	840871.23	291876.14	170539.28	52440.56	26297.20	9291.28	5544.70	27763.12	92315.20	54415.26
云 南 Yunnan	1793846.55	611013.62	326790.71	104082.73	64569.02	29616.75	7464.58	78489.83	154118.92	66228.10
西 藏 Tibet										
陕 西 Shaanxi	576609.97	195165.11	134241.82	24067.05	13466.22	7745.25	2273.48	13371.29	51879.47	28154.37
甘 肃 Gansu	213913.86	80602.00	44445.00	15940.00	4242.00	8570.00	1723.00	5682.00	14672.00	8954.00
青 海 Qinghai	124971.30	49617.90	28817.10	11009.60	4155.40	1744.80	511.00	3380.00	14364.01	7981.42
宁 夏 Ningxia	130257.00	54024.00	34495.00	10110.00	3270.00	2354.00	697.00	3098.00	16045.00	15142.00
新 疆 Xinjiang	336270.52	139456.52	99393.32	12545.00	8283.00	3905.00	597.00	14733.20	25435.00	17816.00

条件(一)(城乡结合区)

Schools (1) (Urban-rural Transitional Area)

单位:平方米
unit: m^2

生活用房 Residential and Welfare							其他用房 Rooms for Other Purposes	校舍面积中 of the Floor Space	
合计 Total	教工宿舍 Apartments for Single		学生宿舍 Students' Dormitories	食堂 Dining Halls	厕所 Toilet	其他 Others		危房面积 Floor Space of Dilapidated Buildings	当年新增校舍 New Floor Space Added in Current Year
	小计 Subtotal	其中:教师周转宿舍 of Which: Accommodation for Circulation of Teachers							
21812724.07	**3629599.25**	**931983.28**	**11878105.07**	**3871716.36**	**1217303.67**	**1215999.72**	**3450338.06**	**179584.84**	**1528519.08**
322352.54	54583.30	2855.00	165439.00	59867.30	23178.82	19284.12	95862.71		21661.51
109038.00	8380.00	2234.00	51354.00	26263.00	12110.00	10931.00	59295.00		117.00
1213940.25	184487.66	80541.97	702876.61	222587.08	44119.31	59869.59	218695.77	433.00	62710.48
626457.13	105764.81	4006.00	341425.18	128706.14	28528.00	22033.00	69890.00	5568.00	33183.00
81670.40	1393.00		50140.43	17918.71	7042.26	5176.00	6328.21		
400216.66	14073.05	2665.01	216349.32	82943.34	32945.65	53905.30	118509.15		14152.02
75701.83	1695.00	24.00	32738.10	14369.06	5895.62	21004.05	49152.34		247.00
176334.00	17979.50	2392.00	87437.00	35310.50	11551.00	24056.00	54725.00		980.00
279435.81	18439.00	118.00	162682.84	43423.32	32502.89	22387.76	53148.98		
785463.84	63212.62	11954.10	460768.73	200668.11	40148.47	20665.91	120602.01		3538.53
1862997.00	258416.12	38549.08	1072316.33	349716.22	107170.35	75377.98	300029.20		315921.41
918406.24	133346.87	32107.60	505692.06	164201.04	50826.27	64340.00	145672.14		60131.25
482034.33	109695.19	12573.00	253994.75	85285.45	16978.63	16080.31	130388.12		44461.86
339366.00	61626.00	18617.00	166855.00	70382.00	21840.00	18663.00	47437.00	4134.00	22968.00
2269291.33	183713.32	108312.10	1313324.15	486912.69	130784.67	154556.50	375235.53		129622.52
1390468.39	228504.72	40479.88	786712.78	255041.90	61820.55	58388.44	106569.84		40000.12
1117163.76	283922.00	46781.00	518335.72	177129.36	57999.68	79777.00	38710.27	6594.84	162514.00
727650.00	178648.00	27851.00	342905.90	120734.15	29635.77	55726.18	91040.78		115250.39
4688384.46	1001917.69	206884.75	2479930.90	707853.87	314520.16	184161.84	1042348.73	18463.00	110333.05
720294.58	188544.35	76432.35	380216.06	98806.34	33615.43	19112.40	35514.00	71814.00	47867.00
145509.25	47407.22	8938.80	70223.50	19161.00	7012.53	1705.00	4423.00		8164.00
172840.18	7879.00	300.00	126199.80	26516.78	9271.60	2973.00	7190.02	16815.00	4700.00
915970.04	138478.96	73026.50	548878.73	174919.76	34800.88	18891.71	45152.77		116351.62
410923.66	96982.14	69968.14	217817.72	61068.01	18439.34	16616.45	45756.23		48711.00
942964.18	134520.97	46196.97	489507.34	131843.02	42921.05	144171.80	85749.83	34988.00	67982.80
299065.55	70597.76	3410.03	152813.62	45157.95	17759.84	12736.38	30499.84		11586.92
93744.66	9854.00		61897.50	17306.26	3996.90	690.00	24895.20	20775.00	27107.60
46694.00	8246.00	8100.00	26352.00	7805.00	2578.00	1713.00	14295.39		43756.00
48859.00	4693.00	900.00	19459.00	9359.00	6568.00	8780.00	11329.00		
149487.00	12598.00	5765.00	73461.00	30460.00	10742.00	22226.00	21892.00		14500.00

普通高中办学
Condition of School Buildings in Senior Secondary

地 区 Region	校舍建筑面 积 Floor Space	教学及辅助用房 Teaching & Assistant Buildings							行政办公用房 Administrative	
		合计 Total	其中： of Which：						合计 Total	其中：教师办公室 of Which：for Teachers
			教室 Classroom	实验室 Laboratory	图书室 Library	微机室 PC-room	语音室 Linguistic	体育馆 Gymnasium		
总 计 Total	**217542876.06**	**80295578.99**	**50303048.89**	**13661484.00**	**6775981.20**	**3316677.81**	**1435845.54**	**4802541.55**	**16159120.27**	**9803857.18**
北 京 Beijing	703143.66	259369.00	137852.40	58063.60	20025.00	12154.00	3222.00	28052.00	55997.60	35866.00
天 津 Tianjin	689760.25	214155.98	128240.21	47907.99	14346.02	8284.56	3659.96	11717.24	66119.90	38160.10
河 北 Hebei	11093365.08	4161170.98	2496601.51	875650.78	368827.82	176904.79	73583.72	169602.36	850053.22	543746.67
山 西 Shanxi	8072940.32	2905091.81	1755309.46	548833.93	278591.18	118420.75	51608.57	152327.92	614008.34	390152.70
内蒙古 Inner Mongolia	4797376.23	1971190.78	1173708.86	326559.37	141118.75	68959.12	25933.62	234911.06	403334.67	279857.93
辽 宁 Liaoning	2918829.00	1031747.01	602961.68	158960.52	90706.83	38804.52	17879.62	122433.84	286909.07	157661.68
吉 林 Jilin	1896885.63	620838.04	403979.22	67095.32	42066.00	30849.15	17640.03	59208.32	196290.12	115020.42
黑龙江 Heilongjiang	3310679.29	1243125.89	741447.56	195861.89	81667.05	56678.95	23119.28	144351.16	356818.88	231266.90
上 海 Shanghai	754860.47	247702.90	103725.00	46036.31	26989.36	13778.94	3366.12	53807.17	96143.88	34718.23
江 苏 Jiangsu	12111721.64	5184813.19	2508603.43	1038445.90	626229.03	315863.54	142541.11	553130.18	1061682.07	616526.54
浙 江 Zhejiang	7950793.21	3033970.61	1562535.04	590319.27	343041.27	104514.62	38430.44	395129.97	608953.44	374090.33
安 徽 Anhui	15327666.11	5397224.08	3496671.62	863382.06	445496.60	214115.42	71717.85	305840.53	1015163.80	548472.50
福 建 Fujian	8731043.95	3679293.70	2003165.78	828597.01	396539.47	124428.74	47497.35	279065.35	598344.80	277791.14
江 西 Jiangxi	9235793.26	3545343.15	2396227.68	458005.78	310855.34	181967.45	63690.60	134596.30	663664.88	414618.95
山 东 Shandong	12751580.94	4249428.47	2392237.67	819690.30	381653.34	222316.60	155620.01	277910.55	1123169.87	664234.46
河 南 Henan	17067799.42	5640166.20	3954224.66	775125.37	461701.77	201870.76	85705.18	161538.46	1432833.34	1006906.08
湖 北 Hubei	6316725.35	1783658.34	1100778.18	312933.67	137644.26	69747.77	44595.46	117959.00	446045.89	279415.79
湖 南 Hunan	12663035.05	4048537.09	2331478.78	672524.02	429658.54	175730.44	85971.45	353173.86	829227.26	500243.08
广 东 Guangdong	12139791.75	5448076.79	3693849.03	847819.06	355236.78	194662.96	97226.22	259282.74	716877.07	424416.42
广 西 Guangxi	7815321.08	2534661.70	1792590.63	343473.64	200310.98	82492.82	27991.34	87802.29	388915.44	266495.21
海 南 Hainan	1501711.99	598217.57	415875.40	66430.64	54590.40	16509.00	6707.00	38105.13	64472.96	31155.38
重 庆 Chongqing	5454485.81	1973079.97	1408750.67	279789.45	115579.12	63817.51	19775.57	85367.65	308126.44	152391.27
四 川 Sichuan	14857434.04	5691964.70	4023313.87	804903.53	342940.71	237617.18	91718.01	191471.40	890020.42	526536.10
贵 州 Guizhou	10012167.92	3434076.61	2211122.14	583557.33	293697.03	110617.00	59975.50	175107.61	674039.62	388338.57
云 南 Yunnan	8270069.47	3274491.17	2213103.31	574693.32	250659.69	128565.56	40655.56	66813.73	444578.93	260526.23
西 藏 Tibet	353637.01	101165.64	58435.48	13212.42	7104.20	2634.39	2737.39	17041.76	28142.36	18179.30
陕 西 Shaanxi	7688386.94	2789346.12	1727590.32	556412.88	219184.03	121624.95	66934.75	97599.19	720981.10	447139.23
甘 肃 Gansu	5770666.53	2215739.57	1541435.17	376277.42	135363.96	100616.23	21042.60	41004.19	527823.44	383340.84
青 海 Qinghai	1253549.31	480209.75	300129.61	94034.08	34927.65	19122.70	7355.46	24640.25	109769.60	73998.70
宁 夏 Ningxia	944642.13	403070.66	224059.80	89591.22	29932.09	23733.12	14277.66	21476.77	104559.88	70163.22
新 疆 Xinjiang	5087013.22	2134651.52	1403044.72	347295.92	139296.93	79274.27	23666.11	142073.57	476051.98	252427.21

条件(一)(镇区)
Schools (1) (Counties & Towns Area)

单位:平方米
unit: m^2

生活用房 Residential and Welfare							其他用房 Rooms for Other Purposes	校舍面积中 of the Floor Space	
合计 Total	教工宿舍 Apartments for Single		学生宿舍 Students' Dormitories	食堂 Dining Halls	厕所 Toilet	其他 Others		危房面积 Floor Space of Dilapidated Buildings	当年新增校舍 New Floor Space Added in Current Year
	小计 Subtotal	其中:教师周转宿舍 of Which: Accommodation for Circulation of Teachers							
110292227.75	**22570641.44**	**4870637.90**	**60148261.26**	**18502367.80**	**4721295.19**	**4349662.06**	**10795949.05**	**2129888.68**	**9567850.57**
295787.06	29303.00	945.00	162187.32	59158.66	21162.08	23976.00	91990.00		12099.66
343379.56	32559.74	6038.00	196499.40	58128.97	26048.62	30142.83	66104.81		43448.61
5676343.13	682820.57	125505.02	3447116.55	1112518.13	207350.00	226537.88	405797.75	3216.00	642408.41
4065835.18	655862.29	44455.60	2208875.92	821011.39	191517.01	188568.57	488004.99	30202.00	179375.44
2089957.18	108797.20	22431.00	1267578.68	421815.57	115245.74	176519.99	332893.60		112917.68
1394598.41	80317.62	10994.58	882597.42	283774.61	82616.07	65292.69	205574.51		67372.25
832220.14	5057.01	322.01	510718.68	183520.25	66902.58	66021.62	247537.33	3000.00	48557.06
1306124.21	44939.17	23882.50	821851.43	260340.09	76333.94	102659.58	404610.31	6603.00	100333.28
289905.92	22880.59	2181.00	156723.15	55477.84	23752.76	31071.58	121107.77		833.00
5288638.18	1113213.27	160164.32	2666209.76	1032790.44	224173.22	252251.49	576588.20		148588.26
3803281.03	537534.65	77358.51	2149805.47	788281.24	204898.87	122760.80	504588.13		304315.62
8096145.99	1957388.37	281325.15	4213605.33	1329969.78	315359.40	279823.11	819132.24	38949.01	466972.75
3931151.37	1152589.30	177745.19	1882843.33	587246.95	163696.80	144774.99	522254.08	25239.00	87120.10
4655924.73	938293.51	166064.79	2678395.25	756150.17	153653.91	129431.89	370860.50	200548.36	502736.23
6668057.51	1163684.95	227484.95	3626962.69	1319973.11	303056.66	254380.10	710925.09	31496.00	397146.38
9387332.13	1703867.95	269717.44	5419083.13	1619194.16	375871.35	269315.54	607467.75	19050.00	308835.31
3818950.19	1306721.17	223033.21	1718624.32	554311.44	118562.26	120731.00	268070.93	74858.00	216376.41
7070274.58	2228242.63	441811.40	3202530.01	1071236.45	247403.02	320862.47	714996.12	135150.00	292452.40
5383164.66	1588978.98	201699.20	2684097.19	628252.69	232835.58	249000.22	591673.23		262400.05
4678773.42	1375103.06	287617.86	2465458.99	582435.42	141757.01	114018.94	212970.52	170541.00	623345.36
778730.46	255225.12	105693.12	370943.71	99537.96	29959.67	23064.00	60291.00	10400.00	30680.00
2970519.57	807400.54	115252.33	1513339.18	475853.40	96638.99	77287.46	202759.83	21437.95	193138.25
7786563.61	1581187.23	531549.27	4438775.13	1225947.48	315773.58	224880.19	488885.31	84104.00	1010806.11
5388509.21	1047981.12	582667.90	3160724.57	769920.08	222808.94	187074.50	515542.48	1857.00	1306781.08
4330204.50	646536.02	243370.31	2636191.77	736505.43	176724.36	134246.92	220794.87	565239.00	961666.84
196043.92	78425.67	61432.67	84052.80	27906.75	3126.62	2532.08	28285.09		8798.62
3933433.97	814601.45	183120.09	2155626.07	616516.68	170389.30	176300.47	244625.75	16332.30	467975.60
2597385.61	338148.42	106335.67	1520588.93	396043.25	191643.76	150961.25	429717.91	691056.06	335959.83
593728.23	81877.51	58721.33	307984.09	121291.47	41020.59	41554.57	69841.73		184075.69
392307.20	6436.96	360.00	269475.22	78161.64	22754.49	15478.89	44704.39		18155.80
2248956.89	184666.37	131358.48	1328795.77	429096.30	158258.01	148140.44	227352.83	610.00	232178.49

普通高中办学
Condition of School Buildings in Senior

地区 Region	校舍建筑面积 Floor Space	教学及辅助用房 Teaching & Assistant Buildings							行政办公用房 Administrative	
		合计 Total	其中： of Which:						合计 Total	其中：教师办公室 of Which: for Teachers
			教室 Classroom	实验室 Laboratory	图书室 Library	微机室 PC-room	语音室 Linguistic	体育馆 Gymnasium		
总　计 Total	**55486748.05**	**20114938.33**	**12407732.41**	**3504248.32**	**1717096.06**	**829722.39**	**386457.82**	**1269681.33**	**4066862.41**	**2519652.36**
北　京 Beijing	286995.00	91795.00	45342.00	23580.00	9056.00	4504.00	783.00	8530.00	17199.00	10119.00
天　津 Tianjin	275148.65	81704.38	50202.31	20447.69	4154.42	2884.36	1459.36	2556.24	23883.70	15184.10
河　北 Hebei	4336318.56	1543022.26	946433.24	341775.90	124676.23	69577.05	24231.12	36328.72	342306.23	219625.64
山　西 Shanxi	3012712.91	1144239.85	687441.39	207499.27	87494.65	47759.59	24986.95	89058.00	241091.34	155904.54
内蒙古 Inner Mongolia	487913.75	202028.11	114900.73	35176.13	14887.07	4194.18	879.00	31991.00	26366.57	19147.67
辽　宁 Liaoning	528264.51	192026.90	108157.60	35593.95	18955.34	9773.00	2772.59	16774.42	40899.70	21330.36
吉　林 Jilin	257829.21	64587.46	32849.42	3109.08	1043.25	3077.15	1432.27	23076.29	19960.47	11182.95
黑龙江 Heilongjiang	420188.93	180060.63	113717.13	28931.69	10926.48	5302.57	2864.76	18318.00	44504.02	28613.16
上　海 Shanghai	120859.97	37191.10	18567.64	8609.51	3035.36	1537.30	175.12	5266.17	13099.01	5460.54
江　苏 Jiangsu	3162814.01	1404611.52	716491.98	273996.16	149182.90	79126.80	33657.51	152156.17	259208.25	145748.59
浙　江 Zhejiang	2773284.16	1032642.14	526169.44	201444.26	122257.04	39012.00	16814.60	126944.80	211887.04	128813.49
安　徽 Anhui	2569773.22	822165.20	582526.58	112872.96	44133.22	35569.43	12680.01	34383.00	210588.64	96626.04
福　建 Fujian	2277558.88	866600.60	481463.43	195868.89	103154.81	24329.10	10893.53	50890.84	146232.83	76702.76
江　西 Jiangxi	1596893.21	565554.57	367553.82	76438.46	59981.03	26312.64	10610.60	24658.02	81628.76	53425.73
山　东 Shandong	5392470.73	1770081.52	980680.66	340617.98	162634.77	100232.45	72055.05	113860.61	438208.09	269040.32
河　南 Henan	5305033.37	1697388.86	1233389.31	218364.44	120001.86	50633.93	16034.46	58964.86	434426.75	297541.47
湖　北 Hubei	1329502.80	356695.58	226546.97	60485.97	30017.00	13787.00	15852.64	10006.00	81474.69	51534.40
湖　南 Hunan	3167367.70	996656.56	554973.25	185837.02	102795.54	50816.44	18918.45	83315.86	225405.66	164146.08
广　东 Guangdong	4545040.56	2104221.50	1395974.20	300748.20	160376.00	81524.80	35361.10	130237.20	308532.10	190642.10
广　西 Guangxi	917153.80	330209.70	226217.35	44345.84	32831.92	7555.68	3173.84	16085.07	45421.00	30147.84
海　南 Hainan	421239.06	164388.44	113715.40	18134.64	16343.40	5674.00	880.00	9641.00	13414.96	8459.16
重　庆 Chongqing	1224449.10	415623.97	277604.31	66730.34	22189.85	12576.22	6009.25	30514.00	81357.99	32735.37
四　川 Sichuan	1963742.34	727220.59	458727.33	118956.45	50377.39	30255.41	12003.00	56901.01	113609.90	75143.81
贵　州 Guizhou	2225915.92	717239.39	462941.83	113955.41	66364.93	23401.54	21881.67	28694.01	133463.05	84670.45
云　南 Yunnan	2449804.54	945388.37	621678.11	174752.57	79867.76	35795.30	9146.56	24148.07	134254.08	91510.23
西　藏 Tibet	86533.78	31134.00	16150.00	4880.00	3559.00	663.00	753.00	5129.00	4260.00	4260.00
陕　西 Shaanxi	2134414.45	746056.62	456176.57	146624.85	50721.99	31803.21	19861.57	40868.43	201374.57	116154.32
甘　肃 Gansu	1205597.78	487024.31	335519.04	77987.29	38917.16	20609.73	4939.19	9051.90	81870.03	60621.67
青　海 Qinghai	315715.37	99203.36	62173.56	24115.54	5316.78	3936.00	1693.40	1968.08	23456.86	15875.88
宁　夏 Ningxia	91282.79	39082.94	25519.01	7986.05	1503.01	1310.01	1704.01	1060.85	14859.02	11864.01
新　疆 Xinjiang	604928.99	259092.90	167928.80	34381.78	20339.90	6188.50	1950.21	28303.71	52618.10	27420.68

条件(一)(镇乡结合区)
Secondary Schools (1) (County-town Transitional Area)

单位:平方米
unit: m^2

生活用房 Residential and Welfare							其他用房 Rooms for Other Purposes	校舍面积中 of the Floor Space	
合计 Total	教工宿舍 Apartments for Single		学生宿舍 Students' Dormitories	食堂 Dining Halls	厕所 Toilet	其他 Others		危房面积 Floor Space of Dilapidated Buildings	当年新增校舍 New Floor Space Added in Current Year
	小计 Subtotal	其中:教师周转宿舍 of Which: Accommodation for Circulation of Teachers							
28553702.47	**5584443.84**	**1258740.02**	**15785640.99**	**4862841.51**	**1232617.65**	**1088158.48**	**2751244.84**	**412538.81**	**2528340.94**
143706.00	16063.00		75916.00	27843.00	8008.00	15876.00	34295.00		1492.00
141307.76	15400.94	5038.00	78153.40	26190.97	13285.62	8276.83	28252.81		960.61
2308481.36	281463.90	55916.30	1411612.64	446301.18	87485.10	81618.54	142508.71	3216.00	192733.16
1470319.38	241344.62	22548.60	830043.90	272391.03	64445.48	62094.35	157062.34	3300.00	45454.81
217926.86	14384.00	1440.00	126510.00	49154.00	7633.86	20245.00	41592.21		
259259.72	16725.04	1208.00	165769.42	53190.56	20385.01	3189.69	36078.19		
108699.56	800.00		54983.83	24302.94	15286.64	13326.15	64581.72		
162856.94	12335.00	9159.00	107839.26	31801.51	5643.14	5238.03	32767.34		
44725.06	1826.13		29807.44	7924.25	4550.18	617.06	25844.80		
1333368.94	257188.53	41109.61	651987.46	260925.78	62646.17	100621.00	165625.30		65116.71
1337196.20	180558.38	30996.00	756103.21	276938.51	73710.86	49885.24	191558.78		67186.99
1369024.06	330843.55	55171.00	701065.69	236514.64	54550.53	46049.65	167995.32	7241.01	110266.00
1094020.98	333069.40	52742.40	535987.16	165657.94	45279.48	14027.00	170704.47		13799.00
912356.43	151897.50	15090.00	545329.22	153406.34	27160.51	34562.86	37353.45	53948.00	90476.70
2890231.02	538598.05	68455.08	1604645.44	529867.49	103815.89	113304.15	293950.10	11293.00	147801.14
3003272.94	490267.31	103507.01	1810622.19	516794.60	109134.88	76453.96	169944.82	15324.00	177563.80
828812.01	235382.91	65029.61	409454.89	121859.71	31727.50	30387.00	62520.52	6068.00	130651.73
1731396.11	527610.31	103544.00	772991.20	282846.45	76308.02	71640.13	213909.37	54164.00	38581.00
1919099.61	541663.00	77972.00	973151.76	219716.00	102244.00	82324.85	213187.35		169495.05
523117.58	130279.65	28103.65	304464.16	67056.78	13672.99	7644.00	18405.52	3861.00	68496.00
240832.66	71493.12	51723.12	108929.71	30189.16	11231.67	18989.00	2603.00	2684.00	500.00
697079.54	213920.79	22850.92	347773.16	95626.78	20073.37	19685.44	30387.60		19518.19
1036973.95	203129.97	114475.39	591765.74	168241.70	53733.65	20102.89	85937.90		143956.47
1308158.62	284667.91	178020.16	758087.50	189869.88	39891.37	35641.96	67054.86		320491.56
1269272.94	186835.00	49297.20	757449.51	216324.02	57253.36	51411.05	100889.15	138912.00	282269.12
50432.78	16349.95	16349.95	25093.00	7305.25	918.50	766.08	707.00		42.42
1129602.89	185951.44	26427.12	641724.85	201075.97	50134.19	50716.44	57380.37		192923.45
560759.49	63113.62	29317.12	339717.17	91739.30	37975.14	28214.26	75943.95	112524.80	125182.90
169855.24	26221.32	18604.28	85374.00	32502.90	12718.18	13038.84	23199.91		76811.95
35198.83			26058.11	6802.71	1229.01	1109.00	2142.00		
256357.01	15059.50	14644.50	157229.97	52480.16	20485.35	11102.03	36860.98		46570.18

普通高中办学
Condition of School Buildings in Senior

地　区 Region	校舍建筑面　积 Floor Space	教学及辅助用房 Teaching & Assistant Buildings							行政办公用房 Administrative	
		合计 Total	其中： of Which：						合计 Total	其中：教师办公室 of Which：for Teachers
			教室 Classroom	实验室 Laboratory	图书室 Library	微机室 PC-room	语音室 Linguistic	体育馆 Gymnasium		
总　计 Total	**21902262.19**	**7293227.81**	**4646502.54**	**1078809.39**	**616858.46**	**277365.73**	**103636.66**	**570055.03**	**1382240.66**	**765458.04**
北　京 Beijing	510005.46	158737.71	65521.79	43516.23	15128.90	5821.21	1189.60	27559.98	41350.31	18777.64
天　津 Tianjin	72506.00	22395.00	14469.00	5369.00	920.00	569.00	148.00	920.00	7329.00	2309.00
河　北 Hebei	1037956.14	329249.47	217687.22	43155.01	28129.07	11410.52	5839.72	23027.93	58796.09	35793.78
山　西 Shanxi	1353969.00	435884.00	286752.00	58371.00	49397.00	17946.00	7604.00	15814.00	85176.00	55920.00
内蒙古 Inner Mongolia	267082.00	88539.00	54639.00	9558.00	12487.00	2491.00	844.00	8520.00	13767.00	8692.00
辽　宁 Liaoning	184613.50	37513.74	18853.11	5824.26	4872.05	3419.31	2106.00	2439.01	8474.01	2898.25
吉　林 Jilin	109280.00	32840.00	21038.00	3457.00	3845.00	2350.00	2150.00		8238.00	3685.00
黑龙江 Heilongjiang	168038.95	59447.47	42312.75	6738.34	3402.12	2567.26	1117.00	3310.00	16910.26	12743.26
上　海 Shanghai	161560.55	61202.00	19962.00	8161.00	11353.00	1956.00	802.00	18968.00	9772.00	5314.00
江　苏 Jiangsu	149913.64	51684.71	29678.19	7835.82	7991.28	3254.19	275.23	2650.00	5978.10	1308.36
浙　江 Zhejiang	1129504.76	393389.78	197875.56	70714.15	35552.43	14090.40	3830.28	71326.96	63775.31	38067.21
安　徽 Anhui	1309490.34	382835.82	257849.53	55043.48	41281.44	17766.83	5185.19	5709.35	80608.83	42076.61
福　建 Fujian	1377542.29	525073.01	328796.15	105483.75	52061.17	17186.30	3925.42	17620.22	74588.68	28587.57
江　西 Jiangxi	649905.32	225941.50	188547.00	12771.50	5607.00	4757.00	3414.00	10845.00	33404.00	18213.00
山　东 Shandong	903064.05	283682.70	162822.76	47198.23	33716.79	7715.28	2673.94	29555.70	61375.06	29490.20
河　南 Henan	478270.46	147250.90	102668.48	21554.16	13461.70	6890.93	2675.63		40863.44	28671.05
湖　北 Hubei	755921.11	206911.19	140693.26	28690.23	21208.70	5970.00	1561.00	8788.00	45844.00	20369.00
湖　南 Hunan	838248.49	208230.15	143672.80	30655.65	16098.60	9104.55	4513.55	4185.00	42971.65	22744.58
广　东 Guangdong	3217078.17	1196558.32	740181.86	192941.02	75473.14	52644.52	22124.78	113193.00	207490.14	127685.98
广　西 Guangxi	831879.93	253553.29	188027.74	24825.77	17664.90	7932.88	3174.00	11928.00	47821.04	30315.40
海　南 Hainan	411237.81	110596.00	48688.00	22154.00	11498.00	2954.00	906.00	24396.00	11428.00	5948.00
重　庆 Chongqing	497339.30	166380.95	126530.02	19463.21	10958.90	5873.65	2555.17	1000.00	29575.50	13929.18
四　川 Sichuan	979302.43	272515.37	182707.31	38793.79	17623.71	12364.46	2924.10	18102.00	46346.63	20699.01
贵　州 Guizhou	871024.40	252940.81	153308.98	36722.28	20341.00	9395.22	3921.00	29252.33	41664.42	25343.00
云　南 Yunnan	1136067.27	406453.18	265420.60	48353.23	36561.44	13878.16	7391.96	34847.79	99864.69	54858.00
西　藏 Tibet	441455.44	140930.37	93763.26	17313.95	10649.76	2050.60	1341.00	15811.80	17313.08	11332.40
陕　西 Shaanxi	461014.75	172662.98	92544.27	24653.82	11749.42	7667.52	2090.15	33957.80	37888.62	15906.58
甘　肃 Gansu	432886.63	184311.69	141233.55	25284.94	7844.10	7321.10	1199.00	1429.00	46360.10	31557.70
青　海 Qinghai	148863.60	56708.30	33379.30	10068.00	8381.00	1012.00	281.00	3587.00	8565.30	5570.30
宁　夏 Ningxia										
新　疆 Xinjiang	1017240.40	428808.40	286879.05	54138.57	31599.84	19005.84	5873.94	31311.16	88701.40	46651.98

条件(一)(乡村)
Secondary Schools (1) (Rural Area)

单位:平方米
unit: m²

生活用房 Residential and Welfare							其他用房 Rooms for Other Purposes	校舍面积中 of the Floor Space	
合计 Total	教工宿舍 Apartments for Single		学生宿舍 Students' Dormitories	食堂 Dining Halls	厕所 Toilet	其他 Others		危房面积 Floor Space of Dilapidated Buildings	当年新增校舍 New Floor Space Added in Current Year
	小计 Subtotal	其中:教师周转宿舍 of Which: Accommodation for Circulation of Teachers							
11456567.84	**2761261.10**	**746451.91**	**5916058.49**	**1813078.04**	**538311.89**	**427858.32**	**1770225.88**	**162306.00**	**1553344.21**
203485.86	29175.00	1150.00	103398.77	39751.19	13048.23	18112.67	106431.58		
40538.00	6663.00		18090.00	6133.00	2359.00	7293.00	2244.00		496.00
532781.50	116657.72	29559.52	299364.51	71817.36	17833.61	27108.30	117129.08		94283.98
651241.00	109420.00	26649.00	333077.00	145363.00	38261.00	25120.00	181668.00		44901.00
113327.00	15828.00	350.00	62558.00	26385.00	7435.00	1121.00	51449.00		
83589.54	7508.05	332.24	53702.68	17022.35	4051.46	1305.00	55036.21		4888.01
52177.00	6475.00	200.00	28564.00	10221.00	2681.00	4236.00	16025.00		
76218.22	3120.32		46215.59	18667.22	5694.28	2520.81	15463.00	2295.00	12808.23
67484.30	2804.00	991.00	35632.30	19703.00	7766.00	1579.00	23102.25		
85471.21	18307.57		49107.26	11684.50	2994.56	3377.32	6779.62		1500.69
570972.36	110384.84	16538.00	300919.39	108462.67	32906.03	18299.43	101367.31		83914.00
774875.41	206374.48	22067.13	415993.58	111370.07	26185.28	14952.00	71170.28	2386.00	99896.80
673218.66	221619.35	34485.42	297356.27	112958.14	23707.90	17577.00	104661.94		5774.22
352345.82	72508.00	8657.00	205672.00	47419.82	12678.00	14068.00	38214.00	3642.00	4543.00
492592.17	98502.32	1864.00	254463.22	101710.39	32235.24	5681.00	65414.12		173717.00
273561.08	59686.71	2157.60	148682.51	52580.69	6722.72	5888.45	16595.04	570.00	2400.00
416124.50	124537.10	23531.10	216127.00	51389.40	10919.00	13152.00	87041.42		5711.00
519114.44	185048.25	45153.00	231043.65	63971.54	13926.65	25124.35	67932.25	15789.00	11949.00
1576820.96	388671.12	102654.00	790182.04	211225.25	92572.51	94170.04	236208.75	7056.00	34789.80
500258.97	142130.91	59219.09	266162.81	67392.86	17259.39	7313.00	30246.63	11027.00	63726.84
224599.00	55573.00	42178.00	112317.00	34971.00	14054.00	7684.00	64614.81		177447.81
283944.79	59483.81	20872.06	172972.80	39298.00	9854.04	2336.14	17438.06		47596.05
608446.73	158096.49	65764.01	328787.10	84671.06	17700.17	19191.91	51993.70		43729.65
452390.46	114328.36	57956.49	234518.57	72622.77	20490.92	10429.84	124028.71		155193.76
581530.32	139879.46	55775.00	297526.67	101149.42	31613.93	11360.84	48219.08	64089.00	355824.01
281548.05	76696.24	49274.00	128681.20	37978.07	5320.10	32872.44	1663.94		14625.70
239116.22	79514.52	6436.30	111854.63	28863.15	15114.89	3769.03	11346.93		10883.33
193207.84	37467.10	1038.00	106762.26	27856.68	11183.45	9938.35	9007.00	55452.00	4798.80
74550.00	18684.00	13820.00	36538.00	13840.00	3497.00	1991.00	9040.00		
461036.43	96116.38	57779.95	229787.68	76599.44	38246.53	20286.40	38694.17		97945.53

普通高中办

Condition of School Buildings in Senior

地 区 Region	占地面积(平方米) Areas of School Sites(m^2)			图书(册) Books & Magazines in Libraries (Volume)	
	合计 Total	其中: of Which:			合计 Total
		绿化用地面积 Green Areas	运动场地面积 Sports Areas		
总 计 Total	**990978267.99**	**260138302.46**	**234293731.56**	**878793365**	**4867866**
北 京 Beijing	14406875.07	3118110.27	4364831.80	19437019	197431
天 津 Tianjin	8967175.32	1580164.51	2441547.53	11316005	64835
河 北 Hebei	45516512.95	9124847.27	10585591.90	40637280	205310
山 西 Shanxi	34007469.80	6336374.53	7347762.79	23841421	145500
内蒙古 Inner Mongolia	22740987.47	4240193.38	5638369.54	13269098	84035
辽 宁 Liaoning	23085505.99	4022560.72	6267800.84	16193135	123049
吉 林 Jilin	12401783.97	2680043.66	3799738.44	10795578	60506
黑龙江 Heilongjiang	20989441.28	2910510.57	5151808.34	9739883	84788
上 海 Shanghai	10365068.69	3518538.73	2418715.83	14629261	124087
江 苏 Jiangsu	54492180.83	19151569.05	12310538.42	52085978	309883
浙 江 Zhejiang	45245816.33	14987510.66	10177467.46	40873391	253035
安 徽 Anhui	52881123.94	13089465.27	10678338.86	33338079	203305
福 建 Fujian	36094052.72	9911407.06	9890885.50	45415906	192030
江 西 Jiangxi	38570715.09	10785228.17	8802188.74	31261685	157955
山 东 Shandong	65451805.69	18641551.23	14824838.53	58047764	311848
河 南 Henan	59831112.59	12281582.35	11630816.32	34086281	172721
湖 北 Hubei	37421733.35	11401817.77	7396354.82	21274476	121011
湖 南 Hunan	44502807.75	13020115.14	8692501.50	30246410	161638
广 东 Guangdong	90174892.55	29609409.95	21974673.58	115287943	611936
广 西 Guangxi	30410726.66	8253218.38	6706228.15	25321008	112210
海 南 Hainan	9864564.49	2731445.42	2073421.55	7918929	43372
重 庆 Chongqing	22403199.03	6461213.44	6302903.21	20207971	121708
四 川 Sichuan	51012756.34	11843400.54	16148210.39	61051361	285013
贵 州 Guizhou	33567914.09	8573905.22	8595774.32	33536084	128400
云 南 Yunnan	37373406.45	11072488.26	7554571.20	27953395	153500
西 藏 Tibet	3276079.52	587557.52	490318.46	1627550	7946
陕 西 Shaanxi	25617505.40	5491678.05	7001437.50	35172167	168337
甘 肃 Gansu	18619230.49	3484701.58	5152357.95	18086648	94519
青 海 Qinghai	5848912.85	1154277.01	1428808.73	5498204	28919
宁 夏 Ningxia	7664053.59	2396835.48	1508657.65	5503187	33233
新 疆 Xinjiang	28172857.70	7676581.27	6936271.71	15140268	105806

学条件（二）（总计）
Secondary Schools (2) (Total)

计算机数（台） PC (set)		教室（间） Classroom(Room)		教室中：普通教室（间） of Which: General Classroom(Room)		固定资产总值（万元） Total Value of Fixed Asset (10,000 yuan)		
其中：教学用计算机 No. of Computers Used for Instruction		合计 Total	其中：网络多媒体教室 of Which: Network Multimedia Classroom	合计 Total	其中：网络多媒体教室 of Which: Network Multimedia Classroom	合计 Total	其中：教学仪器设备资产值 of Which: Total Value of Equip & Instru.	
小计 Subtotal	其中：平板电脑 of Which: Tablet PC						小计 Subtotal	其中：实验设备 of Which: for Prefession
4044291	**199469**	**1020332**	**638365**	**776412**	**567550**	**75019435.87**	**7869229.43**	**2590202.62**
174122	13076	24210	20202	15658	14221	2348180.83	606028.86	102684.14
54462	2204	10597	7834	7621	6142	781488.78	100596.17	25149.61
191904	10637	45690	28927	38328	27328	2741342.43	253569.17	100534.69
117650	5264	33007	21741	26137	19839	2459353.15	219483.86	96611.39
66146	836	17331	12368	13795	11324	1868315.08	159525.41	57948.37
92127	9573	24629	14107	18677	12794	1581903.65	181955.36	68868.49
46145	1428	18155	7320	13378	6866	875923.42	94677.34	35760.31
62996	3161	23432	10984	15702	9920	1196082.75	136682.32	44834.84
97657	6016	15571	11794	9874	8707	1858484.48	275404.81	68101.41
265902	9253	54647	36111	36421	29748	5804729.61	497535.51	164208.19
217208	9415	38063	29965	26078	24411	4047930.18	421366.30	115640.86
165770	7103	49185	26392	40440	24658	3280909.59	272383.79	109564.22
153304	3199	37001	28039	26255	23798	2684277.19	335603.47	108339.59
129802	9200	38556	22793	31370	21712	2007562.29	203299.63	72427.34
259589	6152	64053	41155	44945	36419	4916396.85	432436.28	121713.64
142493	9010	57711	30381	49553	28508	3184523.46	229369.36	95980.39
99630	7692	32859	16420	24879	15178	2764154.46	225683.94	92651.21
133331	8799	53246	24886	40307	23489	3047903.91	265668.81	112183.96
509120	38699	92660	71084	70933	62482	7332955.34	906414.15	289802.53
84307	9477	24071	15412	21580	14752	1502939.68	169188.89	68140.93
35731	878	8006	5783	6603	5293	836083.86	96679.13	32948.24
99998	4777	25124	20473	19292	17804	1652875.96	166232.09	42453.31
242823	5695	62860	35558	52435	32769	4393890.74	566167.37	183887.92
108069	5470	33401	22191	26594	20619	2692768.12	208457.88	83645.00
126958	2143	39481	19352	27279	17883	2492928.09	174493.41	51008.30
5597	79	1717	1102	1539	1055	211197.96	13853.81	4170.95
147569	4085	33911	20923	27113	18448	2302955.45	284631.86	121531.20
81769	2938	23664	13731	17059	12449	1366835.73	123193.78	39521.77
24507	1473	5481	2608	4064	2380	503366.17	31667.84	14829.92
26512	159	5377	3745	3912	3349	554960.06	52566.78	18423.61
81093	1578	26636	14984	18591	13205	1726216.59	164412.05	46636.28

普通高中办

Condition of School Buildings in Senior

地 区 Region	占地面积(平方米) Areas of School Sites(m^2)			图书(册) Books & Magazines in Libraries (Volume)	
	合计 Total	其中: of Which:			合计 Total
		绿化用地面积 Green Areas	运动场地面积 Sports Areas		
总 计 Total	**460932597.91**	**129833811.00**	**113005753.06**	**467542876**	**2824275**
北 京 Beijing	11750001.58	2341046.73	3648325.39	17917272	181790
天 津 Tianjin	7064992.40	1250295.65	1929793.83	9303755	57752
河 北 Hebei	18584249.93	3867843.25	4334051.87	19336958	102066
山 西 Shanxi	13937241.51	2761154.83	3346758.61	12525444	80337
内蒙古 Inner Mongolia	9572715.15	1920098.17	2476772.14	6880180	42589
辽 宁 Liaoning	16205226.72	2816700.60	4460068.75	12590159	96223
吉 林 Jilin	7009331.69	1511715.94	2317627.54	6992610	39797
黑龙江 Heilongjiang	10882349.08	1599244.45	2826294.64	5902256	51886
上 海 Shanghai	8554134.48	2876245.73	2021930.16	13032940	110107
江 苏 Jiangsu	30199794.30	11065763.80	6644159.76	29406875	190810
浙 江 Zhejiang	26265189.81	8943538.61	5867696.40	23821473	152619
安 徽 Anhui	15758259.54	4448500.81	3317593.49	11140408	73281
福 建 Fujian	13716450.94	3898857.62	3681843.62	20418821	97836
江 西 Jiangxi	14086180.68	4190064.55	3319671.88	13795452	74974
山 东 Shandong	35491213.56	10591204.42	8260608.88	33039851	185969
河 南 Henan	21837079.10	4883523.08	4655773.18	15844025	81733
湖 北 Hubei	22469132.85	7461375.73	4655304.82	13606401	82754
湖 南 Hunan	15272833.42	4706244.69	3271908.70	11175033	70095
广 东 Guangdong	54516034.26	18601980.54	13589429.48	77359837	429706
广 西 Guangxi	12397893.59	3925866.36	2849403.21	12111811	58704
海 南 Hainan	5110683.54	1305851.00	1137282.55	4320065	25706
重 庆 Chongqing	11691035.03	3570930.75	3339528.79	11274093	75139
四 川 Sichuan	20589513.14	5238690.27	6382400.81	25485699	132674
贵 州 Guizhou	10285568.41	2677955.28	3032175.11	9610984	45018
云 南 Yunnan	13294704.37	4593064.70	2764614.77	11729858	68161
西 藏 Tibet	1149976.46	176969.98	160377.76	660671	3788
陕 西 Shaanxi	10133365.62	2190415.13	2937190.94	17825900	88592
甘 肃 Gansu	5476179.67	1255775.86	1526406.53	7023434	36129
青 海 Qinghai	2034156.36	549690.74	430642.45	2253841	12050
宁 夏 Ningxia	4417570.93	1427394.87	871594.37	3411449	21531
新 疆 Xinjiang	11179539.79	3185806.86	2948522.63	7745321	54459

学条件(二)(城区)
Secondary Schools (2) (Urban Area)

计算机数(台) PC (set)		教室(间) Classroom(Room)		教室中:普通教室(间) of Which: General Classroom(Room)		固定资产总值(万元) Total Volue of Fixed Asset (10,000 yuan)		
其中:教学用计算机 No. of Computers Used for Instruction		合计 Total	其中:网络多媒体教室 of Which: Network Multimedia Classroom	合计 Total	其中:网络多媒体教室 of Which: Network Multimedia Classroom	合计 Total	其中:教学仪器设备资产值 of Which: Total Volue of Equip & Instru.	
小计 Subtotal	其中:平板电脑 of Which: Tablet PC						小计 Subtotal	其中:实验设备 of Which: for Prefession
2329318	**130647**	**523198**	**353518**	**391686**	**306968**	**41351008.32**	**4897380.12**	**1447309.61**
161266	12007	21808	18374	14155	12880	2189148.86	566637.80	97376.57
49259	1513	9162	6853	6530	5327	697927.49	89382.72	19506.03
96149	6483	20418	13898	17053	13125	1349857.36	136502.71	46946.60
64079	2767	16248	11103	12968	10268	1129509.70	120061.89	50549.94
33451	389	8433	6184	6981	5692	767351.95	77148.94	24996.39
73114	7726	17474	10683	13146	9546	1160350.87	139099.33	50024.82
31200	1149	11820	5407	8572	5108	615397.48	67405.31	25174.91
38441	2527	13991	6821	9470	6024	721699.41	87577.43	27139.07
87265	5566	13842	10544	8771	7746	1587244.66	252121.92	62268.54
162443	7500	31202	21497	20325	17375	3690382.66	325234.88	100184.95
128709	6177	23097	18258	15746	14663	2499601.31	260859.38	69214.44
59377	3759	16858	9579	13569	8702	1065314.26	103605.77	39801.42
77722	1497	16748	13144	11879	10899	1359287.24	177408.16	51669.12
60708	4980	16797	10317	13431	9799	959250.87	103347.79	37828.74
152423	3407	34855	22598	23975	19692	2890258.15	265915.16	66902.29
66913	5362	23232	13712	19393	12772	1289949.87	113233.23	43531.83
68118	4931	20684	10801	15549	9920	1807311.07	157028.13	63653.39
58218	5222	22586	11680	17684	10870	1370507.47	113884.35	44166.92
351120	25631	61867	49795	47501	43146	5212932.28	695150.16	201596.30
42190	5387	10719	7073	9419	6686	716922.75	94054.78	32762.84
21297	701	4820	3711	4092	3427	431737.34	57143.65	20366.60
59926	3597	14368	11811	10906	10137	961453.38	100100.27	23241.05
115396	3950	26808	16791	22168	15244	2125218.87	285984.97	85179.04
37683	2750	9603	6979	7830	6391	739897.05	75404.04	26523.25
55773	1606	14586	8592	10227	7722	1028061.79	90831.93	20681.28
2551	20	673	368	599	351	65463.04	4797.04	2466.87
75668	1982	15806	10953	11958	9245	1059476.49	157236.79	59642.80
29970	759	7357	4844	5348	4439	465159.52	45965.26	12719.80
10057	490	2218	1076	1668	984	264224.23	14396.94	7323.92
16738	77	3371	2396	2464	2127	369996.25	32916.14	11995.46
42094	735	11747	7676	8309	6661	760114.67	86943.26	21874.44

普通高中办学
Condition of School Buildings in Senior Secondary

地 区 Region	占地面积(平方米) Areas of School Sites(m^2)			图书(册) Books & Magazines in Libraries (Volume)	
	合计 Total	其中: of Which:			合计 Total
		绿化用地面积 Green Areas	运动场地面积 Sports Areas		
总 计 Total	**89110563.04**	**27224409.12**	**19997483.76**	**73367786**	**413028**
北 京 Beijing	1841477.51	320928.70	389034.16	802908	6939
天 津 Tianjin	665074.30	113772.00	209468.60	804624	4374
河 北 Hebei	4614735.08	1156351.68	983796.29	3372675	17400
山 西 Shanxi	2387339.10	480066.00	578539.00	1672887	10177
内蒙古 Inner Mongolia	564894.00	90014.00	132931.00	277848	1552
辽 宁 Liaoning	2098893.10	417684.17	518376.56	1292996	9744
吉 林 Jilin	619335.12	144888.12	176120.12	308334	1389
黑龙江 Heilongjiang	1089848.00	167657.00	226649.00	512758	4705
上 海 Shanghai	1106234.74	462137.64	195992.90	683685	6578
江 苏 Jiangsu	3669676.78	1228593.39	698980.70	3275539	18369
浙 江 Zhejiang	6702544.32	2218891.34	1511727.18	5134806	32742
安 徽 Anhui	3943123.37	1038084.94	787370.16	2187033	14298
福 建 Fujian	2285355.33	630667.58	612640.12	2790940	11212
江 西 Jiangxi	1649220.00	452912.00	329642.00	1563603	6525
山 东 Shandong	10848128.29	3627253.37	2348536.51	8140279	45984
河 南 Henan	5549142.06	1101278.81	964236.72	2293939	14749
湖 北 Hubei	4133437.13	1577891.00	830355.56	2446044	12868
湖 南 Hunan	2558980.76	873469.00	456274.87	1346365	7977
广 东 Guangdong	18616305.04	6794791.46	4406111.82	22619994	120076
广 西 Guangxi	2006598.40	651898.04	533602.73	1876901	10613
海 南 Hainan	706864.06	176380.00	148430.70	399997	2408
重 庆 Chongqing	612697.00	118458.77	185767.00	620052	2919
四 川 Sichuan	2937556.79	849547.11	912111.44	2893835	16838
贵 州 Guizhou	1357786.62	355756.90	403004.97	1423521	5431
云 南 Yunnan	3549916.47	1379947.54	682551.40	2247245	13649
西 藏 Tibet					
陕 西 Shaanxi	1189807.41	260263.46	314838.27	1184403	5413
甘 肃 Gansu	414181.46	73286.10	108824.38	381130	1633
青 海 Qinghai	279682.00	87113.00	55114.00	330165	1877
宁 夏 Ningxia	289867.60	103810.00	69800.00	161500	985
新 疆 Xinjiang	821861.20	270616.00	226655.60	321780	3604

条件(二)(城乡结合区)
Schools (2) (Urban-rural Transitional Area)

计算机数(台) PC (set)		教室(间) Classroom(Room)		教室中:普通教室(间) of Which: General Classroom(Room)		固定资产总值(万元) Total Volue of Fixed Asset (10,000 yuan)		
其中:教学用计算机 No. of Computers Used for Instruction		合计 Total	其中:网络多媒体教室 of Which: Network Multimedia Classroom	合计 Total	其中:网络多媒体教室 of Which: Network Multimedia Classroom	合计 Total	其中:教学仪器设备资产值 of Which: Total Volue of Equip & Instru.	
小计 Subtotal	其中:平板电脑 of Which: Tablet PC						小计 Subtotal	其中:实验设备 of Which: for Prefession
346293	**20711**	**84190**	**55598**	**62431**	**48806**	**7278667.77**	**664891.56**	**234383.17**
5641	460	1301	1074	966	826	178349.20	22567.56	2970.61
3808		793	539	606	440	50951.66	6743.28	1402.34
16701	456	4442	2975	3827	2869	305202.02	23548.75	10200.00
8678	691	2316	1683	1717	1498	166589.10	11683.23	6250.78
1091		386	293	276	214	25801.47	3283.26	636.36
7425	1081	1969	1105	1387	989	140744.62	17571.64	8104.05
1024	10	560	101	397	97	18620.95	2238.73	793.52
3237	293	1210	496	568	477	60291.22	7051.90	3569.52
5076	459	1431	810	1040	696	137521.99	14548.63	2099.13
16313	314	3373	2200	2115	1702	391318.25	26972.50	10178.91
27367	1393	5673	4415	3723	3467	599542.90	55904.05	16865.17
11632	574	3573	1754	2829	1593	260231.34	19895.72	9028.51
9193	296	2405	1589	1512	1260	162158.79	19882.71	7016.65
5755	416	1503	888	1084	853	98500.02	7663.06	2532.64
37857	200	9534	5947	6430	5202	944175.87	65249.06	18402.99
12377	1187	4224	2826	3724	2705	271212.12	21005.10	7490.12
10468	434	3573	1609	2601	1481	367539.43	24845.77	10532.60
6322	553	2790	1428	2408	1277	196453.25	15139.40	4164.17
103548	8493	18400	14566	14006	12883	1629809.92	173377.17	62329.15
7886	1362	1952	1239	1700	1191	136873.95	13907.02	4750.00
2165	22	410	358	383	340	61915.21	5632.60	2988.00
2316		799	697	653	653	27244.67	3858.33	916.02
14507	507	3208	1963	2475	1687	345171.79	47224.50	20095.46
4561	330	1467	1041	1179	932	130173.08	12042.42	5239.55
10473	946	3593	2239	2633	1949	354010.18	20306.47	5707.06
4719	188	1334	709	961	574	79004.87	11430.86	5723.81
1307		529	265	269	245	29290.08	3003.20	694.80
1490	13	349	214	227	203	37419.02	1860.49	1662.10
940		289	187	256	168	28197.51	2408.22	563.31
2416	33	804	388	479	335	44353.28	4045.93	1475.85

普通高中办学
Condition of School Buildings in Senior Secondary

地区 Region	占地面积(平方米) Areas of School Sites(m^2)			图书(册) Books & Magazines in Libraries (Volume)	
	合计 Total	其中： of Which：			合计 Total
		绿化用地面积 Green Areas	运动场地面积 Sports Areas		
总　计 Total	**479022992.64**	**116366916.89**	**110614383.39**	**380998608**	**1874206**
北　京 Beijing	1488916.19	361248.34	441482.66	966070	9412
天　津 Tianjin	1724358.92	293287.86	455035.70	1820506	6551
河　北 Hebei	24511124.04	4666552.35	5821907.84	19920961	95386
山　西 Shanxi	17227506.29	3092438.70	3404478.18	9999049	57664
内蒙古 Inner Mongolia	12598796.67	2236430.10	3036167.40	6150077	39522
辽　宁 Liaoning	6501105.03	1108677.83	1741063.36	3379916	25995
吉　林 Jilin	4813507.28	1081092.72	1413872.30	3657806	19821
黑龙江 Heilongjiang	9726365.60	1274015.93	2188350.62	3572137	31066
上　海 Shanghai	1412867.60	513918.00	321469.00	1353457	11286
江　苏 Jiangsu	23895918.28	7953278.51	5573332.43	22380853	117625
浙　江 Zhejiang	16736969.64	5343998.12	3895284.32	15526264	89289
安　徽 Anhui	33771139.91	7821327.00	6850306.01	20450296	122114
福　建 Fujian	19302177.56	5262433.58	5346012.59	21985319	84347
江　西 Jiangxi	22846988.41	6125194.62	5051682.36	16868134	79681
山　东 Shandong	27599207.13	7487841.81	6300522.65	24156395	119869
河　南 Henan	36261753.31	7215713.91	6717156.10	17466435	87736
湖　北 Hubei	13555424.50	3562944.04	2526826.00	6932787	34429
湖　南 Hunan	27382629.20	7916247.90	5084897.22	17901669	86478
广　东 Guangdong	27817164.65	7871445.70	6682057.93	32496683	148562
广　西 Guangxi	16133936.53	3859433.02	3506209.44	12145254	47437
海　南 Hainan	3833843.24	1095783.00	825249.00	3352063	14727
重　庆 Chongqing	9640276.49	2573367.69	2679097.42	8270913	42926
四　川 Sichuan	28554139.24	5984216.80	9251577.03	34101328	143614
贵　州 Guizhou	21639790.70	5490876.32	5186517.06	22731253	79054
云　南 Yunnan	21219463.43	5742534.74	4287605.55	14667730	77822
西　藏 Tibet	1080265.57	183195.80	122197.00	558412	1746
陕　西 Shaanxi	14560436.12	3147500.97	3861087.82	16504476	76110
甘　肃 Gansu	12285406.49	2034082.71	3396337.41	10409901	54940
青　海 Qinghai	3389321.49	500863.27	919288.28	3060365	15441
宁　夏 Ningxia	3246482.66	969440.61	637063.28	2091738	11702
新　疆 Xinjiang	14265710.47	3597534.94	3090249.43	6120361	41854

条件(二)(镇区)
Schools (2) (Counties & Towns Area)

计算机数(台) PC (set)		教室(间) Classroom(Room)		教室中:普通教室(间) of Which: General Classroom(Room)		固定资产总值(万元) Total Value of Fixed Asset (10,000 yuan)		
其中:教学用计算机 No. of Computers Used for Instruction		合计 Total	其中:网络多媒体教室 of Which: Network Multimedia Classroom	合计 Total	其中:网络多媒体教室 of Which: Network Multimedia Classroom	合计 Total	其中:教学仪器设备资产值 of Which: Total Value of Equip & Instru.	
小计 Subtotal	其中:平板电脑 of Which: Tablet PC						小计 Subtotal	其中:实验设备 of Which: for Prefession
1571603	**58752**	**456050**	**262361**	**353966**	**240573**	**30360991.91**	**2693852.36**	**1051251.37**
7573	577	1604	1263	1014	916	96960.91	22136.68	3073.96
4785	691	1319	898	1009	758	76143.30	10618.16	5412.90
88545	3959	23241	14012	19613	13272	1329076.81	109766.71	51227.24
47577	1976	14422	9411	11482	8549	1064854.70	79153.21	36682.13
31134	427	8582	6009	6530	5460	1068483.27	80255.28	32184.58
18366	1839	6863	3292	5338	3137	396078.78	39737.03	18130.67
14375	279	6002	1852	4557	1701	248237.37	26191.78	10146.64
22947	514	8984	3858	5914	3607	453198.05	46564.40	16614.20
8422	378	1389	1026	848	779	212857.43	17446.91	4739.91
102084	1713	23091	14460	15832	12231	2074595.05	169549.18	63438.35
78716	1527	13153	10270	9079	8624	1348664.48	146177.21	41522.08
99775	3210	29907	16007	24838	15215	2048573.29	152338.50	64178.91
67097	1622	17758	13332	12668	11504	1116439.21	142409.26	51216.67
66415	4076	20555	12063	17039	11515	985600.32	97015.62	33088.99
102272	2680	27321	17770	19788	16054	1891185.44	155573.53	52475.18
73025	3388	33611	16268	29396	15358	1859656.79	113505.49	51143.30
28259	2438	10804	5104	8428	4813	856054.18	60582.22	25786.39
71129	3568	28739	12464	21186	11903	1608578.77	144416.14	64776.21
127818	9422	25323	17022	19211	15535	1521555.86	164723.23	74277.36
37608	3431	12012	7454	10892	7192	673803.27	64154.51	29923.06
12927	124	2671	1847	2210	1684	292769.52	31342.15	11001.64
36808	860	9835	7911	7715	7013	650277.70	61616.88	18266.20
119976	1545	34282	17580	28808	16468	2134589.51	263304.06	93616.79
66477	2668	22220	14425	17600	13452	1792271.14	124881.21	53893.02
64905	537	22217	10043	14991	9488	1267179.85	75213.04	25970.15
1579		456	282	417	281	60615.50	2335.70	858.90
68639	2089	17219	9575	14551	8861	1193679.88	122504.98	59158.78
48758	1784	15307	8384	10964	7589	836534.98	71637.58	24581.46
13164	945	2970	1407	2190	1280	220064.71	15879.04	6735.40
9774	82	2006	1349	1448	1222	184963.80	19650.64	6428.15
30674	403	12187	5723	8410	5112	797448.02	63171.98	20702.12

普通高中办学
Condition of School Buildings in Senior Secondary

地　区 Region	占地面积(平方米) Areas of School Sites(m^2)			图书(册) Books & Magazines in Libraries (Volume)	合计 Total
	合计 Total	其中: of Which:			
		绿化用地面积 Green Areas	运动场地面积 Sports Areas		
总　计 Total	**123379746.85**	**31045133.24**	**27493538.61**	**95116456**	**469448**
北　京 Beijing	587064.00	133104.00	183837.00	320318	3172
天　津 Tianjin	843164.92	158765.86	221279.70	869725	3258
河　北 Hebei	9855957.96	1812486.00	2443597.27	8741853	38648
山　西 Shanxi	6555505.29	1265047.21	1141791.29	3596985	21535
内蒙古 Inner Mongolia	1157351.00	264008.00	306786.00	385179	2461
辽　宁 Liaoning	1137570.66	181894.93	219591.00	444792	3924
吉　林 Jilin	508158.25	174617.15	91401.03	443450	2271
黑龙江 Heilongjiang	1103856.61	83460.25	191728.36	418817	3516
上　海 Shanghai	235534.00	75497.00	43288.00	205157	1327
江　苏 Jiangsu	6286923.20	2087060.68	1540011.40	6182989	33214
浙　江 Zhejiang	6019330.91	1738451.03	1246803.05	5170139	28576
安　徽 Anhui	6103888.86	1388809.62	1164246.36	3425712	18029
福　建 Fujian	5162325.46	1421318.95	1385038.38	5199191	19793
江　西 Jiangxi	4117260.08	911770.53	850017.62	2378891	11315
山　东 Shandong	11653450.29	3247250.14	2860287.55	10125422	48575
河　南 Henan	12126649.95	2570845.13	2152748.55	5086783	28411
湖　北 Hubei	2929529.00	726177.04	561698.00	1402203	6876
湖　南 Hunan	7167804.50	2284161.63	1295188.74	4718021	22237
广　东 Guangdong	9970753.77	3083674.98	2400092.45	12687910	60040
广　西 Guangxi	1956351.36	454074.52	405857.40	1096062	5407
海　南 Hainan	1026355.59	231727.00	184787.00	799731	3711
重　庆 Chongqing	2269659.29	811930.14	529137.50	1659898	8143
四　川 Sichuan	3635317.20	878671.10	1227247.80	4003143	19971
贵　州 Guizhou	4985039.84	1233960.93	1281763.40	4324693	14183
云　南 Yunnan	6400492.60	1627031.07	1197769.00	4035835	23170
西　藏 Tibet	207336.00	58990.80	25040.00	111000	333
陕　西 Shaanxi	3994852.97	949394.11	1054660.12	3830845	18175
甘　肃 Gansu	2689229.94	527557.03	683778.21	2151079	10274
青　海 Qinghai	802343.00	153367.00	188743.24	712624	4023
宁　夏 Ningxia	422045.61	103255.05	80385.51	201500	907
新　疆 Xinjiang	1468644.74	406774.36	334937.68	386509	3973

条件(二)(镇乡结合区)
Schools (2) (County-Town Transitional Area)

计算机数(台) PC (set)		教室(间) Classroom(Room)		教室中:普通教室(间) of Which: General Classroom(Room)		固定资产总值(万元) Total Value of Fixed Asset (10,000 yuan)		
其中:教学用计算机 No. of Computers Used for Instruction		合计 Total	其中:网络多媒体教室 of Which: Network Multimedia Classroom	合计 Total	其中:网络多媒体教室 of Which: Network Multimedia Classroom	合计 Total	其中:教学仪器设备资产值 of Which: Total Volue of Equip & Instru.	
小计 Subtotal	其中:平板电脑 of Which: Tablet PC						小计 Subtotal	其中:实验设备 of Which: for Prefession
398980	**16281**	**113183**	**65662**	**86742**	**60200**	**7921149.31**	**669553.70**	**266419.91**
2642	210	645	487	444	378	20892.47	7449.72	1272.24
2124	24	557	487	448	414	28435.95	4577.93	2124.85
35556	1672	9430	5487	8122	5246	489452.25	39950.98	20137.16
16936	354	5436	3599	4203	3164	361489.32	29946.23	14076.67
2014		851	493	601	469	76470.26	6702.24	2702.00
3042	181	1067	617	871	595	115675.14	11260.04	6879.12
1365	116	472	39	413	37	25652.75	3195.88	453.47
2410	420	1261	441	647	426	67108.38	6675.27	2203.15
1109		235	123	109	78	43530.06	3981.58	772.56
28330	448	6554	4302	4162	3541	602753.15	44341.78	15587.82
24999	170	4187	3384	3065	2907	522861.70	47691.77	12588.79
14671	247	5287	2613	4374	2448	332623.06	20625.20	8747.29
16043	206	4587	3437	3397	3005	296991.39	32969.31	13354.79
9754	650	3368	1752	2594	1679	181183.26	17293.24	6434.65
41825	1648	10921	7679	8298	7149	760073.97	73215.96	25556.68
23403	837	10294	4597	8892	4360	558901.66	38347.84	16175.20
5729	623	2164	828	1610	775	196124.49	13707.92	5544.29
17615	922	6762	2776	4911	2617	395057.49	30862.28	13772.86
52051	5637	9697	6536	7458	5982	658255.82	65952.43	30827.05
4031	566	1310	790	1185	750	67002.87	4669.82	2568.43
3375	7	638	462	562	442	71800.49	5991.88	1517.53
7559	63	1869	1625	1513	1450	181859.11	12105.71	3356.45
16396	102	4153	2162	3277	1997	366928.00	44230.27	17402.36
13103	329	4890	2877	3954	2784	305539.78	20785.25	8361.53
19577	119	6573	3050	4042	2907	413709.51	22648.57	7706.90
319		123	107	108	106	14859.00	406.90	98.90
16659	387	4329	2078	3634	1984	419299.53	38099.54	17953.13
9124	205	3088	1779	2204	1554	164453.07	11127.37	3479.61
3321	31	644	398	534	369	65026.85	3424.08	1764.22
778	70	220	82	140	80	25298.73	1705.33	1055.46
3118	37	1571	575	970	507	91839.79	5611.39	1944.75

普通高中办学
Condition of School Buildings in Senior Secondary

地 区 Region	占地面积(平方米) Areas of School Sites(m^2)			图书(册) Books & Magazines in Libraries (Volume)	
	合计 Total	其中: of Which:			合计 Total
		绿化用地面积 Green Areas	运动场地面积 Sports Areas		
总 计 Total	**51022677.44**	**13937574.57**	**10673595.11**	**30251881**	**169385**
北 京 Beijing	1167957.30	415815.20	275023.75	553677	6229
天 津 Tianjin	177824.00	36581.00	56718.00	191744	532
河 北 Hebei	2421138.98	590451.67	429632.19	1379361	7858
山 西 Shanxi	2842722.00	482781.00	596526.00	1316928	7499
内蒙古 Inner Mongolia	569475.65	83665.11	125430.00	238841	1924
辽 宁 Liaoning	379174.24	97182.29	66668.73	223060	831
吉 林 Jilin	578945.00	87235.00	68238.60	145162	888
黑龙江 Heilongjiang	380726.60	37250.19	137163.08	265490	1836
上 海 Shanghai	398066.61	128375.00	75316.67	242864	2694
江 苏 Jiangsu	396468.25	132526.74	93046.23	298250	1448
浙 江 Zhejiang	2243656.88	699973.93	414486.74	1525654	11127
安 徽 Anhui	3351724.49	819637.46	510439.36	1747375	7910
福 建 Fujian	3075424.22	750115.86	863029.29	3011766	9847
江 西 Jiangxi	1637546.00	469969.00	430834.50	598099	3300
山 东 Shandong	2361385.00	562505.00	263707.00	851518	6010
河 南 Henan	1732280.18	182345.36	257887.04	775821	3252
湖 北 Hubei	1397176.00	377498.00	214224.00	735288	3828
湖 南 Hunan	1847345.13	397622.55	335695.58	1169708	5065
广 东 Guangdong	7841693.64	3135983.71	1703186.17	5431423	33668
广 西 Guangxi	1878896.54	467919.00	350615.50	1063943	6069
海 南 Hainan	920037.71	329811.42	110890.00	246801	2939
重 庆 Chongqing	1071887.51	316915.00	284277.00	662965	3643
四 川 Sichuan	1869103.96	620493.47	514232.55	1464334	8725
贵 州 Guizhou	1642554.98	405073.62	377082.15	1193847	4328
云 南 Yunnan	2859238.65	736888.82	502350.88	1555807	7517
西 藏 Tibet	1045837.49	227391.74	207743.70	408467	2412
陕 西 Shaanxi	923703.66	153761.95	203158.74	841791	3635
甘 肃 Gansu	857644.33	194843.01	229614.01	653313	3450
青 海 Qinghai	425435.00	103723.00	78878.00	183998	1428
宁 夏 Ningxia					
新 疆 Xinjiang	2727607.44	893239.47	897499.65	1274586	9493

条件(二)(乡村)
Schools (2) (Rural Area)

计算机数(台) PC (set)		教室(间) Classroom(Room)		教室中:普通教室(间) of Which: General Classroom(Room)		固定资产总值(万元) Total Value of Fixed Asset (10,000 yuan)		
其中:教学用计算机 No. of Computers Used for Instruction							其中:教学仪器设备资产值 of Which: Total Value of Equip & Instru.	
小计 Subtotal	其中:平板电脑 of Which: Tablet PC	合计 Total	其中:网络多媒体教室 of Which: Network Multimedia Classroom	合计 Total	其中:网络多媒体教室 of Which: Network Multimedia Classroom	合计 Total	小计 Subtotal	其中:实验设备 of Which: for Prefession
143370	**10070**	**41084**	**22486**	**30760**	**20009**	**3307435.63**	**277996.96**	**91641.64**
5283	492	798	565	489	425	62071.06	17254.38	2233.62
418		116	83	82	57	7417.99	595.29	230.68
7210	195	2031	1017	1662	931	62408.26	7299.74	2360.86
5994	521	2337	1227	1687	1022	264988.75	20268.77	9379.32
1561	20	316	175	284	172	32479.86	2121.19	767.40
647	8	292	132	193	111	25474.00	3119.00	713.00
570		333	61	249	57	12288.57	1080.25	438.75
1608	120	457	305	318	289	21185.29	2540.49	1081.57
1970	72	340	224	255	182	58382.39	5835.99	1092.96
1375	40	354	154	264	142	39751.90	2751.45	584.88
9783	1711	1813	1437	1253	1124	199664.40	14329.70	4904.33
6618	134	2420	806	2033	741	167022.04	16439.52	5583.89
8485	80	2495	1563	1708	1395	208550.73	15786.05	5453.80
2679	144	1204	413	900	398	62711.09	2936.23	1509.61
4894	65	1877	787	1182	673	134953.26	10947.58	2336.18
2555	260	868	401	764	378	34916.80	2630.64	1305.27
3253	323	1371	515	902	445	100789.22	8073.58	3211.42
3984	9	1921	742	1437	716	68817.67	7368.31	3240.83
30182	3646	5470	4267	4221	3801	598467.20	46540.76	13928.87
4509	659	1340	885	1269	874	112213.66	10979.59	5455.04
1507	53	515	225	301	182	111577.00	8193.33	1580.00
3264	320	921	751	671	654	41144.88	4514.94	946.05
7451	200	1770	1187	1459	1057	134082.35	16878.33	5092.09
3909	52	1578	787	1164	776	160599.94	8172.63	3228.72
6280		2678	717	2061	673	197686.45	8448.44	4356.87
1467	59	588	452	523	423	85119.42	6721.07	845.18
3262	14	886	395	604	342	49799.08	4890.08	2729.62
3041	395	1000	503	747	421	65141.23	5590.94	2220.51
1286	38	293	125	206	116	19077.23	1391.86	770.60
8325	440	2702	1585	1872	1432	168653.91	14296.81	4059.72

中等职业学
Number of Secondary

地　区 Region	中等职业学校						
					普通中专学校 Reg. Specialized Sec. Schools		
	合计 Total	其中： 中央部门办 of Which： HEIs under Central Ministries & Agencies	其中： 地方公办 of Which： HEIs under Local Auth.	其中：民办 of Which： Non-government	小计 Subtotal	其中： 中央部门办 of Which： HEIs under Central Ministries & Agencies	其中： 地方公办 of Which： HEIs under Local Auth.
总　计 Total	**8367**	**22**	**6230**	**2115**	**3398**	**16**	**2559**
北　京 Beijing	92	7	63	22	31	6	25
天　津 Tianjin	76		68	8	39		38
河　北 Hebei	609	1	441	167	245	1	103
山　西 Shanxi	447		352	95	93		80
内蒙古 Inner Mongolia	247		184	63	75		35
辽　宁 Liaoning	287		201	86	106		96
吉　林 Jilin	277	1	209	67	46		42
黑龙江 Heilongjiang	237		186	51	77		39
上　海 Shanghai	96	2	90	4	57	2	54
江　苏 Jiangsu	235		211	24	165		147
浙　江 Zhejiang	262		212	50	46		41
安　徽 Anhui	374		267	107	125		102
福　建 Fujian	207		172	35	207		172
江　西 Jiangxi	394	1	259	134	80	1	61
山　东 Shandong	428	1	316	111	246		189
河　南 Henan	651	2	459	190	152	1	131
湖　北 Hubei	289	2	226	61	216	2	170
湖　南 Hunan	460		284	176	34		34
广　东 Guangdong	468		350	118	363		267
广　西 Guangxi	276		207	69	276		207
海　南 Hainan	79		46	33	31		26
重　庆 Chongqing	132		112	20	23		22
四　川 Sichuan	445		251	194	218		73
贵　州 Guizhou	195		148	47	66		61
云　南 Yunnan	374	2	331	41	81	1	67
西　藏 Tibet	10		10		10		10
陕　西 Shaanxi	265		170	95	37		35
甘　肃 Gansu	220		189	31	115		108
青　海 Qinghai	39		34	5	34		31
宁　夏 Ningxia	29		23	6	14		8
新　疆 Xinjiang	167	3	159	5	90	2	85

校(机构)数
Vocational Schools(Institutions)

单位:人
unit: institution

Secondary Vocational Schools

其中:民办 of Which: Non-government	成人中专学校 Adults Specialized Sec. Schools 小计 Subtotal	其中:中央部门办 of Which: HEIs under Central Ministries & Agencies	其中:地方公办 of Which: HEIs under Local Auth.	其中:民办 of Which: Non-government	职业高中学校 Vocational High Schools 小计 Subtotal	其中:中央部门办 of Which: HEIs under Central Ministries & Agencies	其中:地方公办 of Which: HEIs under Local Auth.	其中:民办 of Which: Non-government
823	**1243**	**2**	**1122**	**119**	**3726**	**4**	**2549**	**1173**
	11	1	9	1	50		29	21
1	17		17		20		13	7
141	164		156	8	200		182	18
13	119		119		235		153	82
40	61		61		111		88	23
10	1		1		180		104	76
4	75		75		156	1	92	63
38	41		38	3	119		109	10
1	12		12		27		24	3
18	19		18	1	51		46	5
5	23		19	4	193		152	41
23	42		38	4	207		127	80
35								
18	87		87		227		111	116
57	38		28	10	144	1	99	44
20	175		119	56	324	1	209	114
44	13		10	3	60		46	14
	87		71	16	339		179	160
96	7		7		98		76	22
69								
5	1		1		47		19	28
1	42		40	2	67		50	17
145	21		12	9	206		166	40
5	9		9		120		78	42
13	129	1	128		164		136	28
2	7		7		221		128	93
7	22		20	2	83		61	22
3	2		2		3		1	2
6	2		2		13		13	
3	16		16		61	1	58	2

中等职业学校
Number of students in Secondary

地　区 Region	毕业生数 Graduates		招生数 Entrants			
	合计 Total	其中：获得职业资格证书 of Which: Recipients of Vocational Qualifications	合计 Total	其中：应届毕业 of Which: Graduates of Current Year		其中：五年制高职中职段 of Which: 5-year Secondary Vocational Education
				小计 Subtotal	其中：初中毕业生 of Which: Junior Secondary School Graduates	
总　计 Total	**4405572**	**3547673**	**4661428**	**4198668**	**4093675**	**477230**
北　京 Beijing	29837	21150	23409	20491	19849	5786
天　津 Tianjin	31055	26558	37366	34470	33310	5279
河　北 Hebei	196609	152040	274261	225945	221323	19406
山　西 Shanxi	129594	106991	111013	103398	99872	13458
内蒙古 Inner Mongolia	69116	50712	71807	65420	64752	10766
辽　宁 Liaoning	106649	69623	112032	92470	88512	8585
吉　林 Jilin	48920	29499	46958	40702	40057	11363
黑龙江 Heilongjiang	74927	56697	71021	54808	50431	4618
上　海 Shanghai	38418	33207	35443	34382	34304	5979
江　苏 Jiangsu	229665	211914	220939	207956	206037	58118
浙　江 Zhejiang	169894	164726	188355	185804	185593	29591
安　徽 Anhui	329317	294052	305752	260474	248589	25784
福　建 Fujian	131698	122039	137049	113417	112206	10594
江　西 Jiangxi	118010	86184	135843	125006	124797	18890
山　东 Shandong	286687	237108	288180	278376	275631	61392
河　南 Henan	339047	270741	374900	347210	339076	42273
湖　北 Hubei	111352	92976	132075	128656	126362	10223
湖　南 Hunan	199567	168372	251324	241232	239709	26819
广　东 Guangdong	389163	254377	351909	330666	314820	6386
广　西 Guangxi	224426	145645	256261	199139	194279	18818
海　南 Hainan	36121	14979	44176	38249	37727	1878
重　庆 Chongqing	99687	81735	111203	108674	108222	12749
四　川 Sichuan	403808	373569	374774	314183	301263	8834
贵　州 Guizhou	173046	140369	196615	181222	177574	6716
云　南 Yunnan	147993	113780	183589	172421	169374	36805
西　藏 Tibet	4162	833	7434	7431	7134	40
陕　西 Shaanxi	113590	91939	93314	86833	80529	9297
甘　肃 Gansu	74645	63387	80547	75407	72717	1060
青　海 Qinghai	19256	12289	26852	19316	18800	847
宁　夏 Ningxia	24379	17592	28088	27264	26978	623
新　疆 Xinjiang	54934	42590	88939	77646	73848	4253

(机构)学生数
Vocational Schools (Institutions)

单位:人
unit: person

在校学生数 Enrolment					预计毕业生数 Estimated Graduates for Next Year	
合计 Total	一年级 Grade 1	二年级 Grade 2	三年级 Grade 3	四年级及以上 Grade 4 and over	合计 Total	其中:五年制高职中职段 of Which: 5-year Secondary Vocational Education
12758604	**4666663**	**4148824**	**3850271**	**92846**	**4192367**	**399545**
85780	23357	29103	22072	11248	25529	4742
101055	37366	36199	27052	438	31064	4180
658083	275339	207023	174570	1151	225845	9626
337947	111022	109186	115433	2306	119565	13474
202672	71807	65956	63845	1064	68444	12560
318885	112072	103338	96428	7047	101351	6718
129856	46958	44577	37918	403	39879	4342
215729	71028	72080	70873	1748	76893	3622
112013	35738	36639	36350	3286	38217	4952
652499	220984	219445	207125	4945	217876	57312
520695	188388	176224	153033	3050	159624	24472
781809	305752	238373	231118	6566	288058	23460
380533	139273	115241	111041	14978	120411	7272
361692	136021	118242	106390	1039	105946	22032
809826	288244	269863	245742	5977	258771	55223
1015766	374900	333236	305752	1878	338099	32053
375637	132078	127168	113955	2436	116125	5157
660887	251338	215395	187607	6547	195218	32190
1065745	351984	363486	349127	1148	332268	5582
698572	256294	228250	210790	3238	222967	7282
115088	44177	36089	34211	611	33395	1667
311632	111205	104808	95135	484	95183	7484
914426	374841	270269	267660	1656	360223	6677
550922	197163	181142	172617		179030	4106
486248	183616	155154	146788	690	149874	21235
18157	7434	5322	5401		5639	
277832	93424	91700	92064	644	99430	13907
210710	80532	66468	60152	3558	72483	1175
74057	26888	24866	19636	2667	20216	1135
78743	28090	26075	24543	35	25008	2045
235108	89350	77907	65843	2008	69736	3863

地 区 Region	毕业生数 Graduates		招生数 Entrants			
	合计 Total	其中:获得职业资格证书 of Which: Recipients of Vocational Qualifications	合计 Total	其中:应届毕业 of Which: Graduates of Current Year		其中:五年制高职中职段 of Which:5-year Secondary Vocational Education
				小计 Subtotal	其中:初中毕业生 of Which:Junior Secondary School Graduates	
总 计 Total	**2160019**	**1717225**	**2135237**	**1938053**	**1894868**	**244846**
北 京 Beijing	14708	10053	10987	9142	8809	2468
天 津 Tianjin	13660	11653	14623	13556	13136	2025
河 北 Hebei	98045	75380	127291	103916	102640	10146
山 西 Shanxi	66727	55474	52852	49127	47621	7756
内蒙古 Inner Mongolia	32106	23304	31082	28615	28396	4749
辽 宁 Liaoning	48153	29587	47182	39992	38422	4960
吉 林 Jilin	24106	14626	21688	18871	18687	5058
黑龙江 Heilongjiang	34903	27650	30160	25583	23819	3377
上 海 Shanghai	16319	13583	14107	13606	13572	2765
江 苏 Jiangsu	109944	99882	101355	96112	95425	30257
浙 江 Zhejiang	78007	75114	82618	81269	81198	13374
安 徽 Anhui	155047	137036	141223	120817	116053	15341
福 建 Fujian	57676	53046	57406	49206	48853	4239
江 西 Jiangxi	66173	46383	68357	63492	63307	11258
山 东 Shandong	133355	110126	133258	128732	128008	30554
河 南 Henan	177936	142074	172659	159548	156910	19151
湖 北 Hubei	52751	42214	57803	56714	56158	5501
湖 南 Hunan	99468	82027	116778	112578	111781	14163
广 东 Guangdong	198543	129089	157719	149608	142215	3012
广 西 Guangxi	100089	62735	108844	86707	84892	8215
海 南 Hainan	17918	6822	19169	16814	16697	1361
重 庆 Chongqing	47775	40882	49073	47822	47561	5896
四 川 Sichuan	201825	183745	178268	150297	144242	5187
贵 州 Guizhou	92759	74183	100972	94341	92272	4133
云 南 Yunnan	75970	57361	88633	83651	82179	21887
西 藏 Tibet	1831	417	3439	3439	3304	18
陕 西 Shaanxi	55187	43190	43671	40311	37761	4787
甘 肃 Gansu	40836	34661	41443	39223	38298	556
青 海 Qinghai	8870	5484	11211	8703	8476	406
宁 夏 Ningxia	12825	9270	13965	13589	13448	602
新 疆 Xinjiang	26507	20174	37401	32672	30728	1644

(机构)女学生数
Vocational Schools (Institutions)

单位:人
unit:person

在校学生数 Enrolment 合计 Total	一年级 Grade 1	二年级 Grade 2	三年级 Grade 3	四年级及以上 Grade 4 and over	预计毕业生数 Estimated Graduates for Next Year 合计 Total	其中:五年制高职中职段 of Which: 5-year Secondary Vocational Education
6034257	**2138163**	**1963104**	**1880799**	**52191**	**1977407**	**218252**
41332	10925	14530	9975	5902	10812	2033
40907	14623	14585	11458	241	12930	1910
311704	127466	97061	86622	555	107470	5858
165945	52793	53636	58421	1095	57810	7902
87362	31082	27525	28150	605	29824	5821
140195	47182	44159	42875	5979	44837	4121
60640	21686	20108	18508	338	17881	2024
95592	30024	31047	33696	825	33668	2189
45298	14146	15303	14968	881	15753	2163
310934	101371	104745	101356	3462	105034	31826
231194	82632	78179	69533	850	71346	11666
368508	141223	110432	112451	4402	133282	14382
165521	58992	50669	48538	7322	47214	3376
192658	68375	63601	60119	563	59057	14927
379253	133171	125482	116645	3955	123240	28338
494363	172659	164263	156076	1365	162968	14836
171032	57798	57185	54612	1437	50947	3584
319896	116780	106226	93364	3526	95191	17854
505578	158870	171030	174856	822	161068	2891
299324	108892	97003	92291	1138	93129	3601
51541	19173	16294	15757	317	14121	1249
141901	49073	48674	43736	418	41493	4624
454105	178296	138287	136520	1002	178038	4205
284525	101059	93567	89899		89517	2696
246068	88634	79418	77442	574	78731	13022
8445	3439	2468	2538		2554	
134176	43690	45338	44729	419	48187	7710
112617	41423	35549	33969	1676	38884	480
30869	11219	10226	8603	821	8270	553
40350	13878	13263	13179	30	13242	1120
102424	37589	33251	29913	1671	30909	1291

地 区 Region	毕业生数 Graduates		招生数 Entrants			
	合计 Total	其中:获得职业资格证书 of Which: Recipients of Vocational Qualifications	合计 Total	其中:应届毕业 of Which: Graduates of Current Year 小计 Subtotal	其中:初中毕业生 of Which: Junior Secondary School Graduates	其中:五年制高职中职段 of Which: 5-year Secondary Vocational Education
总 计 Total	**2290235**	**1757180**	**2551840**	**2423242**	**2360281**	**423327**
北 京 Beijing	13618	9895	11486	11224	10637	4407
天 津 Tianjin	18633	17266	25357	24954	24207	4291
河 北 Hebei	90220	68541	136755	127789	124472	18256
山 西 Shanxi	54538	51162	42662	39743	37119	12179
内蒙古 Inner Mongolia	32306	20591	37730	35021	34533	10561
辽 宁 Liaoning	55356	35123	57107	49606	46584	8585
吉 林 Jilin	18250	10579	19404	16635	16440	7010
黑龙江 Heilongjiang	35370	24033	35575	28455	27710	4618
上 海 Shanghai	26011	22232	23232	23010	22984	5046
江 苏 Jiangsu	167171	151126	171767	170159	168464	55911
浙 江 Zhejiang	29452	29022	33637	33601	33599	9099
安 徽 Anhui	88378	77220	107919	105441	104698	25784
福 建 Fujian	77011	72040	107129	103938	103423	10594
江 西 Jiangxi	71120	47963	74952	72450	72256	18386
山 东 Shandong	194126	156170	202990	198656	196785	57863
河 南 Henan	210796	154691	255577	238201	231322	41524
湖 北 Hubei	81346	65726	98260	95782	93644	8832
湖 南 Hunan	64192	47191	62231	60660	60066	23695
广 东 Guangdong	321583	209406	296305	276739	261189	6386
广 西 Guangxi	121945	91398	192138	181778	178141	18818
海 南 Hainan	21960	8497	25806	22840	22622	1790
重 庆 Chongqing	26439	20051	29753	28897	28572	6670
四 川 Sichuan	159983	139713	141365	135066	129943	8279
贵 州 Guizhou	69551	52486	76819	74117	72626	5074
云 南 Yunnan	93300	68507	115087	106806	103940	34088
西 藏 Tibet	3994	775	7403	7400	7103	40
陕 西 Shaanxi	25936	14401	18122	17274	15836	8758
甘 肃 Gansu	49019	42073	49864	47579	46018	1060
青 海 Qinghai	14231	10190	19140	17450	17143	847
宁 夏 Ningxia	14824	9967	15590	15354	15074	623
新 疆 Xinjiang	39576	29145	60678	56617	53131	4253

学生数
Specialized Sec. Schools

单位:人
unit:person

在校学生数 Enrolment					预计毕业生数 Estimated Graduates for Next Year	
合计 Total	一年级 Grade 1	二年级 Grade 2	三年级 Grade 3	四年级及以上 Grade 4 and over	合计 Total	其中:五年制高职中职段 of Which: 5-year Secondary Vocational Education
7181209	**2553454**	**2384449**	**2184987**	**58319**	**2240284**	**359191**
43895	11424	11697	11625	9149	13901	3899
68199	25357	23463	18941	438	19364	3291
345672	137046	115785	91736	1105	97961	8444
133211	42664	43401	44938	2208	47283	11451
110176	37730	36608	34774	1064	36910	12514
163959	57119	51825	48988	6027	52863	6718
52283	19404	16432	16173	274	16488	3435
106308	35579	35360	33621	1748	36829	3622
74889	23443	24548	23629	3269	24183	4304
501913	171812	167501	157867	4733	159730	51863
93406	33647	31455	27647	657	27743	6977
291409	107919	89424	88030	6036	89516	23460
272398	107305	89963	74839	291	75592	7272
219960	74940	74117	69874	1029	68046	21891
573972	203054	192093	173855	4970	181559	53418
696297	255577	233062	205780	1878	221467	31460
275306	98260	91249	83361	2436	85507	5087
193052	62235	67332	61716	1769	65229	29910
898251	296365	308301	292437	1148	280203	5462
478796	192171	154337	131286	1002	133862	7282
68600	25807	21332	21239	222	20636	1656
84157	29755	27688	26230	484	26278	5069
421008	141432	141480	136475	1621	138286	6463
224631	77082	76852	70697		72700	3954
312463	115090	101985	94710	678	96897	18994
18090	7403	5286	5401		5603	
63168	18125	20769	23672	602	24249	13077
141696	49864	47546	42847	1439	44881	1175
49783	19176	16906	13593	108	13524	1135
46727	15592	15420	15680	35	15958	2045
157534	61077	51232	43326	1899	47036	3863

地 区 Region	毕业生数 Graduates		招生数 Entrants			
	合计 Total	其中：获得职业资格证书 of Which: Recipients of Vocational Qualifications	合计 Total	其中：应届毕业 of Which: Graduates of Current Year		其中：五年制高职中职段 of Which: 5-year Secondary Vocational Education
				小计 Subtotal	其中：初中毕业生 of Which: Junior Secondary School Graduates	
总 计 Total	**1216393**	**919695**	**1234104**	**1178845**	**1152189**	**222265**
北 京 Beijing	6229	4510	5397	5258	4925	1775
天 津 Tianjin	7887	7155	9418	9332	9055	1575
河 北 Hebei	44678	34316	63636	59752	59052	9651
山 西 Shanxi	30863	28640	23087	21827	20715	7244
内蒙古 Inner Mongolia	15558	9840	15854	15086	14912	4606
辽 宁 Liaoning	26000	14904	25005	22333	21214	4960
吉 林 Jilin	9945	5363	9582	8557	8514	3539
黑龙江 Heilongjiang	18162	13335	17393	15607	15292	3377
上 海 Shanghai	11187	8990	9071	8996	8996	2238
江 苏 Jiangsu	82420	73214	79280	78611	78014	29148
浙 江 Zhejiang	16197	15886	17901	17884	17884	4807
安 徽 Anhui	49032	42486	55420	54386	54176	15341
福 建 Fujian	35782	33213	45967	45007	44880	4239
江 西 Jiangxi	44221	28762	41984	40675	40502	11033
山 东 Shandong	94117	75387	97131	95020	94429	29170
河 南 Henan	118810	88368	125174	117044	114845	19058
湖 北 Hubei	39640	30548	44213	43369	42905	4962
湖 南 Hunan	41274	29756	36962	36061	35622	12962
广 东 Guangdong	168726	109650	135544	128159	120862	3012
广 西 Guangxi	59938	42442	85511	79863	78359	8215
海 南 Hainan	12191	4318	12468	11196	11166	1314
重 庆 Chongqing	15172	12781	15149	14674	14462	3770
四 川 Sichuan	93947	80278	77658	73699	70814	4945
贵 州 Guizhou	42468	30718	41753	40638	39833	3627
云 南 Yunnan	54501	39893	61609	57550	56135	19974
西 藏 Tibet	1766	382	3424	3424	3289	18
陕 西 Shaanxi	13573	6626	9216	8890	8103	4497
甘 肃 Gansu	27875	23615	26406	25308	24578	556
青 海 Qinghai	6550	4620	8444	8035	7920	406
宁 夏 Ningxia	7655	5095	7795	7737	7600	602
新 疆 Xinjiang	20029	14604	26652	24867	23136	1644

女学生数
Specialized Sec. Schools

单位:人
unit:person

在校学生数 Enrolment					预计毕业生数 Estimated Graduates for Next Year	
合计 Total	一年级 Grade 1	二年级 Grade 2	三年级 Grade 3	四年级及以上 Grade 4 and over	合计 Total	其中:五年制高职中职段 of Which: 5-year Secondary Vocational Education
3624837	**1235224**	**1205030**	**1147369**	**37214**	**1139401**	**198832**
20243	5330	5222	5005	4686	5330	1519
26171	9418	8898	7614	241	7638	1469
166388	63639	55345	46875	529	46341	5373
73713	23028	24082	25571	1032	26327	7027
47434	15854	15088	15887	605	16531	5793
76782	25005	23772	22927	5078	24311	4121
26584	9582	8239	8539	224	8705	1741
54098	17394	17303	18576	825	18818	2189
30533	9101	10451	10106	875	10317	1838
240187	79296	80166	77372	3353	76816	28789
49702	17907	16455	15081	259	15154	3800
156427	55420	48226	48431	4350	46713	14382
121204	45988	40246	34756	214	33936	3376
130643	41981	44331	43778	553	41847	14847
279142	97045	92156	86451	3490	90911	27702
362117	125174	123135	112443	1365	114621	14788
127506	44208	41618	40243	1437	37106	3551
119027	36964	42491	38314	1258	40491	16759
436830	136733	148651	150624	822	139158	2891
219667	85565	70987	62438	677	62442	3601
34300	12469	10683	10978	170	9700	1240
44133	15149	14912	13654	418	12180	3534
242286	77686	82961	80666	973	81221	4101
125561	41630	43846	40085		39730	2696
176624	61609	58193	56259	563	57041	11201
8417	3424	2455	2538		2554	
33366	9235	10928	12826	377	12667	7060
78163	26395	25942	24587	1239	25419	480
21982	8452	7327	6203		5923	553
24015	7708	7722	8555	30	8536	1120
71592	26835	23199	19987	1571	20917	1291

成人中专
Number of students in Adult

地 区 Region	毕业生数 Graduates		招生数 Entrants			
	合计 Total	其中:获得职业资格证书 of Which: Reciptents of Vocational Qualifications	合计 Total	其中:应届毕业 of Which: Graduates of Current Year		其中:五年制高职中职段 of Which:5-year Secondary Vocational Education
				小计 Subtotal	其中:初中毕业生 of Which:Junior Secondary School Graduates	
总 计 Total	**696629**	**539711**	**595252**	**309231**	**283381**	**1278**
北 京 Beijing	9687	5471	8550	5956	5904	
天 津 Tianjin	2917	291	2503	154	125	
河 北 Hebei	32397	19853	52074	14805	13943	
山 西 Shanxi	4660	680	2602			
内蒙古 Inner Mongolia	7359	5657	4025	1341	1334	
辽 宁 Liaoning	6852	4007	9902	330	267	
吉 林 Jilin	8535	1878	2785	1489	1486	
黑龙江 Heilongjiang	17291	12425	12228	6569	4285	
上 海 Shanghai	3617	2750	5413	4586	4534	
江 苏 Jiangsu	25341	23791	21859	10970	10746	
浙 江 Zhejiang	10074	7237	9863	8573	8478	
安 徽 Anhui	127335	111938	114919	75185	65271	
福 建 Fujian	54687	49999	29920	9479	8783	
江 西 Jiangxi	2207	1817	4259	1474	1474	
山 东 Shandong	26639	19825	13123	10313	10285	482
河 南 Henan	29145	25995	31315	23019	22204	213
湖 北 Hubei	3165	2747	2315	1778	1739	39
湖 南 Hunan	19807	16529	26735	20511	20302	221
广 东 Guangdong	10518	5778	3145	2379	2298	
广 西 Guangxi	102481	54247	64123	17361	16138	
海 南 Hainan	3529	50	2448			
重 庆 Chongqing	5837	4590	4903	4843	4814	323
四 川 Sichuan	132868	125567	110414	58357	51431	
贵 州 Guizhou	28271	24310	27774	18378	16430	
云 南 Yunnan	1140	926	920	1	1	
西 藏 Tibet	168	58	31	31	31	
陕 西 Shaanxi	1181	37	194	82	82	
甘 肃 Gansu	10855	7687	10570	8338	8213	
青 海 Qinghai	4773	2029	7332	1512	1379	
宁 夏 Ningxia	1950	763	1852	1264	1258	
新 疆 Xinjiang	1343	779	7156	153	146	

学生数
Specialized Sec. Schools

单位:人
unit:person

在校学生数 Enrolment					预计毕业生数 Estimated Graduates for Next Year	
合计 Total	一年级 Grade 1	二年级 Grade 2	三年级 Grade 3	四年级及以上 Grade 4 and over	合计 Total	其中:五年制高职中职段 of Which: 5-year Secondary Vocational Education
1411680	**598158**	**399247**	**386430**	**27845**	**648500**	**841**
27042	8552	12225	5091	1174	5950	
5478	2503	2903	72		2824	
75009	52862	13081	9020	46	53098	
8294	2602	3414	2278		2668	
5726	4025	701	1000		3320	
30566	9902	10081	10583		10680	
10043	2785	4525	2733		4175	
43077	12228	15879	14970		17680	
16778	5433	5689	5656		6963	
57859	21859	19169	16744	87	23370	
20917	9863	9121	1933		8392	
236871	114919	63985	57567	400	107185	
108135	31968	25278	36202	14687	44819	
9865	4307	3033	2525		3802	
44918	13123	13824	17076	895	20157	437
67059	31315	19642	16102		28261	92
9388	2315	3584	3489		3489	
66645	26735	17078	19083	3749	20293	
13107	3145	4955	5007		5951	
219776	64123	73913	79504	2236	89105	
7615	2448	2587	2580		2580	
20566	4903	9785	5878		5878	312
159123	110414	22524	26185		116845	
78437	27774	22875	27788		32198	
1903	920	332	651		1191	
67	31	36			36	
1560	194	229	1137		1137	
20853	10570	3490	4781	2012	14785	
23379	7332	7661	5827	2559	6486	
3010	1852	423	735		922	
18614	7156	7225	4233		4260	

成人中专
Number of Female students in Adult

地 区 Region	毕业生数 Graduates 合计 Total	毕业生数 Graduates 其中:获得职业资格证书 of Which: Recipients of Vocational Qualifications	招生数 Entrants 合计 Total	其中:应届毕业 of Which: Graduates of Current Year 小计 Subtotal	其中:应届毕业 of Which: Graduates of Current Year 其中:初中毕业生 of Which: Junior Secondary School Graduates	其中:五年制高职中职段 of Which: 5-year Secondary Vocational Education
总 计 Total	**302730**	**232299**	**251346**	**129835**	**119075**	**304**
北 京 Beijing	5313	2709	3986	2299	2299	
天 津 Tianjin	1202	155	991	64	64	
河 北 Hebei	17198	10140	26279	7452	6928	
山 西 Shanxi	2147		1410			
内蒙古 Inner Mongolia	3535	2655	1941	659	657	
辽 宁 Liaoning	2837	1572	3589	115	100	
吉 林 Jilin	3843	888	970	567	567	
黑龙江 Heilongjiang	7475	5850	3981	2487	1629	
上 海 Shanghai	1462	1065	2058	1635	1601	
江 苏 Jiangsu	11008	10237	9681	5193	5103	
浙 江 Zhejiang	4160	2712	3807	3016	2953	
安 徽 Anhui	53877	46188	49718	31859	27867	
福 建 Fujian	21894	19833	11439	4199	3973	
江 西 Jiangxi	857	603	1636	360	360	
山 东 Shandong	12314	10143	5622	4424	4409	120
河 南 Henan	13470	12348	10835	6929	6635	50
湖 北 Hubei	2254	1869	906	782	763	
湖 南 Hunan	9159	7689	12136	9495	9488	134
广 东 Guangdong	4340	2305	1025	632	623	
广 西 Guangxi	40151	20293	23333	6844	6533	
海 南 Hainan	1603	32	892			
重 庆 Chongqing	2368	1835	1976	1942	1927	
四 川 Sichuan	58531	54654	49065	26075	23028	
贵 州 Guizhou	12278	11003	12029	7368	6202	
云 南 Yunnan	326	272	323			
西 藏 Tibet	65	35	15	15	15	
陕 西 Shaanxi	377	21	106	38	38	
甘 肃 Gansu	4813	3530	5069	4134	4134	
青 海 Qinghai	2195	827	2596	522	456	
宁 夏 Ningxia	1010	467	967	649	645	
新 疆 Xinjiang	668	369	2965	81	78	

女学生数
Specialized Sec. Schools

单位:人
unit:person

在校学生数 Enrolment					预计毕业生数 Estimated Graduates for Next Year	
合计 Total	一年级 Grade 1	二年级 Grade 2	三年级 Grade 3	四年级及以上 Grade 4 and over	合计 Total	其中:五年制高职中职段 of Which: 5-year Secondary Vocational Education
588612	**253057**	**163433**	**160390**	**11732**	**265128**	**175**
13607	3986	6719	2363	539	2733	
2085	991	1083	11		1114	
37949	26546	6604	4773	26	26464	
4075	1410	1520	1145		1145	
2661	1941	331	389		1465	
10774	3589	3265	3920		3905	
3712	970	1612	1130		968	
15849	3844	6324	5681		6465	
6167	2062	2210	1895		2463	
26800	9681	8517	8519	83	10675	
8245	3807	3486	952		3168	
99861	49718	25518	24625		45730	
44317	13004	10423	13782	7108	13278	
4832	1654	1859	1319		2164	
19906	5622	6583	7283	418	8507	76
23017	10835	6413	5769		10597	10
6432	906	2528	2998		2908	
30989	12136	8112	8845	1896	8200	
4490	1025	1648	1817		2332	
79657	23327	26016	29853	461	30687	
2727	892	982	853		853	
9562	1976	5095	2491		2480	89
70047	49065	9725	11257		52202	
33462	12029	9493	11940		13331	
695	323	153	219		351	
28	15	13				
352	106	128	118		118	
9041	5069	1366	2226	380	6547	
8470	2596	2760	2293	821	2250	
1503	967	273	263		354	
7300	2965	2674	1661		1674	

职业高中
Number of students in

地 区 Region	毕业生数 Graduates		招生数 Entrants			
	合计 Total	其中:获得职业资格证书 of Which: Recipients of Vocational Qualifications	合计 Total	其中:应届毕业 of Which: Graduates of Current Year		其中:五年制高职中职段 of Which:5-year Secondary Vocational Education
				小计 Subtotal	其中:初中毕业生 of Which:Junior Secondary School Graduates	
总 计 Total	**1418708**	**1250782**	**1514336**	**1466195**	**1450013**	**52625**
北 京 Beijing	6532	5784	3373	3311	3308	1379
天 津 Tianjin	9505	9001	9506	9362	8978	988
河 北 Hebei	73992	63646	85432	83351	82908	1150
山 西 Shanxi	70396	55149	65749	63655	62753	1279
内蒙古 Inner Mongolia	29451	24464	30052	29058	28885	205
辽 宁 Liaoning	44441	30493	45023	42534	41661	
吉 林 Jilin	22135	17042	24769	22578	22131	4353
黑龙江 Heilongjiang	22266	20239	23218	19784	18436	
上 海 Shanghai	8790	8225	6798	6786	6786	933
江 苏 Jiangsu	37153	36997	27313	26827	26827	2207
浙 江 Zhejiang	130368	128467	144855	143630	143516	20492
安 徽 Anhui	113604	104894	82914	79848	78620	
福 建 Fujian						
江 西 Jiangxi	44683	36404	56632	51082	51067	504
山 东 Shandong	65922	61113	72067	69407	68561	3047
河 南 Henan	99106	90055	88008	85990	85550	536
湖 北 Hubei	26841	24503	31500	31096	30979	1352
湖 南 Hunan	115568	104652	162358	160061	159341	2903
广 东 Guangdong	57062	39193	52459	51548	51333	
广 西 Guangxi						
海 南 Hainan	10632	6432	15922	15409	15105	88
重 庆 Chongqing	67411	57094	76547	74934	74836	5756
四 川 Sichuan	110957	108289	122995	120760	119889	555
贵 州 Guizhou	75224	63573	92022	88727	88518	1642
云 南 Yunnan	53553	44347	67582	65614	65433	2717
西 藏 Tibet						
陕 西 Shaanxi	86473	77501	74998	69477	64611	539
甘 肃 Gansu	14771	13627	20113	19490	18486	
青 海 Qinghai	252	70	380	354	278	
宁 夏 Ningxia	7605	6862	10646	10646	10646	
新 疆 Xinjiang	14015	12666	21105	20876	20571	

学生数
Vocational High Schools

单位:人
unit:person

在校学生数 Enrolment					预计毕业生数 Estimated Graduates for Next Year	
合计 Total	一年级 Grade 1	二年级 Grade 2	三年级 Grade 3	四年级及以上 Grade 4 and over	合计 Total	其中:五年制高职中职段 of Which: 5-year Secondary Vocational Education
4165715	**1515051**	**1365128**	**1278854**	**6682**	**1303583**	**39513**
14843	3381	5181	5356	925	5678	843
27378	9506	9833	8039		8876	889
237402	85431	78157	73814		74786	1182
196442	65756	62371	68217	98	69614	2023
86770	30052	28647	28071		28214	46
124360	45051	41432	36857	1020	37808	
67530	24769	23620	19012	129	19216	907
66344	23221	20841	22282		22384	
20346	6862	6402	7065	17	7071	648
92727	27313	32775	32514	125	34776	5449
406372	144878	135648	123453	2393	123489	17495
253529	82914	84964	85521	130	91357	
131867	56774	41092	33991	10	34098	141
190936	72067	63946	54811	112	57055	1368
252410	88008	80532	83870		88371	501
90943	31503	32335	27105		27129	70
401190	162368	130985	106808	1029	109696	2280
154387	52474	50230	51683		46114	120
38873	15922	12170	10392	389	10179	11
206909	76547	67335	63027		63027	2103
334295	122995	106265	105000	35	105092	214
247854	92307	81415	74132		74132	152
171882	67606	52837	51427	12	51786	2241
213104	75105	70702	67255	42	74044	830
48161	20098	15432	12524	107	12817	
895	380	299	216		206	
29006	10646	10232	8128		8128	
58960	21117	19450	18284	109	18440	

职业高中

Number of Female students in

地 区 Region	毕业生数 Graduates		招生数 Entrants			
	合计 Total	其中：获得职业资格证书 of Which：Recipients of Vocational Qualifications	合计 Total	其中：应届毕业 of Which：Graduates of Current Year		其中：五年制高职中职段 of Which：5-year Secondary Vocational Education
				小计 Subtotal	其中：初中毕业生 of Which：Junior Secondary School Graduates	
总　计 Total	**640896**	**565231**	**649787**	**629373**	**623604**	**22277**
北　京 Beijing	3166	2834	1604	1585	1585	693
天　津 Tianjin	4571	4343	4214	4160	4017	450
河　北 Hebei	36169	30924	37376	36712	36660	495
山　西 Shanxi	33717	26834	28355	27300	26906	512
内蒙古 Inner Mongolia	13013	10809	13287	12870	12827	143
辽　宁 Liaoning	19316	13111	18588	17544	17108	
吉　林 Jilin	10318	8375	11136	9747	9606	1519
黑龙江 Heilongjiang	9266	8465	8786	7489	6898	
上　海 Shanghai	3670	3528	2978	2975	2975	527
江　苏 Jiangsu	16516	16431	12394	12308	12308	1109
浙　江 Zhejiang	57650	56516	60910	60369	60361	8567
安　徽 Anhui	52138	48362	36085	34572	34010	
福　建 Fujian						
江　西 Jiangxi	21095	17018	24737	22457	22445	225
山　东 Shandong	26924	24596	30505	29288	29170	1264
河　南 Henan	45656	41358	36650	35575	35430	43
湖　北 Hubei	10857	9797	12684	12563	12490	539
湖　南 Hunan	49035	44582	67680	67022	66671	1067
广　东 Guangdong	25477	17134	21150	20817	20730	
广　西 Guangxi						
海　南 Hainan	4124	2472	5809	5618	5531	47
重　庆 Chongqing	30235	26266	31948	31206	31172	2126
四　川 Sichuan	49347	48813	51545	50523	50400	242
贵　州 Guizhou	38013	32462	47190	46335	46237	506
云　南 Yunnan	21143	17196	26701	26101	26044	1913
西　藏 Tibet						
陕　西 Shaanxi	41237	36543	34349	31383	29620	290
甘　肃 Gansu	8148	7516	9968	9781	9586	
青　海 Qinghai	125	37	171	146	100	
宁　夏 Ningxia	4160	3708	5203	5203	5203	
新　疆 Xinjiang	5810	5201	7784	7724	7514	

女学生数
Vocational High Schools

单位：人
unit：person

在校学生数 Enrolment					预计毕业生数 Estimated Graduates for Next Year	
合计 Total	一年级 Grade 1	二年级 Grade 2	三年级 Grade 3	四年级及以上 Grade 4 and over	合计 Total	其中：五年制高职中职段 of Which: 5-year Secondary Vocational Education
1820808	**649882**	**594641**	**573040**	**3245**	**572878**	**19245**
7482	1609	2589	2607	677	2749	514
12651	4214	4604	3833		4178	441
107367	37281	35112	34974		34665	485
88157	28355	28034	31705	63	30338	875
37267	13287	12106	11874		11828	28
52639	18588	17122	16028	901	16621	
30344	11134	10257	8839	114	8208	283
25645	8786	7420	9439		8385	
8598	2983	2642	2967	6	2973	325
43947	12394	16062	15465	26	17543	3037
173247	60918	58238	53500	591	53024	7866
112220	36085	36688	39395	52	40839	
57183	24740	17411	15022	10	15046	80
80205	30504	26743	22911	47	23822	560
109229	36650	34715	37864		37750	38
37094	12684	13039	11371		10933	33
169880	67680	55623	46205	372	46500	1095
64258	21112	20731	22415		19578	
14514	5812	4629	3926	147	3568	9
88206	31948	28667	27591		26833	1001
141772	51545	45601	44597	29	44615	104
125502	47400	40228	37874		36456	
68749	26702	21072	20964	11	21339	1821
100458	34349	34282	31785	42	35402	650
25413	9959	8241	7156	57	6918	
417	171	139	107		97	
14832	5203	5268	4361		4352	
23532	7789	7378	8265	100	8318	

中等职业学校(机构)
Number of Students by age in Secondary

地　区 Region	合计 Total	14 岁及以下 14 years and under	15 岁 15 years	16 岁 16 years	17 岁 17 years
总　计 Total	**12758604**	**196393**	**2102130**	**3319269**	**3171784**
北　京 Beijing	85780	2381	12417	21146	21807
天　津 Tianjin	101055	574	13276	29112	29295
河　北 Hebei	658083	5317	116372	172422	157536
山　西 Shanxi	337947	5912	59239	96053	91132
内蒙古 Inner Mongolia	202672	1262	22978	48809	51972
辽　宁 Liaoning	318885	6883	45973	76430	73598
吉　林 Jilin	129856	1948	19756	32152	29824
黑龙江 Heilongjiang	215729	2682	20899	40172	44280
上　海 Shanghai	112013	1185	19290	31028	33275
江　苏 Jiangsu	652499	3919	115272	178382	181980
浙　江 Zhejiang	520695	3365	109775	160024	151091
安　徽 Anhui	781809	3722	138626	182903	175937
福　建 Fujian	380533	3810	57367	87444	73130
江　西 Jiangxi	361692	24472	86538	100453	77162
山　东 Shandong	809826	13618	160081	242296	210793
河　南 Henan	1015766	11780	194967	285310	256476
湖　北 Hubei	375637	10077	80882	114746	100340
湖　南 Hunan	660887	20622	174696	188156	150459
广　东 Guangdong	1065745	14473	131418	265103	295353
广　西 Guangxi	698572	9111	73673	136870	137194
海　南 Hainan	115088	2226	14617	24150	24724
重　庆 Chongqing	311632	6472	50172	91373	83906
四　川 Sichuan	914426	11829	164995	246229	237918
贵　州 Guizhou	550922	5155	51159	121965	134395
云　南 Yunnan	486248	8792	61947	131756	131821
西　藏 Tibet	18157	888	1775	4131	4120
陕　西 Shaanxi	277832	4032	41168	76529	76031
甘　肃 Gansu	210710	2921	24718	49587	50343
青　海 Qinghai	74057	865	5793	13315	14627
宁　夏 Ningxia	78743	957	8169	18990	21691
新　疆 Xinjiang	235108	5143	24122	52233	49574

分年龄学生数
Vocational Schools (Institutions)

单位:人
unit: person

18 岁 18 years	19 岁 19 years	20 岁 20 years	21 岁 21 years	22 岁及以上 22 years and above
1917746	**719764**	**307700**	**194889**	**828929**
13258	4111	913	286	9461
18138	4487	2034	2053	2086
92096	30648	11343	6900	65449
47654	12620	3618	1575	20144
36737	16790	5429	3641	15054
45475	18853	6308	2805	42560
18834	8709	4661	2889	11083
35476	17525	9372	7103	38220
18329	4197	1003	325	3381
89163	26844	10306	5243	41390
69437	15241	3684	3056	5022
107968	57851	40932	25777	48093
41812	15137	9352	7666	84815
36650	11481	4814	3207	16915
108027	30568	13957	4863	25623
139736	52867	20456	10643	43531
48548	10569	2900	1161	6414
70647	19052	8395	9000	19860
212414	77806	28683	17179	23316
97863	47913	23945	26185	145818
17680	7899	2766	1348	19678
51675	16057	4330	2127	5520
145384	53394	22327	12892	19458
103206	52482	23835	13206	45519
95960	32848	9515	3348	10261
3535	2181	680	371	476
47499	18504	6000	2660	5409
35819	18148	9000	5081	15093
10730	5676	3587	2607	16857
17154	6688	2616	995	1483
40842	22618	10939	8697	20940

中等职业学校(机构)
Number of Female Students by age in Secondary

地　区 Region	合计 Total	14岁及以下 14 years and under	15岁 15 years	16岁 16 years	17岁 17 years
总　计 Total	**6034257**	**103266**	**991810**	**1573906**	**1525948**
北　京 Beijing	41332	1489	6156	9366	9564
天　津 Tianjin	40907	302	5575	11756	11307
河　北 Hebei	311704	2551	54570	80296	75289
山　西 Shanxi	165945	2680	29708	47282	45911
内蒙古 Inner Mongolia	87362	618	9474	21371	23761
辽　宁 Liaoning	140195	4461	20489	34018	33626
吉　林 Jilin	60640	1060	8618	14849	14649
黑龙江 Heilongjiang	95592	1485	9979	18562	21306
上　海 Shanghai	45298	603	7936	12871	13910
江　苏 Jiangsu	310934	2013	55394	85025	87167
浙　江 Zhejiang	231194	1847	50050	70970	68281
安　徽 Anhui	368508	1905	66354	87925	85839
福　建 Fujian	165521	1797	25480	39312	33309
江　西 Jiangxi	192658	13390	45203	53412	41924
山　东 Shandong	379253	7233	74071	113723	96270
河　南 Henan	494363	5894	92609	138777	126824
湖　北 Hubei	171032	4861	36040	51779	46345
湖　南 Hunan	319896	12045	85441	91381	72580
广　东 Guangdong	505578	7629	60501	122982	140879
广　西 Guangxi	299324	4378	33935	62511	63515
海　南 Hainan	51541	1030	7321	11377	10430
重　庆 Chongqing	141901	3235	23108	40434	38047
四　川 Sichuan	454105	6379	78544	122305	120767
贵　州 Guizhou	284525	2724	26443	63220	70015
云　南 Yunnan	246068	4354	30159	65658	67854
西　藏 Tibet	8445	418	836	1977	1928
陕　西 Shaanxi	134176	2047	19223	38324	37432
甘　肃 Gansu	112617	1606	12075	25807	27626
青　海 Qinghai	30869	357	2819	5620	6856
宁　夏 Ningxia	40350	471	3824	9581	11203
新　疆 Xinjiang	102424	2404	9875	21435	21534

分年龄女学生数
Vocational Schools (Institutions)

单位:人
unit:person

18岁 18 years	19岁 19 years	20岁 20 years	21岁 21 years	22岁及以上 22 years and above
915349	**338794**	**142100**	**85355**	**357729**
6220	1882	320	112	6223
7743	1798	774	807	845
42790	14326	5256	3135	33491
23020	5994	1474	603	9273
16108	7010	2243	1373	5404
20943	8162	2584	1058	14854
8732	3956	2320	1375	5081
16705	7225	3210	2413	14707
6650	1420	401	192	1315
41215	12847	4289	2893	20091
29972	6577	1076	911	1510
51513	26563	18142	11660	18607
18261	6122	3775	2939	34526
19590	6049	2395	1558	9137
50457	15047	7478	2389	12585
68104	25340	9598	5292	21925
22644	4545	1158	449	3211
32390	8399	3516	4447	9697
103982	38031	15242	8251	8081
43801	20124	9767	8591	52702
7411	3009	1058	521	9384
23300	7423	2192	1023	3139
71855	27470	11501	6178	9106
55201	27435	11524	6602	21361
49996	16350	4703	1602	5392
1658	1002	295	140	191
22256	8693	2751	1109	2341
20250	10313	5079	2680	7181
4947	2113	1332	872	5953
9066	3372	1361	522	950
18569	10197	5286	3658	9466

中等职业学校(机构)
Number of Graduates in Secondary

地　区 Region	结业生数					
	合计 Total	其中:女 Of Which: Female	其中:少数民族 Of Which: Minority	其中:资格证书培训 Of Which: Vocational Qualifications Training	其中:岗位证书培训 Of Which:Job-Certificate Training	其中:第一产业类培训 By industry: Training for First industry
总　计 Total	**4856408**	**2231302**	**335005**	**1861848**	**1465952**	**1136837**
北　京 Beijing	54157	26027	1473	16237	23029	1565
天　津 Tianjin	31781	14189	487	28218	2542	1623
河　北 Hebei	225300	126444	21949	48068	52464	69761
山　西 Shanxi	67654	38835	12	25738	21478	11373
内蒙古 Inner Mongolia	69115	35222	8199	28551	18788	15879
辽　宁 Liaoning	249790	56698	20751	54808	47948	34467
吉　林 Jilin	10839	2857	313	6408	2981	2721
黑龙江 Heilongjiang	151866	55887	1041	18555	28557	88049
上　海 Shanghai	77475	28591	303	23326	38329	479
江　苏 Jiangsu	343523	160915	284	184997	107455	46064
浙　江 Zhejiang	362381	145312	2105	157676	152366	42171
安　徽 Anhui	319265	143599	743	142540	87679	70678
福　建 Fujian	145864	61360	1393	78887	24963	21092
江　西 Jiangxi	88931	56879	1649	24299	53435	25833
山　东 Shandong	227852	95603	1041	105352	81485	21394
河　南 Henan	384718	179481	1400	76504	169156	73904
湖　北 Hubei	289243	173272	13276	39928	15255	203708
湖　南 Hunan	226514	119251	13810	88274	87469	44352
广　东 Guangdong	262364	120294	1899	138647	105357	24641
广　西 Guangxi	142956	58125	49093	67236	44750	35005
海　南 Hainan	30508	10744	2614	11097	9606	9058
重　庆 Chongqing	103986	50358	10544	42140	19486	22826
四　川 Sichuan	179317	83669	10207	105549	49640	39479
贵　州 Guizhou	147571	58599	36636	53347	66373	44754
云　南 Yunnan	327380	167816	83463	149829	86239	99482
西　藏 Tibet	2632	924	1664	678	1952	
陕　西 Shaanxi	117412	56918	330	38694	27476	26059
甘　肃 Gansu	85162	42486	7457	51329	13086	10451
青　海 Qinghai	24841	9803	8555	3900	3827	17462
宁　夏 Ningxia	21990	10466	5334	19196	2134	7360
新　疆 Xinjiang	84021	40678	26980	31840	20647	25147

培训结业学生情况
Vocational Schools (Institutions)

单位：人
unit: person

Graduates

其中：第二产业类培训 Of Which: Training for Second Industry	其中：第三产业类培训 Of Which: Training for Third Industry	一个月以内 1 month Under	一个月至三个月以内 1 Month to 3 Months	三个月至半年以内 3 Months to 6 Months	半年至一年以内 6 Months to 1 Year	一年及以上 1 Year and Over
1002414	**2717157**	**3149872**	**769880**	**379895**	**327638**	**229123**
12622	39970	36826	3530	3694	4054	6053
6183	23975	10690	13299	6984	728	80
30027	125512	116413	31162	29451	38814	9460
11467	44814	38388	8743	13181	3347	3995
11055	42181	32452	10409	4949	19257	2048
59166	156157	202116	26471	11380	7758	2065
2812	5306	7630	905	615	1354	335
11835	51982	133066	12774	2407	1254	2365
30604	46392	45078	17488	9077	5030	802
122585	174874	167710	79719	33032	41024	22038
90649	229561	243698	37104	39882	19588	22109
97646	150941	182176	81428	19022	29526	7113
16798	107974	103535	11841	13913	12812	3763
10155	52943	44681	19117	6265	15359	3509
60920	145538	156991	40034	8965	8811	13051
75823	234991	264140	56320	26427	26487	11344
18960	66575	247810	16735	5608	7129	11961
45889	136273	127673	45139	28996	9915	14791
65893	171830	151731	55151	17210	15894	22378
31377	76574	101709	28514	6388	1271	5074
4409	17041	22004	7514	585	294	111
14108	67052	68472	13004	11103	9866	1541
54267	85571	85688	32312	16031	15186	30100
41092	61725	115561	15959	9022	4108	2921
23619	204279	217726	51306	26256	21727	10365
989	1643	1234	128	728		542
16733	74620	76540	24341	11971	1886	2674
14154	60557	57128	8509	6341	3791	9393
3016	4363	19706	2200	2630		305
4363	10267	15149	1460	840	721	3820
13198	45676	56151	17264	6942	647	3017

中等职业学校(机构)

Number of Enrolment in Secondary

地　区 Region	结业生数					
	合计 Total	其中:女 Of Which: Female	其中:少数民族 Of Which: Minority	其中:资格证书培训 Of Which: Vocational Qualifications Training	其中:岗位证书培训 Of Which: Job-Certificate Training	其中:第一产业类培训 By industry: Training for First industry
总　计 Total	**3274820**	**1555432**	**196412**	**1413001**	**931606**	**731489**
北　京 Beijing	38269	15294	321	10652	18061	775
天　津 Tianjin	24161	10071	225	20289	2411	534
河　北 Hebei	109227	63576	2891	45362	20835	28958
山　西 Shanxi	45104	25511	12	22324	14397	5351
内蒙古 Inner Mongolia	59446	28365	8603	25193	13234	15626
辽　宁 Liaoning	72473	25235	10579	36466	13544	14703
吉　林 Jilin	11843	3015	442	5415	2555	2737
黑龙江 Heilongjiang	108065	41511	409	13355	6410	74217
上　海 Shanghai	71392	26396	378	28092	32060	450
江　苏 Jiangsu	251616	113994	1009	141729	64950	18655
浙　江 Zhejiang	343645	139724	2352	152617	138535	32895
安　徽 Anhui	319150	145085	743	139501	89533	68550
福　建 Fujian	93776	42310	825	52712	9831	11132
江　西 Jiangxi	51665	29620	50	19950	22599	14263
山　东 Shandong	77225	36180	512	39737	20263	8219
河　南 Henan	199781	94778	435	53773	99657	24490
湖　北 Hubei	261512	161451	12294	30752	11235	199429
湖　南 Hunan	129985	69054	10861	58627	33830	16037
广　东 Guangdong	218947	104927	2069	136079	71567	12568
广　西 Guangxi	91099	40491	38382	48353	21217	26152
海　南 Hainan	13757	5527	2230	5843	6571	473
重　庆 Chongqing	60640	30572	3418	33853	6858	1049
四　川 Sichuan	204716	95367	8375	110349	58249	35757
贵　州 Guizhou	128850	52178	32874	46758	61519	36925
云　南 Yunnan	151223	84452	38295	57337	65861	48559
西　藏 Tibet	2630	922	1664	678	1952	
陕　西 Shaanxi	53309	27533	135	23087	15391	11345
甘　肃 Gansu	30406	15977	968	23359	2624	6941
青　海 Qinghai	4176	1545	1048	2513	259	
宁　夏 Ningxia	20618	10771	4911	17694	2254	7849
新　疆 Xinjiang	26114	14000	9102	10552	3344	6850

培训注册学生情况

Vocational Schools (Institutions)

单位:人
unit:person

Graduates

其中:第二产业类培训 Of Which: Training for Second Industry	其中:第三产业类培训 Of Which: Training for Third Industry	一个月以内 1 month Under	一个月至三个月以内 1 Month to 3 Months	三个月至半年以内 3 Months to 6 Months	半年至一年以内 6 Months to 1 Year	一年及以上 1 Year and Over
755289	**1788042**	**1888872**	**548043**	**267300**	**238828**	**331777**
12543	24951	31418	1731	1937	2274	909
6153	17474	8687	11219	1431	2452	372
19964	60305	22188	20031	20385	13431	33192
6253	33500	21045	4915	9163	6836	3145
8853	34967	26745	5558	4949	16940	5254
37728	20042	52398	10208	4469	4364	1034
2974	6132	8444	1083	615	1366	335
4061	29787	94198	6376	722	741	6028
29754	41188	33547	13820	10648	7739	5638
102726	130235	119482	52162	23155	32040	24777
93125	217625	225002	35339	38376	19153	25775
97649	152951	179660	82539	20674	29317	6960
13103	69541	63002	6455	9858	7253	7208
7729	29673	27772	5346	2828	12385	3334
10346	58660	27217	19122	9175	7957	13754
57074	118217	119727	34738	20761	6967	17588
11889	50194	227689	11174	2922	5162	14565
28026	85922	55886	22655	16885	10734	23825
47658	158721	87435	56135	17894	12173	45310
11341	53606	50634	24963	6906	1512	7084
2855	10429	5230	6530	715	403	879
8489	51102	35811	5954	4134	4140	10601
56021	112938	102874	35427	10551	13798	42066
39092	52833	101660	14952	6953	4323	962
8748	93916	88328	33175	11208	8314	10198
989	1641	1232	128	728		542
10243	31721	27339	14307	5692	1864	4107
9567	13898	12414	5687	1155	3661	7489
3269	907	1209	229	996		1742
4255	8514	15315	1470	840	1203	1790
2812	16452	15284	4615	575	326	5314

中等职业学校（机构）
Changes of Enrolment in Secondary

	上学年初报表在校学生数 Enrolment at Beginning of Previous Academic Year	增加学生数 Factors of Increase			
		合计 Total	招　生 No. of Students Admitted	复　学 Students Resuming Studies	转　入 Transfers from Other Inst.
总　计 Total	**13350509**	**4995641**	**4661428**	**9034**	**258893**
北　京 Beijing	96277	24610	23409	133	1020
天　津 Tianjin	97682	41695	37366	11	3535
河　北 Hebei	612891	292227	274261	147	17176
山　西 Shanxi	366833	116057	111013	37	2206
内蒙古 Inner Mongolia	214555	75783	71807	134	2599
辽　宁 Liaoning	325311	116092	112032	139	2502
吉　林 Jilin	134237	54517	46958	49	6426
黑龙江 Heilongjiang	229407	74029	71021	16	1017
上　海 Shanghai	119701	36102	35443	223	303
江　苏 Jiangsu	680187	246800	220939	454	23283
浙　江 Zhejiang	523584	195493	188355	292	6745
安　徽 Anhui	837795	339734	305752	495	29846
福　建 Fujian	396655	150450	137049	245	3226
江　西 Jiangxi	431205	147151	135843	202	7314
山　东 Shandong	857264	308194	288180	151	19281
河　南 Henan	1040439	412994	374900	1493	33323
湖　北 Hubei	364893	136918	132075	455	3520
湖　南 Hunan	648020	277605	251324	723	24825
广　东 Guangdong	1172119	365594	351909	327	6755
广　西 Guangxi	736238	265041	256261	126	7727
海　南 Hainan	117129	44691	44176	82	116
重　庆 Chongqing	328028	113927	111203	106	1692
四　川 Sichuan	987491	404323	374774	1530	21998
贵　州 Guizhou	602491	221655	196615	672	10142
云　南 Yunnan	484189	189278	183589	241	4692
西　藏 Tibet	15796	7876	7434		433
陕　西 Shaanxi	320558	105785	93314	294	11354
甘　肃 Gansu	229348	81222	80547	47	395
青　海 Qinghai	76364	28471	26852	81	1497
宁　夏 Ningxia	82117	28622	28088	24	488
新　疆 Xinjiang	221705	92705	88939	105	3457

学生数变动情况
Vocational Schools (Institutions)

单位：人
unit：person

其他 Others	减少学生数 Factors of Decrease 合计 Total	毕业 Graduates	结业 Completers of Courses without Formal Awards	休学 Suspended	退学 Quitting	开除 Expelled	死亡 Death	转出 Transfers to Other Inst.	其他 Others	本学年初报表在校学生数 Enrolment at Beginning of Current Academic Year
66286	**5587546**	**4405572**	**119312**	**23998**	**423315**	**7236**	**352**	**414688**	**193073**	**12758604**
48	35107	29837	366	292	2368	51	3	627	1563	85780
783	38322	31055	53	33	3629	17	5	1135	2395	101055
643	247035	196609	7510	192	17348	70	7	23872	1427	658083
2801	144943	129594	1105	418	7160	29	1	5521	1115	337947
1243	87666	69116	461	157	6014	174	4	5044	6696	202672
1419	122518	106649	656	331	9458	170	6	2412	2836	318885
1084	58898	48920	72	50	2807	105	3	6461	480	129856
1975	87707	74927	132	595	3753	24	2	4966	3308	215729
133	43790	38418	433	439	3431		14	479	576	112013
2124	274488	229665	1709	1209	10975	163	22	28161	2584	652499
101	198382	169894	897	1198	8389	11	22	12724	5247	520695
3641	395720	329317	7608	260	12337	160	7	37881	8150	781809
9930	166572	131698	7712	2156	13965	299	2	4678	6062	380533
3792	216664	118010	4729	961	15658	194	2	43332	33778	361692
582	355632	286687	5699	761	25796	185	7	35105	1392	809826
3278	437667	339047	9093	970	23923	548	5	46697	17384	1015766
868	126174	111352	992	609	8749	146	11	3176	1139	375637
733	264738	199567	4350	1881	19162	358	21	35560	3839	660887
6603	471968	389163	16368	3003	37691	402	42	9484	15815	1065745
927	302707	224426	16911	2260	31731	1053	13	9837	16476	698572
317	46732	36121	31	338	6857	233	9	1481	1662	115088
926	130323	99687	631	737	16473	251	17	5597	6930	311632
6021	477388	403808	7106	2452	27627	413	27	26638	9317	914426
14226	273224	173046	15708	969	40831	438	26	25899	16307	550922
756	187219	147993	364	569	24207	441	31	6944	6670	486248
9	5515	4162			622	34	1	32	664	18157
823	148511	113590	3596	443	10756	224	1	15465	4436	277832
233	99860	74645	3046	163	10153	272	5	6405	5171	210710
41	30778	19256	1533	204	3703	230	4	2548	3300	74057
22	31996	24379	29	55	3637	30	1	551	3314	78743
204	79302	54934	412	293	14105	511	31	5976	3040	235108

	上学年初报表在校学生数 Enrolment at Beginning of Previous Academic Year	增加学生数 Factors of Increase			
		合计 Total	招生 No. of Students Admitted	复学 Students Resuming Studies	转入 Transfers from Other Inst.
总 计 Total	**6444646**	**2303847**	**2135237**	**3545**	**131879**
北 京 Beijing	46740	11562	10987	53	507
天 津 Tianjin	40893	16429	14623	4	1581
河 北 Hebei	298735	135608	127291	14	7798
山 西 Shanxi	185729	54168	52852	7	562
内蒙古 Inner Mongolia	95504	32305	31082	32	652
辽 宁 Liaoning	146378	48459	47182	76	783
吉 林 Jilin	64312	25986	21688	3	3857
黑龙江 Heilongjiang	105600	31666	30160	5	531
上 海 Shanghai	49076	14316	14107	76	84
江 苏 Jiangsu	325784	116863	101355	153	14274
浙 江 Zhejiang	235890	85247	82618	117	2460
安 徽 Anhui	397224	156015	141223	214	12991
福 建 Fujian	172816	63940	57406	81	1501
江 西 Jiangxi	238730	74449	68357	80	3879
山 东 Shandong	403376	142571	133258	72	9055
河 南 Henan	534582	192753	172659	545	18038
湖 北 Hubei	169618	59769	57803	180	1547
湖 南 Hunan	315887	131841	116778	123	14475
广 东 Guangdong	575294	165752	157719	142	3774
广 西 Guangxi	316613	112236	108844	50	3116
海 南 Hainan	53678	19461	19169	50	79
重 庆 Chongqing	152900	50285	49073	45	503
四 川 Sichuan	495967	194474	178268	910	11746
贵 州 Guizhou	310726	116745	100972	206	7925
云 南 Yunnan	249802	91454	88633	71	2520
西 藏 Tibet	7036	3630	3439		191
陕 西 Shaanxi	156779	48469	43671	146	4355
甘 肃 Gansu	123832	41742	41443	20	149
青 海 Qinghai	32882	11733	11211	35	460
宁 夏 Ningxia	42386	14297	13965	17	302
新 疆 Xinjiang	99877	39622	37401	18	2184

女学生数变动情况

Vocational Schools(Institutions)

单位：人
unit: person

	减少学生数 Factors of Decrease									本学年初报表在校学生数 Enrolment at Beginning of Current Academic Year
其他 Others	合计 Total	毕业 Graduates	结业 Completers of Courses without Formal Awards	休学 Suspended	退学 Quitting	开除 Expelled	死亡 Death	转出 Transfers to Other Inst.	其他 Others	
33186	**2714236**	**2160019**	**52672**	**8852**	**181939**	**1999**	**106**	**212740**	**95909**	**6034257**
15	16970	14708	140	101	1170	3	1	296	551	41332
221	16415	13660	45	19	1220	4	2	546	919	40907
505	122639	98045	5361	70	7451	22	2	11357	331	311704
747	73952	66727	372	316	3332	14	1	2466	724	165945
539	40447	32106	160	68	2420	62		2240	3391	87362
418	54642	48153	158	175	4238	49	3	748	1118	140195
438	29658	24106	29	13	1333	36	1	3947	193	60640
970	41674	34903	66	284	1696	4		2759	1962	95592
49	18094	16319	61	144	1318		3	207	42	45298
1081	131713	109944	400	325	4169	73	8	15747	1047	310934
52	89943	78007	223	469	3222	1	7	5744	2270	231194
1587	184731	155047	3818	145	5239	57		17037	3388	368508
4952	71235	57676	2222	657	5320	102	1	2619	2638	165521
2133	120521	66173	3208	410	7551	60	1	27109	16009	192658
186	166694	133355	2498	214	11566	55	1	18475	530	379253
1511	232972	177936	4331	326	11112	201	3	25875	13188	494363
239	58355	52751	463	119	3580	27	3	1062	350	171032
465	127832	99468	1581	791	8113	90	8	16671	1110	319896
4117	235468	198543	7370	538	15444	57	14	4825	8677	505578
226	129525	100089	5552	1112	11446	169	5	3634	7518	299324
163	21598	17918	6	179	2270	86	1	730	408	51541
664	61284	47775	390	214	6735	65	3	2045	4057	141901
3550	236336	201825	3143	1204	12505	92	4	11785	5778	454105
7642	142946	92759	7390	301	19032	129	9	15093	8233	284525
230	95188	75970	128	160	11271	126	11	4066	3456	246068
	2221	1831			147	6		7	230	8445
297	71072	55187	1477	179	5180	91	1	7361	1596	134176
130	52957	40836	1302	70	4622	104	1	3522	2500	112617
27	13746	8870	686	81	1925	109	1	1064	1010	30869
13	16333	12825		9	1697	6		216	1580	40350
19	37075	26507	92	159	5615	99	11	3487	1105	102424

中等职业学校(机构)
Number of Foreign Students in Secondary

地 区 Region	结业生数				
	合计 Total	其中:女 Of Which: Female	按时间分		
			一个月以内 1 Month Under	一个月至三个月以内 1 Month to 3 Months	三个月至半年以内 3 Months to 6 Months
总 计 Total	**954**	**514**	**464**	**41**	**10**
北 京 Beijing	53	26		12	9
天 津 Tianjin					
河 北 Hebei					
山 西 Shanxi					
内蒙古 Inner Mongolia	8	4			
辽 宁 Liaoning	2	2			1
吉 林 Jilin					
黑龙江 Heilongjiang					
上 海 Shanghai	2	1			
江 苏 Jiangsu					
浙 江 Zhejiang					
安 徽 Anhui					
福 建 Fujian	1	1			
江 西 Jiangxi					
山 东 Shandong	14	5			
河 南 Henan					
湖 北 Hubei					
湖 南 Hunan	49	8	20	29	
广 东 Guangdong	227	110	31		
广 西 Guangxi	499	309	402		
海 南 Hainan					
重 庆 Chongqing					
四 川 Sichuan					
贵 州 Guizhou					
云 南 Yunnan	99	48	11		
西 藏 Tibet					
陕 西 Shaanxi					
甘 肃 Gansu					
青 海 Qinghai					
宁 夏 Ningxia					
新 疆 Xinjiang					

外国留学生情况
Vocational Schools (Institutions)

单位:人
unit: person

Graduates							
by Time		大洲分 by Continent					
半年至一年以内 6 Months to 1 year	一年及以上 1 year and Over	亚洲 Asia	非洲 Africa	欧洲 Europe	北美洲 North America	南美洲 South America	大洋洲 Australia
83	**356**	**804**	**60**	**79**	**2**	**4**	**5**
16	16	27		19		3	4
	8	8					
	1	1		1			
2				1	1		
1		1					
	14	14					
			49				
33	163	155	11	58	1	1	1
31	66	499					
	88	99					

中等职业学校
Number of Educational Personnel in Secondary

地区 Region	教职工数 Educational		
	合计 Total	校本部教职工 Educational	
		小计 Subtotal	专任教师 Full-time Teachers
总　计 Total	**821047**	**813370**	**643143**
北　京 Beijing	10452	10327	6681
天　津 Tianjin	8753	8681	6458
河　北 Hebei	57652	57324	44873
山　西 Shanxi	32570	32433	25475
内蒙古 Inner Mongolia	18394	18338	13773
辽　宁 Liaoning	27925	27836	20566
吉　林 Jilin	19362	19327	14540
黑龙江 Heilongjiang	19617	19558	14083
上　海 Shanghai	12605	12576	8229
江　苏 Jiangsu	49706	49462	41658
浙　江 Zhejiang	38393	38317	33491
安　徽 Anhui	34397	34240	28630
福　建 Fujian	20586	20470	16732
江　西 Jiangxi	17340	16737	13496
山　东 Shandong	60613	59959	48244
河　南 Henan	64222	62975	50282
湖　北 Hubei	27672	27307	20657
湖　南 Hunan	33290	33203	25620
广　东 Guangdong	57472	57163	44776
广　西 Guangxi	27944	26947	20733
海　南 Hainan	6298	6296	4448
重　庆 Chongqing	18074	17914	14808
四　川 Sichuan	48896	48082	38759
贵　州 Guizhou	21760	21454	17717
云　南 Yunnan	26677	26387	21453
西　藏 Tibet	1403	1403	1295
陕　西 Shaanxi	21218	21109	15471
甘　肃 Gansu	18608	18494	15367
青　海 Qinghai	3058	2984	2457
宁　夏 Ningxia	3475	3468	2693
新　疆 Xinjiang	12615	12599	9678

(机构)教职工数
Vocational Schools (Institutions)

单位:人
unit: person

Personnel					
Personnel in Main Campus			校办企业职工 Employees in School-run Factories & Farms	其他附设机构人员 Personnel in Others Subsidiary Units	聘请校外教师 Part-time Teachers
行政人员 Adm. Personnel	教辅人员 Supporting Staff	工勤人员 Workers			
68879	**49563**	**51785**	**3793**	**3884**	**95319**
1858	926	862	15	110	1277
1331	406	486	36	36	996
4871	4024	3556	88	240	2473
2769	2046	2143	28	109	4599
1817	1671	1077	47	9	1218
3531	1663	2076	45	44	3156
2216	1788	783	16	19	753
2323	1524	1628	49	10	2729
1835	1356	1156	15	14	1095
2419	2478	2907	179	65	5679
1528	1932	1366	20	56	4181
2263	1425	1922	78	79	5278
1510	1292	936	8	108	2498
1272	1007	962	562	41	1639
4207	4478	3030	458	196	4064
5370	3539	3784	907	340	8897
2793	2018	1839	346	19	2989
3227	2219	2137	60	27	2832
5031	3462	3894	25	284	5707
2574	1668	1972	155	842	3626
787	372	689		2	670
1371	786	949	153	7	2988
3171	2456	3696	97	717	4148
1634	712	1391	128	178	8201
1535	1040	2359	77	213	5436
68	6	34			113
2779	1541	1318	67	42	1868
1117	835	1175	57	57	1149
193	87	247	74		1451
298	210	267	3	4	579
1181	596	1144		16	3030

中等职业学校(机构)

Number of Female Educational Personnel in Secondary

地区 Region	教职工数 Educational		
	合计 Total	校本部教职工 Educational	
		小计 Subtotal	专任教师 Full-time Teachers
总　计 Total	**408184**	**404538**	**339636**
北　京 Beijing	6547	6505	4704
天　津 Tianjin	5103	5067	4191
河　北 Hebei	32930	32752	27966
山　西 Shanxi	18034	17955	15349
内蒙古 Inner Mongolia	9521	9510	7920
辽　宁 Liaoning	15910	15853	13004
吉　林 Jilin	10876	10867	8913
黑龙江 Heilongjiang	10151	10134	8065
上　海 Shanghai	6959	6950	5135
江　苏 Jiangsu	25073	24993	22193
浙　江 Zhejiang	20769	20743	18686
安　徽 Anhui	13287	13220	11414
福　建 Fujian	10128	10096	8584
江　西 Jiangxi	7649	7335	6039
山　东 Shandong	27893	27681	23975
河　南 Henan	31436	30873	26476
湖　北 Hubei	11608	11470	8977
湖　南 Hunan	15342	15292	12597
广　东 Guangdong	29372	29229	23862
广　西 Guangxi	13630	12974	10324
海　南 Hainan	2933	2931	2165
重　庆 Chongqing	8972	8864	7679
四　川 Sichuan	23098	22751	19069
贵　州 Guizhou	10052	9939	8466
云　南 Yunnan	12981	12758	10741
西　藏 Tibet	660	660	620
陕　西 Shaanxi	10091	10042	7861
甘　肃 Gansu	7724	7673	6719
青　海 Qinghai	1261	1233	1103
宁　夏 Ningxia	1676	1676	1387
新　疆 Xinjiang	6518	6512	5452

女教职工数

Vocational Schools（Institutions）

单位：人
unit：person

Personnel					聘请校外教师 Part-time Teachers
Personnel in Main Campus			校办企业职工 Employees in School-run Factories & Farms	其他附设机构人员 Personnel in Others Subsidiary Units	
行政人员 Adm. Personnel	教辅人员 Supporting Staff	工勤人员 Workers			
25129	**24268**	**15505**	**1598**	**2048**	**42765**
1048	526	227	5	37	674
541	237	98	5	31	509
1701	1984	1101	41	137	1327
908	1085	613	13	66	1933
583	734	273	8	3	670
1442	872	535	31	26	1503
869	921	164	7	2	359
906	786	377	13	4	1016
916	714	185	2	7	448
815	1282	703	48	32	2619
574	973	510	7	19	1772
639	622	545	28	39	2064
595	650	267	1	31	1127
476	502	318	299	15	878
1241	1834	631	107	105	1948
1720	1643	1034	455	108	4080
1028	911	554	133	5	1103
992	1022	681	40	10	1410
1932	1960	1475	9	134	2907
996	844	810	49	607	1448
326	172	268		2	247
532	389	264	104	4	1548
1241	1144	1297	42	305	2144
595	319	559	25	88	3408
584	567	866	52	171	2240
20	5	15			26
1042	731	408	26	23	670
270	357	327	20	31	625
38	25	67	28		597
100	104	85			328
459	353	248		6	1137

普通中专学校(机构)

Number of Educational Personnel in Regular Specialized Secondary

地 区 Region	教职工数 Educational		
	合计 Total	校本部教职工 Educational	
		小计 Subtotal	专任教师 Full-time Teachers
总 计 Total	**401426**	**397014**	**302697**
北 京 Beijing	3401	3291	1940
天 津 Tianjin	5879	5807	4202
河 北 Hebei	19087	18824	12909
山 西 Shanxi	11454	11368	7853
内蒙古 Inner Mongolia	5725	5717	3892
辽 宁 Liaoning	14285	14258	10480
吉 林 Jilin	4459	4459	3233
黑龙江 Heilongjiang	7559	7506	4678
上 海 Shanghai	8549	8533	5280
江 苏 Jiangsu	35152	35044	29770
浙 江 Zhejiang	7034	6976	5939
安 徽 Anhui	15568	15474	12822
福 建 Fujian	20586	20470	16732
江 西 Jiangxi	6873	6841	5288
山 东 Shandong	37115	36576	28958
河 南 Henan	20489	20052	15187
湖 北 Hubei	20146	19791	14694
湖 南 Hunan	4314	4313	3213
广 东 Guangdong	44786	44623	34244
广 西 Guangxi	27944	26947	20733
海 南 Hainan	3758	3758	2455
重 庆 Chongqing	3582	3558	2649
四 川 Sichuan	23470	23151	16967
贵 州 Guizhou	8769	8682	6827
云 南 Yunnan	10435	10176	7636
西 藏 Tibet	1403	1403	1295
陕 西 Shaanxi	3751	3738	2485
甘 肃 Gansu	12885	12801	10490
青 海 Qinghai	2672	2598	2156
宁 夏 Ningxia	1745	1738	1176
新 疆 Xinjiang	8551	8541	6514

教职工数
Vocational Schools (Institutions)

单位:人
unit: person

Personnel					
Personnel in Main Campus			校办企业职工 Employees in School-run Factories & Farms	其他附设机构人员 Personnel in Others Subsidiary Units	聘请校外教师 Part-time Teachers
行政人员 Adm. Personnel	教辅人员 Supporting Staff	工勤人员 Workers			
39991	**25318**	**29008**	**2085**	**2327**	**43658**
810	283	258		110	429
970	284	351	36	36	452
2569	1569	1777	47	216	934
1646	836	1033	9	77	1197
957	417	451	2	6	788
1874	739	1165	27		1031
680	297	249			103
1081	751	996	49	4	1041
1516	864	873	15	1	774
1790	1642	1842	96	12	3378
319	434	284	13	45	780
1126	639	887	44	50	2624
1510	1292	936	8	108	2498
618	527	408	14	18	1119
2839	2863	1916	430	109	3062
2114	1268	1483	414	23	2600
2188	1495	1414	341	14	1443
567	224	309	1		466
4417	2626	3336	23	140	5303
2574	1668	1972	155	842	3626
604	267	432			489
471	246	192	24		732
2204	1652	2328	80	239	1903
889	370	596	75	12	1893
920	529	1091	56	203	2196
68	6	34			113
629	327	297	3	10	184
803	642	866	46	38	939
164	78	200	74		649
225	121	216	3	4	251
849	362	816		10	661

普通中专学校(机构)
Number of Female Educational Personnel in Regular Specialized Secondary

地 区 Region	教职工数 Educational		
	合计 Total	校本部教职工 Educational	
		小计 Subtotal	专任教师 Full-time Teachers
总 计 Total	**199505**	**197362**	**160214**
北 京 Beijing	1896	1859	1253
天 津 Tianjin	3250	3214	2618
河 北 Hebei	10309	10164	7643
山 西 Shanxi	5978	5925	4688
内蒙古 Inner Mongolia	3044	3041	2299
辽 宁 Liaoning	8326	8306	6802
吉 林 Jilin	2567	2567	2094
黑龙江 Heilongjiang	3989	3973	2794
上 海 Shanghai	4508	4506	3188
江 苏 Jiangsu	18407	18377	16329
浙 江 Zhejiang	3961	3941	3412
安 徽 Anhui	6552	6508	5630
福 建 Fujian	10128	10096	8584
江 西 Jiangxi	3327	3326	2696
山 东 Shandong	16943	16783	14346
河 南 Henan	10215	9988	8204
湖 北 Hubei	8444	8307	6335
湖 南 Hunan	2050	2050	1672
广 东 Guangdong	22717	22638	18173
广 西 Guangxi	13630	12974	10324
海 南 Hainan	1751	1751	1218
重 庆 Chongqing	1708	1686	1311
四 川 Sichuan	11480	11334	8683
贵 州 Guizhou	4291	4281	3528
云 南 Yunnan	5552	5353	4273
西 藏 Tibet	660	660	620
陕 西 Shaanxi	1818	1810	1344
甘 肃 Gansu	5483	5453	4723
青 海 Qinghai	1123	1095	980
宁 夏 Ningxia	887	887	666
新 疆 Xinjiang	4511	4509	3784

女教职工数
Vocational Schools (Institutions)

单位:人
unit:person

Personnel					聘请校外教师 Part-time Teachers
Personnel in Main Campus			校办企业职工 Employees in School-run Factories & Farms	其他附设机构人员 Personnel in Others Subsidiary Units	
行政人员 Adm. Personnel	教辅人员 Supporting Staff	工勤人员 Workers			
15539	**13023**	**8586**	**747**	**1396**	**21883**
427	145	34		37	245
377	163	56	5	31	282
1110	859	552	17	128	529
553	469	215	7	46	699
397	230	115	1	2	415
796	430	278	20		526
272	179	22			44
505	412	262	13	3	574
749	425	144	2		334
671	872	505	29	1	1634
157	251	121	6	14	421
337	323	218	16	28	1182
595	650	267	1	31	1127
215	292	123		1	593
826	1173	438	91	69	1546
733	696	355	216	11	1490
806	736	430	132	5	728
206	100	72			259
1716	1482	1267	8	71	2670
996	844	810	49	607	1448
247	113	173			170
215	113	47	22		359
983	769	899	34	112	1065
355	171	227	6	4	914
394	335	351	33	166	1141
20	5	15			26
235	161	70	2	6	85
203	297	230	9	21	522
38	23	54	28		372
88	66	67			138
317	239	169		2	345

成人中等专业学校

Number of Educational Personnel in Adult

地区 Region	教职工数 Educational		
	合计 Total	校本部教职工 Educational	
		小计 Subtotal	专任教师 Full-time Teachers
总 计 Total	**63644**	**62851**	**47210**
北 京 Beijing	596	596	328
天 津 Tianjin	461	461	293
河 北 Hebei	7772	7748	6063
山 西 Shanxi	3854	3851	3242
内蒙古 Inner Mongolia	2234	2189	1719
辽 宁 Liaoning	535	535	415
吉 林 Jilin	5528	5520	4374
黑龙江 Heilongjiang	2349	2349	1687
上 海 Shanghai	349	349	171
江 苏 Jiangsu	1839	1829	951
浙 江 Zhejiang	1213	1213	666
安 徽 Anhui	1556	1553	1247
福 建 Fujian			
江 西 Jiangxi	2378	1847	1704
山 东 Shandong	3094	3094	2492
河 南 Henan	11587	11439	8372
湖 北 Hubei	1350	1350	742
湖 南 Hunan	3800	3798	2783
广 东 Guangdong	316	316	266
广 西 Guangxi			
海 南 Hainan	20	20	18
重 庆 Chongqing	2387	2387	1804
四 川 Sichuan	2011	2011	1421
贵 州 Guizhou	1606	1591	1220
云 南 Yunnan	3261	3261	2709
西 藏 Tibet			
陕 西 Shaanxi	1483	1483	1010
甘 肃 Gansu	648	644	479
青 海 Qinghai	366	366	291
宁 夏 Ningxia	133	133	73
新 疆 Xinjiang	918	918	670

教职工数
Specialized Sec. Schools

单位：人
unit: person

Personnel					
Personnel in Main Campus			校办企业职工 Employees in School-run Factories & Farms	其他附设机构人员 Personnel in Others Subsidiary Units	聘请校外教师 Part-time Teachers
行政人员 Adm. Personnel	教辅人员 Supporting Staff	工勤人员 Workers			
6878	**4785**	**3978**	**617**	**176**	**22530**
143	54	71			473
112	28	28			489
726	601	358		24	270
249	175	185	3		2190
173	187	110	45		19
88	24	8			1127
563	417	166		8	25
432	141	89			1051
59	78	41			70
257	264	357	5	5	1433
222	283	42			986
128	99	79	3		350
56	47	40	531		7
187	172	243			158
1403	956	708	30	118	3981
232	262	114			1243
442	291	282		2	348
5	8	37			34
	1	1			
286	158	139			169
198	160	232			200
197	91	83		15	2342
185	101	266			2011
271	92	110			902
81	24	60		4	24
28	9	38			740
30	14	16			41
125	48	75			1847

成人中等专业学校
Number of Female Educational Personnel in Adult

地 区 Region	教职工数 Educational		
	合计 Total	校本部教职工 Educational	
		小计 Subtotal	专任教师 Full-time Teachers
总 计 Total	**30466**	**30081**	**24364**
北 京 Beijing	332	332	204
天 津 Tianjin	234	234	154
河 北 Hebei	4469	4460	3847
山 西 Shanxi	2248	2248	1969
内蒙古 Inner Mongolia	1134	1127	997
辽 宁 Liaoning	279	279	230
吉 林 Jilin	2991	2989	2550
黑龙江 Heilongjiang	913	913	728
上 海 Shanghai	159	159	85
江 苏 Jiangsu	549	549	344
浙 江 Zhejiang	451	451	253
安 徽 Anhui	633	633	530
福 建 Fujian			
江 西 Jiangxi	1099	809	769
山 东 Shandong	1425	1425	1207
河 南 Henan	5655	5582	4492
湖 北 Hubei	500	500	284
湖 南 Hunan	1567	1565	1193
广 东 Guangdong	118	118	94
广 西 Guangxi			
海 南 Hainan	4	4	3
重 庆 Chongqing	1113	1113	869
四 川 Sichuan	1002	1002	739
贵 州 Guizhou	619	619	500
云 南 Yunnan	1447	1447	1222
西 藏 Tibet			
陕 西 Shaanxi	677	677	447
甘 肃 Gansu	256	254	208
青 海 Qinghai	128	128	117
宁 夏 Ningxia	47	47	29
新 疆 Xinjiang	417	417	300

女教职工数

Specialized Sec. Schools

单位:人
unit: person

Personnel					聘请校外教师 Part-time Teachers
Personnel in Main Campus			校办企业职工 Employees in School-run Factories & Farms	其他附设机构人员 Personnel in Others Subsidiary Units	
行政人员 Adm. Personnel	教辅人员 Supporting Staff	工勤人员 Workers			
2295	**2211**	**1211**	**309**	**76**	**7534**
70	28	30			233
52	13	15			211
199	302	112		9	146
83	110	86			549
38	80	12	7		6
36	11	2			442
201	209	29		2	8
98	71	16			126
28	37	9			27
56	113	36			648
90	91	17			339
33	43	27			116
13	19	8	290		2
74	85	59			54
452	428	210	12	61	1526
88	81	47			209
115	150	107		2	135
2	2	20			13
	1				
111	86	47			77
75	96	92			96
60	34	25			754
60	40	125			637
150	42	38			272
23	10	13		2	10
	2	9			206
6	8	4			29
82	19	16			663

职业高中学校

Number of Educational Personnel in Secondary

地 区 Region	教职工数 Educational		
	合计 Total	校本部教职工 Educational	
		小计 Subtotal	专任教师 Full-time Teachers
总 计 Total	**344647**	**342271**	**285074**
北 京 Beijing	6455	6440	4413
天 津 Tianjin	2413	2413	1963
河 北 Hebei	29957	29916	25215
山 西 Shanxi	17028	16980	14199
内蒙古 Inner Mongolia	10435	10432	8162
辽 宁 Liaoning	13105	13043	9671
吉 林 Jilin	9109	9093	6818
黑龙江 Heilongjiang	9340	9335	7497
上 海 Shanghai	3707	3694	2778
江 苏 Jiangsu	10665	10578	9458
浙 江 Zhejiang	29352	29334	26384
安 徽 Anhui	15600	15560	13321
福 建 Fujian			
江 西 Jiangxi	8089	8049	6504
山 东 Shandong	19994	19879	16492
河 南 Henan	30789	30131	25779
湖 北 Hubei	5935	5925	5061
湖 南 Hunan	24919	24835	19403
广 东 Guangdong	11095	10949	9300
广 西 Guangxi			
海 南 Hainan	2520	2518	1975
重 庆 Chongqing	11820	11688	10157
四 川 Sichuan	23012	22517	20046
贵 州 Guizhou	11274	11070	9581
云 南 Yunnan	12427	12413	10746
西 藏 Tibet			
陕 西 Shaanxi	15984	15888	11976
甘 肃 Gansu	4988	4962	4327
青 海 Qinghai	20	20	10
宁 夏 Ningxia	1469	1469	1344
新 疆 Xinjiang	3146	3140	2494

教职工数
Vocatingal Schools（Institutions）

单位：人
unit：person

Personnel					聘请校外教师 Part-time Teachers
Personnel in Main Campus			校办企业职工 Employees in School-run Factories & Farms	其他附设机构人员 Personnel in Others Subsidiary Units	
行政人员 Adm. Personnel	教辅人员 Supporting Staff	工勤人员 Workers			
20693	**18571**	**17933**	**1029**	**1347**	**27506**
905	589	533	15		375
249	94	107			55
1502	1830	1369	41		1154
864	1019	898	16	32	1212
687	1067	516		3	411
1569	900	903	18	44	998
930	1009	336	16		608
722	601	515		5	365
260	414	242		13	251
178	406	536	56	31	689
878	1109	963	7	11	2214
783	590	866	11	29	2053
598	433	514	17	23	513
1141	1418	828	28	87	640
1667	1192	1493	460	198	2257
352	232	280	5	5	303
2214	1672	1546	59	25	1988
461	750	438	2	144	298
183	104	256		2	181
583	355	593	129	3	2051
745	619	1107	17	478	2039
526	251	712	53	151	3966
354	374	939	4	10	1185
1879	1122	911	64	32	782
225	167	243	11	15	128
1		9			62
30	68	27			206
207	186	253		6	522

职业高中学校

Number of Female Educational Personnel

	教职工数 Educational		
		校本部教职工 Educational	
	合计 Total	小计 Subtotal	专任教师 Full-time eachers
总　计 Total	**172980**	**171894**	**150875**
北　京 Beijing	4319	4314	3247
天　津 Tianjin	1619	1619	1419
河　北 Hebei	17706	17682	16060
山　西 Shanxi	9716	9690	8611
内蒙古 Inner Mongolia	5343	5342	4624
辽　宁 Liaoning	7305	7268	5972
吉　林 Jilin	5185	5178	4203
黑龙江 Heilongjiang	5084	5084	4445
上　海 Shanghai	2292	2285	1862
江　苏 Jiangsu	5195	5151	4787
浙　江 Zhejiang	15986	15980	14731
安　徽 Anhui	5548	5533	4838
福　建 Fujian			
江　西 Jiangxi	3223	3200	2574
山　东 Shandong	9346	9294	8261
河　南 Henan	14851	14589	13197
湖　北 Hubei	2567	2566	2284
湖　南 Hunan	11609	11561	9632
广　东 Guangdong	5873	5809	5036
广　西 Guangxi			
海　南 Hainan	1178	1176	944
重　庆 Chongqing	5967	5882	5360
四　川 Sichuan	10429	10228	9487
贵　州 Guizhou	5072	4969	4378
云　南 Yunnan	5740	5731	5077
西　藏 Tibet			
陕　西 Shaanxi	7596	7555	6070
甘　肃 Gansu	1958	1939	1767
青　海 Qinghai	10	10	6
宁　夏 Ningxia	673	673	635
新　疆 Xinjiang	1590	1586	1368

女教职工数
in Vocatingal High Schools

单位:人
unit: person

Personnel					聘请校外教师 Part-time Teachers
Personnel in Main Campus			校办企业职工 Employees in School-run Factories & Farms	其他附设机构人员 Personnel in Others Subsidiary Units	
行政人员 Adm. Personnel	教辅人员 Supporting Staff	工勤人员 Workers			
6915	**8646**	**5458**	**516**	**570**	**12567**
551	353	163	5		196
112	61	27			16
376	817	429	24		573
269	503	307	6	20	685
148	424	146		1	249
610	431	255	11	26	535
385	494	96	7		295
263	284	92			201
139	252	32		7	87
21	227	116	17	27	251
298	611	340	1	5	910
199	214	282	4	11	669
248	191	187	9	14	283
335	568	130	16	36	264
504	454	434	226	36	1034
128	87	67	1		166
669	758	502	40	8	1000
170	434	169	1	63	172
79	58	95		2	77
200	168	154	82	3	1082
173	268	300	8	193	983
170	114	307	19	84	1740
111	177	366	4	5	436
657	528	300	24	17	313
38	50	84	11	8	76
		4			19
2	25	11			126
60	95	63		4	129

地 区 Region	教职工数 Educational		
	合计 Total	校本部教职工 Educational	
		小计 Subtotal	专任教师 Full-time Teachers
总 计 Total	**11330**	**11234**	**8162**
北 京 Beijing			
天 津 Tianjin			
河 北 Hebei	836	836	686
山 西 Shanxi	234	234	181
内蒙古 Inner Mongolia			
辽 宁 Liaoning			
吉 林 Jilin	266	255	115
黑龙江 Heilongjiang	369	368	221
上 海 Shanghai			
江 苏 Jiangsu	2050	2011	1479
浙 江 Zhejiang	794	794	502
安 徽 Anhui	1673	1653	1240
福 建 Fujian			
江 西 Jiangxi			
山 东 Shandong	410	410	302
河 南 Henan	1357	1353	944
湖 北 Hubei	241	241	160
湖 南 Hunan	257	257	221
广 东 Guangdong	1275	1275	966
广 西 Guangxi			
海 南 Hainan			
重 庆 Chongqing	285	281	198
四 川 Sichuan	403	403	325
贵 州 Guizhou	111	111	89
云 南 Yunnan	554	537	362
西 藏 Tibet			
陕 西 Shaanxi			
甘 肃 Gansu	87	87	71
青 海 Qinghai			
宁 夏 Ningxia	128	128	100
新 疆 Xinjiang			

教职工数
in Other Institutions

单位：人
unit: Person

Personnel					聘请校外教师 Part-time Teachers
Personnel in Main Campus			校办企业职工 Employees in School-run Factories & Farms	其他附设机构人员 Personnel in Others Subsidiary Units	
行政人员 Adm. Personnel	教辅人员 Supporting Staff	工勤人员 Workers			
1317	**889**	**866**	**62**	**34**	**1625**
74	24	52			115
10	16	27			
43	65	32		11	17
88	31	28		1	272
194	166	172	22	17	179
109	106	77			201
226	97	90	20		251
40	25	43			204
186	123	100	3	1	59
21	29	31			
4	32				30
148	78	83			72
31	27	25		4	36
24	25	29			6
22					
76	36	63	17		44
8	2	6			58
13	7	8			81

	教职工数 Educational		
		校本部教职工 Educational	
	合计 Total	小计 Subtotal	专任教师 Full-time Teachers
总　计 Total	**5233**	**5201**	**4183**
北　京 Beijing			
天　津 Tianjin			
河　北 Hebei	446	446	416
山　西 Shanxi	92	92	81
内蒙古 Inner Mongolia			
辽　宁 Liaoning			
吉　林 Jilin	133	133	66
黑龙江 Heilongjiang	165	164	98
上　海 Shanghai			
江　苏 Jiangsu	922	916	733
浙　江 Zhejiang	371	371	290
安　徽 Anhui	554	546	416
福　建 Fujian			
江　西 Jiangxi			
山　东 Shandong	179	179	161
河　南 Henan	715	714	583
湖　北 Hubei	97	97	74
湖　南 Hunan	116	116	100
广　东 Guangdong	664	664	559
广　西 Guangxi			
海　南 Hainan			
重　庆 Chongqing	184	183	139
四　川 Sichuan	187	187	160
贵　州 Guizhou	70	70	60
云　南 Yunnan	242	227	169
西　藏 Tibet			
陕　西 Shaanxi			
甘　肃 Gansu	27	27	21
青　海 Qinghai			
宁　夏 Ningxia	69	69	57
新　疆 Xinjiang			

女教职工数
in Other Institutions

单位：人
unit：person

Personnel					聘请校外教师 Part-time Teachers
Personnel in Main Campus			校办企业职工 Employees in School-run Factories & Farms	其他附设机构人员 Personnel in Others Subsidiary Units	
行政人员 Adm. Personnel	教辅人员 Supporting Staff	工勤人员 Workers			
380	**388**	**250**	**26**	**6**	**781**
16	6	8			79
3	3	5			
11	39	17			12
40	19	7		1	115
67	70	46	2	4	86
29	20	32			102
70	42	18	8		97
6	8	4			84
31	65	35	1		30
6	7	10			
2	14				16
44	42	19			52
6	22	16		1	30
10	11	6			
10					
19	15	24	15		26
6					17
4	5	3			35

中等职业学校(机构)

Number of Full-time Teachers By Professional Rank and Academic

地　区 Region	合计 Total	按专业技术职务分 By Professional Rank		
		正高级 Senior	副高级 Sub-Senior	中级 Middle
总　计 Total	**643143**	**2602**	**158549**	**256446**
北　京 Beijing	6681	48	1952	2641
天　津 Tianjin	6458	17	2337	2673
河　北 Hebei	44873	145	12416	19795
山　西 Shanxi	25475	62	4479	9607
内蒙古 Inner Mongolia	13773	16	4174	5457
辽　宁 Liaoning	20566	573	7003	8146
吉　林 Jilin	14540	50	4475	6591
黑龙江 Heilongjiang	14083	79	4679	5491
上　海 Shanghai	8229	29	1735	4190
江　苏 Jiangsu	41658	151	12930	17345
浙　江 Zhejiang	33491	44	8991	12524
安　徽 Anhui	28630	44	7785	11280
福　建 Fujian	16732	20	4159	6668
江　西 Jiangxi	13496	66	3822	4579
山　东 Shandong	48244	144	12549	19324
河　南 Henan	50282	146	10695	21061
湖　北 Hubei	20657	96	5170	9263
湖　南 Hunan	25620	70	5652	10719
广　东 Guangdong	44776	65	7715	19952
广　西 Guangxi	20733	106	3627	8536
海　南 Hainan	4448	19	768	1335
重　庆 Chongqing	14808	97	3468	5176
四　川 Sichuan	38759	333	8806	13531
贵　州 Guizhou	17717	38	2958	5458
云　南 Yunnan	21453	32	6734	7498
西　藏 Tibet	1295		111	466
陕　西 Shaanxi	15471	84	3013	6253
甘　肃 Gansu	15367	15	3012	5940
青　海 Qinghai	2457	1	699	915
宁　夏 Ningxia	2693	3	563	750
新　疆 Xinjiang	9678	9	2072	3282

专任教师专业技术职务、学历情况
Qualifications in Secondary Vocational Schools (Institutions)

单位：人
unit: Person

初级 Junior	未定职级 No-ranking	按学历分 By Academic Qualifications 博士研究生 Doctor's Degrees	硕士研究生 Master's Degrees	本科 Normal Courses	专科 Short-cycle Courses	高中阶段及以下 Below High School Graduate
165371	**60175**	**552**	**45476**	**538134**	**56569**	**2412**
1528	512	40	916	5492	209	24
1170	261	17	800	5318	306	17
9546	2971	24	2057	38342	4349	101
8770	2557	11	1287	21278	2781	118
2865	1261	24	786	11373	1573	17
3286	1558	15	1545	17590	1336	80
2860	564	11	745	12373	1341	70
2815	1019	2	549	12569	938	25
1973	302	37	1400	6486	254	52
8734	2498	53	6640	33784	1137	44
9176	2756	11	2349	30003	1104	24
6801	2720	16	1414	25156	2003	41
4653	1232	28	917	14640	1069	78
2732	2297	2	669	10198	2423	204
12253	3974	30	3751	41487	2789	187
14710	3670	31	3892	41354	4933	72
4988	1140	26	983	17335	2145	168
5991	3188	12	1129	21073	3319	87
11241	5803	37	4260	37072	3103	304
5748	2716	26	1979	16503	2114	111
1493	833	2	130	3816	456	44
4771	1296	7	1213	12381	1180	27
11158	4931	64	1459	31496	5682	58
6071	3192	4	902	14353	2362	96
5046	2143	3	1149	17941	2175	185
358	360		95	1117	83	
4779	1342	10	951	12484	1993	33
5273	1127	8	717	13065	1520	57
637	205		76	1884	487	10
877	500	1	235	2265	179	13
3068	1247		481	7906	1226	65

普通中等专业学校专任
Number of Full-time Teachers By Professional Rank and Academic

地区 Region	合计 Total	按专业技术职务分 By Professional Rank		
		正高级 Senior	副高级 Sub-Senior	中级 Middle
总计 Total	**302697**	**1676**	**75736**	**117843**
北京 Beijing	1940	26	504	854
天津 Tianjin	4202	3	1478	1636
河北 Hebei	12909	115	3454	4901
山西 Shanxi	7853	25	2168	3160
内蒙古 Inner Mongolia	3892	13	1153	1476
辽宁 Liaoning	10480	392	3626	4346
吉林 Jilin	3233	6	1359	1222
黑龙江 Heilongjiang	4678	49	1436	1402
上海 Shanghai	5280	29	1200	2500
江苏 Jiangsu	29770	126	9132	12752
浙江 Zhejiang	5939	23	1600	2140
安徽 Anhui	12822	19	3876	4638
福建 Fujian	16732	20	4159	6668
江西 Jiangxi	5288	37	1148	1823
山东 Shandong	28958	80	7727	11472
河南 Henan	15187	71	3970	6080
湖北 Hubei	14694	76	3812	6394
湖南 Hunan	3213	17	1073	1083
广东 Guangdong	34244	55	5580	14940
广西 Guangxi	20733	106	3627	8536
海南 Hainan	2455	3	499	721
重庆 Chongqing	2649	19	696	942
四川 Sichuan	16967	291	3320	5508
贵州 Guizhou	6827	11	1261	1813
云南 Yunnan	7636	13	2390	2196
西藏 Tibet	1295		111	466
陕西 Shaanxi	2485	38	799	926
甘肃 Gansu	10490	8	2294	4126
青海 Qinghai	2156		652	767
宁夏 Ningxia	1176		219	208
新疆 Xinjiang	6514	5	1413	2147

教师专业技术职务、学历情况
Qualifications in Reg. Specialized Sec.Schools

单位:人
unit: person

		按学历分 By Academic Qualification				
初级 Junior	未定职级 No-ranking	博士研究生 Doctor's Degree	硕士研究生 Master's Degree	本科 Normal Courses	专科 Short-cycle Courses	高中阶段及以下 Below High School Graduate
76520	**30922**	**395**	**30345**	**248080**	**22520**	**1357**
479	77	34	505	1295	86	20
858	227	3	584	3380	222	13
2738	1701	11	1064	9938	1818	78
1937	563	9	859	6411	526	48
743	507	24	465	2887	502	14
1711	405	10	1151	8781	498	40
579	67	1	289	2751	187	5
1034	757	1	407	3967	298	5
1334	217	34	1140	3821	234	51
6012	1748	29	5463	23570	692	16
1735	441	11	640	5115	166	7
3102	1187	8	811	11284	713	6
4653	1232	28	917	14640	1069	78
1300	980	1	553	4009	650	75
7162	2517	27	2670	24656	1482	123
4106	960	19	2082	12270	783	33
3622	790	10	719	12401	1456	108
699	341	1	301	2652	249	10
8770	4899	32	3112	28292	2537	271
5748	2716	26	1979	16503	2114	111
840	392	1	93	2175	154	32
692	300		353	2075	218	3
4782	3066	62	938	13132	2790	45
2603	1139	1	664	5500	627	35
1970	1067	1	799	6336	456	44
358	360		95	1117	83	
573	149	5	474	1805	192	9
3450	612	5	593	9107	756	29
542	195		76	1668	402	10
331	418	1	122	989	51	13
2057	892		427	5553	509	25

成人中等专业学校专任教师
Number of Full-time Teachers By Professional Rank and Academic

地 区 Region	合计 Total	按专业技术职务分 By Professional Rank		
		正高级 Senior	副高级 Sub-Senior	中级 Middle
总 计 Total	**47210**	**314**	**13709**	**20610**
北 京 Beijing	328	2	76	139
天 津 Tianjin	293		92	128
河 北 Hebei	6063	20	2240	2925
山 西 Shanxi	3242	7	432	1581
内蒙古 Inner Mongolia	1719	1	940	615
辽 宁 Liaoning	415	36	113	193
吉 林 Jilin	4374	8	1485	2199
黑龙江 Heilongjiang	1687	27	641	701
上 海 Shanghai	171		28	113
江 苏 Jiangsu	951	1	197	401
浙 江 Zhejiang	666	8	232	305
安 徽 Anhui	1247	3	299	539
福 建 Fujian				
江 西 Jiangxi	1704	1	950	548
山 东 Shandong	2492	56	861	917
河 南 Henan	8372	45	1663	3494
湖 北 Hubei	742	20	125	407
湖 南 Hunan	2783	15	772	1287
广 东 Guangdong	266		33	106
广 西 Guangxi				
海 南 Hainan	18		8	3
重 庆 Chongqing	1804	25	731	660
四 川 Sichuan	1421	16	83	201
贵 州 Guizhou	1220	9	174	724
云 南 Yunnan	2709	7	1022	1260
西 藏 Tibet				
陕 西 Shaanxi	1010		141	475
甘 肃 Gansu	479		120	228
青 海 Qinghai	291	1	42	147
宁 夏 Ningxia	73	3	28	34
新 疆 Xinjiang	670	3	181	280

专业技术职务、学历情况
Qualifications in Adult Specialized Sec.Schools

单位:人
unit:person

初级 Junior	未定职级 No-ranking	按学历分 By Academic Qualifications				
		博士研究生 Doctor's Degrees	硕士研究生 Master's Degrees	本科 Normal Courses	专科 Short-cycle Courses	高中阶段及以下 Below High School Graduate
9339	**3238**	**51**	**2120**	**36688**	**8095**	**256**
73	38	3	17	280	27	1
66	7	14	20	214	44	1
760	118	6	193	4889	972	3
1138	84		18	2454	746	24
139	24		44	1424	251	
63	10		12	310	90	3
653	29	2	155	3524	677	16
257	61	1	42	1479	155	10
28	2	2	16	149	4	
239	113	1	49	794	101	6
81	40		44	543	79	
319	87	6	45	1070	96	30
141	64		23	1334	327	20
536	122	1	159	2076	255	1
1919	1251	8	622	6036	1706	
171	19	1	16	444	245	36
448	261		70	2137	560	16
100	27		67	147	34	18
7				14	4	
244	144	4	234	1433	127	6
586	535		72	1150	197	2
245	68	2	45	881	292	
398	22		94	2115	461	39
371	23		19	666	325	
116	15		18	375	84	2
91	10			209	82	
7	1		7	55	11	
143	63		19	486	143	22

职业高中学校专任教师

Number of Full-time Teachers By Professional Rank and Academic

地区 Region	合计 Total	按专业技术职务分 By Professional Rank		
		正高级 Senior	副高级 Sub-Senior	中级 Middle
总　计 Total	**285074**	**565**	**67105**	**114517**
北　京 Beijing	4413	20	1372	1648
天　津 Tianjin	1963	14	767	909
河　北 Hebei	25215	9	6459	11676
山　西 Shanxi	14199	30	1835	4790
内蒙古 Inner Mongolia	8162	2	2081	3366
辽　宁 Liaoning	9671	145	3264	3607
吉　林 Jilin	6818	33	1615	3113
黑龙江 Heilongjiang	7497	3	2495	3298
上　海 Shanghai	2778		507	1577
江　苏 Jiangsu	9458	15	3170	3573
浙　江 Zhejiang	26384	13	7044	9881
安　徽 Anhui	13321	22	3301	5509
福　建 Fujian				
江　西 Jiangxi	6504	28	1724	2208
山　东 Shandong	16492	8	3885	6832
河　南 Henan	25779	28	4864	11131
湖　北 Hubei	5061		1184	2402
湖　南 Hunan	19403	38	3746	8253
广　东 Guangdong	9300	2	1913	4392
广　西 Guangxi				
海　南 Hainan	1975	16	261	611
重　庆 Chongqing	10157	34	2012	3510
四　川 Sichuan	20046	23	5353	7675
贵　州 Guizhou	9581	18	1520	2875
云　南 Yunnan	10746	10	3315	3965
西　藏 Tibet				
陕　西 Shaanxi	11976	46	2073	4852
甘　肃 Gansu	4327	7	598	1537
青　海 Qinghai	10		5	1
宁　夏 Ningxia	1344		264	471
新　疆 Xinjiang	2494	1	478	855

专业技术职务、学历情况
Qualifications in Vocational High Schools

单位：人
unit：person

		按学历分 By Academic Qualifications				
初级 Junior	未定职级 No-ranking	博士研究生 Doctor's Degrees	硕士研究生 Master's Degrees	本科 Normal Courses	专科 Short-cycle Courses	高中阶段及以下 Below High School Graduate
77830	**25057**	**80**	**12126**	**246994**	**25112**	**762**
976	397	3	394	3917	96	3
246	27		196	1724	40	3
5959	1112	7	727	22940	1521	20
5637	1907	2	409	12284	1464	40
1983	730		277	7062	820	3
1512	1143	5	382	8499	748	37
1590	467	8	300	6030	433	47
1508	193		90	6915	482	10
611	83	1	244	2516	16	1
2152	548		853	8298	286	21
7259	2187		1650	23895	822	17
3135	1354	2	381	11890	1043	5
1291	1253	1	93	4855	1446	109
4485	1282	2	914	14530	983	63
8428	1328	4	1090	22275	2371	39
1174	301	15	224	4387	416	19
4793	2573	11	752	16088	2491	61
2205	788	2	975	7873	439	11
646	441	1	37	1627	298	12
3776	825	3	622	8715	799	18
5685	1310	2	441	16951	2641	11
3195	1973	1	193	7902	1424	61
2649	807	2	234	9237	1190	83
3835	1170	5	458	10013	1476	24
1698	487	3	86	3536	676	26
4				7	3	
530	79		69	1161	114	
868	292		35	1867	574	18

其他机构专任教师专业
Number of Full-time Teachers By Professional Rank and Academic

地 区 Region	合计 Total	按专业技术职务分 By Professional Rank		
		正高级 Senior	副高级 Sub-Senior	中级 Middle
总 计 Total	**8162**	**47**	**1999**	**3476**
北 京 Beijing				
天 津 Tianjin				
河 北 Hebei	686	1	263	293
山 西 Shanxi	181		44	76
内蒙古 Inner Mongolia				
辽 宁 Liaoning				
吉 林 Jilin	115	3	16	57
黑龙江 Heilongjiang	221		107	90
上 海 Shanghai				
江 苏 Jiangsu	1479	9	431	619
浙 江 Zhejiang	502		115	198
安 徽 Anhui	1240		309	594
福 建 Fujian				
江 西 Jiangxi				
山 东 Shandong	302		76	103
河 南 Henan	944	2	198	356
湖 北 Hubei	160		49	60
湖 南 Hunan	221		61	96
广 东 Guangdong	966	8	189	514
广 西 Guangxi				
海 南 Hainan				
重 庆 Chongqing	198	19	29	64
四 川 Sichuan	325	3	50	147
贵 州 Guizhou	89		3	46
云 南 Yunnan	362	2	7	77
西 藏 Tibet				
陕 西 Shaanxi				
甘 肃 Gansu	71			49
青 海 Qinghai				
宁 夏 Ningxia	100		52	37
新 疆 Xinjiang				

技术职务、学历情况
Qualifications in Other Institutions

单位：人
unit：person

初级 Junior	未定职级 No-ranking	按学历分 By Academic Qualifications 博士研究生 Doctor's Degrees	硕士研究生 Master's Degrees	本科 Normal Courses	专科 Short-cycle Courses	高中阶段及以下 Below High School Graduate
1682	**958**	**26**	**885**	**6372**	**842**	**37**
89	40		73	575	38	
58	3		1	129	45	6
38	1		1	68	44	2
16	8		10	208	3	
331	89	23	275	1122	58	1
101	88		15	450	37	
245	92		177	912	151	
70	53		8	225	69	
257	131		98	773	73	
21	30		24	103	28	5
51	13		6	196	19	
166	89	3	106	760	93	4
59	27		4	158	36	
105	20		8	263	54	
28	12			70	19	
29	247		22	253	68	19
9	13		20	47	4	
9	2		37	60	3	

中等职业学校(机构)

Condition of Fixed Assets and Teaching Resources in Secondary

地 区 Region	占地面积(平方米) Areas Occupied (m^2)			图书(册) Books (Volume)		
	合计 Total	其中:绿化用地面积 of Which: Green Areas	其中:运动场地面积 of Which: Sports Areas	合计 Total	当年新增 New Added in Current Year	合计 Total
总 计 Total	**463855859.87**	**109738315.73**	**72823313.75**	**326476292**	**13502004**	**3184396**
北 京 Beijing	4402191.41	979419.14	965521.42	5009644	69033	58250
天 津 Tianjin	3762590.81	630406.51	507505.46	3590903	80811	33747
河 北 Hebei	23267531.73	3872602.07	4563762.56	19287146	1044914	169841
山 西 Shanxi	15084561.59	2700396.02	2098678.78	10203233	325690	88776
内蒙古 Inner Mongolia	9725188.60	1751748.86	1926827.80	6044564	172113	50770
辽 宁 Liaoning	10915358.37	1725812.42	2428136.84	8334230	92542	97627
吉 林 Jilin	6640104.88	1214894.49	1308917.65	5276571	93260	44682
黑龙江 Heilongjiang	9026101.84	1517723.40	1654487.77	4153263	193993	51306
上 海 Shanghai	3645780.30	1194614.90	725098.10	6368751	221568	91904
江 苏 Jiangsu	32706594.81	10036260.73	4808170.18	23132488	675053	236674
浙 江 Zhejiang	19634046.17	5980856.86	3793359.73	16200849	998245	188597
安 徽 Anhui	33537519.52	7215446.58	4299224.88	25860530	1269329	147910
福 建 Fujian	11995462.51	3407354.87	2158475.43	9896338	164023	102720
江 西 Jiangxi	17030314.38	4391452.71	2318587.39	9767162	366416	84517
山 东 Shandong	35091533.47	8755471.73	5438920.14	23278407	1180432	218189
河 南 Henan	32079443.47	5709689.71	4365960.04	21940543	593486	192154
湖 北 Hubei	15785029.16	4044355.37	2497888.34	10536017	222941	105209
湖 南 Hunan	20151145.83	5404325.58	2810887.90	11953178	358824	132634
广 东 Guangdong	27758683.32	8371252.49	4801179.80	27143475	966276	316555
广 西 Guangxi	20045935.73	5097058.09	2427677.75	14629621	205697	119460
海 南 Hainan	2937399.12	646450.18	523412.00	1960802	46831	23743
重 庆 Chongqing	11194510.25	2982434.29	1731464.57	7257249	291550	87162
四 川 Sichuan	21779851.94	5359208.21	4216463.06	17100653	1434891	165160
贵 州 Guizhou	16008328.31	4173924.91	2703161.32	7881839	960259	82889
云 南 Yunnan	16264266.21	3574014.17	1869554.71	8561688	278392	94654
西 藏 Tibet	1460388.80	299896.60	124702.58	445737	99309	4965
陕 西 Shaanxi	11815615.75	2172188.37	1857095.25	8886056	429476	72920
甘 肃 Gansu	9251966.93	1644947.62	1459551.15	4990220	105530	48711
青 海 Qinghai	2497642.73	539962.96	368396.00	1125972	67301	14841
宁 夏 Ningxia	4823142.23	1060129.32	367741.43	1532412	361635	15980
新 疆 Xinjiang	13537629.70	3284016.57	1702503.72	4126751	132184	41849

资产情况(学校产权)
Vocational Schools (Institutions)(Owned by SVSs)

计算机数(台) PC (set)		教室(间) Classroom(Room)		固定资产值(万元) Fixed Assets (10,000 yuan)		
其中:教学用计算机 No. of Computers Used for Instruction		合计 Total	其中:网络多媒体教室 of Which: Network Multimedia Classroom	合计 Total	其中:教学、实习仪器设备资产值 of Which: Teaching Equipment & Instruments	
小计 Subtotal	其中:平板电脑 of Which: Tablet PC				小计 Subtotal	当年新增 New Added in Current Year
2646966	**106448**	**402241**	**174559**	**31088732.98**	**7094397.43**	**902957.55**
49396	1687	5303	3432	703138.75	288168.62	42562.66
27506	565	3489	1295	230354.16	84877.20	5960.03
139371	7467	23768	8898	1199169.89	285772.33	29155.45
73600	3353	13527	4799	804738.81	167861.63	24082.72
40296	722	6680	2835	732553.23	141058.46	19237.17
78334	2433	10640	4558	938224.78	203885.32	21869.79
34122	2517	6278	1579	367262.63	97562.82	15743.62
41918	1406	7243	2570	430118.27	109625.43	19311.72
71522	2270	5911	3741	1129530.77	332929.39	62683.64
197070	3658	27125	16827	2949216.99	580063.02	57325.64
163003	2760	16820	12437	1695968.73	443522.49	50928.16
126063	2577	26330	8639	1796681.14	326643.78	22760.49
88185	2173	9532	6022	768419.68	234117.05	26692.50
69039	2696	11265	3649	705748.70	149562.35	18870.37
177507	9021	34291	13667	2233940.03	473794.51	59920.76
156988	9902	30970	10476	1482750.46	299636.16	30454.66
88289	5231	12603	4775	899973.83	199670.76	19145.76
111070	10003	19759	7488	1175583.99	234500.41	30564.99
269073	9736	24227	15234	2340401.19	692649.80	79210.53
101025	7818	10607	4776	1026933.17	317233.14	41966.33
20912	183	2151	1210	268347.34	64907.27	11433.38
74284	3902	10488	6564	949380.14	183095.38	23090.90
138113	3335	27128	9616	1785802.66	354633.64	52221.89
69634	4209	11017	5297	903344.19	188165.63	39006.74
79311	549	12919	4202	1169533.91	160743.83	29818.50
3515	37	644	172	128345.78	20439.79	4682.12
59407	2324	10763	3157	722695.88	147974.93	14573.72
41039	1623	7650	2744	475039.99	90408.52	5740.07
10723	324	2072	650	255042.97	44483.25	9034.53
13785	186	2712	1222	192513.65	49609.73	8811.74
32866	1781	8329	2028	627977.27	126800.80	26096.97

中等职业学校（机构）资产

Condition of Fixed Assets and Teaching Resources in Secondary

地 区 Region	占地面积（平方米） Areas Occupied（m^2）			图书（册） Books（Volume）		
	合计 Total	其中：绿化用地面积 of Which: Green Areas	其中：运动场地面积 of Which: Sports Areas	合计 Total	当年新增 New Added in Current Year	合计 Total
总 计 Total	**39702916.89**	**7210858.87**	**6274488.63**	**8916451**	**496038**	**70816**
北 京 Beijing	502474.00	42053.45	56395.66	9500		186
天 津 Tianjin	374536.64	54220.00	81286.00	152291	20518	1644
河 北 Hebei	2346822.72	253519.87	411608.54	313116	9989	3758
山 西 Shanxi	1499648.24	250228.73	243105.86	670281	29800	2076
内蒙古 Inner Mongolia	842839.81	117882.23	251240.27	121903	5795	414
辽 宁 Liaoning	1203267.00	182996.00	233636.00	160449	1000	1622
吉 林 Jilin	481257.01	59703.00	137349.00	88910	15100	1061
黑龙江 Heilongjiang	640717.16	89002.12	134137.28	314813	11065	3511
上 海 Shanghai	336767.40	41052.00	38092.80			345
江 苏 Jiangsu	502510.32	53085.64	81081.25	33810	1150	1589
浙 江 Zhejiang	1157606.81	160299.66	228499.01	144134	79834	1377
安 徽 Anhui	1727966.68	249478.69	120313.36	454590	400	1311
福 建 Fujian	904884.19	308274.74	147107.02	37048		445
江 西 Jiangxi	1636787.49	315057.00	251827.00	138332	3417	2261
山 东 Shandong	3148722.01	772492.30	396947.00	701776	13523	3264
河 南 Henan	2588787.41	423025.68	353118.00	1246976	50438	14718
湖 北 Hubei	829143.26	141191.00	123329.00	160030	2000	742
湖 南 Hunan	1569789.80	309650.33	202832.08	266302	43450	3658
广 东 Guangdong	3723892.54	646880.86	691899.74	654269	24063	5595
广 西 Guangxi	2783968.00	598739.20	264863.28	1177400	5410	2391
海 南 Hainan	415194.00	41591.00	50284.00	800		262
重 庆 Chongqing	992595.20	226650.00	89132.00	26140		554
四 川 Sichuan	3557207.14	775660.34	633748.75	521790	117740	6811
贵 州 Guizhou	1650552.75	273739.00	275445.00	460853	17500	1795
云 南 Yunnan	1359519.81	302644.00	217078.00	101621	1700	1668
西 藏 Tibet						
陕 西 Shaanxi	1274705.75	232431.72	261476.83	243965	24950	1042
甘 肃 Gansu	1200938.02	237091.91	281977.90	627552	17196	6480
青 海 Qinghai	205140.00	29970.00	4000.00	2000		7
宁 夏 Ningxia	155910.73	7295.00	4878.00			3
新 疆 Xinjiang	88765.00	14953.40	7800.00	85800		226

情况(非学校产权中独立使用)
Vocatingal Schools (Institutions)(Not Owned by SVSs)

计算机数(台) PC (set)		教室(间) Classroom(Room)		固定资产值(万元) Fixed Assets (10,000 yuan)		
其中:教学用计算机 No. of Computers Used for Instruction		合计 Total	其中:网络多媒体教室 of Which: Network Multimedia Classroom	合计 Total	其中:教学、实习仪器设备资产值 of Which: Teaching Equipment & Instruments	
小计 Subtotal	其中:平板电脑 of Which: Tablet PC				小计 Subtotal	当年新增 New Added in Current Year
59800	**3233**	**42341**	**13912**	**1557821.20**	**172019.17**	**24261.55**
84	18	547	229	3680.48	268.70	
1489	43	473	104	31571.52	2905.76	384.16
2864	305	2437	677	61709.04	10047.96	2361.87
1314	68	1185	246	39962.81	4200.43	491.58
336		509	110	28628.46	1528.85	44.35
1261	118	2144	482	119096.58	5493.39	450.79
866	182	669	83	12014.89	1844.00	713.00
3044	71	1042	311	31307.56	6901.43	578.45
315		536	252	14484.35	2937.62	153.82
1216		503	218	20655.77	2704.84	225.92
1354	4	1340	858	66922.57	5141.77	1573.59
974		1194	267	46687.54	8219.07	97.60
210	12	778	285	37026.97	1508.01	142.30
1829	43	1376	378	75491.22	4915.82	727.50
2662	294	3312	1254	97751.19	12867.37	1239.79
13447	657	3107	914	90002.06	13193.62	703.13
585	50	582	76	19601.08	2848.65	24.54
3125	139	2088	521	45591.78	6572.30	1231.34
5136	145	4404	2110	229645.09	13528.46	1101.50
2110	131	2345	1090	36282.48	7753.85	1231.65
230		318	82	16829.15	154.20	45.00
530		976	272	46655.85	3137.37	349.00
5496	93	4726	1178	127517.20	20695.03	5780.58
1679	370	917	265	53679.06	5802.27	254.29
1067		1984	695	72222.04	4298.09	319.50
866	48	1371	231	38888.66	4558.98	424.31
5489	438	1033	672	81355.69	17151.95	3380.71
		67	4	8081.80	2.80	0.80
		101	13	128.24	22.10	
222	4	277	35	4350.07	814.47	230.47

普通中专学校

Condition of Fixed Assets and Teaching Resources in

地　区 Region	占地面积(平方米) Areas Occupied (m^2)			图书(册) Books (Volume)		
	合计 Total	其中:绿化用地面积 of Which: Green Areas	其中:运动场地面积 of Which: Sports Areas	合计 Total	当年新增 New Added in Current Year	合计 Total
总　计 Total	**241995513.47**	**62737815.09**	**35922301.10**	**178861211**	**6570891**	**1700534**
北　京 Beijing	1538437.88	417693.97	326580.87	1664209	12103	18857
天　津 Tianjin	2871009.62	492846.51	405958.46	2441522	72646	23308
河　北 Hebei	7565810.45	1496746.39	1562700.19	7361223	430194	64575
山　西 Shanxi	6418583.40	1154795.80	773104.60	5660230	55906	37548
内蒙古 Inner Mongolia	3173890.76	752892.00	558483.00	2372276	42815	20898
辽　宁 Liaoning	5088038.03	1005160.42	1144179.58	5045095	66676	53854
吉　林 Jilin	2577362.67	522844.01	439551.55	1765219	18038	14374
黑龙江 Heilongjiang	2870119.90	500557.27	475202.70	2216680	16769	22078
上　海 Shanghai	2357801.30	799670.00	458146.10	4331960	80433	58754
江　苏 Jiangsu	21447544.72	7263723.10	3475676.44	16610813	482811	185288
浙　江 Zhejiang	4088789.59	1285478.17	682101.34	3021006	94713	34364
安　徽 Anhui	16452771.51	4040323.49	2076599.91	12237460	813381	78134
福　建 Fujian	11995462.51	3407354.87	2158475.43	9896338	164023	102720
江　西 Jiangxi	6792232.68	2330025.97	839551.74	3726845	93083	35527
山　东 Shandong	24344710.92	5972708.05	3336319.99	14869682	830702	131314
河　南 Henan	11235738.92	2232833.20	1620149.53	9380179	297943	74216
湖　北 Hubei	12007070.60	3198980.75	1849554.50	8132060	143360	79949
湖　南 Hunan	2492935.00	811569.00	425289.00	2008013	24013	16928
广　东 Guangdong	22463156.93	6877600.32	3671279.16	21313849	813229	243342
广　西 Guangxi	20045935.73	5097058.09	2427677.75	14629621	205697	119460
海　南 Hainan	1644254.12	378569.18	344236.00	1514845	32398	15836
重　庆 Chongqing	2623984.50	829610.11	349761.43	1641415	31964	18978
四　川 Sichuan	9666429.03	2561475.96	1595898.38	8753327	899265	71681
贵　州 Guizhou	7446705.88	2148446.88	1075146.88	3111330	259375	33759
云　南 Yunnan	7642410.57	1654617.21	710770.30	4434207	153203	40623
西　藏 Tibet	1460388.80	299896.60	124702.58	445737	99309	4965
陕　西 Shaanxi	3091138.17	617143.68	388487.43	1750515	19757	14578
甘　肃 Gansu	6962953.15	1262332.09	975038.54	3840038	75113	34969
青　海 Qinghai	2356436.73	534311.80	351496.00	1007185	67301	14272
宁　夏 Ningxia	2432613.00	396586.00	152533.00	592525	102837	5988
新　疆 Xinjiang	8840796.40	2393964.20	1147648.72	3085807	71834	29397

资产情况(学校产权)
Regular SSSs(Owned by Regular SSSs)

计算机数(台) PC (set)		教室(间) Classroom(Room)		固定资产值(万元) Fixed Assets (10,000 yuan)		
其中:教学用计算机 No. of Computers Used for Instruction		合计 Total	其中:网络多媒体教室 of Which: Network Multimedia Classroom	合计 Total	其中:教学、实习仪器设备资产值 of Which: Teaching Equipment & Instruments	
小计 Subtotal	其中:平板电脑 of Which: Tablet PC				小计 Subtotal	当年新增 New Added in Current Year
1414931	**51941**	**196270**	**90761**	**17565154.48**	**4002152.43**	**514663.10**
15858	391	1516	989	267833.66	88391.76	7434.90
19052	538	2815	1107	188523.27	64798.00	4620.79
52834	2678	7600	2712	473980.12	111405.12	9021.97
31903	1737	5167	1962	341431.58	86583.69	12206.48
16924	397	1802	705	290998.14	56977.22	7696.51
42680	1278	5092	2281	541799.27	121698.71	15380.25
11222	1252	1741	460	118330.77	33801.40	5210.28
18131	913	2026	1025	201294.32	50934.81	7633.21
45148	1859	3913	2387	821582.32	237001.53	47954.90
154244	2984	18130	13235	2267461.94	453950.75	46933.43
30501	279	3114	2327	330894.34	86198.31	11166.26
66803	799	12814	4270	988836.71	170610.20	12659.37
88185	2173	9532	6022	768419.68	234117.05	26692.50
28673	1065	4112	1798	313171.53	79637.44	10059.28
108534	6795	23266	8747	1609122.04	289110.78	36015.50
61232	2177	11418	4049	620863.45	125762.43	12784.71
67913	3639	9391	3501	702988.73	155879.64	15218.52
13914	407	2888	1060	147524.40	26457.43	1738.88
206396	7170	18788	11904	1919203.08	553288.42	63622.77
101025	7818	10607	4776	1026933.17	317233.14	41966.33
14081	120	1295	834	176826.49	47842.39	8498.73
15886	234	1868	1064	205767.30	37307.81	10311.07
58289	1925	11162	4002	799744.86	151149.76	22268.20
28233	541	4345	2355	300001.55	73609.01	13092.05
34392	6	5425	2054	741858.79	72536.26	18481.54
3515	37	644	172	128345.78	20439.79	4682.12
11545	306	2228	624	152949.29	34873.60	2819.34
29727	908	4799	1754	343393.68	63555.75	3392.03
10608	324	1949	643	249395.47	43175.35	9020.03
5067	61	1254	461	97270.24	21430.18	5053.72
22416	1130	5569	1481	428408.53	92394.70	21027.43

普通中专学校资产
Condition of Fixed Assets and Teaching Resources in

地 区 Region	占地面积(平方米) Areas Occupied (m^2)			图书(册) Books (Volume)		
	合计 Total	其中:绿化用地面积 of Which: Green Areas	其中:运动场地面积 of Which: Sports Areas	合计 Total	当年新增 New Added in Current Year	合计 Total
总 计 Total	**19957909.63**	**3968267.17**	**3278963.66**	**4553836**	**208359**	**33527**
北 京 Beijing	35111.00	2300.00	4500.00			
天 津 Tianjin	255316.20	45700.00	54240.00	117989	20018	1294
河 北 Hebei	1842875.41	211027.43	279955.91	269100	7700	2673
山 西 Shanxi	415189.00	76180.00	70449.00			
内蒙古 Inner Mongolia	659605.00	108475.00	200213.00	86350	5495	
辽 宁 Liaoning	461025.00	73030.00	58313.00	32300		375
吉 林 Jilin	24266.00		17200.00	200		2
黑龙江 Heilongjiang	480034.86	78726.12	106296.28	184880		2015
上 海 Shanghai	289277.40	32570.00	28777.80			133
江 苏 Jiangsu	487010.32	52585.64	78581.25	32310	850	1169
浙 江 Zhejiang	121677.00	32026.00	18581.00	20000		
安 徽 Anhui	472750.00	115000.00	26333.00	163000		380
福 建 Fujian	904884.19	308274.74	147107.02	37048		445
江 西 Jiangxi	236344.49	27218.00	14510.00	62136	777	448
山 东 Shandong	1263435.00	438410.30	161127.00	475687	11600	1548
河 南 Henan	520344.00	104149.00	98309.00	296590	11280	4987
湖 北 Hubei	557671.00	80511.00	90105.00	108030	2000	297
湖 南 Hunan	61405.00	17412.00	12993.00			
广 东 Guangdong	2642200.19	453123.70	549128.41	442056	9063	2130
广 西 Guangxi	2783968.00	598739.20	264863.28	1177400	5410	2391
海 南 Hainan	210226.00	2960.00	15592.00			60
重 庆 Chongqing	121699.80	44741.00	33467.00			89
四 川 Sichuan	3042610.58	660205.64	520678.35	335302	115330	5024
贵 州 Guizhou	136150.00	4860.00	14460.00	19956	2000	906
云 南 Yunnan	382490.81	98966.00	91443.00	12205		942
西 藏 Tibet						
陕 西 Shaanxi	215419.31	73409.00	79784.00			
甘 肃 Gansu	917068.34	187749.00	230578.36	595497	16836	6035
青 海 Qinghai	205140.00	29970.00	4000.00			
宁 夏 Ningxia	155376.73	7295.00	4878.00			
新 疆 Xinjiang	57339.00	2653.40	2500.00	85800		184

情况(非学校产权中独立使用)
Regular SSSs(Not Owned by Regular SSSs)

计算机数(台) PC (set)		教室(间) Classroom(Room)		固定资产值(万元) Fixed Assets (10,000 yuan)		
其中:教学用计算机 No. of Computers Used for Instruction		合计 Total	其中:网络多媒体教室 of Which: Network Multimedia Classroom	合计 Total	其中:教学、实习仪器设备资产值 of Which: Teaching Equipment & Instruments	
小计 Subtotal	其中:平板电脑 of Which: Tablet PC				小计 Subtotal	当年新增 New Added in Current Year
28067	**1359**	**21709**	**7679**	**857162.17**	**91334.33**	**14788.45**
		145	9	953.68		
1212		177	16	27236.72	2308.66	379.66
1901	55	1763	470	54115.16	8580.27	2121.57
		238	27	13780.79	515.00	12.00
		372	82	24946.37	1286.75	44.35
219		989	306	62882.69	1711.75	26.00
2		28	2	4.00	2.00	
1830	60	822	253	20853.31	4846.93	291.00
109		467	221	13837.40	2632.80	29.00
1076		234	102	10863.41	1894.04	202.00
		155	121	4648.00	2.00	
300		384	76	19599.00	2180.00	2.00
210	12	778	285	37026.97	1508.01	142.30
385		209	31	4421.60	1083.00	27.00
1317	215	1296	494	35149.70	5209.75	697.92
4678		421	113	25185.60	3599.00	315.00
220	50	282	50	12263.76	2525.89	24.54
		100	24	1700.00	120.00	
1881	145	3728	1694	190646.59	7194.96	137.00
2110	131	2345	1090	36282.48	7753.85	1231.65
40		58	32	2389.91	15.00	
70		524	18	10642.16	475.78	20.00
3853	69	3915	915	104236.20	16909.83	5322.76
901	180	112	78	5978.56	167.00	35.00
437		995	501	52209.35	1885.56	256.00
		16	6	230.01	25.12	
5136	438	843	619	74022.13	16217.00	3248.43
		17	2	8000.00	0.80	0.80
		101	13	128.24	22.10	
180	4	195	29	2928.37	661.47	222.47

成人中专学校

Condition of Fixed Assets and Teaching

地 区 Region	占地面积(平方米) Areas Occupied (m^2)			图书(册) Books (Volume)		
	合计 Total	其中:绿化用地面积 of Which: Green Areas	其中:运动场地面积 of Which: Sports Areas	合计 Total	当年新增 New Added in Current Year	合计 Total
总 计 Total	**21005778.15**	**3661439.08**	**2804733.10**	**17912201**	**569312**	**155382**
北 京 Beijing	191706.00	50280.00	13000.00	124821	364	2340
天 津 Tianjin	45390.76	4080.00	5244.00	111169	60	1535
河 北 Hebei	1268785.22	130015.32	221829.48	2029418	79516	17629
山 西 Shanxi	375053.90	36834.23	47870.16	470382	4622	5207
内蒙古 Inner Mongolia	624656.90	94135.86	87915.00	736135	3085	4185
辽 宁 Liaoning	51191.00	5178.00	16187.00	156619	4320	828
吉 林 Jilin	608622.93	90193.55	140922.85	1393307	19352	7247
黑龙江 Heilongjiang	669799.86	137676.00	170012.00	336420	64402	3626
上 海 Shanghai	67300.00	13410.00	4368.00	52554	70	1614
江 苏 Jiangsu	2351279.14	207421.50	78205.50	566256	11496	4375
浙 江 Zhejiang	271681.00	63357.24	32821.00	472857	86202	5004
安 徽 Anhui	829755.00	152503.00	79525.00	789351	14556	4465
福 建 Fujian						
江 西 Jiangxi	1112321.34	202066.00	97577.00	639090	46919	4329
山 东 Shandong	851683.90	236793.21	152129.12	980728	9618	9131
河 南 Henan	4240911.95	524133.59	534481.43	3236320	80479	27549
湖 北 Hubei	1060992.11	268943.00	187599.00	535941	50	3844
湖 南 Hunan	2579042.11	753053.01	310717.00	1203235	27877	15091
广 东 Guangdong	249849.00	104525.00	53075.00	217121	1000	2224
广 西 Guangxi						
海 南 Hainan	17507.00	3018.00	3782.00	1600		60
重 庆 Chongqing	739150.89	175785.20	146370.72	826219	32444	12362
四 川 Sichuan	816800.75	85757.55	208080.23	798079	52470	5351
贵 州 Guizhou	386585.00	47875.00	29500.00	648172	17300	3745
云 南 Yunnan	899551.27	186640.00	115435.00	754617	11160	7461
西 藏 Tibet						
陕 西 Shaanxi	184365.12	11016.30	14900.20	284041	200	2363
甘 肃 Gansu	177210.00	29316.52	24969.41	118711	700	1020
青 海 Qinghai	23563.00	910.00	1200.00	111287		427
宁 夏 Ningxia	7470.00	335.00	740.00	54836	580	1006
新 疆 Xinjiang	303553.00	46187.00	26277.00	262915	470	1364

资产情况(学校产权)
Resources in Adult SSSs(Owned by Adult SSSs)

计算机数(台) PC (set)		教室(间) Classroom(Room)		固定资产值(万元) Fixed Assets (10,000 yuan)		
其中:教学用计算机 No. of Computers Used for Instruction		合计 Total	其中:网络多媒体教室 of Which: Network Multimedia Classroom	合计 Total	其中:教学、实习仪器设备资产值 of Which: Teaching Equipment & Instruments	
小计 Subtotal	其中:平板电脑 of Which: Tablet PC				小计 Subtotal	当年新增 New Added in Current Year
122025	**7989**	**23339**	**6278**	**1010012.95**	**209914.12**	**20430.19**
1904	63	307	200	12685.40	3646.02	249.50
865	27	95	44	3801.59	1662.29	391.49
13899	1226	2167	634	84382.00	16088.11	1285.33
3958	133	516	91	15274.61	3380.06	188.53
3071	258	497	112	20958.53	3730.35	87.93
544	138	95	9	7112.15	1406.00	56.00
5121	354	863	168	40192.54	9475.38	772.35
3011	13	681	219	29490.75	4302.68	1371.45
1310		140	68	13907.06	4514.72	124.30
3497	38	1220	204	65405.51	9492.06	385.34
3939	422	1122	263	27700.59	7285.69	565.34
3712	18	805	240	49503.22	10338.12	495.86
3119	200	770	162	28481.87	4238.09	377.43
6263	281	1297	453	52832.01	14958.02	494.44
21368	1974	4553	1220	180436.87	35098.03	3023.37
3364	206	486	135	34214.57	6851.42	586.33
13183	1132	2218	414	101228.00	20223.43	1610.91
1903	271	243	184	10209.68	4029.30	326.10
58		20	18	563.00	5.00	
10057	608	1441	645	93370.82	14231.53	1621.90
4576	171	1031	286	35004.54	10310.98	3662.25
2664	54	632	65	24267.95	8626.95	1555.00
5729	55	1226	243	47955.30	7842.86	685.54
1880	221	373	120	9911.60	2532.20	121.00
817	60	157	40	6323.48	2145.03	247.90
80		74	6	2157.00	350.00	
987	25	33	12	619.86	246.60	
1146	41	277	23	12022.45	2903.21	144.60

成人中专学校资产

Condition of Fixed Assets and Teaching

地 区 Region	占地面积(平方米) Areas Occupied (m^2)			图书(册) Books (Volume)		
	合计 Total	其中:绿化用地面积 of Which: Green Areas	其中:运动场地面积 of Which: Sports Areas	合计 Total	当年新增 New Added in Current Year	合计 Total
总 计 Total	**2503582.66**	**385286.93**	**342846.33**	**2018626**	**122600**	**12183**
北 京 Beijing	64744.00	8100.00	6850.00	6500		136
天 津 Tianjin	11466.44	220.00	1580.00	8500		175
河 北 Hebei	108665.97	7070.07	6667.31	26616	242	639
山 西 Shanxi	53020.00	3152.00	15540.00	519158		679
内蒙古 Inner Mongolia	4120.00	160.00	1110.00	27000		128
辽 宁 Liaoning	68740.00	1600.00	12000.00	44649	1000	418
吉 林 Jilin	36336.01	1500.00	9829.00			
黑龙江 Heilongjiang	6197.00	200.00	2000.00	62100	8300	64
上 海 Shanghai	2119.00	130.00	240.00			
江 苏 Jiangsu	13500.00	300.00	1800.00			200
浙 江 Zhejiang	141219.00	32139.00	22952.00	80500	62000	832
安 徽 Anhui	45459.00	2570.00	4800.00			
福 建 Fujian						
江 西 Jiangxi	47269.00	3100.00	22400.00			30
山 东 Shandong	331441.00	56991.00	33300.00	39006		317
河 南 Henan	903345.09	143066.01	111769.62	769861	34358	7137
湖 北 Hubei	1530.00	232.00	218.00			
湖 南 Hunan	82575.00	24126.00	16770.00	25100	200	382
广 东 Guangdong	10000.00		5500.00			
广 西 Guangxi						
海 南 Hainan						
重 庆 Chongqing	86564.00	6940.00	8680.00	26140		
四 川 Sichuan	132237.50	11300.70	10070.40	99480		324
贵 州 Guizhou	230130.00	50000.00	32960.00	200000	15000	245
云 南 Yunnan	18685.00	2390.00	1650.00	64016	1500	276
西 藏 Tibet						
陕 西 Shaanxi						
甘 肃 Gansu	103325.65	30000.15	14160.00	18000		194
青 海 Qinghai				2000		7
宁 夏 Ningxia	534.00					
新 疆 Xinjiang	360.00					

情况(非学校产权中独立使用)

Resources in Adult SSSs(Not Owned by Adult SSSs)

计算机数(台) PC (set)		教室(间) Classroom(Room)		固定资产值(万元) Fixed Assets (10,000 yuan)		
其中:教学用计算机 No. of Computers Used for Instruction		合计 Total	其中:网络多媒体教室 of Which: Network Multimedia Classroom	合计 Total	其中:教学、实习仪器设备资产值 of Which: Teaching Equipment & Instruments	
小计 Subtotal	其中:平板电脑 of Which: Tablet PC				小计 Subtotal	当年新增 New Added in Current Year
10258	**872**	**3932**	**1181**	**87453.74**	**17298.91**	**1518.94**
44	18	138	65	890.80	118.70	
105	40	28	12	480.30	172.20	
573	140	236	94	3164.88	692.79	32.51
131		177	16	2947.34	1393.50	
103		32	9	821.00	24.00	
358	92	41	4	456.00	200.00	4.00
		109	8	1049.30		
35	6	46	14	938.81	135.00	1.00
		15	11	5.00	2.00	2.00
140		68	24	855.36	334.80	21.92
832		163	127	10790.82	1590.00	600.00
		125	37	4863.80	1265.00	2.00
		106	30	1291.30	216.17	16.50
197	49	364	84	7154.94	212.06	67.90
6445	518	1720	473	30303.92	7520.11	289.20
		8	4			
358	5	135	20	7179.13	436.25	152.11
		34	8	2967.00	469.00	10.00
301	4	218	121	4979.18	1241.94	189.80
245		53	6	2550.00	730.00	130.00
240		31	4	1294.89	369.40	
		20				
151		15	8	2464.97	174.00	
		50	2	5.00	2.00	

职业高中学校

Condition of Fixed Assets and Teaching Resources in

地 区 Region	占地面积(平方米) Areas Occupied (m^2)			图书(册) Books (Volume)		
	合计 Total	其中:绿化用地面积 of Which: Green Areas	其中:运动场地面积 of Which: Sports Areas	合计 Total	当年新增 New Added in Current Year	合计 Total
总 计 Total	**193534059.62**	**41958846.96**	**33075952.39**	**124252468**	**5996226**	**1287997**
北 京 Beijing	2672047.53	511445.17	625940.55	3220614	56566	37053
天 津 Tianjin	846190.43	133480.00	96303.00	1038212	8105	8904
河 北 Hebei	13855471.46	2187679.86	2643399.39	9349865	513937	85662
山 西 Shanxi	8106794.29	1505765.99	1242204.02	4059121	265162	45904
内蒙古 Inner Mongolia	5926640.94	904721.00	1280429.80	2936153	126213	25687
辽 宁 Liaoning	5776129.34	715474.00	1267770.26	3132516	21546	42945
吉 林 Jilin	3390611.02	600476.93	717842.61	2064812	55870	22755
黑龙江 Heilongjiang	5427041.57	868590.01	988132.77	1597663	112822	25490
上 海 Shanghai	1220679.00	381534.90	262584.00	1984237	141065	31536
江 苏 Jiangsu	6391460.50	2021364.50	969819.33	4763994	152181	38729
浙 江 Zhejiang	14944525.83	4561236.12	2988702.39	12494669	812005	145089
安 徽 Anhui	14809894.21	2741426.09	1983974.97	11987997	436242	58960
福 建 Fujian						
江 西 Jiangxi	9125760.36	1859360.74	1381458.65	5401227	226414	44661
山 东 Shandong	9554330.60	2497381.47	1919392.67	7279603	334948	76674
河 南 Henan	16175861.35	2877347.92	2158452.28	9050911	192191	85879
湖 北 Hubei	2441912.85	558390.62	440999.84	1796276	76775	20859
湖 南 Hunan	15045567.72	3832073.57	2069781.90	8627572	304634	100008
广 东 Guangdong	4548666.58	1266211.15	982164.63	4397749	143414	63567
广 西 Guangxi						
海 南 Hainan	1275638.00	264863.00	175394.00	444357	14433	7847
重 庆 Chongqing	7755617.86	1971283.98	1225599.78	4670959	220614	55385
四 川 Sichuan	11067813.29	2636318.70	2394868.45	7431568	480156	86227
贵 州 Guizhou	8117837.75	1972403.03	1581449.44	4098427	681824	45303
云 南 Yunnan	7700448.37	1726756.96	1032560.41	3226402	109762	44875
西 藏 Tibet						
陕 西 Shaanxi	8540112.46	1544028.39	1453707.62	6851500	409519	55979
甘 肃 Gansu	2111803.78	353299.01	459543.20	1031471	29717	12722
青 海 Qinghai	117643.00	4741.16	15700.00	7500		142
宁 夏 Ningxia	2194279.23	617327.32	189198.43	529064	10231	8067
新 疆 Xinjiang	4393280.30	843865.37	528578.00	778029	59880	11088

资产情况(学校产权)
Vocatingal High Schools(Owned by VHSs)

计算机数(台) PC (set)		教室(间) Classroom(Room)		固定资产值(万元) Fixed Assets (10,000 yuan)		
其中:教学用计算机 No. of Computers Used for Instruction		合计 Total	其中:网络多媒体教室 of Which: Network Multimedia Classroom	合计 Total	其中:教学、实习仪器设备资产值 of Which: Teaching Equipment & Instruments	
小计 Subtotal	其中:平板电脑 of Which: Tablet PC				小计 Subtotal	当年新增 New Added in Current Year
1077456	**45696**	**176538**	**74953**	**12147717.21**	**2811346.33**	**361212.45**
31634	1233	3480	2243	422619.69	196130.84	34878.25
7589		579	144	38029.29	18416.91	947.75
70986	3338	13512	5373	608596.90	155550.49	18528.77
37661	1483	7724	2735	446037.31	77726.09	11684.12
20301	67	4381	2018	420596.57	80350.90	11452.73
35110	1017	5453	2268	389313.36	80780.61	6433.54
17601	911	3618	946	206397.06	54030.62	9705.56
20676	480	4506	1308	197922.19	54115.94	10307.06
25064	411	1858	1286	294041.39	91413.13	14604.44
32836	562	6025	2694	533879.60	99922.57	9578.49
125278	2059	12185	9581	1309778.80	345097.95	38729.14
50294	1651	11658	3754	711635.07	131937.94	7641.57
37247	1431	6383	1689	364095.30	65686.82	8433.66
62009	1943	9525	4389	554271.98	165586.91	23388.83
70654	5519	14452	4879	636366.36	132066.71	14117.15
16596	1336	2599	1120	154107.32	35579.70	3304.91
83692	8434	14555	5973	917033.60	185529.77	26590.19
54328	2197	4538	2840	357515.71	126928.23	14732.46
6773	63	836	358	90957.85	17059.88	2934.65
47966	3058	7078	4787	645138.96	130344.63	10927.13
73603	1239	14664	5222	939222.30	190364.89	25984.52
38671	3614	6010	2865	571922.69	105437.67	24354.68
38071	488	6198	1902	375667.75	78999.51	10608.92
45982	1797	8162	2413	559834.99	110569.13	11633.38
10495	655	2694	950	125322.83	24707.74	2100.15
35		49	1	3490.50	957.90	14.50
7000	100	1333	691	86375.55	24549.95	2670.96
9304	610	2483	524	187546.29	31502.89	4924.94

职业高中学校资产情况
Condition of Fixed Assets and Teaching Resources

地 区 Region	占地面积(平方米) Areas Occupied (m^2)			图书(册) Books (Volume)		
	合计 Total	其中:绿化用地面积 of Which: Green Areas	其中:运动场地面积 of Which: Sports Areas	合计 Total	当年新增 New Added in Current Year	合计 Total
总 计 Total	**16187765.45**	**2641885.61**	**2503616.31**	**1993132**	**145622**	**22278**
北 京 Beijing	402619.00	31653.45	45045.66	3000		50
天 津 Tianjin	107754.00	8300.00	25466.00	25802	500	175
河 北 Hebei	390755.34	35422.37	124985.32	17400	2047	446
山 西 Shanxi	1019094.24	169896.73	156116.86	151123	29800	1397
内蒙古 Inner Mongolia	179114.81	9247.23	49917.27	8553	300	286
辽 宁 Liaoning	673502.00	108366.00	163323.00	83500		829
吉 林 Jilin	418855.00	58203.00	110320.00	88710	15100	1059
黑龙江 Heilongjiang	141389.30	9870.00	18190.00	16833	2265	310
上 海 Shanghai	45371.00	8352.00	9075.00			212
江 苏 Jiangsu						
浙 江 Zhejiang	732379.71	78467.66	151170.01	10000		223
安 徽 Anhui	948537.68	71388.69	75180.36	161590	400	831
福 建 Fujian						
江 西 Jiangxi	1353174.00	284739.00	214917.00	76196	2640	1783
山 东 Shandong	1324425.01	248383.00	147698.00	62760	1300	703
河 南 Henan	1160025.32	175425.67	141039.38	180525	4800	2564
湖 北 Hubei	269782.26	60448.00	33006.00	52000		445
湖 南 Hunan	1425809.80	268112.33	173069.08	241202	43250	3196
广 东 Guangdong	920278.90	123284.00	133301.00	212213	15000	3307
广 西 Guangxi						
海 南 Hainan	204968.00	38631.00	34692.00	800		202
重 庆 Chongqing	761607.80	172569.00	43985.00			465
四 川 Sichuan	382359.06	104154.00	103000.00	87008	2410	1463
贵 州 Guizhou	1284272.75	218879.00	228025.00	240897	500	644
云 南 Yunnan	770794.00	167428.00	97862.00	15000		350
西 藏 Tibet						
陕 西 Shaanxi	1059286.44	159022.72	181692.83	243965	24950	1042
甘 肃 Gansu	180544.03	19342.76	37239.54	14055	360	251
青 海 Qinghai						
宁 夏 Ningxia						3
新 疆 Xinjiang	31066.00	12300.00	5300.00			42

（非学校产权中独立使用）
in Vocatingal High Schools(Not Owned by VHSs)

计算机数(台) PC (set)		教室(间) Classroom(Room)		固定资产值(万元) Fixed Assets (10,000 yuan)		
其中:教学用计算机 No. of Computers Used for Instruction		合计 Total	其中:网络多媒体教室 of Which: Network Multimedia Classroom	合计 Total	其中:教学、实习仪器设备资产值 of Which: Teaching Equipment & Instruments	
小计 Subtotal	其中:平板电脑 of Which: Tablet PC				小计 Subtotal	当年新增 New Added in Current Year
19248	**990**	**15922**	**4726**	**571798.58**	**56722.74**	**6875.68**
40		264	155	1836.00	150.00	
172	3	268	76	3854.50	424.90	4.50
390	110	410	108	3943.80	774.91	207.79
1183	68	753	203	22871.94	2212.90	430.22
233		105	19	2861.09	218.10	
684	26	1114	172	55757.89	3581.64	420.79
864	182	532	73	10961.59	1842.00	713.00
234	5	147	17	3182.75	721.00	163.93
206		54	20	641.95	302.82	122.82
		186	80	8556.00	349.00	
207	2	882	549	41287.75	2716.77	383.09
604		666	154	21043.04	4263.87	93.60
1444	43	1061	317	69778.32	3616.65	684.00
603	20	1434	634	45254.61	4358.49	173.37
2294	139	937	309	33832.50	2052.51	86.93
365		292	22	7337.32	322.76	
2688	134	1845	477	36073.65	5996.06	1079.24
3112		666	413	36398.50	5813.50	964.50
190		260	50	14439.24	139.20	45.00
460		376	214	25946.69	2192.59	319.00
1342	20	593	142	18301.82	2543.26	268.02
533	190	752	181	45150.49	4905.27	89.30
290		733	65	17461.40	1776.73	62.00
866	48	1335	225	38658.65	4533.86	424.31
202		175	45	4868.58	760.95	132.28
				76.80		
42		82	6	1421.70	153.00	8.00

其他机构资产

Condition of Fixed Assets and Teaching Resources in Other

地 区 Region	占地面积(平方米) Areas Occupied (m^2)			图书(册) Books (Volume)		
	合计 Total	其中:绿化用地面积 of Which: Green Areas	其中:运动场地面积 of Which: Sports Areas	合计 Total	当年新增 New Added in Current Year	合计 Total
总 计 Total	**7320508.63**	**1380214.60**	**1020327.16**	**5450412**	**365575**	**40483**
北 京 Beijing						
天 津 Tianjin						
河 北 Hebei	577464.60	58160.50	135833.50	546640	21267	1975
山 西 Shanxi	184130.00	3000.00	35500.00	13500		117
内蒙古 Inner Mongolia						
辽 宁 Liaoning						
吉 林 Jilin	63508.26	1380.00	10600.64	53233		306
黑龙江 Heilongjiang	59140.51	10900.12	21140.30	2500		112
上 海 Shanghai						
江 苏 Jiangsu	2516310.45	543751.63	284468.91	1191425	28565	8282
浙 江 Zhejiang	329049.75	70785.33	89735.00	212317	5325	4140
安 徽 Anhui	1445098.80	281194.00	159125.00	845722	5150	6351
福 建 Fujian						
江 西 Jiangxi						
山 东 Shandong	340808.05	48589.00	31078.36	148394	5164	1070
河 南 Henan	426931.25	75375.00	52876.80	273133	22873	4510
湖 北 Hubei	275053.60	18041.00	19735.00	71740	2756	557
湖 南 Hunan	33601.00	7630.00	5100.00	114358	2300	607
广 东 Guangdong	497010.81	122916.02	94661.01	1214756	8633	7422
广 西 Guangxi						
海 南 Hainan						
重 庆 Chongqing	75757.00	5755.00	9732.64	118656	6528	437
四 川 Sichuan	228808.87	75656.00	17616.00	117679	3000	1901
贵 州 Guizhou	57199.68	5200.00	17065.00	23910	1760	82
云 南 Yunnan	21856.00	6000.00	10789.00	146462	4267	1695
西 藏 Tibet						
陕 西 Shaanxi						
甘 肃 Gansu						
青 海 Qinghai						
宁 夏 Ningxia	188780.00	45881.00	25270.00	355987	247987	919
新 疆 Xinjiang						

情况(学校产权)
Institutions(Owned by SVSs)

计算机数(台) PC (set)		教室(间) Classroom(Room)		固定资产值(万元) Fixed Assets (10,000 yuan)		
其中:教学用计算机 No. of Computers Used for Instruction		合计 Total	其中:网络多媒体教室 of Which: Network Multimedia Classroom	合计 Total	其中:教学、实习仪器设备资产值 of Which: Teaching Equipment & Instruments	
小计 Subtotal	其中:平板电脑 of Which: Tablet PC				小计 Subtotal	当年新增 New Added in Current Year
32554	**822**	**6094**	**2567**	**365848.34**	**70984.55**	**6651.81**
1652	225	489	179	32210.88	2728.61	319.39
78		120	11	1995.30	171.80	3.60
178		56	5	2342.26	255.42	55.42
100		30	18	1411.02	272.00	
6493	74	1750	694	82469.93	16697.64	428.37
3285		399	266	27595.00	4940.53	467.41
5254	109	1053	375	46706.14	13757.52	1963.69
701	2	203	78	17714.00	4138.79	22.00
3734	232	547	328	45083.78	6708.99	529.44
416	50	127	19	8663.20	1360.00	36.00
281	30	98	41	9798.00	2289.78	625.00
6446	98	658	306	53472.72	8403.85	529.20
375	2	101	68	5103.07	1211.41	230.81
1645		271	106	11830.96	2808.00	306.93
66		30	12	7152.00	492.00	5.00
1119		70	3	4052.07	1365.20	42.50
731		92	58	8248.00	3383.00	1087.05

其他机构资产情况

Condition of Fixed Assets and Teaching Resources in

地 区 Region	占地面积(平方米) Areas Occupied (m^2)			图书(册) Books (Volume)		
	合计 Total	其中:绿化用地面积 of Which: Green Areas	其中:运动场地面积 of Which: Sports Areas	合计 Total	当年新增 New Added in Current Year	合计 Total
总 计 Total	**1053659.15**	**215419.16**	**149062.33**	**350857**	**19457**	**2828**
北 京 Beijing						
天 津 Tianjin						
河 北 Hebei	4526.00					
山 西 Shanxi	12345.00	1000.00	1000.00			
内蒙古 Inner Mongolia						
辽 宁 Liaoning						
吉 林 Jilin	1800.00					
黑龙江 Heilongjiang	13096.00	206.00	7651.00	51000	500	1122
上 海 Shanghai						
江 苏 Jiangsu	2000.00	200.00	700.00	1500	300	220
浙 江 Zhejiang	162331.10	17667.00	35796.00	33634	17834	322
安 徽 Anhui	261220.00	60520.00	14000.00	130000		100
福 建 Fujian						
江 西 Jiangxi						
山 东 Shandong	229421.00	28708.00	54822.00	124323	623	696
河 南 Henan	5073.00	385.00	2000.00			30
湖 北 Hubei	160.00					
湖 南 Hunan						80
广 东 Guangdong	151413.45	70473.16	3970.33			158
广 西 Guangxi						
海 南 Hainan						
重 庆 Chongqing	22723.60	2400.00	3000.00			
四 川 Sichuan						
贵 州 Guizhou						
云 南 Yunnan	187550.00	33860.00	26123.00	10400	200	100
西 藏 Tibet						
陕 西 Shaanxi						
甘 肃 Gansu						
青 海 Qinghai						
宁 夏 Ningxia						
新 疆 Xinjiang						

(非学校产权中独立使用)
Other Institutions(Not Owned by SVSs)

计算机数(台) PC (set)		教室(间) Classroom(Room)		固定资产值(万元) Fixed Assets (10,000 yuan)		
其中:教学用计算机 No. of Computers Used for Instruction		合计 Total	其中:网络多媒体教室 of Which: Network Multimedia Classroom	合计 Total	其中:教学、实习仪器设备资产值 of Which: Teaching Equipment & Instruments	
小计 Subtotal	其中:平板电脑 of Which: Tablet PC				小计 Subtotal	当年新增 New Added in Current Year
2227	**12**	**778**	**326**	**41406.72**	**6663.19**	**1078.48**
		28	5	485.20		
		17		362.74	79.03	49.36
945		27	27	6332.70	1198.50	122.52
		15	12	381.00	127.00	2.00
315	2	140	61	10196.00	833.00	590.50
70		19		1181.70	510.20	
545	10	218	42	10191.94	3087.06	300.60
30		29	19	680.04	22.00	12.00
79		8		639.00	20.00	
143		10	3	2600.00	520.00	
		42	32	7100.00		
100		225	125	1256.40	266.40	1.50

中等职业学校(机构)校舍情况
Conditions of School Buidings in Secondary Vocational Schools (Institutions)

单位:平方米
unit: m^2

地 区 Region	学校产权校舍建筑面积 Floor Area of School Building Owned by SVSs				正在施工校舍建筑面积 Floor Area Under Construction	非学校产权中独立使用校舍建筑面积 Floor Area of School Building Not Owned by SVSs
	合计 Total	其中:危房 of Which: Dilapidated Buildings	其中:当年新增 of Which: New Added in Current Year	其中:被外单位借用 of Which: Floor Space Hired by Other Schools or Units		
总 计 Total	**212502660.13**	**1193646.55**	**5923924.76**	**753707.99**	**8234529.26**	**20980936.59**
北 京 Beijing	2574261.70	9403.20	18721.80	45593.80	37215.63	211685.34
天 津 Tianjin	1793961.38		23783.10	120.00		179862.63
河 北 Hebei	10328360.87	27148.44	136554.47	79812.36	127809.92	1132448.04
山 西 Shanxi	7161018.05	52438.80	380310.37	7364.00	217152.38	608436.96
内蒙古 Inner Mongolia	3571950.84	25483.00	78309.12	2600.00	107956.82	264212.07
辽 宁 Liaoning	5165963.95	4469.00	30701.35	7287.00	107537.18	1015589.20
吉 林 Jilin	2596197.98	24251.00	46309.04	2400.00	52430.00	264983.00
黑龙江 Heilongjiang	3088844.58	15375.00	160005.20	3049.00	35362.52	317888.21
上 海 Shanghai	2882833.11		64089.80	5594.01		262473.60
江 苏 Jiangsu	15883577.60		157700.59	25666.00	304528.91	284087.73
浙 江 Zhejiang	10594893.25		382225.02	20105.00	335104.52	715342.29
安 徽 Anhui	15888932.88	20141.00	329089.52	34715.80	484755.35	648285.58
福 建 Fujian	5502421.31	35150.00	141672.15	8970.00	372171.39	499053.23
江 西 Jiangxi	6522099.04	58905.00	239878.29	53978.89	322597.60	683784.07
山 东 Shandong	15802396.29		324616.08	23711.55	570535.57	1303755.23
河 南 Henan	15286664.36	58268.50	272068.98	35105.00	705249.69	1396584.74
湖 北 Hubei	7974732.60	18623.00	133466.63	86924.00	164869.06	444486.49
湖 南 Hunan	8674376.45	13800.61	280679.23	21680.00	224818.22	840471.93
广 东 Guangdong	13845243.12	47572.96	119420.64	28131.26	565547.98	2550427.17
广 西 Guangxi	7758639.80	13967.00	258415.62	47402.16	635943.64	1501563.75
海 南 Hainan	1751353.98	20239.00	29353.00	27024.00	72033.29	306769.00
重 庆 Chongqing	6492264.57	3046.00	198264.92	29792.00	123585.37	467564.86
四 川 Sichuan	11474412.48	26131.00	563078.22	68614.00	452462.27	2236746.53
贵 州 Guizhou	7091917.19	6335.95	354652.20	18439.16	916155.10	722494.90
云 南 Yunnan	5968343.52	392402.82	510403.75	33128.00	667560.67	737215.29
西 藏 Tibet	475436.95	8900.94	11018.54	3594.00	4443.04	
陕 西 Shaanxi	5780823.66	26232.00	65964.50	10355.00	169189.04	653258.34
甘 肃 Gansu	3758534.04	229835.33	97274.80	1572.00	100077.52	549489.91
青 海 Qinghai	1069910.91		6140.00	6480.00	74717.53	30945.30
宁 夏 Ningxia	1289393.23	25885.00	273280.71		137857.20	52417.00
新 疆 Xinjiang	4452900.44	29642.00	236477.12	14500.00	144861.85	98614.20

普通中专学校校舍情况
Conditions of School Buidings in Regular Specialized Sec. Schools

单位:平方米
unit:m^2

地 区 Region	学校产权校舍建筑面积 Floor Area of School Building Owned by SVSs				正在施工校舍建筑面积 Floor Area Under Construction	非学校产权中独立使用校舍建筑面积 Floor Area of School Building Not Owned by SVSs
	合计 Total	其中:危房 of Which: Dilapidated Buildings	其中:当年新增 of Which: New Added in Current Year	其中:被外单位借用 of Which: Floor Space Hired by Other Schools or Units		
总 计 Total	**115412074.85**	**679411.42**	**3080458.56**	**363296.28**	**5842223.78**	**11654708.70**
北 京 Beijing	943459.53	9403.20		283.00	37215.63	30695.00
天 津 Tianjin	1412514.85		19779.10			77314.63
河 北 Hebei	4181643.77	9552.00	72697.73	14214.14	54230.94	856739.37
山 西 Shanxi	3475138.40	35143.00	189688.00	4722.00	87915.30	131995.00
内蒙古 Inner Mongolia	1382940.74		3557.50		7000.00	211501.92
辽 宁 Liaoning	2631093.22	1442.00	21409.00	7287.00	84008.18	615964.00
吉 林 Jilin	888455.84	20738.00	4597.40		19561.00	23550.00
黑龙江 Heilongjiang	1309180.71	2300.00	18865.44		23266.34	265691.21
上 海 Shanghai	1930510.87		8620.00	4194.01		247021.60
江 苏 Jiangsu	11472775.15		98418.62	16966.00	212647.03	220847.73
浙 江 Zhejiang	2053906.33		42437.38	9822.00	78407.00	140300.53
安 徽 Anhui	7844044.01	19615.00	274654.03	25551.00	396813.22	174553.00
福 建 Fujian	5502421.31	35150.00	141672.15	8970.00	372171.39	499053.23
江 西 Jiangxi	2973477.28	35450.00	114064.45	10053.00	178471.17	116069.00
山 东 Shandong	11039727.36		300784.18	12055.37	344858.44	578815.22
河 南 Henan	6287800.00	44905.50	147201.13	3580.00	557865.38	327991.00
湖 北 Hubei	6308262.19	18623.00	122266.63	85215.00	150326.06	265906.00
湖 南 Hunan	1387444.32	753.00			16918.72	75876.00
广 东 Guangdong	11065842.17	31238.96	78554.24	19558.60	507531.98	2095892.24
广 西 Guangxi	7758639.80	13967.00	258415.62	47402.16	635943.64	1501563.75
海 南 Hainan	1252176.38	6760.00	18210.00	12205.00	72033.29	136870.00
重 庆 Chongqing	1265717.08		27603.00		91874.35	151619.80
四 川 Sichuan	5154355.42	2750.00	289729.74	59908.00	310871.34	1844463.46
贵 州 Guizhou	2987349.80	6335.95	74171.92	2760.00	617571.44	67512.00
云 南 Yunnan	2933199.16	145805.04	256792.88		505279.75	378372.49
西 藏 Tibet	475436.95	8900.94	11018.54	3594.00	4443.04	
陕 西 Shaanxi	1748919.79	11313.00	126.00	4000.00	100356.17	19936.31
甘 肃 Gansu	2861923.17	169175.83	25202.80		24984.75	474507.91
青 海 Qinghai	1023513.91		5900.00	6480.00	74717.53	9553.30
宁 夏 Ningxia	678696.10	25885.00	270788.17		132394.00	52387.00
新 疆 Xinjiang	3181509.24	24205.00	183232.91	4476.00	142546.70	62146.00

成人中专学校校舍情况
Conditions of School Buidings in Adult Specialized Sec. Schools

单位:平方米
unit:m^2

地 区 Region	学校产权校舍建筑面积 Floor Area of School Building Owned by SVSs				正在施工校舍建筑面积 Floor Area Under Construction	非学校产权中独立使用校舍建筑面积 Floor Area of School Building Not Owned by SVSs
	合计 Total	其中:危房 of Which: Dilapidated Buildings	其中:当年新增 of Which: New Added in Current Year	其中:被外单位借用 of Which: Floor Space Hired by Other Schools or Units		
总 计 Total	**9118425.30**	**92918.52**	**211022.48**	**86205.91**	**84036.82**	**1709632.90**
北 京 Beijing	110341.00			45018.00		50839.02
天 津 Tianjin	22929.45		604.00	120.00		11186.00
河 北 Hebei	566804.20	1553.12	3856.95	12205.91		133675.41
山 西 Shanxi	160947.14	10797.00		260.00		40307.00
内蒙古 Inner Mongolia	157564.80		2922.00			9903.00
辽 宁 Liaoning	23837.00					36065.00
吉 林 Jilin	334112.11	3513.00	10450.00			27459.00
黑龙江 Heilongjiang	286763.65	1350.00	72122.00			9183.00
上 海 Shanghai	53528.44		4700.00			1640.00
江 苏 Jiangsu	464976.42					14560.00
浙 江 Zhejiang	198361.51		11893.00			76272.94
安 徽 Anhui	385742.00	341.00	4803.00			160991.00
福 建 Fujian						
江 西 Jiangxi	259225.15	4661.00	850.00	1494.00		23766.00
山 东 Shandong	453999.40			8580.00		132136.00
河 南 Henan	2125065.64	2600.00	68119.35	1450.00	70008.00	588539.85
湖 北 Hubei	218675.26			1709.00	2500.00	1167.00
湖 南 Hunan	930063.39	2068.00	4528.70		2000.00	44662.38
广 东 Guangdong	128479.00			5071.00		
广 西 Guangxi						
海 南 Hainan	11349.00	11349.00				
重 庆 Chongqing	644424.63		6360.00			22968.00
四 川 Sichuan	551418.41		13270.48		7328.82	131504.50
贵 州 Guizhou	322957.00					117848.00
云 南 Yunnan	345830.30	51802.40	3543.00	8798.00	2200.00	14600.80
西 藏 Tibet						
陕 西 Shaanxi	161025.81					24403.00
甘 肃 Gansu	70446.59	2884.00	3000.00			14139.00
青 海 Qinghai	24348.00					21302.00
宁 夏 Ningxia	7325.00					30.00
新 疆 Xinjiang	97885.00			1500.00		485.00

职业高中学校校舍情况
Conditions of School Buidings in Vocational High Schools

单位:平方米
unit:m^2

地 区 Region	学校产权校舍建筑面积 Floor Area of School Building Owned by SVSs				正在施工校舍建筑面积 Floor Area Under Construction	非学校产权中独立使用校舍建筑面积 Floor Area of School Building Not Owned by SVSs
	合计 Total	其中:危房 of Which: Dilapidated Buildings	其中:当年新增 of Which: New Added in Current Year	其中:被外单位借用 of Which: Floor Space Hired by Other Schools or Units		
总 计 Total	**84885324.28**	**406234.61**	**2591073.34**	**288212.82**	**2259566.46**	**7255788.69**
北 京 Beijing	1520461.17		18721.80	292.80		130151.32
天 津 Tianjin	358517.08		3400.00			91362.00
河 北 Hebei	5398069.62	16043.32	58092.21	53392.31	60781.98	137507.26
山 西 Shanxi	3477353.51	6498.80	190622.37	2382.00	129237.08	423789.96
内蒙古 Inner Mongolia	2031445.30	25483.00	71829.62	2600.00	100956.82	42807.15
辽 宁 Liaoning	2511033.73	3027.00	9292.35		23529.00	363560.20
吉 林 Jilin	1338751.70		31261.64	2400.00	32869.00	213974.00
黑龙江 Heilongjiang	1482591.98	11725.00	69017.76	3049.00	12096.18	34119.00
上 海 Shanghai	898793.80		50769.80	1400.00		13812.00
江 苏 Jiangsu	3170965.51		49871.97	2800.00	85881.88	46590.00
浙 江 Zhejiang	8096250.31		327518.64	10283.00	256697.52	439141.92
安 徽 Anhui	7079016.64	185.00	49632.49	4500.00	87942.13	298722.58
福 建 Fujian						
江 西 Jiangxi	3289396.61	18794.00	124963.84	42431.89	144126.43	543949.07
山 东 Shandong	4234257.82		20331.90		220495.13	498080.01
河 南 Henan	6636794.28	10763.00	56748.50	29093.00	77376.31	474927.89
湖 北 Hubei	1344487.15		11200.00		12043.00	177106.49
湖 南 Hunan	6315799.74	10979.61	276150.53	21230.00	205899.50	713555.55
广 东 Guangdong	2180725.76	5759.00	40866.40	2581.66	58016.00	428782.93
广 西 Guangxi						
海 南 Hainan	487828.60	2130.00	11143.00	14819.00		169899.00
重 庆 Chongqing	4518154.50	3046.00	151296.92	29792.00	31711.02	264262.66
四 川 Sichuan	5650981.15	18874.00	260078.00	8706.00	114952.11	260778.57
贵 州 Guizhou	3755356.39		280380.28	15679.16	298583.66	537134.90
云 南 Yunnan	2664374.26	194795.38	236996.07	24330.00	160080.92	245939.00
西 藏 Tibet						
陕 西 Shaanxi	3870878.06	14919.00	65838.50	6355.00	68832.87	608919.03
甘 肃 Gansu	826164.28	57775.50	69072.00	1572.00	75092.77	60843.00
青 海 Qinghai	22049.00		240.00			90.00
宁 夏 Ningxia	551320.13		2492.54		50.00	
新 疆 Xinjiang	1173506.20	5437.00	53244.21	8524.00	2315.15	35983.20

	学校产权校舍 Floor Area of School	
	合计 Total	其中:危房 of Which: Dilapidated Buildings
总　计 Total	**3086835.70**	**15082.00**
北　京 Beijing		
天　津 Tianjin		
河　北 Hebei	181843.28	
山　西 Shanxi	47579.00	
内蒙古 Inner Mongolia		
辽　宁 Liaoning		
吉　林 Jilin	34878.33	
黑龙江 Heilongjiang	10308.24	
上　海 Shanghai		
江　苏 Jiangsu	774860.52	
浙　江 Zhejiang	246375.10	
安　徽 Anhui	580130.23	
福　建 Fujian		
江　西 Jiangxi		
山　东 Shandong	74411.71	
河　南 Henan	237004.44	
湖　北 Hubei	103308.00	
湖　南 Hunan	41069.00	
广　东 Guangdong	470196.19	10575.00
广　西 Guangxi		
海　南 Hainan		
重　庆 Chongqing	63968.36	
四　川 Sichuan	117657.50	4507.00
贵　州 Guizhou	26254.00	
云　南 Yunnan	24939.80	
西　藏 Tibet		
陕　西 Shaanxi		
甘　肃 Gansu		
青　海 Qinghai		
宁　夏 Ningxia	52052.00	
新　疆 Xinjiang		

校舍情况
in Other Institutions

单位:平方米
unit:m^2

建筑面积 Building Owned by SVSs		正在施工校舍建筑面积 Floor Area Under Construction	非学校产权中独立使用校舍建筑面积 Floor Area of School Building Not Owned by SVSs
其中:当年新增 of Which: New Added in Current Year	其中:被外单位借用 of Which: Floor Space Hired by Other Schools or Units		
41370.38	**15992.98**	**48702.20**	**360806.30**
1907.58		12797.00	4526.00
			12345.00
			8895.00
9410.00	5900.00	6000.00	2090.00
376.00			59626.90
	4664.80		14019.00
3500.00	3076.18	5182.00	94724.00
	982.00		5126.00
			307.00
	450.00		6378.00
	920.00		25752.00
13005.00			28714.40
		19310.00	
100.00			
13071.80			98303.00
		5413.20	

职业技术培训

Basic Statistics of Vocational Technical

地　区 Region	学校数 (所) Schools	教学班(点) (个) External Teaching Sites (class)	结业生数 Graduates	
			计 Total	其中:女 of Which: Female
总　计 Total	**93358**	**483478**	**42349860**	**20584862**
北　京 Beijing	3579	46538	2873164	1426470
天　津 Tianjin	2016	21046	773915	407594
河　北 Hebei	4634	18383	1470125	745403
山　西 Shanxi	3420	14516	1773799	650896
内蒙古 Inner Mongolia	907	2518	159695	72856
辽　宁 Liaoning	7061	44694	1389122	594936
吉　林 Jilin	2400	5768	224848	102694
黑龙江 Heilongjiang	1713	6226	506907	238196
上　海 Shanghai	674	21103	1731654	995504
江　苏 Jiangsu	7888	66331	7293440	3481262
浙　江 Zhejiang	3958	38681	3397753	1726349
安　徽 Anhui	301	4064	223485	110098
福　建 Fujian	1700	18821	948683	515820
江　西 Jiangxi	173	652	48782	26063
山　东 Shandong	5194	19664	1701793	804822
河　南 Henan	7545	14728	2206602	1040985
湖　北 Hubei	561	2725	287007	151728
湖　南 Hunan	1039	4125	361535	121136
广　东 Guangdong	1458	30287	1953569	994623
广　西 Guangxi	19	38	2908	1227
海　南 Hainan	247	2057	47932	31412
重　庆 Chongqing	4001	14319	1231705	608141
四　川 Sichuan	4386	14016	2299140	1142390
贵　州 Guizhou	5886	10077	1453015	727252
云　南 Yunnan	9334	28190	4752638	2334385
西　藏 Tibet				
陕　西 Shaanxi	7527	18663	1411210	705572
甘　肃 Gansu	2413	3478	394507	185987
青　海 Qinghai	938	694	31592	16133
宁　夏 Ningxia	19	230	37069	18987
新　疆 Xinjiang	2367	10846	1362266	605941

机构基本情况(总计)
Training Institutions (Total)

单位：人/人次
unit: person/person-time

注册学生数 Enrolment		教职工数 Educational Personnel		聘请校外教师 Part-time Teachers
计 Total	其中:女 of Which: Female	计 Total	其中:专任教师 of Which: Full-time Teacher	
41352048	**20100949**	**450842**	**263916**	**240298**
2784059	1330975	54884	19831	16997
760746	427831	11461	4691	7096
1126600	544065	18924	12940	7923
1861803	687830	19238	11565	8092
162596	77853	4945	3631	1569
1632699	784658	48081	28531	11368
407550	174633	10518	6684	2129
428542	202961	14288	10931	1918
1675442	968675	16394	8292	9925
6542011	3102604	41248	25385	45217
3204355	1607929	23525	17256	25318
247714	123794	2185	1734	4559
918862	495611	11536	5973	6712
38352	18219	1728	794	559
1511917	713665	26298	19189	8970
2151430	1001162	15366	9742	10357
313460	157178	5295	3807	1323
411208	183971	5735	4000	1112
2034030	1046921	20021	11969	8339
3391	1012	117	101	102
49221	31780	945	197	711
1317583	608153	9054	4777	5833
2303699	1154307	16148	10659	8781
1490563	747730	15454	5542	6974
4377363	2158091	9718	5068	14070
1452033	737905	34026	21609	16408
395943	191252	8105	6093	2529
27139	14188	578	235	355
41545	22023	230	180	25
1680192	783973	4797	2510	5027

职工技术培训

Basic Statistics of Vocational

地　区 Region	学校数 （所） Schools	教学班（点） （个） External Teaching Sites (class)	结业生数 Graduates	
			计 Total	其中：女 of Which: Female
总　计 Total	**2124**	**31458**	**2976878**	**1298826**
北　京 Beijing	28	466	29890	12041
天　津 Tianjin	9	92	4530	2167
河　北 Hebei	73	720	46786	23798
山　西 Shanxi	226	6815	758425	150042
内蒙古 Inner Mongolia	40	245	42080	22759
辽　宁 Liaoning	45	314	49801	29235
吉　林 Jilin	56	194	21991	9431
黑龙江 Heilongjiang	92	445	29721	12294
上　海 Shanghai	19	1141	124134	79527
江　苏 Jiangsu	420	7737	406775	194016
浙　江 Zhejiang	101	1926	147823	66834
安　徽 Anhui	30	96	32455	14062
福　建 Fujian	80	1337	341632	210352
江　西 Jiangxi	43	207	25430	14845
山　东 Shandong	42	508	41075	14720
河　南 Henan	141	1428	91077	41194
湖　北 Hubei	30	625	39850	22251
湖　南 Hunan	66	665	47612	21575
广　东 Guangdong	54	765	53559	30335
广　西 Guangxi	2	21	88	21
海　南 Hainan	30	202	8052	5770
重　庆 Chongqing	77	650	41507	21322
四　川 Sichuan	134	2309	313397	153657
贵　州 Guizhou	11	84	23886	11100
云　南 Yunnan	44	162	35039	19908
西　藏 Tibet				
陕　西 Shaanxi	117	1569	152378	84509
甘　肃 Gansu	101	557	45693	21910
青　海 Qinghai	2	65	128	70
宁　夏 Ningxia			1017	502
新　疆 Xinjiang	11	113	21047	8579

学校基本情况
Technical Training Schools

单位:人/人次
unit:person/person-time

注册学生数 Enrolment		教职工数 Educational Personnel		聘请校外教师 Part-time Teachers
计 Total	其中:女 of Which: Female	计 Total	其中:专任教师 of Which: Full-time Teacher	
2923507	**1233142**	**59155**	**45871**	**13995**
23549	10638	382	284	129
3941	1851	432	383	77
44637	19784	4724	3787	335
758925	150339	3184	2047	1084
35883	19420	1206	1024	174
46933	25099	1128	781	230
53398	20470	1471	846	122
38545	13695	2960	2279	203
76827	47228	1155	828	456
401498	179952	6210	4723	3845
154891	71214	3511	2879	1874
33090	17202	584	496	241
313061	192361	1784	1601	850
14824	6952	1151	479	249
37221	12320	2610	2095	121
80733	34448	3436	2710	646
49730	28638	1572	1209	204
60660	26978	2290	1793	128
56911	34103	829	517	497
421	122	83	67	
9341	6138	259	181	38
42616	21863	1729	1211	146
317964	156832	5047	3921	988
24026	10551	697	486	238
36085	20197	493	353	214
139682	75055	6880	6075	628
47408	21611	2602	2223	167
319	160	135	107	9
1017	502	6	3	2
19371	7419	605	483	100

农村成人文化技术
Basic Statistics of Technical

地 区 Region	学校数 (所) Schools	教学班(点) (个) External Teaching Sites (class)	结业生数 Graduates	
			计 Total	其中:女 of Which: Female
总 计 Total	**70982**	**217120**	**29787579**	**14431550**
北 京 Beijing	2202	10800	920952	511466
天 津 Tianjin	1646	3759	331231	161860
河 北 Hebei	3805	11075	1319613	667291
山 西 Shanxi	2412	4849	696930	328845
内蒙古 Inner Mongolia	674	1349	84292	35318
辽 宁 Liaoning	1521	4842	589879	254362
吉 林 Jilin	1154	1342	149047	66823
黑龙江 Heilongjiang	1044	2752	306146	142203
上 海 Shanghai	108	5422	570127	332646
江 苏 Jiangsu	5645	23848	5108207	2383929
浙 江 Zhejiang	2414	24222	2566972	1306953
安 徽 Anhui	204	3494	180790	90955
福 建 Fujian	1276	4306	414139	193622
江 西 Jiangxi	114	261	12611	6257
山 东 Shandong	3825	11636	1276710	594994
河 南 Henan	7191	12640	1926540	913238
湖 北 Hubei	427	1101	205029	108507
湖 南 Hunan	736	2374	256393	70403
广 东 Guangdong	436	10016	1433737	699360
广 西 Guangxi	17	17	2820	1206
海 南 Hainan	217	1855	39880	25642
重 庆 Chongqing	3683	11650	1066107	517925
四 川 Sichuan	4013	10540	1844969	915856
贵 州 Guizhou	5288	7648	1283257	640758
云 南 Yunnan	9024	26027	4605199	2257079
西 藏 Tibet				
陕 西 Shaanxi	6712	11076	1065272	522693
甘 肃 Gansu	2134	2354	265228	116668
青 海 Qinghai	927	567	27540	14386
宁 夏 Ningxia	1	7	812	285
新 疆 Xinjiang	2132	5291	1237150	550020

培训学校基本情况
Training Schools for Peasants

单位：人/人次
unit: person/person-time

注册学生数 Enrolment		教职工数 Educational Personnel		聘请校外教师 Part-time Teachers
计 Total	其中：女 of Which: Female	计 Total	其中：专任教师 of Which: Full-time Teacher	
28006345	**13566007**	**140489**	**75796**	**140866**
733350	405619	1405	775	2871
238406	124800	1074	643	1757
929848	450260	6900	4241	6555
764041	344933	4666	1451	4525
96973	43653	2127	1570	1024
697805	308480	4560	2303	2291
232900	96753	3114	1473	1245
280647	135818	5984	4061	1372
467099	274688	895	678	1817
4319644	2012699	14568	9150	25019
2380062	1207944	7735	5349	18457
201641	100335	740	644	4046
414309	194284	3582	458	4023
12798	6279	243	99	261
1120891	512427	8536	6124	5089
1879323	875998	10391	6045	8769
218327	105738	1574	1099	767
281463	122437	1767	802	731
1388921	676651	4348	2642	2859
2970	890	34	34	102
39880	25642	686	16	673
1026935	501945	3251	1507	3535
1840895	921630	8354	4477	7030
1306442	657228	11233	3000	5745
4260703	2092895	7834	3637	12930
1043585	519546	19590	10503	10898
271599	119864	3597	2224	1990
23871	12576	399	92	316
762	275	6	3	2
1530255	713720	1296	696	4167

地　区 Region	学校数（所） Schools	教学班（点）（个） External Teaching Sites (class)	结业生数 Graduates	
			计 Total	其中：女 Of Which: Female
总　计 Total	**20252**	**234900**	**9585403**	**4854486**
北　京 Beijing	1349	35272	1922322	902963
天　津 Tianjin	361	17195	438154	243567
河　北 Hebei	756	6588	103726	54314
山　西 Shanxi	782	2852	318444	172009
内蒙古 Inner Mongolia	193	924	33323	14779
辽　宁 Liaoning	5495	39538	749442	311339
吉　林 Jilin	1190	4232	53810	26440
黑龙江 Heilongjiang	577	3029	171040	83699
上　海 Shanghai	547	14540	1037393	583331
江　苏 Jiangsu	1823	34746	1778458	903317
浙　江 Zhejiang	1443	12533	682958	352562
安　徽 Anhui	67	474	10240	5081
福　建 Fujian	344	13178	192912	111846
江　西 Jiangxi	16	184	10741	4961
山　东 Shandong	1327	7520	384008	195108
河　南 Henan	213	660	188985	86553
湖　北 Hubei	104	999	42128	20970
湖　南 Hunan	237	1086	57530	29158
广　东 Guangdong	968	19506	466273	264928
广　西 Guangxi				
海　南 Hainan				
重　庆 Chongqing	241	2019	124091	68894
四　川 Sichuan	239	1167	140774	72877
贵　州 Guizhou	587	2345	145872	75394
云　南 Yunnan	266	2001	112400	57398
西　藏 Tibet				
陕　西 Shaanxi	698	6018	193560	98370
甘　肃 Gansu	178	567	83586	47409
青　海 Qinghai	9	62	3924	1677
宁　夏 Ningxia	18	223	35240	18200
新　疆 Xinjiang	224	5442	104069	47342

基本情况
of Others

单位:人/人次
unit:person/person-time

注册学生数 Enrolment		教职工数 Educational Personnel		聘请校外教师 Part-time Teachers
计 Total	其中:女 Of Which: Female	计 Total	其中:专任教师 Of Which: Full-time Teacher	
10422196	**5301800**	**251198**	**142249**	**85437**
2027160	914718	53097	18772	13997
518399	301180	9955	3665	5262
152115	74021	7300	4912	1033
338837	192558	11388	8067	2483
29740	14780	1612	1037	371
887961	451079	42393	25447	8847
121252	57410	5933	4365	762
109350	53448	5344	4591	343
1131516	646759	14344	6786	7652
1820869	909953	20470	11512	16353
669402	328771	12279	9028	4987
12983	6257	861	594	272
191492	108966	6170	3914	1839
10730	4988	334	216	49
353805	188918	15152	10970	3760
191374	90716	1539	987	942
45403	22802	2149	1499	352
69085	34556	1678	1405	253
588198	336167	14844	8810	4983
248032	84345	4074	2059	2152
144840	75845	2747	2261	763
160095	79951	3524	2056	991
80575	44999	1391	1078	926
268766	143304	7556	5031	4882
76936	49777	1906	1646	372
2949	1452	44	36	30
39766	21246	218	174	21
130566	62834	2896	1331	760

职业技术培训机

Condition of Fixed Assets and Teaching Resources in

地　区 Region	占地面积 (平方米) Area of School sites (m^2)	教学行政用房建筑面积 (平方米) Administritive (m^2)	图书(册) Books (Volume)	合计 Total
总　计 Total	**106363850.62**	**46675905.73**	**144472557**	**676618**
北　京 Beijing	4129534.03	12961598.98	34029691	54902
天　津 Tianjin	1499365.57	848621.96	23776415	14144
河　北 Hebei	5823766.06	1976210.73	4597443	28140
山　西 Shanxi	2701730.38	1595874.98	7025489	31286
内蒙古 Inner Mongolia	1337267.00	242502.00	980991	4945
辽　宁 Liaoning	4672218.13	1915781.16	4244226	47847
吉　林 Jilin	2532232.20	611698.00	1150495	6559
黑龙江 Heilongjiang	3994540.32	1042603.32	1603505	9547
上　海 Shanghai	1629655.00	1032576.00	2518643	38673
江　苏 Jiangsu	16102945.70	5201650.74	11637409	87896
浙　江 Zhejiang	8762009.16	3336099.18	7824040	68499
安　徽 Anhui	1824187.26	690825.72	932005	5221
福　建 Fujian	771852.77	646362.92	1803944	15472
江　西 Jiangxi	1025955.60	168183.00	540994	4013
山　东 Shandong	7745943.75	1660707.76	5090741	30888
河　南 Henan	5903224.25	1894690.11	5458046	23465
湖　北 Hubei	3874049.30	970956.50	1768215	16358
湖　南 Hunan	3845822.90	587438.60	1979845	11315
广　东 Guangdong	3539821.00	1498487.00	5400218	53338
广　西 Guangxi	208839.00	38301.00	151330	1279
海　南 Hainan	215325.00	93720.00	150705	682
重　庆 Chongqing	846443.30	466233.97	1609123	10602
四　川 Sichuan	2958377.93	1371807.84	4459969	30198
贵　州 Guizhou	4326285.29	990674.06	3287804	14044
云　南 Yunnan	3048730.12	1683349.35	1820666	8959
西　藏 Tibet				
陕　西 Shaanxi	5494101.37	1463433.46	4074651	33106
甘　肃 Gansu	4068207.62	749075.81	1788188	15382
青　海 Qinghai	500090.00	39770.00	233716	530
宁　夏 Ningxia	160464.50	30450.50	18296	316
新　疆 Xinjiang	2820866.11	866221.08	4515754	9012

构资产情况
Vocational Technical Training Institutions

计算机数(台) PC (Set)		教室(间) Classroom(Room)		固定资产总值(万元) Fixed Assets (in 10000 yuan)	
其中:教学用计算机 No. of Computers Used for Instruction		合计 Total	其中:网络多媒体教室 of Which: Network Multimedia Classroom	合计 Total	其中:教学、实习仪器设备资产值 of which: Teaching Equipment & Instruments
小计 Subtotal	其中:平板电脑 of Which: Tablet PC				
568486	**66694**	**272278**	**71731**	**9884570.28**	**4593539.15**
37729	9613	31388	5049	210002.53	78458.68
11953	1819	4073	1079	53100.07	10265.97
24947	2716	11502	2675	151818.46	43155.41
30344	2965	7823	2656	129109.66	52992.17
4016	19	4436	605	54313.20	13397.36
37650	10385	30932	8163	318113.47	79804.65
5359	231	7759	1254	80460.95	15419.65
8118	450	3759	713	85266.14	32618.77
30185	3539	7696	2805	172501.00	63003.00
78204	15190	29397	10046	1724885.48	490352.54
61234	3935	15631	6775	405722.95	103504.42
4577	291	3251	570	45782.19	5365.20
12694	897	5240	1664	61793.94	15671.44
3418	483	750	177	36932.81	6642.37
27811	2751	14310	4143	235477.86	54862.18
21133	1579	24077	6091	143496.07	36089.88
15066	289	2895	705	86177.10	24586.40
10624	475	4165	649	49967.32	15862.84
39863	4533	12545	4627	4327972.60	3156241.57
1029	16	96	48	2987.73	884.25
618	60	390	112	6767.00	1501.00
8443	1328	4253	1350	34555.46	8464.68
26059	363	9017	1306	162474.61	34525.24
12194	699	8322	1897	120654.36	24405.32
8131	462	5601	1108	81317.47	15830.68
28708	478	14140	2661	153037.62	48339.33
10902	308	3168	1400	867688.10	142646.27
478		729	18	2599.19	722.15
268	39	191	91	3411.32	883.92
6731	781	4742	1294	76183.61	17041.79

Condition of Fixed Assets and Teaching

地　区 Region	占地面积（平方米）Area of School sites（m^2）	教学行政用房建筑面积（平方米）Administritive（m^2）	图书(册) Books（Volume）	合计 Total
总　计 Total	**29753311.38**	**8803005.84**	**22659901**	**166834**
北　京 Beijing	45983.00	27409.00	62168	779
天　津 Tianjin	206102.00	156991.00	289333	2085
河　北 Hebei	1698481.26	867854.59	1491963	9684
山　西 Shanxi	1200803.38	501493.08	2292862	9995
内蒙古 Inner Mongolia	860479.00	132647.00	646951	3145
辽　宁 Liaoning	559207.97	184646.00	409096	3911
吉　林 Jilin	597243.00	220604.00	297483	1638
黑龙江 Heilongjiang	706919.32	306546.32	468190	4864
上　海 Shanghai	190530.00	139823.00	626051	5093
江　苏 Jiangsu	5070972.01	1082770.00	2978241	21817
浙　江 Zhejiang	2181246.82	795246.22	1889281	19716
安　徽 Anhui	312673.63	48236.00	241416	2085
福　建 Fujian	304062.62	179882.65	644066	5680
江　西 Jiangxi	698893.60	119640.00	393899	2737
山　东 Shandong	1374031.10	368646.10	748449	8402
河　南 Henan	2540819.12	656563.94	1844042	12176
湖　北 Hubei	795627.50	369422.20	948950	4407
湖　南 Hunan	2278943.30	359140.00	1192841	6373
广　东 Guangdong	181744.00	65119.00	260753	2304
广　西 Guangxi	197619.00	30803.00	125830	467
海　南 Hainan	178635.00	55660.00	72000	532
重　庆 Chongqing	61529.00	38489.00	254500	2010
四　川 Sichuan	1232579.75	628402.69	1092835	9696
贵　州 Guizhou	942695.05	332587.01	512000	3315
云　南 Yunnan	722616.90	130788.00	149305	1812
西　藏 Tibet				
陕　西 Shaanxi	1574964.86	477070.47	1431789	8853
甘　肃 Gansu	2231076.19	357091.64	954502	10353
青　海 Qinghai	49535.00	10817.00	64099	34
宁　夏 Ningxia	12900.00	2240.00	1420	50
新　疆 Xinjiang	744398.00	156376.93	275586	2821

学校资产情况
Resources in Technical Training Schools

计算机数(台) PC (Set)		教室(间) Classroom(Room)		固定资产总值(万元) Fixed Assets (in 10000 yuan)	
其中:教学用计算机 No. of Computers Used for Instruction		合计 Total	其中:网络多媒体教室 of Which: Network Multimedia Classroom	合计 Total	其中:教学、实习仪器设备资产值 of which:Teaching Equipment & Instruments
小计 Subtotal	其中:平板电脑 of Which: Tablet PC				
144285	**9053**	**32725**	**11195**	**2748579.30**	**1737936.66**
635	1	69	30	7270.58	1786.97
1767	302	368	73	29284.89	2796.26
8405	382	1316	508	65394.09	21126.71
9969	41	539	491	91297.24	34947.44
2441	19	3354	70	25356.10	7295.16
3375	356	463	197	21963.46	6924.00
1212	12	1076	69	17138.11	3836.55
4093	317	852	317	37656.00	12423.05
4609	182	262	110	57967.00	13508.00
20714	3926	6219	2122	212721.06	55577.14
18570	180	2342	1786	158484.77	45899.49
1720	42	259	168	14702.68	1417.43
3976	87	471	189	24724.64	6121.78
2269	195	420	100	26837.64	5127.74
7335	664	1465	438	96026.80	21063.92
10729	570	4150	1493	67865.81	19795.34
3965	96	1005	208	30782.50	10822.00
5992	370	902	426	29615.30	10170.60
2184	252	335	154	1390924.00	1378398.00
399		79	32	2337.73	697.25
468	32	172	69	5497.00	1181.00
1685	315	384	184	5028.60	1712.70
8211	194	2059	445	69339.54	14690.20
2769		637	232	57115.16	14294.61
1629	1	340	139	13604.46	3065.98
6519	164	1861	610	79230.26	19072.60
6551	64	967	416	70689.48	18005.10
10		10		204.82	2.00
49		4	4	188.00	99.00
2035	289	345	115	39331.58	6078.63

农村成人文化技术

Condition of Fixed Assets and Teaching Resources in

地 区 Region	占地面积 （平方米） Area of School sites（m^2）	教学行政用房建筑面积 （平方米） Administritive（m^2）	图书（册） Books （Volume）	
				合计 Total
总 计 Total	**52190924.30**	**14744775.60**	**45663854**	**216848**
北 京 Beijing	1427130.00	357243.00	1271249	9927
天 津 Tianjin	332420.40	126294.10	392409	2554
河 北 Hebei	3075292.86	686173.08	2354477	6413
山 西 Shanxi	935180.00	673471.00	2606892	6140
内蒙古 Inner Mongolia	318137.00	90036.00	264280	1317
辽 宁 Liaoning	1375317.00	329840.00	1056332	5067
吉 林 Jilin	1588585.00	150579.00	334991	1045
黑龙江 Heilongjiang	2923896.00	473031.00	856179	1806
上 海 Shanghai	395916.00	210842.00	458865	8701
江 苏 Jiangsu	5704919.38	1980182.69	6306654	33759
浙 江 Zhejiang	4834048.40	1795590.89	4680217	32439
安 徽 Anhui	1263600.52	593296.68	316797	1145
福 建 Fujian	165859.00	118271.96	356869	2763
江 西 Jiangxi	91476.00	13710.00	54302	504
山 东 Shandong	5550498.52	750817.45	3277358	9804
河 南 Henan	2804464.01	1039034.17	3308034	6739
湖 北 Hubei	2642682.30	461097.40	484271	8826
湖 南 Hunan	1408456.00	172842.00	613241	3633
广 东 Guangdong	2280014.00	641497.00	2733671	24908
广 西 Guangxi	11220.00	7498.00	25500	812
海 南 Hainan	36690.00	38060.00	78705	150
重 庆 Chongqing	652260.30	276598.97	1230467	5009
四 川 Sichuan	1300621.19	458521.81	2703006	16185
贵 州 Guizhou	3168860.66	515183.47	2193763	8020
云 南 Yunnan	2055600.53	1427850.41	1307675	5116
西 藏 Tibet				
陕 西 Shaanxi	3301332.30	551705.40	1963226	8765
甘 肃 Gansu	530731.43	199131.12	505836	2389
青 海 Qinghai	422880.00	28153.00	165817	328
宁 夏 Ningxia	26946.50	7613.50	2066	5
新 疆 Xinjiang	1565889.00	570610.50	3760705	2579

培训学校资产情况
Technical Training Schools for Peasants

计算机数(台) PC (Set)		教室(间) Classroom(Room)		固定资产总值(万元) Fixed Assets (in 10000 yuan)	
其中:教学用计算机 No. of Computers Used for Instruction		合计 Total	其中:网络多媒体教室 of Which: Network Multimedia Classroom	合计 Total	其中:教学、实习仪器设备资产值 of which:Teaching Equipment & Instruments
小计 Subtotal	其中:平板电脑 of Which: Tablet PC				
195787	**18627**	**95340**	**21891**	**1336988.25**	**275121.37**
8585	243	1479	280	27189.42	8560.30
2383	89	1143	125	5710.01	1444.58
6107	410	3447	729	50582.89	9851.03
5682	623	3215	490	13590.81	3584.02
1145		915	424	9664.10	3669.20
4650	1433	2321	754	39926.16	10821.39
728	64	1006	86	16802.65	2252.45
1703	10	749	212	15049.70	2807.35
6853	924	1188	447	27367.00	12318.00
30746	7480	12234	2943	393927.06	47335.00
30269	2313	6092	2088	179630.70	39462.31
1073	87	2411	165	13895.00	1494.65
2568	484	1139	769	12409.08	2124.50
481	70	162	48	4185.50	261.60
9272	1060	6209	2300	64410.41	13581.42
6203	301	16954	3688	49935.30	11392.53
8615	13	1107	255	27964.20	6434.70
3390	66	2735	94	10305.02	2710.24
22149	1365	2664	1302	117528.00	48054.00
630	16	17	16	650.00	187.00
150	28	218	43	1270.00	320.00
3575	353	2431	575	17263.46	3009.83
14188	91	5206	604	67130.91	14567.34
7146	513	5850	886	52089.86	6611.56
4696	90	4222	806	48856.95	6725.04
7952	79	6171	932	32049.07	6968.19
2269	101	970	412	8033.41	1630.24
328		689	15	555.82	78.50
5		7	2	1397.50	111.50
2246	321	2389	401	27618.24	6752.91

其他培训机构
Condition of Fixed Assets and

地　区 Region	占地面积（平方米）Area of School sites（m^2）	教学行政用房建筑面积（平方米）Administritive（m^2）	图书（册）Books（Volume）	合计 Total
总　计 Total	**24419614.94**	**23128124.29**	**76148802**	**292936**
北　京 Beijing	2656421.03	12576946.98	32696274	44196
天　津 Tianjin	960843.17	565336.86	23094673	9505
河　北 Hebei	1049991.94	422183.06	751003	12043
山　西 Shanxi	565747.00	420910.90	2125735	15151
内蒙古 Inner Mongolia	158651.00	19819.00	69760	483
辽　宁 Liaoning	2737693.16	1401295.16	2778798	38869
吉　林 Jilin	346404.20	240515.00	518021	3876
黑龙江 Heilongjiang	363725.00	263026.00	279136	2877
上　海 Shanghai	1043209.00	681911.00	1433727	24879
江　苏 Jiangsu	5327054.31	2138698.05	2352514	32320
浙　江 Zhejiang	1746713.94	745262.07	1254542	16344
安　徽 Anhui	247913.11	49293.04	373792	1991
福　建 Fujian	301931.15	348208.31	803009	7029
江　西 Jiangxi	235586.00	34833.00	92793	772
山　东 Shandong	821414.13	541244.21	1064934	12682
河　南 Henan	557941.12	199092.00	305970	4550
湖　北 Hubei	435739.50	140436.90	334994	3125
湖　南 Hunan	158423.60	55456.60	173763	1309
广　东 Guangdong	1078063.00	791871.00	2405794	26126
广　西 Guangxi				
海　南 Hainan				
重　庆 Chongqing	132654.00	151146.00	124156	3583
四　川 Sichuan	425176.99	284883.34	664128	4317
贵　州 Guizhou	214729.58	142903.58	582041	2709
云　南 Yunnan	270512.69	124710.94	363686	2031
西　藏 Tibet				
陕　西 Shaanxi	617804.21	434657.59	679636	15488
甘　肃 Gansu	1306400.00	192853.05	327850	2640
青　海 Qinghai	27675.00	800.00	3800	168
宁　夏 Ningxia	120618.00	20597.00	14810	261
新　疆 Xinjiang	510579.11	139233.65	479463	3612

资产情况
Teaching Resources in Others

计算机数(台) PC (Set)		教室(间) Classroom(Room)		固定资产总值(万元) Fixed Assets (in 10000 yuan)	
其中:教学用计算机 No. of Computers Used for Instruction		合计 Total	其中:网络多媒体教室 of Which: Network Multimedia Classroom	合计 Total	其中:教学、实习仪器设备资产值 of which: Teaching Equipment & Instruments
小计 Subtotal	其中:平板电脑 of Which: Tablet PC				
228414	**39014**	**144213**	**38645**	**5799002.73**	**2580481.11**
28509	9369	29840	4739	175542.53	68111.40
7803	1428	2562	881	18105.18	6025.14
10435	1924	6739	1438	35841.49	12177.67
14693	2301	4069	1675	24221.61	14460.71
430		167	111	19293.00	2433.00
29625	8596	28148	7212	256223.85	62059.26
3419	155	5677	1099	46520.19	9330.65
2322	123	2158	184	32560.43	17388.37
18723	2433	6246	2248	87167.00	37177.00
26744	3784	10944	4981	1118237.36	387440.40
12395	1442	7197	2901	67607.49	18142.62
1784	162	581	237	17184.52	2453.13
6150	326	3630	706	24660.22	7425.16
668	218	168	29	5909.67	1253.03
11204	1027	6636	1405	75040.65	20216.84
4201	708	2973	910	25694.95	4902.00
2486	180	783	242	27430.40	7329.70
1242	39	528	129	10047.00	2982.00
15530	2916	9546	3171	2819520.60	1729789.57
3183	660	1438	591	12263.40	3742.15
3660	78	1752	257	26004.15	5267.70
2279	186	1835	779	11449.34	3499.15
1806	371	1039	163	18856.06	6039.66
				0.00	0.00
14237	235	6108	1119	41758.28	22298.54
2082	143	1231	572	788965.20	123010.94
140		30	3	1838.55	641.65
214	39	180	85	1825.82	673.42
2450	171	2008	778	9233.79	4210.25

初中校数、
Number of Schools, Classes of

地 区 Region	学校数(所) Schools			
	合计 Total	初级中学 Regular Junior Secondary Schools	九年一贯制学校 9-Year Schools	职业初中 Vocational Junior Secondary Schools
总 计 Total	**52118**	**36471**	**15631**	**16**
北 京 Beijing	341	226	115	
天 津 Tianjin	334	294	40	
河 北 Hebei	2379	1871	508	
山 西 Shanxi	1850	1361	489	
内蒙古 Inner Mongolia	693	469	224	
辽 宁 Liaoning	1521	992	529	
吉 林 Jilin	1172	824	343	5
黑龙江 Heilongjiang	1451	958	493	
上 海 Shanghai	545	362	183	
江 苏 Jiangsu	2121	1638	483	
浙 江 Zhejiang	1717	1266	451	
安 徽 Anhui	2800	1889	911	
福 建 Fujian	1245	1053	192	
江 西 Jiangxi	2142	1499	643	
山 东 Shandong	2924	2164	760	
河 南 Henan	4557	3719	838	
湖 北 Hubei	2026	1542	484	
湖 南 Hunan	3322	2151	1171	
广 东 Guangdong	3479	2050	1429	
广 西 Guangxi	1812	1556	256	
海 南 Hainan	394	211	183	
重 庆 Chongqing	860	684	176	
四 川 Sichuan	3816	1805	2008	3
贵 州 Guizhou	2099	1542	551	6
云 南 Yunnan	1672	1436	234	2
西 藏 Tibet	98	94	4	
陕 西 Shaanxi	1691	1180	511	
甘 肃 Gansu	1482	925	557	
青 海 Qinghai	268	99	169	
宁 夏 Ningxia	245	168	77	
新 疆 Xinjiang	1062	443	619	

班数(总计)
Junior Secondary Schools

班数(个) Classes				
计 Total	一年级 Grade 1	二年级 Grade 2	三年级 Grade 3	四年级 Grade 4
915292	**312671**	**296789**	**295664**	**10168**
9227	3088	2981	3127	31
6778	2156	2108	2213	301
46311	16183	14993	15131	4
24649	8355	7823	8470	1
14891	4921	4836	5089	45
23454	7761	7605	8076	12
14615	5139	4557	4919	
21652	6607	6187	6284	2574
12703	3436	3220	3014	3033
45194	16005	14745	14433	11
37303	12830	12249	12165	59
43586	15400	14436	13750	
25659	8892	8491	8276	
34349	12298	11160	10891	
64654	21485	19639	19750	3780
76485	26710	25302	24186	287
29888	10513	9797	9556	22
42379	14652	13906	13821	
76764	26538	25287	24931	8
34885	12209	11460	11216	
6828	2339	2276	2213	
20487	7051	6733	6703	
52004	17811	17069	17124	
37909	12499	12476	12934	
35052	11918	11677	11457	
2607	878	881	848	
23349	7866	7726	7757	
20042	6599	6618	6825	
4427	1476	1489	1462	
5490	1868	1837	1785	
21671	7188	7225	7258	

初中校数、班数(城区)
Number of Schools, Classes of Junior secondary Schools (Urban Area)

	学校数(所) Schools				班数(个) Classes				
	合计 Total	初级中学 Regular Junior Secondary Schools	九年一贯制学校 9-year Schools	职业初中 Vocational Junior Secondary Schools	合计 Total	一年级 Grade 1	二年级 Grade 2	三年级 Grade 3	四年级 Grade 4
总　计 Total	**11924**	**7792**	**4129**	**3**	**318531**	**108717**	**101733**	**101862**	**6219**
北　京 Beijing	208	125	83		7501	2512	2413	2545	31
天　津 Tianjin	165	140	25		4416	1446	1403	1464	103
河　北 Hebei	407	303	104		12635	4450	3979	4202	4
山　西 Shanxi	327	245	82		8290	2873	2566	2851	
内蒙古 Inner Mongolia	194	153	41		5870	1924	1881	2025	40
辽　宁 Liaoning	628	485	143		12338	4115	3934	4277	12
吉　林 Jilin	273	208	62	3	6173	2147	1883	2143	
黑龙江 Heilongjiang	399	299	100		9116	2734	2532	2571	1279
上　海 Shanghai	412	284	128		10467	2806	2637	2489	2535
江　苏 Jiangsu	793	619	174		21863	7680	7119	7053	11
浙　江 Zhejiang	681	485	196		18274	6296	5986	5933	59
安　徽 Anhui	357	243	114		9827	3406	3251	3170	
福　建 Fujian	232	173	59		9654	3397	3179	3078	
江　西 Jiangxi	273	138	135		8324	3008	2675	2641	
山　东 Shandong	899	602	297		24677	8129	7288	7288	1972
河　南 Henan	760	562	198		18241	6281	5964	5831	165
湖　北 Hubei	582	428	154		12266	4302	4002	3962	
湖　南 Hunan	359	222	137		10196	3585	3338	3273	
广　东 Guangdong	1573	707	866		41660	14669	13765	13218	8
广　西 Guangxi	336	197	139		7906	2796	2598	2512	
海　南 Hainan	96	32	64		2867	976	950	941	
重　庆 Chongqing	179	135	44		7721	2704	2506	2511	
四　川 Sichuan	436	215	221		13426	4641	4367	4418	
贵　州 Guizhou	366	177	189		6718	2282	2206	2230	
云　南 Yunnan	203	120	83		6177	2134	2044	1999	
西　藏 Tibet	16	15	1		446	150	149	147	
陕　西 Shaanxi	317	225	92		7921	2713	2613	2595	
甘　肃 Gansu	156	96	60		4242	1424	1392	1426	
青　海 Qinghai	45	21	24		1210	399	406	405	
宁　夏 Ningxia	58	56	2		2078	713	689	676	
新　疆 Xinjiang	194	82	112		6031	2025	2018	1988	

初中校数、班数(城乡结合区)
Number of Schools, Classes of Junior Secondary Schools (Urban-rural Transitional Area)

	学校数(所) Schools				班数(个) Classes				
	合计 Total	初级中学 Regular Junior Secondary Schools	九年一贯制学校 9-year Schools	职业初中 Vocational Junior Secondary Schools	合计 Total	一年级 Grade 1	二年级 Grade 2	三年级 Grade 3	四年级 Grade 4
总 计 Total	**2555**	**1502**	**1053**		**52504**	**18368**	**16907**	**16554**	**675**
北 京 Beijing	35	27	8		702	231	233	238	
天 津 Tianjin	20	15	5		371	116	119	128	8
河 北 Hebei	133	95	38		3060	1097	971	988	4
山 西 Shanxi	53	41	12		927	304	292	331	
内蒙古 Inner Mongolia	5	4	1		80	25	26	29	
辽 宁 Liaoning	57	42	15		1027	335	339	353	
吉 林 Jilin	19	11	8		167	58	50	59	
黑龙江 Heilongjiang	39	30	9		617	182	166	166	103
上 海 Shanghai	33	22	11		839	254	217	188	180
江 苏 Jiangsu	126	85	41		2483	899	803	781	
浙 江 Zhejiang	181	119	62		4266	1492	1406	1368	
安 徽 Anhui	75	48	27		1451	488	487	476	
福 建 Fujian	56	40	16		1332	472	438	422	
江 西 Jiangxi	52	28	24		980	350	320	310	
山 东 Shandong	285	180	105		6541	2236	1940	1985	380
河 南 Henan	178	122	56		2785	977	908	900	
湖 北 Hubei	90	60	30		1626	615	519	492	
湖 南 Hunan	73	39	34		1289	473	425	391	
广 东 Guangdong	596	238	358		12893	4610	4252	4031	
广 西 Guangxi	69	41	28		1553	543	512	498	
海 南 Hainan	10	4	6		264	92	87	85	
重 庆 Chongqing	28	24	4		855	284	293	278	
四 川 Sichuan	82	37	45		1555	553	503	499	
贵 州 Guizhou	59	23	36		847	299	272	276	
云 南 Yunnan	53	38	15		1527	544	506	477	
西 藏 Tibet									
陕 西 Shaanxi	80	54	26		807	269	269	269	
甘 肃 Gansu	18	6	12		347	121	116	110	
青 海 Qinghai	9	2	7		212	70	70	72	
宁 夏 Ningxia	6	6			208	74	70	64	
新 疆 Xinjiang	35	21	14		893	305	298	290	

初中校数、班数(镇区)
Number of Schools, Classes of Junior Secondary Schools (Counties & Towns Area)

	学校数(所) Schools				班数(个) Classes				
	合计 Total	初级中学 Regular Junior Secondary Schools	九年一贯制学校 9-year Schools	职业初中 Vocational Junior Secondary Schools	合计 Total	一年级 Grade 1	二年级 Grade 2	三年级 Grade 3	四年级 Grade 4
总　计 Total	**24023**	**18355**	**5663**	**5**	**445926**	**152812**	**145529**	**144560**	**3025**
北　京 Beijing	73	52	21		1095	367	361	367	
天　津 Tianjin	99	91	8		1584	473	485	515	111
河　北 Hebei	1160	923	237		24823	8648	8089	8086	
山　西 Shanxi	809	652	157		12220	4129	3914	4176	1
内蒙古 Inner Mongolia	385	277	108		8141	2704	2657	2775	5
辽　宁 Liaoning	587	344	243		8432	2770	2780	2882	
吉　林 Jilin	475	355	118	2	5702	2021	1802	1879	
黑龙江 Heilongjiang	618	419	199		9222	2880	2705	2744	893
上　海 Shanghai	106	63	43		1848	515	480	437	416
江　苏 Jiangsu	1132	882	250		21238	7592	6938	6708	
浙　江 Zhejiang	772	628	144		15928	5480	5238	5210	
安　徽 Anhui	1219	890	329		23776	8478	7874	7424	
福　建 Fujian	519	480	39		11565	3983	3832	3750	
江　西 Jiangxi	975	743	232		18403	6644	5991	5768	
山　东 Shandong	1575	1233	342		33410	11163	10311	10455	1481
河　南 Henan	2173	1754	419		41530	14567	13776	13091	96
湖　北 Hubei	967	795	172		13594	4804	4460	4308	22
湖　南 Hunan	1502	1117	385		22377	7751	7355	7271	
广　东 Guangdong	1327	1002	325		27636	9341	9067	9228	
广　西 Guangxi	1017	951	66		21516	7481	7063	6972	
海　南 Hainan	240	150	90		3526	1207	1183	1136	
重　庆 Chongqing	499	427	72		10890	3728	3602	3560	
四　川 Sichuan	1823	1153	670		29262	10000	9630	9632	
贵　州 Guizhou	996	842	152	2	22417	7367	7391	7659	
云　南 Yunnan	717	662	54	1	18038	6118	6021	5899	
西　藏 Tibet	67	64	3		1691	568	579	544	
陕　西 Shaanxi	1075	760	315		13296	4451	4404	4441	
甘　肃 Gansu	506	377	129		9597	3171	3160	3266	
青　海 Qinghai	112	51	61		2298	774	765	759	
宁　夏 Ningxia	99	75	24		2527	859	845	823	
新　疆 Xinjiang	399	143	256		8344	2778	2771	2795	

初中校数、班数(镇乡结合区)
Number of Schools, Classes of Junior Secondary Schools (County-town Transitional Area)

	学校数(所) Schools				班数(个) Classes				
	合计 Total	初级中学 Regular Junior Secondary Schools	九年一贯制学校 9-year Schools	职业初中 Vocational Junior Secondary Schools	合计 Total	一年级 Grade 1	二年级 Grade 2	三年级 Grade 3	四年级 Grade 4
总　计 Total	**6012**	**4530**	**1481**	**1**	**110101**	**37998**	**35816**	**35565**	**722**
北　京 Beijing	24	19	5		342	112	112	118	
天　津 Tianjin	43	40	3		607	177	183	194	53
河　北 Hebei	481	385	96		11160	3944	3611	3605	
山　西 Shanxi	203	153	50		3658	1261	1144	1252	1
内蒙古 Inner Mongolia	39	26	13		670	221	214	235	
辽　宁 Liaoning	72	40	32		995	327	323	345	
吉　林 Jilin	52	36	16		547	189	178	180	
黑龙江 Heilongjiang	58	46	12		919	290	267	267	95
上　海 Shanghai	29	17	12		474	129	119	115	111
江　苏 Jiangsu	322	261	61		5190	1844	1704	1642	
浙　江 Zhejiang	259	211	48		5350	1851	1757	1742	
安　徽 Anhui	291	201	90		5092	1814	1679	1599	
福　建 Fujian	148	135	13		3263	1112	1085	1066	
江　西 Jiangxi	216	157	59		3105	1125	1004	976	
山　东 Shandong	585	436	149		12524	4187	3924	3958	455
河　南 Henan	762	579	183		13374	4766	4436	4165	7
湖　北 Hubei	232	184	48		3052	1064	1018	970	
湖　南 Hunan	509	372	137		6558	2254	2135	2169	
广　东 Guangdong	381	273	108		8317	2821	2732	2764	
广　西 Guangxi	204	189	15		4337	1507	1412	1418	
海　南 Hainan	15	5	10		349	126	114	109	
重　庆 Chongqing	81	74	7		1904	638	646	620	
四　川 Sichuan	315	177	138		3939	1381	1290	1268	
贵　州 Guizhou	155	117	38		3696	1223	1209	1264	
云　南 Yunnan	132	118	13	1	3727	1303	1226	1198	
西　藏 Tibet	6	5	1		191	65	69	57	
陕　西 Shaanxi	201	154	47		2735	918	898	919	
甘　肃 Gansu	102	67	35		1898	629	623	646	
青　海 Qinghai	31	9	22		483	165	161	157	
宁　夏 Ningxia	15	12	3		270	102	86	82	
新　疆 Xinjiang	49	32	17		1375	453	457	465	

初中校数、班数(乡村)
Number of Schools, Classes of Junior Secondary Schools (Rural Area)

	学校数(所) Schools				班数(个) Classes				
	合计 Total	初级中学 Regular Junior Secondary Schools	九年一贯制学校 9-year Schools	职业初中 Vocational Junior Secondary Schools	合计 Total	一年级 Grade 1	二年级 Grade 2	三年级 Grade 3	四年级 Grade 4
总　计 Total	**16171**	**10324**	**5839**	**8**	**150835**	**51142**	**49527**	**49242**	**924**
北　京 Beijing	60	49	11		631	209	207	215	
天　津 Tianjin	70	63	7		778	237	220	234	87
河　北 Hebei	812	645	167		8853	3085	2925	2843	
山　西 Shanxi	714	464	250		4139	1353	1343	1443	
内蒙古 Inner Mongolia	114	39	75		880	293	298	289	
辽　宁 Liaoning	306	163	143		2684	876	891	917	
吉　林 Jilin	424	261	163		2740	971	872	897	
黑龙江 Heilongjiang	434	240	194		3314	993	950	969	402
上　海 Shanghai	27	15	12		388	115	103	88	82
江　苏 Jiangsu	196	137	59		2093	733	688	672	
浙　江 Zhejiang	264	153	111		3101	1054	1025	1022	
安　徽 Anhui	1224	756	468		9983	3516	3311	3156	
福　建 Fujian	494	400	94		4440	1512	1480	1448	
江　西 Jiangxi	894	618	276		7622	2646	2494	2482	
山　东 Shandong	450	329	121		6567	2193	2040	2007	327
河　南 Henan	1624	1403	221		16714	5862	5562	5264	26
湖　北 Hubei	477	319	158		4028	1407	1335	1286	
湖　南 Hunan	1461	812	649		9806	3316	3213	3277	
广　东 Guangdong	579	341	238		7468	2528	2455	2485	
广　西 Guangxi	459	408	51		5463	1932	1799	1732	
海　南 Hainan	58	29	29		435	156	143	136	
重　庆 Chongqing	182	122	60		1876	619	625	632	
四　川 Sichuan	1557	437	1117	3	9316	3170	3072	3074	
贵　州 Guizhou	737	523	210	4	8774	2850	2879	3045	
云　南 Yunnan	752	654	97	1	10837	3666	3612	3559	
西　藏 Tibet	15	15			470	160	153	157	
陕　西 Shaanxi	299	195	104		2132	702	709	721	
甘　肃 Gansu	820	452	368		6203	2004	2066	2133	
青　海 Qinghai	111	27	84		919	303	318	298	
宁　夏 Ningxia	88	37	51		885	296	303	286	
新　疆 Xinjiang	469	218	251		7296	2385	2436	2475	

初中学生数(总计)

Number of Students in Junior Secondary Schools

单位:人
unit: person

地 区 Region	毕业生数 Graduates	招生数 Entrants	在校生数 Enrolment						预计毕业生数 Estimated Graduates for Next Year
			合计 Total	其中:女 of Which: Female	一年级 Grade 1	二年级 Grade 2	三年级 Grade 3	四年级 Grade 4	
总 计 Total	**14238679**	**14871663**	**43293684**	**20085705**	**14874787**	**13976083**	**14027252**	**415562**	**14027603**
北 京 Beijing	86443	91854	268273	125359	91976	85707	89679	911	89813
天 津 Tianjin	84939	81599	256383	119066	81600	79009	85437	10337	85932
河 北 Hebei	774421	854121	2435810	1146584	854123	771900	809787		809787
山 西 Shanxi	410994	375748	1092739	522011	375763	334669	382307		382307
内蒙古 Inner Mongolia	219748	197323	612376	293841	197323	198771	214614	1668	214899
辽 宁 Liaoning	347100	319219	978298	464366	319222	305059	353555	462	353580
吉 林 Jilin	205994	217027	604277	288954	217027	180538	206712		206712
黑龙江 Heilongjiang	275900	275211	903883	435065	275211	252549	264795	111328	277121
上 海 Shanghai	91839	125267	413298	195041	125454	103807	92546	91491	91491
江 苏 Jiangsu	616009	701582	1949456	892648	701582	631595	615832	447	615834
浙 江 Zhejiang	482452	531491	1503118	703911	531492	485979	483562	2085	483719
安 徽 Anhui	621331	676648	1941986	879806	676656	645885	619445		619445
福 建 Fujian	375118	408919	1154758	531069	408980	380327	365451		365451
江 西 Jiangxi	574536	645786	1802808	794048	645984	586480	570344		570344
山 东 Shandong	997016	1045680	3159129	1480417	1045680	958443	975072	179934	961632
河 南 Henan	1295021	1441316	4158272	1885247	1441321	1375845	1325081	16025	1326521
湖 北 Hubei	448251	504948	1414864	637688	504964	463099	445927	874	445909
湖 南 Hunan	739883	780147	2250503	1019799	780147	738508	731848		731848
广 东 Guangdong	1213188	1218075	3478440	1552875	1218030	1140343	1120067		1120067
广 西 Guangxi	649589	697326	1987540	939483	697341	650324	639875		639875
海 南 Hainan	108282	110274	323736	143797	112266	108002	103468		103468
重 庆 Chongqing	319126	331725	966021	453889	331825	315349	318847		318847
四 川 Sichuan	832973	846124	2448234	1168521	846155	797830	804249		804249
贵 州 Guizhou	692132	609397	1891411	886271	609401	624200	657810		657810
云 南 Yunnan	600447	636809	1873150	898065	636972	630459	605719		605719
西 藏 Tibet	37239	41220	120283	58427	41220	41011	38052		38052
陕 西 Shaanxi	365584	356965	1051036	485951	357023	344445	349568		349568
甘 肃 Gansu	312390	290194	876171	414911	290198	287397	298576		298576
青 海 Qinghai	69738	69564	207937	100694	69657	69719	68561		68561
宁 夏 Ningxia	87693	94183	274696	133256	94255	91091	89350		89350
新 疆 Xinjiang	303303	295921	894798	434645	295939	297743	301116		301116

初中学生数(城区)

Number of Students in Junior Secondary Schools (Urban Area)

单位:人
unit:person

	毕业生数 Graduates	招生数 Entrants	在校生数 Enrolment						预计毕业生数 Estimated Graduates for Next Year
			合计 Total	其中:女 Of Which: Female	一年级 Grade 1	二年级 Grade 2	三年级 Grade 3	四年级 Grade 4	
总　计 Total	**4829977**	**5134548**	**14894194**	**6856831**	**5135975**	**4716192**	**4785104**	**256923**	**4794542**
北　京 Beijing	70793	75570	220595	103043	75670	70549	73465	911	73599
天　津 Tianjin	56692	54135	166771	77792	54136	52242	56766	3627	57082
河　北 Hebei	229600	245934	689249	325619	245934	210113	233202		233202
山　西 Shanxi	145743	136084	384502	185134	136087	113357	135058		135058
内蒙古 Inner Mongolia	95883	80599	256997	122873	80599	82609	92216	1573	92483
辽　宁 Liaoning	181516	171694	512714	243073	171697	153791	186764	462	186789
吉　林 Jilin	98324	98877	279456	132151	98877	82050	98529		98529
黑龙江 Heilongjiang	126700	120524	408117	195172	120524	110970	117003	59620	125882
上　海 Shanghai	77746	103337	344483	162912	103479	86251	77406	77347	77347
江　苏 Jiangsu	301351	341754	958466	440876	341754	309832	306433	447	306435
浙　江 Zhejiang	234299	261987	741960	347480	261987	239489	238399	2085	238556
安　徽 Anhui	148422	156682	456207	204378	156682	149819	149706		149706
福　建 Fujian	143921	168061	465505	211001	168072	152457	144976		144976
江　西 Jiangxi	144311	162082	451097	192738	162175	146010	142912		142912
山　东 Shandong	374174	401870	1239000	578704	401870	366067	370818	100245	369288
河　南 Henan	317084	340516	993651	443925	340518	323424	319103	10606	320352
湖　北 Hubei	186265	209080	589002	263284	209088	191984	187930		187928
湖　南 Hunan	182024	195128	553955	247926	195128	180513	178314		178314
广　东 Guangdong	624077	683187	1906110	833758	683126	626522	596462		596462
广　西 Guangxi	135235	151917	427185	196548	151920	140168	135097		135097
海　南 Hainan	48074	49488	144977	61827	50540	47395	47042		47042
重　庆 Chongqing	118197	127472	364236	173208	127494	117076	119666		119666
四　川 Sichuan	221713	224308	645801	309358	224318	208486	212997		212997
贵　州 Guizhou	112270	108827	328571	151870	108828	107470	112273		112273
云　南 Yunnan	105265	110293	321663	155866	110299	105995	105369		105369
西　藏 Tibet	6253	7047	19754	9769	7047	6668	6039		6039
陕　西 Shaanxi	126979	130368	377118	173945	130379	122412	124327		124327
甘　肃 Gansu	71295	70953	209578	97588	70955	67174	71449		71449
青　海 Qinghai	19981	19789	59973	29033	19790	20090	20093		20093
宁　夏 Ningxia	36476	37545	110113	52999	37556	36139	36418		36418
新　疆 Xinjiang	89314	89440	267388	132981	89446	89070	88872		88872

初中学生数(城乡结合区)

Number of Students in Junior Secondary Schools (Urban-rural Transitional Area)

单位:人
unit: person

地 区 Region	毕业生数 Graduates	招生数 Entrants	在校生数 Enrolment						预计毕业生数 Estimated Graduates for Next Year
			合计 Total	其中:女 of Which: Female	一年级 Grade 1	二年级 Grade 2	三年级 Grade 3	四年级 Grade 4	
总 计 Total	**759724**	**868310**	**2457562**	**1104699**	**868455**	**787863**	**772468**	**28776**	**770806**
北 京 Beijing	6407	6735	20000	9172	6745	6553	6702		6702
天 津 Tianjin	4250	4543	14069	6561	4543	4272	5023	231	5052
河 北 Hebei	51791	63923	174750	81090	63923	54165	56662		56662
山 西 Shanxi	16125	13428	40774	18950	13428	12397	14949		14949
内蒙古 Inner Mongolia	1185	942	3010	1373	942	1050	1018		1018
辽 宁 Liaoning	14588	14835	44523	20910	14835	14033	15655		15655
吉 林 Jilin	2180	2255	6286	3000	2255	1840	2191		2191
黑龙江 Heilongjiang	8412	7389	27159	13003	7389	7286	7364	5120	8299
上 海 Shanghai	5046	9527	28069	12948	9542	7097	5934	5496	5496
江 苏 Jiangsu	33063	38806	105860	47454	38806	34265	32789		32789
浙 江 Zhejiang	52564	61971	171202	78292	61971	55579	53652		53652
安 徽 Anhui	21087	21736	63459	27687	21736	20939	20784		20784
福 建 Fujian	17999	22744	61713	27729	22745	20066	18902		18902
江 西 Jiangxi	16005	18970	53330	22128	18973	17470	16887		16887
山 东 Shandong	96539	107560	321546	149428	107560	97294	98763	17929	96575
河 南 Henan	43228	48777	141216	61200	48777	46285	46154		46154
湖 北 Hubei	21255	28921	75617	32641	28923	24258	22436		22436
湖 南 Hunan	20293	24142	65942	29063	24142	21259	20541		20541
广 东 Guangdong	190028	218115	597378	255993	218154	196079	183145		183145
广 西 Guangxi	25993	29979	85161	38615	29979	27799	27383		27383
海 南 Hainan	4449	4880	13776	5873	4947	4491	4338		4338
重 庆 Chongqing	12221	13686	41582	18697	13690	14392	13500		13500
四 川 Sichuan	22973	24632	69219	32716	24633	22235	22351		22351
贵 州 Guizhou	12667	13338	39430	17658	13338	12897	13195		13195
云 南 Yunnan	24002	28629	81699	39343	28629	26983	26087		26087
西 藏 Tibet									
陕 西 Shaanxi	11775	10963	32496	14701	10965	10613	10918		10918
甘 肃 Gansu	5127	5846	16419	7707	5846	5371	5202		5202
青 海 Qinghai	3105	3454	10654	5237	3455	3565	3634		3634
宁 夏 Ningxia	3056	4241	12064	5747	4241	4186	3637		3637
新 疆 Xinjiang	12311	13343	39159	19783	13343	13144	12672		12672

初中学生数(镇区)

Number of Students in Junior Secondary Schools (Counties & Towns Area)

单位:人

unit: person

地 区 Region	毕业生数 Graduates	招生数 Entrants	在校生数 Enrolment 合计 Total	其中:女 of Which: Female	一年级 Grade 1	二年级 Grade 2	三年级 Grade 3	四年级 Grade 4	预计毕业生数 Estimated Graduates for Next Year
总 计 Total	**7161283**	**7465976**	**21729103**	**10113374**	**7467485**	**7075968**	**7061177**	**124473**	**7051894**
北 京 Beijing	10009	10856	31488	14828	10869	9922	10697		10697
天 津 Tianjin	19947	18620	61291	28541	18620	18801	20110	3760	20105
河 北 Hebei	417538	463284	1329598	626149	463286	426139	440173		440173
山 西 Shanxi	208283	191692	561240	267872	191701	174882	194657		194657
内蒙古 Inner Mongolia	113512	106970	325659	157000	106970	106181	112413	95	112431
辽 宁 Liaoning	128880	115162	362583	172545	115162	117565	129856		129856
吉 林 Jilin	76160	82753	227725	110181	82753	68860	76112		76112
黑龙江 Heilongjiang	114553	119232	379586	182980	119232	109226	113864	37264	116634
上 海 Shanghai	12128	18309	58342	27284	18341	14869	12893	12239	12239
江 苏 Jiangsu	287942	330566	909135	413717	330566	295105	283464		283464
浙 江 Zhejiang	211357	229465	648367	304359	229466	209996	208905		208905
安 徽 Anhui	341033	377564	1078681	484960	377571	360302	340808		340808
福 建 Fujian	173467	180661	516352	239405	180699	170465	165188		165188
江 西 Jiangxi	310528	358164	993054	434746	358230	323340	311484		311484
山 东 Shandong	523946	544473	1624534	764097	544473	500526	513734	65801	502026
河 南 Henan	713175	806639	2320310	1050991	806641	771726	737503	4440	737815
湖 北 Hubei	203963	232105	646844	294214	232108	212145	201717	874	201701
湖 南 Hunan	399401	428675	1236898	559880	428675	407423	400800		400800
广 东 Guangdong	469602	426474	1252652	574404	426490	409438	416724		416724
广 西 Guangxi	417570	440929	1267044	606099	440937	414996	411111		411111
海 南 Hainan	54656	54501	161687	74250	55382	55075	51230		51230
重 庆 Chongqing	172633	177148	519059	242989	177213	170598	171248		171248
四 川 Sichuan	479518	487270	1412391	675374	487290	461193	463908		463908
贵 州 Guizhou	410153	367615	1141765	535720	367618	378002	396145		396145
云 南 Yunnan	315176	336317	992245	479496	336464	336063	319718		319718
西 藏 Tibet	24559	26163	78112	37634	26163	26902	25047		25047
陕 西 Shaanxi	208277	199794	592415	274851	199835	194944	197636		197636
甘 肃 Gansu	152174	141466	426419	200355	141468	139993	144958		144958
青 海 Qinghai	36971	36992	109443	53456	37083	36435	35925		35925
宁 夏 Ningxia	39469	43620	126486	61490	43671	42020	40795		40795
新 疆 Xinjiang	114703	112497	337698	163507	112508	112836	112354		112354

初中学生数(镇乡结合区)
Number of Students in Junior Secondary Schools (County-town Transitional Area)

单位:人
unit: person

地 区 Region	毕业生数 Graduates	招生数 Entrants	在校生数 Enrolment						预计毕业生数 Estimated Graduates for Next Year
			合计 Total	其中:女 of Which: Female	一年级 Grade 1	二年级 Grade 2	三年级 Grade 3	四年级 Grade 4	
总 计 Total	**1728948**	**1858920**	**5368407**	**2484427**	**1859104**	**1744861**	**1734535**	**29907**	**1727516**
北 京 Beijing	2471	2846	8171	3788	2851	2577	2743		2743
天 津 Tianjin	7241	6729	22696	10741	6729	6954	7195	1818	7240
河 北 Hebei	184723	211338	595031	281339	211338	189399	194294		194294
山 西 Shanxi	62954	61646	175159	82539	61649	53506	60004		60004
内蒙古 Inner Mongolia	9221	8857	26114	12481	8857	8279	8978		8978
辽 宁 Liaoning	14735	12920	41310	19553	12920	13251	15139		15139
吉 林 Jilin	6430	7216	20222	10003	7216	6373	6633		6633
黑龙江 Heilongjiang	11561	11779	38179	18285	11779	10685	11134	4581	11394
上 海 Shanghai	3298	4556	15276	7311	4558	3920	3527	3271	3271
江 苏 Jiangsu	70075	78786	218005	99082	78786	71331	67888		67888
浙 江 Zhejiang	69040	77736	217835	100441	77736	70325	69774		69774
安 徽 Anhui	70312	79134	225974	99379	79134	75546	71294		71294
福 建 Fujian	49787	50406	146053	66735	50419	48522	47112		47112
江 西 Jiangxi	48758	57506	157879	70309	57519	51242	49118		49118
山 东 Shandong	197358	203715	612156	286337	203715	192010	196468	19963	189398
河 南 Henan	211200	256039	722782	324478	256039	240904	225565	274	225567
湖 北 Hubei	45190	51313	145213	66850	51315	48491	45407		45407
湖 南 Hunan	114309	119154	348649	157455	119154	113965	115530		115530
广 东 Guangdong	137307	129126	378368	175003	129134	124485	124749		124749
广 西 Guangxi	83761	91444	259508	124808	91444	84306	83758		83758
海 南 Hainan	5384	6258	17311	7796	6338	5781	5192		5192
重 庆 Chongqing	30583	30532	91788	42914	30534	30816	30438		30438
四 川 Sichuan	60998	64438	181436	86584	64440	59573	57423		57423
贵 州 Guizhou	65566	60421	187528	86224	60421	61945	65162		65162
云 南 Yunnan	63441	70802	204967	99451	70832	68481	65654		65654
西 藏 Tibet	2247	3088	8977	4321	3088	3228	2661		2661
陕 西 Shaanxi	41309	41449	123184	56203	41464	40133	41587		41587
甘 肃 Gansu	29180	27941	83800	38419	27941	27353	28506		28506
青 海 Qinghai	7231	7889	23318	11022	7891	7769	7658		7658
宁 夏 Ningxia	3817	5234	13615	6870	5237	4311	4067		4067
新 疆 Xinjiang	19461	18622	57903	27706	18626	19400	19877		19877

初中学生数(乡村)
Number of Students in Junior Secondary Schools (Rural Area)

单位:人
unit:person

地　区 Region	毕业生数 Graduates	招生数 Entrants	在校生数 Enrolment						预计毕业生数 Estimated Graduates for Next Year
			合计 Total	其中:女 of Which: Female	一年级 Grade 1	二年级 Grade 2	三年级 Grade 3	四年级 Grade 4	
总　计 Total	**2247419**	**2271139**	**6670387**	**3115500**	**2271327**	**2183923**	**2180971**	**34166**	**2181167**
北　京 Beijing	5641	5428	16190	7488	5437	5236	5517		5517
天　津 Tianjin	8300	8844	28321	12733	8844	7966	8561	2950	8745
河　北 Hebei	127283	144903	416963	194816	144903	135648	136412		136412
山　西 Shanxi	56968	47972	146997	69005	47975	46430	52592		52592
内蒙古 Inner Mongolia	10353	9754	29720	13968	9754	9981	9985		9985
辽　宁 Liaoning	36704	32363	103001	48748	32363	33703	36935		36935
吉　林 Jilin	31510	35397	97096	46622	35397	29628	32071		32071
黑龙江 Heilongjiang	34647	35455	116180	56913	35455	32353	33928	14444	34605
上　海 Shanghai	1965	3621	10473	4845	3634	2687	2247	1905	1905
江　苏 Jiangsu	26716	29262	81855	38055	29262	26658	25935		25935
浙　江 Zhejiang	36796	40039	112791	52072	40039	36494	36258		36258
安　徽 Anhui	131876	142402	407098	190468	142403	135764	128931		128931
福　建 Fujian	57730	60197	172901	80663	60209	57405	55287		55287
江　西 Jiangxi	119697	125540	358657	166564	125579	117130	115948		115948
山　东 Shandong	98896	99337	295595	137616	99337	91850	90520	13888	90318
河　南 Henan	264762	294161	844311	390331	294162	280695	268475	979	268354
湖　北 Hubei	58023	63763	179018	80190	63768	58970	56280		56280
湖　南 Hunan	158458	156344	459650	211993	156344	150572	152734		152734
广　东 Guangdong	119509	108414	319678	144713	108414	104383	106881		106881
广　西 Guangxi	96784	104480	293311	136836	104484	95160	93667		93667
海　南 Hainan	5552	6285	17072	7720	6344	5532	5196		5196
重　庆 Chongqing	28296	27105	82726	37692	27118	27675	27933		27933
四　川 Sichuan	131742	134546	390042	183789	134547	128151	127344		127344
贵　州 Guizhou	169709	132955	421075	198681	132955	138728	149392		149392
云　南 Yunnan	180006	190199	559242	262703	190209	188401	180632		180632
西　藏 Tibet	6427	8010	22417	11024	8010	7441	6966		6966
陕　西 Shaanxi	30328	26803	81503	37155	26809	27089	27605		27605
甘　肃 Gansu	88921	77775	240174	116968	77775	80230	82169		82169
青　海 Qinghai	12786	12783	38521	18205	12784	13194	12543		12543
宁　夏 Ningxia	11748	13018	38097	18767	13028	12932	12137		12137
新　疆 Xinjiang	99286	93984	289712	138157	93985	95837	99890		99890

初中女学生数
Number of Female Students in Junior Secondary Schools

单位:人
unit:person

	毕业生数 Graduates	招生数 Entrants	在校生数 Enrolment					预计毕业生数 Estimated Graduates for Next Year
			合计 Total	一年级 Grade 1	二年级 Grade 2	三年级 Grade 3	四年级 Grade 4	
总　计 Total	**6674570**	**6900787**	**20085705**	**6901926**	**6451917**	**6533556**	**198306**	**6531286**
北　京 Beijing	40417	43373	125359	43421	39375	42120	443	42208
天　津 Tianjin	39984	38225	119066	38226	36289	39780	4771	40028
河　北 Hebei	364765	405380	1146584	405382	359388	381814		381814
山　西 Shanxi	197372	180470	522011	180472	158773	182766		182766
内蒙古 Inner Mongolia	106671	95435	293841	95435	93867	103716	823	103863
辽　宁 Liaoning	166228	154250	464366	154251	141945	167929	241	167949
吉　林 Jilin	99978	103721	288954	103721	85870	99363		99363
黑龙江 Heilongjiang	133539	133347	435065	133347	121420	127092	53206	133273
上　海 Shanghai	43925	58540	195041	58595	48999	43560	43887	43887
江　苏 Jiangsu	283820	321290	892648	321290	289281	281853	224	281866
浙　江 Zhejiang	227403	248865	703911	248865	227004	227035	1007	227141
安　徽 Anhui	284431	305919	879806	305921	291447	282438		282438
福　建 Fujian	172919	188419	531069	188433	174960	167676		167676
江　西 Jiangxi	262542	284126	794048	284175	256923	252950		252950
山　东 Shandong	468942	488021	1480417	488021	448708	457729	85959	451512
河　南 Henan	593254	655676	1885247	655677	618924	603311	7335	604108
湖　北 Hubei	203416	229904	637688	229909	207956	199413	410	199408
湖　南 Hunan	339528	353800	1019799	353800	332964	333035		333035
广　东 Guangdong	542859	547031	1552875	547398	506625	498852		495034
广　西 Guangxi	310003	326765	939483	326769	308681	304033		303905
海　南 Hainan	49428	49206	143797	49589	47257	46951		46922
重　庆 Chongqing	152249	155515	453889	155568	147542	150779		150779
四　川 Sichuan	400348	403922	1168521	403934	379676	384911		384911
贵　州 Guizhou	330934	282276	886271	282277	291919	312075		312075
云　南 Yunnan	295038	301610	898065	301678	300452	295935		295935
西　藏 Tibet	18032	20100	58427	20100	19766	18561		18561
陕　西 Shaanxi	170561	165657	485951	165675	158077	162199		162199
甘　肃 Gansu	149756	136949	414911	136950	135790	142171		142171
青　海 Qinghai	34324	33651	100694	33679	33709	33306		33306
宁　夏 Ningxia	43783	45198	133256	45215	44069	43972		43972
新　疆 Xinjiang	148091	144146	434645	144153	144261	146231		146231

初中专任教师学历、

Number of Full-time Teachers in Junior Secondary Schools by Educational

地 区 Region	合计 Total	其中:女 of Which: Female	按学历分 By Educational Attainment			
			研究生毕业 Graduate	本科毕业 Under-graduate	专科毕业 Associate Bachelor	高中阶段毕业 High School Graduate
总 计 Total	**3487789**	**1900525**	**76857**	**2799585**	**602922**	**8182**
北 京 Beijing	33469	25538	5362	27751	343	13
天 津 Tianjin	26632	18373	2131	23327	1104	67
河 北 Hebei	179189	123719	3225	148573	27244	146
山 西 Shanxi	110164	73035	1537	85219	22950	446
内蒙古 Inner Mongolia	57069	37889	2010	48247	6800	12
辽 宁 Liaoning	98960	67439	2788	82792	13132	221
吉 林 Jilin	64694	43150	1689	54497	8400	106
黑龙江 Heilongjiang	90447	58032	956	74118	15128	243
上 海 Shanghai	38088	28059	3837	33736	513	2
江 苏 Jiangsu	176597	91390	7536	160259	8662	139
浙 江 Zhejiang	121850	70905	3052	112181	6485	132
安 徽 Anhui	151870	60625	1972	120691	29171	36
福 建 Fujian	98789	46019	1874	84312	12456	141
江 西 Jiangxi	119533	49444	1312	84555	33162	482
山 东 Shandong	267840	142696	7709	223231	36341	531
河 南 Henan	286446	170648	4674	208657	71600	1515
湖 北 Hubei	129157	57038	2244	92457	33885	548
湖 南 Hunan	169279	84980	3025	125410	39966	860
广 东 Guangdong	275836	152755	7204	221134	47386	110
广 西 Guangxi	123427	63490	1350	96215	25261	582
海 南 Hainan	25882	12228	218	20127	5435	100
重 庆 Chongqing	75330	37360	1539	66239	7360	185
四 川 Sichuan	198463	95907	2233	149339	46795	94
贵 州 Guizhou	127097	54163	600	98816	27395	272
云 南 Yunnan	126516	62932	1229	104756	19954	556
西 藏 Tibet	10061	5061	151	8605	1261	38
陕 西 Shaanxi	101924	57970	2928	86143	12671	174
甘 肃 Gansu	82364	35218	976	66127	14978	272
青 海 Qinghai	16171	8672	351	12795	3000	25
宁 夏 Ningxia	19740	10870	347	17731	1642	19
新 疆 Xinjiang	84905	54920	798	61545	22442	115

专业技术职务情况(总计)
Attainment and Professional Rank (Total)

单位:人
unit: person

	按专业技术职务分 By Professional Rank				
高中阶段毕业以下 Below High School Graduate	中学高级 Senior Secondary	中学一级 1st Grade	中学二级 2nd Grade	中学三级 3rd Grade	未定职级 No-ranking
243	**641158**	**1495431**	**1038428**	**38698**	**274074**
	7736	12158	10904	97	2574
3	8330	13005	4417	39	841
1	32990	81038	45496	2405	17260
12	10784	36891	48879	1859	11751
	18066	23773	11079		4151
27	45712	35692	12883	667	4006
2	11725	28732	19945	429	3863
2	22285	44688	20579	322	2573
	4434	19767	12014	95	1778
1	45161	85709	37734	56	7937
	28922	55613	29410	312	7593
	25884	58371	47606	2591	17418
6	20482	43093	30108	524	4582
22	34818	44413	29636	1138	9528
28	38837	120554	88300	1461	18688
	50190	112643	92417	5464	25732
23	26316	68060	27157	1903	5721
18	19983	83468	47137	1317	17374
2	29777	137130	68269	5092	35568
19	15251	65298	30768	1710	10400
2	4707	9716	9935	182	1342
7	10730	30707	29667	333	3893
2	31671	83557	69962	1513	11760
14	19226	46554	40512	2435	18370
21	32623	42948	40467	1953	8525
6	586	4351	3597	173	1354
8	12573	38805	43544	1335	5667
11	8528	29324	39424	1204	3884
	3414	6274	4275	377	1831
1	3411	6481	7784	59	2005
5	16006	26618	34523	1653	6105

初中专任教师学历、

Number of Full-time Teachers in Junior Secondary Schools by Educational

地区 Region	合计 Total	其中:女 of Which: Female	按学历分 By Educational Attainment			
			研究生毕业 Graduate	本科毕业 Under-graduate	专科毕业 Associate Bachelor	高中阶段毕业 High School Graduate
总　计 Total	**1161214**	**748090**	**56053**	**992130**	**111948**	**1041**
北　京 Beijing	26593	20908	4855	21504	225	9
天　津 Tianjin	17709	13563	2014	15138	530	26
河　北 Hebei	50688	38584	1827	43690	5156	15
山　西 Shanxi	34743	25024	948	29393	4360	42
内蒙古 Inner Mongolia	21725	15580	1316	18207	2197	5
辽　宁 Liaoning	51178	38465	2332	44841	3937	57
吉　林 Jilin	25518	18915	1054	22434	2009	21
黑龙江 Heilongjiang	37489	26933	784	32328	4357	20
上　海 Shanghai	31034	23496	3291	27381	362	
江　苏 Jiangsu	82668	49425	5565	74448	2600	55
浙　江 Zhejiang	59194	37356	2074	54607	2493	20
安　徽 Anhui	32815	16822	893	27495	4413	14
福　建 Fujian	32755	20097	1460	28696	2567	29
江　西 Jiangxi	28252	15322	853	22114	5206	74
山　东 Shandong	97852	60538	4883	85652	7232	80
河　南 Henan	66931	44090	2510	54139	10134	148
湖　北 Hubei	49710	26247	1928	39057	8613	112
湖　南 Hunan	37089	22785	2202	30361	4485	37
广　东 Guangdong	140102	86200	6446	117608	16019	29
广　西 Guangxi	27666	17677	1024	22895	3701	45
海　南 Hainan	9554	5618	127	8109	1303	15
重　庆 Chongqing	28075	16422	1293	25094	1647	38
四　川 Sichuan	48155	28445	1443	41140	5553	18
贵　州 Guizhou	22138	13258	373	18387	3324	53
云　南 Yunnan	21472	13406	897	18732	1826	17
西　藏 Tibet	1834	1046	49	1567	211	5
陕　西 Shaanxi	28954	19602	2086	24618	2212	34
甘　肃 Gansu	16490	9269	599	13816	2072	3
青　海 Qinghai	4340	2757	118	3649	567	6
宁　夏 Ningxia	7131	4492	206	6547	374	4
新　疆 Xinjiang	21360	15748	603	18483	2263	10

专业技术职务情况(城区)
Attainment and Professional Rank(Urban Area)

单位:人
unit:person

	按专业技术职务分 By Professional Rank				
高中阶段毕业以下 Below High School Graduate	中学高级 Senior Secondary	中学一级 1st Grade	中学二级 2nd Grade	中学三级 3rd Grade	未定职级 No-ranking
42	**259407**	**492524**	**303001**	**8062**	**98220**
	6282	9671	8533	72	2035
1	5618	8157	3260	33	641
	11137	23320	10281	652	5298
	5230	12674	12702	299	3838
	7701	7905	4047		2072
11	23684	19094	5948	235	2217
	5522	11532	6980	93	1391
	11785	17652	6836	95	1121
	3800	16275	9467	62	1430
	23965	38445	16354	33	3871
	15976	25973	13108	103	4034
	6370	11966	9707	599	4173
3	7158	13032	9980	176	2409
5	9503	10221	6216	214	2098
5	15797	43236	30915	472	7432
	15088	26468	19729	714	4932
	13803	23319	9763	439	2386
4	5774	17760	8966	206	4383
	19891	62147	33179	1550	23335
1	4963	12861	6477	386	2979
	1920	3224	3433	69	908
3	4727	11764	10168	105	1311
1	8915	20235	16484	283	2238
1	3980	7577	6178	367	4036
	5481	7988	5824	87	2092
2	261	883	534	30	126
4	4455	10750	11236	271	2242
	2935	6798	6072	100	585
	1051	1680	1025	184	400
	1551	2556	2395	15	614
1	5084	7361	7204	118	1593

初中专任教师学历、专业

Number of Full-time Teachers in Junior Secondary Schools by Educational

地区 Region	合计 Total	其中：女 of Which: Female	按学历分 By Educational Attainment			
			研究生毕业 Graduate	本科毕业 Under-graduate	专科毕业 Associate Bachelor	高中阶段毕业 High School Graduate
总　计 Total	**193274**	**114054**	**6018**	**160678**	**26313**	**260**
北　京 Beijing	2383	1736	298	2033	52	
天　津 Tianjin	1308	925	102	1159	44	3
河　北 Hebei	11942	9041	243	9807	1887	5
山　西 Shanxi	4130	2840	82	3324	709	15
内蒙古 Inner Mongolia	302	220	21	268	13	
辽　宁 Liaoning	4210	3025	201	3616	380	13
吉　林 Jilin	835	565	22	726	83	4
黑龙江 Heilongjiang	3198	2236	28	2660	505	5
上　海 Shanghai	2574	1856	382	2165	27	
江　苏 Jiangsu	9754	5078	362	9026	354	12
浙　江 Zhejiang	13352	7868	334	12170	839	9
安　徽 Anhui	5047	2149	70	4109	868	
福　建 Fujian	4732	2415	134	4101	496	1
江　西 Jiangxi	3460	1704	73	2630	742	14
山　东 Shandong	27005	15440	990	23446	2541	26
河　南 Henan	10330	6600	193	7774	2310	53
湖　北 Hubei	6785	3354	114	5089	1555	27
湖　南 Hunan	5000	2894	311	3889	792	7
广　东 Guangdong	43098	24589	1355	34826	6903	14
广　西 Guangxi	5688	3517	94	4564	1017	13
海　南 Hainan	975	499	9	807	158	1
重　庆 Chongqing	3204	1612	53	2796	348	7
四　川 Sichuan	5876	3324	160	4984	731	1
贵　州 Guizhou	2707	1375	44	2056	597	10
云　南 Yunnan	5327	3065	113	4523	684	7
西　藏 Tibet						
陕　西 Shaanxi	3667	2197	127	3157	380	3
甘　肃 Gansu	1358	665	25	1078	255	
青　海 Qinghai	785	427	13	608	162	2
宁　夏 Ningxia	710	421	7	661	40	2
新　疆 Xinjiang	3532	2417	58	2626	841	6

技术职务情况(城乡结合区)
Attainment and Professional Rank(Urban-rural Transitional Area)

单位:人
unit:person

高中阶段毕业以下 Below High School Graduate	按专业技术职务分 By Professional Rank				
	中学高级 Senior Secondary	中学一级 1st Grade	中学二级 2nd Grade	中学三级 3rd Grade	未定职级 No-ranking
5	**33097**	**81805**	**51842**	**2087**	**24443**
	456	858	725	8	336
	385	617	273		33
	2104	5373	2627	166	1672
	395	1333	1498	36	868
	101	100	74		27
	2381	1279	404	30	116
	160	392	245	1	37
	1104	1463	578	19	34
	268	1168	908	5	225
	2423	4756	2121	1	453
	2840	6102	3162	28	1220
	871	1662	1462	128	924
	1075	1847	1261	33	516
1	919	1200	806	23	512
2	3704	11809	9204	117	2171
	1806	3939	3072	130	1383
	1323	3269	1459	147	587
1	674	2441	1115	20	750
	3986	19141	9844	662	9465
	1011	2896	1184	74	523
	155	330	383	2	105
	414	1212	1384	51	143
	868	2350	2058	136	464
	389	889	701	119	609
	1589	1808	1353	31	546
	458	1369	1582	27	231
	194	556	524		84
	178	359	185	27	36
	133	215	261		101
1	733	1072	1389	66	272

初中专任教师学历、

Number of Full-time Teachers in Junior Secondary Schools by Educational

地　区 Region	合计 Total	其中：女 of Which: Female	按学历分 By Educational Attainment			
			研究生毕业 Graduate	本科毕业 Under-graduate	专科毕业 Associate Bachelor	高中阶段毕业 High School Graduate
总　计 Total	**1718815**	**871697**	**16349**	**1354951**	**342759**	**4619**
北　京 Beijing	4158	2852	328	3756	70	4
天　津 Tianjin	5958	3334	85	5498	349	26
河　北 Hebei	93704	63645	1091	76803	15727	82
山　西 Shanxi	55018	36139	424	41320	13005	261
内蒙古 Inner Mongolia	31693	20175	593	26995	4099	6
辽　宁 Liaoning	36248	22229	279	28774	7058	124
吉　林 Jilin	25465	16323	538	20825	4041	61
黑龙江 Heilongjiang	37487	23037	138	30152	7083	113
上　海 Shanghai	5877	3788	411	5337	128	1
江　苏 Jiangsu	84868	38208	1829	77651	5312	75
浙　江 Zhejiang	52261	28044	743	48165	3262	91
安　徽 Anhui	81017	31442	798	64117	16091	11
福　建 Fujian	46876	19433	303	39555	6935	82
江　西 Jiangxi	63236	24657	374	43751	18867	233
山　东 Shandong	142295	69784	2368	115522	24040	346
河　南 Henan	152055	90895	1666	108102	41473	814
湖　北 Hubei	61032	24172	218	41144	19321	328
湖　南 Hunan	88665	43289	645	65381	22159	468
广　东 Guangdong	107156	52185	513	82639	23930	73
广　西 Guangxi	76881	37553	276	59749	16444	399
海　南 Hainan	14470	5875	81	10691	3624	72
重　庆 Chongqing	40445	17930	219	35385	4750	88
四　川 Sichuan	113055	51950	645	83562	28783	64
贵　州 Guizhou	75446	29895	161	58038	17099	139
云　南 Yunnan	65163	31214	206	53551	11091	304
西　藏 Tibet	6592	3215	78	5692	792	26
陕　西 Shaanxi	61773	33029	703	52356	8590	123
甘　肃 Gansu	39035	16653	238	31338	7329	128
青　海 Qinghai	8381	4428	188	6507	1668	18
宁　夏 Ningxia	9108	4696	87	8120	893	7
新　疆 Xinjiang	33397	21628	123	24475	8746	52

专业技术职务情况(镇区)
Attainment and Professional Rank(Counties & Towns Area)

单位:人
unit:person

	按专业技术职务分 By Professional Rank				
高中阶段毕业以下 Below High School Graduate	中学高级 Senior Secondary	中学一级 1st Grade	中学二级 2nd Grade	中学三级 3rd Grade	未定职级 No-ranking
137	**291551**	**758233**	**528793**	**20392**	**119846**
	896	1548	1378	11	325
	1823	3172	792	4	167
1	16414	42156	25374	1266	8494
8	4476	18112	26160	1071	5199
	9505	14413	6078		1697
13	16884	12721	4930	329	1384
	4334	11279	8260	192	1400
1	7807	19119	9430	190	941
	534	2993	2069	21	260
1	19448	42544	19144	21	3711
	11252	24766	13386	181	2676
	13525	31072	25058	1425	9937
1	9505	21467	14019	234	1651
11	18359	24836	15224	528	4289
19	19734	64836	47557	838	9330
	24381	59243	50418	3298	14715
21	9817	34578	13139	1120	2378
12	9805	44723	25240	772	8125
1	8190	60656	27792	2739	7779
13	8667	42427	19590	934	5263
2	2536	5851	5694	105	284
3	5327	16571	16733	176	1638
1	17687	48531	39891	816	6130
9	11928	29527	23823	1136	9032
11	18332	23019	19733	890	3189
4	273	2720	2467	133	999
1	6984	23829	27226	848	2886
2	3615	14060	19524	444	1392
	1667	3257	2316	160	981
1	1413	3053	3768	29	845
1	6433	11154	12580	481	2749

初中专任教师学历、专业

Number of Full-time Teachers in Junior Secondary Schools by Educational

地 区 Region	合计 Total	其中：女 of Which: Female	按学历分 By Educational Attainment			
			研究生毕业 Graduate	本科毕业 Under-graduate	专科毕业 Associate Bachelor	高中阶段毕业 High School Graduate
总 计 Total	**421160**	**221176**	**4566**	**332343**	**83058**	**1162**
北 京 Beijing	1360	914	128	1214	18	
天 津 Tianjin	2305	1315	27	2104	157	17
河 北 Hebei	41561	28340	536	33984	7009	32
山 西 Shanxi	15171	10523	147	11236	3712	75
内蒙古 Inner Mongolia	2704	1710	36	2265	403	
辽 宁 Liaoning	4234	2630	24	3309	876	25
吉 林 Jilin	2674	1653	159	2088	417	10
黑龙江 Heilongjiang	3576	2140	15	2889	657	15
上 海 Shanghai	1533	990	57	1427	49	
江 苏 Jiangsu	21128	9621	402	19443	1264	19
浙 江 Zhejiang	17423	9255	227	15941	1198	57
安 徽 Anhui	17310	6576	147	13690	3469	4
福 建 Fujian	13037	5459	51	11150	1816	20
江 西 Jiangxi	10510	3996	34	6864	3547	64
山 东 Shandong	52811	26537	917	43555	8194	136
河 南 Henan	47993	29328	618	33645	13499	231
湖 北 Hubei	13414	5287	43	9016	4270	76
湖 南 Hunan	26350	12663	166	19680	6366	134
广 东 Guangdong	31254	16015	175	23637	7431	11
广 西 Guangxi	15892	7835	64	12326	3444	56
海 南 Hainan	1375	677	20	1141	208	6
重 庆 Chongqing	6972	3083	38	6087	831	15
四 川 Sichuan	16219	7748	199	12102	3905	13
贵 州 Guizhou	12217	4942	24	9448	2732	13
云 南 Yunnan	13159	6724	47	11002	2046	63
西 藏 Tibet	698	327	3	638	56	1
陕 西 Shaanxi	12340	6696	160	10314	1842	23
甘 肃 Gansu	7545	3199	40	6061	1419	24
青 海 Qinghai	1722	888	40	1310	362	10
宁 夏 Ningxia	1058	526	4	942	111	
新 疆 Xinjiang	5615	3579	18	3835	1750	12

技术职务情况(镇乡结合区)

Attainment and Professional Rank(County-town Transitional Area)

单位:人
unit:person

高中阶段毕业以下 Below High School Graduate	按专业技术职务分 By Professional Rank				
	中学高级 Senior Secondary	中学一级 1st Grade	中学二级 2nd Grade	中学三级 3rd Grade	未定职级 No-ranking
31	**65612**	**184900**	**129609**	**5806**	**35233**
	291	513	428	8	120
	693	1265	274	2	71
	6963	18270	12003	501	3824
1	1232	4830	6712	537	1860
	905	1276	400		123
	1651	1642	580	40	321
	527	1204	715	5	223
	803	1812	860	48	53
	165	809	470	4	85
	4866	10366	5041	5	850
	3488	8072	4676	81	1106
	2748	6232	5091	421	2818
	2617	5778	4030	81	531
1	2825	4044	2492	111	1038
9	7049	23232	18026	402	4102
	7176	18485	15610	1225	5497
9	2154	7422	3089	220	529
4	2815	13200	7415	176	2744
	2502	17039	7869	767	3077
2	1845	8768	4262	170	847
	208	502	608	1	56
1	841	2903	2870	38	320
	2269	7084	5771	102	993
	1491	4848	3768	243	1867
1	3881	4822	3733	117	606
	43	285	262	2	106
1	1314	4786	5351	203	686
1	734	2642	3810	117	242
	386	665	432	73	166
1	139	347	450	6	116
	991	1757	2511	100	256

初中专任教师学历、
Number of Full-time Teachers in Junior Secondary Schools by Educational

地区 Region	合计 Total	其中:女 of Which: Female	按学历分 By Educational Attainment			
			研究生毕业 Graduate	本科毕业 Under-graduate	专科毕业 Associate Bachelor	高中阶段毕业 High School Graduate
总 计 Total	**607760**	**280738**	**4455**	**452504**	**148215**	**2522**
北 京 Beijing	2718	1778	179	2491	48	
天 津 Tianjin	2965	1476	32	2691	225	15
河 北 Hebei	34797	21490	307	28080	6361	49
山 西 Shanxi	20403	11872	165	14506	5585	143
内蒙古 Inner Mongolia	3651	2134	101	3045	504	1
辽 宁 Liaoning	11534	6745	177	9177	2137	40
吉 林 Jilin	13711	7912	97	11238	2350	24
黑龙江 Heilongjiang	15471	8062	34	11638	3688	110
上 海 Shanghai	1177	775	135	1018	23	1
江 苏 Jiangsu	9061	3757	142	8160	750	9
浙 江 Zhejiang	10395	5505	235	9409	730	21
安 徽 Anhui	38038	12361	281	29079	8667	11
福 建 Fujian	19158	6489	111	16061	2954	30
江 西 Jiangxi	28045	9465	85	18690	9089	175
山 东 Shandong	27693	12374	458	22057	5069	105
河 南 Henan	67460	35663	498	46416	19993	553
湖 北 Hubei	18415	6619	98	12256	5951	108
湖 南 Hunan	43525	18906	178	29668	13322	355
广 东 Guangdong	28578	14370	245	20887	7437	8
广 西 Guangxi	18880	8260	50	13571	5116	138
海 南 Hainan	1858	735	10	1327	508	13
重 庆 Chongqing	6810	3008	27	5760	963	59
四 川 Sichuan	37253	15512	145	24637	12459	12
贵 州 Guizhou	29513	11010	66	22391	6972	80
云 南 Yunnan	39881	18312	126	32473	7037	235
西 藏 Tibet	1635	800	24	1346	258	7
陕 西 Shaanxi	11197	5339	139	9169	1869	17
甘 肃 Gansu	26839	9296	139	20973	5577	141
青 海 Qinghai	3450	1487	45	2639	765	1
宁 夏 Ningxia	3501	1682	54	3064	375	8
新 疆 Xinjiang	30148	17544	72	18587	11433	53

专业技术职务情况(乡村)
Attainment and Professional Rank(Rural Area)

单位:人
unit:person

高中阶段毕业以下 Below High School Graduate	按专业技术职务分 By Professional Rank				
	中学高级 Senior Secondary	中学一级 1st Grade	中学二级 2nd Grade	中学三级 3rd Grade	未定职级 No-ranking
64	**90200**	**244674**	**206634**	**10244**	**56008**
	558	939	993	14	214
2	889	1676	365	2	33
	5439	15562	9841	487	3468
4	1078	6105	10017	489	2714
	860	1455	954		382
3	5144	3877	2005	103	405
2	1869	5921	4705	144	1072
1	2693	7917	4313	37	511
	100	499	478	12	88
	1748	4720	2236	2	355
	1694	4874	2916	28	883
	5989	15333	12841	567	3308
2	3819	8594	6109	114	522
6	6956	9356	8196	396	3141
4	3306	12482	9828	151	1926
	10721	26932	22270	1452	6085
2	2696	10163	4255	344	957
2	4404	20985	12931	339	4866
1	1696	14327	7298	803	4454
5	1621	10010	4701	390	2158
	251	641	808	8	150
1	676	2372	2766	52	944
	5069	14791	13587	414	3392
4	3318	9450	10511	932	5302
10	8810	11941	14910	976	3244
	52	748	596	10	229
3	1134	4226	5082	216	539
9	1978	8466	13828	660	1907
	696	1337	934	33	450
	447	872	1621	15	546
3	4489	8103	14739	1054	1763

初中办学
Condition of School Buildings in

地 区 Region	校舍建筑面积 Floor Space	教学及辅助用房 Teaching & Assistant Buildings						
		合计 Total	其中：of Which：					
			教室 Classroom	实验室 Laboratory	图书室 Library	微机室 PC-room	语音室 Linguistic	体育馆 Gymnasium
总 计 Total	**578271997.22**	**235977844.48**	**161660839.95**	**35972153.95**	**14137614.34**	**10732912.67**	**3678858.19**	**9795465.38**
北 京 Beijing	4056765.21	1647430.00	1040884.10	295797.66	94695.00	77044.63	7987.13	131021.48
天 津 Tianjin	2706139.24	1308868.70	874610.75	196190.66	84773.29	52397.47	22367.22	78529.31
河 北 Hebei	26239492.66	11209161.81	7627012.90	2054432.50	677367.83	494945.77	161447.09	193955.72
山 西 Shanxi	15404052.13	5558594.85	3935607.59	781681.16	371055.23	274812.52	89329.11	106109.24
内蒙古 Inner Mongolia	9624208.66	4271968.36	2786362.43	593610.20	247644.74	180043.97	62314.93	401992.09
辽 宁 Liaoning	14202139.53	6242404.31	4129092.87	931295.96	335376.36	323686.84	115476.68	407475.60
吉 林 Jilin	8083636.54	3757750.92	2518644.74	567166.40	243630.01	213492.20	97881.20	116936.37
黑龙江 Heilongjiang	10580443.30	4810072.78	3246698.69	787342.52	210301.52	209027.75	116880.46	239821.84
上 海 Shanghai	7256655.51	3541424.90	1950746.63	676256.67	239894.90	159721.84	51711.50	463093.36
江 苏 Jiangsu	34707312.65	16381299.83	9884727.10	2920415.05	1384956.82	864976.22	276420.34	1049804.30
浙 江 Zhejiang	28725336.59	11624023.28	7091982.31	1651460.92	779536.21	493654.05	139931.17	1467458.62
安 徽 Anhui	25858974.17	11527101.58	8281019.68	1577274.25	653818.79	580193.28	159891.59	274903.99
福 建 Fujian	12416168.23	5057699.83	3199250.56	1001368.62	383483.33	204119.06	48467.08	221011.18
江 西 Jiangxi	19939922.43	7941290.24	5880266.18	915544.73	432086.38	324933.09	145755.24	242704.62
山 东 Shandong	44218943.71	17625756.00	11060394.20	3442099.98	1216337.19	846580.35	312121.39	748222.89
河 南 Henan	46979683.44	16723219.43	12558638.32	2264427.63	846743.41	697517.98	208666.35	147225.74
湖 北 Hubei	24369968.02	8459696.71	5847795.42	1277971.66	492096.84	431465.76	178709.91	231657.12
湖 南 Hunan	31571856.96	12079531.80	8197121.32	1823017.85	810334.68	549615.16	264477.81	434964.98
广 东 Guangdong	52574815.44	23489334.07	16465596.31	3158024.85	1251340.17	839385.87	380951.71	1394035.16
广 西 Guangxi	22787913.85	8194411.37	6084007.76	1117749.64	395671.48	310469.92	75804.84	210707.73
海 南 Hainan	4107205.91	1651496.79	1252235.01	186975.52	92006.21	62011.27	22082.78	36186.00
重 庆 Chongqing	11019145.72	4045394.94	3031575.16	551438.16	181024.11	150242.32	38437.38	92677.81
四 川 Sichuan	33211879.57	14117587.41	10364542.34	1913025.30	764948.43	637931.79	186361.53	250778.02
贵 州 Guizhou	21211259.79	7298430.42	5346239.29	987090.06	408171.72	344283.62	79037.10	133608.63
云 南 Yunnan	18862358.54	6904304.82	4967881.28	1026061.46	370857.42	352322.10	89287.77	97894.79
西 藏 Tibet	2091567.05	635159.19	477517.22	73716.53	19351.88	21694.08	11674.59	31204.89
陕 西 Shaanxi	14606183.75	5788017.22	3863808.75	947561.00	376755.98	316391.89	182114.94	101384.66
甘 肃 Gansu	11145645.81	4811206.98	3494457.96	690684.33	268521.70	238881.51	42806.29	75855.19
青 海 Qinghai	3224674.02	1327275.59	887029.53	203925.41	73633.20	64667.79	22394.72	75624.94
宁 夏 Ningxia	3326681.52	1579927.06	1007962.07	323011.07	86427.54	95312.96	16565.28	50648.14
新 疆 Xinjiang	13160967.27	6368003.29	4307131.48	1035536.20	344771.97	321089.61	71503.06	287970.97

条件(一)(总计)
Junior Secondary Schools (1) (Total)

单位:平方米
unit: m^2

行政办公用房 Administrative		生活用房 Residential and Welfare							其他用房 Rooms for Other Purposes	校舍面积中 of the Floor Space	
			教工宿舍 Apartments for Single								
合计 Total	其中:教师办公室 of Which: for Teachers	合计 Total	小计 Subtotal	其中:教师周转宿舍 of Which: Accommodation for Circulation of Teachers	学生宿舍 Students' Dormitories	食堂 Dining Halls	厕所 Toilet	其他 Others		危房面积 Floor Space of Dilapidated Buildings	当年新增校舍 New Floor Space Added in Current Year
50538266.73	**30615620.35**	**242305336.41**	**55501136.25**	**14667151.07**	**105086868.23**	**45686980.56**	**17412453.91**	**18617897.46**	**49450549.60**	**5478729.02**	**29398137.46**
540283.40	257268.64	945212.38	133488.19	7552.56	176404.32	246312.63	177201.12	211806.12	923839.43		215168.88
406160.80	249033.74	514003.90	48373.94	10001.41	50942.20	119842.90	113448.09	181396.77	477105.84		106757.22
2168762.70	1470177.36	10956161.55	1297888.21	363065.56	5790404.92	2148859.36	718794.96	1000214.10	1905406.60	6006.95	2155389.22
1593146.88	1074811.17	6304650.00	1007832.94	124578.26	3064351.88	1220577.78	466944.08	544943.32	1947660.40	46314.91	337971.82
1036852.86	681825.53	3509999.37	221224.24	102196.39	1849545.00	755469.42	348261.99	335498.72	805388.07		375416.07
1858571.43	1072103.20	3787540.93	159855.11	57204.27	1207410.61	1136940.38	520179.86	763154.97	2313622.86	37409.00	756892.67
956326.98	611170.72	2370992.83	99878.31	57635.94	866739.98	616962.82	286974.66	500437.06	998565.81		379193.12
1422244.46	923363.07	2830267.66	113234.97	60553.03	1118304.62	569779.14	380179.04	648769.89	1517858.40	117057.59	326920.73
904209.24	446494.70	1474142.53	34828.48	3086.43	136292.84	512208.31	298736.05	492076.85	1336878.84		199671.12
3594817.48	1960206.78	11573228.67	1644002.85	277223.36	4143352.49	3338233.57	995196.81	1452442.95	3157966.67	92.00	948317.49
2641454.08	1472991.09	10864384.79	1701427.55	243438.92	4151064.43	2810285.32	908966.55	1292640.94	3595474.44		1656806.59
2275855.06	1366319.35	10261870.35	2562934.46	689875.25	4430315.31	1953637.93	723508.59	591474.06	1794147.18	52522.82	1068977.81
1052321.50	494954.96	4921303.25	1748625.27	276423.79	1684999.85	810245.64	345861.01	331571.48	1384843.65	67236.00	355938.22
1515049.03	853214.84	9285836.82	2564201.47	558556.53	4018147.01	1606283.61	510138.29	587066.44	1197746.34	477001.20	1570387.65
4619630.80	2588092.57	16663800.70	2567233.66	639713.55	7150325.16	3912043.71	1598321.55	1435876.62	5309756.21	26313.00	1987019.45
4730634.43	3203940.03	22809736.90	3992423.03	739759.17	11540262.06	4588078.71	1553877.19	1135095.91	2716092.68	133688.65	2062058.30
1893600.67	1161919.19	12248004.76	4924995.14	913171.25	4249836.50	1795972.07	579016.02	698185.03	1768665.88	161267.00	778494.00
2221310.13	1468840.61	14933742.28	5110183.66	1207319.27	5468493.75	2536163.16	822645.36	996256.35	2337272.75	265095.41	1124765.16
3608294.22	2144009.36	19610775.92	6427962.11	894697.53	7266467.15	2606080.17	1505571.60	1804694.89	5866411.23	30121.00	1311031.81
1095993.91	728833.13	12926736.90	3823531.07	1115722.48	6572332.71	1752485.07	478720.91	299667.14	570771.67	654455.20	1325665.25
204737.68	126535.68	2099470.25	828412.60	255601.56	852699.16	256937.13	104924.56	56496.80	151501.19	97549.00	118972.30
812518.78	453888.98	5338217.83	1251872.81	338132.21	2667990.84	912494.99	265958.10	239901.09	823014.17	86553.85	257859.13
2178827.82	1358621.94	15268804.57	4251915.99	1689445.90	6723935.79	2620874.01	999201.08	672877.70	1646659.77	142381.31	2552209.46
1299051.43	762927.12	11439862.19	2425937.27	1461875.52	6374274.36	1579134.41	624081.69	436434.46	1173915.75		2241823.40
984874.50	554458.09	10355315.34	2475595.17	886246.85	5179301.24	1856436.81	475360.83	368621.29	617863.88	1904496.80	1970048.95
119545.32	97387.92	1275748.44	482127.81	411261.81	575654.92	140870.00	25758.34	51337.37	61114.10	3257.00	87335.36
1651283.30	1122566.63	6066056.08	1721271.63	309517.42	2363042.21	1034442.27	503649.72	443650.25	1100827.15	20016.00	842845.92
1062726.49	744071.69	4541326.47	842476.56	285079.28	2133949.83	799019.21	404033.05	361847.82	730385.87	1144822.93	909409.34
255683.16	157082.96	1325818.72	229851.16	138349.04	593701.85	246591.22	113021.96	142652.53	315896.55	1089.40	329064.22
328164.87	203734.85	1183473.02	163355.37	78043.46	563633.31	232739.44	132032.77	91712.13	235116.57	108.00	192171.21
1505333.32	804774.45	4618851.01	644195.22	471823.07	2122691.93	970979.37	431888.08	449096.41	668779.65	3874.00	853555.59

初中办学

Condition of School Buildings in Junior

地 区 Region	校舍建筑面积 Floor Space	教学及辅助用房 Teaching & Assistant Buildings						
		合计 Total	其中: of Which:					
			教室 Classroom	实验室 Laboratory	图书室 Library	微机室 PC-room	语音室 Linguistic	体育馆 Gymnasium
总 计 Total	**174911557.96**	**80063907.80**	**52321590.97**	**11909487.18**	**5113955.69**	**3344941.19**	**1189369.99**	**6184562.78**
北 京 Beijing	2574659.20	1094432.31	704305.15	176681.83	62710.40	49416.90	4721.48	96596.55
天 津 Tianjin	1746137.27	806858.61	510591.80	122016.78	59276.69	32062.97	11989.02	70921.35
河 北 Hebei	5691169.36	2742200.52	1858171.49	467791.74	180436.69	115870.02	31930.99	87999.59
山 西 Shanxi	3608059.93	1520011.55	1013565.14	226860.06	129141.29	68523.43	29005.46	52916.17
内蒙古 Inner Mongolia	2914100.48	1580379.06	1056739.89	203929.99	93360.10	56887.38	15420.22	154041.48
辽 宁 Liaoning	6769362.97	3008539.71	1883718.67	432873.12	172032.69	145864.88	47081.41	326968.94
吉 林 Jilin	2912944.28	1454374.67	970003.96	190781.68	93952.06	74424.97	34578.13	90633.87
黑龙江 Heilongjiang	3818990.47	1794160.70	1157668.86	266667.01	76570.39	71471.82	44155.76	177626.86
上 海 Shanghai	5591327.16	2696071.50	1490954.89	495370.43	176963.06	119590.92	41750.73	371441.47
江 苏 Jiangsu	16083612.55	7770138.63	4486801.04	1405274.95	698983.25	362285.85	108379.72	708413.82
浙 江 Zhejiang	13970900.34	5998744.99	3509191.41	820308.35	433123.09	240744.21	71600.85	923777.08
安 徽 Anhui	4953681.74	2550824.40	1772762.83	353133.06	136981.27	117141.17	29358.18	141447.89
福 建 Fujian	3416756.99	1610930.60	990881.60	280677.08	131431.11	57688.59	18254.80	131997.42
江 西 Jiangxi	3591777.47	1727177.20	1225540.97	175096.81	91154.47	60646.40	34470.43	140268.12
山 东 Shandong	16149311.14	7030496.26	4308923.78	1289164.50	470641.50	319090.84	125546.35	517129.29
河 南 Henan	9770130.58	4138022.12	2988925.39	625179.06	223720.76	162842.46	53066.58	84287.87
湖 北 Hubei	7589079.26	3242702.76	2231266.63	477058.98	183199.31	147010.40	56592.18	147575.26
湖 南 Hunan	5269323.64	2262428.77	1428156.11	334642.92	152616.67	90158.83	42339.82	214514.42
广 东 Guangdong	27641629.87	12679740.78	8689201.24	1632371.15	706001.85	434535.52	196479.20	1021151.82
广 西 Guangxi	4310012.06	2027649.38	1429467.32	258802.48	108306.15	74430.99	24912.68	131729.76
海 南 Hainan	1065450.38	479300.76	362953.60	43957.36	27733.80	17394.80	7623.20	19638.00
重 庆 Chongqing	3284787.62	1427444.03	1057378.31	175111.38	63983.63	48152.11	13093.09	69725.51
四 川 Sichuan	6083010.91	2941213.18	2113641.25	382237.91	156000.64	118894.15	42083.98	128355.25
贵 州 Guizhou	3387319.35	1297271.36	886223.53	187717.60	97983.00	56265.64	15513.89	53567.70
云 南 Yunnan	2626335.63	1135355.11	774768.87	148897.46	83353.68	57669.73	21709.86	48955.51
西 藏 Tibet	293545.39	95961.45	69549.21	16000.71	1904.03	2806.25	1377.25	4324.00
陕 西 Shaanxi	3257289.77	1405648.30	956967.09	205141.64	85000.91	70386.98	30365.02	57786.66
甘 肃 Gansu	1798077.01	960534.15	671202.80	129201.90	66629.93	42673.16	10047.25	40779.11
青 海 Qinghai	642858.67	312202.61	196073.38	50566.70	18250.17	16988.60	6178.20	24145.56
宁 夏 Ningxia	957238.42	510669.99	317280.22	103730.81	26211.30	29976.00	4442.86	29028.80
新 疆 Xinjiang	3142678.05	1762422.34	1208714.54	232241.73	106301.80	83045.22	15301.40	116817.65

条件(一)(城区)
Secondary Schools (1) (Urban Area)

单位:平方米
unit: m^2

行政办公用房 Administrative		生活用房 Residential and Welfare							其他用房 Rooms for Other Purposes	校舍面积中 of the Floor Space	
合计 Total	其中:教师办公室 of Which: for Teachers	合计 Total	教工宿舍 Apartments for Single: 小计 Subtotal	教工宿舍 Apartments for Single: 其中:教师周转宿舍 of Which: Accommodation for Circulation of Teachers	学生宿舍 Students' Dormitories	食堂 Dining Halls	厕所 Toilet	其他 Others		危房面积 Floor Space of Dilapidated Buildings	当年新增校舍 New Floor Space Added in Current Year
18921904.66	**10865449.24**	**52687787.05**	**8661965.35**	**1534434.61**	**19027166.65**	**11246988.89**	**6026842.30**	**7724823.86**	**23237958.45**	**780093.62**	**7843777.86**
354636.91	169317.09	500925.58	56748.28	4913.56	75014.98	141161.07	107866.06	120135.19	624664.40		102235.27
262160.14	158504.44	322626.93	15356.12	2300.00	42154.00	83576.26	71649.44	109891.11	354491.59		89277.22
630498.64	420887.61	1714741.55	113617.87	15714.83	826921.36	302195.38	160749.88	311257.06	603728.65	2624.99	440848.45
434277.05	282719.75	958901.62	140472.58	20325.92	396718.50	175576.34	105574.19	140560.01	694869.71	12758.00	122857.67
370657.70	245414.06	643429.11	38377.61	5140.00	291863.01	123974.02	110003.02	79211.45	319634.61		34602.86
924300.71	493580.47	1414442.08	47714.60	5181.23	241701.34	431998.88	264956.04	428071.22	1422080.47	16894.00	317892.07
380513.90	225154.52	680274.11	17594.61	140.00	177944.50	183592.70	110427.06	190715.24	397781.60		97021.37
592415.51	356024.38	726127.06	16311.51	3095.08	151729.71	112611.91	153768.78	291705.15	706287.20	25130.59	70964.73
695289.48	342944.05	1135862.78	20746.05	1025.00	103681.84	364943.38	227426.76	419064.75	1064103.40		112264.47
1879992.26	988045.09	4485989.04	398544.10	81422.85	1332564.42	1482164.81	489651.56	783064.15	1947492.62	92.00	498705.10
1413894.25	778243.53	4505637.38	519942.27	75462.29	1569676.18	1327968.20	455901.64	632149.09	2052623.72		821411.32
606245.34	355023.37	1164366.63	138873.52	15791.26	428648.58	231012.91	169089.25	196742.37	632245.37	2490.00	150618.05
334108.61	157220.98	894143.97	232251.79	58005.05	263950.86	178402.55	119067.65	100471.12	577573.81	4569.00	146153.28
321705.69	186550.57	1102245.76	221123.58	55657.56	304890.27	236578.87	124377.44	215275.60	440648.82	13636.00	165144.19
2044913.19	1093847.86	4660097.49	592237.51	131857.43	1615052.30	1163326.22	625475.76	664005.70	2413804.20		589382.20
1262227.92	817647.10	3509398.50	494558.20	61299.03	1700284.89	649866.97	341302.95	323385.49	860482.04	36147.40	405447.30
830483.18	497437.51	2616640.67	885354.37	128606.15	798841.85	425576.79	214755.62	292112.04	899252.65	25792.00	293160.68
434317.70	260882.70	2010733.32	431726.74	103191.05	791991.32	438646.76	167597.11	180771.39	561843.85	4540.41	246927.10
2046107.77	1211305.82	9094242.67	2359331.35	278383.08	3262341.08	1359030.73	915328.01	1198211.50	3821538.65	17432.00	863213.85
336160.47	202694.91	1780412.20	412106.02	110443.76	921814.80	255150.66	133106.95	58233.77	165790.01	53543.00	241074.81
60987.78	36759.56	464580.57	204983.05	31547.95	161452.13	50927.20	32652.19	14566.00	60581.27	34555.00	51172.39
314360.68	162351.43	1168978.45	126911.55	26881.25	586194.89	235089.50	96918.55	123863.96	374004.46	4653.63	64513.40
521408.67	314249.22	2146343.92	326541.46	86859.55	984112.99	448685.47	212502.82	174501.18	474045.14	6357.00	424736.71
351815.47	213171.90	1296151.63	228960.10	60216.87	629341.18	188199.17	132082.32	117568.86	442080.89		635083.18
233006.81	115671.59	1013237.49	199044.35	52961.89	426686.94	184541.97	88996.08	113968.15	244736.22	276938.00	316094.43
26314.40	21792.40	145323.10	58576.59	45514.59	59338.24	14870.91	3669.22	8868.14	25946.44	2602.00	2228.00
420368.50	282854.82	1011029.08	237121.38	24718.23	288515.50	170677.47	140820.69	173894.04	420243.89	14410.00	106902.74
220171.51	146663.26	397031.24	37423.80	10125.00	137605.34	57712.87	75687.65	88601.58	220340.11	224147.60	118377.83
71816.63	37900.94	149740.04	25656.44	11602.00	43188.47	15475.20	29144.12	36275.81	109099.39		40883.58
110060.96	65737.92	230178.97	14824.51	1035.11	102700.24	47661.00	40078.01	24915.21	106328.50		25106.71
436686.83	224850.39	743954.11	48933.44	25017.04	310244.94	165792.72	106215.48	112767.53	199614.77	781.00	249476.90

初中办学条件(一)

Condition of School Buildings in Junior Secondary

地　区 Region	校舍建筑面积 Floor Space	教学及辅助用房 Teaching & Assistant Buildings						
		合计 Total	其中: of Which:					
			教室 Classroom	实验室 Laboratory	图书室 Library	微机室 PC-room	语音室 Linguistic	体育馆 Gymnasium
总　计 Total	**35879975.09**	**15485779.40**	**10349974.13**	**2273092.81**	**914473.57**	**635874.02**	**224764.24**	**1087600.63**
北　京 Beijing	338688.31	138099.08	91215.34	22422.35	7292.76	5979.87	364.00	10824.76
天　津 Tianjin	184089.66	78868.45	52786.57	11082.50	3380.42	3088.00	1494.75	7036.21
河　北 Hebei	1694204.42	802037.30	557830.67	131590.66	42754.88	32394.95	9540.75	27925.39
山　西 Shanxi	427963.26	164432.34	115791.05	24514.05	9880.12	8311.12	1910.00	4026.00
内蒙古 Inner Mongolia	99912.40	36102.00	14300.00	8317.00	3144.00	1383.00	348.00	8610.00
辽　宁 Liaoning	731379.20	287120.69	173198.41	44486.73	16937.79	12892.87	4556.20	35048.69
吉　林 Jilin	107899.41	52050.77	37068.85	6521.11	2653.75	2799.97	1431.88	1575.21
黑龙江 Heilongjiang	362060.51	144651.63	87477.16	19311.92	6367.93	4635.47	2836.15	24023.00
上　海 Shanghai	599446.65	264245.30	136091.86	54463.49	18399.86	10987.23	4544.01	39758.85
江　苏 Jiangsu	1934001.00	925639.82	556977.89	173697.81	73377.57	50244.03	12393.21	58949.31
浙　江 Zhejiang	3341407.25	1397112.86	860376.76	185648.60	95265.23	56873.54	17548.46	181400.27
安　徽 Anhui	647498.63	337346.94	243325.42	43001.53	17934.42	15537.55	2696.02	14852.00
福　建 Fujian	667572.95	290467.92	193770.72	44803.03	20582.03	11291.03	4062.04	15959.07
江　西 Jiangxi	675143.84	258640.17	186369.62	19617.32	10170.44	9436.18	5512.34	27534.27
山　东 Shandong	5181461.57	2183227.42	1305352.57	390036.95	156864.13	97742.62	45938.70	187292.45
河　南 Henan	1943087.65	688992.41	496034.75	101158.32	42849.48	31397.62	6257.83	11294.41
湖　北 Hubei	1044862.46	373434.35	272434.39	46596.11	21665.39	18851.46	4840.00	9047.00
湖　南 Hunan	884817.81	348983.52	245488.63	39292.68	19170.45	12737.90	8983.36	23310.50
广　东 Guangdong	9914118.50	4569133.99	3192345.58	613824.17	233938.96	154528.64	60200.16	314296.48
广　西 Guangxi	878033.53	387558.58	283349.55	51190.42	16315.92	12527.62	6164.00	18011.07
海　南 Hainan	112453.10	44221.10	36496.00	2661.70	1992.00	1549.40	96.00	1426.00
重　庆 Chongqing	454571.36	177031.26	146305.64	16186.84	5614.17	5218.11	660.70	3045.80
四　川 Sichuan	869803.10	398652.33	280991.31	49401.95	21498.91	17160.20	7165.60	22434.36
贵　州 Guizhou	510601.35	155766.00	114274.62	20723.72	5332.28	7025.22	1578.16	6832.00
云　南 Yunnan	721318.19	286124.35	184429.73	44425.10	19947.00	15707.60	6271.00	15343.92
西　藏 Tibet								
陕　西 Shaanxi	618619.43	227164.87	150033.40	38109.67	15798.68	13179.37	5866.92	4176.83
甘　肃 Gansu	203059.58	104217.00	75109.00	14047.00	9876.00	4478.00	110.00	597.00
青　海 Qinghai	118132.00	61571.00	47399.00	8077.00	2240.00	3059.00	430.00	366.00
宁　夏 Ningxia	108757.64	52084.06	38759.76	9506.23	1503.92	2134.15	180.00	
新　疆 Xinjiang	505010.33	250801.89	174589.88	38376.85	11725.08	12722.30	784.00	12603.78

（城乡结合区）

Schools（1）（Urban-rural Transitional Area）

单位：平方米
unit：m^2

行政办公用房 Administrative		生活用房 Residential and Welfare							其他用房 Rooms for Other Purposes	校舍面积中 of the Floor Space	
			教工宿舍 Apartments for Single								
合计 Total	其中：教师办公室 of Which: for Teachers	合计 Total	小计 Subtotal	其中：教师周转宿舍 of Which: Accommodation for Circulation of Teachers	学生宿舍 Students' Dormitories	食堂 Dining Halls	厕所 Toilet	其他 Others		危房面积 Floor Space of Dilapidated Buildings	当年新增校舍 New Floor Space Added in Current Year
3269709.92	**1862162.39**	**13157326.54**	**2374804.05**	**398695.42**	**5414604.84**	**2725590.10**	**1226679.07**	**1415648.48**	**3967159.23**	**128642.63**	**1872310.90**
43599.07	19798.12	88778.20	11090.58	2224.00	13030.33	19459.43	16809.04	28388.82	68211.96		17906.21
23810.14	11519.80	23552.22	3096.30	1661.00		8822.59	6021.83	5611.50	57858.85		7547.70
141151.00	104665.54	638106.76	40219.73	3863.88	362394.38	124774.76	48174.74	62543.15	112909.36		144459.57
46426.36	31674.36	160014.11	18358.00	648.00	83288.00	32393.36	13352.75	12622.00	57090.45		48001.00
13245.40	7051.00	25817.00	1661.00		12318.00	7681.00	3240.00	917.00	24748.00		
90740.90	50916.04	213016.45	10537.00	56.00	50841.00	58968.14	28157.81	64512.50	140501.16		72582.03
16020.35	9571.89	31493.27	845.01		9710.02	8259.22	4232.02	8447.00	8335.02		4021.20
36191.28	19669.18	85669.96	780.00	50.00	24894.00	17622.00	12454.33	29919.63	95547.64	3240.00	7060.00
71701.50	26229.61	157733.56	2886.10		33056.83	52649.55	27566.20	41574.88	105766.29		20500.00
216723.14	119121.15	654283.18	71281.99	22055.96	232333.50	224747.96	55168.99	70750.74	137354.86		43302.85
309455.46	161027.34	1215424.90	147572.60	14001.95	483042.22	348804.13	105483.13	130522.82	419414.03		128902.76
72454.28	43205.31	192782.68	36731.12	9212.01	74046.39	48446.84	21550.31	12008.02	44914.73		15800.00
58056.26	36320.30	223800.34	56560.03	10468.00	74261.80	43628.99	22637.94	26711.58	95248.43		33340.90
46847.80	21056.07	319006.63	45390.60	11810.00	83775.60	47650.60	17985.83	124204.00	50649.24	2151.00	7427.66
561420.81	312923.31	1768946.67	199582.20	62149.63	731984.23	445386.44	209119.94	182873.86	667866.67		232457.52
217283.17	128036.95	868797.15	114662.93	15056.39	453262.22	193004.81	62762.80	45104.39	168014.92	540.00	58835.81
107178.32	51869.00	481691.46	148583.00	29215.00	199175.00	80502.44	31661.02	21770.00	82558.33		69163.30
74784.85	44793.33	388676.05	74592.27	18611.02	166030.94	73674.04	30435.46	43943.34	72373.39	3026.00	9060.00
690169.84	412175.55	3411117.76	980222.57	102879.18	1249127.94	487744.06	326324.68	367698.51	1243696.91	997.00	500528.84
48781.51	28442.52	421308.74	90432.80	43901.00	238886.58	64482.22	21017.64	6489.50	20384.70	14514.00	39470.84
5464.00	2350.00	60825.00	21629.00	6070.00	25335.00	8820.00	4665.00	376.00	1943.00	4503.00	3339.00
28417.45	18322.73	222635.97	36936.32	3628.00	117536.14	42517.18	16049.21	9597.12	26486.68	3443.63	1171.22
69455.83	41941.65	334829.18	54089.84	7518.88	144623.12	77956.70	33355.32	24804.20	66865.76	4305.00	111740.75
35280.04	15319.55	271447.31	31253.34	10070.00	170978.78	35249.24	16488.78	17477.17	48108.00		130260.22
52039.30	27516.70	352730.54	86748.48	11128.64	151974.00	66701.76	23725.80	23580.50	30424.00	66860.00	96605.00
84495.67	55317.16	241470.47	68497.26	2424.12	78139.12	39443.81	26921.05	28469.23	65488.42	6788.00	13038.12
23473.00	15085.00	66674.58	968.00	60.00	38453.00	11000.00	10345.25	5908.33	8695.00	18275.00	731.00
14866.00	9273.00	33987.00	6235.00	700.00	13815.00	5797.00	6149.00	1991.00	7708.00		25241.00
9780.46	5580.57	29978.45	320.00		15666.68	7809.78	2938.86	3243.13	16914.67		5589.00
60396.73	31389.66	172730.95	13040.98	9232.76	82625.02	41592.05	21884.34	13588.56	21080.76		24227.40

初中办学
Condition of School Buildings in Junior Secondary

地区 Region	校舍建筑面积 Floor Space	教学及辅助用房 Teaching & Assistant Buildings						
		合计 Total	其中：of Which：					
			教室 Classroom	实验室 Laboratory	图书室 Library	微机室 PC-room	语音室 Linguistic	体育馆 Gymnasium
总　计 Total	**287489030.71**	**111399233.23**	**77744037.22**	**17208073.93**	**6501945.35**	**5171937.27**	**1833460.45**	**2939779.01**
北　京 Beijing	866134.06	323091.93	193893.38	69337.67	19359.20	17313.46	1962.65	21225.57
天　津 Tianjin	631274.08	326730.34	239677.84	45375.67	15972.49	13092.19	6162.19	6449.96
河　北 Hebei	14670584.91	5942360.41	4103856.12	1075490.16	339542.92	259402.88	89741.34	74326.99
山　西 Shanxi	8178915.66	2919710.44	2138969.01	394956.01	168095.42	141708.96	43382.97	32598.07
内蒙古 Inner Mongolia	5768838.19	2323708.42	1485014.25	339726.27	134823.39	106989.03	42398.71	214756.77
辽　宁 Liaoning	5520054.41	2374138.72	1663391.81	361943.38	120015.51	128292.27	49001.39	51494.36
吉　林 Jilin	3248010.20	1451617.56	1000355.20	218875.99	88729.19	81373.76	36657.92	25625.50
黑龙江 Heilongjiang	4740287.93	2083499.00	1434738.23	360600.68	90629.36	91225.17	52493.17	53812.39
上　海 Shanghai	1373708.92	692450.45	377942.68	151748.59	50400.84	33977.23	6509.77	71871.34
江　苏 Jiangsu	16649020.51	7706293.04	4821718.19	1357980.54	612248.50	447769.23	145933.79	320642.79
浙　江 Zhejiang	11906752.81	4538824.93	2844794.78	686536.54	283326.49	202251.20	55743.34	466172.58
安　徽 Anhui	13082717.02	5682198.91	4140531.07	748077.69	320026.90	277578.10	90031.05	105954.10
福　建 Fujian	5298213.08	2112329.05	1362083.45	439640.37	153305.62	84764.75	17531.10	55003.76
江　西 Jiangxi	10641820.76	4148808.48	3113826.64	483053.73	233748.46	168463.55	75899.78	73816.32
山　东 Shandong	23207992.10	8828087.18	5585791.81	1808521.10	629167.47	437988.62	161200.58	205417.60
河　南 Henan	25362805.78	8554212.60	6539252.97	1090701.52	419128.92	343246.98	112099.41	49782.80
湖　北 Hubei	12419031.82	3841893.74	2657257.74	585012.08	224532.25	208553.95	95545.12	70992.60
湖　南 Hunan	16521925.29	6267497.55	4239265.49	968686.54	435707.03	289332.29	149816.87	184689.33
广　东 Guangdong	19119389.92	8090957.00	5793599.20	1174183.74	419142.59	302566.04	140277.08	261188.35
广　西 Guangxi	14252447.15	4799896.95	3662790.93	652428.37	213114.35	176768.29	37710.92	57084.09
海　南 Hainan	2575813.90	997106.43	764760.49	117265.46	52515.91	36627.99	12632.58	13304.00
重　庆 Chongqing	6271823.64	2147523.79	1615726.73	316924.38	95474.29	84119.67	19914.49	15364.23
四　川 Sichuan	18196803.22	7462529.35	5453931.57	1035597.55	414034.92	341748.67	100203.53	117013.11
贵　州 Guizhou	12494709.59	4138872.26	3042114.78	562121.81	221489.81	198753.11	43984.86	70407.89
云　南 Yunnan	9507128.41	3402932.06	2483064.54	500187.84	169503.23	167304.33	40833.27	42038.85
西　藏 Tibet	1457674.63	433983.54	324161.69	48198.26	14574.70	14915.30	9010.44	23123.15
陕　西 Shaanxi	9377086.40	3656468.61	2436077.78	612429.43	238000.94	204518.60	126744.86	38697.00
甘　肃 Gansu	5123087.14	2131376.86	1561052.86	308970.97	114743.85	104945.78	20976.02	20687.38
青　海 Qinghai	1658562.86	655439.24	442652.52	96217.94	38008.88	30165.80	10809.72	37584.38
宁　夏 Ningxia	1622700.04	729201.49	480106.83	143783.14	40673.59	44058.51	8412.17	12167.25
新　疆 Xinjiang	5743716.28	2635492.90	1741636.64	453500.51	131908.33	132121.56	29839.36	146486.50

条件(一)(镇区)
Schools (1) (Countier & Towns Area)

单位:平方米
unit: m^2

行政办公用房 Administrative		生活用房 Residential and Welfare							其他用房 Rooms for Other Purposes	校舍面积中 of the Floor Space	
			教工宿舍 Apartments for Single								
合计 Total	其中:教师办公室 of Which: for Teachers	合计 Total	小计 Subtotal	其中:教师周转宿舍 of Which: Accommodation for Circulation of Teachers	学生宿舍 Students' Dormitories	食堂 Dining Halls	厕所 Toilet	其他 Others		危房面积 Floor Space of Dilapidated Buildings	当年新增校舍 New Floor Space Added in Current Year
22931929.12	**14171864.40**	**134257911.88**	**31521169.35**	**8373130.44**	**62245119.95**	**24532194.19**	**8058247.27**	**7901181.12**	**18899956.48**	**2982137.04**	**14485278.99**
102106.08	48331.82	267487.99	39861.91	999.00	50112.22	58409.27	45592.72	73511.87	173448.06		88998.02
95495.33	56254.19	132719.98	21926.51	6418.40	4498.20	25690.40	28929.92	51674.95	76328.43		16433.00
1072487.38	734376.59	6748086.67	768282.65	209811.18	3722737.16	1362235.06	386977.14	507854.66	907650.45	2440.04	1170359.76
799136.25	544589.29	3672273.65	526029.24	57367.34	1910896.99	711872.22	247542.20	275933.00	787795.32	23863.91	162288.72
571833.90	374395.88	2468111.73	140996.33	70588.69	1347604.20	548472.54	206217.88	224820.78	405184.14		259406.38
701117.88	423562.06	1829144.60	75454.03	33549.29	808692.31	520909.06	184986.22	239102.98	615653.21	12280.00	317041.93
357557.25	231096.97	1052504.31	42997.10	28588.62	417301.06	259109.06	111373.44	221723.65	386331.08		167271.31
597165.52	395584.82	1443943.55	56935.50	32614.42	688025.99	303123.35	156312.53	239546.18	615679.86	77818.00	163481.58
170825.76	84442.89	263051.29	10897.43	2061.43	17477.00	120656.93	58494.29	55525.64	247381.42		80855.45
1543293.54	874339.53	6287444.69	1070034.02	162694.70	2489208.40	1677228.84	450005.16	600968.27	1111989.24		420830.66
1021122.75	576449.42	5155395.28	916434.59	137265.73	2105792.15	1206729.53	372922.08	553516.93	1191409.85		657622.99
1078872.45	637667.50	5604792.41	1400591.24	373350.63	2580528.40	1036584.74	335123.27	251964.76	716853.25	34378.86	582464.05
418351.27	198772.55	2305735.00	831850.06	130641.20	830523.71	354450.65	137098.31	151812.27	461797.76	31938.00	103044.50
842249.69	467428.92	5109548.57	1421953.77	289270.61	2357115.23	855591.21	254136.62	220751.74	541214.02	265739.98	951001.75
2167931.32	1244999.49	9837829.38	1592983.99	402379.88	4533114.93	2277688.75	790296.72	643744.99	2374144.22	26313.00	1080459.99
2376977.16	1599957.78	13143908.10	2221919.27	405097.15	6894190.97	2641385.05	815687.99	570724.82	1287707.92	53202.25	1091699.05
793454.03	496459.75	7146057.17	3051551.47	539673.56	2543245.81	997762.65	264223.80	289273.44	637626.88	116292.00	344396.44
1109648.04	745848.15	8050253.35	2846090.02	627562.63	2991918.34	1325612.03	403896.10	482736.86	1094526.35	151782.00	564933.35
1166978.00	691515.50	8356096.44	3197487.91	503804.47	3264620.41	984276.03	431438.75	478273.34	1505358.48	8312.00	342755.49
602805.29	415980.32	8547370.05	2530335.75	711171.02	4423581.64	1151705.24	268772.05	172975.37	302374.86	486548.20	815648.70
118131.98	73280.68	1383364.33	534170.79	194909.61	588424.03	176557.93	58771.09	25440.49	77211.16	57996.00	53684.14
402890.97	243023.81	3364293.01	886285.91	241229.23	1687145.33	557969.59	137022.86	95869.32	357115.87	70301.11	154060.25
1173832.18	737055.01	8736884.62	2256794.65	915663.03	4105730.52	1500068.21	524492.50	349798.74	823557.07	83795.30	1267242.11
706463.23	403865.36	7054419.61	1436125.27	841922.78	4053397.01	979693.93	353167.52	232035.88	594954.49		1230614.28
471743.13	268518.31	5391541.65	1271866.04	465030.42	2769154.16	960233.18	228393.55	161894.72	240911.57	972564.80	848352.22
82309.67	65343.27	908958.52	353366.57	307410.57	402506.48	99430.87	19158.37	34496.23	32422.90		67898.94
1004609.27	695882.48	4169573.22	1188085.84	227888.40	1735917.84	721658.17	295810.38	228100.99	546435.30	4371.00	604230.27
465181.02	324589.69	2212655.44	387843.96	151372.42	1096144.70	383961.56	178404.88	166300.34	313873.82	498610.19	348497.52
118401.32	72156.28	756568.62	117770.50	78601.16	368825.81	154276.82	48197.45	67498.04	128153.68	1089.40	172865.87
155705.35	98714.31	661647.28	78291.33	40805.29	359227.74	126719.35	65240.89	32167.97	76145.92		113189.72
643252.11	347381.78	2196251.37	245955.70	183387.58	1097461.21	452131.97	199560.59	201141.90	268719.90	2501.00	243650.55

初中办学条件(一)
Condition of School Buildings in Junior Secondary

地区 Region	校舍建筑面积 Floor Space	教学及辅助用房 Teaching & Assistant Buildings						
		合计 Total	其中：of Which：教室 Classroom	实验室 Laboratory	图书室 Library	微机室 PC-room	语音室 Linguistic	体育馆 Gymnasium
总　计 Total	**73609381.81**	**28287350.97**	**19805667.97**	**4395984.96**	**1645263.39**	**1269481.97**	**454478.08**	**716474.60**
北　京 Beijing	263826.62	89874.25	53857.51	21393.69	4946.56	5107.27	804.65	3764.57
天　津 Tianjin	254634.00	138668.10	104518.16	18581.07	7105.69	5572.59	2300.59	590.00
河　北 Hebei	6640476.46	2594074.77	1792511.83	467360.65	152472.10	111981.77	38114.74	31633.68
山　西 Shanxi	2345497.32	866337.46	632116.94	116198.87	50685.83	40455.46	14676.17	12204.19
内蒙古 Inner Mongolia	514313.46	220360.50	147423.50	30469.62	13932.96	10098.92	2027.00	16408.50
辽　宁 Liaoning	660680.77	273159.00	186843.59	45884.20	12569.87	15982.86	5062.48	6816.00
吉　林 Jilin	319545.28	127150.80	88689.79	18008.14	8764.29	7237.48	2125.10	2326.00
黑龙江 Heilongjiang	403598.97	174963.22	131848.80	24021.84	6155.08	6495.20	2718.30	3724.00
上　海 Shanghai	382311.46	197574.43	110702.17	46588.64	11602.92	9289.62	1768.77	17622.31
江　苏 Jiangsu	4067474.26	1838304.17	1113550.13	368932.94	139589.57	103444.09	30017.26	82770.18
浙　江 Zhejiang	3847123.78	1460054.31	953443.04	223803.32	86805.37	63571.91	18849.04	113581.63
安　徽 Anhui	2961673.15	1255480.76	922879.60	159446.31	68378.00	60673.53	20837.32	23266.00
福　建 Fujian	1535146.81	635179.85	401091.89	130041.74	53443.89	21823.21	5456.12	23323.00
江　西 Jiangxi	2306600.45	838058.09	622628.34	91321.80	44604.70	36368.41	16682.86	26451.98
山　东 Shandong	8982194.32	3373329.94	2106004.80	717808.91	233654.51	169042.53	67249.16	79570.03
河　南 Henan	8999800.71	3071090.31	2360333.57	378989.97	143936.48	119301.80	45540.93	22987.56
湖　北 Hubei	3052806.55	903112.99	648737.52	123256.26	50572.26	48235.47	21886.48	10425.00
湖　南 Hunan	5032059.18	1891893.98	1305950.94	282399.00	133817.72	85982.42	42926.10	40817.80
广　东 Guangdong	5367438.66	2473743.95	1827945.12	316664.10	119240.09	85252.27	36930.10	87712.27
广　西 Guangxi	2866485.95	1003495.03	794999.71	120405.31	39105.44	33304.61	4796.39	10883.57
海　南 Hainan	179353.50	63401.12	48192.71	6216.46	3805.03	2546.92	240.00	2400.00
重　庆 Chongqing	1146487.04	371893.43	287128.23	49344.72	15473.91	14206.54	3486.03	2254.00
四　川 Sichuan	3029856.23	1312844.37	950979.23	168902.42	72389.23	66733.29	17083.75	36756.45
贵　州 Guizhou	2013476.50	630998.32	449049.36	93202.05	38210.56	31236.36	7905.25	11394.74
云　南 Yunnan	1924434.77	724707.09	531088.45	101914.38	33414.01	30222.21	8164.19	19903.85
西　藏 Tibet	170416.06	47606.00	38748.00	4676.00	975.00	1329.00	643.00	1235.00
陕　西 Shaanxi	1856621.35	688148.28	464985.52	112165.01	42051.16	36860.35	23799.24	8287.00
甘　肃 Gansu	1130101.34	450336.69	328661.19	63821.00	26165.46	20145.32	5957.72	5586.00
青　海 Qinghai	395051.28	172695.05	123523.63	24555.94	9491.23	8394.97	3057.00	3672.28
宁　夏 Ningxia	180775.62	81325.32	53880.14	19589.09	3444.08	3584.01	828.00	
新　疆 Xinjiang	779119.96	317489.39	223354.56	50021.51	18460.39	15001.58	2544.34	8107.01

(镇乡结合区)
Schools (1) (County-town Transitional Area)

单位:平方米
unit: m^2

行政办公用房 Administrative		生活用房 Residential and Welfare							其他用房 Rooms for Other Purposes	校舍面积中 of the Floor Space	
			教工宿舍 Apartments for Single								
合计 Total	其中:教师办公室 of Which: for Teachers	合计 Total	小计 Subtotal	其中:教师周转宿舍 of Which: Accommodation for Circulation of Teachers	学生宿舍 Students' Dormitories	食堂 Dining Halls	厕所 Toilet	其他 Others		危房面积 Floor Space of Dilapidated Buildings	当年新增校舍 New Floor Space Added in Current Year
5982616.09	**3617650.58**	**34164540.76**	**7425693.27**	**1807903.06**	**16072866.64**	**6503218.56**	**2131854.18**	**2030908.11**	**5174873.99**	**658539.50**	**3904668.94**
28071.19	14089.89	93327.44	11555.25	18.00	12543.07	20786.36	12018.51	36424.25	52553.74		21791.05
35695.49	20650.71	43678.53	6113.41	664.40	600.00	10522.01	11009.10	15434.01	36591.88		15020.00
463439.80	319592.77	3185382.55	368436.81	90225.20	1770249.16	639459.83	170023.57	237213.18	397579.34	1600.04	664297.42
216947.21	136148.05	1046289.91	159758.50	15039.94	567919.91	198895.26	67807.00	51909.24	215922.74	9214.91	60040.55
49516.01	32689.71	222177.05	17958.68	5320.00	118171.50	48312.00	18066.67	19668.20	22259.90		7938.70
75900.95	51611.69	203110.99	8903.57	1774.01	79096.42	55756.24	20386.92	38967.84	108509.83	1170.00	25376.05
37743.30	24549.14	111104.58	8126.03	4364.00	39839.19	26322.38	12801.08	24015.90	43546.60		16530.05
58836.14	38761.76	139694.88	8652.01	4663.00	63100.24	25222.68	17532.62	25187.33	30104.73	22682.00	6320.36
50583.36	22687.74	76493.00	3324.00	775.00	5364.00	35191.82	15870.85	16742.33	57660.67		24882.10
395616.28	210140.47	1537429.53	301899.98	41197.17	532840.38	424803.93	106149.57	171735.67	296124.28		69867.69
332167.07	188338.18	1646961.31	273913.73	43280.54	711129.52	384219.98	114557.96	163140.12	407941.09		204157.13
237171.08	144172.98	1321797.44	334289.40	100900.57	608423.57	243050.04	73863.53	62170.90	147223.87	1532.00	138583.00
119971.00	52506.13	660256.16	248689.53	31916.18	238975.97	93054.24	42205.30	37331.12	119739.80	11398.00	14703.40
155360.79	84807.14	1186696.54	292050.07	62008.55	593654.85	205040.44	60441.18	35510.00	126485.03	38207.00	268646.43
856773.79	478376.13	3774003.46	600277.53	146319.53	1736595.81	884582.91	312182.65	240364.56	978087.13	16718.00	375920.17
861472.12	551193.13	4633348.39	688891.77	143024.91	2530801.82	962994.60	295282.65	155377.55	433889.89	15293.45	368818.36
207285.92	127039.69	1805282.73	747899.61	132289.71	673562.16	241080.72	72111.28	70628.96	137124.91	5980.00	87316.72
347267.62	236895.53	2439863.58	843061.69	204233.10	929578.19	396078.98	120563.90	150580.82	353034.00	68183.00	152501.95
382856.26	208514.79	2034098.21	692354.66	91924.70	771190.03	277459.26	148590.97	144503.29	476740.24		190618.49
115032.24	84379.20	1703470.42	445110.17	123563.82	927986.39	238165.51	56723.50	35484.85	44488.26	140831.00	167245.59
8304.00	5283.00	98498.02	31410.00	7892.00	42426.02	12550.00	7892.00	4220.00	9150.36	10049.00	
72250.93	47804.09	635627.45	163665.52	66815.77	325964.34	111759.13	22869.27	11369.19	66715.23	19549.90	22132.81
208640.91	117708.27	1361325.52	318342.64	126392.74	630269.83	260916.53	91960.53	59835.99	147045.43	8843.00	312836.44
103578.69	65778.57	1130576.92	207554.72	126422.21	652607.48	169451.01	59153.80	41809.91	148322.57		233522.94
107081.49	57876.65	1025792.73	214442.90	70887.90	544391.63	182011.54	51962.61	32984.05	66853.46	206318.50	136200.92
12860.00	11445.00	97379.49	36324.55	31921.55	48912.08	8523.90	1811.22	1807.74	12570.57		7581.00
199981.42	135210.40	854686.81	235098.03	56250.04	368798.70	152250.00	55763.00	42777.08	113804.84		91735.73
100876.84	74565.75	511600.74	78757.56	26219.44	253596.58	89234.76	42596.01	47415.83	67287.07	77673.30	68756.97
30726.11	19699.46	169045.50	23527.32	14760.08	87340.28	28214.03	12330.99	17632.88	22584.62	1089.40	74414.50
17978.03	9990.14	78249.13	11594.35	9079.32	45756.46	14214.25	4166.01	2518.06	3223.14		34566.78
92630.05	45144.42	337291.75	43709.28	27759.68	161181.06	63094.22	33159.93	36147.26	31708.77	2207.00	42345.64

初中办学
Condition of School Buildings in Junior

地　区 Region	校舍建筑面积 Floor Space	教学及辅助用房 Teaching & Assistant Buildings						
		合计 Total	其中: of Which:					
			教室 Classroom	实验室 Laboratory	图书室 Library	微机室 PC-room	语音室 Linguistic	体育馆 Gymnasium
总　计 Total	**115871408.55**	**44514703.45**	**31595211.76**	**6854592.84**	**2521713.30**	**2216034.21**	**656027.75**	**671123.59**
北　京 Beijing	615971.95	229905.76	142685.57	49778.16	12625.40	10314.27	1303.00	13199.36
天　津 Tianjin	328727.89	175279.75	124341.11	28798.21	9524.11	7242.31	4216.01	1158.00
河　北 Hebei	5877738.39	2524600.88	1664985.29	511150.60	157388.22	119672.87	39774.76	31629.14
山　西 Shanxi	3617076.54	1118872.86	783073.44	159865.09	73818.52	64580.13	16940.68	20595.00
内蒙古 Inner Mongolia	941269.99	367880.88	244608.29	49953.94	19461.25	16167.56	4496.00	33193.84
辽　宁 Liaoning	1912722.15	859725.88	581982.39	136479.46	43328.16	49529.69	19393.88	29012.30
吉　林 Jilin	1922682.06	851758.69	548285.58	157508.73	60948.76	57693.47	26645.15	677.00
黑龙江 Heilongjiang	2021164.90	932413.08	654291.60	160074.83	43101.77	46330.76	20231.53	8382.59
上　海 Shanghai	291619.43	152902.95	81849.06	29137.65	12531.00	6153.69	3451.00	19780.55
江　苏 Jiangsu	1974679.59	904868.16	576207.87	157159.56	73725.07	54921.14	22106.83	20747.69
浙　江 Zhejiang	2847683.44	1086453.36	737996.12	144616.03	63086.63	50658.64	12586.98	77508.96
安　徽 Anhui	7822575.41	3294078.27	2367725.78	476063.50	196810.62	185474.01	40502.36	27502.00
福　建 Fujian	3701198.16	1334440.18	846285.51	281051.17	98746.60	61665.72	12681.18	34010.00
江　西 Jiangxi	5706324.20	2065304.56	1540898.57	257394.19	107183.45	95823.14	35385.03	28620.18
山　东 Shandong	4861640.47	1767172.56	1165678.61	344414.38	116528.22	89500.89	25374.46	25676.00
河　南 Henan	11846747.08	4030984.71	3030459.96	548547.05	203893.73	191428.54	43500.36	13155.07
湖　北 Hubei	4361856.94	1375100.21	959271.05	215900.60	84365.28	75901.41	26572.61	13089.26
湖　南 Hunan	9780608.03	3549605.48	2529699.72	519688.39	222010.98	170124.04	72321.12	35761.23
广　东 Guangdong	5813795.65	2718636.29	1982795.87	351469.96	126195.73	102284.31	44195.43	111694.99
广　西 Guangxi	4225454.64	1366865.04	991749.51	206518.79	74250.98	59270.64	13181.24	21893.88
海　南 Hainan	465941.63	175089.60	124520.92	25752.70	11756.50	7988.48	1827.00	3244.00
重　庆 Chongqing	1462534.46	470427.12	358470.12	59402.40	21566.19	17970.54	5429.80	7588.07
四　川 Sichuan	8932065.44	3713844.88	2796969.52	495189.84	194912.87	177288.97	44074.02	5409.66
贵　州 Guizhou	5329230.85	1862286.80	1417900.98	237250.65	88698.91	89264.87	19538.35	9633.04
云　南 Yunnan	6728894.50	2366017.65	1710047.87	376976.16	118000.51	127348.04	26744.64	6900.43
西　藏 Tibet	340347.03	105214.20	83806.32	9517.56	2873.15	3972.53	1286.90	3757.74
陕　西 Shaanxi	1971807.58	725900.31	470763.88	129989.93	53754.13	41486.31	25005.06	4901.00
甘　肃 Gansu	4224481.66	1719295.97	1262202.30	252511.46	87147.92	91262.57	11783.02	14388.70
青　海 Qinghai	923252.49	359633.74	248303.63	57140.77	17374.15	17513.39	5406.80	13895.00
宁　夏 Ningxia	746743.06	340055.58	210575.02	75497.12	19542.65	21278.45	3710.25	9452.09
新　疆 Xinjiang	4274572.94	1970088.05	1356780.30	349793.96	106561.84	105922.83	26362.30	24666.82

条件(一)(乡村)
Secondary Schools (1) (Rural Area)

单位:平方米
unit: m^2

行政办公用房 Administrative		生活用房 Residential and Welfare							其他用房 Rooms for Other Purposes	校舍面积中 of the Floor Space	
			教工宿舍 Apartments for Single								
合计 Total	其中:教师办公室 of Which: for Teachers	合计 Total	小计 Subtotal	其中:教师周转宿舍 of Which: Accommodation for Circulation of Teachers	学生宿舍 Students' Dormitories	食堂 Dining Halls	厕所 Toilet	其他 Others		危房面积 Floor Space of Dilapidated Buildings	当年新增校舍 New Floor Space Added in Current Year
8684432.95	**5578306.71**	**55359637.48**	**15318001.55**	**4759586.02**	**23814581.63**	**9907797.48**	**3327364.34**	**2991892.48**	**7312634.67**	**1716498.36**	**7069080.61**
83540.41	39619.73	176798.81	36878.00	1640.00	51277.12	46742.29	23742.34	18159.06	125726.97		23935.59
48505.33	34275.11	58656.99	11091.31	1283.01	4290.00	10576.24	12868.73	19830.71	46285.82		1047.00
465776.68	314913.16	2493333.33	415987.69	137539.55	1240746.40	484428.92	171067.94	181102.38	394027.50	941.92	544181.01
359733.58	247502.13	1673474.73	341331.12	46885.00	756736.39	333129.22	113827.69	128450.31	464995.37	9693.00	52825.43
94361.26	62015.59	398458.53	41850.30	26467.70	210077.79	83022.86	32041.09	31466.49	80569.32		81406.83
233152.84	154960.67	543954.25	36686.48	18473.75	157016.96	184032.44	70237.60	95980.77	275889.18	8235.00	121958.67
218255.83	154919.23	638214.41	39286.60	28907.32	271494.42	174261.06	65174.16	87998.17	214453.13		114900.44
232663.43	171753.87	660197.05	39987.96	24843.53	278548.92	154043.88	70097.73	117518.56	195891.34	14109.00	92474.42
38094.00	19107.76	75228.46	3185.00		15134.00	26608.00	12815.00	17486.46	25394.02		6551.20
171531.68	97822.16	799794.94	175424.73	33105.81	321579.67	178839.92	55540.09	68410.53	98484.81		28781.73
206437.08	118298.14	1203352.13	265050.69	30710.90	475596.10	275587.59	80142.83	106974.92	351440.87		177772.28
590737.27	373628.48	3492711.31	1023469.70	300733.36	1421138.33	686040.28	219296.07	142766.93	445048.56	15653.96	335895.71
299861.62	138961.43	1721424.28	684523.42	87777.54	590525.28	277392.44	89695.05	79288.09	345472.08	30729.00	106740.44
351093.65	199235.35	3074042.49	921124.12	213628.36	1356141.51	514113.53	131624.23	151039.10	215883.50	197625.22	454241.71
406786.29	249245.22	2165873.83	382012.16	105476.24	1002157.93	471028.74	182549.07	128125.93	521807.79		317177.26
1091429.35	786335.15	6156430.30	1275945.56	273362.99	2945786.20	1296826.69	396886.25	240985.60	567902.72	44339.00	564911.95
269663.46	168021.93	2485306.92	988089.30	244891.54	907748.84	372632.63	100036.60	116799.55	231786.35	19183.00	140936.88
677344.39	462109.76	4872755.61	1832366.90	476565.59	1684584.09	771904.37	251152.15	332748.10	680902.55	108773.00	312904.71
395208.45	241188.04	2160436.81	871142.85	112509.98	739505.66	262773.41	158804.84	128210.05	539514.10	4377.00	105062.47
157028.15	110157.90	2598954.65	881089.30	294107.70	1226936.27	345629.17	76841.91	68458.00	102606.80	114364.00	268941.74
25617.92	16495.44	251525.35	89258.76	29144.00	102823.00	29452.00	13501.28	16490.31	13708.76	4998.00	14115.77
95267.13	48513.74	804946.37	238675.35	70021.73	394650.62	119435.90	32016.69	20167.81	91893.84	11599.11	39285.48
483586.97	307317.71	4385576.03	1668579.88	686923.32	1634092.28	672120.33	262205.76	148577.78	349057.56	52229.01	860230.64
240772.73	145889.86	3089290.95	760851.90	559735.87	1691536.17	411241.31	138831.85	86829.72	136880.37		376125.94
280124.56	170268.19	3950536.20	1004684.78	368254.54	1983460.14	711661.66	157971.20	92758.42	132216.09	654994.00	805602.30
10921.25	10252.25	221466.82	70184.65	58336.65	113810.20	26568.22	2930.75	7973.00	2744.76	655.00	17208.42
226305.53	143829.33	885453.78	296064.41	56910.79	338608.87	142106.63	67018.65	41655.22	134147.96	1235.00	131712.91
377373.96	272818.74	1931639.79	417208.80	123581.86	900199.79	357344.78	149940.52	106945.90	196171.94	422065.14	442533.99
65465.21	47025.74	419510.06	86424.22	48145.88	181687.57	76839.20	35680.39	38878.68	78643.48		115314.77
62398.56	39282.62	291646.77	70239.53	36203.06	101705.33	58359.09	26713.87	34628.95	52642.15	108.00	53874.78
425394.38	232542.28	1678645.53	349306.08	263418.45	714985.78	353054.68	126112.01	135186.98	200444.98	592.00	360428.14

初中办学
Condition of School Buildings in Junior

地区 Region	占地面积(平方米) Areas of School Sites(m^2)			图书(册) Books & Magazines in Libraries (Volume)	计算机数(台) PC (set)	
	合计 Total	其中: of Which:			合计 Total	其中:教学 No. of Computers
		绿化用地面积 Green Areas	运动场地面积 Sports Areas			小计 Subtotal
总 计 Total	**1555876890.52**	**313671080.11**	**434166123.29**	**1487950874**	**7199297**	**6030093**
北 京 Beijing	9719920.50	1885151.84	3419702.96	9872283	96023	83267
天 津 Tianjin	8683524.66	1042062.82	3244206.70	10084649	46908	40425
河 北 Hebei	76301431.53	9362599.86	23822754.70	92190221	324679	309991
山 西 Shanxi	37964518.47	4804226.22	9990273.01	33457801	200494	162329
内蒙古 Inner Mongolia	33417601.12	5579928.24	8489262.70	19031218	117052	84921
辽 宁 Liaoning	45627159.05	5980177.04	18790820.51	49643946	281654	219025
吉 林 Jilin	31845917.86	6492628.56	9607602.67	26397959	114148	89741
黑龙江 Heilongjiang	43063408.98	5544207.53	13104120.52	25068096	153035	121088
上 海 Shanghai	13151519.80	4088145.02	3893231.24	25111190	166943	135965
江 苏 Jiangsu	89853112.16	26083592.94	25822749.59	84554006	494527	426503
浙 江 Zhejiang	60779546.80	16568886.51	17504938.91	71242571	449025	398691
安 徽 Anhui	81992702.90	13005169.29	18399362.17	56614955	315115	252688
福 建 Fujian	32570059.29	8242160.57	8561343.83	29479231	142713	114045
江 西 Jiangxi	57015644.75	10890743.39	16096439.12	44414498	176781	138747
山 东 Shandong	133171384.29	29720311.75	39444903.92	136254015	668199	574805
河 南 Henan	121496649.52	15476826.49	28424864.92	110050613	397861	332388
湖 北 Hubei	63257375.46	20654553.83	14700305.29	60763661	225031	193761
湖 南 Hunan	87560535.22	15494002.45	17788392.60	69533646	247410	210021
广 东 Guangdong	118843122.09	31848557.02	35211922.94	130081834	782857	644443
广 西 Guangxi	52956239.94	9309285.08	13469601.91	59741781	186067	145724
海 南 Hainan	16141631.19	3845490.44	3210132.40	8428201	43059	36384
重 庆 Chongqing	20353135.59	4240240.38	6120602.88	18014385	106355	86701
四 川 Sichuan	71047679.94	12463505.94	25835497.54	79024198	379709	314605
贵 州 Guizhou	53177747.68	11757575.61	17413396.96	65196550	236860	212339
云 南 Yunnan	52238934.70	11330298.05	12525645.78	48251089	214897	179256
西 藏 Tibet	6161855.30	785684.38	977442.97	2949221	17686	11860
陕 西 Shaanxi	36845769.91	5688900.37	9507206.18	46542418	199406	177989
甘 肃 Gansu	30434050.23	4574907.48	8844904.20	28674478	147109	126697
青 海 Qinghai	8382178.09	996244.92	2263324.92	8750945	44138	35116
宁 夏 Ningxia	10926690.14	2379264.46	3463127.73	8450055	56694	44185
新 疆 Xinjiang	50895843.36	13535751.63	14218041.52	30081160	166862	126393

条件(二)(总计)
Secondary Schools (2) (Total)

用计算机 Used for Instruction	教室(间) Classroom(Room)		教室中:普通教室(间) of Which: General Classroom (Room)		固定资产总值(万元) Total Volue of Fixed Asset (10,000 yuan)		
其中:平板电脑 of Which: Tablet PC	合计 Total	其中:网络多媒体教室 of Which: Network Multimedia Classroom	合计 Total	其中:网络多媒体教室 of Which: Network Multimedia Classroom	合计 Total	其中:教学仪器设备资产值 of Which: Total Volue of Equip & Instru. 小计 Subtotal	其中:实验设备 of Which: for Prefession
235058	**1738300**	**1025943**	**1291415**	**893723**	**73969532.43**	**8700568.65**	**2679853.95**
4579	14008	11343	8328	7446	946381.62	263252.34	30529.84
1924	9896	6445	7115	5461	442946.82	61955.77	16705.23
10660	84773	45187	67326	42332	2865494.66	314078.42	126723.29
4805	43705	24696	32001	22188	1871255.99	174426.19	62062.03
829	26336	18405	16948	15186	1577567.20	177930.97	48138.82
11277	55057	29654	39423	24956	1848328.82	333993.12	104287.60
2138	39384	13051	28122	11657	1029060.07	160082.11	56303.54
2478	45841	21306	31171	18714	1391730.84	207402.47	58994.52
6904	25309	20012	17052	14702	1605635.73	280138.31	61197.96
12056	100420	67985	66780	55116	6029803.85	621764.93	181967.89
11533	72187	61048	51719	49724	4187856.58	531014.96	117915.54
5828	82422	48137	64541	44361	3249810.59	304747.68	104098.74
2404	32995	22148	21416	18190	1478811.60	198051.12	59952.61
6180	60006	32938	44993	30462	1824463.16	203798.69	61876.36
11755	135737	100556	89906	79813	6332287.83	602699.29	155327.02
21132	140204	70346	119035	65948	4506673.85	405043.30	154605.45
10468	61912	35889	45569	33316	2583125.79	294339.45	111422.63
8200	105664	32500	79715	30348	3231536.97	334594.11	130863.23
58377	144080	106141	109137	93500	6799106.61	946497.60	310117.97
7504	46807	32544	39677	30838	2063626.57	265975.63	97508.09
1081	9468	4778	7660	4446	580431.56	73347.64	25538.22
1558	27863	22523	19194	17154	1279718.49	133487.90	31660.72
8405	106908	47591	86331	42807	4336510.30	617046.38	185384.40
6866	63016	41424	48232	37743	2461029.51	224348.40	76451.68
659	53631	26422	38612	24260	2571105.55	200901.28	64557.09
296	3691	1509	2980	1409	352454.56	18473.38	6028.09
3575	45567	21900	36210	19318	1880263.82	211308.31	91238.83
5296	38385	22243	27699	20288	1545834.39	165741.25	48898.05
1311	8759	3903	6893	3518	583740.57	33696.43	13362.52
320	10185	6472	6871	5402	590055.50	99751.26	30495.66
4660	44084	26847	30759	23120	1922883.03	240679.97	55640.36

初中办学
Condition of School Buildings in Junior Secondary

地　区 Region	占地面积(平方米) Areas of School Sites(m^2)			图书(册) Books & Magazines in Libraries (Volume)	计算机数(台) PC (set)	
	合计 Total	其中: of Which:			合计 Total	其中:教学 No. of Computers
		绿化用地面积 Green Areas	运动场地面积 Sports Areas			小计 Subtotal
总　计 Total	**365507538.14**	**82691561.08**	**117998262.48**	**489567373**	**2710492**	**2267918**
北　京 Beijing	5098853.49	801343.46	1969449.83	6783925	67138	59189
天　津 Tianjin	4195459.47	516507.40	1519978.77	5996428	30001	25554
河　北 Hebei	12591503.39	1907037.60	4372931.50	20406911	85470	81333
山　西 Shanxi	7145354.92	946748.40	2339208.12	8962280	52765	42705
内蒙古 Inner Mongolia	6974707.72	1098843.24	2332980.68	7140582	40353	30875
辽　宁 Liaoning	16645115.63	2241863.78	7288714.79	24694947	143551	110797
吉　林 Jilin	6398640.38	1015345.42	2792180.80	10844882	47069	37223
黑龙江 Heilongjiang	9705479.02	1175360.10	3560267.51	9865857	67745	54968
上　海 Shanghai	8667189.54	2520028.44	2591756.92	19147792	130854	107656
江　苏 Jiangsu	33638919.66	10265846.02	10622808.23	38220685	239670	207392
浙　江 Zhejiang	26196418.02	7589498.21	7592412.44	34031278	220464	198348
安　徽 Anhui	10892755.10	2175705.23	3247202.13	11853486	70743	54599
福　建 Fujian	6847341.93	1596708.08	2171830.12	9893179	50617	40817
江　西 Jiangxi	8604944.99	1694171.41	2620307.10	9662802	43255	33617
山　东 Shandong	40666464.13	9591564.14	12823701.49	53447043	277977	238913
河　南 Henan	20924941.64	3115269.45	5645406.76	24766284	110752	91547
湖　北 Hubei	16805984.76	5215293.15	4639280.24	23532957	90198	76945
湖　南 Hunan	11304045.98	2477609.15	2813966.59	11699374	53310	44169
广　东 Guangdong	49322407.15	13384180.67	15754113.25	71557973	442503	362974
广　西 Guangxi	8984220.32	1750767.05	2913427.13	13554444	50470	38402
海　南 Hainan	2000900.80	464863.00	569709.00	2470907	13045	10505
重　庆 Chongqing	5368043.68	1228722.37	1672488.44	5542631	34815	27738
四　川 Sichuan	11364492.05	2391424.86	4438581.73	15311005	87103	74521
贵　州 Guizhou	6025242.63	1165067.85	2447681.30	10942769	46990	42368
云　南 Yunnan	5745152.76	1654348.39	1783936.62	7258222	37214	30337
西　藏 Tibet	887294.55	112615.05	139546.73	455460	3011	1972
陕　西 Shaanxi	6501322.58	1152209.78	1977243.58	11778964	55929	48136
甘　肃 Gansu	3747196.15	552406.84	1445863.52	5879459	34589	29790
青　海 Qinghai	1353838.08	209806.67	374118.70	2212203	12870	9177
宁　夏 Ningxia	3043730.50	727788.24	978849.17	2825935	19351	15253
新　疆 Xinjiang	7859577.12	1952617.63	2558319.29	8826709	50670	40098

条件(二)(城区)
Schools (2) (Urban Area)

用计算机 Used for Instruction	教室(间) Classroom(Room)		教室中:普通教室(间) of Which: General Classroom (Room)		固定资产总值(万元) Total Volue of Fixed Asset (10,000 yuan)		
其中:平板电脑 of Which: Tablet PC	合计 Total	其中:网络多媒体教室 of Which: Network Multimedia Classroom	合计 Total	其中:网络多媒体教室 of Which: Network Multimedia Classroom	合计 Total	其中:教学仪器设备资产值 of Which: Total Volue of Equip & Instru. 小计 Subtotal	其中:实验设备 of Which: for Prefession
123631	**546852**	**379806**	**402166**	**323044**	**27014654.84**	**3657154.20**	**938001.07**
3397	9534	7936	5956	5338	656674.99	182210.11	20939.17
1521	5645	4224	4180	3534	314591.32	42585.67	9372.19
1785	18025	11675	14351	10909	630255.91	81967.79	25425.90
1110	10434	6569	7688	5926	488153.91	57008.58	16951.44
532	8753	6389	6055	5462	438261.31	53842.07	15794.33
5007	24986	15885	17338	13042	944037.51	184579.90	50751.55
1733	14052	6321	10477	5769	418589.77	71082.37	19775.58
1682	15639	8765	10924	7784	471554.32	91624.78	19231.74
6069	19624	15371	13191	11299	1254467.64	223650.73	43421.65
8049	45048	33562	29418	26386	3307011.49	334499.92	86362.70
7478	35426	30236	25707	24625	2190895.17	276518.75	56306.54
2133	16633	9990	12851	8944	713527.68	76912.68	23206.93
1344	10328	7869	7191	6535	529696.14	77025.83	18429.58
2073	12422	7752	9698	7185	432485.83	51792.40	14386.65
8690	51303	39267	33640	31289	2690616.83	271115.67	56195.74
6725	30662	18667	25346	16943	1094261.40	120604.46	40298.71
5455	22827	14688	17198	13482	1017482.68	128728.27	45459.49
2440	18604	8592	14647	8036	750317.63	80598.43	27013.45
41128	79444	63408	62381	55603	4054357.47	635354.95	187941.95
2270	11934	7585	9784	7024	462306.45	69569.56	22250.21
513	3000	1727	2606	1635	148930.79	24502.17	6572.20
878	8521	6677	6146	5329	476736.69	48155.25	10648.01
4083	19993	11575	15913	10348	999337.75	151054.39	37646.77
2202	11593	7319	8940	6419	460863.24	52151.74	13325.04
253	8422	4768	6119	4316	402762.24	45464.40	11553.87
58	519	273	437	270	48986.66	2811.48	650.89
1502	11087	6713	8010	5789	519984.59	61682.52	21135.87
1541	6674	4643	4972	4271	285342.72	41724.72	9208.78
130	1752	1133	1376	1034	124286.62	8114.52	3097.62
86	2940	2274	2043	1916	211338.56	35366.23	10374.51
1764	11028	7953	7583	6602	476539.54	74853.85	14272.03

地区 Region	占地面积(平方米) Areas of School Sites(m^2)			图书(册) Books & Magazines in Libraries (Volume)	计算机数(台) PC (set)	
	合计 Total	其中: of Which:			合计 Total	其中:教学 No. of Computers
		绿化用地面积 Green Areas	运动场地面积 Sports Areas			小计 Subtotal
总　计 Total	**85666709.88**	**20411210.38**	**25574140.55**	**93830447**	**495784**	**420507**
北　京 Beijing	1025394.01	154680.12	402057.00	924538	8334	6986
天　津 Tianjin	548819.75	59343.17	189764.01	604887	2966	2397
河　北 Hebei	4190080.50	632882.23	1423907.81	5936099	22349	21602
山　西 Shanxi	1116462.25	137038.25	322575.35	986327	5720	4385
内蒙古 Inner Mongolia	242719.10	31922.90	58165.00	121815	821	656
辽　宁 Liaoning	1895710.99	290169.49	764911.99	2072602	12298	9932
吉　林 Jilin	387303.44	85686.02	87774.87	294324	1281	967
黑龙江 Heilongjiang	1253227.56	136310.15	347033.00	768932	6287	4832
上　海 Shanghai	1066562.24	354416.73	303904.85	1513983	10020	8365
江　苏 Jiangsu	5301411.93	1666089.39	1572921.49	5004789	28876	24744
浙　江 Zhejiang	7225099.65	2001844.12	2063704.68	8798733	52034	46406
安　徽 Anhui	2018099.13	344895.33	541375.97	1560918	9139	7526
福　建 Fujian	1732120.78	370732.35	500580.21	1582911	7417	5999
江　西 Jiangxi	1756114.28	397423.46	450543.95	1334622	5502	4069
山　东 Shandong	14751092.20	3631951.99	4403357.67	14816819	72075	62352
河　南 Henan	5029960.18	769561.25	1250345.59	3910749	17183	14572
湖　北 Hubei	2698382.08	852059.51	685547.48	2732504	10484	8499
湖　南 Hunan	2142467.44	432315.55	489143.00	1701297	7648	6491
广　东 Guangdong	19487106.18	5330558.02	6207407.70	25915822	154789	129160
广　西 Guangxi	1847577.32	399994.82	541480.89	2608081	8266	6850
海　南 Hainan	303053.00	43186.00	66962.00	155234	1092	995
重　庆 Chongqing	882136.85	144489.11	224652.65	795772	4036	3334
四　川 Sichuan	2078120.39	512356.81	694410.01	2079273	11079	9499
贵　州 Guizhou	966757.55	215949.79	365747.33	1350556	5244	4670
云　南 Yunnan	1681110.06	484178.00	484718.20	1914218	8003	6584
西　藏 Tibet						
陕　西 Shaanxi	1420365.96	288222.88	371622.12	1735957	8786	7037
甘　肃 Gansu	470245.20	64141.00	172233.00	627053	3661	3076
青　海 Qinghai	229840.00	38765.00	73791.40	397878	2078	1802
宁　夏 Ningxia	413459.24	171837.16	127554.98	265011	1732	1381
新　疆 Xinjiang	1505910.62	368209.78	385946.35	1318743	6584	5339

条件(二)(城乡结合区)
Schools (2) (Urban-rural Transitional Area)

用计算机 Used for Instruction	教室(间) Classroom(Room)		教室中:普通教室(间) of Which: General Classroom (Room)		固定资产总值(万元) Total Value of Fixed Asset (10,000 yuan)		
其中:平板电脑 of Which: Tablct PC	合计 Total	其中:网络多媒体教室 of Which: Network Multimedia Classroom	合计 Total	其中:网络多媒体教室 of Which: Network Multimedia Classroom	合计 Total	其中:教学仪器设备资产值 of Which: Total Volue of Equip & Instru. 小计 Subtotal	其中:实验设备 of Which: for Prefession
24468	**108176**	**74091**	**79979**	**64232**	**5567934.38**	**638890.60**	**197922.12**
194	1247	1015	743	667	84713.37	21260.38	2628.50
101	506	349	399	308	37392.92	2905.25	839.17
458	5473	3293	4361	3124	220666.29	21678.47	8347.67
194	1274	630	782	564	64026.04	4805.21	1357.44
	171	101	113	83	16250.28	419.55	218.48
575	2692	1167	1734	871	130158.10	18428.43	7953.80
14	566	208	395	178	10910.17	2393.01	898.99
500	1277	738	805	626	36852.96	7336.23	2193.54
504	1764	1244	1128	971	114489.16	15325.44	3336.22
718	5748	4149	3661	3318	425794.53	38990.45	14284.09
910	8928	7484	6609	6360	537762.96	59211.03	14367.53
134	2382	1344	2013	1275	102953.55	8323.00	2723.41
179	1910	1271	1165	1074	97308.13	12351.30	3373.23
107	1845	1056	1433	1018	87400.99	7079.50	2133.76
1529	15224	11046	9877	9001	910438.42	66851.14	16545.36
475	5609	3101	4458	2738	217988.48	21959.96	7658.55
381	3070	1781	2291	1664	139398.37	13020.55	5109.90
454	3095	1329	2514	1238	129306.45	12298.99	3464.33
15827	29859	23682	23830	21064	1465265.86	218407.68	75192.19
238	2219	1452	1882	1376	111110.03	12121.59	4890.61
52	274	165	198	147	20040.35	1420.87	440.75
55	1280	981	919	799	53080.33	7177.30	1904.35
273	2967	1583	2314	1412	119206.71	17697.72	4486.16
141	1552	834	1230	771	77785.26	4753.79	1675.14
	2041	1093	1545	1010	113430.15	15734.28	4555.78
64	1881	1070	1225	879	84844.97	8292.79	2827.92
122	716	523	559	482	39907.41	4032.37	1107.35
	435	119	299	110	18649.01	1242.24	486.46
1	292	241	204	204	15130.49	2928.74	631.26
268	1879	1042	1293	900	85672.64	10443.33	2290.16

初中办学

Condition of School Buildings in Junior Secondary

地　区 Region	占地面积(平方米) Areas of School Sites(m^2) 合计 Total	其中: of Which: 绿化用地面积 Green Areas	运动场地面积 Sports Areas	图书(册) Books & Magazines in Libraries (Volume)	计算机数(台) PC (set) 合计 Total	其中:教学 No. of Computers 小计 Subtotal
总　计 Total	**807663701.01**	**161128860.02**	**219082229.17**	**718591618**	**3229995**	**2721688**
北　京 Beijing	2359551.48	577246.30	818256.93	1971264	18141	15221
天　津 Tianjin	2777889.08	320184.11	1079733.72	2682078	10332	9134
河　北 Hebei	42176671.05	4896441.87	12768080.72	50839813	169492	162012
山　西 Shanxi	19486505.59	2476651.54	5180014.10	18076224	103480	85701
内蒙古 Inner Mongolia	21124606.51	3375207.86	5174221.56	10423301	65457	46481
辽　宁 Liaoning	20433102.38	2618652.97	8100833.85	18256582	99484	78622
吉　林 Jilin	13863787.44	2950719.99	4079881.55	10119397	41516	33396
黑龙江 Heilongjiang	21231841.84	2946362.14	6458597.23	10941928	60126	46107
上　海 Shanghai	3661716.26	1250729.58	1082459.32	4948462	30004	23179
江　苏 Jiangsu	49032798.22	13812395.54	13308486.14	41237005	226248	194546
浙　江 Zhejiang	27507584.61	7232646.31	7955144.72	30492136	186578	164225
安　徽 Anhui	40916003.38	6439832.85	9281686.95	28707974	153279	125719
福　建 Fujian	14627365.08	3847845.40	3802397.15	12475167	54967	44647
江　西 Jiangxi	30265466.18	6020585.60	8558262.88	23582554	88882	70435
山　东 Shandong	74236595.48	15950578.86	21524633.07	68746070	322655	278758
河　南 Henan	63274084.26	8029809.33	14741410.54	56720056	196585	165549
湖　北 Hubei	33598460.77	11274148.30	7406177.71	27964871	96005	83886
湖　南 Hunan	45873638.10	8252712.37	9216429.62	36125983	118931	101869
广　东 Guangdong	51518076.52	13864173.25	14599422.44	43538784	256531	211917
广　西 Guangxi	33261736.28	5708792.06	7955873.12	36653747	104479	82107
海　南 Hainan	11954247.33	2908402.44	2276907.40	5241344	25514	22132
重　庆 Chongqing	12040009.64	2481253.69	3617663.76	10406832	58021	47757
四　川 Sichuan	39600612.65	7356124.44	13942785.13	42285305	200973	166460
贵　州 Guizhou	32594451.29	7516122.80	10158981.02	37897556	132632	119178
云　南 Yunnan	26442394.17	5502278.81	6245030.26	24263647	103933	87145
西　藏 Tibet	4374721.82	581870.05	693508.87	2031705	11779	7898
陕　西 Shaanxi	24324917.95	3656809.55	6163437.77	29838847	121215	110339
甘　肃 Gansu	13114137.81	2024412.17	3935276.48	12431381	62882	54261
青　海 Qinghai	4511135.26	515346.45	1220503.49	4159426	19870	16537
宁　夏 Ningxia	5097499.88	1052583.25	1639531.98	3838744	25079	19346
新　疆 Xinjiang	22382092.70	5687940.14	6096599.69	11693435	64925	47124

条件(二)(镇区)
Schools (2) (Counties & Towns Area)

用计算机 Used for Instruction 其中:平板电脑 of Which: Tablet PC	教室(间) Classroom(Room) 合计 Total	其中:网络多媒体教室 of Which: Network Multimedia Classroom	教室中:普通教室(间) of Which: General Classroom (Room) 合计 Total	其中:网络多媒体教室 of Which: Network Multimedia Classroom	固定资产总值(万元) Total Volue of Fixed Asset (10,000 yuan) 合计 Total	其中:教学仪器设备资产值 of Which: Total Volue of Equip & Instru. 小计 Subtotal	其中:实验设备 of Which: for Prefession
79154	**822822**	**471035**	**615749**	**415710**	**34571458.00**	**3646243.97**	**1230173.89**
949	2673	2105	1505	1351	168568.57	51203.82	4945.87
149	2595	1367	1814	1211	81460.70	11259.90	4007.68
5631	45869	24445	36504	22902	1668469.93	166928.50	70617.86
2905	22046	12887	16804	11727	987830.39	85454.94	31973.96
273	14534	10169	9197	8301	984955.04	103800.35	26859.80
3534	21755	9944	15941	8611	660315.60	106038.91	38184.52
284	15645	4455	11148	3944	401422.04	58497.20	22825.73
191	20088	9330	13188	8023	706561.06	88285.57	29556.32
627	4712	3829	3228	2805	290608.82	45595.63	14091.25
3444	49149	30858	33171	25803	2488941.78	252837.59	83609.52
3537	29006	24403	20472	19845	1621497.09	205118.07	49082.22
2589	40561	23824	32160	22160	1655006.35	145190.12	50333.41
502	13382	8789	8743	7290	542943.97	75665.09	25662.77
2746	30599	17426	23057	16211	950262.15	100211.23	28879.95
2484	69559	50848	46184	40361	3014311.68	279168.45	83507.32
10543	73519	36796	63658	35130	2456479.34	194865.81	75540.20
3829	28251	15651	20614	14624	1143513.38	123264.53	48316.63
3725	53454	16317	40966	15349	1698486.59	169373.85	67407.36
12205	47498	31517	34480	27903	2061963.72	230006.10	91883.96
3709	26906	19576	23160	18713	1208687.28	150074.85	56195.52
461	5385	2542	4224	2349	364504.91	41733.08	15711.25
579	15536	12790	10548	9599	647697.29	69522.75	16965.27
3919	54662	25139	43741	22695	2437154.91	319171.46	94567.35
2828	34383	23560	26228	21665	1476261.72	119289.16	42005.21
333	26278	12891	18728	11929	1275203.62	88922.24	29344.33
238	2474	1032	2057	943	252446.44	13206.85	4491.80
1845	28698	13084	23671	11783	1166874.83	128541.54	60044.67
1961	16711	10120	11796	9209	706989.63	68599.87	20763.34
890	4210	1838	3342	1663	315534.47	17349.81	6766.33
167	4742	2920	3082	2414	266616.93	44027.74	12679.75
2077	17942	10583	12338	9197	869887.75	93038.94	23352.71

初中办学条件(二)
Condition of School Buildings in Junior Secondary

地 区 Region	占地面积(平方米) Areas of School Sites(m^2) 合计 Total	其中:of Which: 绿化用地面积 Green Areas	运动场地面积 Sports Areas	图书(册) Books & Magazines in Libraries (Volume)	计算机数(台) PC (set) 合计 Total	其中:教学 No. of Computers 小计 Subtotal
总 计 Total	**201834340.31**	**39196111.45**	**54101981.05**	**181471762**	**809025**	**690003**
北 京 Beijing	687378.51	155163.04	233288.32	520960	5234	4462
天 津 Tianjin	1072540.26	129824.55	448401.43	1153180	4300	3934
河 北 Hebei	18426570.87	2015649.92	5508895.71	21935656	71914	68943
山 西 Shanxi	5119166.81	592317.12	1385794.65	4929147	26621	21895
内蒙古 Inner Mongolia	2175100.25	452072.00	486900.00	922946	5757	3744
辽 宁 Liaoning	2325952.30	312976.60	966647.73	2161471	11763	9271
吉 林 Jilin	1360384.97	296936.91	324246.00	839162	3974	2878
黑龙江 Heilongjiang	1778746.06	234041.15	528466.00	892197	4904	3761
上 海 Shanghai	1060227.12	354654.00	321271.00	1360733	7990	6734
江 苏 Jiangsu	11888432.28	3304048.98	3274865.87	9835660	55395	47230
浙 江 Zhejiang	9291863.39	2355389.83	2634650.34	9908591	60700	54069
安 徽 Anhui	9926279.37	1545944.70	2071536.42	6179023	33280	26604
福 建 Fujian	4370968.27	1002391.89	1244822.22	3529237	15256	13034
江 西 Jiangxi	6626156.91	1423039.04	1803449.64	4128675	16838	12579
山 东 Shandong	27624066.46	6061074.14	8126080.16	25602362	121890	104207
河 南 Henan	22339111.66	2904922.74	5160939.32	18429320	67694	56987
湖 北 Hubei	8069925.28	2717581.33	1835867.27	6602338	22272	19834
湖 南 Hunan	14713178.32	2547992.32	2857535.62	11207035	36603	31533
广 东 Guangdong	13530797.23	3370926.79	4168155.52	13068490	77446	64599
广 西 Guangxi	7306367.89	1067152.43	1589417.93	7762102	21776	17399
海 南 Hainan	660700.40	158485.58	144870.10	346027	1836	1596
重 庆 Chongqing	2182750.50	392632.98	674912.04	1672677	9123	7617
四 川 Sichuan	7083514.31	1402610.89	2344333.53	6648955	34421	28547
贵 州 Guizhou	5062827.89	1009255.87	1625867.15	5817159	19954	18259
云 南 Yunnan	4911028.64	1108197.52	1230552.00	4779061	20014	16239
西 藏 Tibet	418623.00	64505.60	58500.80	236311	1297	813
陕 西 Shaanxi	4842418.84	865214.53	1174193.27	5346593	22428	20213
甘 肃 Gansu	2810271.24	454567.75	752814.57	2501250	12264	10785
青 海 Qinghai	978501.70	90474.45	273291.83	1139799	4902	4308
宁 夏 Ningxia	594528.71	62508.40	198074.61	430297	2828	2092
新 疆 Xinjiang	2595960.87	743558.40	653340.00	1585348	8351	5837

（镇乡结合区）

Schools (2) (County-town Transitional Area)

用计算机 Used for Instruction	教室（间） Classroom (Room)		教室中：普通教室（间） of Which: General Classroom (Room)		固定资产总值（万元） Total Value of Fixed Asset (10,000 yuan)		
其中：平板电脑 of Which: Tablet PC	合计 Total	其中：网络多媒体教室 of Which: Network Multimedia Classroom	合计 Total	其中：网络多媒体教室 of Which: Network Multimedia Classroom	合计 Total	其中：教学仪器设备资产值 of Which: Total Value of Equip & Instru. 小计 Subtotal	其中：实验设备 of Which: for Prefession
23426	**209296**	**120861**	**158210**	**106801**	**9029259.93**	**883772.26**	**302170.96**
251	714	558	393	371	50569.35	16160.40	1360.35
112	1103	504	735	439	31943.36	4608.43	1584.82
2401	20662	10271	16839	9717	713418.35	74753.31	31783.42
1135	6220	3686	4799	3399	249094.36	23373.61	9355.65
56	1404	1039	822	762	101729.79	8304.93	2400.91
680	2514	1279	1810	1043	81215.45	12496.83	4393.19
13	1341	415	987	375	55075.21	4515.65	1921.91
55	1881	857	1136	719	46605.19	5250.99	1708.99
51	1329	1087	914	786	87350.65	13814.93	4602.06
806	11517	7696	7447	6248	616457.04	59780.90	19211.26
1500	9593	8158	6986	6673	560263.06	66711.26	14593.73
1007	8931	4992	7308	4755	359350.76	28886.97	9928.14
246	3821	2549	2508	2158	157800.92	22766.63	8091.99
868	6048	3224	4614	2967	254491.39	20912.21	5847.42
1259	26226	19202	17723	15575	1195175.83	108456.95	33423.17
4205	25775	13311	21829	12676	935744.81	66840.47	25323.43
615	6944	3833	5208	3608	263649.47	29190.63	11532.75
970	16576	4620	12684	4347	498792.24	48227.85	18649.84
3471	14472	9909	10810	8695	622245.59	74095.33	30948.65
444	5605	4176	4828	4059	263924.54	31521.69	12997.92
51	362	218	308	200	28108.49	2847.83	963.38
90	2668	2094	1917	1640	129363.68	11409.18	2472.30
1012	9386	4417	7357	3939	503064.05	59411.38	17100.91
701	5459	3776	4186	3452	309415.54	18331.46	7379.99
139	5580	2562	3900	2415	303308.39	17571.15	5939.31
	303	80	246	80	26529.70	1455.60	447.40
480	5499	2248	4620	2031	243707.52	22919.17	10373.03
187	3311	1956	2331	1793	150470.13	11297.48	3747.73
325	1101	466	895	441	77045.46	4773.67	1588.72
	527	327	359	282	26093.02	4563.50	904.63
296	2424	1351	1711	1156	87256.59	8521.86	1593.96

地区 Region	占地面积(平方米) Areas of School Sites(m^2)			图书(册) Books & Magazines in Libraries (Volume)	计算机数(台) PC (set)	
	合计 Total	其中: of Which:			合计 Total	其中:教学 No. of Computers
		绿化用地面积 Green Areas	运动场地面积 Sports Areas			小计 Subtotal
总计 Total	**382705651.37**	**69850659.01**	**97085631.64**	**279791883**	**1258810**	**1040487**
北京 Beijing	2261515.53	506562.08	631996.20	1117094	10744	8857
天津 Tianjin	1710176.11	205371.31	644494.21	1406143	6575	5737
河北 Hebei	21533257.09	2559120.39	6681742.48	20943497	69717	66646
山西 Shanxi	11332657.96	1380826.28	2471050.79	6419297	44249	33923
内蒙古 Inner Mongolia	5318286.89	1105877.14	982060.46	1467335	11242	7565
辽宁 Liaoning	8548941.04	1119660.29	3401271.87	6692417	38619	29606
吉林 Jilin	11583490.04	2526563.15	2735540.32	5433680	25563	19122
黑龙江 Heilongjiang	12126088.12	1422485.29	3085255.78	4260311	25164	20013
上海 Shanghai	822614.00	317387.00	219015.00	1014936	6085	5130
江苏 Jiangsu	7181394.28	2005351.38	1891455.22	5096316	28609	24565
浙江 Zhejiang	7075544.17	1746741.99	1957381.75	6719157	41983	36118
安徽 Anhui	30183944.42	4389631.21	5870473.09	16053495	91093	72370
福建 Fujian	11095352.28	2797607.09	2587116.56	7110885	37129	28581
江西 Jiangxi	18145233.58	3175986.38	4917869.14	11169142	44644	34695
山东 Shandong	18268324.68	4178168.75	5096569.36	14060902	67567	57134
河南 Henan	37297623.62	4331747.71	8038047.62	28564273	90524	75292
湖北 Hubei	12852929.93	4165112.38	2654847.34	9265833	38828	32930
湖南 Hunan	30382851.14	4763680.93	5757996.39	21708289	75169	63983
广东 Guangdong	18002638.42	4600203.10	4858387.25	14985077	83823	69552
广西 Guangxi	10710283.34	1849725.97	2600301.66	9533590	31118	25215
海南 Hainan	2186483.06	472225.00	363516.00	715950	4500	3747
重庆 Chongqing	2945082.27	530264.32	830450.68	2064922	13519	11206
四川 Sichuan	20082575.24	2715956.64	7454130.68	21427888	91633	73624
贵州 Guizhou	14558053.76	3076384.96	4806734.64	16356225	57238	50793
云南 Yunnan	20051387.77	4173670.85	4496678.90	16729220	73750	61774
西藏 Tibet	899838.93	91199.28	144387.37	462056	2896	1990
陕西 Shaanxi	6019529.38	879881.04	1366524.83	4924607	22262	19514
甘肃 Gansu	13572716.27	1998088.47	3463764.20	10363638	49638	42646
青海 Qinghai	2517204.75	271091.80	668702.73	2379316	11398	9402
宁夏 Ningxia	2785459.76	598892.97	844746.58	1785376	12264	9586
新疆 Xinjiang	20654173.54	5895193.86	5563122.54	9561016	51267	39171

条件(二)(乡村)
Schools (2) (Rural Area)

用计算机 Used for Instruction	教室(间) Classroom(Room)		教室中:普通教室(间) of Which: General Classroom (Room)		固定资产总值(万元) Total Value of Fixed Asset (10,000 yuan)		
其中:平板电脑 of Which: Tablet PC	合计 Total	其中:网络多媒体教室 of Which: Network Multimedia Classroom	合计 Total	其中:网络多媒体教室 of Which: Network Multimedia Classroom	合计 Total	其中:教学仪器设备资产值 of Which: Total Value of Equip & Instru. 小计 Subtotal	其中:实验设备 of Which: for Prefession
32273	**368626**	**175102**	**273500**	**154969**	**12383419.59**	**1397170.48**	**511678.99**
233	1801	1302	867	757	121138.06	29838.40	4644.80
254	1656	854	1121	716	46894.79	8110.20	3325.35
3244	20879	9067	16471	8521	566768.81	65182.13	30679.53
790	11225	5240	7509	4535	395271.70	31962.67	13136.63
24	3049	1847	1696	1423	154350.86	20288.55	5484.69
2736	8316	3825	6144	3303	243975.70	43374.31	15351.53
121	9687	2275	6497	1944	209048.25	30502.54	13702.22
605	10114	3211	7059	2907	213615.46	27492.12	10206.46
208	973	812	633	598	60559.27	10891.95	3685.06
563	6223	3565	4191	2927	233850.57	34427.43	11995.66
518	7755	6409	5540	5254	375464.31	49378.14	12526.78
1106	25228	14323	19530	13257	881276.55	82644.88	30558.40
558	9285	5490	5482	4365	406171.50	45360.20	15860.26
1361	16985	7760	12238	7066	441715.18	51795.06	18609.76
581	14875	10441	10082	8163	627359.32	52415.16	15623.95
3864	36023	14883	30031	13875	955933.11	89573.03	38766.54
1184	10834	5550	7757	5210	422129.73	42346.65	17646.51
2035	33606	7591	24102	6963	782732.75	84621.83	36442.42
5044	17138	11216	12276	9994	682785.42	81136.55	30292.06
1525	7967	5383	6733	5101	392632.84	46331.23	19062.36
107	1083	509	830	462	66995.86	7112.39	3254.77
101	3806	3056	2500	2226	155284.51	15809.90	4047.43
403	32253	10877	26677	9764	900017.64	146820.53	53170.28
1836	17040	10545	13064	9659	523904.55	52907.50	21121.43
73	18931	8763	13765	8015	893139.68	66514.64	23658.89
	698	204	486	196	51021.46	2455.05	885.40
228	5782	2103	4529	1746	193404.40	21084.24	10058.29
1794	15000	7480	10931	6808	553502.04	55416.65	18925.93
291	2797	932	2175	821	143919.47	8232.11	3498.57
67	2503	1278	1746	1072	112100.00	20357.29	7441.40
819	15114	8311	10838	7321	576455.75	72787.18	18015.62

小学校数、教学

Number of Schools, External Teaching Sites &

地　区 Region	学校数(所) Schools	教学点数(个) Extemal Teaching Sites	班数(个)	
			合计 Total	一年级 Grade 1
总　计 Total	**177633**	**98437**	**2628727**	**492399**
北　京 Beijing	984		25839	4333
天　津 Tianjin	857		17458	3184
河　北 Hebei	11944	6717	159038	30662
山　西 Shanxi	6043	3218	72875	12720
内蒙古 Inner Mongolia	1730	745	36817	6668
辽　宁 Liaoning	3954	402	55653	9115
吉　林 Jilin	4281	388	41197	6932
黑龙江 Heilongjiang	1979	1522	42429	7635
上　海 Shanghai	753		21184	4317
江　苏 Jiangsu	4036	945	124287	22417
浙　江 Zhejiang	3269	165	92080	15761
安　徽 Anhui	8284	5413	123661	22995
福　建 Fujian	5188	2236	75598	14112
江　西 Jiangxi	8329	8431	114811	22723
山　东 Shandong	10027	2020	162172	30435
河　南 Henan	22822	11011	258119	49762
湖　北 Hubei	5383	3594	88003	16946
湖　南 Hunan	8272	7659	119637	24252
广　东 Guangdong	10178	6178	230005	44597
广　西 Guangxi	10173	10381	124452	24205
海　南 Hainan	1509	996	21255	4036
重　庆 Chongqing	2979	1739	52166	8999
四　川 Sichuan	5981	8764	135949	24583
贵　州 Guizhou	7818	3597	94431	17823
云　南 Yunnan	11673	3308	106806	19249
西　藏 Tibet	805	191	8496	1647
陕　西 Shaanxi	5507	2036	65630	12400
甘　肃 Gansu	6924	4661	70632	13197
青　海 Qinghai	889	798	12378	2550
宁　夏 Ningxia	1536	424	15435	2831
新　疆 Xinjiang	3526	898	60234	11313

点数及班数(总计)
Classes in Primary Schools

Classes

二年级 Grade 2	三年级 Grade 3	四年级 Grade 4	五年级 Grade 5	六年级 Grade 6	复式班 Multiple-grade Classes
473479	**440963**	**427038**	**409017**	**376375**	**9456**
4346	4466	4537	4194	3963	
3079	3042	2966	2831	2356	
29657	25550	24777	24430	23312	650
12458	11699	11887	11800	11246	1065
6341	6105	5977	5837	5864	25
9313	9359	9469	9179	9218	
6950	6537	6877	7012	6889	
7581	7185	7668	7697	4663	
4180	4211	4365	4111		
21977	21254	20739	19501	18396	3
15728	15390	15343	15019	14833	6
22009	20791	20266	18745	18111	744
13615	12998	12208	11501	11003	161
21194	19052	18752	17008	14946	1136
29444	28948	27127	25746	20472	
47516	43164	41518	39937	35866	356
16132	14634	13884	13404	12611	392
22581	19222	18722	17780	16430	650
42510	39508	36743	34626	31991	30
22544	20550	19554	18268	17598	1733
3889	3656	3354	3239	3078	3
8794	8959	8997	8421	7992	4
23975	22906	22351	21502	20396	236
16965	15345	14349	14972	14777	200
18704	17790	17344	16723	16726	270
1523	1424	1325	1320	1257	
11619	10854	10469	10008	9503	777
12708	11339	11338	10856	10255	939
2327	1994	1877	1874	1723	33
2705	2558	2556	2457	2285	43
11115	10473	9699	9019	8615	

小学校数、教学

Number of Schools, Extemal Teachingsites &

地　区 Region	学校数(所) Schools	教学点数(个) Extemal Teaching Sites	班数(个) 合计 Total	班数(个) 一年级 Grade 1
总　计 Total	**26649**	**1531**	**713878**	**132155**
北　京 Beijing	623		20949	3538
天　津 Tianjin	415		11461	2115
河　北 Hebei	1418	124	27868	5173
山　西 Shanxi	874	61	18330	3361
内蒙古 Inner Mongolia	453	4	12333	2201
辽　宁 Liaoning	1100	16	25964	4382
吉　林 Jilin	502	3	12638	2190
黑龙江 Heilongjiang	576	36	14824	2851
上　海 Shanghai	574		17037	3525
江　苏 Jiangsu	1369	41	51199	9472
浙　江 Zhejiang	1112	4	43012	7619
安　徽 Anhui	763	38	19537	3620
福　建 Fujian	1064	44	24896	4475
江　西 Jiangxi	770	142	19268	3511
山　东 Shandong	1931	52	49798	9765
河　南 Henan	1879	192	40114	7319
湖　北 Hubei	1124	84	28063	5060
湖　南 Hunan	1026	81	23407	4537
广　东 Guangdong	3452	233	113492	21575
广　西 Guangxi	856	89	19165	3677
海　南 Hainan	207	13	5866	1088
重　庆 Chongqing	600	7	16820	3073
四　川 Sichuan	782	92	26934	4887
贵　州 Guizhou	635	27	13363	2561
云　南 Yunnan	660	64	13273	2394
西　藏 Tibet	28		880	165
陕　西 Shaanxi	883	59	17133	3313
甘　肃 Gansu	378	13	8639	1539
青　海 Qinghai	87	5	2146	371
宁　夏 Ningxia	158	1	3750	675
新　疆 Xinjiang	350	6	11719	2123

点数及班数(城区)
Classes in Primary Schools (Urban Area)

Classes

二年级 Grade 2	三年级 Grade 3	四年级 Grade 4	五年级 Grade 5	六年级 Grade 6	复式班 Multiple-grade Classes
126378	**121967**	**118874**	**112493**	**101967**	**44**
3548	3674	3680	3349	3160	
2006	1981	1915	1799	1645	
4939	4603	4409	4435	4308	1
3260	3043	3041	2888	2737	
2070	2074	2074	1952	1962	
4432	4411	4467	4154	4118	
2138	2002	2152	2091	2065	
2751	2569	2735	2635	1283	
3419	3420	3458	3215		
9011	8733	8451	7846	7686	
7490	7303	7107	6815	6678	
3421	3312	3275	2950	2956	3
4448	4388	4113	3833	3638	1
3281	3154	3228	3071	3010	13
8890	8960	8614	7941	5628	
7011	6671	6590	6460	6057	6
4942	4719	4518	4477	4339	8
4170	3838	3793	3626	3436	7
20543	19320	18384	17354	16316	
3385	3216	3119	2941	2825	2
1047	995	945	909	880	2
2918	2936	2872	2584	2437	
4712	4619	4470	4181	4065	
2406	2210	2067	2077	2042	
2327	2270	2157	2071	2054	
152	148	149	135	131	
3084	2957	2757	2565	2457	
1466	1419	1435	1393	1386	1
359	362	356	348	350	
643	630	615	600	587	
2109	2030	1928	1798	1731	

小学校数、教学点数及

Number of Schools, Extemal Teaching Sites &

地　区 Region	学校数(所) Schools	教学点数(个) Extemal Teaching Sites	班数(个)	
			合计 Total	一年级 Grade 1
总　计 Total	**7815**	**1176**	**143565**	**27097**
北　京 Beijing	91		1906	300
天　津 Tianjin	76		1323	250
河　北 Hebei	638	114	8122	1523
山　西 Shanxi	250	37	2879	540
内蒙古 Inner Mongolia	31	2	300	58
辽　宁 Liaoning	176	12	2360	384
吉　林 Jilin	86	3	775	144
黑龙江 Heilongjiang	53	19	1016	187
上　海 Shanghai	64		1664	334
江　苏 Jiangsu	232	26	6281	1178
浙　江 Zhejiang	350	3	11652	1990
安　徽 Anhui	226	34	3289	605
福　建 Fujian	377	27	5374	1034
江　西 Jiangxi	306	114	3944	749
山　东 Shandong	762	46	14558	2820
河　南 Henan	704	145	9095	1678
湖　北 Hubei	265	53	4064	753
湖　南 Hunan	236	62	3367	701
广　东 Guangdong	1481	196	39759	7762
广　西 Guangxi	298	81	4418	865
海　南 Hainan	49	9	645	122
重　庆 Chongqing	104	5	1684	278
四　川 Sichuan	114	58	3324	614
贵　州 Guizhou	138	21	1999	376
云　南 Yunnan	258	48	3604	663
西　藏 Tibet				
陕　西 Shaanxi	252	41	2758	529
甘　肃 Gansu	69	10	997	187
青　海 Qinghai	13	5	231	41
宁　夏 Ningxia	20		249	49
新　疆 Xinjiang	96	5	1928	383

班数(城乡结合区)
Classes in Primary Schools (Urban-rural Transitional Area)

Classes

二年级 Grade 2	三年级 Grade 3	四年级 Grade 4	五年级 Grade 5	六年级 Grade 6	复式班 Multiple-grade Classes
25837	**24364**	**23424**	**22435**	**20375**	**33**
310	337	343	320	296	
238	244	210	195	186	
1442	1337	1266	1296	1257	1
515	460	469	462	433	
53	53	46	48	42	
400	402	389	392	393	
141	123	122	122	123	
190	178	191	186	84	
332	342	346	310		
1121	1077	1029	960	916	
1996	1947	1965	1918	1836	
579	551	544	498	509	3
983	949	871	793	743	1
709	656	663	601	560	6
2621	2588	2446	2312	1771	
1619	1520	1478	1448	1347	5
734	684	635	632	621	5
607	544	547	500	461	7
7292	6665	6365	6096	5579	
814	739	703	663	632	2
113	109	108	98	93	2
278	291	294	282	261	
591	563	540	515	501	
368	325	306	316	308	
649	617	578	554	543	
496	473	438	418	404	
167	160	165	159	158	1
39	39	38	36	38	
41	41	41	40	37	
399	350	288	265	243	

小学校数、教学点数
Number of Schools, Extemal Teachingsites &

地 区 Region	学校数(所) Schools	教学点数(个) Extemal Teaching Sites	班数(个) 合计 Total	一年级 Grade 1
总 计 Total	**44581**	**10106**	**867133**	**154076**
北 京 Beijing	119		2433	402
天 津 Tianjin	143		2583	457
河 北 Hebei	3357	816	54434	9935
山 西 Shanxi	1604	170	24709	4303
内蒙古 Inner Mongolia	691	46	17021	2938
辽 宁 Liaoning	659	19	14038	2240
吉 林 Jilin	599	21	12221	2047
黑龙江 Heilongjiang	625	89	15564	2727
上 海 Shanghai	116		3123	602
江 苏 Jiangsu	1573	154	53804	9435
浙 江 Zhejiang	1105	17	33765	5675
安 徽 Anhui	2131	667	45550	8186
福 建 Fujian	1549	114	26251	4671
江 西 Jiangxi	2098	995	40944	7065
山 东 Shandong	2883	337	57541	10643
河 南 Henan	5582	1538	84310	15090
湖 北 Hubei	1545	370	30722	5502
湖 南 Hunan	2524	763	45612	8249
广 东 Guangdong	2390	623	56934	10497
广 西 Guangxi	2061	1297	34722	6300
海 南 Hainan	403	121	7585	1306
重 庆 Chongqing	964	131	20653	3354
四 川 Sichuan	2168	633	55043	9591
贵 州 Guizhou	1802	237	31316	5684
云 南 Yunnan	1675	251	24081	4135
西 藏 Tibet	143	2	2296	396
陕 西 Shaanxi	2080	409	29166	5409
甘 肃 Gansu	1034	177	16404	2931
青 海 Qinghai	195	31	4228	730
宁 夏 Ningxia	234	29	4238	725
新 疆 Xinjiang	529	49	15842	2851

及班数(镇区)

Classes in Primary Schools (Counties & Towns Area)

Classes

二年级 Grade 2	三年级 Grade 3	四年级 Grade 4	五年级 Grade 5	六年级 Grade 6	复式班 Multiple-grade Classes
149007	**142313**	**142876**	**141965**	**136197**	**699**
400	397	423	414	397	
461	454	444	439	328	
9593	8728	8741	8847	8568	22
4205	3951	4083	4152	3978	37
2824	2824	2809	2782	2835	9
2247	2321	2342	2408	2480	
2028	1920	2014	2119	2093	
2668	2533	2775	2869	1992	
583	592	676	670		
9368	9088	9054	8677	8182	
5670	5577	5635	5591	5614	3
7891	7571	7596	7104	7147	55
4605	4549	4312	4110	4001	3
6812	6420	6953	6888	6652	154
10304	10139	9549	9265	7641	
14543	13590	13646	13929	13495	17
5471	5062	4967	4960	4709	51
7888	7387	7445	7423	7181	39
9859	9089	9246	9073	9168	2
5861	5563	5626	5560	5696	116
1283	1268	1255	1260	1213	
3342	3501	3636	3476	3344	
9452	9221	9147	9016	8614	2
5322	5000	4811	5207	5285	7
3964	3842	3875	4018	4229	18
376	360	386	403	375	
5011	4774	4712	4663	4456	141
2817	2559	2703	2699	2674	21
686	690	690	728	704	
703	684	717	715	692	2
2770	2659	2608	2500	2454	

小学校数、教学点数及
Number of Schools, Extemal Teachingsites &

地 区 Region	学校数(所) Schools	教学点数(个) Extemal Teaching Sites	班数(个) 合计 Total	一年级 Grade 1
总　计 Total	**19145**	**7494**	**274290**	**50464**
北　京 Beijing	34		592	96
天　津 Tianjin	75		1210	214
河　北 Hebei	2190	704	29706	5599
山　西 Shanxi	692	115	8356	1441
内蒙古 Inner Mongolia	72	14	1584	275
辽　宁 Liaoning	167	11	2180	331
吉　林 Jilin	139	19	1450	241
黑龙江 Heilongjiang	80	34	1644	270
上　海 Shanghai	33		780	147
江　苏 Jiangsu	658	110	15678	2726
浙　江 Zhejiang	421	8	11961	2023
安　徽 Anhui	757	408	11223	2024
福　建 Fujian	701	77	8346	1530
江　西 Jiangxi	995	761	11881	2278
山　东 Shandong	1546	265	25487	4760
河　南 Henan	3130	1264	36028	6711
湖　北 Hubei	590	246	8405	1562
湖　南 Hunan	1192	591	15763	2972
广　东 Guangdong	1301	506	23721	4501
广　西 Guangxi	977	1008	12344	2397
海　南 Hainan	96	62	1177	218
重　庆 Chongqing	243	101	3678	605
四　川 Sichuan	402	490	9430	1727
贵　州 Guizhou	589	146	7131	1310
云　南 Yunnan	681	131	7282	1275
西　藏 Tibet	7		182	36
陕　西 Shaanxi	718	236	8020	1514
甘　肃 Gansu	381	121	4414	823
青　海 Qinghai	62	27	1112	199
宁　夏 Ningxia	69	19	725	127
新　疆 Xinjiang	147	20	2800	532

班数(镇乡结合区)
Classes in Primary Schools (County-town Transitional Area)

Classes

二年级 Grade 2	三年级 Grade 3	四年级 Grade 4	五年级 Grade 5	六年级 Grade 6	复式班 Multiple-grade Classes
48614	**45446**	**44634**	**43722**	**40965**	**445**
94	97	105	104	96	
219	215	207	212	143	
5411	4743	4713	4711	4511	18
1417	1357	1388	1407	1320	26
265	257	251	271	265	
351	368	372	383	375	
243	244	247	243	232	
277	268	293	309	227	
143	148	175	167		
2773	2664	2612	2523	2380	
2022	1971	2016	1988	1940	1
1941	1851	1852	1792	1736	27
1488	1443	1361	1285	1238	1
2146	1930	1955	1812	1634	126
4615	4483	4157	4056	3416	
6457	6001	5819	5740	5284	16
1518	1378	1352	1342	1226	27
2824	2563	2526	2485	2359	34
4232	3898	3850	3705	3533	2
2224	2036	1950	1828	1827	82
209	198	195	187	170	
582	624	630	636	601	
1651	1584	1543	1488	1436	1
1223	1132	1090	1161	1210	5
1228	1171	1195	1192	1217	4
34	26	28	32	26	
1416	1328	1289	1242	1177	54
776	688	718	702	688	19
194	180	178	188	173	
118	116	120	122	120	2
523	484	447	409	405	

小学校数、教学点数
Number of Schools, Extemal Teachingsites &

地 区 Region	学校数(所) Schools	教学点数(个) Extemal Teaching Sites	班数(个)	
			合计 Total	一年级 Grade 1
总 计 Total	**106403**	**86800**	**1047716**	**206168**
北 京 Beijing	242		2457	393
天 津 Tianjin	299		3414	612
河 北 Hebei	7169	5777	76736	15554
山 西 Shanxi	3565	2987	29836	5056
内蒙古 Inner Mongolia	586	695	7463	1529
辽 宁 Liaoning	2195	367	15651	2493
吉 林 Jilin	3180	364	16338	2695
黑龙江 Heilongjiang	778	1397	12041	2057
上 海 Shanghai	63		1024	190
江 苏 Jiangsu	1094	750	19284	3510
浙 江 Zhejiang	1052	144	15303	2467
安 徽 Anhui	5390	4708	58574	11189
福 建 Fujian	2575	2078	24451	4966
江 西 Jiangxi	5461	7294	54599	12147
山 东 Shandong	5213	1631	54833	10027
河 南 Henan	15361	9281	133695	27353
湖 北 Hubei	2714	3140	29218	6384
湖 南 Hunan	4722	6815	50618	11466
广 东 Guangdong	4336	5322	59579	12525
广 西 Guangxi	7256	8995	70565	14228
海 南 Hainan	899	862	7804	1642
重 庆 Chongqing	1415	1601	14693	2572
四 川 Sichuan	3031	8039	53972	10105
贵 州 Guizhou	5381	3333	49752	9578
云 南 Yunnan	9338	2993	69452	12720
西 藏 Tibet	634	189	5320	1086
陕 西 Shaanxi	2544	1568	19331	3678
甘 肃 Gansu	5512	4471	45589	8727
青 海 Qinghai	607	762	6004	1449
宁 夏 Ningxia	1144	394	7447	1431
新 疆 Xinjiang	2647	843	32673	6339

及班数(乡村)
Classes in Primary Schools (Rural Area)

Classes

二年级 Grade 2	三年级 Grade 3	四年级 Grade 4	五年级 Grade 5	六年级 Grade 6	复式班 Multiple-grade Classes
198094	**176683**	**165288**	**154559**	**138211**	**8713**
398	395	434	431	406	
612	607	607	593	383	
15125	12219	11627	11148	10436	627
4993	4705	4763	4760	4531	1028
1447	1207	1094	1103	1067	16
2634	2627	2660	2617	2620	
2784	2615	2711	2802	2731	
2162	2083	2158	2193	1388	
178	199	231	226		
3598	3433	3234	2978	2528	3
2568	2510	2601	2613	2541	3
10697	9908	9395	8691	8008	686
4562	4061	3783	3558	3364	157
11101	9478	8571	7049	5284	969
10250	9849	8964	8540	7203	
25962	22903	21282	19548	16314	333
5719	4853	4399	3967	3563	333
10523	7997	7484	6731	5813	604
12108	11099	9113	8199	6507	28
13298	11771	10809	9767	9077	1615
1559	1393	1154	1070	985	1
2534	2522	2489	2361	2211	4
9811	9066	8734	8305	7717	234
9237	8135	7471	7688	7450	193
12413	11678	11312	10634	10443	252
995	916	790	782	751	
3524	3123	3000	2780	2590	636
8425	7361	7200	6764	6195	917
1282	942	831	798	669	33
1359	1244	1224	1142	1006	41
6236	5784	5163	4721	4430	

小学学

Number of Students in

地 区 Region	毕业生数 Graduates	招生数 Entrants		在校生数	
		合计 Total	其中:受过学前教育 of Which: Those Received the Pre-school Education	合计 Total	其中:女 of Which: Female
总 计 Total	**15074466**	**17524659**	**17237153**	**99130126**	**45964114**
北 京 Beijing	111481	145274	145171	868417	405664
天 津 Tianjin	84112	115638	115193	631195	293472
河 北 Hebei	872566	1108772	1107613	6205473	2892715
山 西 Shanxi	380313	383579	379980	2270899	1088929
内蒙古 Inner Mongolia	198507	227594	226183	1338134	638650
辽 宁 Liaoning	319861	313496	313073	1988681	941766
吉 林 Jilin	219500	204937	202888	1264211	602104
黑龙江 Heilongjiang	278092	246422	243393	1439381	691023
上 海 Shanghai	146945	160756	160650	789721	367243
江 苏 Jiangsu	721757	934578	934470	5222018	2381911
浙 江 Zhejiang	569452	595134	594639	3550236	1634266
安 徽 Anhui	669351	736423	736020	4303637	1965777
福 建 Fujian	415636	530764	529138	2986658	1368138
江 西 Jiangxi	632655	684644	660485	4227605	1903202
山 东 Shandong	1071526	1239100	1239100	6913144	3159321
河 南 Henan	1441616	1731619	1730634	9655895	4426424
湖 北 Hubei	499292	623202	615804	3461337	1574984
湖 南 Hunan	769729	899873	899873	5018111	2322039
广 东 Guangdong	1270381	1711845	1682001	9052214	4116461
广 西 Guangxi	698537	812929	797535	4513712	2104304
海 南 Hainan	114423	139654	133295	793553	354829
重 庆 Chongqing	321737	334624	330517	2098191	993648
四 川 Sichuan	842414	930103	902990	5495234	2628154
贵 州 Guizhou	604027	640446	611104	3533745	1644721
云 南 Yunnan	651059	644648	586325	3766145	1782455
西 藏 Tibet	45296	56175	39484	302892	147855
陕 西 Shaanxi	359791	462397	460725	2417852	1132136
甘 肃 Gansu	298820	326665	306108	1821629	859070
青 海 Qinghai	72294	81793	74863	457893	222168
宁 夏 Ningxia	96180	96512	94436	582883	277550
新 疆 Xinjiang	297116	405063	383463	2159430	1043135

生数(总计)
Primary Schools (Total)

单位:人
unit: person

Enrolment						预计毕业生数 Estimated Graduates for Next Year
一年级 Grade 1	二年级 Grade 2	三年级 Grade 3	四年级 Grade 4	五年级 Grade 5	六年级 Grade 6	
17528636	**17210882**	**16446700**	**16560693**	**16211542**	**15171673**	**15675117**
145393	146700	152056	158865	137390	128013	129225
115666	111161	110437	106528	101439	85964	99115
1108774	1098221	998823	1003558	1019885	976212	976212
383610	376729	347788	387263	400488	375021	375021
227594	222240	222135	224090	217862	224213	225923
313524	324190	330784	346910	331707	341566	342011
204937	206075	190019	212478	226559	224143	224143
246422	248883	227642	269812	278380	168242	279335
160888	157362	161519	165014	144938		144938
934578	921804	893310	879218	819149	773959	774227
595139	595032	591069	594581	585254	589161	591088
736484	743595	723692	737683	671981	690202	690202
531295	535543	527647	492601	460348	439224	439224
685407	697468	673952	760844	729862	680072	680072
1239100	1249016	1253659	1168039	1105267	898063	1110199
1731729	1685942	1541896	1588351	1620940	1487037	1502607
623293	621031	578852	559652	554118	524391	525342
899874	874040	803736	831942	827267	781252	781252
1711061	1640240	1511521	1468189	1398918	1322285	1322285
812913	765983	743364	748416	729235	713801	713801
140341	137653	134227	128458	129594	123280	123280
334714	334524	362511	377027	353367	336048	336048
930760	924637	917881	933855	919190	868911	868911
640447	609929	562334	529230	596440	595365	595365
644892	633366	609195	612127	620985	645580	645580
56176	52256	50570	50262	48713	44915	44915
462595	418043	403346	394384	379311	360173	360173
326704	310344	281745	305937	303054	293845	293888
82287	76655	75021	74792	76192	72946	72946
96690	93760	91999	100046	101110	99278	99278
405349	398460	373970	350541	322599	308511	308511

小学学生
Number of Students in Primary

地　区 Region	毕业生数 Graduates	招生数 Entrants		在校生数	
		合计 Total	其中:受过学前教育 of Which: Those Received the Pre-school Education	合计 Total	其中:女 of Which: Female
总　计 Total	**4785385**	**5917751**	**5869129**	**32671812**	**14971881**
北　京 Beijing	90454	122382	122303	724099	338055
天　津 Tianjin	54652	81145	80701	429586	200198
河　北 Hebei	200610	250664	250536	1386416	643423
山　西 Shanxi	127009	146013	144435	818883	390437
内蒙古 Inner Mongolia	75715	89420	88501	526166	251569
辽　宁 Liaoning	167489	182051	181904	1101052	520836
吉　林 Jilin	86474	88674	87855	518910	245419
黑龙江 Heilongjiang	115788	113663	112283	621304	296402
上　海 Shanghai	114647	131963	131901	635870	297309
江　苏 Jiangsu	316468	415278	415214	2255083	1023399
浙　江 Zhejiang	262178	301274	300942	1721989	789167
安　徽 Anhui	138204	152838	152786	891382	401234
福　建 Fujian	162052	212772	212507	1196131	542561
江　西 Jiangxi	147851	164236	158046	968309	427879
山　东 Shandong	362717	444599	444599	2377538	1088117
河　南 Henan	304931	370707	370422	2059571	926598
湖　北 Hubei	190560	233312	231052	1307462	586615
湖　南 Hunan	180939	222463	222463	1220932	553738
广　东 Guangdong	698736	959216	946286	5125882	2282780
广　西 Guangxi	135109	179754	177348	966485	436111
海　南 Hainan	43005	53886	51456	300074	127569
重　庆 Chongqing	104235	135969	133864	768524	367609
四　川 Sichuan	193619	230084	229436	1293370	616930
贵　州 Guizhou	99866	119719	118040	637826	292151
云　南 Yunnan	97395	116197	115233	654426	309144
西　藏 Tibet	5835	8485	7443	43020	21049
陕　西 Shaanxi	118941	164491	163507	848481	395645
甘　肃 Gansu	65883	77240	77079	425803	197513
青　海 Qinghai	18139	19432	18522	114301	54339
宁　夏 Ningxia	30151	33719	33694	197717	93045
新　疆 Xinjiang	75733	96105	88771	535220	255040

数(城区)
Schools (Urban Area)

单位:人
unit: person

Enrolment						预计毕业生数 Estimated Graduates for Next Year
一年级 Grade 1	二年级 Grade 2	三年级 Grade 3	四年级 Grade 4	五年级 Grade 5	六年级 Grade 6	
5918015	**5737204**	**5570078**	**5502820**	**5183231**	**4760464**	**5056102**
122455	123582	128500	132467	112423	104672	105884
81167	75513	74405	70777	66613	61111	64844
250664	241199	224264	221334	226365	222590	222590
146015	140518	129538	138572	136585	127655	127655
89420	87506	88432	90537	83552	86719	88365
182051	187324	185427	194928	174423	176899	177344
88674	86800	78559	89712	88071	87094	87094
113663	112698	102987	118904	115658	57394	115346
132048	128718	131621	130733	112750		112750
415278	396717	385169	375721	342986	339212	339480
301278	294281	291320	286497	273935	274678	276605
152847	152802	152766	154967	136138	141862	141862
212880	215795	213436	197649	182809	173562	173562
164351	161460	156905	166695	160517	158381	158381
444599	426244	435787	415583	378705	276620	383109
370715	356563	339214	341696	338414	312969	322184
233343	231106	220741	211645	209275	201352	201353
222464	211689	198637	203581	197436	187125	187125
958475	928647	872227	838688	788007	739838	739838
179700	168621	163592	160472	150140	143960	143960
54291	53385	51636	48359	47145	45258	45258
135997	130858	136121	134458	119357	111733	111733
230087	222464	222785	217417	203484	197133	197133
119719	112865	105738	97000	102093	100411	100411
116208	114210	112587	106010	102078	103333	103333
8485	7096	7268	7257	6740	6174	6174
164509	149474	146241	138414	127127	122716	122716
77249	71731	69209	71426	67824	68364	68364
19433	18701	18866	19374	18793	19134	19134
33749	32421	33215	33607	32603	32122	32122
96201	96216	92885	88340	81185	80393	80393

小学学生数
Number of Students in Primary Schools

地 区 Region	毕业生数 Graduates	招生数 Entrants		在校生数	
		合计 Total	其中:受过学前教育 of Which: Those Received the Pre-school Education	合计 Total	其中:女 of Which: Female
总 计 Total	**849102**	**1130146**	**1120526**	**6044559**	**2738484**
北 京 Beijing	8864	9246	9246	62258	28076
天 津 Tianjin	6135	9307	9307	48812	22567
河 北 Hebei	47562	62229	62229	335756	155990
山 西 Shanxi	14350	19678	19648	101055	48332
内蒙古 Inner Mongolia	1213	1924	1924	9251	4491
辽 宁 Liaoning	13266	14106	14095	86729	40627
吉 林 Jilin	3858	4545	4536	23923	11350
黑龙江 Heilongjiang	7997	6462	6362	38163	18249
上 海 Shanghai	12924	13171	13171	66813	29691
江 苏 Jiangsu	34845	50799	50795	268769	119484
浙 江 Zhejiang	69971	77236	77222	458372	204565
安 徽 Anhui	20710	22713	22666	130133	59093
福 建 Fujian	28568	45742	45643	232952	106647
江 西 Jiangxi	23341	28051	27366	163848	73274
山 东 Shandong	93569	121639	121639	641741	293090
河 南 Henan	52407	67278	67265	367787	165489
湖 北 Hubei	22855	30791	30562	168475	75041
湖 南 Hunan	20308	30536	30536	152253	69489
广 东 Guangdong	233289	338198	334848	1747381	773621
广 西 Guangxi	28140	39575	39247	201670	92139
海 南 Hainan	3722	4926	4734	25915	11350
重 庆 Chongqing	9622	11159	11089	68982	32313
四 川 Sichuan	20023	25451	25445	140806	66731
贵 州 Guizhou	13672	15909	15575	86239	39735
云 南 Yunnan	23326	29592	29172	163402	77155
西 藏 Tibet					
陕 西 Shaanxi	15582	21732	21666	109067	51296
甘 肃 Gansu	5877	7984	7867	40552	19084
青 海 Qinghai	1806	1808	1657	10407	4964
宁 夏 Ningxia	1528	2020	2011	10934	5199
新 疆 Xinjiang	9772	16339	13003	82114	39352

（城乡结合区）
(Urban-rural Transitional Area)

单位：人
unit: person

Enrolment						预计毕业生数 Estimated Graduates for Next Year
一年级 Grade 1	二年级 Grade 2	三年级 Grade 3	四年级 Grade 4	五年级 Grade 5	六年级 Grade 6	
1130235	**1089085**	**1022622**	**989273**	**946603**	**866741**	**905161**
9262	9880	11037	11660	10775	9644	9644
9310	8741	9035	7800	7168	6758	7093
62229	58824	54312	51311	54882	54198	54198
19678	18340	15361	16383	16431	14862	14862
1924	1751	1581	1431	1348	1216	1374
14106	14635	14847	14436	14139	14566	14566
4545	4476	3681	3724	3744	3753	3753
6462	6910	6438	7488	7422	3443	7463
13182	13564	13898	14103	12066		12066
50799	48857	45897	43805	40721	38690	38690
77237	77838	76659	77731	76314	72593	72593
22717	23109	21917	22165	19498	20727	20727
45757	44045	41769	37133	33262	30986	30986
28054	28203	26584	28502	26354	26151	26151
121639	117298	116141	107767	100104	78792	100633
67284	64669	60235	60137	59621	55841	55841
30818	30587	28110	26551	26335	26074	26074
30536	26875	23804	24557	23422	23059	23059
338074	321468	291315	281624	268719	246181	246181
39575	36469	33715	32541	30550	28820	28820
4976	4591	4348	4216	4029	3755	3755
11164	11297	11772	12356	11629	10764	10764
25451	24292	23841	23031	22416	21775	21775
15909	15848	14265	12792	13957	13468	13468
29592	29263	28371	25971	25276	24929	24929
21736	19562	18798	17498	15742	15731	15731
7984	6709	6399	6676	6406	6378	6378
1809	1601	1687	1734	1724	1852	1852
2022	1817	1774	1841	1759	1721	1721
16404	17566	15031	12309	10790	10014	10014

小学学生
Number of Students in Primary

	毕业生数 Graduates	招生数 Entrants		在校生数	
		合计 Total	其中:受过学前教育 Of Which: Those Received the Pre-school Education	合计 Total	其中:女 Of Which: Female
总　计 Total	**5966526**	**6434917**	**6368407**	**37540969**	**17288059**
北　京 Beijing	11693	12836	12836	79876	37535
天　津 Tianjin	13112	16292	16292	94975	44047
河　北 Hebei	353231	420222	419775	2405076	1108260
山　西 Shanxi	162396	161076	159439	958050	456319
内蒙古 Inner Mongolia	96203	107346	106888	638305	305502
辽　宁 Liaoning	92496	80545	80464	536079	252875
吉　林 Jilin	78188	73571	72721	452580	215652
黑龙江 Heilongjiang	113423	97742	96462	588558	282584
上　海 Shanghai	24099	22063	22032	117135	53454
江　苏 Jiangsu	326208	400762	400735	2289999	1040708
浙　江 Zhejiang	220385	216555	216425	1330888	614688
安　徽 Anhui	296104	311842	311687	1860905	833750
福　建 Fujian	164768	202800	202470	1154673	525300
江　西 Jiangxi	312698	296031	286309	1938812	856860
山　东 Shandong	413080	464620	464620	2605477	1178116
河　南 Henan	613374	637939	637632	3732635	1678020
湖　北 Hubei	194145	231143	229046	1321295	603447
湖　南 Hunan	369296	397037	397037	2318263	1065618
广　东 Guangdong	365723	416370	407522	2275024	1047697
广　西 Guangxi	256695	273819	270576	1577595	725142
海　南 Hainan	48562	56061	54337	333732	151197
重　庆 Chongqing	150392	142223	140760	932074	438459
四　川 Sichuan	401215	438155	433119	2609872	1249486
贵　州 Guizhou	245768	258071	251350	1450236	663666
云　南 Yunnan	188523	173642	165505	1035042	490084
西　藏 Tibet	14520	15449	11341	91659	44566
陕　西 Shaanxi	178655	221583	221267	1175814	549119
甘　肃 Gansu	106420	116806	113749	648584	301029
青　海 Qinghai	31796	31734	28516	186968	91329
宁　夏 Ningxia	32522	32240	31961	194608	91905
新　疆 Xinjiang	90836	108342	105534	606180	291645

数(镇区)
Schools (Counties & Towns Area)

单位:人
unit:person

Enrolment						预计毕业生数 Estimated Graduates for Next Year
一年级 Grade 1	二年级 Grade 2	三年级 Grade 3	四年级 Grade 4	五年级 Grade 5	六年级 Grade 6	
6436237	**6337122**	**6098362**	**6263084**	**6313108**	**6093056**	**6232860**
12855	12948	13153	14362	13562	12996	12996
16295	16640	16825	16429	16141	12645	15906
420222	413276	383537	391929	405114	390998	390998
161090	157334	144505	162115	171968	161038	161038
107346	104535	105496	106496	105720	108712	108776
80553	82227	87135	91102	94804	100258	100258
73571	73371	67978	74938	82228	80494	80494
97742	97673	88796	107228	115180	81939	116140
22105	22233	22707	25847	24243		24243
400762	400342	387027	386736	369486	345646	345646
216556	218538	218856	223520	224288	229130	229130
311880	316312	309382	319192	294842	309297	309297
203093	204248	202968	190292	180279	173793	173793
296185	306707	297391	345988	350021	342520	342520
464620	467640	466746	433309	418846	354316	426642
637955	625356	577871	607969	647848	635636	640395
231166	235075	218323	214194	216867	205670	206620
397037	389529	372174	386382	394214	378927	378927
416292	392159	355889	370098	365897	374689	374689
273836	257203	253720	261910	262464	268462	268462
56276	55867	55291	55279	56902	54117	54117
142253	144178	158877	168879	161819	156068	156068
438191	438289	433577	441881	439703	418231	418231
258072	244880	230058	220034	247142	250050	250050
173684	168791	161779	165969	176208	188611	188611
15449	14979	14316	15941	16290	14684	14684
221663	199237	193165	192216	190136	179397	179397
116811	110793	98622	107946	108676	105736	105736
31909	29323	30390	30817	32680	31849	31849
32317	31452	30604	33193	33718	33324	33324
108451	105987	101204	100893	95822	93823	93823

小学学生数
Number of Students in Primary Schools

地　区 Region	毕业生数 Graduates	招生数 Entrants		在校生数	
		合计 Total	其中:受过学前教育 of Which: Those Received the Pre-school Education	合计 Total	其中:女 of Which: Female
总　计 Total	**1629130**	**1869441**	**1848120**	**10586801**	**4878466**
北　京 Beijing	2758	2741	2741	17916	8319
天　津 Tianjin	5982	7679	7679	43321	20095
河　北 Hebei	174107	218785	218519	1213808	559872
山　西 Shanxi	47156	47386	47118	285287	136327
内蒙古 Inner Mongolia	9202	9994	9874	59476	27330
辽　宁 Liaoning	12640	9772	9752	70390	32968
吉　林 Jilin	7300	6892	6796	43641	20887
黑龙江 Heilongjiang	11531	8544	8466	57020	27417
上　海 Shanghai	6232	5381	5351	29501	13480
江　苏 Jiangsu	91771	108864	108844	631073	288097
浙　江 Zhejiang	73753	76912	76788	469134	214265
安　徽 Anhui	61067	64857	64780	380191	172254
福　建 Fujian	44570	60667	60437	328403	151305
江　西 Jiangxi	63140	68316	65912	422557	192613
山　东 Shandong	171063	197664	197664	1104473	497098
河　南 Henan	207506	233541	233434	1329499	601110
湖　北 Hubei	44754	58198	57208	324813	148662
湖　南 Hunan	107782	120899	120899	681902	317807
广　东 Guangdong	135228	168724	163647	890674	412574
广　西 Guangxi	69706	82681	81414	448042	209093
海　南 Hainan	6345	7225	7168	43029	19023
重　庆 Chongqing	26168	22873	22836	150015	70107
四　川 Sichuan	56261	66725	65390	382028	182737
贵　州 Guizhou	50197	51552	49785	288887	133429
云　南 Yunnan	48221	46372	43441	271327	127787
西　藏 Tibet	1135	1488	844	7951	3803
陕　西 Shaanxi	43814	55158	55028	287021	134170
甘　肃 Gansu	22981	26918	25569	143313	67171
青　海 Qinghai	7720	8103	7701	47179	22946
宁　夏 Ningxia	5044	4547	4461	27992	13511
新　疆 Xinjiang	13996	19983	18574	106938	52209

(镇乡结合区)
(County-town Transitional Area)

单位:人
unit: person

Enrolment						预计毕业生数 Estimated Graduates for Next Year
一年级 Grade 1	二年级 Grade 2	三年级 Grade 3	四年级 Grade 4	五年级 Grade 5	六年级 Grade 6	
1869607	**1830051**	**1729640**	**1743566**	**1749608**	**1664329**	**1701436**
2743	2713	2974	3336	3116	3034	3034
7681	7789	7739	7387	7438	5287	7133
218785	214490	192539	195081	200662	192251	192251
47389	46316	43879	49248	51782	46673	46673
9994	9956	9659	9359	10280	10228	10270
9773	10589	11697	12300	12886	13145	13145
6892	6988	6902	7588	7815	7456	7456
8544	9030	8616	10671	11323	8836	11662
5389	5396	5730	6786	6200		6200
108864	111947	107378	105378	101998	95508	95508
76912	77976	77384	79064	79764	78034	78034
64860	64759	62573	64773	59942	63284	63284
60740	60048	57697	53149	49522	47247	47247
68365	68656	65302	75330	74014	70890	70890
197664	199382	198306	180420	176455	152246	178291
233551	228762	210752	216182	226096	214156	214304
58205	58633	53490	52876	53367	48242	48242
120899	116028	109062	111910	114209	109794	109794
168645	158087	142206	144032	140039	137665	137665
82684	76483	73729	73122	70372	71652	71652
7235	7280	7007	7148	7505	6854	6854
22882	22396	25149	26312	27202	26074	26074
66737	64866	62695	64535	62745	60450	60450
51552	48069	44863	43342	49354	51707	51707
46374	44758	41655	43990	45950	48600	48600
1488	1559	1128	1276	1363	1137	1137
55161	49527	47395	46234	45604	43100	43100
26918	24822	21696	23359	23721	22797	22797
8116	7749	7719	7624	8115	7856	7856
4564	4404	4200	4794	4939	5091	5091
20001	20593	18519	16960	15830	15035	15035

小学学生
Number of Students in Primary

地 区 Region	毕业生数 Graduates	招生数 Entrants 合计 Total	其中:受过学前教育 of Which: Those Received the Pre-school Education	在校生数 合计 Total	其中:女 of Which: Female
总 计 Total	**4322555**	**5171991**	**4999617**	**28917345**	**13704174**
北 京 Beijing	9334	10056	10032	64442	30074
天 津 Tianjin	16348	18201	18200	106634	49227
河 北 Hebei	318725	437886	437302	2413981	1141032
山 西 Shanxi	90908	76490	76106	493966	242173
内蒙古 Inner Mongolia	26589	30828	30794	173663	81579
辽 宁 Liaoning	59876	50900	50705	351550	168055
吉 林 Jilin	54838	42692	42312	292721	141033
黑龙江 Heilongjiang	48881	35017	34648	229519	112037
上 海 Shanghai	8199	6730	6717	36716	16480
江 苏 Jiangsu	79081	118538	118521	676936	317804
浙 江 Zhejiang	86889	77305	77272	497359	230411
安 徽 Anhui	235043	271743	271547	1551350	730793
福 建 Fujian	88816	115192	114161	635854	300277
江 西 Jiangxi	172106	224377	216130	1320484	618463
山 东 Shandong	295729	329881	329881	1930129	893088
河 南 Henan	523311	722973	722580	3863689	1821806
湖 北 Hubei	114587	158747	155706	832580	384922
湖 南 Hunan	219494	280373	280373	1478916	702683
广 东 Guangdong	205922	336259	328193	1651308	785984
广 西 Guangxi	306733	359356	349611	1969632	943051
海 南 Hainan	22856	29707	27502	159747	76063
重 庆 Chongqing	67110	56432	55893	397593	187580
四 川 Sichuan	247580	261864	240435	1591992	761738
贵 州 Guizhou	258393	262656	241714	1445683	688904
云 南 Yunnan	365141	354809	305587	2076677	983227
西 藏 Tibet	24941	32241	20700	168213	82240
陕 西 Shaanxi	62195	76323	75951	393557	187372
甘 肃 Gansu	126517	132619	115280	747242	360528
青 海 Qinghai	22359	30627	27825	156624	76500
宁 夏 Ningxia	33507	30553	28781	190558	92600
新 疆 Xinjiang	130547	200616	189158	1018030	496450

数(乡村)
Schools (Rural Area)

单位:人
unit: person

Enrolment						预计毕业生数 Estimated Graduates for Next Year
一年级 Grade 1	二年级 Grade 2	三年级 Grade 3	四年级 Grade 4	五年级 Grade 5	六年级 Grade 6	
5174384	**5136556**	**4778260**	**4794789**	**4715203**	**4318153**	**4386155**
10083	10170	10403	12036	11405	10345	10345
18204	19008	19207	19322	18685	12208	18365
437888	443746	391022	390295	388406	362624	362624
76505	78877	73745	86576	91935	86328	86328
30828	30199	28207	27057	28590	28782	28782
50920	54639	58222	60880	62480	64409	64409
42692	45904	43482	47828	56260	56555	56555
35017	38512	35859	43680	47542	28909	47849
6735	6411	7191	8434	7945		7945
118538	124745	121114	116761	106677	89101	89101
77305	82213	80893	84564	87031	85353	85353
271757	274481	261544	263524	241001	239043	239043
115322	115500	111243	104660	97260	91869	91869
224871	229301	219656	248161	219324	179171	179171
329881	355132	351126	319147	307716	267127	300448
723059	704023	624811	638686	634678	538432	540028
158784	154850	139788	133813	127976	117369	117369
280373	272822	232925	241979	235617	215200	215200
336294	319434	283405	259403	245014	207758	207758
359377	340159	326052	326034	316631	301379	301379
29774	28401	27300	24820	25547	23905	23905
56464	59488	67513	73690	72191	68247	68247
262482	263884	261519	274557	276003	253547	253547
262656	252184	226538	212196	247205	244904	244904
355000	350365	334829	340148	342699	353636	353636
32242	30181	28986	27064	25683	24057	24057
76423	69332	63940	63754	62048	58060	58060
132644	127820	113914	126565	126554	119745	119788
30945	28631	25765	24601	24719	21963	21963
30624	29887	28180	33246	34789	33832	33832
200697	196257	179881	161308	145592	134295	134295

五年制小

Number of Students in

	招生数 Entrants		在校生数	
	合计 Total	其中:受过学前教育 of which:Received The Pre-school Education	合计 Total	其中:女 Of Which:Female
总　计 Total	**533348**	**532208**	**2618492**	**1230715**
北　京 Beijing	1509	1509	7201	3440
天　津 Tianjin	13876	13876	67630	31512
河　北 Hebei	64	64	64	32
山　西 Shanxi				
内蒙古 Inner Mongolia	1756	1756	8608	4029
辽　宁 Liaoning	357	357	2087	991
吉　林 Jilin				
黑龙江 Heilongjiang	106986	105975	533787	255322
上　海 Shanghai	160756	160650	789721	367243
江　苏 Jiangsu			752	543
浙　江 Zhejiang	2483	2483	11349	5353
安　徽 Anhui				
福　建 Fujian				
江　西 Jiangxi				
山　东 Shandong	225179	225179	1105537	521243
河　南 Henan	19392	19390	86865	38613
湖　北 Hubei	903	903	4671	2291
湖　南 Hunan				
广　东 Guangdong	21		44	21
广　西 Guangxi				
海　南 Hainan				
重　庆 Chongqing				
四　川 Sichuan				
贵　州 Guizhou				
云　南 Yunnan				
西　藏 Tibet				
陕　西 Shaanxi				
甘　肃 Gansu	66	66	176	82
青　海 Qinghai				
宁　夏 Ningxia				
新　疆 Xinjiang				

学学生数
5-year Primary Schools

单位：人
unit：person

Enrolment

一年级 Grade 1	二年级 Grade 2	三年级 Grade 3	四年级 Grade 4	五年级 Grade 5
533482	**526683**	**523797**	**531086**	**503444**
1511	1562	1457	1459	1212
13876	14000	13540	13063	13151
64				
1756	1808	1859	1475	1710
357	409	404	472	445
106986	106507	96870	112331	111093
160888	157362	161519	165014	144938
		226	258	268
2483	2396	2378	2165	1927
225179	222290	227690	218242	212136
19392	19425	16854	15624	15570
903	883	963	971	951
21	11	12		
66	30	25	12	43

小学女
Number of Female Students

地 区 Region	毕业生数 Graduates	招生数 Entrants 合计 Total	其中:受过学前教育 of Which: Those Received the Pre-school Education	在校生数 合计 Total
总 计 Total	**6981909**	**8156211**	**8023235**	**45964114**
北 京 Beijing	51668	68877	68830	405664
天 津 Tianjin	39353	54192	54036	293472
河 北 Hebei	410621	516000	515605	2892715
山 西 Shanxi	182886	184565	182911	1088929
内蒙古 Inner Mongolia	96001	108048	107415	638650
辽 宁 Liaoning	154107	147931	147779	941766
吉 林 Jilin	104906	98845	97962	602104
黑龙江 Heilongjiang	134310	118755	117335	691023
上 海 Shanghai	68050	75388	75344	367243
江 苏 Jiangsu	329699	429790	429766	2381911
浙 江 Zhejiang	263972	272366	272190	1634266
安 徽 Anhui	303499	338217	338080	1965777
福 建 Fujian	191051	242638	242016	1368138
江 西 Jiangxi	281093	309107	298139	1903202
山 东 Shandong	498450	562963	562963	3159321
河 南 Henan	650221	805067	804822	4426424
湖 北 Hubei	229678	284221	281340	1574984
湖 南 Hunan	350380	417332	417332	2322039
广 东 Guangdong	569544	783928	771282	4116461
广 西 Guangxi	325757	377801	371223	2104304
海 南 Hainan	50738	63008	60241	354829
重 庆 Chongqing	151026	158858	157076	993648
四 川 Sichuan	401211	447513	434218	2628154
贵 州 Guizhou	280180	300051	286468	1644721
云 南 Yunnan	307724	307623	280158	1782455
西 藏 Tibet	22220	27477	19198	147855
陕 西 Shaanxi	166566	218111	217287	1132136
甘 肃 Gansu	141394	155038	145136	859070
青 海 Qinghai	35007	39784	36186	222168
宁 夏 Ningxia	46166	46213	45187	277550
新 疆 Xinjiang	144431	196504	185710	1043135

学生数
in Primary Schools

单位:人
unit:person

Enrolment						预计毕业生数 Estimated Graduates for Next Year
一年级 Grade 1	二年级 Grade 2	三年级 Grade 3	四年级 Grade 4	五年级 Grade 5	六年级 Grade 6	
8158124	**7995134**	**7609396**	**7675014**	**7521248**	**7005198**	**7240358**
68903	69265	71402	73935	63013	59146	59711
54199	51660	50993	49598	47292	39730	45789
516000	510567	464898	465844	477988	457418	457422
184578	181889	166240	184571	192245	179406	179405
108048	105823	106193	107310	104549	106727	107527
147944	154978	155570	165420	157456	160398	160614
98845	98387	88726	101404	107972	106770	106770
118755	120596	107478	129451	133568	81175	134075
75428	73350	74890	76437	67138		67138
429790	422118	407888	400611	372734	348770	348897
272367	274591	271867	273337	269228	272876	273780
338233	340037	332296	339011	304294	311906	311906
242795	244942	241232	225197	211926	202046	202046
309425	315771	303052	341629	329344	303981	303980
562963	567706	570344	535828	509890	412590	512983
805113	776999	706641	725028	739257	673386	680385
284258	282718	262734	253699	251905	239670	240123
417332	404419	371611	385357	384379	358941	358941
783795	750427	685807	667128	634456	594848	593429
377789	356142	345727	349915	342184	332547	332544
63370	61016	60278	57074	57782	55309	55309
158882	158082	171361	179213	167557	158553	158553
447890	443849	437971	445884	439595	412965	412965
300051	284978	262796	245449	277386	274061	274061
307735	300446	287775	290432	293010	303057	303057
27478	25357	24793	24511	23741	21975	21975
218207	196205	188734	184191	177525	167274	167284
155053	147203	131272	144085	143382	138075	138096
40021	37329	36269	36387	36996	35166	35161
46275	44986	43146	47578	48097	47468	47468
196602	193298	179412	169500	155359	148964	148964

小学教职工
Number of Educational Personnel

地　区 Region	教职工数 合计 Total	专任教师 Full-time Teachers	行政人员 Adm. Personnel
总　计 Total	**5537298**	**5176454**	**140882**
北　京 Beijing	59716	51787	4020
天　津 Tianjin	44105	39414	3119
河　北 Hebei	354773	330488	12914
山　西 Shanxi	172627	156618	3629
内蒙古 Inner Mongolia	117997	90017	5060
辽　宁 Liaoning	132034	115376	12567
吉　林 Jilin	112673	95884	6932
黑龙江 Heilongjiang	116470	101401	5562
上　海 Shanghai	51145	43408	3621
江　苏 Jiangsu	270886	254684	4887
浙　江 Zhejiang	182051	172897	3160
安　徽 Anhui	221156	212490	2963
福　建 Fujian	165542	157708	3236
江　西 Jiangxi	200415	198129	476
山　东 Shandong	386405	370211	4805
河　南 Henan	502295	474179	9613
湖　北 Hubei	196452	184842	3357
湖　南 Hunan	227973	219521	3529
广　东 Guangdong	436840	405153	15946
广　西 Guangxi	239044	224260	6641
海　南 Hainan	45073	42204	697
重　庆 Chongqing	121753	116932	2285
四　川 Sichuan	263786	250900	5231
贵　州 Guizhou	197109	185309	3801
云　南 Yunnan	226497	218947	2821
西　藏 Tibet	21004	20802	45
陕　西 Shaanxi	156019	142761	6375
甘　肃 Gansu	131570	128591	1028
青　海 Qinghai	22355	21232	145
宁　夏 Ningxia	32552	32032	126
新　疆 Xinjiang	128981	118277	2291

数（总数）
in Primary Schools (Total)

单位：人
unit: person

Educational Personnel			代课教师 Substitute Teachers	兼任教师 Part-time Teachers
教辅人员 Supporting Staff	工勤人员 Workers	校办企业职工 Employees in School-run Factories & Farms		
98906	**120655**	**401**	**160304**	**26275**
2737	1168	4		936
977	595		704	180
4862	6509		9100	647
6860	5483	37	10620	955
13273	9645	2	1496	50
2941	1143	7	531	48
8059	1798		502	195
6423	3075	9	1674	245
2222	1868	26	455	138
6270	4999	46	9698	353
2306	3686	2		300
2741	2954	8	5781	658
2402	2192	4	9133	258
475	1332	3	4592	475
6384	4999	6	5831	412
4270	14231	2	33488	989
3530	4583	140	7956	978
1917	3005	1	9930	686
4537	11132	72	3330	993
2612	5528	3	8455	2697
375	1784	13	110	1738
716	1813	7	2764	414
1548	6107		16192	2913
1071	6928		60	4440
1410	3311	8	111	3718
35	122		388	17
2733	4150		2640	158
937	1014		7758	484
200	778		2148	21
131	263		1237	115
3952	4460	1	3620	64

小学教职工
Number of Educational Personnel

地　区 Region	教职工数		
	合计 Total	专任教师 Full-time Teachers	行政人员 Adm. Personnel
总　计 Total	**1608856**	**1496978**	**47450**
北　京 Beijing	46754	41262	2922
天　津 Tianjin	30743	27142	2258
河　北 Hebei	71885	67125	2154
山　西 Shanxi	46358	42434	1261
内蒙古 Inner Mongolia	31999	28693	1448
辽　宁 Liaoning	67130	58587	6583
吉　林 Jilin	36193	31717	1976
黑龙江 Heilongjiang	41273	36354	2212
上　海 Shanghai	40658	35087	2695
江　苏 Jiangsu	117049	111252	2067
浙　江 Zhejiang	83598	79222	1307
安　徽 Anhui	40365	39184	434
福　建 Fujian	55491	52716	944
江　西 Jiangxi	38110	37680	105
山　东 Shandong	120073	113908	1940
河　南 Henan	93307	87800	1836
湖　北 Hubei	64156	60004	1703
湖　南 Hunan	52929	51180	679
广　东 Guangdong	212096	195076	6175
广　西 Guangxi	43894	41115	844
海　南 Hainan	11497	10591	186
重　庆 Chongqing	40635	38873	782
四　川 Sichuan	57364	53815	964
贵　州 Guizhou	28683	27413	495
云　南 Yunnan	30258	29052	412
西　藏 Tibet	2700	2617	38
陕　西 Shaanxi	43664	39331	2289
甘　肃 Gansu	21592	21070	225
青　海 Qinghai	4988	4931	14
宁　夏 Ningxia	9829	9719	24
新　疆 Xinjiang	23585	22028	478

数(城区)
in Primary Schools (Urban Area)

单位:人
unit: person

Educational Personnel			代课教师 Substitute Teachers	兼任教师 Part-time Teachers
教辅人员 Supporting Staff	工勤人员 Workers	校办企业职工 Employees in School-run Factories & Farms		
27162	**37031**	**235**	**41849**	**6062**
1866	701	3		916
838	505		279	180
932	1674		989	23
1164	1466	33	2671	52
1313	543	2	701	46
1360	596	4	85	15
1953	547		153	72
1601	1106		301	168
1646	1213	17	363	124
1811	1915	4	4604	168
959	2110			60
262	477	8	1973	162
557	1270	4	3863	145
60	265		213	14
2260	1959	6	2306	106
976	2693	2	6230	152
1065	1301	83	3105	214
385	685		2937	429
2971	7811	63	3040	727
539	1393	3	1321	308
158	562		47	1228
321	656	3	868	188
418	2167		3263	269
184	591			147
191	603			79
13	32			
671	1373		469	7
85	212		102	58
7	36		270	
20	66		272	3
576	503		1424	2

小学教职工
Number of Educational Personnel in Primary

地 区 Region	教职工数		
	合计 Total	专任教师 Full-time Teachers	行政人员 Adm. Personnel
总 计 Total	**286805**	**266175**	**8368**
北 京 Beijing	4142	3484	350
天 津 Tianjin	3346	2967	257
河 北 Hebei	18035	16825	684
山 西 Shanxi	6853	6367	176
内蒙古 Inner Mongolia	845	738	47
辽 宁 Liaoning	6176	5488	536
吉 林 Jilin	2571	2200	180
黑龙江 Heilongjiang	3679	3118	217
上 海 Shanghai	3684	3037	241
江 苏 Jiangsu	13272	12311	282
浙 江 Zhejiang	20850	19660	400
安 徽 Anhui	6190	5978	79
福 建 Fujian	10774	10315	177
江 西 Jiangxi	6899	6834	13
山 东 Shandong	34424	32436	542
河 南 Henan	18716	17677	364
湖 北 Hubei	8950	8244	163
湖 南 Hunan	6249	6043	106
广 东 Guangdong	65322	59397	2447
广 西 Guangxi	8948	8565	161
海 南 Hainan	1269	1193	15
重 庆 Chongqing	3895	3615	90
四 川 Sichuan	5944	5509	136
贵 州 Guizhou	3796	3615	75
云 南 Yunnan	8042	7773	71
西 藏 Tibet			
陕 西 Shaanxi	7134	6310	484
甘 肃 Gansu	2176	2121	22
青 海 Qinghai	318	315	1
宁 夏 Ningxia	605	602	2
新 疆 Xinjiang	3701	3438	50

数(城乡结合区)
Schools (Urban-rural Transitional Area)

单位:人
unit: person

Educational Personnel			代课教师 Substitute Teachers	兼任教师 Part-time Teachers
教辅人员 Supporting Staff	工勤人员 Workers	校办企业职工 Employees in School-run Factories & Farms		
4042	**8194**	**26**	**6640**	**822**
164	144			59
85	37		114	
140	386		206	3
150	160		429	2
37	23		28	
106	46		39	
139	52			
186	158		34	
83	318	5	16	5
292	387		696	23
216	574			10
93	40		164	
68	214		917	25
14	38		90	4
786	660		787	29
147	528		1031	27
187	356		189	17
37	63		381	112
709	2748	21	613	130
37	185		146	82
11	50		1	148
54	136		4	28
84	215		329	38
11	95			29
50	148			49
88	252		84	
10	23		38	
	2		23	
	1		33	
58	155		248	2

小学教职工

Number of Educational Personnel in

地 区 Region	教职工数 合计 Total	专任教师 Full-time Teachers	行政人员 Adm. Personnel
总 计 Total	**1987372**	**1850154**	**47385**
北 京 Beijing	6220	4862	597
天 津 Tianjin	5752	5311	331
河 北 Hebei	126750	116866	4305
山 西 Shanxi	64514	58845	1137
内蒙古 Inner Mongolia	59692	43396	2472
辽 宁 Liaoning	33613	29036	3425
吉 林 Jilin	37199	30899	2525
黑龙江 Heilongjiang	43949	38006	1923
上 海 Shanghai	7754	6224	670
江 苏 Jiangsu	117066	108988	2035
浙 江 Zhejiang	70179	66720	1292
安 徽 Anhui	85825	82226	1329
福 建 Fujian	64589	61192	1673
江 西 Jiangxi	82548	81495	266
山 东 Shandong	141223	135126	1607
河 南 Henan	173849	161403	3541
湖 北 Hubei	72377	68362	774
湖 南 Hunan	97505	93484	1496
广 东 Guangdong	116418	109272	4452
广 西 Guangxi	80898	74767	2377
海 南 Hainan	18276	16951	285
重 庆 Chongqing	50991	49157	871
四 川 Sichuan	121015	116068	2081
贵 州 Guizhou	74505	70154	1456
云 南 Yunnan	62501	59745	938
西 藏 Tibet	6535	6458	6
陕 西 Shaanxi	73342	67573	2432
甘 肃 Gansu	41007	39723	442
青 海 Qinghai	8314	7944	71
宁 夏 Ningxia	10388	10169	57
新 疆 Xinjiang	32578	29732	519

数(镇区)
Primary Schools (Counties & Towns Area)

单位:人
unit: person

Educational Personnel			代课教师 Substitute Teachers	兼任教师 Part-time Teachers
教辅人员 Supporting Staff	工勤人员 Workers	校办企业职工 Employees in School-run Factories & Farms		
42446	**47265**	**122**	**44722**	**5756**
502	259			
66	44		153	
2217	3362		2701	300
2401	2127	4	3258	404
8203	5621		439	
802	347	3	62	25
3180	595		112	71
2538	1473	9	730	28
427	424	9	71	6
3681	2329	33	3460	76
973	1192	2		207
960	1310		1355	110
1153	571		2570	55
266	519	2	1406	186
2497	1993		1987	150
2210	6695		11297	252
1427	1766	48	1803	418
1017	1508		2898	57
959	1727	8	155	112
1500	2254		1241	603
180	860		13	191
245	714	4	952	86
647	2219		4461	871
550	2345		15	935
679	1139		39	372
10	61		56	1
1443	1894		1139	92
450	392		1174	96
87	212		474	10
68	94		297	19
1108	1219		404	23

小学教职工
Number of Educational Personnel in Primary

地 区 Region	教职工数		
	合计 Total	专任教师 Full-time Teachers	行政人员 Adm. Personnel
总 计 Total	**584332**	**548760**	**13111**
北 京 Beijing	1404	1099	145
天 津 Tianjin	2568	2371	165
河 北 Hebei	66257	61200	2291
山 西 Shanxi	19689	18024	346
内蒙古 Inner Mongolia	5685	4087	208
辽 宁 Liaoning	5005	4234	566
吉 林 Jilin	4588	3594	331
黑龙江 Heilongjiang	5201	4461	225
上 海 Shanghai	1843	1444	145
江 苏 Jiangsu	34670	31999	708
浙 江 Zhejiang	24166	22832	404
安 徽 Anhui	20063	19279	288
福 建 Fujian	17637	16950	280
江 西 Jiangxi	20256	20001	60
山 东 Shandong	60635	58118	615
河 南 Henan	69117	64769	1429
湖 北 Hubei	19126	18095	182
湖 南 Hunan	31030	30049	366
广 东 Guangdong	47218	44268	2016
广 西 Guangxi	24210	22816	603
海 南 Hainan	2738	2527	42
重 庆 Chongqing	9315	8931	186
四 川 Sichuan	18825	17986	351
贵 州 Guizhou	15666	14826	297
云 南 Yunnan	17203	16712	192
西 藏 Tibet	451	446	
陕 西 Shaanxi	19409	18257	506
甘 肃 Gansu	10352	10064	54
青 海 Qinghai	1810	1780	4
宁 夏 Ningxia	1657	1639	8
新 疆 Xinjiang	6538	5902	98

数(镇乡结合区)
Schools (County-town Transitional Area)

单位:人
unit: person

Educational Personnel			代课教师 Substitute Teachers	兼任教师 Part-time Teachers
教辅人员 Supporting Staff	工勤人员 Workers	校办企业职工 Employees in School-run Factories & Farms		
9568	**12844**	**49**	**15369**	**1697**
93	67			
14	18		69	
935	1831		1422	245
744	575		1206	56
922	468		14	
163	42		21	
559	104		8	8
381	134		131	5
121	125	8	12	5
1194	755	14	1229	21
332	598			106
178	318		451	32
229	178		1338	28
28	167		493	71
999	903		875	89
632	2287		3570	125
340	484	25	533	97
246	369		987	40
307	625	2	83	80
277	514		678	194
30	139			40
41	157		218	14
72	416		937	154
79	464		4	123
70	229		22	105
	5			
188	458		354	25
135	99		431	24
15	11		115	4
5	5		41	6
239	299		127	

小学教职工数

Number of Educational Personnel in

地 区 Region	教职工数		
	合计 Total	专任教师 Full-time Teachers	行政人员 Adm. Personnel
总 计 Total	**1941070**	**1829322**	**46047**
北 京 Beijing	6742	5663	501
天 津 Tianjin	7610	6961	530
河 北 Hebei	156138	146497	6455
山 西 Shanxi	61755	55339	1231
内蒙古 Inner Mongolia	26306	17928	1140
辽 宁 Liaoning	31291	27753	2559
吉 林 Jilin	39281	33268	2431
黑龙江 Heilongjiang	31248	27041	1427
上 海 Shanghai	2733	2097	256
江 苏 Jiangsu	36771	34444	785
浙 江 Zhejiang	28274	26955	561
安 徽 Anhui	94966	91080	1200
福 建 Fujian	45462	43800	619
江 西 Jiangxi	79757	78954	105
山 东 Shandong	125109	121177	1258
河 南 Henan	235139	224976	4236
湖 北 Hubei	59919	56476	880
湖 南 Hunan	77539	74857	1354
广 东 Guangdong	108326	100805	5319
广 西 Guangxi	114252	108378	3420
海 南 Hainan	15300	14662	226
重 庆 Chongqing	30127	28902	632
四 川 Sichuan	85407	81017	2186
贵 州 Guizhou	93921	87742	1850
云 南 Yunnan	133738	130150	1471
西 藏 Tibet	11769	11727	1
陕 西 Shaanxi	39013	35857	1654
甘 肃 Gansu	68971	67798	361
青 海 Qinghai	9053	8357	60
宁 夏 Ningxia	12335	12144	45
新 疆 Xinjiang	72818	66517	1294

（乡村）
Primary Schools (Rural Area)

单位：人
unit: person

Educational Personnel				
教辅人员 Supporting Staff	工勤人员 Workers	校办企业职工 Employees in School-run Factories & Farms	代课教师 Substitute Teachers	兼任教师 Part-time Teachers
29298	**36359**	**44**	**73733**	**14457**
369	208	1		20
73	46		272	
1713	1473		5410	324
3295	1890		4691	499
3757	3481		356	4
779	200		384	8
2926	656		237	52
2284	496		643	49
149	231		21	8
778	755	9	1634	109
374	384			33
1519	1167		2453	386
692	351		2700	58
149	548	1	2973	275
1627	1047		1538	156
1084	4843		15961	585
1038	1516	9	3048	346
515	812	1	4095	200
607	1594	1	135	154
573	1881		5893	1786
37	362	13	50	319
150	443		944	140
483	1721		8468	1773
337	3992		45	3358
540	1569	8	72	3267
12	29		332	16
619	883		1032	59
402	410		6482	330
106	530		1404	11
43	103		668	93
2268	2738	1	1792	39

小学教职工总数
Number of Primary Schools Educational

地 区 Region	教职工数		
	合计 Total	专任教师 Full-time Teachers	行政人员 Adm. Personnel
总 计 Total	**256868**	**193138**	**12491**
北 京 Beijing	2510	1928	218
天 津 Tianjin	877	661	87
河 北 Hebei	22850	16789	1264
山 西 Shanxi	9842	6499	468
内蒙古 Inner Mongolia	1172	825	109
辽 宁 Liaoning	1123	946	91
吉 林 Jilin	1754	1395	111
黑龙江 Heilongjiang	457	351	38
上 海 Shanghai	7012	5258	529
江 苏 Jiangsu	11413	9031	437
浙 江 Zhejiang	12351	9846	376
安 徽 Anhui	8811	6571	368
福 建 Fujian	4825	3610	232
江 西 Jiangxi	1762	1443	55
山 东 Shandong	17426	13948	735
河 南 Henan	58662	42320	2938
湖 北 Hubei	4463	2995	214
湖 南 Hunan	6459	5036	275
广 东 Guangdong	46086	36047	1867
广 西 Guangxi	5696	4031	336
海 南 Hainan	2692	1792	164
重 庆 Chongqing	3092	2397	173
四 川 Sichuan	8344	5886	310
贵 州 Guizhou	4939	3879	267
云 南 Yunnan	2623	2225	176
西 藏 Tibet	79	69	6
陕 西 Shaanxi	8521	6618	587
甘 肃 Gansu	159	134	12
青 海 Qinghai	60	43	1
宁 夏 Ningxia	372	232	17
新 疆 Xinjiang	436	333	30

中民办教职工数
Personnel Maintained by the Communities

单位:人
unit: person

Educational Personnel			代课教师 Substitute Teachers	兼任教师 Part-time Teachers
教辅人员 Supporting Staff	工勤人员 Workers	校办企业职工 Employees in School-run Factories & Farms		
9507	**41510**	**222**	**6860**	**908**
110	252	2		2
38	91			56
998	3799		4	64
620	2222	33	444	46
51	187			6
43	43			10
66	182			
17	51			
273	938	14		28
309	1625	11	34	22
448	1681			62
336	1536		155	67
147	832	4	2	28
58	204	2	30	12
541	2196	6	354	36
2474	10930		5619	143
236	923	95	20	109
337	811		29	7
1278	6842	52	38	89
198	1128	3	21	33
35	701			4
152	370		76	33
269	1879			8
146	647			
20	202			
	4			
254	1062			12
2	11			25
	16			
39	84			1
12	61		34	5

小学女教

Number of Female Educational

地 区 Region	教职工数		
	合计 Total	专任教师 Full-time Teachers	行政人员 Adm. Personnel
总 计 Total	**3497880**	**3355723**	**42474**
北 京 Beijing	46318	41890	2345
天 津 Tianjin	31700	29333	1602
河 北 Hebei	260641	251760	3338
山 西 Shanxi	127987	120599	1134
内蒙古 Inner Mongolia	72954	63992	1664
辽 宁 Liaoning	94860	86436	6332
吉 林 Jilin	75747	68911	2608
黑龙江 Heilongjiang	75484	69272	2416
上 海 Shanghai	40550	35976	2233
江 苏 Jiangsu	174361	168949	1252
浙 江 Zhejiang	129749	125679	741
安 徽 Anhui	117639	114689	492
福 建 Fujian	106088	103604	696
江 西 Jiangxi	121113	120136	115
山 东 Shandong	224669	219419	1228
河 南 Henan	328484	315722	2534
湖 北 Hubei	108814	104348	1054
湖 南 Hunan	143582	140627	793
广 东 Guangdong	295879	284160	3050
广 西 Guangxi	149703	144021	1468
海 南 Hainan	23086	21892	141
重 庆 Chongqing	71221	69870	495
四 川 Sichuan	156024	151950	837
贵 州 Guizhou	99432	94120	562
云 南 Yunnan	121309	118801	495
西 藏 Tibet	11516	11427	17
陕 西 Shaanxi	99676	95173	1770
甘 肃 Gansu	66070	65345	162
青 海 Qinghai	12564	12047	26
宁 夏 Ningxia	21124	20898	25
新 疆 Xinjiang	89536	84677	849

职工数
Personnel in Primary Schools

单位:人
unit: person

Educational Personnel			代课教师 Substitute Teachers	兼任教师 Part-time Teachers
教辅人员 Supporting Staff	工勤人员 Workers	校办企业职工 Employees in School-run Factories & Farms		
45949	**53533**	**201**	**124142**	**16494**
1723	360			742
601	164		604	116
2244	3299		8118	390
3297	2924	33	9284	780
4958	2340		1151	39
1841	250	1	504	43
3795	433		407	101
2939	851	6	1239	176
1558	774	9	335	95
2185	1955	20	8058	213
1249	2080			214
1058	1398	2	4048	305
953	834	1	7653	172
335	527		3829	378
2196	1823	3	4606	253
2357	7871		28216	636
1382	1945	85	5786	584
968	1194		7874	526
3065	5572	32	2429	774
1122	3092		6618	1739
190	859	4	91	1185
393	462	1	2155	249
729	2508		11061	1379
445	4305		30	2877
460	1550	3	96	2054
23	49		156	7
1368	1365		1723	94
253	310		3392	254
88	403		1212	11
66	135		950	61
2108	1901	1	2517	47

小学专任教师学历、
Number of Full-timeTeacher in Primary Schools by

地 区 Region	合计 Total	其中:女 of Which: Female	按学历分 By Educational Attainment			
			研究生毕业 Graduate	本科毕业 Under-graduate	专科毕业 Associate Bachelor	高中阶段毕业 High School Graduate
总 计 Total	**5789145**	**3782693**	**44914**	**2874007**	**2502616**	**364105**
北 京 Beijing	61811	50235	3641	52304	5470	375
天 津 Tianjin	41547	31057	1583	30200	8404	1352
河 北 Hebei	351408	268677	1634	166657	168283	14771
山 西 Shanxi	171535	132615	598	84107	76756	9988
内蒙古 Inner Mongolia	99358	70495	849	59515	36221	2773
辽 宁 Liaoning	140400	104251	2005	70702	61241	6297
吉 林 Jilin	109650	78676	1142	64231	37509	6693
黑龙江 Heilongjiang	119412	81707	309	55541	56848	6654
上 海 Shanghai	53389	43990	2542	39582	10775	488
江 苏 Jiangsu	289202	191969	4637	218448	58520	7590
浙 江 Zhejiang	200020	145743	2354	146417	47095	4135
安 徽 Anhui	240493	131238	977	109450	113457	16609
福 建 Fujian	165910	109370	839	76090	72563	16345
江 西 Jiangxi	219161	135147	456	97578	98466	22246
山 东 Shandong	408856	246467	5927	234391	137267	31167
河 南 Henan	506131	341442	2157	220515	246500	36934
湖 北 Hubei	202014	115048	1403	86010	95393	19090
湖 南 Hunan	253718	162381	1391	107299	125030	19811
广 东 Guangdong	486578	345698	4316	244732	219788	17676
广 西 Guangxi	232548	150390	843	86789	121713	22971
海 南 Hainan	49060	26497	79	12499	30717	5726
重 庆 Chongqing	123066	73602	957	59221	57894	4944
四 川 Sichuan	314406	189238	1276	116351	176806	19948
贵 州 Guizhou	197069	101178	193	74784	105451	16090
云 南 Yunnan	227046	124093	599	93071	113581	18985
西 藏 Tibet	21084	11621	33	8706	11652	666
陕 西 Shaanxi	156241	104345	1195	90912	58436	5655
甘 肃 Gansu	141113	72036	463	74871	50723	14867
青 海 Qinghai	26408	15086	187	14267	10909	1030
宁 夏 Ningxia	34116	22168	101	18468	13908	1631
新 疆 Xinjiang	146395	106233	228	60299	75240	10598

专业技术职务情况(总计)
Educational Attainment and Professional Rank (Total)

单位:人
unit: person

	按专业技术职务分 By Professional Rank					
高中阶段毕业以下 Below High School Graduate	中学高级 Senior Secondary	小学高级 Senior Primary	小学一级 1st Grade Primary	小学二级 2nd Grade Primary	小学三级 3rd Grade Primary	未定职级 No-ranking
3503	**166014**	**2877403**	**1879750**	**200703**	**16580**	**648695**
21	1531	30030	20973	906	119	8252
8	1627	27580	9178	432	21	2709
63	8192	156372	132822	10260	1119	42643
86	818	64245	82305	5478	551	18138
	22896	48396	17730	2197		8139
155	13964	100469	17436	1191	190	7150
75	6514	57626	35166	2827	137	7380
60	9209	68633	37357	876	64	3273
2	1131	24720	20588	1207	65	5678
7	15337	163136	74988	9053	12	26676
19	7240	102952	64279	2378	218	22953
	2983	122297	77499	7869	578	29267
73	2570	94128	45664	7017	515	16016
415	5712	105362	66292	11206	1245	29344
104	11865	174105	161707	14304	1403	45472
25	11100	225093	181410	22845	94	65589
118	6211	123081	49542	8352	1496	13332
187	3105	139973	74246	4504	146	31744
66	2911	277988	88488	12528	3360	101303
232	3111	135765	59251	6868	1057	26496
39	249	23875	19227	2370	39	3300
50	2753	55803	52273	2809	213	9215
25	9866	135042	137224	2588	278	29408
551	508	106573	53460	14315	1251	20962
810	2322	117829	73653	15546	474	17222
27	540	7806	7436	1593	240	3469
43	1686	58591	71741	8576	259	15388
189	2229	52630	69364	4793	295	11802
15	1413	14440	6731	716	136	2972
8	1045	13656	11497	2100	30	5788
30	5376	49207	60223	12999	975	17615

小学专任教师学历、
Number of Full-time Teacher in Primary Schools by

地　区 Region	合计 Total	其中:女 of Which: Female	按学历分 By Educational Attainment			
			研究生毕业 Graduate	本科毕业 Under-graduate	专科毕业 Associate Bachelor	高中阶段毕业 High School Graduate
总　计 Total	**1734967**	**1365098**	**33565**	**1145306**	**520712**	**35176**
北　京 Beijing	49576	41585	3115	42192	4036	228
天　津 Tianjin	28949	23778	1468	21509	5380	587
河　北 Hebei	72600	62556	852	46452	24170	1116
山　西 Shanxi	46620	40192	353	29050	16294	923
内蒙古 Inner Mongolia	30963	25000	543	22701	7361	358
辽　宁 Liaoning	66049	54643	1685	40430	22627	1276
吉　林 Jilin	35246	29731	742	25308	8383	808
黑龙江 Heilongjiang	40690	33176	249	25196	14250	985
上　海 Shanghai	42428	36265	2239	32187	7698	303
江　苏 Jiangsu	126141	96203	3597	101833	18711	1998
浙　江 Zhejiang	94914	73789	1840	72762	19190	1120
安　徽 Anhui	44410	31663	424	25832	16694	1460
福　建 Fujian	56935	45530	731	36907	17385	1906
江　西 Jiangxi	45114	34498	300	28379	15184	1228
山　东 Shandong	130256	96217	3809	96605	26973	2860
河　南 Henan	96786	78872	1043	59208	34435	2099
湖　北 Hubei	67632	49160	1145	37817	26089	2572
湖　南 Hunan	58037	46032	1058	35480	20320	1172
广　东 Guangdong	254793	198835	4002	158961	88306	3512
广　西 Guangxi	46176	37835	591	26322	17659	1591
海　南 Hainan	13379	9628	45	5398	7388	547
重　庆 Chongqing	41105	29845	786	25953	13652	708
四　川 Sichuan	66739	50120	890	36377	28180	1289
贵　州 Guizhou	31349	23944	110	16023	13865	1328
云　南 Yunnan	32515	24442	464	20340	10699	1006
西　藏 Tibet	2767	1935	17	1372	1280	92
陕　西 Shaanxi	43887	35226	899	30977	11571	436
甘　肃 Gansu	23660	17453	307	14807	7940	604
青　海 Qinghai	5999	4556	76	4016	1794	109
宁　夏 Ningxia	9749	7686	60	6345	3181	163
新　疆 Xinjiang	29503	24703	125	18567	10017	792

专业技术职务情况(城区)

Educational Attainment and Professional Rank (Urban Area)

单位:人
Unit:person

	按专业技术职务分 By Professional Rank					
高中阶段毕业以下 Below High School Graduate	中学高级 Senior Secondary	小学高级 Senior Primary	小学一级 1st Grade Primary	小学二级 2nd Grade Primary	小学三级 3rd Grade Primary	未定职级 No-ranking
208	**61534**	**881332**	**517575**	**43838**	**4870**	**225818**
5	1304	24393	16664	702	77	6436
5	1018	18674	6779	359	20	2099
10	2105	37048	23684	1821	180	7762
	244	19800	20042	1048	68	5418
	7298	14423	5350	843		3049
31	5334	49427	7080	276	83	3849
5	2827	19680	10299	524	26	1890
10	4196	24326	10709	210	23	1226
1	971	20250	16283	857	48	4019
2	8092	69842	32864	3515	6	11822
2	4481	48277	28242	1097	161	12656
	761	23383	14805	850	40	4571
6	1169	27046	18422	2283	197	7818
23	2023	23832	13841	984	126	4308
9	3879	54155	52804	3285	310	15823
1	2630	46758	33416	4071	48	9863
9	2820	41661	16386	2324	361	4080
7	965	32431	16075	946	80	7540
12	1773	125286	47503	6671	2007	71553
13	895	24153	10987	1393	388	8360
1	142	5869	4728	975	1	1664
6	1093	19058	17786	500	27	2641
3	2006	30937	29301	452	85	3958
23	91	14375	8742	1525	201	6415
6	203	17652	9505	735	41	4379
6	198	1353	881	54	1	280
4	525	16506	17965	2130	82	6679
2	712	11424	10156	449	17	902
4	287	2932	1821	137	28	794
	315	4495	3196	497	8	1238
2	1177	11886	11259	2325	130	2726

小学专任教师学历、专业

Number of Full-time Teacher in Primary Schools by Educational

地　区 Region	合计 Total	其中:女 of Which: Female	按学历分 By Educational Attainment			
			研究生毕业 Graduate	本科毕业 Under-graduate	专科毕业 Associate Bachelor	高中阶段毕业 High School Graduate
总　计 Total	**325869**	**238780**	**3797**	**191904**	**119443**	**10651**
北　京 Beijing	4364	3487	211	3261	827	64
天　津 Tianjin	3138	2280	125	2374	535	104
河　北 Hebei	19512	16371	166	10844	7993	499
山　西 Shanxi	6727	5549	20	3851	2679	177
内蒙古 Inner Mongolia	747	545	12	524	200	11
辽　宁 Liaoning	6337	4907	146	3542	2445	199
吉　林 Jilin	2446	1935	29	1603	753	60
黑龙江 Heilongjiang	3595	2813	12	1955	1455	173
上　海 Shanghai	3884	3020	170	2461	1181	72
江　苏 Jiangsu	14817	10001	255	10964	3209	388
浙　江 Zhejiang	24553	18081	253	17190	6650	459
安　徽 Anhui	6919	4234	26	3342	3148	403
福　建 Fujian	11133	8330	75	6913	3485	658
江　西 Jiangxi	8061	5497	24	4392	3129	505
山　东 Shandong	37562	24995	775	25596	9690	1494
河　南 Henan	20156	15527	117	10960	8267	812
湖　北 Hubei	9717	6008	76	4635	4394	609
湖　南 Hunan	7574	5582	116	4250	2932	275
广　东 Guangdong	83893	63146	819	47205	34428	1434
广　西 Guangxi	9552	7392	77	4903	4109	455
海　南 Hainan	1389	849		323	876	190
重　庆 Chongqing	3703	2382	10	1784	1814	94
四　川 Sichuan	7899	5527	102	3967	3571	259
贵　州 Guizhou	4404	3091	23	2005	2084	285
云　南 Yunnan	8526	5895	32	4455	3564	471
西　藏 Tibet						
陕　西 Shaanxi	7050	5109	83	4545	2313	106
甘　肃 Gansu	2613	1866	21	1400	1090	102
青　海 Qinghai	574	385	7	323	231	13
宁　夏 Ningxia	602	431	6	358	221	17
新　疆 Xinjiang	4422	3545	9	1979	2170	263

技术职务情况(城乡结合区)
Attainment and Professional Rank (Urban-rural Transitional Area)

单位:人
unit: person

高中阶段毕业以下 Below High School Graduate	按专业技术职务分 By Professional Rank 中学高级 Senior Secondary	小学高级 Senior Primary	小学一级 1st Grade Primary	小学二级 2nd Grade Primary	小学三级 3rd Grade Primary	未定职级 No-ranking
74	**7311**	**151351**	**95346**	**9626**	**1659**	**60576**
1	65	1719	1268	107	31	1174
	85	2081	800	15	1	156
10	520	9126	6748	478	49	2591
	33	2655	3230	183	19	607
	138	338	162	25		84
5	792	4595	620	23	3	304
1	153	1344	781	26	2	140
	482	2080	991	17		25
	36	1015	1357	209	14	1253
1	682	7709	4034	656	5	1731
1	635	11029	7713	308	64	4804
	96	3836	2302	128	11	546
2	137	5045	3625	604	37	1685
11	233	4104	2672	167	23	862
7	1115	15559	14878	893	162	4955
	478	9294	6772	1057	19	2536
3	322	5600	2483	385	147	780
1	69	3979	2110	123	6	1287
7	440	36883	14715	2238	893	28724
8	145	5221	2244	261	69	1612
	8	732	493	71		85
1	89	1750	1606	16	1	241
	171	3191	3694	62	1	780
7	7	2019	1033	372	36	937
4	56	4862	2517	142		949
3	76	2591	3163	295	23	902
	54	1097	1270	70	1	121
	29	300	169	3		73
	17	204	186	58		137
1	148	1393	1710	634	42	495

小学专任教师学历、
Number of Full-time Teacher in Primary Schools by Educational

地 区 Region	合计 Total	其中:女 of Which: Female	按学历分 By Educational Attainment			
			研究生毕业 Graduate	本科毕业 Under-graduate	专科毕业 Associate Bachelor	高中阶段毕业 High School Graduate
总 计 Total	**2078955**	**1403650**	**7134**	**992581**	**963038**	**115453**
北 京 Beijing	6097	4488	359	4981	672	80
天 津 Tianjin	5460	3533	57	3852	1293	257
河 北 Hebei	127807	102933	493	61004	61741	4548
山 西 Shanxi	64793	53416	110	32044	29798	2821
内蒙古 Inner Mongolia	48102	34443	203	27424	19144	1331
辽 宁 Liaoning	41087	28954	132	17331	20968	2581
吉 林 Jilin	35766	26014	288	20879	12614	1962
黑龙江 Heilongjiang	45834	31332	37	19414	23843	2515
上 海 Shanghai	8410	5919	220	5660	2392	137
江 苏 Jiangsu	125650	78406	847	94111	27017	3670
浙 江 Zhejiang	73633	51608	358	52396	18989	1874
安 徽 Anhui	94833	56474	351	44060	45232	5190
福 建 Fujian	62882	41478	70	24613	32019	6166
江 西 Jiangxi	89693	60362	102	40435	42192	6895
山 东 Shandong	152974	95268	1327	84179	56958	10460
河 南 Henan	179212	135371	531	78282	90476	9914
湖 北 Hubei	74021	42240	139	29213	37833	6792
湖 南 Hunan	106885	71818	228	42436	56827	7332
广 东 Guangdong	122746	85175	217	50929	65858	5720
广 西 Guangxi	76713	55038	139	30016	41138	5376
海 南 Hainan	20252	11196	28	4782	13098	2338
重 庆 Chongqing	51441	30047	108	21775	27454	2083
四 川 Sichuan	141229	87476	295	49137	83623	8173
贵 州 Guizhou	73872	43304	42	27207	41365	5180
云 南 Yunnan	61684	38931	54	25380	32062	4097
西 藏 Tibet	6590	3869	7	2918	3438	221
陕 西 Shaanxi	74647	50993	214	42966	29101	2355
甘 肃 Gansu	43602	27023	43	24731	16000	2811
青 海 Qinghai	10236	6450	57	5607	4317	252
宁 夏 Ningxia	10871	7723	16	5947	4458	448
新 疆 Xinjiang	41933	32368	62	18872	21118	1874

专业技术职务情况(镇区)

Attainment and Professional Rank (County & Town Area)

单位:人
unit: person

高中阶段毕业以下 Below High School Graduate	按专业技术职务分 By Professional Rank					
	中学高级 Senior Secondary	小学高级 Senior Primary	小学一级 1st Grade Primary	小学二级 2nd Grade Primary	小学三级 3rd Grade Primary	未定职级 No-ranking
749	**65978**	**1061940**	**680132**	**66546**	**5074**	**199285**
5	132	2672	2154	102	9	1028
1	307	3882	1006	22		243
21	3014	54632	49407	3978	492	16284
20	244	23415	32385	2073	203	6473
	11281	24506	8272	807		3236
75	4884	28797	5401	445	61	1499
23	2012	18707	11683	915	59	2390
25	3365	26009	14947	346	12	1155
1	135	3694	3370	251	16	944
5	6243	72365	31735	4096	5	11206
16	2232	39861	24472	751	34	6283
	1195	48248	29385	3162	360	12483
14	1010	39335	15386	2425	186	4540
69	2636	44375	27803	4393	386	10100
50	5134	63007	61071	5821	569	17372
9	4083	75072	63659	9103	35	27260
44	2291	45955	17916	2932	555	4372
62	1196	60106	32328	1724	49	11482
22	453	83811	19606	2888	760	15228
44	1364	49731	16773	1862	263	6720
6	70	11012	7357	759	14	1040
21	1300	23882	21327	1253	81	3598
1	5111	62723	61118	824	108	11345
78	260	44171	19743	4012	208	5478
91	847	38330	18299	2320	98	1790
6	246	2721	2258	536	68	761
11	932	28031	35964	4167	110	5443
17	780	16187	23046	1212	57	2320
3	650	5731	2589	266	35	965
2	331	4421	3908	583		1628
7	2240	16551	15764	2518	241	4619

小学专任教师学历、专业

Number of Full-time Teacher in Primary Schools by Educational

地 区 Region	合计 Total	其中：女 of Which： Female	按学历分 By Educational Attainment			
			研究生毕业 Graduate	本科毕业 Under-graduate	专科毕业 Associate Bachelor	高中阶段毕业 High School Graduate
总 计 Total	**607910**	**403692**	**2016**	**279897**	**286002**	**39718**
北 京 Beijing	1524	1071	109	1174	218	21
天 津 Tianjin	2413	1531	30	1637	622	123
河 北 Hebei	65497	52322	175	28284	34515	2510
山 西 Shanxi	20241	16675	20	9618	9626	969
内蒙古 Inner Mongolia	4632	3403	8	2698	1767	159
辽 宁 Liaoning	5748	4082	13	2499	2927	304
吉 林 Jilin	3994	2869	36	2301	1429	225
黑龙江 Heilongjiang	4916	3175	6	1910	2629	358
上 海 Shanghai	2047	1423	46	1291	686	24
江 苏 Jiangsu	35988	22075	260	26094	8611	1023
浙 江 Zhejiang	25340	17854	110	17822	6759	643
安 徽 Anhui	22159	11867	53	9860	10619	1627
福 建 Fujian	17504	11198	22	6896	8484	2091
江 西 Jiangxi	21823	13327	17	8602	10580	2594
山 东 Shandong	65737	39042	497	34412	25705	5095
河 南 Henan	72717	51615	219	30955	36582	4955
湖 北 Hubei	19655	9932	28	6990	10485	2137
湖 南 Hunan	34115	21699	50	13326	17821	2876
广 东 Guangdong	49076	34499	104	19566	27060	2346
广 西 Guangxi	23323	16261	19	8169	12941	2184
海 南 Hainan	2788	1448		694	1706	388
重 庆 Chongqing	9180	5164	27	3608	5138	398
四 川 Sichuan	22659	13676	82	7796	13170	1611
贵 州 Guizhou	15768	8644	3	5704	8723	1299
云 南 Yunnan	17053	10801	15	6458	9229	1331
西 藏 Tibet	521	336		238	265	18
陕 西 Shaanxi	19353	13133	30	10600	7911	805
甘 肃 Gansu	10926	6448	9	6026	3950	935
青 海 Qinghai	2618	1608	20	1361	1156	80
宁 夏 Ningxia	1694	1143	4	804	780	104
新 疆 Xinjiang	6901	5371	4	2504	3908	485

技术职务情况(镇乡结合区)

Attainment and Professional Rank (County-town Transitional Area)

单位:人
unit: person

高中阶段毕业以下 Below High School Graduate	按专业技术职务分 By Professional Rank					
	中学高级 Senior Secondary	小学高级 Senior Primary	小学一级 1st Grade Primary	小学二级 2nd Grade Primary	小学三级 3rd Grade Primary	未定职级 No-ranking
277	**14182**	**301956**	**203510**	**20336**	**1712**	**66214**
2	23	624	546	31	8	292
1	104	1675	497	6		131
13	1370	27260	25819	2107	161	8780
8	80	7351	10252	657	58	1843
	1278	2470	635	48		201
5	685	3944	808	52	12	247
3	255	1807	1518	158	1	255
13	306	2775	1687	36	3	109
	35	839	720	55	11	387
	1576	19954	9914	1171	1	3372
6	544	12620	8993	386	25	2772
	304	10922	7083	766	93	2991
11	206	10452	4658	839	74	1275
30	468	10336	6948	1143	99	2829
28	2034	27187	25652	2404	315	8145
6	1581	30735	25739	3570		11092
15	561	12220	4824	730	136	1184
42	336	19341	9923	561	3	3951
	212	31722	8175	1249	356	7362
10	275	15406	5495	535	61	1551
	12	1374	1141	101	4	156
9	186	4162	3753	211	24	844
	648	9949	9612	235	81	2134
39	37	9582	4157	929	50	1013
20	236	10771	5349	404	4	289
	20	244	184	35	2	36
7	160	7224	9460	1146	52	1311
6	150	4044	5918	189	13	612
1	159	1676	563	27	4	189
2	44	774	582	70		224
	297	2516	2905	485	61	637

小学专任教师学历、
Number of Full-time Teacher in Primary Schools by Educational

地 区 Region	合计 Total	其中:女 of Which: Female	按学历分 By Educational Attainment			
			研究生毕业 Graduate	本科毕业 Under-graduate	专科毕业 Associate Bachelor	高中阶段毕业 High School Graduate
总 计 Total	**1975223**	**1013945**	**4215**	**736120**	**1018866**	**213476**
北 京 Beijing	6138	4162	167	5131	762	67
天 津 Tianjin	7138	3746	58	4839	1731	508
河 北 Hebei	151001	103188	289	59201	82372	9107
山 西 Shanxi	60122	39007	135	23013	30664	6244
内蒙古 Inner Mongolia	20293	11052	103	9390	9716	1084
辽 宁 Liaoning	33264	20654	188	12941	17646	2440
吉 林 Jilin	38638	22931	112	18044	16512	3923
黑龙江 Heilongjiang	32888	17199	23	10931	18755	3154
上 海 Shanghai	2551	1806	83	1735	685	48
江 苏 Jiangsu	37411	17360	193	22504	12792	1922
浙 江 Zhejiang	31473	20346	156	21259	8916	1141
安 徽 Anhui	101250	43101	202	39558	51531	9959
福 建 Fujian	46093	22362	38	14570	23159	8273
江 西 Jiangxi	84354	40287	54	28764	41090	14123
山 东 Shandong	125626	54982	791	53607	53336	17847
河 南 Henan	230133	127199	583	83025	121589	24921
湖 北 Hubei	60361	23648	119	18980	31471	9726
湖 南 Hunan	88796	44531	105	29383	47883	11307
广 东 Guangdong	109039	61688	97	34842	65624	8444
广 西 Guangxi	109659	57517	113	30451	62916	16004
海 南 Hainan	15429	5673	6	2319	10231	2841
重 庆 Chongqing	30520	13710	63	11493	16788	2153
四 川 Sichuan	106438	51642	91	30837	65003	10486
贵 州 Guizhou	91848	33930	41	31554	50221	9582
云 南 Yunnan	132847	60720	81	47351	70820	13882
西 藏 Tibet	11727	5817	9	4416	6934	353
陕 西 Shaanxi	37707	18126	82	16969	17764	2864
甘 肃 Gansu	73851	27560	113	35333	26783	11452
青 海 Qinghai	10173	4080	54	4644	4798	669
宁 夏 Ningxia	13496	6759	25	6176	6269	1020
新 疆 Xinjiang	74959	49162	41	22860	44105	7932

专业技术职务情况(乡村)
Attainment and Professional Rank (Rural Area)

单位:人
unit: person

高中阶段毕业以下 Below High School Graduate	按专业技术职务分 By Professional Rank					
	中学高级 Senior Secondary	小学高级 Senior Primary	小学一级 1st Grade Primary	小学二级 2nd Grade Primary	小学三级 3rd Grade Primary	未定职级 No-ranking
2546	**38502**	**934131**	**682043**	**90319**	**6636**	**223592**
11	95	2965	2155	102	33	788
2	302	5024	1393	51	1	367
32	3073	64692	59731	4461	447	18597
66	330	21030	29878	2357	280	6247
	4317	9467	4108	547		1854
49	3746	22245	4955	470	46	1802
47	1675	19239	13184	1388	52	3100
25	1648	18298	11701	320	29	892
	25	776	935	99	1	715
	1002	20929	10389	1442	1	3648
1	527	14814	11565	530	23	4014
	1027	50666	33309	3857	178	12213
53	391	27747	11856	2309	132	3658
323	1053	37155	24648	5829	733	14936
45	2852	56943	47832	5198	524	12277
15	4387	103263	84335	9671	11	28466
65	1100	35465	15240	3096	580	4880
118	944	47436	25843	1834	17	12722
32	685	68891	21379	2969	593	14522
175	852	61881	31491	3613	406	11416
32	37	6994	7142	636	24	596
23	360	12863	13160	1056	105	2976
21	2749	41382	46805	1312	85	14105
450	157	48027	24975	8778	842	9069
713	1272	61847	45849	12491	335	11053
15	96	3732	4297	1003	171	2428
28	229	14054	17812	2279	67	3266
170	737	25019	36162	3132	221	8580
8	476	5777	2321	313	73	1213
6	399	4740	4393	1020	22	2922
21	1959	20770	33200	8156	604	10270

小学办学

Condition of School Buildings in

地　区 Region	校舍建筑面　积 Floor Space	教学及辅助用房 Teaching & Assistant Buildings						
		合计 Total	其中：of Which：					
			教室 Classroom	实验室 Laboratory	图书室 Library	微机室 PC-room	语音室 Linguistic	体育馆 Gymnasium
总　计 Total	**709644879.00**	**385114507.79**	**312696676.19**	**23207993.41**	**20055650.19**	**15696413.37**	**4436822.28**	**9020952.35**
北　京 Beijing	7010201.47	3205482.24	2504769.82	199257.86	173298.92	142884.18	13610.09	171661.37
天　津 Tianjin	4533154.56	2461568.92	1974424.33	103428.28	118649.71	99778.09	42376.59	122911.92
河　北 Hebei	39464682.35	23486538.70	19045596.20	1608642.43	1292302.68	1095369.76	280154.55	164473.08
山　西 Shanxi	18672388.14	9076867.01	7477706.94	507106.08	491573.37	414582.14	104520.50	81377.98
内蒙古 Inner Mongolia	12390443.37	6433770.04	5110608.82	323015.55	311958.59	259368.52	94431.73	334386.83
辽　宁 Liaoning	12259038.39	6567913.39	5186469.60	390448.46	344389.85	321087.89	99658.56	225859.03
吉　林 Jilin	9337350.74	5373749.25	4181475.15	378781.32	358769.41	292399.10	92556.30	69767.97
黑龙江 Heilongjiang	9088277.76	5129631.51	4106095.85	349030.64	216356.32	204306.93	99529.94	154311.83
上　海 Shanghai	5638080.03	3001851.88	2058270.06	284034.13	192260.33	127657.85	36170.02	303459.49
江　苏 Jiangsu	37118752.93	21834185.47	16354819.27	1566514.87	1344505.06	1071959.45	254123.73	1242263.09
浙　江 Zhejiang	30580706.15	15009661.75	11180201.13	940965.92	773434.24	593844.76	149616.89	1371598.81
安　徽 Anhui	28487833.41	18189421.12	14604466.75	1262694.74	1050926.58	889474.18	206330.32	175528.55
福　建 Fujian	22875409.62	12147803.35	9798297.31	711890.19	680235.16	494610.42	97824.02	364946.25
江　西 Jiangxi	26944073.11	15928803.22	13759697.74	614592.08	695896.69	477765.87	175298.91	205551.93
山　东 Shandong	44147527.34	23860776.90	18239560.26	2132371.57	1549050.42	1230787.47	319324.64	389682.54
河　南 Henan	60943411.51	34307701.68	29310870.32	1670238.35	1716175.98	1204513.53	280543.08	125360.42
湖　北 Hubei	28866054.14	14233000.27	11231392.87	1057279.16	782972.69	669113.47	214828.52	277413.56
湖　南 Hunan	34546684.00	17557314.42	14088414.32	1373678.07	954152.35	581435.37	253545.35	306088.96
广　东 Guangdong	67558763.43	36706830.32	29725775.94	1707996.28	1793324.67	1346836.23	513634.20	1619263.00
广　西 Guangxi	34799384.54	20392403.46	18092954.37	791584.68	787270.93	428771.94	87546.55	204274.99
海　南 Hainan	5744539.14	3069810.87	2711771.18	107716.54	119449.85	80770.62	28482.32	21620.36
重　庆 Chongqing	18874243.57	9725278.85	8243564.09	494344.58	363768.15	303327.36	62083.75	258190.92
四　川 Sichuan	34658007.60	19240770.01	16170214.56	1070043.90	879703.92	725856.00	205296.46	189655.17
贵　州 Guizhou	25304480.25	12178629.49	10277491.42	704237.96	601966.27	445596.45	79699.25	69638.14
云　南 Yunnan	31298741.92	15274862.87	12805549.86	885996.06	727846.57	610111.66	135012.11	110346.61
西　藏 Tibet	3937486.33	1295145.89	1077586.11	62072.41	56006.36	63604.92	19706.62	16169.47
陕　西 Shaanxi	18683652.28	9518404.68	7246065.69	664669.04	614128.65	556397.50	328149.09	108994.71
甘　肃 Gansu	14244371.68	8018317.68	6803974.53	394350.43	404512.82	330897.36	40577.45	44005.09
青　海 Qinghai	4009470.89	1801276.31	1385722.84	100452.76	102086.18	93059.53	31090.68	88864.32
宁　夏 Ningxia	4432032.36	2540805.29	2030510.24	191156.84	133357.09	135602.93	24697.77	25480.42
新　疆 Xinjiang	13195635.99	7545930.95	5912358.62	559402.23	425320.38	404641.89	66402.29	177805.54

条件(一)(总计)
Primary Schools(1)(Total)

单位:平方米
unit: m^2

行政办公用房 Administrative		生活用房 Residential and Welfare							其他用房 Rooms for Other Purposes	校舍面积中 of the Floor Space	
合计 Total	其中:教师办公室 of Which: for Teachers	合计 Total	教工宿舍 Apartments for Single: 小计 Subtotal	教工宿舍 Apartments for Single: 其中:教师周转宿舍 of Which: Accommodation for Circulation of Teachers	学生宿舍 Students' Dormitories	食堂 Dining Halls	厕所 Toilet	其他 Others		危房面积 Floor Space of Dilapidated Buildings	当年新增校舍 New Floor Space Added in Current Year
63646670.00	**42440969.75**	**183742445.89**	**53733120.02**	**14309761.17**	**37589082.61**	**38794009.98**	**29923789.70**	**23702443.57**	**77141255.33**	**8358199.67**	**43838488.48**
814619.14	427126.59	1197767.92	116974.44	11635.65	83264.22	318159.45	320477.37	358892.44	1792332.17		170223.05
589876.35	388407.24	715698.19	31219.58	4747.76	6715.00	124639.41	235202.95	317921.25	766011.10		111584.27
3477675.09	2469864.33	8060768.37	1086217.44	211595.30	2148361.75	1305684.94	1735998.02	1784506.22	4439700.19	9507.54	3701986.54
2177112.99	1632166.72	4699860.46	920293.39	114701.49	1343840.73	839618.84	806076.00	790031.50	2718547.68	71878.01	446284.27
1327437.55	908512.69	3595347.51	288657.01	136978.46	1529767.18	738658.97	573107.27	465157.08	1033888.27		793107.99
1336554.67	883532.67	2088648.61	97016.47	31062.83	206038.86	596907.33	557002.60	631683.35	2265921.72	57124.70	660755.63
1005202.81	695847.85	1521131.95	60294.99	21408.43	179439.70	356862.36	430223.43	494311.47	1437266.73		425789.74
1140523.08	766379.43	1624711.27	58146.86	21776.42	346786.84	248559.66	399094.73	572123.18	1193411.90	119111.76	349061.97
731763.03	387715.54	1029888.95	14644.00	1562.00	12842.80	391258.68	258929.58	352213.89	874576.17		159807.04
3926173.79	2123309.68	7073556.39	841836.78	169961.15	592090.29	2720338.22	1404491.41	1514799.69	4284837.28		1440132.65
2863610.25	1616809.83	7596689.27	1706206.88	204546.56	713724.40	2700306.85	1171640.33	1304810.81	5110744.88		2367500.85
2599705.94	1804178.87	5205320.87	1404176.54	251479.03	562486.04	1448941.22	1211697.38	578019.69	2493385.48	82966.88	1733713.33
1681990.80	999756.42	5211592.21	2337515.10	295324.33	610836.93	598257.06	976901.75	688081.37	3834023.26	141486.00	835624.12
2064224.60	1370614.19	7094283.12	2798244.32	683661.12	938171.58	1507580.60	1123051.94	727234.67	1856762.18	614124.61	2508506.82
4585765.70	2827738.89	7838714.39	1159426.19	277156.43	864680.21	1979443.75	2297513.79	1537650.45	7862270.35	18593.00	3175878.70
7369158.26	5610849.05	14678110.32	3056784.11	492572.91	3532262.78	3202895.44	3313069.08	1573098.91	4588441.25	159848.36	2538231.69
2152984.42	1424710.63	9905861.20	4019501.67	738995.89	2030457.62	1923373.99	992094.15	940433.77	2574208.25	235500.56	1354063.46
2874045.48	2136611.82	10649540.13	3593003.07	761878.06	1969205.68	2495342.35	1332540.56	1259448.47	3465783.97	434448.47	1302080.21
4832105.36	3223424.33	15706897.69	7260317.15	901874.75	2072608.48	1580705.05	2379546.83	2413720.18	10312930.06	22193.64	1407292.54
1892624.09	1490004.63	10497240.79	4313758.62	1486579.95	2328678.29	1801967.01	1243745.63	809091.24	2017116.20	1253360.23	2703751.51
338483.90	250035.56	2010683.83	1233243.16	386185.30	363225.39	159733.43	170177.21	84304.64	325560.54	66666.38	183697.13
1585650.18	949413.02	5344280.79	2120575.34	554549.80	761775.81	1188797.88	666086.89	607044.87	2219033.75	114341.30	621207.74
2377552.51	1581539.61	11143706.67	3940904.95	1620040.57	2642183.39	2355359.58	1434152.89	771105.86	1895978.41	164343.00	3128303.67
1763684.57	1112944.89	9535586.54	2996401.26	1920144.46	3261816.67	1620116.30	1047518.15	609734.16	1826579.65	300.00	2395435.69
1611685.56	1027734.70	13098202.39	3568655.77	1147120.95	4733646.07	3062451.45	1117579.11	615869.99	1313991.10	2993318.97	4009002.48
232475.60	181602.17	2341344.24	970725.85	766820.42	786945.54	374034.75	86289.53	123348.57	68520.60	16119.33	334422.62
2285897.45	1551507.91	5133761.41	1522096.09	217247.47	1089501.91	1061159.19	883720.70	577283.52	1745588.74	63636.95	1642537.41
1631720.28	1238084.21	3607849.93	1088093.98	175012.88	561221.25	692815.54	823455.21	442263.95	986483.79	1697569.54	1536628.63
298610.32	197404.17	1521747.74	359926.41	218556.07	583282.57	254250.99	150489.61	173798.16	387836.52	2044.00	474371.31
464133.71	295322.79	971815.53	234928.81	97624.89	72748.19	231189.98	257380.88	175567.67	455277.83	1664.44	267218.80
1613622.52	867819.31	3041837.21	533333.79	386959.84	660476.44	914599.71	524534.72	408892.55	994245.31	18052.00	1060286.62

地 区 Region	校舍建筑面积 Floor Space	教学及辅助用房 Teaching & Assistant Buildings						
		合计 Total	其中：of Which：					
			教室 Classroom	实验室 Laboratory	图书室 Library	微机室 PC-room	语音室 Linguistic	体育馆 Gymnasium
总 计 Total	**195049442.28**	**107597344.40**	**84793618.89**	**6106155.10**	**5287194.45**	**4213846.41**	**1317832.61**	**5878696.94**
北 京 Beijing	5361339.77	2448800.40	1937477.41	129068.14	127596.84	103540.01	9639.89	141478.11
天 津 Tianjin	2953246.74	1518347.64	1197190.84	55171.34	72710.18	59145.49	22873.87	111255.92
河 北 Hebei	7060850.91	4190680.51	3458859.54	233006.06	209282.45	168435.54	46165.63	74931.29
山 西 Shanxi	4642469.26	2474289.61	2071041.69	113767.77	116293.93	97344.37	33360.64	42481.21
内蒙古 Inner Mongolia	3555380.64	2311641.61	1885566.57	92467.85	89574.76	77840.56	24557.66	141634.21
辽 宁 Liaoning	6306174.15	3323228.95	2610783.13	159555.12	163732.99	148405.95	52339.55	188412.21
吉 林 Jilin	3083184.50	1853725.76	1420987.13	111894.20	128489.41	96444.82	42753.25	53156.95
黑龙江 Heilongjiang	3413894.62	1857216.23	1432472.27	107556.52	74418.11	73244.73	44160.69	125363.91
上 海 Shanghai	4487316.03	2399049.88	1646893.32	223502.88	151732.62	99712.81	30386.28	246821.97
江 苏 Jiangsu	17560101.77	9896153.41	7205689.14	672629.33	623106.38	438132.67	104026.92	852568.97
浙 江 Zhejiang	14380631.22	7216260.42	5169343.02	430877.59	376129.18	255734.23	71811.32	912365.08
安 徽 Anhui	5143218.31	3189080.74	2593376.72	170226.68	142363.83	145016.97	31953.74	106142.80
福 建 Fujian	6807896.36	3582266.08	2784416.85	226672.12	208528.68	138537.99	37474.53	186635.91
江 西 Jiangxi	4380642.57	2630669.23	2219777.05	98030.28	101392.45	89707.56	33898.52	87863.37
山 东 Shandong	13771761.15	7270391.80	5498526.44	668790.00	425741.34	308952.01	100612.91	267769.10
河 南 Henan	10013248.32	5521404.12	4764773.63	225553.23	215596.61	180902.55	57516.14	77061.96
湖 北 Hubei	7724153.82	4304886.57	3415666.24	285728.85	211137.83	182825.87	66940.47	142587.31
湖 南 Hunan	6516560.96	3341202.33	2587305.15	228134.68	164245.41	115878.52	53115.05	192523.52
广 东 Guangdong	30502815.87	16148134.39	12814119.19	748825.50	712383.93	565874.97	188003.92	1118926.88
广 西 Guangxi	4936298.62	3222580.62	2745798.62	118077.47	125447.49	93961.77	18249.78	121045.49
海 南 Hainan	1234869.08	740475.51	654902.85	25212.56	24600.64	20176.76	7694.90	7887.80
重 庆 Chongqing	6418451.92	3594632.39	2945670.53	176025.41	131331.27	114308.65	28873.33	198423.20
四 川 Sichuan	6937053.28	4436527.93	3586726.71	272596.37	205846.98	182332.47	62777.84	126247.56
贵 州 Guizhou	3026414.50	1573352.06	1287502.77	81646.91	76211.99	65964.66	18956.35	43069.38
云 南 Yunnan	3437336.50	1990052.74	1611432.07	99413.19	90909.92	87838.84	31613.49	68845.23
西 藏 Tibet	281041.83	139494.24	123699.24	4285.50	3604.50	4837.50	2987.50	80.00
陕 西 Shaanxi	4601909.90	2398604.70	1896981.14	134160.68	130788.46	118864.45	56012.51	61797.46
甘 肃 Gansu	1987007.67	1226087.44	1043722.25	45990.11	47365.92	48179.48	9663.53	31166.15
青 海 Qinghai	613383.10	336696.74	247782.09	21233.99	18024.90	19039.68	7232.52	23383.56
宁 夏 Ningxia	1178246.06	721937.94	579296.60	47546.37	35440.58	34253.04	7396.93	18004.42
新 疆 Xinjiang	2732542.85	1739472.41	1355838.69	98508.40	83164.87	78411.49	14782.95	108766.01

条件(一)(城区)
Primary Schools (1) (Urban Area)

单位:平方米
unit:m²

行政办公用房 Administrative		生活用房 Residential and Welfare							其他用房 Rooms for Other Purposes	校舍面积中 of the Floor Space	
合计 Total	其中:教师办公室 of Which: for Teachers	合计 Total	教工宿舍 Apartments for Single: 小计 Subtotal	教工宿舍 Apartments for Single: 其中:教师周转宿舍 of Which: Accommodation for Circulation of Teachers	学生宿舍 Students' Dormitories	食堂 Dining Halls	厕所 Toilet	其他 Others		危房面积 Floor Space of Dilapidated Buildings	当年新增校舍 New Floor Space Added in Current Year
20205113.61	**12375845.81**	**34789676.96**	**6464441.15**	**962302.26**	**3889269.95**	**8040517.35**	**8125039.77**	**8270408.74**	**32457307.31**	**1216804.13**	**9834883.84**
624055.92	334600.80	826601.11	56572.67	6568.09	41799.51	233678.75	239041.87	255508.31	1461882.34		119365.02
397535.18	260314.15	461456.63	5655.00	1752.00	6285.00	100876.91	153453.90	195185.82	575907.29		84288.23
725415.93	511960.79	1064825.60	62212.36	6806.89	185525.57	119980.71	283171.83	413935.13	1079928.87	1236.00	594780.46
590319.48	406676.37	713201.69	99825.54	10671.30	119628.91	78110.83	201814.36	213822.05	864658.48	28403.00	149320.83
420663.18	277393.70	480669.03	30571.59	9274.33	109200.81	55176.80	155616.48	130103.35	342406.82		216393.09
713402.08	438655.97	963933.94	16130.22	1949.02	66529.17	263650.21	270328.44	347295.90	1305609.18	6684.00	310367.61
333972.70	211889.89	392182.96	4347.65	292.12	18039.51	105261.83	123627.83	140906.14	503303.08		119863.18
487442.55	286829.66	463055.91	5065.55	417.00	34990.75	39482.49	140933.65	242583.47	606179.93	15904.00	113803.37
577670.74	309646.53	813730.92	7606.00	717.00	12842.80	291342.09	203225.44	298714.59	696864.49		96591.25
1991206.96	1048518.80	3188840.17	142665.85	20629.47	154258.00	1343350.64	675922.85	872642.83	2483901.23		703269.27
1378487.48	757380.20	3065494.73	378589.00	45726.89	306595.01	1248465.12	542712.44	589133.16	2720388.59		1271676.03
597184.18	375865.16	514446.78	79590.56	15428.84	39883.86	82840.43	215707.38	96424.55	842506.61	11843.00	159780.74
560337.87	311500.06	962255.32	269578.73	32952.95	31078.01	125892.85	307630.96	228074.77	1703037.09	15296.00	347397.68
420897.53	255078.26	734481.45	208294.94	49929.82	30587.47	136862.34	184916.77	173819.93	594594.36	70768.00	347040.41
1551429.40	885853.50	2189345.08	203238.90	38014.39	221264.37	561138.52	641317.05	562386.24	2760594.87	662.00	672054.21
1326526.25	915537.85	1815626.89	378714.93	59321.37	385049.94	284553.94	431859.44	335448.64	1349691.06	18835.00	440438.19
769243.24	496924.07	1666363.92	574194.59	56934.88	194204.00	340129.51	276056.15	281779.67	983660.09	26509.00	366705.82
596682.21	411614.82	1440724.75	341382.43	55236.87	203369.25	361116.72	256958.04	277898.31	1137951.67	43484.00	302826.38
2133504.92	1384291.11	6243730.93	2164969.81	244158.03	834424.47	839941.49	1157836.23	1246558.93	5977445.63	12937.04	828219.68
379849.92	279010.22	975587.04	296817.91	50413.00	161182.67	156101.66	223205.98	138278.82	358281.04	58350.84	374847.02
86734.08	59131.44	329301.91	193958.95	58118.95	44946.50	23051.28	45129.58	22215.60	78357.58	24930.00	59030.61
674948.06	396388.20	1181154.19	189946.63	24315.04	102937.20	387173.51	251080.51	250016.34	967717.28	29955.14	312174.30
625217.92	404321.47	1328757.44	228416.98	35696.29	263788.91	338678.36	297986.29	199886.90	546549.99	17034.00	453129.27
330240.70	206714.00	584003.51	110831.37	34264.00	85135.42	117530.63	151114.39	119391.70	538818.23		423613.24
321385.74	197239.00	649669.38	151692.34	28502.88	73901.75	132738.49	141803.41	149533.39	476228.64	441317.00	249006.73
33865.89	24620.89	103889.20	60581.95	51615.16	15050.00	12986.56	6756.74	8513.95	3792.50	4304.80	
639184.83	392184.25	886682.87	165168.15	14628.95	109592.89	166264.10	233241.10	212416.63	677437.50	44925.95	394867.86
250613.38	172533.03	233509.58	16750.17	1858.70	5517.20	20537.71	104073.28	86631.22	276797.27	339019.36	151280.30
72333.11	44250.42	90900.42	2521.98	60.00	8681.00	5959.40	31051.28	42686.76	113452.83		31564.40
158907.22	95582.67	118287.09	5551.81	632.02	560.00	5284.03	66374.50	40516.75	179113.81	1389.00	41440.13
435854.96	223338.53	306966.52	12996.59	5416.01	22420.00	62359.44	111091.60	98098.89	250248.96	3017.00	99748.53

小学办学
Condition of School Buildings in Primary

地 区 Region	校舍建筑面积 Floor Space	教学及辅助用房 Teaching & Assistant Buildings						
		合计 Total	其中：of Which：					
			教室 Classroom	实验室 Laboratory	图书室 Library	微机室 PC-room	语音室 Linguistic	体育馆 Gymnasium
总 计 Total	**39137844.99**	**20953532.32**	**16522345.78**	**1234819.26**	**1071661.84**	**860396.34**	**267923.99**	**996385.11**
北 京 Beijing	437681.16	235448.60	191074.80	12063.71	13054.32	12007.58	953.34	6294.85
天 津 Tianjin	399848.42	189004.93	145901.63	8538.11	9693.32	8336.92	3742.83	12792.12
河 北 Hebei	1964273.05	1130391.07	926327.67	70413.45	60774.89	55019.12	10978.63	6877.31
山 西 Shanxi	763528.39	391538.63	324052.27	19658.70	19646.82	17725.90	4036.00	6418.94
内蒙古 Inner Mongolia	126804.19	71349.26	59917.86	2513.19	3045.88	2824.33	734.00	2314.00
辽 宁 Liaoning	668138.36	327095.46	256252.30	18125.63	16261.01	15720.11	5851.41	14885.00
吉 林 Jilin	242953.35	99926.38	73278.14	7721.55	7204.17	5814.52	1693.00	4215.00
黑龙江 Heilongjiang	281206.49	135090.27	105844.49	9141.81	6345.96	6239.01	3146.00	4373.00
上 海 Shanghai	420932.96	222396.53	158119.77	15162.67	13013.09	9714.05	2332.83	24054.12
江 苏 Jiangsu	2044763.57	1136677.66	819897.60	80930.00	81772.07	58218.13	12354.65	83505.21
浙 江 Zhejiang	3647752.94	1836324.60	1347110.99	94959.57	85505.99	65588.52	17207.77	225951.76
安 徽 Anhui	789286.66	483156.30	399244.14	29277.15	22757.32	19729.43	5472.26	6676.00
福 建 Fujian	1597839.65	852985.94	673211.85	52753.11	50848.19	36792.56	10283.34	29096.89
江 西 Jiangxi	875099.52	556070.47	473201.52	30336.16	23596.41	19033.47	5527.91	4375.00
山 东 Shandong	4236982.19	2248116.17	1692194.93	201868.66	138423.75	106165.76	41752.44	67710.63
河 南 Henan	2164740.03	1189896.18	1008860.19	57745.65	53830.27	43827.09	12188.39	13444.59
湖 北 Hubei	1251962.44	642576.83	502312.68	47685.82	39619.12	28817.01	13289.72	10852.48
湖 南 Hunan	984819.12	468790.94	359440.87	30995.02	24380.96	17945.34	8186.02	27842.73
广 东 Guangdong	10253769.84	5432827.01	4282363.01	264759.84	245529.99	198556.36	67753.01	373864.80
广 西 Guangxi	1172739.39	748013.38	645342.36	29292.92	29991.00	19997.88	4621.00	18768.22
海 南 Hainan	181145.66	95988.98	83176.12	5390.00	4397.86	1901.00	452.00	672.00
重 庆 Chongqing	671255.28	333221.49	275253.00	20204.84	12764.97	11533.63	3408.70	10056.35
四 川 Sichuan	849545.10	497601.64	404411.62	27387.21	24400.94	21042.57	7517.56	12841.74
贵 州 Guizhou	455128.94	219161.64	177109.09	14211.94	10530.66	10278.45	1628.80	5402.70
云 南 Yunnan	1013296.06	551339.44	445757.59	30533.55	28521.41	24457.62	9315.87	12753.40
西 藏 Tibet								
陕 西 Shaanxi	885372.59	407744.76	315244.01	27181.89	23939.87	23747.92	10465.14	7165.93
甘 肃 Gansu	227127.15	129789.62	113022.86	4991.43	5633.23	5313.10	686.00	143.00
青 海 Qinghai	44912.61	22582.20	18217.80	1365.80	1182.80	1209.80	526.00	80.00
宁 夏 Ningxia	83435.99	52420.98	43025.18	3596.95	2643.95	2701.95	452.95	
新 疆 Xinjiang	401503.89	246004.96	203179.44	16012.93	12351.62	10137.21	1366.42	2957.34

条件(一)(城乡结合区)
Schools (1) (Urban-rural Transitional Area)

单位:平方米
unit:m²

行政办公用房 Administrative		生活用房 Residential and Welfare							其他用房 Rooms for Other Purposes	校舍面积中 of the Floor Space	
合计 Total	其中:教师办公室 of Which: for Teachers	合计 Total	教工宿舍 Apartments for Single		学生宿舍 Students' Dormitories	食堂 Dining Halls	厕所 Toilet	其他 Others		危房面积 Floor Space of Dilapidated Buildings	当年新增校舍 New Floor Space Added in Current Year
			小计 Subtotal	其中:教师周转宿舍 of Which: Accommodation for Circulation of Teachers							
3613966.44	**2225798.00**	**8180847.09**	**2038352.05**	**274155.03**	**1044102.54**	**1896065.87**	**1708452.05**	**1493874.58**	**6389499.14**	**229025.85**	**2223471.24**
54482.81	26575.01	79643.92	10553.75	854.00	729.00	18921.13	19688.42	29751.62	68105.83		6612.73
46559.03	32329.72	71614.04	352.00	64.00		20817.83	19736.95	30707.26	92670.42		43473.72
179299.35	131103.82	360136.63	32193.64	2260.93	91600.98	42825.57	93028.16	100488.28	294446.00	1156.00	164226.75
109717.79	71160.76	116164.32	22076.26	1140.18	17729.00	16113.36	35358.69	24887.01	146107.65	5551.00	31718.75
14728.80	8026.89	27457.96	2688.75	318.00	7511.75	3275.36	5508.58	8473.52	13268.17		14014.93
63044.45	39572.77	111860.70	2711.00	50.00	4148.00	33192.83	35126.30	36682.57	166137.75		39521.62
30890.59	17487.61	43757.25	155.50	20.00	2421.00	9044.01	10882.00	21254.74	68379.13		2076.00
39453.50	23593.61	43411.36	630.92	50.00	4379.00	4299.83	11807.34	22294.27	63251.36	897.00	8156.00
56931.21	28047.95	78520.22	2224.00	300.00		37454.83	19233.11	19608.28	63085.00		48561.26
216894.26	107470.39	398888.42	45348.08	4005.21	29217.32	185760.09	83125.79	55437.14	292303.23		102531.38
318031.69	159578.72	856479.26	137182.82	17902.71	77909.53	373463.77	130691.89	137231.25	636917.39		297496.14
86601.07	59706.18	105497.84	24288.56	3544.56	6114.86	20088.92	36775.12	18230.38	114031.45	1224.00	19998.09
116625.09	70194.19	276528.47	96085.60	11877.83	5313.00	29214.82	83262.53	62652.52	351700.15	672.00	122742.79
73260.40	47266.31	165706.47	47965.21	19680.82	10153.47	43477.50	41210.04	22900.25	80062.18	8320.00	65119.26
451262.38	262262.19	809968.68	86390.02	16176.60	119808.75	211181.41	217316.91	175271.59	727634.96	662.00	294741.22
275090.51	197270.22	441992.44	74520.92	12017.98	113837.77	87150.97	105317.00	61165.78	257760.90	2469.00	82109.43
107608.39	69636.26	355514.06	110833.92	16262.32	78055.00	72992.89	48615.38	45016.87	146263.16	8544.00	53570.18
82953.81	54523.34	260204.99	68623.04	20782.34	28889.00	78602.95	45883.00	38207.00	172869.38	17357.00	91685.90
712469.14	456216.26	2180835.90	932713.81	77632.13	191768.18	275526.21	393706.20	387121.50	1927637.79	2500.00	198651.68
75348.89	54134.53	267439.39	82077.28	18934.00	53762.68	44090.49	52667.85	34841.09	81937.73	26267.00	128113.53
11193.68	7635.68	55693.44	37597.48	15410.48	5571.00	4916.00	6423.96	1185.00	18269.56	6101.00	18977.76
57189.94	39110.28	134861.72	19013.37	1259.00	21377.33	43872.39	29291.90	21306.73	145982.13	1104.00	69974.23
72569.74	40850.85	218341.45	46588.73	9827.91	63153.80	56299.32	38682.73	13616.87	61032.27	1712.00	67903.11
43379.58	28872.28	131067.06	20698.48	5133.00	34981.17	32124.20	21849.75	21413.46	61520.66		52776.75
100525.06	53399.82	259073.56	70958.44	8996.34	32263.50	67246.60	43599.41	45005.61	102358.00	86957.00	66694.88
117510.59	77571.33	198935.02	50094.72	4556.79	29892.25	48115.07	42007.25	28825.73	161182.22	11828.15	100307.39
25004.23	19048.69	42969.48	5854.60	721.90	5217.20	8004.57	13209.56	10683.55	29363.82	45704.70	14764.80
5331.89	3250.00	11284.05	30.00		1999.00	744.00	1735.84	6775.21	5714.47		3401.00
12664.25	8152.85	9030.75	1177.15			858.75	4309.85	2685.00	9320.01		8499.00
57344.32	31749.49	67968.24	6724.00	4376.00	6299.00	26390.20	18400.54	10154.50	30186.37		5050.96

小学办学
Condition of School Buildings in Primary

地　区 Region	校舍建筑面　积 Floor Space	教学及辅助用房 Teaching & Assistant Buildings						
		合计 Total	其中：of Which：					
			教室 Classroom	实验室 Laboratory	图书室 Library	微机室 PC-room	语音室 Linguistic	体育馆 Gymnasium
总　计 Total	**240672522.93**	**129469672.52**	**105933060.90**	**7787806.27**	**6353698.81**	**5269120.11**	**1747194.97**	**2378791.46**
北　京 Beijing	788140.08	344735.59	262862.82	21336.26	21288.77	16962.25	2999.20	19286.29
天　津 Tianjin	662143.42	399388.87	332489.89	16881.43	18465.49	15065.83	6893.23	9593.00
河　北 Hebei	13677660.29	7867718.98	6386043.77	534302.44	410027.96	360818.65	113167.83	63358.33
山　西 Shanxi	6472767.75	3261002.66	2722752.26	173202.88	160444.35	137332.78	41609.83	25660.56
内蒙古 Inner Mongolia	6190912.05	3043325.27	2373467.00	158176.57	154129.16	127512.84	54630.07	175409.63
辽　宁 Liaoning	2832841.21	1489987.14	1217660.87	89356.93	66253.23	69155.24	24806.27	22754.60
吉　林 Jilin	2838701.45	1656521.87	1346172.20	99026.94	92039.99	76949.00	29097.18	13236.56
黑龙江 Heilongjiang	3198620.81	1795631.32	1474929.18	121035.42	67071.44	69351.82	36968.30	26275.16
上　海 Shanghai	842111.30	443600.98	305704.19	44109.79	31016.57	19504.58	4135.37	39130.48
江　苏 Jiangsu	15092503.53	8956119.92	6805961.52	681740.52	532002.42	450777.37	115859.59	369778.50
浙　江 Zhejiang	11095467.91	5479945.23	4188333.08	363693.84	272252.55	226739.01	55699.33	373227.42
安　徽 Anhui	10655338.00	6908360.92	5677254.62	437947.26	338595.33	304147.41	85557.75	64858.55
福　建 Fujian	7971015.50	4459812.67	3678188.67	225255.03	223519.47	165639.69	33387.46	133822.35
江　西 Jiangxi	10195983.46	5929677.22	5144365.15	216189.22	225857.58	176078.19	80379.29	86807.79
山　东 Shandong	15661603.58	8200327.71	6340956.75	700635.98	530093.10	410728.54	120928.83	96984.51
河　南 Henan	19921465.36	10645676.75	9126327.86	506641.93	490382.58	374669.88	103862.04	43792.46
湖　北 Hubei	10309040.15	5002461.22	3974588.86	374962.83	242147.18	221973.67	83313.63	105475.05
湖　南 Hunan	13208808.76	6711358.28	5284575.82	603082.44	380265.91	241965.18	113161.89	88307.04
广　东 Guangdong	17276930.63	9757187.89	8151299.78	406936.63	420270.98	342202.03	166005.85	270472.62
广　西 Guangxi	10636647.13	5824415.25	5186894.57	229803.83	203128.85	127448.37	28528.23	48611.40
海　南 Hainan	2253328.83	1137738.56	1001906.37	39571.42	42175.71	32684.78	10729.02	10671.26
重　庆 Chongqing	7409222.61	3756684.75	3254997.60	183063.18	132028.40	118348.94	26928.34	41318.29
四　川 Sichuan	14379772.74	8081361.32	6810548.15	442946.36	357194.24	314872.96	94733.00	61066.61
贵　州 Guizhou	9250394.86	4152512.01	3517120.66	226708.76	189107.16	162498.40	39051.94	18025.09
云　南 Yunnan	7659774.68	3798058.52	3187994.62	219882.03	169601.02	156298.93	41126.91	23155.01
西　藏 Tibet	1174784.13	378212.33	316880.79	15385.39	13701.91	17742.06	4653.65	9848.53
陕　西 Shaanxi	8470864.62	4344397.42	3283578.15	311813.97	286495.09	254707.84	168021.91	39780.46
甘　肃 Gansu	4179383.20	2339191.94	1974379.34	122457.48	114374.62	103886.43	17141.41	6952.66
青　海 Qinghai	1550781.85	647479.30	481051.47	42172.86	38385.55	34891.57	13007.51	37970.34
宁　夏 Ningxia	1301630.17	763083.93	623775.94	52465.05	33795.03	38840.61	9258.30	4949.00
新　疆 Xinjiang	3513882.86	1893696.70	1499998.95	127021.60	97587.17	99325.26	21551.81	48211.91

条件(一)(镇区)
Schools (1) (Counties & Towns Area)

单位:平方米
unit: m^2

行政办公用房 Administrative		生活用房 Residential and Welfare							其他用房 Rooms for Other Purposes	校舍面积中 of the Floor Space	
合计 Total	其中:教师办公室 of Which: for Teachers	合计 Total	教工宿舍 Apartments for Single: 小计 Subtotal	教工宿舍 Apartments for Single: 其中:教师周转宿舍 of Which: Accommodation for Circulation of Teachers	学生宿舍 Students' Dormitories	食堂 Dining Halls	厕所 Toilet	其他 Others		危房面积 Floor Space of Dilapidated Buildings	当年新增校舍 New Floor Space Added in Current Year
21369973.99	**14088605.13**	**67733909.21**	**19908714.67**	**5660471.27**	**16686177.00**	**14347629.41**	**9305119.27**	**7486268.86**	**22098967.21**	**2233400.76**	**16172227.21**
82610.81	44375.96	181670.08	24682.85	1588.00	17893.25	42859.32	39120.34	57114.32	179123.60		39538.63
79592.19	56597.32	106391.97	9230.88	1040.76	430.00	13178.50	33239.89	50312.70	76770.39		10132.86
1206053.59	850109.85	3135994.26	380998.00	77221.09	1020108.76	537359.04	573177.19	624351.27	1467893.46	3571.94	1497874.95
726981.91	544207.79	1706219.13	299479.11	52288.29	581166.79	319461.91	260398.02	245713.30	778564.05	14342.00	173667.20
629963.38	424287.67	2054890.73	139139.80	70177.87	968274.04	462027.86	271532.23	213916.80	462732.67		343698.56
307991.84	211428.87	601849.93	31748.26	13977.08	99471.16	208906.66	118173.80	143550.05	433012.30	23929.88	219160.09
271751.35	187469.52	553400.38	22430.58	13517.06	112636.18	161919.81	108230.08	148183.73	357027.85		164237.14
371744.80	264475.30	687910.97	22658.87	9734.01	219468.03	127938.76	130548.95	187296.36	343333.72	33143.46	160317.16
110802.53	56282.46	154743.40	5227.00	445.00		68035.57	40158.59	41322.24	132964.39		32936.91
1540372.02	829096.96	3102117.43	531158.08	113970.92	366117.76	1172810.25	539799.15	492232.19	1493894.16		544395.32
1061205.72	605094.78	2942940.49	765246.19	99471.46	245596.09	999047.01	442262.28	490788.92	1611376.47		854088.91
958110.14	629042.42	2034163.30	579999.26	116991.18	304691.31	534403.47	388402.36	226666.90	754703.64	28951.00	742733.73
613563.26	348581.58	1928602.94	852965.05	126173.90	336151.93	213981.53	323502.43	201999.00	969036.63	42270.00	300159.86
876213.25	548501.65	2697889.06	1007142.90	260132.57	529049.11	531976.07	372120.50	257600.48	692203.94	204303.51	1076344.94
1615585.22	996817.57	3190369.90	538811.07	139577.11	457301.48	877926.26	803534.52	512796.57	2655320.75	3617.00	1278227.97
2338849.63	1726673.36	5519072.39	1046563.48	154823.55	1759383.48	1186418.25	989160.18	537547.00	1417866.59	46518.88	889408.68
687535.18	459637.14	3914252.49	1712562.05	331911.75	862011.21	728227.49	302648.50	308803.24	704791.26	83986.56	550350.27
1023493.34	753687.75	4432566.30	1496803.77	341315.85	985284.36	1030054.61	447810.48	472613.08	1041390.84	168822.25	586291.68
1219925.64	810323.56	4449325.09	2178287.43	351850.75	846106.06	405023.06	515446.36	504462.18	1850492.01	2888.00	273611.72
569772.52	436922.51	3677154.54	1533899.37	529725.89	960813.76	630473.01	335793.65	216174.75	565304.82	386176.36	923388.07
131807.54	95166.34	872116.50	462650.79	161065.77	230718.99	89066.23	58889.20	30791.29	111666.23	11385.26	43885.66
570591.99	345217.92	2319768.49	1044037.77	280993.12	348927.76	471547.51	233824.72	221430.73	762177.38	48576.56	262319.73
984545.73	645885.59	4624272.06	1684288.81	735297.46	1151548.37	974378.81	531584.06	282472.01	689593.63	61116.00	1382571.34
693238.29	411448.07	3726692.90	1078278.97	698126.76	1437856.71	579393.83	366022.20	265141.19	677951.66	300.00	1101209.37
522394.06	330283.35	2985974.42	825883.41	310489.55	1032214.00	704298.28	253419.77	170158.96	353347.68	652566.06	990729.66
68620.65	55753.00	707619.05	302494.13	235641.17	243329.71	107802.14	18321.28	35671.79	20332.10	4091.08	63227.26
960355.13	674852.73	2508860.15	767449.52	138511.32	676879.88	513367.66	341268.10	209894.99	657251.92	13057.00	795556.80
465740.69	342605.02	1068091.91	255841.39	73207.67	241011.09	234940.35	202744.24	133554.84	306358.66	394018.52	491256.24
116115.68	72787.79	645396.38	121294.45	92754.85	296659.74	115625.37	49209.67	62607.15	141790.49	2044.00	121521.89
153237.44	100081.29	263893.75	50412.80	29914.47	32332.75	67818.74	75596.00	37733.46	121415.05	166.44	85070.40
411208.47	230910.01	939698.82	137048.63	98535.04	322743.24	237359.05	139180.53	103367.37	269278.87	3559.00	174314.21

小学办学条件(一)

Condition of School Buildings in Primary

地 区 Region	校舍建筑面积 Floor Space	教学及辅助用房 Teaching & Assistant Buildings						
		合计 Total	其中：of Which：					
			教室 Classroom	实验室 Laboratory	图书室 Library	微机室 PC-room	语音室 Linguistic	体育馆 Gymnasium
总 计 Total	**75137547.56**	**41662419.07**	**33938135.18**	**2613896.54**	**2180764.76**	**1755021.24**	**530136.83**	**644464.52**
北 京 Beijing	164939.31	69402.22	53880.38	5532.46	3946.19	3414.26	234.00	2394.93
天 津 Tianjin	294260.04	182245.52	151331.18	9215.82	8118.48	7184.82	3290.22	3105.00
河 北 Hebei	7346426.64	4376064.31	3528627.80	304821.76	240359.99	210031.86	58484.28	33738.62
山 西 Shanxi	2127566.02	1092465.95	898267.89	61566.15	59264.97	51859.06	15082.88	6425.00
内蒙古 Inner Mongolia	600546.46	287563.35	228336.90	14290.98	15042.24	13953.64	4272.10	11667.49
辽 宁 Liaoning	453668.12	242880.15	192786.30	15456.62	12185.67	11446.66	4246.90	6758.00
吉 林 Jilin	355070.07	192765.98	158152.59	12149.54	10266.08	9370.77	2467.00	360.00
黑龙江 Heilongjiang	401069.83	213045.47	169456.41	15362.99	9516.83	10236.32	4873.64	3599.28
上 海 Shanghai	170109.18	95209.66	68791.89	10468.88	6199.41	4459.37	939.00	4351.11
江 苏 Jiangsu	4392671.95	2679957.89	2096377.79	184408.41	146479.25	133386.35	28238.50	91067.59
浙 江 Zhejiang	3709857.92	1878163.58	1449046.40	123451.20	93976.99	76045.65	21308.56	114334.78
安 徽 Anhui	2576571.79	1657487.52	1342099.77	112118.05	96286.92	81320.36	21390.42	4272.00
福 建 Fujian	2540926.68	1436682.10	1162535.76	87956.10	78194.36	59671.59	11017.00	37307.29
江 西 Jiangxi	2874733.48	1671606.38	1443583.22	67156.71	77930.23	52900.90	20163.31	9872.01
山 东 Shandong	7102351.99	3782348.42	2889347.83	345071.25	244634.21	198111.56	57582.92	47600.65
河 南 Henan	8578670.99	4712604.91	3971858.43	242796.18	250717.00	172039.02	46983.98	28210.30
湖 北 Hubei	3044065.67	1412634.71	1112208.55	118262.38	75423.93	67227.17	19938.28	19574.40
湖 南 Hunan	4786581.61	2425565.15	1958700.68	191620.79	132406.78	84142.01	32815.60	25879.29
广 东 Guangdong	7420593.54	4313915.45	3569898.00	187652.32	192778.65	156144.76	63495.27	143946.45
广 西 Guangxi	3306079.58	2033237.03	1825695.73	77163.42	71677.45	39390.66	10469.55	8840.22
海 南 Hainan	356334.13	187727.99	167469.99	6572.50	7771.50	4683.00	1043.50	187.50
重 庆 Chongqing	1361008.19	682705.21	595862.31	33709.04	24473.72	20023.87	4198.38	4437.89
四 川 Sichuan	2428954.12	1385261.30	1168794.72	78371.17	60299.71	52266.75	12142.83	13386.12
贵 州 Guizhou	1969861.39	970918.07	817078.78	56590.00	47311.94	38069.66	9502.99	2364.70
云 南 Yunnan	2094201.01	1142507.20	957331.26	68344.75	53302.17	47543.74	9935.61	6049.67
西 藏 Tibet	74621.79	26392.00	21107.00	605.00	1150.00	1753.00	318.00	1459.00
陕 西 Shaanxi	2329318.21	1249752.96	925489.48	96559.61	87659.93	81291.68	51854.26	6898.00
甘 肃 Gansu	1122214.52	628898.59	506696.55	39683.06	40269.26	33632.05	7248.69	1368.98
青 海 Qinghai	336819.32	144778.52	119709.19	7126.90	6740.21	6998.17	2006.05	2198.00
宁 夏 Ningxia	224224.52	134489.16	108915.86	10834.60	6264.69	7040.16	1433.85	
新 疆 Xinjiang	593229.50	353142.32	278696.54	28977.90	20116.00	19382.37	3159.26	2810.25

（镇乡结合区）
Schools（1）（County-town Transitional Area）

单位：平方米
unit：m²

行政办公用房 Administrative		生活用房 Residential and Welfare							其他用房 Rooms for Other Purposes	校舍面积中 of the Floor Space	
合计 Total	其中：教师办公室 of Which: for Teachers	合计 Total	教工宿舍 Apartments for Single		学生宿舍 Students' Dormitories	食堂 Dining Halls	厕所 Toilet	其他 Others		危房面积 Floor Space of Dilapidated Buildings	当年新增校舍 New Floor Space Added in Current Year
			小计 Subtotal	其中：教师周转宿舍 of Which: Accommodation for Circulation of Teachers							
6750565.47	**4569614.66**	**19464005.07**	**5574351.15**	**1299368.56**	**3965177.23**	**4242231.28**	**3180856.64**	**2501388.77**	**7260557.95**	**789688.02**	**5030947.20**
18490.33	9650.64	51771.76	4247.48		6234.68	9384.91	8059.85	23844.84	25275.00		7304.03
37969.78	25815.01	41874.36	4405.12	503.00	150.00	7268.90	14467.64	15582.70	32170.38		8252.86
618563.18	431367.78	1598243.21	193823.82	31855.73	507406.12	252736.85	326388.04	317888.38	753555.94	3421.93	786271.28
245516.96	186179.80	503979.95	92060.26	14706.00	151168.46	94120.11	87496.97	79134.15	285603.16	11716.00	91394.18
61123.72	39180.23	194095.98	13597.20	5660.70	81952.21	47948.00	31270.66	19327.91	57763.41		36703.43
42689.96	27895.01	101304.37	4994.33	1625.00	22640.85	29293.74	21853.37	22522.08	66793.64		19386.38
39551.49	27283.26	77952.71	3645.86	1947.86	14516.00	21807.59	14476.14	23507.12	44799.89		19111.57
48459.97	34909.42	88573.09	2556.44	1880.48	27962.42	14493.48	17881.79	25678.96	50991.30	1482.20	6146.99
23861.62	11810.75	32033.98	1794.00			14653.42	7700.12	7886.44	19003.92		4126.12
441565.76	239025.46	909726.20	189803.20	41078.77	57704.97	324564.66	163521.95	174131.42	361422.10		162851.78
361938.91	216175.77	927693.09	254100.48	27784.11	66127.58	327479.06	145543.28	134442.69	542062.34		311430.07
239433.12	165515.98	507901.70	141297.12	34138.60	62359.31	140360.94	103140.06	60744.27	171749.45	11142.00	157320.23
178036.92	102441.36	572446.13	282131.87	34312.21	47143.24	53768.95	110343.09	79058.98	353761.53	7576.00	95732.26
221874.23	150211.73	798316.59	303542.03	84343.21	127983.66	175383.14	121158.89	70248.87	182936.27	57220.70	284577.84
713397.88	442681.99	1405810.75	221865.60	62874.69	186756.18	388376.98	378329.35	230482.64	1200794.94	3456.00	599503.42
1063521.82	813037.75	2185284.86	384714.83	44376.84	574951.67	481276.98	471736.49	272604.89	617259.40	18392.26	389872.52
194314.62	127810.42	1243479.90	514037.14	107622.90	303172.48	241489.04	98070.84	86710.40	193636.44	34698.56	188541.59
380069.25	278773.39	1592864.92	538202.10	146988.37	315915.91	393067.01	166139.14	179540.76	388082.29	83000.25	242943.91
538003.34	365673.54	1723613.08	824028.17	106365.21	234704.24	160632.72	246701.25	257546.70	845061.67	2168.00	85502.63
177196.09	142701.85	886027.27	338822.85	110621.33	180832.94	155029.76	124240.82	87100.90	209619.19	192583.40	293227.38
24761.60	17479.80	127664.54	74205.90	24069.90	28015.36	9617.24	11608.04	4218.00	16180.00	1339.00	6058.00
112142.97	62027.35	444699.94	194122.59	38927.11	68340.14	96648.11	44266.36	41322.74	121460.07	23139.56	46650.73
158947.80	109841.47	766290.13	249198.13	106046.74	183208.92	184476.43	94799.38	54607.27	118454.89	7022.00	240409.30
142324.02	92309.29	727318.27	208029.68	114176.11	253637.62	128624.61	82506.13	54520.23	129301.03	300.00	186902.25
135813.90	88784.22	716313.46	207302.69	59353.74	189045.49	201054.33	75046.58	43864.37	99566.45	221785.83	286377.75
7678.34	6372.94	40532.45	17944.30	16784.30	13010.58	4777.30	1484.80	3315.47	19.00		9184.80
265394.27	186682.44	621251.56	190035.50	25792.24	137885.90	139936.37	105862.06	47531.73	192919.42	5165.00	193197.84
134324.40	95343.63	265535.33	56312.15	13343.57	44328.63	59036.36	60734.54	45123.65	93456.20	103171.33	167411.25
25276.10	15429.37	127792.86	31158.17	21164.93	46249.45	22416.23	10273.12	17695.89	38971.84		38237.13
23598.75	14614.14	54860.11	13507.48	8558.73	6960.00	17411.30	11678.58	5302.75	11276.50	136.00	31187.17
74724.37	42588.86	128752.52	18864.66	12466.18	24812.22	45096.76	24077.31	15901.57	36610.29	772.00	35130.51

小学办学
Condition of School Buildings in

地　区 Region	校舍建筑面　积 Floor Space	教学及辅助用房 Teaching & Assistant Buildings						
		合计 Total	其中：of Which：					
			教室 Classroom	实验室 Laboratory	图书室 Library	微机室 PC-room	语音室 Linguistic	体育馆 Gymnasium
总　计 Total	**273922913.80**	**148047490.87**	**121969996.40**	**9314032.04**	**8414756.93**	**6213446.85**	**1371794.70**	**763463.95**
北　京 Beijing	860721.62	411946.25	304429.59	48853.46	24413.31	22381.92	971.00	10896.97
天　津 Tianjin	917764.40	543832.41	444743.60	31375.51	27474.04	25566.77	12609.49	2063.00
河　北 Hebei	18726171.15	11428139.21	9200692.89	841333.93	672992.27	566115.57	120821.09	26183.46
山　西 Shanxi	7557151.13	3341574.74	2683912.99	220135.43	214835.09	179904.99	29550.03	13236.21
内蒙古 Inner Mongolia	2644150.68	1078803.16	851575.25	72371.13	68254.67	54015.12	15244.00	17342.99
辽　宁 Liaoning	3120023.03	1754697.30	1358025.60	141536.41	114403.63	103526.70	22512.74	14692.22
吉　林 Jilin	3415464.79	1863501.62	1414315.82	167860.18	138240.01	119005.28	20705.87	3374.46
黑龙江 Heilongjiang	2475762.33	1476783.96	1198694.40	120438.70	74866.77	61710.38	18400.95	2672.76
上　海 Shanghai	308652.70	159201.02	105672.55	16421.46	9511.14	8440.46	1648.37	17507.04
江　苏 Jiangsu	4466147.63	2981912.14	2343168.61	212145.02	189396.26	183049.41	34237.22	19915.62
浙　江 Zhejiang	5104607.02	2313456.10	1822525.03	146394.49	125052.51	111371.52	22106.24	86006.31
安　徽 Anhui	12689277.10	8091979.46	6333835.41	654520.80	569967.42	440309.80	88818.83	4527.20
福　建 Fujian	8096497.76	4105724.60	3335691.79	259963.04	248187.01	190432.74	26962.03	44487.99
江　西 Jiangxi	12367447.08	7368456.77	6395555.54	300372.58	368646.66	211980.12	61021.10	30880.77
山　东 Shandong	14714162.61	8390057.39	6400077.07	762945.59	593215.98	511106.92	97782.90	24928.93
河　南 Henan	31008697.83	18140620.81	15419768.83	938043.19	1010196.79	648941.10	119164.90	4506.00
湖　北 Hubei	10832860.17	4925652.48	3841137.77	396587.48	329687.68	264313.93	64574.42	29351.20
湖　南 Hunan	14821314.28	7504753.81	6216533.35	542460.95	409641.03	223591.67	87268.41	25258.40
广　东 Guangdong	19779016.93	10801508.04	8760356.97	552234.15	660669.76	438759.23	159624.43	229863.50
广　西 Guangxi	19226438.79	11345407.59	10160261.18	443703.38	458694.59	207361.80	40768.54	34618.10
海　南 Hainan	2256341.23	1191596.80	1054961.96	42932.56	52673.50	27909.08	10058.40	3061.30
重　庆 Chongqing	5046569.04	2373961.71	2042895.96	135255.99	100408.48	70669.77	6282.08	18449.43
四　川 Sichuan	13341181.58	6722880.76	5772939.70	354501.17	316662.70	228650.57	47785.62	2341.00
贵　州 Guizhou	13027670.89	6452765.42	5472867.99	395882.29	336647.12	217133.39	21690.96	8543.67
云　南 Yunnan	20201630.74	9486751.61	8006123.17	566700.84	467335.63	365973.89	62271.71	18346.37
西　藏 Tibet	2481660.37	777439.32	637006.08	42401.52	38699.95	41025.36	12065.47	6240.94
陕　西 Shaanxi	5610877.76	2775402.56	2065506.40	218694.39	196845.10	182825.21	104114.67	7416.79
甘　肃 Gansu	8077980.81	4453038.30	3785872.94	225902.84	242772.28	178831.45	13772.51	5886.28
青　海 Qinghai	1845305.94	817100.27	656889.28	37045.91	45675.73	39128.28	10850.65	27510.42
宁　夏 Ningxia	1952156.13	1055783.42	827437.70	91145.42	64121.48	62509.28	8042.54	2527.00
新　疆 Xinjiang	6949210.28	3912761.84	3056520.98	333872.23	244568.34	226905.14	30067.53	20827.62

条件(一)(乡村)
Primary Schools (1) (Rural Area)

单位:平方米
unit: m^2

行政办公用房 Administrative		生活用房 Residential and Welfare							其他用房 Rooms for Other Purposes	校舍面积中 of the Floor Space	
合计 Total	其中:教师办公室 of Which: for Teachers	合计 Total	教工宿舍 Apartments for Single: 小计 Subtotal	教工宿舍 Apartments for Single: 其中:教师周转宿舍 of Which: Accommodation for Circulation of Teachers	学生宿舍 Students' Dormitories	食堂 Dining Halls	厕所 Toilet	其他 Others		危房面积 Floor Space of Dilapidated Buildings	当年新增校舍 New Floor Space Added in Current Year
22071582.40	**15976518.80**	**81218859.72**	**27359964.20**	**7686987.64**	**17013635.66**	**16405863.23**	**12493630.66**	**7945765.97**	**22584980.81**	**4907994.78**	**17831377.43**
107952.41	48149.83	189496.73	35718.92	3479.56	23571.46	41621.38	42315.16	46269.81	151326.23		11319.40
112748.98	71495.77	147849.59	16333.70	1955.00		10584.00	48509.16	72422.73	113333.42		17163.18
1546205.57	1107793.69	3859948.51	643007.08	127567.32	942727.42	648345.19	879649.00	746219.82	1891877.86	4699.60	1609331.13
859811.60	681282.56	2280439.64	520988.74	51741.90	643045.03	442046.10	343863.62	330496.15	1075325.15	29133.01	123296.24
276810.99	206831.32	1059787.75	118945.62	57526.26	452292.33	221454.31	145958.56	121136.93	228748.78		233016.34
315160.75	233447.83	522864.74	49137.99	15136.73	40038.53	124350.46	168500.36	140837.40	527300.24	26510.82	131227.93
399478.76	296488.44	575548.61	33516.76	7599.25	48764.01	89680.72	198365.52	205221.60	576935.80		141689.42
281335.73	215074.47	473744.39	30422.44	11625.41	92328.06	81138.41	127612.13	142243.35	243898.25	70064.30	74941.44
43289.76	21786.55	61414.63	1811.00	400.00		31881.02	15545.55	12177.06	44747.29		30278.88
394594.81	245693.92	782598.79	168012.85	35360.76	71714.53	204177.33	188769.41	149924.67	307041.89		192468.06
423917.05	254334.85	1588254.05	562371.69	59348.21	161533.30	452794.72	186665.61	224888.73	778979.82		241735.91
1044411.62	799271.29	2656710.79	744586.72	119059.01	217910.87	831697.32	607587.64	254928.24	896175.23	42172.88	831198.86
508089.67	339674.78	2320733.95	1214971.32	136197.48	243606.99	258379.68	345768.36	258007.60	1161949.51	83920.00	188066.58
767113.82	567034.28	3661912.61	1582806.48	373598.73	378535.00	838742.20	566014.67	295814.26	569963.88	339053.10	1085121.47
1418751.08	945067.82	2458999.41	417376.22	99564.93	186114.36	540378.97	852662.22	462467.64	2446354.73	14314.00	1225596.52
3703782.38	2968637.84	7343411.04	1631505.70	278427.99	1387829.36	1731923.25	1892049.46	700103.27	1820883.60	94494.48	1208384.82
696206.00	468149.42	4325244.79	1732745.03	350149.26	974242.41	855016.99	413389.50	349850.86	885756.90	125005.00	437007.37
1253869.93	971309.25	4776249.08	1754816.87	365325.34	780552.07	1104171.02	627772.04	508937.08	1286441.46	222142.22	412962.15
1478674.80	1028809.66	5013841.67	2917059.91	305865.97	392077.95	335740.50	706264.24	662699.07	2484992.42	6368.60	305461.14
943001.65	774071.90	5844499.21	2483041.34	906441.06	1206681.86	1015392.34	684746.00	454637.67	1093530.34	808833.03	1405516.42
119942.28	95737.78	809265.42	576633.42	167000.58	87559.90	47615.92	66158.43	31297.75	135536.73	30351.12	80780.86
340110.13	207806.90	1843358.11	886590.94	249241.64	309910.85	330076.86	181181.66	135597.80	489139.09	35809.60	46713.71
767788.86	531332.55	5190677.17	2028199.16	849046.82	1226846.11	1042302.41	604582.54	288746.95	659834.79	86193.00	1292603.06
740205.58	494782.82	5224890.13	1807290.92	1187753.70	1738824.54	923191.84	530381.56	225201.27	609809.76		870613.08
767905.76	500212.35	9462558.59	2591080.02	808128.52	3627530.32	2225414.68	722355.93	296177.64	484414.78	1899435.91	2769266.09
129989.06	101228.28	1529835.99	607649.77	479564.09	528565.83	253246.05	61211.51	79162.83	44396.00	7723.45	271195.36
686357.49	484470.93	1738218.39	589478.42	64107.20	303029.14	381527.43	309211.50	154971.90	410899.32	5654.00	452112.75
915366.21	722946.16	2306248.44	815502.42	99946.51	314692.96	437337.48	516637.69	222077.89	403327.86	964531.66	894092.09
110161.53	80365.96	785450.94	236109.98	125741.22	277941.83	132666.22	70228.66	68504.25	132593.20		321285.02
151989.05	99658.83	589634.69	178964.20	67078.40	39855.44	158087.21	115410.38	97317.46	154748.97	109.00	140708.27
766559.09	413570.77	1795171.87	383288.57	283008.79	315313.20	614881.22	274262.59	207426.29	474717.48	11476.00	786223.88

小学办学
Condition of School Buildings in

地 区 Region	占地面积(平方米) Areas of School Sites(m^2)			图书(册) Books & Magazines in Libraries (Volume)	计算机数 PC	
	合计 Total	其中: of Which:			合计 Total	其中:教学 No. of Computers
		绿化用地面积 Green Areas	运动场地面积 Sports Areas			小计 Subtotal
总 计 Total	**2278702309.87**	**393773499.89**	**700666933.03**	**2134286720**	**11083844**	**9431525**
北 京 Beijing	14142792.46	2279207.01	5488707.47	27612508	243148	211591
天 津 Tianjin	12561308.41	1446631.44	4905339.62	19684622	99479	86969
河 北 Hebei	153622183.46	15266115.84	51628305.86	155617967	708073	685577
山 西 Shanxi	56922888.99	6743534.91	16418359.14	45921455	329816	267783
内蒙古 Inner Mongolia	55180488.29	7939279.09	13531499.92	25443892	186393	137951
辽 宁 Liaoning	48037345.67	4930496.72	22047936.42	54132663	313942	258455
吉 林 Jilin	55251056.99	10768987.13	14531489.10	35265516	149971	125932
黑龙江 Heilongjiang	45275922.76	5695867.05	16909619.58	22340424	153654	122297
上 海 Shanghai	10099484.29	2791599.42	3152114.74	25869010	171176	136336
江 苏 Jiangsu	106620461.75	27957291.88	33446581.28	121452669	721208	630542
浙 江 Zhejiang	67168897.63	15510099.45	21205091.69	98855185	643689	584364
安 徽 Anhui	105852540.92	14249156.58	27391021.17	75336630	515336	437526
福 建 Fujian	53331216.37	10630129.01	19102993.62	73543639	375007	311798
江 西 Jiangxi	78708895.65	10928295.38	28045201.81	62634759	244505	185953
山 东 Shandong	169214906.59	33690243.32	62597220.94	183652110	1020978	892450
河 南 Henan	207777138.00	25081634.11	52877991.08	167138004	536719	446369
湖 北 Hubei	92849295.53	28467071.20	23246180.42	91765425	374692	329952
湖 南 Hunan	99476591.56	14532287.98	23009443.52	95810993	308807	262676
广 东 Guangdong	177919076.43	41077110.35	61441601.05	196452939	1259115	1047844
广 西 Guangxi	102546323.24	15055890.34	32962745.87	95265381	279863	210224
海 南 Hainan	32072591.89	6933464.50	6161318.04	12741293	75910	62289
重 庆 Chongqing	41271103.76	6949568.46	12665678.81	31764957	256205	214668
四 川 Sichuan	81168857.30	11196273.21	31842191.56	85646163	471439	391338
贵 州 Guizhou	70640082.86	13860046.07	25468495.22	77919058	304205	267872
云 南 Yunnan	93440199.08	15959671.19	22956436.38	81592740	340211	269537
西 藏 Tibet	15317099.86	1785196.84	2425200.09	4940783	46651	33694
陕 西 Shaanxi	56566989.89	7766875.81	16605398.90	75539624	371449	338503
甘 肃 Gansu	61031472.80	8559547.20	17015569.81	36659629	210434	182093
青 海 Qinghai	15690622.81	1768358.68	3477131.57	10702469	61963	51008
宁 夏 Ningxia	20498628.90	3727107.48	6664642.95	11764091	97134	76759
新 疆 Xinjiang	78445845.73	20226462.24	21445425.40	31220122	212672	171175

条件(二)(总计)
Primary Schools (2) (Total)

(台) (set)	教室(间) Classroom(Room)		教室中:普通教室(间) of Which: General Classroom (Room)		固定资产总值(万元) Total Volue of Fixed Asset (10 ,000 yuan)		
用计算机 Used for Instruction	合计 Total	其中:网络多媒体教室 of Which: Network Multimedia Classroom	合计 Total	其中:网络多媒体教室 of Which: Network Multimedia Classroom	合计 Total	其中:教学仪器设备资产值 of Which: Total Volue of Equip & Instru.	
其中:平板电脑 of Which: Tablet PC						小计 Subtotal	其中:实验设备 of Which: For Prefession
370704	**3783534**	**1848335**	**2975610**	**1633839**	**88398686.10**	**11903051.44**	**2477120.44**
20091	33220	29484	23170	21677	1856257.15	656696.69	48608.07
4145	24221	16597	18573	14425	746103.85	110590.92	14868.74
24720	258726	98953	213674	92283	4008308.53	508679.85	168177.15
7048	104985	51711	80674	47643	2086595.12	252916.14	57593.86
2185	52271	34576	36802	30130	1988782.93	254885.21	37415.56
15778	79168	36000	58190	30505	1431388.64	320222.02	56224.64
1823	69365	17906	53764	16379	1108239.75	202115.24	47263.81
3223	60938	24573	44352	21983	1073838.80	182348.27	32735.71
8628	26522	23115	19251	17704	1401472.76	268826.74	45732.79
20044	170215	116938	124804	96509	6572135.19	789674.21	162470.42
20633	115981	102775	84319	82778	4483273.50	681059.05	110075.62
10295	166012	97474	135186	92740	3519009.38	420212.75	96451.04
5621	117390	73405	83145	64284	2871328.50	472015.14	81340.39
8391	165770	67348	130013	63178	2424582.28	298035.05	57244.60
14196	246355	178197	172177	142176	6467730.12	721750.48	135921.14
27473	396345	117206	346606	110429	5180103.33	527395.10	150203.51
18439	129954	65888	103182	61696	3034144.36	396650.49	120120.38
9864	195870	46620	153986	43070	3331880.27	358744.76	105152.06
79123	287767	183243	217364	163213	8465237.43	1271123.66	283291.39
8583	173721	60290	150406	57295	3232960.91	433513.48	105698.27
2106	25405	8776	21558	8255	829156.19	105683.06	22982.14
5618	79384	60288	56440	47990	2034690.21	259925.45	30582.81
14275	182191	62009	157536	56517	4689874.70	723270.05	149442.97
14968	138057	77708	109222	72955	2562162.41	278907.50	69295.88
1071	162094	53883	126748	49666	4447067.02	353711.77	76232.05
877	11305	4007	9369	3611	884490.56	41210.52	7686.64
6707	99802	41337	81445	36677	2389056.23	318013.99	94401.01
6677	96540	41726	77867	38995	1788435.04	231816.23	40589.32
3029	16748	5549	13735	4817	725609.67	35013.57	8136.40
1562	24383	12868	17603	10734	786869.82	152645.56	27802.00
3511	72829	37885	54449	33525	1977901.45	275398.48	33380.05

小学办学
Condition of School Buildings in Primary

地 区 Region	占地面积(平方米) Areas of School Sites(m^2)			图书(册) Books & Magazines in Libraries (Volume)	计算机数 PC	
	合计 Total	其中: of Which:			合计 Total	其中:教学 No. of Computers
		绿化用地面积 Green Areas	运动场地面积 Sports Areas			小计 Subtotal
总 计 Total	**402505410.50**	**80223059.47**	**148869366.81**	**717316900**	**4070140**	**3479922**
北 京 Beijing	8622902.64	1243236.48	3423118.55	21788380	194088	169188
天 津 Tianjin	6072505.59	711202.53	2267373.78	13368342	67749	58417
河 北 Hebei	17817279.89	1964730.93	6441136.35	34029767	156395	151847
山 西 Shanxi	9749769.90	1275940.79	3491443.79	15251859	95790	80064
内蒙古 Inner Mongolia	8244161.34	1101053.42	3237289.89	10125746	65060	52858
辽 宁 Liaoning	15268788.66	1698472.35	7833947.05	32129120	187542	157457
吉 林 Jilin	6727364.01	858317.31	3335699.60	14260833	59837	49872
黑龙江 Heilongjiang	8016374.91	882496.95	3747132.70	10229810	77445	63587
上 海 Shanghai	7313311.11	1947767.24	2297018.32	20797495	141550	113434
江 苏 Jiangsu	36587759.76	9882292.64	12606594.61	53258542	334124	292543
浙 江 Zhejiang	27159287.25	6806864.42	8551125.20	45197897	292215	270962
安 徽 Anhui	10899338.90	1855491.86	3668634.63	15573158	112369	89450
福 建 Fujian	11721589.87	2445546.47	4567516.25	29180197	137241	116272
江 西 Jiangxi	9186221.36	1503545.54	3489544.66	13650878	66116	50714
山 东 Shandong	35679403.34	7288166.36	14284575.05	62898427	326062	285294
河 南 Henan	20714304.93	2593775.86	6553401.28	34423931	140304	116853
湖 北 Hubei	17585987.24	5380512.38	5272931.59	33471630	137978	121014
湖 南 Hunan	13275583.20	2578876.91	3879694.87	23642720	92199	76935
广 东 Guangdong	56763196.86	14344395.63	21233072.82	101730112	635570	529389
广 西 Guangxi	9404748.80	1579030.68	3812942.22	21731785	72797	53300
海 南 Hainan	2812167.52	545136.39	849903.04	4418344	23669	18792
重 庆 Chongqing	11261477.87	2273288.33	3607522.06	11948734	99089	81814
四 川 Sichuan	12197500.00	2041287.04	5600913.38	20193164	146837	130305
贵 州 Guizhou	5904949.14	993765.63	2778294.21	12633934	64121	58223
云 南 Yunnan	7579303.06	1866299.15	2555467.51	13141407	66182	54288
西 藏 Tibet	758220.29	141679.95	142776.65	617633	4642	2934
陕 西 Shaanxi	9784451.91	1463344.92	3297677.32	24406057	122160	109595
甘 肃 Gansu	3941401.96	544487.32	1653976.36	7619821	48960	41653
青 海 Qinghai	1329824.72	243641.16	481019.28	3143533	18323	14625
宁 夏 Ningxia	3585799.21	774675.65	1508392.01	3882615	28301	21948
新 疆 Xinjiang	6540435.26	1393737.18	2399231.78	8571029	55425	46295

条件(二)(城区)
Schools (2) (Urban Area)

(台) (set)	教室(间) Classroom(Room)		教室中:普通教室(间) of Which: General Classroom (Room)		固定资产总值(万元) Total Volue of Fixed Asset (10 ,000 yuan)		
用计算机 Used for Instruction	合计 Total	其中:网络多媒体教室 of Which: Network Multimedia Classroom	合计 Total	其中:网络多媒体教室 of Which: Network Multimedia Classroom	合计 Total	其中:教学仪器设备资产值 of Which: Total Volue of Equip & Instru.	
其中:平板电脑 of Which: Tablet PC						小计 Subtotal	其中:实验设备 of Which: For Prefession
200719	**906595**	**655257**	**687302**	**559797**	**30599655.41**	**5096728.08**	**835661.31**
17092	25637	23341	18291	17369	1524853.30	544770.98	40983.76
3521	14688	12018	11630	10344	510495.38	82930.61	7326.12
5820	39089	24555	31330	22398	766041.90	136249.40	34911.47
3086	23805	16476	18145	15024	605462.34	89959.65	16490.93
1164	15986	12559	12007	11058	490760.18	74417.52	9964.18
9225	34746	24294	25350	20487	825223.38	211367.66	30540.64
1237	19357	8793	16065	8192	451649.47	86863.27	15971.16
2453	19979	12514	14469	11069	435049.43	96252.92	11508.79
7706	21127	18740	15319	14363	1172102.34	226610.79	34979.61
13083	71879	57049	50264	45239	3494390.34	418317.05	73322.27
9478	52415	47457	38128	37253	2371363.27	336988.37	51254.15
4102	24785	16266	19611	14806	751304.27	90062.76	15387.21
2670	33302	25808	24652	22158	1036754.90	189584.60	24649.74
3787	23349	14231	18355	12969	543458.11	67793.03	11486.95
11778	68092	54557	47508	44592	2485598.22	299523.16	45533.25
5834	51932	29262	42913	26656	1045650.32	131568.21	28051.44
11756	36274	24811	28390	22563	1086910.08	167666.65	43726.05
3626	34888	17884	27458	16354	935666.22	120492.77	29330.25
50794	117204	94021	91570	82085	4332559.00	801796.04	165152.43
2085	23299	14630	18906	13487	620194.07	100859.77	17464.82
540	5426	3210	4809	3073	214122.30	38074.00	7498.49
3347	24232	20222	17105	16177	914209.23	108220.92	11113.54
10310	32720	20017	26140	17505	1166494.18	236811.66	39042.86
9581	16573	12388	12839	10937	395115.11	54696.92	7336.13
138	18392	10082	13687	9085	475128.42	70280.21	10132.17
60	1053	694	927	660	61963.86	4081.65	902.56
2538	23821	15498	17640	13311	772123.69	117208.60	28159.76
1246	10306	7707	7945	7042	283833.80	59424.93	6247.76
967	2743	2066	2037	1717	121941.55	7605.90	1622.36
1098	5849	4388	4187	3714	226504.35	47829.39	9221.52
597	13647	9719	9625	8110	482732.40	78418.67	6348.94

小学办学
Condition of School Buildings in Primary

地 区 Region	占地面积(平方米) Areas of School Sites(m^2)			图书(册) Books & Magazines in Libraries (Volume)	计算机数 PC	
	合计 Total	其中: of Which:			合计 Total	其中:教学 No. of Computers
		绿化用地面积 Green Areas	运动场地面积 Sports Areas			小计 Subtotal
总 计 Total	**109077934.30**	**23055021.96**	**37065752.77**	**125979171**	**713927**	**611197**
北 京 Beijing	1264212.04	174529.95	548959.44	2012404	13833	11818
天 津 Tianjin	1169589.92	140066.83	434856.68	1753145	8301	6985
河 北 Hebei	6956854.77	770733.75	2524373.79	7736629	38940	37667
山 西 Shanxi	2301583.54	331317.02	729613.18	2193436	14878	11920
内蒙古 Inner Mongolia	484431.22	67445.05	121331.65	218679	1781	1320
辽 宁 Liaoning	2442101.09	308173.64	1123732.61	2492365	14741	12742
吉 林 Jilin	1084229.44	197302.05	354547.02	665895	3645	2630
黑龙江 Heilongjiang	1059887.70	141236.44	422371.05	714979	6396	4911
上 海 Shanghai	777413.46	186310.30	247986.00	1935880	9842	7611
江 苏 Jiangsu	5606821.48	1599384.82	1776803.90	5891439	35436	31267
浙 江 Zhejiang	8048199.93	1926339.54	2547054.00	11382540	73055	67292
安 徽 Anhui	2754192.00	455607.08	748404.47	2132483	15692	13180
福 建 Fujian	3951427.38	806068.76	1357101.30	5677100	28055	23862
江 西 Jiangxi	2482031.07	344594.03	959407.93	2294769	9403	7340
山 东 Shandong	14298542.74	2972470.00	5386305.23	16809693	91539	78951
河 南 Henan	6615327.93	907116.42	1901941.55	6354336	26390	22114
湖 北 Hubei	4067946.91	1366542.34	1053081.52	4007463	17910	14924
湖 南 Hunan	2787058.55	529347.64	621482.95	2716874	11488	9484
广 东 Guangdong	24934214.27	6809273.12	8891356.91	31314966	199386	167366
广 西 Guangxi	2838220.62	451357.44	1060396.62	4364863	13771	10439
海 南 Hainan	814465.82	152865.50	155009.00	411577	2765	2177
重 庆 Chongqing	1411965.52	250652.28	434761.81	971110	8670	7029
四 川 Sichuan	1943630.13	378194.52	778008.83	2006018	13940	12575
贵 州 Guizhou	1040086.37	206343.89	451634.80	1623316	8910	8143
云 南 Yunnan	2771497.27	624734.02	871544.35	2958363	14147	11671
西 藏 Tibet						
陕 西 Shaanxi	2551629.12	435916.54	768642.58	3348617	18181	15794
甘 肃 Gansu	642736.86	98377.43	216318.03	709846	4691	3853
青 海 Qinghai	150881.03	23217.00	44425.40	200867	1100	725
宁 夏 Ningxia	333370.49	76096.18	127579.86	194154	1795	1259
新 疆 Xinjiang	1493385.63	323408.38	406720.31	885365	5246	4148

条件(二)(城乡结合区)
Schools (2) (Urban-rural Transitional Area)

(台) (set)	教室(间) Classroom(Room)		教室中:普通教室(间) of Which: General Classroom (Room)		固定资产总值(万元) Total Value of Fixed Asset (10 ,000 yuan)		
用计算机 Used for Instruction 其中:平板电脑 of Which: Tablet PC	合计 Total	其中:网络多媒体教室 of Which: Network Multimedia Classroom	合计 Total	其中:网络多媒体教室 of Which: Network Multimedia Classroom	合计 Total	其中:教学仪器设备资产值 of Which: Total Value of Equip & Instru. 小计 Subtotal	其中:实验设备 of Which: For Prefession
26396	**184336**	**116985**	**137844**	**100931**	**5806739.54**	**776413.05**	**157596.72**
749	2513	1934	1851	1471	90989.90	38438.60	4550.59
309	1856	1395	1430	1214	84434.40	9122.82	1058.67
1353	12164	5811	9650	5338	211175.71	29337.07	9601.23
364	4201	2419	3077	2230	87796.44	11237.30	2289.70
	533	315	355	263	24147.73	2084.93	388.34
982	3929	1828	2652	1496	97174.96	18859.29	3528.64
16	1340	588	1018	535	33544.97	4989.02	785.42
459	1600	907	1077	773	33985.41	6603.33	916.81
158	1940	1555	1575	1295	67609.75	12458.43	2732.36
814	8499	5715	6233	4585	488656.54	38173.80	6783.41
1319	13609	12230	9959	9789	628329.36	74628.80	11833.06
316	4197	2459	3376	2320	124444.01	11566.89	2295.29
244	8419	5325	5865	4712	207824.13	35407.38	5177.05
232	5722	2478	4267	2286	81634.27	11116.47	1655.53
850	21017	16153	14144	13038	728652.43	71005.19	13024.14
690	12597	5316	10054	4815	199767.64	22513.96	5876.87
1213	5794	3233	4392	2940	187375.67	21339.63	6117.70
264	5080	2187	3971	1950	153258.53	12121.24	3307.41
13212	39728	29468	30607	26172	1401733.85	233329.58	54897.27
248	5668	2935	4574	2711	135080.11	22357.66	4915.29
118	773	308	662	293	26140.26	3782.81	684.46
38	2673	2125	1692	1565	83391.99	7715.46	1216.56
350	3861	1822	3049	1629	143666.24	24712.57	4731.22
1639	2569	1793	1945	1580	64326.46	7272.62	1242.40
9	5418	2122	4125	1954	171199.90	14609.23	2851.05
169	4388	2181	2998	1817	138433.25	13227.84	2924.93
70	1268	748	890	687	28538.91	4845.58	532.30
	220	111	152	86	6012.38	421.43	104.17
	453	255	322	220	13276.69	2754.77	431.93
211	2307	1269	1882	1167	64137.67	10379.34	1142.93

小学办学

Condition of School Buildings in Primary

地　区 Region	占地面积(平方米) Areas of School Sites(m^2)			图书(册) Books & Magazines in Libraries (Volume)	计算机数 PC	
	合计 Total	其中: of Which:			合计 Total	其中:教学 No. of Computers
		绿化用地面积 Green Areas	运动场地面积 Sports Areas			小计 Subtotal
总　计 Total	**704611999.51**	**121352769.64**	**227581928.18**	**759008020**	**3727015**	**3185852**
北　京 Beijing	1928190.81	427077.38	762934.23	2728997	22976	19918
天　津 Tianjin	2391813.47	242760.41	995489.01	2846098	12792	11740
河　北 Hebei	47158492.36	4715495.61	15605082.97	56207808	244609	236872
山　西 Shanxi	16995912.94	2019763.63	5531388.49	18358185	120287	100081
内蒙古 Inner Mongolia	23206579.84	3374619.15	6153291.29	12002062	92273	65518
辽　宁 Liaoning	11189425.08	1071346.81	4900263.54	12030479	67169	53241
吉　林 Jilin	10882255.80	1972819.74	4183146.45	12085642	47617	40682
黑龙江 Heilongjiang	12587176.75	1485309.92	4701867.49	8153231	51359	40896
上　海 Shanghai	1923464.48	585096.40	592892.05	3708323	21652	17052
江　苏 Jiangsu	46982073.86	12504606.49	14495441.58	51963089	294309	256388
浙　江 Zhejiang	25991880.33	5772069.16	8325341.51	38373442	248787	223432
安　徽 Anhui	33476619.57	4450261.94	10332332.82	30695381	204765	177725
福　建 Fujian	17645022.95	3513115.04	6707109.34	27223721	130757	106171
江　西 Jiangxi	27894157.97	4031835.80	10272354.90	27047247	102602	77574
山　东 Shandong	57335438.89	11547693.34	20830594.97	64918324	322425	282235
河　南 Henan	57901014.64	6759778.15	15015439.80	56139461	187648	157125
湖　北 Hubei	31218999.04	9670098.55	8446815.02	34315315	124277	110470
湖　南 Hunan	37021170.28	5260971.57	8696225.11	41513908	120525	104664
广　东 Guangdong	47438676.10	10018016.83	17382422.70	49908638	312649	262220
广　西 Guangxi	26339033.66	3730852.06	8356473.78	32255930	88336	66308
海　南 Hainan	9162733.28	1789504.84	2148838.10	5023251	29820	25424
重　庆 Chongqing	16634888.49	2545689.51	5295263.73	13354472	101991	87779
四　川 Sichuan	31105188.31	4498692.58	13114333.38	39957809	211267	174363
贵　州 Guizhou	24486341.72	4661112.88	9043083.39	30545769	115566	102698
云　南 Yunnan	20622940.59	3911123.89	5842180.82	21980567	90397	70799
西　藏 Tibet	4165171.37	484273.77	686422.34	1533230	12999	9267
陕　西 Shaanxi	23301058.80	3087216.13	7487850.85	35811127	173179	161468
甘　肃 Gansu	12785467.30	1842109.41	4292561.92	11923893	69475	61107
青　海 Qinghai	4634364.53	641537.29	1184695.47	3930132	21084	17702
宁　夏 Ningxia	4929792.53	832244.07	1799652.29	3627098	28751	22869
新　疆 Xinjiang	15276653.77	3905677.29	4400138.84	8845391	54672	42064

条件(二)(镇区)
Schools (2) (Counties & Towns Area)

(台) (set)	教室(间) Classroom(Room)		教室中:普通教室(间) of Which: General Classroom (Room)		固定资产总值(万元) Total Volue of Fixed Asset (10 ,000 yuan)		
用计算机 Used for Instruction	合计 Total	其中:网络 多媒体教室 of Which: Network Multimedia Classroom	合计 Total	其中:网络 多媒体教室 of Which: Network Multimedia Classroom	合计 Total	其中:教学仪器设备资产值 of Which: Total Volue of Equip & Instru.	
其中:平板电脑 of Which: Tablet PC						小计 Subtotal	其中:实验设备 of Which: For Prefession
94025	**1182529**	**640810**	**939342**	**581031**	**29910108.89**	**3723032.64**	**828748.81**
2284	3405	2684	2282	1984	153265.06	54112.75	2761.08
242	3890	1907	2882	1751	95644.09	10980.38	3390.04
8439	81634	35852	67967	33681	1486601.80	173189.11	57906.54
2366	33026	19392	26526	18078	763818.62	92502.79	20386.76
980	22939	16473	16190	14330	1115556.47	131474.48	19966.42
3709	17959	7048	13294	6258	327269.02	58752.99	13086.40
422	18795	5696	15078	5204	346651.57	66272.29	14767.90
387	20074	8960	14680	8211	419003.81	60173.90	14308.19
910	3956	3240	2847	2455	156077.17	31823.82	8043.21
5023	70107	47593	52618	40739	2529435.66	298797.44	68324.06
9734	43008	38113	32057	31708	1517579.75	248267.67	41126.29
3019	57296	35252	46895	33743	1361749.37	164484.65	35432.06
1699	38060	26280	28036	23488	1020909.31	165574.47	30269.76
2547	54107	29337	42958	27819	927583.24	122206.83	21669.48
1276	83827	59495	59821	48984	2167230.76	221573.29	43703.98
9970	116288	42817	102798	41264	1846064.95	172654.70	50868.41
3433	43125	22984	35049	21975	987438.11	124996.06	40554.31
4550	69459	18804	54937	17894	1299379.19	140657.94	43459.60
13847	73644	45213	56080	41852	2033733.51	246385.59	62649.34
2700	45005	22570	39662	21813	995033.02	135127.83	32548.19
395	8367	3512	7038	3292	327105.71	40151.34	8570.75
1685	29727	24013	21507	19698	735312.48	98640.12	11373.97
3439	69526	28958	59611	27051	2012475.58	316108.91	63822.95
2614	42501	29143	34018	27669	1054506.46	104043.56	22034.12
505	36698	16175	27719	15182	1125329.45	86028.20	18221.49
370	2812	1309	2402	1174	262350.32	12621.75	1999.61
3089	42549	18572	36124	17133	1076135.75	143674.04	45837.52
2215	22702	13414	17415	12505	582725.05	74201.22	11562.00
1102	5125	2078	4038	1825	285976.42	12985.58	3545.50
342	6407	3956	4565	3341	259348.37	48492.58	8208.31
732	16511	9940	12248	8930	638818.80	66076.37	8350.56

小学办学
Condition of School Buildings in Primary

地区 Region	占地面积(平方米) Areas of School Sites(m^2)			图书(册) Books & Magazines in Libraries (Volume)	计算机数 PC	
	合计 Total	其中: of Which:			合计 Total	其中:教学 No. of Computers
		绿化用地面积 Green Areas	运动场地面积 Sports Areas			小计 Subtotal
总　计 Total	**247010541.27**	**42395728.23**	**77728512.63**	**226856595**	**1128283**	**977534**
北　京 Beijing	473377.05	110060.00	181785.00	654326	5333	4466
天　津 Tianjin	1184156.56	123396.87	487675.00	1328152	6057	5563
河　北 Hebei	27738764.99	2710510.90	9197615.98	28968971	127118	123064
山　西 Shanxi	6082927.89	720615.54	1957672.26	5456405	38359	31615
内蒙古 Inner Mongolia	2281712.33	384467.60	571864.30	1040037	9049	5954
辽　宁 Liaoning	2071314.24	193483.53	926580.44	1632790	9315	7255
吉　林 Jilin	2079085.69	433661.50	565131.13	1099293	5282	4171
黑龙江 Heilongjiang	1792670.40	235005.00	634925.50	882441	6447	5110
上　海 Shanghai	412564.02	117544.90	141097.00	845717	4395	3560
江　苏 Jiangsu	15155024.55	3942737.20	4597016.58	15901903	88251	76087
浙　江 Zhejiang	8985462.82	1902436.24	2957656.92	12981057	83940	76238
安　徽 Anhui	10069123.58	1493376.64	2669507.40	6823353	44305	38658
福　建 Fujian	6632311.36	1270043.56	2454912.87	7302281	39499	33281
江　西 Jiangxi	8985532.12	1292139.68	3197720.65	6113788	21677	16445
山　东 Shandong	27744264.15	5525946.70	10230976.73	27984317	149904	131095
河　南 Henan	28978321.84	3574595.24	7475171.04	21729352	72777	60540
湖　北 Hubei	10130005.66	3148818.38	2580172.01	8745510	33439	29684
湖　南 Hunan	14976263.08	2176043.26	3340764.17	13373628	40373	35299
广　东 Guangdong	21545525.70	4714782.30	7600944.33	20339607	137881	116064
广　西 Guangxi	10151777.53	1504561.70	3195386.20	8272778	22407	17013
海　南 Hainan	2235622.00	431498.00	406984.40	661299	3917	3494
重　庆 Chongqing	3226898.65	516225.78	978721.29	2220739	17515	14498
四　川 Sichuan	6190248.90	971131.95	2466087.62	5716345	31486	25832
贵　州 Guizhou	5520712.11	1128717.71	2147725.47	6071072	23922	21694
云　南 Yunnan	5962198.85	1089842.95	1696328.24	5729820	24622	19377
西　藏 Tibet	231114.02	15307.00	53507.00	108573	1030	689
陕　西 Shaanxi	7256291.78	990138.48	2377801.55	9189982	44295	41186
甘　肃 Gansu	3986832.70	576629.83	1219187.07	2778803	16754	14734
青　海 Qinghai	871046.00	114945.09	212013.10	818105	4832	3820
宁　夏 Ningxia	1010640.19	147396.98	322543.06	536980	4681	3647
新　疆 Xinjiang	3048750.51	839667.72	883038.32	1549171	9421	7401

条件(二)(镇乡结合区)
Schools (2) (County-town Transitional Area)

(台) (set)	教室(间) Classroom(Room)		教室中:普通教室(间) of Which: General Classroom (Room)		固定资产总值(万元) Total Volue of Fixed Asset (10 ,000 yuan)		
用计算机 Used for Instruction						其中:教学仪器设备资产值 of Which: Total Volue of Equip & Instru.	
其中:平板电脑 of Which: Tablet PC	合计 Total	其中:网络多媒体教室 of Which: Network Multimedia Classroom	合计 Total	其中:网络多媒体教室 of Which: Network Multimedia Classroom	合计 Total	小计 Subtotal	其中:实验设备 of Which: For Prefession
29096	**405522**	**188853**	**318899**	**168874**	**8721666.32**	**1025095.62**	**253976.71**
219	769	580	531	415	33063.27	11357.66	862.13
56	1947	873	1371	790	42587.97	5084.24	1747.65
3256	47204	17134	39349	16194	752774.82	87921.22	31026.52
1013	11526	6180	8927	5751	224473.24	27094.36	7168.61
133	2221	1561	1510	1329	97918.02	12528.40	1514.75
736	2912	848	2211	726	50140.53	8202.32	1792.97
6	2418	523	1898	474	37654.34	5808.99	1348.39
3	2406	1058	1730	954	52770.40	6949.91	1715.06
162	882	728	689	608	29334.83	6918.72	1584.60
1452	22048	13755	16018	11557	708755.33	81708.49	19737.44
2634	14934	13321	11160	11034	509755.37	82847.95	13112.94
874	14963	8570	11787	8173	331807.90	35193.83	9116.30
486	13209	8233	9321	7390	317282.73	47590.55	9064.31
525	17880	7011	13671	6587	254158.35	28909.33	5385.96
441	38809	27095	27216	21705	1000447.39	98815.02	21259.99
4169	53993	16027	46935	15274	782229.82	69767.70	21564.91
855	12864	5887	10121	5550	303990.42	32831.23	11550.15
824	26678	5371	20890	5064	420586.25	42027.17	14019.91
7371	32415	19132	24247	17442	804283.87	101749.37	25537.89
763	17326	5052	15263	4861	295131.76	38289.49	10868.01
54	1633	465	1238	412	44325.13	5946.38	1796.63
340	5975	4283	4245	3466	157382.26	15940.06	2147.31
679	12593	4034	10884	3711	324760.71	48631.69	10322.74
635	10525	6175	8177	5825	224833.10	21696.02	5702.20
222	11607	4136	8620	3836	299770.54	25443.55	5750.40
	186	105	169	103	16147.23	1151.45	237.20
627	13077	4567	11170	4139	275304.60	35341.70	11590.60
298	6613	3484	5084	3185	160078.86	16201.25	2972.34
194	1285	365	1024	325	61355.80	3100.06	758.33
7	1254	584	870	467	36266.17	7366.61	1105.69
62	3370	1716	2573	1527	72295.30	12680.88	1614.78

小学办学
Condition of School Buildings in

地　区 Region	占地面积（平方米） Areas of School Sites（m^2） 合计 Total	其中： of Which： 绿化用地面积 Green Areas	运动场地面积 Sports Areas	图书（册） Books & Magazines in Libraries（Volume）	计算机数 PC 合计 Total	其中：教学 No. of Computers 小计 Subtotal
总　计 Total	**1171584899.86**	**192197670.78**	**324215638.04**	**657961800**	**3286689**	**2765751**
北　京 Beijing	3591699.01	608893.15	1302654.69	3095131	26084	22485
天　津 Tianjin	4096989.35	492668.50	1642476.83	3470182	18938	16812
河　北 Hebei	88646411.21	8585889.30	29582086.54	65380392	307069	296858
山　西 Shanxi	30177206.15	3447830.49	7395526.86	12311411	113739	87638
内蒙古 Inner Mongolia	23729747.11	3463606.52	4140918.74	3316084	29060	19575
辽　宁 Liaoning	21579131.93	2160677.56	9313725.83	9973064	59231	47757
吉　林 Jilin	37641437.18	7937850.08	7012643.05	8919041	42517	35378
黑龙江 Heilongjiang	24672371.10	3328060.18	8460619.39	3957383	24850	17814
上　海 Shanghai	862708.70	258735.78	262204.37	1363192	7974	5850
江　苏 Jiangsu	23050628.13	5570392.75	6344545.09	16231038	92775	81611
浙　江 Zhejiang	14017730.05	2931165.87	4328624.98	15283846	102687	89970
安　徽 Anhui	61476582.45	7943402.78	13390053.72	29068091	198202	170351
福　建 Fujian	23964603.55	4671467.50	7828368.03	17139721	107009	89355
江　西 Jiangxi	41628516.32	5392914.04	14283302.25	21936634	75787	57665
山　东 Shandong	76200064.36	14854383.62	27482050.92	55835359	372491	324921
河　南 Henan	129161818.43	15728080.10	31309150.00	76574612	208767	172391
湖　北 Hubei	44044309.25	13416460.27	9526433.81	23978480	112437	98468
湖　南 Hunan	49179838.08	6692439.50	10433523.54	30654365	96083	81077
广　东 Guangdong	73717203.47	16714697.89	22826105.53	44814189	310896	256235
广　西 Guangxi	66802540.78	9746007.60	20793329.87	41277666	118730	90616
海　南 Hainan	20097691.09	4598823.27	3162576.90	3299698	22421	18073
重　庆 Chongqing	13374737.40	2130590.62	3762893.02	6461751	55125	45075
四　川 Sichuan	37866168.99	4656293.59	13126944.80	25495190	113335	86670
贵　州 Guizhou	40248792.00	8205167.56	13647117.62	34739355	124518	106951
云　南 Yunnan	65237955.43	10182248.15	14558788.05	46470766	183632	144450
西　藏 Tibet	10393708.20	1159243.12	1596001.10	2789920	29010	21493
陕　西 Shaanxi	23481479.18	3216314.76	5819870.73	15322440	76110	67440
甘　肃 Gansu	44304603.54	6172950.47	11069031.53	17115915	91999	79333
青　海 Qinghai	9726433.56	883180.23	1811416.82	3628804	22556	18681
宁　夏 Ningxia	11983037.16	2120187.76	3356598.65	4254378	40082	31942
新　疆 Xinjiang	56628756.70	14927047.77	14646054.78	13803702	102575	82816

条件(二)(乡村)
Primary Schools (2) (Rural Area)

(台) (set) 用计算机 Used for Instruction 其中:平板电脑 of Which: Tablet PC	教室(间) Classroom(Room) 合计 Total	教室(间) Classroom(Room) 其中:网络多媒体教室 of Which: Network Multimedia Classroom	教室中:普通教室(间) of Which: General Classroom (Room) 合计 Total	教室中:普通教室(间) of Which: General Classroom (Room) 其中:网络多媒体教室 of Which: Network Multimedia Classroom	固定资产总值(万元) Total Volue of Fixed Asset (10,000 yuan) 合计 Total	其中:教学仪器设备资产值 of Which: Total Volue of Equip & Instru. 小计 Subtotal	其中:教学仪器设备资产值 of Which: Total Volue of Equip & Instru. 其中:实验设备 of Which: For Prefession
75960	**1694410**	**552268**	**1348966**	**493011**	**27888921.80**	**3083290.72**	**812710.31**
715	4178	3459	2597	2324	178138.79	57812.96	4863.22
382	5643	2672	4061	2330	139964.38	16679.93	4152.59
10461	138003	38546	114377	36204	1755664.83	199241.34	75359.15
1596	48154	15843	36003	14541	717314.15	70453.70	20716.16
41	13346	5544	8605	4742	382466.29	48993.21	7484.96
2844	26463	4658	19546	3760	278896.24	50101.36	12597.60
164	31213	3417	22621	2983	309938.72	48979.68	16524.75
383	20885	3099	15203	2703	219785.56	25921.45	6918.72
12	1439	1135	1085	886	73293.25	10392.13	2709.97
1938	28229	12296	21922	10531	548309.19	72559.73	20824.09
1421	20558	17205	14134	13817	594330.48	95803.01	17695.18
3174	83931	45956	68680	44191	1405955.74	165665.34	45631.77
1252	46028	21317	30457	18638	813664.29	116856.06	26420.89
2057	88314	23780	68700	22390	953540.93	108035.20	24088.17
1142	94436	64145	64848	48600	1814901.14	200654.03	46683.90
11669	228125	45127	200895	42509	2288388.06	223172.19	71283.66
3250	50555	18093	39743	17158	959796.17	103987.78	35840.02
1688	91523	9932	71591	8822	1096834.86	97594.05	32362.22
14482	96919	44009	69714	39276	2098944.92	222942.03	55489.62
3798	105417	23090	91838	21995	1617733.82	197525.88	55685.26
1171	11612	2024	9711	1890	287928.18	27457.72	6912.90
586	25425	16053	17828	12115	385168.49	53064.41	8095.31
526	79945	13034	71785	11961	1510904.93	170349.48	46577.16
2773	78983	36177	62365	34349	1112540.84	120167.02	39925.63
428	107004	27626	85342	25399	2846609.14	197403.35	47878.38
447	7440	2004	6040	1777	560176.38	24507.11	4784.46
1080	33432	7267	27681	6233	540796.78	57131.35	20403.74
3216	63532	20605	52507	19448	921876.20	98190.09	22779.56
960	8880	1405	7660	1275	317691.69	14422.09	2968.54
122	12127	4524	8851	3679	301017.09	56323.59	10372.17
2182	42671	18226	32576	16485	856350.25	130903.44	18680.55

工读学校
Basic Statistics of Correctional

地　区 Region	学校数（所） Schools	班数（个） Classes	离校人数 Sclools Leavers
总　计 Total	**89**	**331**	**3298**
北　京 Beijing	6	33	261
天　津 Tianjin	3		
河　北 Hebei			
山　西 Shanxi	1	10	93
内蒙古 Inner Mongolia			
辽　宁 Liaoning	10	21	208
吉　林 Jilin	3	13	92
黑龙江 Heilongjiang	1	1	4
上　海 Shanghai	12	64	476
江　苏 Jiangsu			
浙　江 Zhejiang	2	20	159
安　徽 Anhui	3		
福　建 Fujian			
江　西 Jiangxi	2	10	195
山　东 Shandong			
河　南 Henan	3	12	53
湖　北 Hubei	2	8	54
湖　南 Hunan	2	9	26
广　东 Guangdong	3	20	115
广　西 Guangxi	3	2	
海　南 Hainan			
重　庆 Chongqing	2	1	92
四　川 Sichuan	8	36	521
贵　州 Guizhou	15	34	506
云　南 Yunnan	2	10	64
西　藏 Tibet			
陕　西 Shaanxi	1	3	20
甘　肃 Gansu			
青　海 Qinghai			
宁　夏 Ningxia			
新　疆 Xinjiang	5	24	359

基本情况
Work-study Schools

单位:人
unit: person

入校人数 No.of Persons Enrolled	在校生数 Enrolment	教职工数 Educational Personnel	
		合计 Total	其中:专任教师 of Which: Full-time Teachers
3295	**7181**	**2889**	**2081**
260	638	273	199
		86	62
113	219	80	66
237	456	308	218
66	158	110	57
3	8	21	19
509	832	468	376
113	294	96	77
		55	37
238	348	50	45
56	183	63	56
38	106	45	37
12	341	80	70
118	421	158	121
12	28	30	24
36	36	23	21
367	889	209	165
524	658	251	206
109	109	59	53
14	26	43	33
470	1431	381	139

地区 Region	学校数（所）Schools	班数（个）Classes	毕业生数 Graduates	招生数 Entrants	在校生数				
					合计 Total	其中:女 of Which: Female	小学阶段		
							一年级 Grade 1	二年级 Grade 2	三年级 Grade 3
总　计 Total	**2080**	**22604**	**59164**	**91521**	**491740**	**176744**	**60771**	**63806**	**60181**
北　京 Beijing	22	321	1588	916	6927	2463	406	505	710
天　津 Tianjin	20	264	370	470	3489	1206	441	303	445
河　北 Hebei	160	1345	1308	2277	14589	5257	1665	1929	1930
山　西 Shanxi	69	708	1296	2050	10770	4260	1232	1230	1366
内蒙古 Inner Mongolia	46	502	1033	1581	9423	3534	1227	1421	1255
辽　宁 Liaoning	75	797	1035	1358	9296	3268	1279	990	1019
吉　林 Jilin	49	510	684	1338	7484	2719	911	1066	754
黑龙江 Heilongjiang	73	925	1159	2058	10862	3850	1545	1276	1150
上　海 Shanghai	29	459	1557	994	7457	2634	326	330	573
江　苏 Jiangsu	101	1319	3282	3964	24662	8589	2695	3008	2874
浙　江 Zhejiang	84	994	2598	2567	16660	5900	1315	1469	1662
安　徽 Anhui	71	902	1395	3660	20921	7514	2536	4535	2907
福　建 Fujian	71	943	3666	4012	25521	8855	2380	3044	3102
江　西 Jiangxi	88	763	2717	6253	28006	10343	4180	3326	3541
山　东 Shandong	146	1797	3233	4418	26324	9173	3550	3235	3112
河　南 Henan	146	1295	1464	5076	23875	8445	4049	3644	3201
湖　北 Hubei	84	746	1246	2413	11831	4125	1881	1365	1517
湖　南 Hunan	79	773	3328	5446	25737	8763	3656	3451	3342
广　东 Guangdong	127	1611	3786	6853	37756	11849	4437	5479	4571
广　西 Guangxi	79	851	1570	3257	15947	5377	2329	2425	2141
海　南 Hainan	7	98	264	397	2142	730	225	237	319
重　庆 Chongqing	36	393	1769	2863	16079	5682	1883	2005	2142
四　川 Sichuan	125	1212	8192	9579	47780	17957	5823	5763	6088
贵　州 Guizhou	76	870	2049	4443	20235	7485	3102	3596	2459
云　南 Yunnan	61	716	4486	5793	27690	10932	2906	2766	2879
西　藏 Tibet	5	60	210	458	2672	1176	313	338	501
陕　西 Shaanxi	56	468	1099	1905	10560	4100	1382	1357	1290
甘　肃 Gansu	40	385	1046	2235	11373	4162	1313	1321	1361
青　海 Qinghai	15	111	349	694	3747	1523	469	620	437
宁　夏 Ningxia	12	136	445	709	4388	1749	398	767	563
新　疆 Xinjiang	28	330	940	1484	7537	3124	917	1005	970

基本情况
Special Education

单位：人
unit: person

Enrolment									
Primary Education			初中阶段 Junior Secondary Education				高中阶段 Senior Secondary Educaton		
四年级 Grade 4	五年级 Grade 5	六年级 Grade 6	一年级 Grade 1	二年级 Grade 2	三年级 Grade 3	四年级 Grade 4	一年级 Grade 1	二年级 Grade 2	三年级及以上 Over Grade 3
60894	**59112**	**53454**	**41536**	**41184**	**38851**	**1923**	**3732**	**3319**	**2977**
767	933	1053	615	779	984	6	56	58	55
365	422	357	286	205	276	15	147	102	125
2008	1815	1663	1209	994	878	46	145	145	162
1403	1280	1268	868	827	936		133	128	99
1150	1166	1005	675	711	612	21	48	59	73
948	1044	1045	809	874	704	34	237	214	99
947	915	870	568	668	604		89	63	29
1352	1239	984	982	1018	869	205	85	99	58
721	839		940	1044	1084	1070	213	165	152
2955	2960	3170	2130	1948	1970	9	354	312	277
1861	2198	2199	1619	1735	1673	3	379	290	257
2492	2379	1984	1234	1275	1168		104	121	186
3210	3351	3527	2063	2232	2189	34	145	142	102
4130	3469	2927	2230	1995	1986		67	85	70
2978	3101	2392	2309	2185	2189	421	284	263	305
2987	2866	2174	1728	1640	1308	21	93	94	70
1482	1384	1389	882	973	745	35	94	30	54
3270	2880	2305	2429	2195	2081		56	68	4
4270	4166	3926	3095	3468	3262		414	345	323
2187	2051	1813	1120	961	841		24	41	14
314	269	220	152	130	175	3	30	29	39
2179	1921	1821	1361	1318	1284		78	28	59
6020	6059	5732	4177	4128	3652		135	99	104
2260	2559	2078	1508	1275	1169		104	70	55
3502	3356	3263	3063	3020	2846		37	26	26
318	267	262	207	223	187		17	27	12
1410	1237	1168	832	900	914		14	39	17
1411	1358	1301	1115	1036	991		56	66	44
430	406	381	309	369	295		8	11	12
482	460	541	346	414	274		54	48	41
1085	762	636	675	644	705		32	52	54

特殊教育基本
Basic Statistics of Special

地　区 Region	学校数（所） Schools	班数（个） Classes	毕业生数 Graduates	招生数 Entrants	在校生数				
					合计 Total	其中:女 of Which: Female	小学阶段		
							一年级 Grade 1	二年级 Grade 2	三年级 Grade 3
总　计 Total	**998**	**12617**	**24121**	**31926**	**180307**	**65104**	**21784**	**21770**	**20424**
北　京 Beijing	16	256	1314	740	5567	1934	297	400	580
天　津 Tianjin	19	252	334	419	3105	1061	407	262	394
河　北 Hebei	51	568	794	1045	6186	2250	691	708	745
山　西 Shanxi	30	344	628	719	4083	1669	417	430	466
内蒙古 Inner Mongolia	19	264	337	622	3402	1312	500	455	464
辽　宁 Liaoning	55	626	836	1057	6920	2437	1030	734	769
吉　林 Jilin	36	393	448	767	4443	1594	577	651	433
黑龙江 Heilongjiang	38	512	501	1020	5001	1773	801	680	568
上　海 Shanghai	26	406	1303	824	6094	2124	290	293	477
江　苏 Jiangsu	76	984	1864	2249	13684	4903	1578	1558	1488
浙　江 Zhejiang	50	612	1367	1330	8083	2859	672	726	790
安　徽 Anhui	22	364	573	879	5084	1791	571	1085	578
福　建 Fujian	36	525	1310	1267	8636	2992	828	1072	1017
江　西 Jiangxi	27	295	796	1703	6671	2420	1215	729	735
山　东 Shandong	79	981	1707	2072	12968	4729	1514	1434	1422
河　南 Henan	58	567	612	1195	6971	2593	1030	973	845
湖　北 Hubei	45	465	811	1493	6741	2388	1230	675	806
湖　南 Hunan	29	365	694	1452	6762	2381	1034	879	718
广　东 Guangdong	83	1251	2258	3495	18572	5944	2271	2602	2012
广　西 Guangxi	26	363	616	934	4732	1623	615	697	652
海　南 Hainan	3	69	170	199	955	337	85	79	112
重　庆 Chongqing	20	228	636	767	5169	1860	501	639	728
四　川 Sichuan	48	527	1532	1832	9847	3746	1145	1128	1353
贵　州 Guizhou	23	314	463	902	4103	1591	485	720	480
云　南 Yunnan	21	346	1011	1066	5695	2358	577	637	527
西　藏 Tibet	1	12	22	62	360	165	65	62	41
陕　西 Shaanxi	21	207	270	536	2967	1220	456	387	358
甘　肃 Gansu	14	205	333	459	2912	1166	290	335	288
青　海 Qinghai	5	54	112	124	967	387	76	209	117
宁　夏 Ningxia	5	73	146	255	1272	521	153	133	115
新　疆 Xinjiang	16	189	323	442	2355	976	383	398	346

情况(城区)
Education (Urban Area)

单位:人
unit: person

Enrolment									
Primary Education			初中阶段 Junior Secondary Education				高中阶段 Senior Secondary Educaton		
四年级 Grade 4	五年级 Grade 5	六年级 Grade 6	一年级 Grade 1	二年级 Grade 2	三年级 Grade 3	四年级 Grade 4	一年级 Grade 1	二年级 Grade 2	三年级及以上 Over Grade 3
20222	**20081**	**18789**	**15793**	**15587**	**15386**	**1524**	**3323**	**2946**	**2678**
636	732	859	484	620	784	6	56	58	55
307	362	303	263	163	256	14	147	102	125
693	701	592	543	548	471	42	145	145	162
487	412	459	356	331	412		117	102	94
374	424	335	247	238	189	20	34	56	66
639	705	742	572	654	527	34	215	200	99
520	508	476	355	420	353		62	63	25
574	530	329	434	370	376	168	58	69	44
562	633		741	827	868	904	213	149	137
1466	1424	1678	1286	1071	1192	9	354	303	277
864	985	1027	777	810	809	3	248	203	169
569	567	391	320	270	339		99	112	183
1037	1097	1181	667	703	717	10	117	113	77
846	778	722	497	518	411		65	85	70
1287	1389	1102	1216	1264	1297	260	248	256	279
799	823	728	526	582	429	16	88	78	54
775	737	809	494	587	436	35	83	20	54
823	788	588	807	483	514		56	68	4
1951	2015	1891	1534	1551	1704		401	325	315
617	485	523	386	343	335		24	41	14
117	115	78	86	74	108	3	30	29	39
690	573	588	453	427	410		78	23	59
1220	1092	1146	828	943	743		107	74	68
396	451	401	418	265	261		101	70	55
759	600	737	586	599	584		37	26	26
41	41	40	27	23	20				
362	341	319	211	258	208		14	36	17
335	352	323	294	260	269		56	66	44
92	84	72	81	101	104		8	11	12
106	110	173	117	147	75		54	48	41
278	227	177	187	137	185		8	15	14

特殊教育基本
Basic Statistics of Special Education

地　区 Region	学校数（所） Schools	班数（个） Classes	毕业生数 Graduates	招生数 Entrants	在校生数				
					合计 Total	其中:女 of Which: Female	小学阶段		
							一年级 Grade 1	二年级 Grade 2	三年级 Grade 3
总　计 Total	**159**	**2087**	**3712**	**5453**	**31139**	**11228**	**3978**	**4646**	**3573**
北　京 Beijing	2	4	116	41	354	135	18	42	42
天　津 Tianjin			29	8	86	31	6	8	15
河　北 Hebei	15	154	131	198	1444	530	179	179	199
山　西 Shanxi	1	6	19	42	202	81	33	26	20
内蒙古 Inner Mongolia			3	25	46	20	19	5	5
辽　宁 Liaoning	4	54	72	57	521	177	53	66	46
吉　林 Jilin	6	86	60	111	878	359	71	216	73
黑龙江 Heilongjiang	4	44	58	87	487	185	39	39	57
上　海 Shanghai	1	9	58	45	264	95	11	16	35
江　苏 Jiangsu	6	89	194	210	1415	495	120	252	166
浙　江 Zhejiang	10	131	318	338	1913	641	188	172	181
安　徽 Anhui	6	114	98	151	1414	524	117	544	126
福　建 Fujian	9	147	326	305	1862	619	168	225	244
江　西 Jiangxi	3	29	51	114	705	254	75	103	107
山　东 Shandong	22	300	502	612	4001	1432	522	549	473
河　南 Henan	8	95	75	186	1346	509	159	150	156
湖　北 Hubei	5	50	64	578	1174	468	581	57	99
湖　南 Hunan	5	68	91	177	1246	400	185	131	134
广　东 Guangdong	20	300	448	876	5067	1620	628	1010	594
广　西 Guangxi	4	76	80	192	914	307	115	160	131
海　南 Hainan			1	2	25	8	1	3	4
重　庆 Chongqing	4	60	174	153	1165	467	115	141	133
四　川 Sichuan	8	86	304	377	1591	644	260	138	203
贵　州 Guizhou	3	35	26	69	416	158	49	127	39
云　南 Yunnan	6	85	259	292	1426	570	119	150	153
西　藏 Tibet									
陕　西 Shaanxi	6	52	67	121	686	303	100	95	88
甘　肃 Gansu			24	34	163	69	17	17	14
青　海 Qinghai			9	11	48	15	3		4
宁　夏 Ningxia				2	15	4	2	4	2
新　疆 Xinjiang	1	13	55	39	265	108	25	21	30

情况(城乡结合区)
(Urban-rural Transitional Area)

单位:人
unit:person

Enrolment

Primary Education			初中阶段 Junior Secondary Education				高中阶段 Senior Secondary Educaton		
四年级 Grade 4	五年级 Grade 5	六年级 Grade 6	一年级 Grade 1	二年级 Grade 2	三年级 Grade 3	四年级 Grade 4	一年级 Grade 1	二年级 Grade 2	三年级及以上 Over Grade 3
3710	**3624**	**3319**	**2478**	**2361**	**2441**	**121**	**299**	**307**	**282**
49	50	37	23	39	54				
14	14	17	2	3	7				
144	202	145	136	93	125	31	11		
23	32	26	9	13	20				
4	3	1	6	2	1				
59	60	61	53	45	78				
112	97	84	75	79	55		6	9	1
54	55	49	58	55	70	11			
17	20		37	38	49	41			
154	180	120	111	112	85		37	34	44
219	257	231	180	174	214		27	49	21
177	112	84	72	51	87		12	10	22
250	280	249	146	140	121	10	16	13	
107	99	108	45	31	30				
416	427	449	348	360	329	28	31	39	30
183	200	182	105	83	86		12	17	13
84	107	113	53	23	57				
207	162	106	105	98	97			21	
562	564	517	347	331	352		52	56	54
162	87	90	58	43	53		8	7	
6	3	2	1	1	4				
151	117	105	109	96	74		48	17	59
158	183	166	154	187	112		12		18
69	44	40	24	14	10				
158	148	218	133	145	155		24	13	10
107	54	72	49	49	37		3	22	10
20	24	26	17	13	15				
1	1	5	8	10	16				
2	4	1							
41	38	15	14	33	48				

特殊教育基本
Basic Statistics of Special Education

地　区 Region	学校数（所）Schools	班数（个）Classes	毕业生数 Graduates	招生数 Entrants	在校生数				
					合计 Total	其中:女 of Which: Female	小学阶段		
							一年级 Grade 1	二年级 Grade 2	三年级 Grade 3
总　计 Total	**946**	**8714**	**23769**	**39519**	**203079**	**73877**	**24620**	**26674**	**24496**
北　京 Beijing	3	24	150	78	655	259	38	47	55
天　津 Tianjin	1	12	27	24	212	77	14	15	25
河　北 Hebei	94	674	388	977	6216	2272	776	870	886
山　西 Shanxi	30	255	435	746	4086	1616	483	476	548
内蒙古 Inner Mongolia	25	216	544	790	4946	1828	613	807	645
辽　宁 Liaoning	19	165	190	230	1974	699	194	196	199
吉　林 Jilin	12	103	186	424	2098	798	240	280	225
黑龙江 Heilongjiang	32	375	497	894	4730	1728	666	441	444
上　海 Shanghai	2	29	213	137	976	373	13	21	61
江　苏 Jiangsu	22	302	1284	1477	9092	3133	912	1174	1077
浙　江 Zhejiang	22	276	935	935	6222	2237	430	505	621
安　徽 Anhui	43	455	547	1675	9047	3353	1164	2176	1191
福　建 Fujian	31	371	1669	1859	11300	3887	1019	1289	1390
江　西 Jiangxi	59	444	1208	2409	12086	4403	1521	1394	1623
山　东 Shandong	65	801	1203	1904	10951	3679	1672	1444	1308
河　南 Henan	85	694	671	2472	10981	4039	1852	1629	1481
湖　北 Hubei	32	227	314	662	3565	1253	464	470	502
湖　南 Hunan	48	395	1570	2779	12856	4470	1829	1783	1775
广　东 Guangdong	30	249	1075	2151	11423	3555	1067	1495	1239
广　西 Guangxi	50	435	614	1526	7129	2422	1002	1138	869
海　南 Hainan	2	13	80	136	802	278	78	85	107
重　庆 Chongqing	15	150	868	1593	8066	2835	992	935	1001
四　川 Sichuan	60	556	4461	4845	23921	9131	2638	2780	2804
贵　州 Guizhou	51	549	1086	2445	10555	3959	1758	2006	1162
云　南 Yunnan	33	295	1637	2687	10986	4377	1144	871	985
西　藏 Tibet	2	22	72	224	1196	545	96	107	256
陕　西 Shaanxi	29	212	672	1054	5789	2214	634	722	694
甘　肃 Gansu	22	170	455	1088	4615	1717	612	509	558
青　海 Qinghai	9	54	181	396	1853	776	261	270	203
宁　夏 Ningxia	7	63	205	306	1831	739	157	407	239
新　疆 Xinjiang	11	128	332	596	2920	1225	281	332	323

情况(镇区)
(Counties & Towns Area)

单位:人
unit:person

Enrolment									
Primary Education			初中阶段 Junior Secondary Education				高中阶段 Senior Secondary Educaton		
四年级 Grade 4	五年级 Grade 5	六年级 Grade 6	一年级 Grade 1	二年级 Grade 2	三年级 Grade 3	四年级 Grade 4	一年级 Grade 1	二年级 Grade 2	三年级及以上 Over Grade 3
24961	**24131**	**21550**	**19241**	**18978**	**17320**	**317**	**298**	**262**	**231**
56	125	87	64	75	108				
33	32	38	16	28	11				
937	759	739	561	358	326	4			
528	512	458	361	341	379				
619	559	495	374	435	392	1	6		
252	295	249	211	195	147		22	14	
273	266	256	150	185	192		27		4
622	554	520	466	529	394	30	27	30	7
114	141		141	162	179	113		16	15
1187	1220	1210	783	803	726				
677	833	848	632	722	676		104	86	88
999	871	843	600	655	548				
1357	1456	1484	1034	1133	1054	24	17	29	14
1798	1563	1313	1017	905	950		2		
1294	1354	1068	984	822	794	142	36	7	26
1341	1259	966	934	817	662	3	5	16	16
445	435	376	341	288	223		11	10	
1650	1343	1135	1127	1184	1030				
1264	1231	1266	1249	1434	1178				
902	998	750	609	480	381				
124	116	115	61	52	64				
1021	957	872	778	760	745			5	
2828	3049	2742	2487	2328	2218		14	12	21
1105	1245	970	853	782	671		3		
1157	1156	940	1605	1617	1511				
134	92	81	138	158	134				
792	639	648	514	534	612				
512	447	491	519	514	453				
219	186	189	175	199	151				
203	162	175	165	188	135				
518	276	226	292	295	276		24	37	40

特殊教育基本
Basic Statistics of Special Education

地　区 Region	学校数（所）Schools	班数（个）Classes	毕业生数 Graduates	招生数 Entrants	在校生数				
					合计 Total	其中:女 of Which: Female	小学阶段		
							一年级 Grade 1	二年级 Grade 2	三年级 Grade 3
总　计 Total	**305**	**2781**	**5443**	**11022**	**56776**	**20272**	**7473**	**8191**	**7292**
北　京 Beijing			18	13	106	39	3	7	7
天　津 Tianjin			4	5	55	17	2	6	10
河　北 Hebei	55	384	159	493	3181	1182	452	497	422
山　西 Shanxi	8	64	167	236	1250	473	147	115	198
内蒙古 Inner Mongolia	4	25	61	62	551	191	33	85	66
辽　宁 Liaoning	3	25	26	35	274	99	47	38	21
吉　林 Jilin		1		17	99	28	12	14	15
黑龙江 Heilongjiang	2	22	104	62	583	244	31	68	40
上　海 Shanghai			27	37	198	72			10
江　苏 Jiangsu	7	105	376	411	2704	947	270	345	310
浙　江 Zhejiang	9	152	425	393	2922	1021	207	210	279
安　徽 Anhui	11	130	105	461	2329	918	252	591	296
福　建 Fujian	13	149	473	549	3540	1215	328	451	441
江　西 Jiangxi	14	116	202	701	3438	1213	478	376	533
山　东 Shandong	25	378	462	961	4960	1579	746	737	655
河　南 Henan	30	237	182	1064	4156	1503	839	667	568
湖　北 Hubei	8	46	63	152	751	268	92	89	125
湖　南 Hunan	14	84	384	776	3603	1222	475	650	514
广　东 Guangdong	11	112	307	692	4023	1239	432	606	450
广　西 Guangxi	16	123	147	512	2188	765	422	402	284
海　南 Hainan	1	9	12	22	129	55	22	8	24
重　庆 Chongqing	4	34	161	276	1602	542	176	199	227
四　川 Sichuan	11	88	613	677	3597	1386	395	355	441
贵　州 Guizhou	15	158	217	686	2761	986	533	634	330
云　南 Yunnan	14	103	362	761	3164	1296	399	319	329
西　藏 Tibet	1	10	1	39	195	88	38	2	129
陕　西 Shaanxi	12	69	138	307	1622	599	210	301	215
甘　肃 Gansu	9	85	97	354	1350	502	262	171	179
青　海 Qinghai	2	6	45	75	306	124	46	40	37
宁　夏 Ningxia	2	25	35	66	493	185	42	132	77
新　疆 Xinjiang	4	41	70	127	646	274	82	76	60

情况(镇乡结合区)
(County-town Transitional Area)

单位:人
unit:person

Enrolment									
Primary Education			初中阶段 Junior Secondary Education				高中阶段 Senior Secondary Educaton		
四年级 Grade 4	五年级 Grade 5	六年级 Grade 6	一年级 Grade 1	二年级 Grade 2	三年级 Grade 3	四年级 Grade 4	一年级 Grade 1	二年级 Grade 2	三年级及以上 Over Grade 3
7322	**7026**	**5934**	**4462**	**4487**	**4169**	**93**	**118**	**99**	**110**
9	12	11	10	19	28				
8	4	12	3	5	5				
480	393	368	240	192	133	4			
172	202	143	103	72	98				
108	95	52	21	43	48				
21	48	35	5	34	11			14	
14	19	8	5	6	6				
82	64	114	39	88	56	1			
16	36		37	33	33	33			
396	365	390	208	223	197				
301	420	372	252	287	342		87	78	87
273	258	214	147	167	131				
430	482	433	296	315	332	24	8		
483	456	306	272	185	347		2		
654	614	476	365	305	349	31	7	7	14
580	431	369	246	255	201				
95	90	69	56	76	48		11		
496	310	283	265	343	267				
446	482	455	379	450	323				
218	345	187	136	109	85				
33	36	5			1				
222	199	163	146	124	146				
491	514	460	303	364	265				9
243	325	225	191	168	109		3		
370	397	336	382	299	333				
4		2	11	5	4				
231	161	185	123	106	90				
143	144	142	103	109	97				
43	32	26	31	26	25				
55	37	51	42	46	11				
205	55	42	45	33	48				

特殊教育基本
Basic Statistics of Special

地　区 Region	学校数（所）Schools	班数（个）Classes	毕业生数 Graduates	招生数 Entrants	在校生数				
					合计 Total	其中:女 of Which: Female	小学阶段		
							一年级 Grade 1	二年级 Grade 2	三年级 Grade 3
总　计 Total	**136**	**1273**	**11274**	**20076**	**108354**	**37763**	**14367**	**15362**	**15261**
北　京 Beijing	3	41	124	98	705	270	71	58	75
天　津 Tianjin			9	27	172	68	20	26	26
河　北 Hebei	15	103	126	255	2187	735	198	351	299
山　西 Shanxi	9	109	233	585	2601	975	332	324	352
内蒙古 Inner Mongolia	2	22	152	169	1075	394	114	159	146
辽　宁 Liaoning	1	6	9	71	402	132	55	60	51
吉　林 Jilin	1	14	50	147	943	327	94	135	96
黑龙江 Heilongjiang	3	38	161	144	1131	349	78	155	138
上　海 Shanghai	1	24	41	33	387	137	23	16	35
江　苏 Jiangsu	3	33	134	238	1886	553	205	276	309
浙　江 Zhejiang	12	106	296	302	2355	804	213	238	251
安　徽 Anhui	6	83	275	1106	6790	2370	801	1274	1138
福　建 Fujian	4	47	687	886	5585	1976	533	683	695
江　西 Jiangxi	2	24	713	2141	9249	3520	1444	1203	1183
山　东 Shandong	2	15	323	442	2405	765	364	357	382
河　南 Henan	3	34	181	1409	5923	1813	1167	1042	875
湖　北 Hubei	7	54	121	258	1525	484	187	220	209
湖　南 Hunan	2	13	1064	1215	6119	1912	793	789	849
广　东 Guangdong	14	111	453	1207	7761	2350	1099	1382	1320
广　西 Guangxi	3	53	340	797	4086	1332	712	590	620
海　南 Hainan	2	16	14	62	385	115	62	73	100
重　庆 Chongqing	1	15	265	503	2844	987	390	431	413
四　川 Sichuan	17	129	2199	2902	14012	5080	2040	1855	1931
贵　州 Guizhou	2	7	500	1096	5577	1935	859	870	817
云　南 Yunnan	7	75	1838	2040	11009	4197	1185	1258	1367
西　藏 Tibet	2	26	116	172	1116	466	152	169	204
陕　西 Shaanxi	6	49	157	315	1804	666	292	248	238
甘　肃 Gansu	4	10	258	688	3846	1279	411	477	515
青　海 Qinghai	1	3	56	174	927	360	132	141	117
宁　夏 Ningxia			94	148	1285	489	88	227	209
新　疆 Xinjiang	1	13	285	446	2262	923	253	275	301

情况(乡村)
Education (Rural Area)

单位:人
unit:person

Enrolment

Primary Education			初中阶段 Junior Secondary Education				高中阶段 Senior Secondary Educaton		
四年级 Grade 4	五年级 Grade 5	六年级 Grade 6	一年级 Grade 1	二年级 Grade 2	三年级 Grade 3	四年级 Grade 4	一年级 Grade 1	二年级 Grade 2	三年级及以上 Over Grade 3
15711	**14900**	**13115**	**6502**	**6619**	**6145**	**82**	**111**	**111**	**68**
75	76	107	67	84	92				
25	28	16	7	14	9	1			
378	355	332	105	88	81				
388	356	351	151	155	145		16	26	5
157	183	175	54	38	31		8	3	7
57	44	54	26	25	30				
154	141	138	63	63	59				
156	155	135	82	119	99	7			7
45	65		58	55	37	53			
302	316	282	61	74	52			9	
320	380	324	210	203	188		27	1	
924	941	750	314	350	281		5	9	3
816	798	862	362	396	418		11		11
1486	1128	892	716	572	625				
397	358	222	109	99	98	19			
847	784	480	268	241	217	2			
262	212	204	47	98	86				
797	749	582	495	528	537				
1055	920	769	312	483	380		13	20	8
668	568	540	125	138	125				
73	38	27	5	4	3				
468	391	361	130	131	129				
1972	1918	1844	862	857	691		14	13	15
759	863	707	237	228	237				
1586	1600	1586	872	804	751				
143	134	141	42	42	33		17	27	12
256	257	201	107	108	94			3	
564	559	487	302	262	269				
119	136	120	53	69	40				
173	188	193	64	79	64				
289	259	233	196	212	244				

特殊教育女
Number of Female Students

地 区 Region	毕业生数 Graduates	招生数 Intakes	在校生数				
			合计 Total	小学阶段 Primary Education			
				一年级 Grade 1	二年级 Grade 2	三年级 Grade 3	四年级 Grade 4
总 计 Total	**20774**	**32941**	**176744**	**21620**	**22618**	**21524**	**21916**
北 京 Beijing	564	313	2463	126	170	263	275
天 津 Tianjin	125	172	1206	153	103	148	138
河 北 Hebei	486	804	5257	583	704	693	740
山 西 Shanxi	508	809	4260	489	458	528	571
内蒙古 Inner Mongolia	368	597	3534	450	504	519	433
辽 宁 Liaoning	407	471	3268	459	348	324	319
吉 林 Jilin	242	456	2719	295	374	286	358
黑龙江 Heilongjiang	422	720	3850	533	431	408	488
上 海 Shanghai	549	355	2634	116	109	202	272
江 苏 Jiangsu	1181	1397	8589	970	1023	1004	1008
浙 江 Zhejiang	904	909	5900	445	505	575	673
安 徽 Anhui	432	1226	7514	859	1665	1065	890
福 建 Fujian	1168	1382	8855	803	1085	1020	1127
江 西 Jiangxi	775	2271	10343	1556	1202	1324	1525
山 东 Shandong	1168	1462	9173	1156	1078	1051	1024
河 南 Henan	556	1782	8445	1408	1207	1097	1100
湖 北 Hubei	467	869	4125	703	445	523	491
湖 南 Hunan	1078	1859	8763	1226	1187	1151	1127
广 东 Guangdong	1188	2214	11849	1353	1737	1407	1329
广 西 Guangxi	537	1104	5377	776	810	736	684
海 南 Hainan	72	135	730	77	80	113	112
重 庆 Chongqing	619	1015	5682	694	714	768	800
四 川 Sichuan	2984	3744	17957	2242	2161	2301	2254
贵 州 Guizhou	733	1612	7485	1091	1331	888	802
云 南 Yunnan	1719	2323	10932	1186	1090	1153	1343
西 藏 Tibet	85	195	1176	143	138	221	142
陕 西 Shaanxi	424	765	4100	556	521	512	530
甘 肃 Gansu	339	827	4162	457	483	481	526
青 海 Qinghai	132	273	1523	177	255	176	174
宁 夏 Ningxia	173	268	1749	151	298	214	200
新 疆 Xinjiang	369	612	3124	387	402	373	461

学生数
in Special Education

单位：人
Unit: person

Total In-school Students

		初中阶段 Junior Secondary Education				高中阶段 Senior Secondary Educaton		
五年级 Grade 5	六年级 Grade 6	一年级 Grade 1	二年级 Grade 2	三年级 Grade 3	四年级 Grade 4	一年级 Grade 1	二年级 Grade 2	三年级及以上 Over Grade 3
20947	**18883**	**15296**	**15047**	**14176**	**691**	**1516**	**1309**	**1201**
332	393	203	294	336	1	25	23	22
154	107	103	79	92	6	46	34	43
668	562	452	374	311	15	55	51	49
503	498	346	337	353		68	61	48
437	357	255	268	238	7	19	14	33
361	363	289	305	253	20	97	96	34
325	317	223	248	211		39	31	12
419	339	363	361	329	79	34	40	26
294		328	359	377	370	75	64	68
1023	1065	730	668	682	3	148	131	134
750	790	605	609	624	2	121	109	92
863	711	426	466	397		46	44	82
1131	1231	732	803	768	13	54	52	36
1299	1110	753	760	726		29	36	23
1042	815	865	859	809	151	107	103	113
962	740	661	622	522	5	45	36	40
468	511	328	323	228	18	51	12	24
959	752	883	721	698		32	24	3
1296	1180	990	1095	1057		158	132	115
696	590	408	328	313		10	18	8
87	71	59	48	52	1	11	8	11
659	630	464	426	457		40	9	21
2203	2114	1636	1578	1307		66	40	55
964	770	593	484	475		47	24	16
1293	1244	1192	1187	1203		18	12	11
101	114	84	122	94		4	10	3
493	432	339	327	360		4	18	8
509	460	437	375	360		25	28	21
162	148	137	171	110		3	4	6
187	215	135	163	121		27	21	17
307	254	277	287	313		12	24	27

特殊教育学校教职工数(总数)

Number of Educational Personnel in Special Education Schools (Total)

单位:人
unit: person

地 区 Region	教职工数 Educational Personnel					代课教师 Substitute Teachers	兼任教师 Part-time Teachers
	合计 Total	专任教师 Full-time Teachers	行政人员 Adm. Personnel	教辅人员 Supporting Staff	工勤人员 Workers		
总 计 Total	**62468**	**53213**	**3443**	**2255**	**3557**	**1403**	**267**
北 京 Beijing	1334	1036	128	97	73		
天 津 Tianjin	798	620	97	47	34	5	
河 北 Hebei	3832	3225	241	148	218	22	7
山 西 Shanxi	1769	1516	66	58	129	195	26
内蒙古 Inner Mongolia	1534	1313	79	71	71	18	3
辽 宁 Liaoning	2797	2109	472	100	116	20	
吉 林 Jilin	1837	1552	155	57	73	8	
黑龙江 Heilongjiang	2260	1926	158	61	115	14	
上 海 Shanghai	1588	1248	169	96	75	5	3
江 苏 Jiangsu	3959	3346	165	185	263	77	1
浙 江 Zhejiang	2656	2379	75	67	135	1	
安 徽 Anhui	1766	1541	72	52	101	168	12
福 建 Fujian	2255	1993	89	49	124	134	4
江 西 Jiangxi	1402	1322	14	12	54	38	4
山 东 Shandong	5826	4978	233	269	346	7	13
河 南 Henan	4041	3604	146	96	195	76	
湖 北 Hubei	2028	1741	109	72	106	76	11
湖 南 Hunan	2016	1731	136	75	74	44	22
广 东 Guangdong	4986	4069	222	322	373	24	43
广 西 Guangxi	1853	1482	79	109	183	52	
海 南 Hainan	323	250	18	7	48	11	6
重 庆 Chongqing	1028	926	57	14	31	19	
四 川 Sichuan	2810	2503	94	70	143	205	12
贵 州 Guizhou	1821	1637	82	17	85	1	41
云 南 Yunnan	1734	1512	55	34	133		12
西 藏 Tibet	224	201	17		6		
陕 西 Shaanxi	1452	1161	127	38	126	88	44
甘 肃 Gansu	912	825	26	5	56	6	1
青 海 Qinghai	183	162	7	3	11	32	
宁 夏 Ningxia	384	368	5	1	10	36	
新 疆 Xinjiang	1060	937	50	23	50	21	2

特殊教育学校女教职工数
Number of Female Educational Personnel in Special Education Schools

单位:人
unit: person

地 区 Region	教职工数 Educational Personnel					代课教师 Substitute Teachers	兼任教师 Part-time Teachers
	合计 Total	专任教师 Full-time Teachers	行政人员 Adm. Personnel	教辅人员 Supporting Staff	工勤人员 Workers		
总 计 Total	**43625**	**39034**	**1689**	**1472**	**1430**	**1133**	**153**
北 京 Beijing	979	824	74	67	14		
天 津 Tianjin	573	469	61	35	8	5	
河 北 Hebei	2877	2576	109	90	102	17	5
山 西 Shanxi	1296	1172	29	38	57	162	20
内蒙古 Inner Mongolia	980	910	28	31	11	17	1
辽 宁 Liaoning	2088	1692	311	59	26	20	
吉 林 Jilin	1306	1180	81	31	14	6	
黑龙江 Heilongjiang	1470	1356	78	22	14	11	
上 海 Shanghai	1246	1035	118	78	15	4	1
江 苏 Jiangsu	2671	2417	65	110	79	55	1
浙 江 Zhejiang	1972	1813	28	55	76		
安 徽 Anhui	1165	1053	30	32	50	146	3
福 建 Fujian	1690	1537	37	38	78	116	2
江 西 Jiangxi	1022	970	10	8	34	34	4
山 东 Shandong	3569	3225	103	147	94	6	10
河 南 Henan	2883	2700	55	51	77	62	
湖 北 Hubei	1298	1165	44	44	45	66	5
湖 南 Hunan	1367	1249	60	41	17	41	20
广 东 Guangdong	3631	3054	116	243	218	22	13
广 西 Guangxi	1444	1191	38	97	118	37	
海 南 Hainan	216	178	9	5	24	9	5
重 庆 Chongqing	727	688	25	7	7	18	
四 川 Sichuan	1939	1795	36	57	51	172	9
贵 州 Guizhou	1251	1157	35	10	49	1	31
云 南 Yunnan	1168	1049	16	27	76		6
西 藏 Tibet	132	123	7		2		
陕 西 Shaanxi	922	817	55	21	29	39	14
甘 肃 Gansu	575	546	3	5	21	3	1
青 海 Qinghai	113	106		3	4	27	
宁 夏 Ningxia	285	283	1	1		21	
新 疆 Xinjiang	770	704	27	19	20	16	2

特殊教育学校专任教师

Number of Full-time Teachers in Special Education Schools by

地 区 Region	合计 Total	其中:女 of Which: Female	按学历分 By Educational Attainment			
			研究生毕业 Graduate	本科毕业 Under-graduate	专科毕业 Associate Bachelor	高中阶段毕业 High School Graduate
总 计 Total	**53213**	**39034**	**1085**	**33386**	**17307**	**1389**
北 京 Beijing	1036	824	82	877	71	6
天 津 Tianjin	620	469	34	450	125	11
河 北 Hebei	3225	2576	23	1924	1204	74
山 西 Shanxi	1516	1172	4	1031	432	49
内蒙古 Inner Mongolia	1313	910	19	848	416	30
辽 宁 Liaoning	2109	1692	37	1389	643	37
吉 林 Jilin	1552	1180	20	1093	368	71
黑龙江 Heilongjiang	1926	1356	5	945	892	74
上 海 Shanghai	1248	1035	111	1004	128	5
江 苏 Jiangsu	3346	2417	84	2544	665	52
浙 江 Zhejiang	2379	1813	86	1712	509	69
安 徽 Anhui	1541	1053	16	943	533	49
福 建 Fujian	1993	1537	20	1184	731	58
江 西 Jiangxi	1322	970	9	722	555	34
山 东 Shandong	4978	3225	130	3443	1231	170
河 南 henan	3604	2700	23	1830	1645	106
湖 北 Hubei	1741	1165	15	926	723	75
湖 南 Hunan	1731	1249	21	854	811	45
广 东 Guangdong	4069	3054	200	2625	1095	144
广 西 Guangxi	1482	1191	22	769	642	42
海 南 Hainan	250	178	1	118	121	10
重 庆 Chongqing	926	688	12	582	323	9
四 川 Sichuan	2503	1795	36	1274	1133	60
贵 州 Guizhou	1637	1157	8	971	625	32
云 南 Yunnan	1512	1049	16	1004	473	19
西 藏 Tibet	201	123	2	138	56	4
陕 西 Shaanxi	1161	817	18	751	370	16
甘 肃 Gansu	825	546	11	558	240	16
青 海 Qinghai	162	106	5	95	59	3
宁 夏 Ningxia	368	283	6	220	137	5
新 疆 Xinjiang	937	704	9	562	351	14

学历、专业技术职务情况
Educational Attainment and Professional Rank

单位：人
unit: person

高中阶段以下毕业 Below High School Graduate	按专业技术职务分 By Professional Rank					
	中学高级 Senior Secondary	小学高级 Senior Primary	小学一级 1st Grade Primary	小学二级 2nd Grade Primary	小学三级 3rd Grade Primary	未定职级 No-ranking
46	**5777**	**25156**	**14729**	**1930**	**234**	**5387**
	84	530	343	12		67
	69	362	160	2		27
	490	1830	670	41	2	192
	61	562	650	69	13	161
	312	583	257	45	1	115
3	267	1389	295	50		108
	270	728	440	44	2	68
10	412	1068	387	7	2	50
	62	699	449	4		34
1	423	1799	792	76	4	252
3	237	992	769	75	5	301
	160	702	386	74	6	213
	84	953	640	139	15	162
2	203	479	312	127	27	174
4	703	2299	1394	185	6	391
	539	1756	1002	147	9	151
2	226	1029	331	46	22	87
	163	765	380	69	33	321
5	149	1629	1007	147	32	1105
7	50	844	303	42	2	241
	21	71	84	32		42
	67	384	371	43	5	56
	200	1104	993	21		185
1	75	676	488	168	7	223
	175	689	475	75	13	85
1	8	83	68	1		41
6	58	409	487	97	5	105
	69	341	320	13	1	81
	32	76	36	4	2	12
	11	125	146	15	9	62
1	97	200	294	60	11	275

特殊教育学校
Condition of School Buildings in

地 区 Region	校舍建筑面积 Floor Space	教学及辅助用房 Teaching & Assistant Buildings				
		合计 Total	其中：of Which:			
			普通教室 General Classroom	专用教室 Special Classroom	实验室 Laboratory	微机室 PC-room
总 计 Total	**9238675.41**	**4237445.90**	**2337621.62**	**1411673.56**	**169525.36**	**146925.36**
北 京 Beijing	167389.35	65470.13	30354.88	28669.35	1072.00	3050.60
天 津 Tianjin	96094.75	46380.37	24373.00	17088.68	611.00	1352.96
河 北 Hebei	490309.02	244098.50	118619.58	94188.56	9958.23	9798.53
山 西 Shanxi	220121.70	81006.01	44135.00	26308.51	2757.00	3648.50
内蒙古 Inner Mongolia	212886.00	100940.13	60174.28	30585.17	3311.00	3901.34
辽 宁 Liaoning	256667.53	126812.49	48654.41	65192.32	3138.90	4528.00
吉 林 Jilin	203839.25	96378.10	51564.26	33989.47	2828.94	3669.26
黑龙江 Heilongjiang	222980.96	105630.22	49372.16	45324.81	3851.39	3802.52
上 海 Shanghai	177059.42	84749.87	28816.87	41113.00	4974.00	2836.00
江 苏 Jiangsu	586234.70	286780.82	146168.07	103354.96	15657.76	9712.85
浙 江 Zhejiang	504299.01	201842.09	111206.04	71897.89	6121.00	5934.95
安 徽 Anhui	362947.00	179695.43	107014.72	53754.52	6128.73	5276.65
福 建 Fujian	375830.16	171336.17	88845.33	66919.83	5066.46	4084.70
江 西 Jiangxi	348806.42	159272.82	92958.65	49793.42	5044.25	5674.75
山 东 Shandong	701913.54	306479.74	139128.95	124619.71	17317.22	12032.43
河 南 Henan	552525.98	258884.42	143788.76	77865.65	13410.38	10688.37
湖 北 Hubei	355895.77	160759.09	97915.08	46319.56	4294.61	5563.81
湖 南 Hunan	350052.37	157606.98	100575.03	38746.70	4877.52	6162.19
广 东 Guangdong	663637.93	315826.73	188889.53	93793.34	14190.17	9025.72
广 西 Guangxi	323155.33	158942.18	91385.17	54689.37	4791.00	3782.84
海 南 Hainan	48770.86	17296.36	12268.70	3735.66	488.00	472.00
重 庆 Chongqing	178282.39	76562.55	54402.24	14179.45	2288.00	2945.86
四 川 Sichuan	490493.79	224341.36	138641.86	60054.89	9682.83	7446.95
贵 州 Guizhou	311536.52	138348.59	87045.06	38482.40	3876.71	4673.69
云 南 Yunnan	315778.97	153359.14	96752.40	36625.60	9113.78	5185.08
西 藏 Tibet	50869.57	11055.25	7559.14	2957.10	104.00	165.01
陕 西 Shaanxi	204493.50	89536.50	51336.55	27245.75	3481.75	3574.03
甘 肃 Gansu	184359.86	91205.76	58964.77	22845.76	3176.61	3078.71
青 海 Qinghai	53758.14	20031.00	11508.00	3768.42	2687.18	1060.20
宁 夏 Ningxia	62350.87	32563.04	22188.99	7747.50	777.52	1176.03
新 疆 Xinjiang	165334.75	74254.06	33014.14	29816.21	4447.42	2620.83

办学条件(一)
Special Education Schools (1)

单位:平方米
unit: m^2

	行政办公用房 Administrative		生活用房 Residential and Welfare	其他用房 Rooms for Other Purposes	校舍面积中 of the Floor Space	
图书室 Library	合计 Total	其中:教师办公室 of Which: for Teachers			危房面积 Floor Space of Dilapidated Buildings	当年新增校舍 New Added in Current Year
171700.00	**910226.48**	**510394.12**	**2663392.94**	**1427610.09**	**66992.91**	**438906.37**
2323.30	15966.95	7323.70	31431.37	54520.90		
2954.73	10520.27	6104.66	19649.81	19544.30		
11533.60	51059.35	28186.08	128239.90	66911.27		45828.27
4157.00	25467.30	14535.30	69424.33	44224.06	2026.00	13270.95
2968.34	19288.35	12109.75	66285.28	26372.24		4208.12
5298.86	25903.31	16385.10	55352.97	48598.76	2756.00	4477.00
4326.17	24381.79	14396.19	45526.39	37552.97		
3279.34	26108.34	15484.25	58366.08	32876.32	24120.00	2381.58
7010.00	25082.28	9796.44	31415.00	35812.27		11508.00
11887.18	59438.81	30919.39	141957.24	98057.83	717.20	22795.00
6682.21	44959.40	23966.35	144316.11	113181.41		50770.58
7520.81	36369.56	21346.28	107920.25	38961.76	20.00	8067.00
6419.85	35895.25	19188.19	118024.49	50574.25		4383.40
5801.75	28243.72	14998.02	107704.63	53585.25	740.00	15311.30
13381.43	93330.01	43152.24	190520.78	111583.01	1395.00	9296.90
13131.26	64652.66	43152.85	148881.05	80107.85	5607.00	23999.40
6666.03	31857.73	18046.65	114546.68	48732.27	3529.00	9354.00
7245.54	33800.04	20545.48	103399.77	55245.58	1558.00	19621.88
9927.97	45752.06	25942.73	184849.80	117209.34	331.71	70958.22
4293.80	21320.57	13460.74	103887.47	39005.11	300.00	6584.40
332.00	2943.50	2368.50	21291.00	7240.00		
2747.00	16631.27	10948.27	61378.69	23709.88		1458.25
8514.83	38190.66	21167.04	165953.59	62008.18	1177.00	29232.12
4270.73	25537.39	14961.42	117908.12	29742.42		19204.75
5682.28	29970.78	14619.01	99891.21	32557.84	17651.00	6202.32
270.00	9093.86	5168.52	29799.69	920.77		19317.70
3898.42	29454.14	16746.20	60072.58	25430.28		11437.88
3139.91	16427.41	10999.53	58425.93	18300.76	5065.00	13570.35
1007.20	5918.00	4156.57	15927.50	11881.64		2595.00
673.00	4440.88	2305.11	19130.91	6216.04		6494.00
4355.46	12220.84	7913.56	41914.32	36945.53		6578.00

特殊教育学校办学条件(二)
Condition of School Buildings in Special Education Schools (2)

地　区 Region	占地面积(平方米) Areas of School Sites(m^2)			图书(册) Books & Magazines in Libraries (Volume)	数字资源 Digital Resources		
	合计 Total	其中:of Which:			数据库 (个) Database	电子图书 (册) E-books (Volume)	音视频 (小时) Audio Video (Hours)
		绿化用地面积 Green Areas	运动场地面积 Sports Areas				
总　计 Total	**19701196.63**	**4100362.79**	**4767005.04**	**8826203**	**9627**	**20584693**	**474900**
北　京 Beijing	247043.43	40527.33	60110.92	294862	33	31052	16014
天　津 Tianjin	171756.00	15621.25	51053.00	100799	19	1241	1383
河　北 Hebei	1355079.92	211938.02	329359.89	541711	431	49722	8967
山　西 Shanxi	439082.38	53039.34	94932.37	177797	220	4173	3631
内蒙古 Inner Mongolia	550733.45	107247.00	160466.00	116017	1	29	703
辽　宁 Liaoning	594884.47	77839.97	166179.73	493544	16	17748	4757
吉　林 Jilin	522297.97	91691.28	163155.49	173042	1	106810	21530
黑龙江 Heilongjiang	558543.24	62291.67	176909.72	224449	17	1791	1094
上　海 Shanghai	269180.86	80743.00	61987.00	351644	72	675021	25018
江　苏 Jiangsu	1193239.31	316783.35	304553.17	680741	433	1133765	38495
浙　江 Zhejiang	930879.91	252533.91	208172.77	350291	91	18665	6604
安　徽 Anhui	864176.85	194560.91	202344.10	358276	116	128302	15246
福　建 Fujian	739868.68	194987.45	191679.63	351003	154	10226477	37538
江　西 Jiangxi	715248.65	166742.25	199498.04	205561	10	570	2525
山　东 Shandong	1822048.46	388735.44	419825.45	867835	1230	418804	21536
河　南 Henan	1131714.07	184032.42	235231.89	510687	291	18507	10828
湖　北 Hubei	719434.01	184795.35	161558.26	237594	140	20359	5202
湖　南 Hunan	920551.79	293171.00	149026.00	223308	1061	24498	16488
广　东 Guangdong	1187784.44	301124.07	289534.94	623512	503	5956628	176757
广　西 Guangxi	557879.48	91120.72	100702.00	247270	3366	13338	3980
海　南 Hainan	120950.85	22374.42	22547.00	32830			
重　庆 Chongqing	264846.06	55187.00	53819.00	88649	76	1124202	25004
四　川 Sichuan	782477.21	146729.47	223719.62	468939	454	226289	14391
贵　州 Guizhou	702259.26	138465.23	207793.98	235354	352	14537	4925
云　南 Yunnan	722677.31	138316.95	140213.47	338083	107	154375	925
西　藏 Tibet	125937.34	22420.01	25974.01	8838			
陕　西 Shaanxi	397818.26	71350.94	85792.95	231867	337	10609	7460
甘　肃 Gansu	386162.77	56547.35	112293.80	88493	41	3882	1241
青　海 Qinghai	119972.70	19590.00	29903.00	33439	30	406	130
宁　夏 Ningxia	142772.92	25713.13	43551.84	58329	11	50	1142
新　疆 Xinjiang	443894.58	94142.56	95116.00	111439	14	202843	1386

学前教育基本情况(总计)
Basic Statistics of Pre-primary Education(Total)

地　区 Region	园数(所) Kindergartens		班数(个) Classes	入园(班)人数(人) Entrants	在园(班)人数(人) Enrolment	离园(班)人数(人) Leavers
	合计 Total	其中:少数民族幼儿园 of Which: Minorities				
总　计 Total	**239812**	**5455**	**1527353**	**19220862**	**44138630**	**16231822**
北　京 Beijing	1570	9	14913	152769	416982	99626
天　津 Tianjin	2092	6	10560	97158	266708	84501
河　北 Hebei	13635	57	86647	1020709	2341068	894045
山　西 Shanxi	6708		42909	404484	990985	361084
内蒙古 Inner Mongolia	3672	415	24274	236023	607529	212124
辽　宁 Liaoning	10133	49	43406	318575	912720	289078
吉　林 Jilin	4133	86	22042	225953	463445	177769
黑龙江 Heilongjiang	5720	50	24563	245250	528090	217620
上　海 Shanghai	1553	2	18656	196370	556506	171851
江　苏 Jiangsu	6867	1	76716	901912	2572212	843086
浙　江 Zhejiang	8771	1	66232	611736	1918193	614238
安　徽 Anhui	7895	8	62973	951228	1926893	691549
福　建 Fujian	7791	16	52481	624798	1566084	523226
江　西 Jiangxi	14071	3	62577	568461	1590431	600686
山　东 Shandong	18853	41	99100	1053398	2751804	1008677
河　南 Henan	18695	53	143077	1579348	4086838	1556017
湖　北 Hubei	7500	8	54873	575076	1699519	640751
湖　南 Hunan	14365	166	75774	937912	2249266	923857
广　东 Guangdong	17288	6	137410	1950684	4216668	1403768
广　西 Guangxi	11013	14	70772	1151089	2096356	835943
海　南 Hainan	2176	37	12265	146983	347548	115784
重　庆 Chongqing	5109		30832	421820	932584	355392
四　川 Sichuan	12903	578	83371	1380518	2593131	1003615
贵　州 Guizhou	8008	150	44311	806156	1446274	566890
云　南 Yunnan	7310	32	41984	733111	1315060	627203
西　藏 Tibet	1028	319	3721	58296	96777	44804
陕　西 Shaanxi	7313	5	48811	709586	1431294	505499
甘　肃 Gansu	6441	143	32005	484236	892087	322001
青　海 Qinghai	1667	668	6938	110200	199804	83780
宁　夏 Ningxia	889	23	6542	99141	206219	95623
新　疆 Xinjiang	4643	2509	26618	467882	919555	361735

学前教育基本情况(城区)
Basic Statistics of Pre-primary Education (Urban Area)

地 区 Region	园数(所) Kindergartens		班数(个) Classes	入园(班)人数(人) Entrants	在园(班)人数(人) Enrolment	离园(班)人数(人) Leavers
	合计 Total	其中:少数民族幼儿园 of Which: Minorities				
总 计 Total	**74262**	**368**	**551252**	**5963959**	**15910581**	**5089243**
北 京 Beijing	1149	8	12188	125143	343683	81178
天 津 Tianjin	1225	6	7187	66081	181962	53927
河 北 Hebei	2474	26	18267	208949	524941	175452
山 西 Shanxi	1581		12068	122709	313721	112397
内蒙古 Inner Mongolia	1161	32	8840	83625	232366	74869
辽 宁 Liaoning	5454	26	26953	165524	549083	144326
吉 林 Jilin	1882	71	10750	95696	228473	75738
黑龙江 Heilongjiang	2398	6	11898	104198	251093	97175
上 海 Shanghai	1241	2	15147	157817	451792	137548
江 苏 Jiangsu	3033	1	34300	403474	1142452	350417
浙 江 Zhejiang	3850		34423	319477	997152	305860
安 徽 Anhui	1717	2	14884	176969	445646	139117
福 建 Fujian	2759	1	20663	240558	624809	201348
江 西 Jiangxi	2649		15887	126521	401725	129031
山 东 Shandong	5662	17	37911	374175	1081720	361294
河 南 Henan	3964	21	31776	282107	884535	286234
湖 北 Hubei	2847		21922	225029	669795	227350
湖 南 Hunan	3698	5	21489	221561	600778	203642
广 东 Guangdong	9753	1	81264	977355	2495203	775792
广 西 Guangxi	2348	1	16594	211017	495723	157717
海 南 Hainan	894		5350	61354	146720	45738
重 庆 Chongqing	2265		14115	186918	424167	137901
四 川 Sichuan	3123	5	23791	298416	734663	234973
贵 州 Guizhou	1394		9252	133263	279170	100752
云 南 Yunnan	1310	6	10385	139083	332615	117436
西 藏 Tibet	83	1	644	11953	26472	8839
陕 西 Shaanxi	1760	4	14972	203819	458928	151089
甘 肃 Gansu	1163	24	7590	93778	230484	77292
青 海 Qinghai	228	13	1679	22972	56168	20138
宁 夏 Ningxia	320	5	2541	29319	81975	32068
新 疆 Xinjiang	877	84	6522	95099	222567	72605

学前教育基本情况(城乡结合区)
Basic Statistics of Pre-primary Education (Urban-rural Transitional Area)

地　区 Region	园数(所) Kindergartens		班数(个) Classes	入园(班)人数(人) Entrants	在园(班)人数(人) Enrolment	离园(班)人数(人) Leavers
	合计 Total	其中:少数民族幼儿园 of Which: Minorities				
总　计 Total	**14583**	**76**	**96929**	**1079769**	**2802117**	**918873**
北　京 Beijing	109		830	8472	21675	5154
天　津 Tianjin	240	1	874	6022	17343	6023
河　北 Hebei	751	3	4663	53821	129762	46081
山　西 Shanxi	320		2031	19664	49636	17763
内蒙古 Inner Mongolia	53	1	338	3021	8388	2441
辽　宁 Liaoning	570	1	2097	13590	41952	12604
吉　林 Jilin	99	3	492	4240	9680	3008
黑龙江 Heilongjiang	140		622	5086	12612	5422
上　海 Shanghai	114		1355	15618	44282	14158
江　苏 Jiangsu	427		3926	48299	132138	41164
浙　江 Zhejiang	1215		9090	81512	262032	82789
安　徽 Anhui	247		2002	23320	55044	17635
福　建 Fujian	544		3706	41088	107689	36789
江　西 Jiangxi	549		2627	20486	62377	19333
山　东 Shandong	1915	5	10268	95121	281067	92326
河　南 Henan	776	1	5342	47424	144357	49549
湖　北 Hubei	497		3376	34147	100849	33199
湖　南 Hunan	495	2	2666	28569	77023	26230
广　东 Guangdong	3175		25902	330339	805493	254726
广　西 Guangxi	488	1	3000	36589	84612	27932
海　南 Hainan	79		468	4920	12474	3670
重　庆 Chongqing	230		1053	12776	30172	10617
四　川 Sichuan	419	1	2704	34451	79863	25546
贵　州 Guizhou	161		971	15378	28847	10657
云　南 Yunnan	311	1	2209	33754	68287	27995
西　藏 Tibet	3		16	443	554	219
陕　西 Shaanxi	356		2413	31555	71301	24267
甘　肃 Gansu	122	1	728	9538	21336	5799
青　海 Qinghai	32		171	2403	4991	1683
宁　夏 Ningxia	22	1	163	1743	5013	1760
新　疆 Xinjiang	124	54	826	16380	31268	12334

学前教育基本情况(镇区)
Basic Statistics of Pre-primary Education (Counties & Towns Area)

地　区 Region	园数(所) Kindergartens		班数(个) Classes	入园(班)人数(人) Entrants	在园(班)人数(人) Enrolment	离园(班)人数(人) Leavers
	合计 Total	其中:少数民族幼儿园 of Which: Minorities				
总　计 Total	**81666**	**1056**	**548603**	**7555042**	**17052679**	**6328257**
北　京 Beijing	192	1	1579	16493	44773	11204
天　津 Tianjin	338		1536	14009	40477	13574
河　北 Hebei	4498	14	30155	380571	858848	327286
山　西 Shanxi	2196		15290	179798	425505	154117
内蒙古 Inner Mongolia	1593	197	10876	114134	290381	105152
辽　宁 Liaoning	2457	18	10098	93676	230499	89509
吉　林 Jilin	1535	13	7665	90546	169303	67923
黑龙江 Heilongjiang	2041	12	8902	105015	205807	87382
上　海 Shanghai	251		2916	32175	87063	28558
江　苏 Jiangsu	2532		32243	381286	1104356	374957
浙　江 Zhejiang	2918	1	22450	212938	670054	223813
安　徽 Anhui	3282	3	26970	428098	866320	309990
福　建 Fujian	3007	1	19201	245657	617310	203085
江　西 Jiangxi	5518		27686	258858	763164	273853
山　东 Shandong	5428	11	33218	402891	998565	375674
河　南 Henan	6580	22	50521	591970	1522341	574089
湖　北 Hubei	2667	3	19884	216110	661743	257251
湖　南 Hunan	5914	111	33137	440672	1055846	440856
广　东 Guangdong	4460		34075	592100	1098347	369030
广　西 Guangxi	4517	4	27901	484469	894822	337545
海　南 Hainan	966	19	5154	60910	154853	52750
重　庆 Chongqing	1853		11884	173464	387840	159218
四　川 Sichuan	5267	99	37363	687277	1272134	485082
贵　州 Guizhou	2886	53	19080	343480	660927	245739
云　南 Yunnan	2037	4	13459	246128	471634	200420
西　藏 Tibet	130	60	724	15077	25682	11280
陕　西 Shaanxi	3378	1	22653	357088	709923	258708
甘　肃 Gansu	1587	12	10443	186871	358118	126005
青　海 Qinghai	340	112	2025	39826	69810	30789
宁　夏 Ningxia	294	5	2227	37889	76458	35046
新　疆 Xinjiang	1004	280	7288	125566	259776	98372

学前教育基本情况(镇乡结合区)
Basic Statistics of Pre-primary Education (County-town Transitional Area)

地　区 Region	园数(所) Kindergartens		班数(个) Classes	入园(班)人数(人) Entrants	在园(班)人数(人) Enrolment	离园(班)人数(人) Leavers
	合计 Total	其中:少数民族幼儿园 of Which: Minorities				
总　计 Total	**25032**	**240**	**154985**	**2040031**	**4592673**	**1731851**
北　京 Beijing	46		347	3570	9430	2299
天　津 Tianjin	171		765	7511	21041	7365
河　北 Hebei	2426	5	15408	184631	425504	166347
山　西 Shanxi	812		5115	52904	128415	44813
内蒙古 Inner Mongolia	158	19	1021	11482	26419	10768
辽　宁 Liaoning	399		1336	10786	27775	10495
吉　林 Jilin	152	4	759	8079	16221	6855
黑龙江 Heilongjiang	244	3	932	9070	20474	9320
上　海 Shanghai	71		715	8482	21570	7160
江　苏 Jiangsu	805		8714	99494	293326	100881
浙　江 Zhejiang	1257	1	8297	76363	244466	81359
安　徽 Anhui	628	1	4974	80343	156112	56881
福　建 Fujian	1016	1	5868	73269	182183	60403
江　西 Jiangxi	1471		5911	58050	151544	60201
山　东 Shandong	2801	8	14815	175093	426248	167146
河　南 Henan	2658	7	19366	214569	549045	206547
湖　北 Hubei	718		4864	49849	154542	62079
湖　南 Hunan	1908	21	9915	132581	306444	131482
广　东 Guangdong	1665		12667	222416	395659	136296
广　西 Guangxi	1032		6469	116956	194594	82848
海　南 Hainan	139		712	8594	19972	6811
重　庆 Chongqing	422		2202	28114	67862	27371
四　川 Sichuan	1152	17	6707	112489	209107	77341
贵　州 Guizhou	650	15	3416	63852	113518	41472
云　南 Yunnan	607		3674	61021	120219	51507
西　藏 Tibet	12	6	71	1577	2749	1205
陕　西 Shaanxi	869		5651	90440	167615	60210
甘　肃 Gansu	427	4	2349	43748	76321	24342
青　海 Qinghai	94	29	478	8465	15218	6708
宁　夏 Ningxia	44	1	301	5993	9370	7148
新　疆 Xinjiang	178	98	1166	20240	39710	16191

学前教育基本情况(乡村)
Basic Statistics of Pre-primary Education (Rural Area)

地　区 Region	园数(所) Kindergartens		班数(个) Classes	入园(班)人数(人) Entrants	在园(班)人数(人) Enrolment	离园(班)人数(人) Leavers
	合计 Total	其中:少数民族幼儿园 of Which: Minorities				
总　计 Total	**83884**	**4031**	**427498**	**5701861**	**11175370**	**4814322**
北　京 Beijing	229		1146	11133	28526	7244
天　津 Tianjin	529		1837	17068	44269	17000
河　北 Hebei	6663	17	38225	431189	957279	391307
山　西 Shanxi	2931		15551	101977	251759	94570
内蒙古 Inner Mongolia	918	186	4558	38264	84782	32103
辽　宁 Liaoning	2222	5	6355	59375	133138	55243
吉　林 Jilin	716	2	3627	39711	65669	34108
黑龙江 Heilongjiang	1281	32	3763	36037	71190	33063
上　海 Shanghai	61		593	6378	17651	5745
江　苏 Jiangsu	1302		10173	117152	325404	117712
浙　江 Zhejiang	2003		9359	79321	250987	84565
安　徽 Anhui	2896	3	21119	346161	614927	242442
福　建 Fujian	2025	14	12617	138583	323965	118793
江　西 Jiangxi	5904	3	19004	183082	425542	197802
山　东 Shandong	7763	13	27971	276332	671519	271709
河　南 Henan	8151	10	60780	705271	1679962	695694
湖　北 Hubei	1986	5	13067	133937	367981	156150
湖　南 Hunan	4753	50	21148	275679	592642	279359
广　东 Guangdong	3075	5	22071	381229	623118	258946
广　西 Guangxi	4148	9	26277	455603	705811	340681
海　南 Hainan	316	18	1761	24719	45975	17296
重　庆 Chongqing	991		4833	61438	120577	58273
四　川 Sichuan	4513	474	22217	394825	586334	283560
贵　州 Guizhou	3728	97	15979	329413	506177	220399
云　南 Yunnan	3963	22	18140	347900	510811	309347
西　藏 Tibet	815	258	2353	31266	44623	24685
陕　西 Shaanxi	2175		11186	148679	262443	95702
甘　肃 Gansu	3691	107	13972	203587	303485	118704
青　海 Qinghai	1099	543	3234	47402	73826	32853
宁　夏 Ningxia	275	13	1774	31933	47786	28509
新　疆 Xinjiang	2762	2145	12808	247217	437212	190758

学前教育中女幼儿数
Number of Female Children in Pre-primary Education

单位:人
unit:person

地 区 Region	入园(班)人数 Entrants	在园(班)人数 Enrolment	离园(班)人数 Leavers
总 计 Total	**9010053**	**20561449**	**7666502**
北 京 Beijing	73482	200725	48198
天 津 Tianjin	46372	126280	40020
河 北 Hebei	479763	1098133	415617
山 西 Shanxi	195523	477393	176772
内蒙古 Inner Mongolia	111954	287814	102735
辽 宁 Liaoning	151978	431031	138137
吉 林 Jilin	108765	221247	87757
黑龙江 Heilongjiang	119187	254033	106023
上 海 Shanghai	93708	263346	80785
江 苏 Jiangsu	424912	1206744	400597
浙 江 Zhejiang	285768	888782	290849
安 徽 Anhui	441601	895138	327978
福 建 Fujian	286153	713445	243875
江 西 Jiangxi	256645	716041	281648
山 东 Shandong	484260	1266912	474640
河 南 Henan	748841	1919991	741089
湖 北 Hubei	265908	780255	301336
湖 南 Hunan	440619	1050701	441524
广 东 Guangdong	901344	1915192	610390
广 西 Guangxi	527510	951627	395690
海 南 Hainan	67055	153855	52773
重 庆 Chongqing	200576	441501	177669
四 川 Sichuan	655350	1235009	478242
贵 州 Guizhou	372103	662570	270384
云 南 Yunnan	348605	624555	305181
西 藏 Tibet	28433	47120	22415
陕 西 Shaanxi	337351	678160	237330
甘 肃 Gansu	229351	419053	155092
青 海 Qinghai	53118	95371	40007
宁 夏 Ningxia	47190	96880	46023
新 疆 Xinjiang	226628	442545	175726

幼儿园教职工数(总计)

Number of Educational Personnel in Kindergarten(Total)

单位:人
unit: person

地 区 Region	教职工数 Educational Personnel						代课教师 Substitute Teachers	兼任教师 Part-time Teachers
	合计 Total	园长 Kindergarten Heads	专任教师 Full-time Teachers	保健医 Health Physician	保育员 Caretaker	其他 Other		
总 计 Total	**3817830**	**266716**	**2232067**	**94014**	**710469**	**514564**	**173243**	**38302**
北 京 Beijing	65806	2296	36071	2725	10710	14004		798
天 津 Tianjin	27017	2121	16304	890	3767	3935	2537	148
河 北 Hebei	160650	14117	106178	3443	21123	15789	13684	418
山 西 Shanxi	79984	6763	51110	1655	10228	10228	16261	1285
内蒙古 Inner Mongolia	63994	3791	39633	1668	8965	9937	3470	173
辽 宁 Liaoning	108441	10009	66162	1863	15949	14458	227	1023
吉 林 Jilin	53141	4800	29631	2106	9627	6977	786	385
黑龙江 Heilongjiang	62919	6362	34177	3113	10536	8731	2304	451
上 海 Shanghai	58930	2022	38277	2142	8047	8442	1822	154
江 苏 Jiangsu	235229	9490	137730	6400	55257	26352	18620	629
浙 江 Zhejiang	223377	9398	119957	7252	47701	39069		716
安 徽 Anhui	124264	9308	75743	3428	23221	12564	7283	943
福 建 Fujian	138215	8917	79381	3156	27352	19409	8941	228
江 西 Jiangxi	116440	13018	75438	1126	17328	9530	4006	2058
山 东 Shandong	243932	20754	164177	4061	28200	26740	20565	1572
河 南 Henan	297006	22679	178217	8454	53892	33764	24145	1987
湖 北 Hubei	152252	10612	78005	3934	35649	24052	9474	1617
湖 南 Hunan	195150	14685	94904	5196	50353	30012	4461	891
广 东 Guangdong	469367	25357	256471	12404	100544	74591	1262	1001
广 西 Guangxi	140128	12911	74163	2855	29711	20488	3270	2780
海 南 Hainan	36898	2942	18222	1450	8150	6134	168	647
重 庆 Chongqing	79479	6094	41009	1968	19029	11379	3503	765
四 川 Sichuan	182221	15029	105592	2989	32731	25880	9407	8007
贵 州 Guizhou	120829	7063	73415	1983	28447	9921	2782	2522
云 南 Yunnan	89122	6880	53730	1727	13519	13266	543	3548
西 藏 Tibet	4725	332	3723	22	342	306	334	19
陕 西 Shaanxi	140656	8585	83827	3965	23932	20347	5178	169
甘 肃 Gansu	56510	5121	39459	843	5362	5725	1915	2916
青 海 Qinghai	17092	1310	10158	191	2509	2924	640	21
宁 夏 Ningxia	16272	1135	9445	386	2383	2923	2817	207
新 疆 Xinjiang	57784	2815	41758	619	5905	6687	2838	224

幼儿园教职工数（城区）
Number of Educational Personnel in Kindergarten (Urban Area)

单位：人
unit: person

地区 Region	教职工数 Educational Personnel						代课教师 Substitute Teachers	兼任教师 Part-time Teachers
	合计 Total	园长 Kindergarten Heads	专任教师 Full-time Teachers	保健医 Health Physician	保育员 Caretaker	其他 Other		
总　计 Total	**1875033**	**104743**	**1048592**	**53790**	**370652**	**297256**	**45862**	**8742**
北　京 Beijing	56050	1807	30211	2365	9539	12128		548
天　津 Tianjin	22720	1576	13440	769	3347	3588	919	144
河　北 Hebei	56003	3595	34064	1499	8831	8014	2679	50
山　西 Shanxi	38492	2270	22634	1059	5872	6657	4661	849
内蒙古 Inner Mongolia	28651	1279	17211	874	4450	4837	1917	74
辽　宁 Liaoning	79716	6328	46266	1535	13524	12063	58	244
吉　林 Jilin	30182	2429	16251	1137	5900	4465	297	217
黑龙江 Heilongjiang	34967	2954	18477	1844	6085	5607	1149	238
上　海 Shanghai	48121	1631	31255	1785	6501	6949	1521	132
江　苏 Jiangsu	123409	4836	68874	3691	29061	16947	4959	199
浙　江 Zhejiang	122793	4280	66610	4067	26905	20931		186
安　徽 Anhui	42431	2647	24297	1271	8803	5413	1716	194
福　建 Fujian	68736	3818	38440	1865	14849	9764	2507	50
江　西 Jiangxi	40304	3318	25675	560	6968	3783	627	447
山　东 Shandong	121955	7807	78062	2542	16481	17063	5461	670
河　南 Henan	101325	5778	59277	2898	19195	14177	6117	519
湖　北 Hubei	77833	4882	38968	2245	18051	13687	2729	265
湖　南 Hunan	72711	4418	34979	2263	18978	12073	467	463
广　东 Guangdong	323993	16093	171773	9338	70450	56339	673	523
广　西 Guangxi	50749	3550	27377	1243	10872	7707	579	596
海　南 Hainan	17663	1330	9091	776	3760	2706	49	374
重　庆 Chongqing	47894	3199	24707	1416	11305	7267	964	323
四　川 Sichuan	81820	5031	44833	1770	16551	13635	2322	383
贵　州 Guizhou	34006	1786	18566	854	8791	4009	146	133
云　南 Yunnan	36279	1835	20689	938	6382	6435	41	427
西　藏 Tibet	2038	153	1296	21	285	283	33	12
陕　西 Shaanxi	55954	2586	30686	1906	10350	10426	652	23
甘　肃 Gansu	23001	1572	14452	507	3080	3390	339	429
青　海 Qinghai	5995	365	3336	96	910	1288	81	11
宁　夏 Ningxia	8490	504	4946	198	1168	1674	1344	3
新　疆 Xinjiang	20752	1086	11849	458	3408	3951	855	16

幼儿园教职工数(城乡结合区)
Number of Educational Personnel in Kindergarten (Urban-rural Transitional Area)

单位:人
unit:person

地区 Region	教职工数 Educational Personnel						代课教师 Substitute Teachers	兼任教师 Part-time Teachers
	合计 Total	园长 Kindergarten Heads	专任教师 Full-time Teachers	保健医 Health Physician	保育员 Caretaker	其他 Other		
总　计 Total	**299983**	**18444**	**165705**	**8262**	**60560**	**47012**	**7388**	**1181**
北　京 Beijing	3399	144	1771	150	592	742		50
天　津 Tianjin	2021	243	1006	92	397	283	20	7
河　北 Hebei	10341	870	6531	254	1498	1188	746	14
山　西 Shanxi	4881	372	3040	108	621	740	922	82
内蒙古 Inner Mongolia	890	52	514	27	168	129	149	
辽　宁 Liaoning	4976	552	3013	65	738	608	5	11
吉　林 Jilin	1299	120	708	57	252	162	1	4
黑龙江 Heilongjiang	1968	171	1036	90	320	351	99	59
上　海 Shanghai	4433	138	2440	173	890	792	93	4
江　苏 Jiangsu	12568	548	7094	370	3036	1520	594	11
浙　江 Zhejiang	29868	1335	15548	1102	6448	5435		50
安　徽 Anhui	4187	305	2483	117	809	473	235	20
福　建 Fujian	10243	656	5701	249	2156	1481	431	8
江　西 Jiangxi	5363	574	3398	55	868	468	96	90
山　东 Shandong	27966	2302	18244	529	3439	3452	1929	174
河　南 Henan	14240	978	7994	436	2927	1905	828	48
湖　北 Hubei	10752	749	5123	318	2735	1827	427	56
湖　南 Hunan	8562	549	3975	269	2286	1483	45	75
广　东 Guangdong	99115	4835	52663	2723	21765	17129	180	134
广　西 Guangxi	7362	655	3989	159	1513	1046	110	50
海　南 Hainan	1459	118	663	71	378	229		18
重　庆 Chongqing	3195	265	1515	90	807	518	27	19
四　川 Sichuan	8864	634	4487	233	1956	1554	212	11
贵　州 Guizhou	3130	176	1711	89	792	362	16	56
云　南 Yunnan	6020	364	3477	127	1014	1038		123
西　藏 Tibet	33	2	23		5	3		
陕　西 Shaanxi	7878	436	4288	234	1547	1373	141	
甘　肃 Gansu	1982	144	1375	35	227	201	15	2
青　海 Qinghai	506	38	281	4	67	116		1
宁　夏 Ningxia	530	38	301	11	86	94	33	
新　疆 Xinjiang	1952	81	1313	25	223	310	34	4

幼儿园教职工数(镇区)

Number of Educational Personnel in Kindergarten (Counties & Towns Area)

单位:人
unit:person

地 区 Region	教职工数 Educational Personnel						代课教师 Substitute Teachers	兼任教师 Part-time Teachers
	合计 Total	园长 Kindergarten Heads	专任教师 Full-time Teachers	保健医 Health Physician	保育员 Caretaker	其他 Other		
总 计 Total	**1330138**	**93317**	**812958**	**27745**	**240721**	**155397**	**81907**	**15360**
北 京 Beijing	6203	260	3702	245	756	1240		131
天 津 Tianjin	2279	266	1501	58	194	260	755	1
河 北 Hebei	64141	5148	42964	1352	8922	5755	4325	151
山 西 Shanxi	29837	2344	20865	476	3406	2746	7843	281
内蒙古 Inner Mongolia	28573	1686	18297	670	3680	4240	1242	79
辽 宁 Liaoning	19146	2337	13344	210	1648	1607	103	491
吉 林 Jilin	17763	1697	10344	715	2968	2039	378	131
黑龙江 Heilongjiang	21164	2204	11839	944	3566	2611	859	137
上 海 Shanghai	9028	315	5948	290	1235	1240	258	22
江 苏 Jiangsu	89385	3482	55357	2138	20710	7698	10182	374
浙 江 Zhejiang	72679	3224	39006	2215	15381	12853		382
安 徽 Anhui	56508	4025	35689	1455	10179	5160	3718	459
福 建 Fujian	51426	3403	30521	969	9510	7023	4781	111
江 西 Jiangxi	54702	5620	36620	430	7930	4102	1890	984
山 东 Shandong	76710	6193	54779	993	7932	6813	8382	813
河 南 Henan	110066	8115	68250	2924	19326	11451	10832	810
湖 北 Hubei	51050	3611	27360	1110	11863	7106	4532	744
湖 南 Hunan	84836	5968	42320	1953	22075	12520	2774	286
广 东 Guangdong	103847	6129	60392	2211	21781	13334	411	196
广 西 Guangxi	60610	5337	32357	1107	13096	8713	1926	1450
海 南 Hainan	15262	1246	7262	545	3522	2687	99	186
重 庆 Chongqing	25477	2061	13491	434	6186	3305	2063	333
四 川 Sichuan	77606	6348	47910	949	12796	9603	5822	2724
贵 州 Guizhou	56616	3019	35210	835	12950	4602	1408	1091
云 南 Yunnan	32668	2142	21236	505	4431	4354	280	1249
西 藏 Tibet	1328	91	1163	1	53	20	40	
陕 西 Shaanxi	62199	3954	40015	1455	9578	7197	3794	133
甘 肃 Gansu	20732	1562	15936	236	1583	1415	806	1400
青 海 Qinghai	5725	364	3639	54	802	866	298	1
宁 夏 Ningxia	5603	397	3237	136	898	935	1111	157
新 疆 Xinjiang	16969	769	12404	130	1764	1902	995	53

幼儿园教职工数(镇乡结合区)
Number of Educational Personnel in Kindergarten (County-town Transitional Area)

单位:人
unit:person

地　区 Region	教职工数 Educational Personnel						代课教师 Substitute Teachers	兼任教师 Part-time Teachers
	合计 Total	园长 Kindergarten Heads	专任教师 Full-time Teachers	保健医 Health Physician	保育员 Caretaker	其他 Other		
总　计 Total	**347848**	**27060**	**208993**	**7697**	**63195**	**40903**	**21797**	**3164**
北　京 Beijing	1074	48	697	31	123	175		31
天　津 Tianjin	842	112	589	24	59	58	449	
河　北 Hebei	29400	2569	20107	565	3843	2316	2162	119
山　西 Shanxi	9208	805	6329	150	1024	900	2435	84
内蒙古 Inner Mongolia	2432	175	1515	48	356	338	71	8
辽　宁 Liaoning	2144	359	1452	25	164	144	16	63
吉　林 Jilin	1560	158	897	79	244	182	23	15
黑龙江 Heilongjiang	2056	250	1223	108	276	199	92	9
上　海 Shanghai	2439	87	1274	91	517	470	39	1
江　苏 Jiangsu	23602	999	14540	585	5483	1995	2485	50
浙　江 Zhejiang	25811	1370	13362	888	5437	4754		242
安　徽 Anhui	9033	721	5657	264	1598	793	374	73
福　建 Fujian	14394	1066	8201	253	2717	2157	1234	35
江　西 Jiangxi	9716	1305	6188	79	1302	842	364	286
山　东 Shandong	31596	2950	22830	365	2989	2462	3812	191
河　南 Henan	37944	3145	22640	1097	6976	4086	3058	157
湖　北 Hubei	11473	888	6021	249	2752	1563	959	128
湖　南 Hunan	23193	1897	11215	577	5983	3521	948	43
广　东 Guangdong	37372	2208	21662	862	7965	4675	72	70
广　西 Guangxi	11070	1137	5706	225	2365	1637	246	205
海　南 Hainan	2101	180	991	75	466	389	7	24
重　庆 Chongqing	4631	442	2266	74	1166	683	353	39
四　川 Sichuan	14559	1355	8181	275	2654	2094	894	581
贵　州 Guizhou	9352	561	5701	144	2215	731	377	190
云　南 Yunnan	8143	641	5005	125	1189	1183	51	166
西　藏 Tibet	178	14	132		30	2	2	
陕　西 Shaanxi	14550	994	8736	356	2540	1924	748	35
甘　肃 Gansu	4047	371	3034	40	355	247	215	303
青　海 Qinghai	1176	91	765	12	144	164	64	
宁　夏 Ningxia	561	56	299	20	100	86	183	10
新　疆 Xinjiang	2191	106	1778	11	163	133	64	6

幼儿园教职工数(乡村)
Number of Educational Personnel in Kindergarten (Rural Area)

单位:人
unit:person

地 区 Region	教职工数 Educational Personnel						代课教师 Substitute Teachers	兼任教师 Part-time Teachers
	合计 Total	园长 Kindergarten Heads	专任教师 Full-time Teachers	保健医 Health Physician	保育员 Caretaker	其他 Other		
总 计 Total	**612659**	**68656**	**370517**	**12479**	**99096**	**61911**	**45474**	**14200**
北 京 Beijing	3553	229	2158	115	415	636		119
天 津 Tianjin	2018	279	1363	63	226	87	863	3
河 北 Hebei	40506	5374	29150	592	3370	2020	6680	217
山 西 Shanxi	11655	2149	7611	120	950	825	3757	155
内蒙古 Inner Mongolia	6770	826	4125	124	835	860	311	20
辽 宁 Liaoning	9579	1344	6552	118	777	788	66	288
吉 林 Jilin	5196	674	3036	254	759	473	111	37
黑龙江 Heilongjiang	6788	1204	3861	325	885	513	296	76
上 海 Shanghai	1781	76	1074	67	311	253	43	
江 苏 Jiangsu	22435	1172	13499	571	5486	1707	3479	56
浙 江 Zhejiang	27905	1894	14341	970	5415	5285		148
安 徽 Anhui	25325	2636	15757	702	4239	1991	1849	290
福 建 Fujian	18053	1696	10420	322	2993	2622	1653	67
江 西 Jiangxi	21434	4080	13143	136	2430	1645	1489	627
山 东 Shandong	45267	6754	31336	526	3787	2864	6722	89
河 南 Henan	85615	8786	50690	2632	15371	8136	7196	658
湖 北 Hubei	23369	2119	11677	579	5735	3259	2213	608
湖 南 Hunan	37603	4299	17605	980	9300	5419	1220	142
广 东 Guangdong	41527	3135	24306	855	8313	4918	178	282
广 西 Guangxi	28769	4024	14429	505	5743	4068	765	734
海 南 Hainan	3973	366	1869	129	868	741	20	87
重 庆 Chongqing	6108	834	2811	118	1538	807	476	109
四 川 Sichuan	22795	3650	12849	270	3384	2642	1263	4900
贵 州 Guizhou	30207	2258	19639	294	6706	1310	1228	1298
云 南 Yunnan	20175	2903	11805	284	2706	2477	222	1872
西 藏 Tibet	1359	88	1264		4	3	261	7
陕 西 Shaanxi	22503	2045	13126	604	4004	2724	732	13
甘 肃 Gansu	12777	1987	9071	100	699	920	770	1087
青 海 Qinghai	5372	581	3183	41	797	770	261	9
宁 夏 Ningxia	2179	234	1262	52	317	314	362	47
新 疆 Xinjiang	20063	960	17505	31	733	834	988	155

幼儿园女
Number of Female Educational

地 区 Region	教职工数 Educational Personnel		
	合计 Total	园长 Kindergarten Heads	专任教师 Full-time Teachers
总 计 Total	**3512926**	**239979**	**2184795**
北 京 Beijing	60194	2187	35246
天 津 Tianjin	24715	1934	15770
河 北 Hebei	147770	11423	102679
山 西 Shanxi	74247	5827	50369
内蒙古 Inner Mongolia	57187	3364	37784
辽 宁 Liaoning	101596	9279	65262
吉 林 Jilin	48932	4456	29132
黑龙江 Heilongjiang	57392	5798	33182
上 海 Shanghai	55680	1996	37803
江 苏 Jiangsu	221676	9083	135411
浙 江 Zhejiang	206241	9078	118570
安 徽 Anhui	115210	8216	74359
福 建 Fujian	128640	8785	78910
江 西 Jiangxi	109990	11947	74342
山 东 Shandong	223376	17596	160575
河 南 Henan	272015	19470	175965
湖 北 Hubei	137517	9412	76656
湖 南 Hunan	176457	13580	93708
广 东 Guangdong	432926	24166	252371
广 西 Guangxi	130060	12120	73273
海 南 Hainan	33722	2838	17930
重 庆 Chongqing	74083	5616	40531
四 川 Sichuan	168201	14023	104151
贵 州 Guizhou	112394	6133	70406
云 南 Yunnan	80600	5897	51503
西 藏 Tibet	4067	246	3316
陕 西 Shaanxi	126014	6894	80859
甘 肃 Gansu	50543	4156	36755
青 海 Qinghai	14727	1010	9373
宁 夏 Ningxia	14696	912	9152
新 疆 Xinjiang	52058	2537	39452

教职工数
Personnel in Kindergarten

单位：人
unit:person

保健医 Health Physician	保育员 Caretaker	其他 Other	代课教师 Substitute Teachers	兼任教师 Part-time Teachers
84690	**695391**	**308071**	**163682**	**31424**
2699	10632	9430		762
829	3578	2604	2433	112
3013	20588	10067	13205	378
1465	9979	6607	15604	1194
1427	8507	6105	3090	118
1723	15840	9492	224	902
1906	9271	4167	663	276
2838	10115	5459	2238	396
2114	7941	5826	1745	121
6204	54800	16178	17871	570
6958	47439	24196		648
2915	22598	7122	6780	782
2871	27077	10997	8511	172
931	17166	5604	3914	1870
3660	27289	14256	19548	1261
6937	52049	17594	22497	1442
3481	34921	13047	8906	1329
4318	49077	15774	4176	558
11505	99160	45724	1168	815
2441	29027	13199	2978	2420
1340	7923	3691	141	506
1794	18696	7446	3301	524
2775	32025	15227	9018	5582
1736	27458	6661	2472	2266
1560	13089	8551	494	3223
18	332	155	248	18
3371	23215	11675	4873	139
769	5096	3767	1707	2619
139	2389	1816	461	17
353	2308	1971	2705	186
600	5806	3663	2711	218

幼儿园园长、专任教师学历、

Number of Kindergarten Heads, Full-time Teachers by Educational

地 区 Region	合计 Total	按学历分 By Educatinal Attainment			
		研究生毕业 Graduate	本科毕业 Under-graduate	专科毕业 Associate Bachelor	高中阶段毕业 High School Graduate
总 计 Total	**2498783**	**6654**	**522639**	**1408570**	**513707**
北 京 Beijing	38367	498	15126	18797	3734
天 津 Tianjin	18425	331	8951	6390	2430
河 北 Hebei	120295	260	21761	67170	29374
山 西 Shanxi	57873	115	12705	31852	12344
内蒙古 Inner Mongolia	43424	233	15525	22556	4895
辽 宁 Liaoning	76171	369	13189	44225	15944
吉 林 Jilin	34431	255	9388	17259	6781
黑龙江 Heilongjiang	40539	88	10025	22644	6656
上 海 Shanghai	40299	317	28163	10295	1501
江 苏 Jiangsu	147220	488	62373	75809	8057
浙 江 Zhejiang	129355	281	45071	71536	12320
安 徽 Anhui	85051	132	15093	57383	11731
福 建 Fujian	88298	72	16512	45663	23882
江 西 Jiangxi	88456	71	8502	48421	25065
山 东 Shandong	184931	497	34988	104424	40506
河 南 Henan	200896	468	26850	117687	49514
湖 北 Hubei	88617	198	13534	46494	25897
湖 南 Hunan	109589	171	10994	66040	30053
广 东 Guangdong	281828	554	32180	167204	77813
广 西 Guangxi	87074	135	12288	50346	19755
海 南 Hainan	21164	44	2810	12763	4967
重 庆 Chongqing	47103	127	7612	29471	9278
四 川 Sichuan	120621	220	17816	78472	23932
贵 州 Guizhou	80478	47	14011	44626	21127
云 南 Yunnan	60610	124	14111	32129	12709
西 藏 Tibet	4055	5	1179	2546	264
陕 西 Shaanxi	92412	307	22615	54407	14443
甘 肃 Gansu	44580	155	15399	22608	6052
青 海 Qinghai	11468	23	2178	6481	2487
宁 夏 Ningxia	10580	34	1924	7059	1451
新 疆 Xinjiang	44573	35	9766	25813	8745

专业技术职务情况(总计)
Attainment and Professional Rank(Total)

单位:人
unit: person

	按专业技术职务分 By Professional Rank					
高中阶段以下毕业 Below High School Graduate	中学高级 Senior Secondary	小学高级 Senior Primary	小学一级 1st Grade Primary	小学二级 2nd Grade Primary	小学三级 3rd Grade Primary	未定职级 No-ranking
47213	**19242**	**222553**	**294687**	**117494**	**22130**	**1822677**
212	436	5139	7842	2870	486	21594
323	381	4427	3122	320	43	10132
1730	1343	20868	18075	3259	570	76180
857	182	6455	9291	2395	470	39080
215	2113	5582	5782	1560	56	28331
2444	1148	7360	3988	906	685	62084
748	603	4386	3305	1273	120	24744
1126	1065	5767	5237	942	454	27074
23	701	9783	15119	3143	333	11220
493	1833	17151	25929	16553	109	85645
147	1053	13322	36555	8194	685	69546
712	288	7328	8242	4625	616	63952
2169	352	7789	7997	5616	1097	65447
6397	698	4013	4633	2414	541	76157
4516	1454	12732	15613	7810	1521	145801
6377	1100	11705	16478	9231	130	162252
2494	799	8609	8698	4427	1450	64634
2331	416	4433	7201	2604	877	94058
4077	458	14787	16915	8907	3735	237026
4550	279	5487	5272	3224	888	71924
580	41	725	1522	1106	108	17662
615	227	2192	3337	896	567	39884
181	575	8260	15104	1733	230	94719
667	103	6786	6466	6329	2282	58512
1537	253	9448	7238	3262	591	39818
61	28	636	1288	250	80	1773
640	375	6490	12391	5134	1668	66354
366	320	6096	10789	1855	140	25380
299	105	804	543	315	186	9515
112	108	1092	1000	291	29	8060
214	405	2901	9715	6050	1383	24119

幼儿园园长、专任教师学历、
Breakdown of Kindergarten Heads, Full-time Teachers by Educational

地　区 Region	合计 Total	按学历分 By Educatinal Attainment			
		研究生毕业 Graduate	本科毕业 Under-graduate	专科毕业 Associate Bachelor	高中阶段毕业 High School Graduate
总　计 Total	**1153335**	**5370**	**293797**	**665117**	**178808**
北　京 Beijing	32018	462	12355	15750	3292
天　津 Tianjin	15016	324	7963	5126	1417
河　北 Hebei	37659	171	8859	22410	6075
山　西 Shanxi	24904	88	6124	14235	4217
内蒙古 Inner Mongolia	18490	177	6714	9943	1598
辽　宁 Liaoning	52594	331	10566	32646	8392
吉　林 Jilin	18680	182	5371	9562	3283
黑龙江 Heilongjiang	21431	77	5784	12357	2824
上　海 Shanghai	32886	282	22961	8468	1162
江　苏 Jiangsu	73710	412	37550	34057	1645
浙　江 Zhejiang	70890	250	28158	36885	5552
安　徽 Anhui	26944	80	6457	18196	2116
福　建 Fujian	42258	57	9342	22465	9800
江　西 Jiangxi	28993	45	4034	17670	6164
山　东 Shandong	85869	380	20483	51379	12697
河　南 Henan	65055	316	12553	41004	10443
湖　北 Hubei	43850	168	9148	24889	9006
湖　南 Hunan	39397	144	5629	26317	6899
广　东 Guangdong	187866	522	25139	113116	47194
广　西 Guangxi	30927	94	6183	19445	4765
海　南 Hainan	10421	38	1392	6763	2111
重　庆 Chongqing	27906	101	5230	18174	4272
四　川 Sichuan	49864	152	8746	34516	6423
贵　州 Guizhou	20352	14	3669	11881	4718
云　南 Yunnan	22524	117	6503	12493	3219
西　藏 Tibet	1449	4	440	804	153
陕　西 Shaanxi	33272	233	7296	21593	3854
甘　肃 Gansu	16024	83	4123	9559	2138
青　海 Qinghai	3701	10	657	2309	658
宁　夏 Ningxia	5450	30	1132	3665	572
新　疆 Xinjiang	12935	26	3236	7440	2149

专业技术职务情况（城区）
Attainment and Profession Rank（Urban Area）

单位：人
unit：person

	按专业技术职务分 By Professional Rank					
高中阶段以下毕业 Below High School Graduate	中学高级 Senior Secondary	小学高级 Senior Primary	小学一级 1st Grade Primary	小学二级 2nd Grade Primary	小学三级 3rd Grade Primary	未定职级 No-ranking
10243	**10392**	**103520**	**139377**	**52989**	**10115**	**836942**
159	390	4231	5976	2426	448	18547
186	285	3643	2897	295	38	7858
144	469	5469	4593	871	215	26042
240	88	2785	3312	1266	304	17149
58	777	1923	2218	671	20	12881
659	674	4853	2795	581	466	43225
282	261	1832	1475	375	69	14668
389	547	2892	2117	411	320	15144
13	588	8196	12055	2783	288	8976
46	1254	9875	15146	8541	103	38791
45	780	8705	21124	3914	161	36206
95	174	2586	2557	1398	214	20015
594	243	3384	4025	2472	451	31683
1080	287	1604	2412	808	129	23753
930	748	5393	7109	3683	713	68223
739	566	4915	6298	3681	107	49488
639	556	4474	4572	2386	722	31140
408	230	1675	2818	900	234	33540
1895	310	8340	12596	6807	2829	156984
440	133	2093	2288	1428	359	24626
117	27	349	572	386	79	9008
129	140	1251	1748	519	321	23927
27	197	3296	6489	951	138	38793
70	34	1100	1395	840	241	16742
192	88	3050	2816	1468	266	14836
48	17	229	286	54	1	862
296	142	1708	3145	1363	387	26527
121	128	1781	2110	433	59	11513
67	40	216	237	114	112	2982
51	62	503	436	145	22	4282
84	157	1169	1760	1019	299	8531

幼儿园园长、专任教师学历、
Breakdown of Kindergarten Heads, Full-time Teachers by Educational

地 区 Region	合计 Total	按学历分 By Educatinal Attainment			
		研究生毕业 Graduate	本科毕业 Under-graduate	专科毕业 Associate Bachelor	高中阶段毕业 High School Graduate
总 计 Total	**184149**	**328**	**31393**	**108826**	**40875**
北 京 Beijing	1915	15	603	1020	225
天 津 Tianjin	1249	10	184	619	367
河 北 Hebei	7401	18	1454	4255	1620
山 西 Shanxi	3412	6	723	1965	676
内蒙古 Inner Mongolia	566	2	167	318	79
辽 宁 Liaoning	3565	4	541	1972	957
吉 林 Jilin	828	6	230	376	194
黑龙江 Heilongjiang	1207		403	584	193
上 海 Shanghai	2578	16	1255	946	355
江 苏 Jiangsu	7642	10	3206	4189	227
浙 江 Zhejiang	16883	15	4696	9967	2175
安 徽 Anhui	2788	3	482	1983	303
福 建 Fujian	6357	3	970	3400	1883
江 西 Jiangxi	3972	4	339	2203	1216
山 东 Shandong	20546	51	3948	12176	3964
河 南 Henan	8972	33	1301	5356	2108
湖 北 Hubei	5872	12	904	3378	1458
湖 南 Hunan	4524	10	526	3043	908
广 东 Guangdong	57498	60	5273	34645	16641
广 西 Guangxi	4644	10	555	2846	1089
海 南 Hainan	781	8	73	466	215
重 庆 Chongqing	1780	2	211	1123	428
四 川 Sichuan	5121	5	666	3698	745
贵 州 Guizhou	1887	1	326	1000	553
云 南 Yunnan	3841	7	786	2297	688
西 藏 Tibet	25		2	19	1
陕 西 Shaanxi	4724	11	904	2907	827
甘 肃 Gansu	1519	5	296	922	284
青 海 Qinghai	319		26	169	122
宁 夏 Ningxia	339		66	212	44
新 疆 Xinjiang	1394	1	277	772	330

专业技术职务情况（城乡结合区）
Attainment and Professional Rank (Urban-rural Transitional Area)

单位：人
unit: person

高中阶段以下毕业 Below High School Graduate	按专业技术职务分 By Professional Rank					
	中学高级 Senior Secondary	小学高级 Senior Primary	小学一级 1st Grade Primary	小学二级 2nd Grade Primary	小学三级 3rd Grade Primary	未定职级 No-ranking
2727	**925**	**8871**	**15012**	**6767**	**1583**	**150991**
52	16	155	284	96	48	1316
69	6	16	14			1213
54	119	1149	915	91	31	5096
42	10	325	451	207	21	2398
	12	23	66	2		463
91	31	228	127	18	42	3119
22	14	56	56	6	1	695
27	52	325	168	12	5	645
6	32	324	661	105	8	1448
10	75	480	1180	1047	4	4856
30	122	1061	3664	950	29	11057
17	9	168	173	78	12	2348
101	14	316	476	314	46	5191
210	23	73	191	60	4	3621
407	174	1073	1284	673	189	17153
174	45	339	513	419	2	7654
120	40	348	342	190	28	4924
37	9	104	239	73	19	4080
879	48	1289	2430	1551	756	51424
144	20	145	176	140	74	4089
19	4	4	16	22		735
16	2	29	65	24	42	1618
7	8	114	241	68	3	4687
7	2	84	100	43	36	1622
63	8	297	290	201	52	2993
3		1	2	11		11
75	10	178	425	179	76	3856
12	1	88	163	28		1239
2	1	1	8	3	7	299
17		12	22	2	3	300
14	18	66	270	154	45	841

幼儿园园长、专任教师学历、

Breakdown of Kindergarten Heads, Full-time Teachers by Educational

地 区 Region	合计 Total	按学历分 By Educatinal Attainment			
		研究生毕业 Graduate	本科毕业 Under-graduate	专科毕业 Associate Bachelor	高中阶段毕业 High School Graduate
总 计 Total	**906275**	**1001**	**172683**	**514582**	**199122**
北 京 Beijing	3962	29	1755	1900	258
天 津 Tianjin	1767	3	504	704	488
河 北 Hebei	48112	66	8131	26878	12195
山 西 Shanxi	23209	24	5260	12891	4765
内蒙古 Inner Mongolia	19983	44	7475	10050	2316
辽 宁 Liaoning	15681	26	1943	7980	4742
吉 林 Jilin	12041	68	3154	5926	2625
黑龙江 Heilongjiang	14043	9	3388	7680	2552
上 海 Shanghai	6263	32	4486	1463	272
江 苏 Jiangsu	58839	67	21409	32792	4319
浙 江 Zhejiang	42230	23	12690	25102	4372
安 徽 Anhui	39714	49	6487	27347	5487
福 建 Fujian	33924	12	5942	17511	9612
江 西 Jiangxi	42240	23	3522	23101	12652
山 东 Shandong	60972	98	10864	34323	14127
河 南 Henan	76365	105	9744	45438	18822
湖 北 Hubei	30971	18	3250	15520	11060
湖 南 Hunan	48288	18	4162	28288	14702
广 东 Guangdong	66521	21	5331	39107	20530
广 西 Guangxi	37694	31	4887	21752	9064
海 南 Hainan	8508	3	1110	4694	2328
重 庆 Chongqing	15552	25	2070	9405	3757
四 川 Sichuan	54258	60	7944	34866	11301
贵 州 Guizhou	38229	21	6861	21369	9702
云 南 Yunnan	23378	4	5723	12445	4721
西 藏 Tibet	1254		432	766	54
陕 西 Shaanxi	43969	58	12522	24381	6848
甘 肃 Gansu	17498	49	6981	8228	2124
青 海 Qinghai	4003	10	925	2274	756
宁 夏 Ningxia	3634	2	614	2482	490
新 疆 Xinjiang	13173	3	3117	7919	2081

专业技术职务情况(镇区)
Attainment and Professional Rank (Counties & Towns Area)

单位:人
unit:person

高中阶段以下毕业 Below High School Graduate	按专业技术职务分 By Professional Rank 中学高级 Senior Secondary	小学高级 Senior Primary	小学一级 1st Grade Primary	小学二级 2nd Grade Primary	小学三级 3rd Grade Primary	未定职级 No-ranking
18887	**6693**	**85189**	**108395**	**43774**	**7860**	**654364**
20	29	493	1220	265	18	1937
68	36	282	92	16	1	1340
842	483	7496	6557	1336	191	32049
269	71	2791	4427	913	127	14880
98	1048	2939	2909	650	24	12413
990	327	1803	796	185	144	12426
268	267	1786	1311	771	48	7858
414	371	1915	2209	422	106	9020
10	92	1374	2676	301	36	1784
252	534	6143	9013	6679	1	36469
43	243	3745	11634	3088	372	23148
344	76	3368	3736	2255	294	29985
847	103	3659	3279	2343	441	24099
2942	319	1832	1694	1147	296	36952
1560	537	4558	5325	2725	555	47272
2256	371	4913	6630	3543	10	60898
1123	194	3156	3171	1425	536	22489
1118	147	2073	3067	1172	449	41380
1532	96	4631	3096	1597	730	56371
1960	104	2892	2335	1204	342	30817
373	11	299	769	566	18	6845
295	68	805	1333	328	194	12824
87	326	4571	7311	556	57	41437
276	38	3778	3317	3430	1204	26462
485	127	4846	3193	1080	198	13934
2	7	209	536	119	44	339
160	218	3920	7491	2998	1047	28295
116	148	2747	5594	864	29	8116
38	54	453	247	114	39	3096
46	34	399	386	96	7	2712
53	214	1313	3041	1586	302	6717

幼儿园园长、专任教师学历、
Breakdown of Kindergarten Heads, Full-time Teachers by Educational

地　区 Region	合计 Total	按学历分 By Educatinal Attainment			
		研究生毕业 Graduate	本科毕业 Under-graduate	专科毕业 Associate Bachelor	高中阶段毕业 High School Graduate
总　计 Total	**236053**	**220**	**36503**	**132781**	**60486**
北　京 Beijing	745	4	346	337	48
天　津 Tianjin	701	1	158	250	257
河　北 Hebei	22676	17	3123	12589	6470
山　西 Shanxi	7134	4	1352	4104	1548
内蒙古 Inner Mongolia	1690	2	608	825	245
辽　宁 Liaoning	1811	3	193	882	623
吉　林 Jilin	1055	3	321	530	178
黑龙江 Heilongjiang	1473	1	291	758	342
上　海 Shanghai	1361	11	712	513	117
江　苏 Jiangsu	15539	14	5241	8991	1220
浙　江 Zhejiang	14732	5	3467	9294	1944
安　徽 Anhui	6378	6	892	4482	910
福　建 Fujian	9267	8	1354	4605	3004
江　西 Jiangxi	7493	3	506	3803	2496
山　东 Shandong	25780	30	3585	14119	7125
河　南 Henan	25785	41	2632	14774	7418
湖　北 Hubei	6909	8	538	3156	2888
湖　南 Hunan	13112	3	1000	7484	4296
广　东 Guangdong	23870	8	1835	13597	7784
广　西 Guangxi	6843	8	689	3830	1884
海　南 Hainan	1171		154	725	256
重　庆 Chongqing	2708	2	239	1609	818
四　川 Sichuan	9536	17	1046	6165	2286
贵　州 Guizhou	6262	5	987	3515	1700
云　南 Yunnan	5646	1	1005	2971	1497
西　藏 Tibet	146		40	94	12
陕　西 Shaanxi	9730	10	2187	5424	2047
甘　肃 Gansu	3405	5	1385	1503	473
青　海 Qinghai	856		123	496	227
宁　夏 Ningxia	355		54	243	49
新　疆 Xinjiang	1884		440	1113	324

专业技术职务情况(镇乡结合区)
Attainment and Professional Rank (Country-town Transitional Area)

单位:人
unit:person

	按专业技术职务分 By Professional Rank					
高中阶段以下毕业 Below High School Graduate	中学高级 Senior Secondary	小学高级 Senior Primary	小学一级 1st Grade Primary	小学二级 2nd Grade Primary	小学三级 3rd Grade Primary	未定职级 No-ranking
6063	**1252**	**17386**	**23844**	**10046**	**1621**	**181904**
10	1	132	204	31	2	375
35	13	99	37	6		546
477	197	3591	3095	625	106	15062
126	31	766	1214	260	56	4807
10	118	251	194	52		1075
110	30	160	101	25	27	1468
23	33	196	153	44	6	623
81	29	168	171	38	19	1048
8	18	185	362	74	18	704
73	152	1413	2301	1908		9765
22	45	765	3340	1136	107	9339
88	8	424	475	265	17	5189
296	25	733	679	438	103	7289
685	32	206	215	203	56	6781
921	188	1696	1886	834	185	20991
920	102	998	1437	861	1	22386
319	35	483	638	320	65	5368
329	38	453	808	433	162	11218
646	16	1225	1018	490	236	20885
432	14	307	350	202	72	5898
36		25	108	43	1	994
40	6	51	127	20	19	2485
22	29	407	773	65	1	8261
55	4	505	423	391	158	4781
172	17	818	580	213	10	4008
	2	26	66	4		48
62	26	693	1453	548	141	6869
39	17	448	1056	142		1742
10	5	30	14	7		800
9	4	23	43	12		273
7	17	109	523	356	53	826

幼儿园园长、专任教师学历、

Breakdown of Kindergarten Heads, Full-time Teachers by Educational

地　区 Region	合计 Total	按学历分 By Educatinal Attainment			
		研究生毕业 Graduate	本科毕业 Under-graduate	专科毕业 Associate Bachelor	高中阶段毕业 High School Graduate
总　计 Total	**439173**	**283**	**56159**	**228871**	**135777**
北　京 Beijing	2387	7	1016	1147	184
天　津 Tianjin	1642	4	484	560	525
河　北 Hebei	34524	23	4771	17882	11104
山　西 Shanxi	9760	3	1321	4726	3362
内蒙古 Inner Mongolia	4951	12	1336	2563	981
辽　宁 Liaoning	7896	12	680	3599	2810
吉　林 Jilin	3710	5	863	1771	873
黑龙江 Heilongjiang	5065	2	853	2607	1280
上　海 Shanghai	1150	3	716	364	67
江　苏 Jiangsu	14671	9	3414	8960	2093
浙　江 Zhejiang	16235	8	4223	9549	2396
安　徽 Anhui	18393	3	2149	11840	4128
福　建 Fujian	12116	3	1228	5687	4470
江　西 Jiangxi	17223	3	946	7650	6249
山　东 Shandong	38090	19	3641	18722	13682
河　南 Henan	59476	47	4553	31245	20249
湖　北 Hubei	13796	12	1136	6085	5831
湖　南 Hunan	21904	9	1203	11435	8452
广　东 Guangdong	27441	11	1710	14981	10089
广　西 Guangxi	18453	10	1218	9149	5926
海　南 Hainan	2235	3	308	1306	528
重　庆 Chongqing	3645	1	312	1892	1249
四　川 Sichuan	16499	8	1126	9090	6208
贵　州 Guizhou	21897	12	3481	11376	6707
云　南 Yunnan	14708	3	1885	7191	4769
西　藏 Tibet	1352	1	307	976	57
陕　西 Shaanxi	15171	16	2797	8433	3741
甘　肃 Gansu	11058	23	4295	4821	1790
青　海 Qinghai	3764	3	596	1898	1073
宁　夏 Ningxia	1496	2	178	912	389
新　疆 Xinjiang	18465	6	3413	10454	4515

专业技术职务情况(乡村)
Attainment and Professional Rank (Rural Area)

单位:人
unit:person

高中阶段以下毕业 Below High School Graduate	按专业技术职务分 By Professional Rank					
	中学高级 Senior Secondary	小学高级 Senior Primary	小学一级 1st Grade Primary	小学二级 2nd Grade Primary	小学三级 3rd Grade Primary	未定职级 No-ranking
18083	**2157**	**33844**	**46915**	**20731**	**4155**	**331371**
33	17	415	646	179	20	1110
69	60	502	133	9	4	934
744	391	7903	6925	1052	164	18089
348	23	879	1552	216	39	7051
59	288	720	655	239	12	3037
795	147	704	397	140	75	6433
198	75	768	519	127	3	2218
323	147	960	911	109	28	2910
	21	213	388	59	9	460
195	45	1133	1770	1333	5	10385
59	30	872	3797	1192	152	10192
273	38	1374	1949	972	108	13952
728	6	746	693	801	205	9665
2375	92	577	527	459	116	15452
2026	169	2781	3179	1402	253	30306
3382	163	1877	3550	2007	13	51866
732	49	979	955	616	192	11005
805	39	685	1316	532	194	19138
650	52	1816	1223	503	176	23671
2150	42	502	649	592	187	16481
90	3	77	181	154	11	1809
191	19	136	256	49	52	3133
67	52	393	1304	226	35	14489
321	31	1908	1754	2059	837	15308
860	38	1552	1229	714	127	11048
11	4	198	466	77	35	572
184	15	862	1755	773	234	11532
129	44	1568	3085	558	52	5751
194	11	135	59	87	35	3437
15	12	190	178	50		1066
77	34	419	4914	3445	782	8871

幼儿园校舍及其他
Statistics of Kindergarten Buildings

地区 Region	校舍建筑面积 Floor Space	教学及辅助用房 Teaching & Assistant Buildings				
		合计 Total	其中：of Which：			
			活动室 Recreational	洗手间 Toilet	睡眠室 Bed Room	保健室 Health Care
总　计 Total	**286993542.42**	**199508524.31**	**116609983.13**	**19028665.84**	**49986266.31**	**5939435.29**
北　京 Beijing	4161257.52	2470168.39	1300769.00	287182.27	746720.40	57711.30
天　津 Tianjin	1886424.79	1239366.17	738947.38	140437.14	293691.06	32158.95
河　北 Hebei	11809361.40	8441185.49	5076803.06	795916.79	1903997.06	289348.13
山　西 Shanxi	6183483.35	4144022.32	2570859.77	411356.82	859526.16	126862.71
内蒙古 Inner Mongolia	5241137.65	3412546.88	1979588.76	327149.46	883795.45	90960.59
辽　宁 Liaoning	6838336.94	4742609.81	2735893.43	461793.84	1165310.00	163530.15
吉　林 Jilin	3031297.15	2104701.45	1198544.27	191366.94	554352.70	76921.20
黑龙江 Heilongjiang	4249906.30	2845873.61	1579877.20	268351.24	749091.89	120436.27
上　海 Shanghai	5972264.55	3758468.46	2490929.36	349895.15	754167.92	77088.01
江　苏 Jiangsu	21938939.39	15126551.22	8959426.38	1502171.75	3712376.48	358538.27
浙　江 Zhejiang	16537303.04	10900161.53	6361815.04	1083188.96	2898295.62	227012.36
安　徽 Anhui	9403793.13	6882776.25	4205846.03	670539.18	1463062.64	236795.82
福　建 Fujian	10093326.08	6830185.09	4170269.52	710637.46	1610116.50	143643.06
江　西 Jiangxi	11264945.19	8207969.86	4550786.08	757290.84	2256648.45	282424.10
山　东 Shandong	20453278.85	14015880.40	8707493.04	1365739.66	2903700.33	423987.42
河　南 henan	20242094.15	14898399.87	8851316.68	1470288.47	3411801.21	496241.48
湖　北 Hubei	10841374.31	7785624.93	4307311.88	799167.48	2066529.33	275342.14
湖　南 Hunan	14801676.82	10669077.68	5636906.34	1047100.55	3041498.29	438422.64
广　东 Guangdong	31839405.57	21117220.96	12890634.89	1735817.62	5165283.19	487111.76
广　西 Guangxi	9848140.51	7300431.22	3978133.79	666147.26	2195472.68	202504.72
海　南 Hainan	2460139.65	1728857.19	946720.74	175275.84	484296.25	52488.94
重　庆 Chongqing	5366249.36	3970241.38	2311609.64	355700.67	1029708.68	119045.79
四　川 Sichuan	12971525.49	9568389.42	5644405.41	883948.45	2395693.30	266237.40
贵　州 guizhou	7969753.06	5636634.23	2987435.30	556965.12	1655512.92	200348.85
云　南 Yunnan	7726936.05	5425117.77	3028414.80	448121.80	1586203.35	165012.49
西　藏 Tibet	887133.54	504693.80	271717.39	55305.49	134096.59	22598.91
陕　西 Shaanxi	9496833.49	6552767.36	3763807.91	664245.41	1621732.89	218303.17
甘　肃 Gansu	4681897.84	3240288.63	2120253.94	295710.32	598851.39	104939.82
青　海 Qinghai	1354000.38	887095.74	519508.93	79268.63	230166.74	26708.84
宁　夏 Ningxia	1575033.06	1078565.73	609325.04	118258.63	287003.32	29696.54
新　疆 Xinjiang	5866293.81	4022651.47	2114632.13	354326.60	1327563.52	127013.45

情况(总计)(一)
and Others (Total)(1)

单位:平方米
unit: m^2

	行政办公用房 Administrative		生活用房 Residential and Welfare		其他用房 for Other Purposes	校舍面积中 of Floor Space	
图书室 Reading Room	合计 Total	其中:教师办公室 of Which: Office	合计 Total	其中:厨房 of Which: Kitchen		危房面积 Floor Space of Dilapidated Buildings	当年新增校舍 New Added in Current Year
7944173.75	**19813072.68**	**11558992.56**	**29921082.64**	**14209658.55**	**37750862.79**	**746535.08**	**14180677.54**
77785.42	339259.59	151505.82	511890.05	244410.70	839939.49		197229.85
34131.64	151982.52	73778.49	207618.84	108929.48	287457.26		65689.37
375120.45	898774.17	526515.83	1133552.40	506290.47	1335849.34	4901.10	926588.76
175416.86	584540.90	376906.63	577499.76	272220.82	877420.37	25698.06	291555.33
131052.62	397178.95	229334.74	633372.08	302610.38	798039.74		270292.96
216082.39	468490.34	260084.64	724100.28	420846.89	903136.51	4821.00	118107.50
83516.34	192756.20	120326.41	288923.09	156470.89	444916.41	59.00	113049.46
128117.01	320949.91	184903.38	501411.35	252168.84	581671.43	27310.83	81940.42
86388.02	439285.53	170878.82	739955.40	261677.57	1034555.16		193540.63
594038.34	1460938.59	729807.04	2106226.69	973062.50	3245222.89		568846.19
329849.55	1066825.89	550515.97	1647962.77	837788.76	2922352.85		966208.89
306532.58	689891.35	432835.37	835277.49	419336.26	995848.04	15029.00	449324.15
195518.55	630122.95	374061.41	964232.77	466959.70	1668785.27	16171.00	408528.70
360820.39	709162.47	451976.26	1086375.86	528184.42	1261437.00	36174.00	750653.16
614959.95	1516946.86	904094.31	1893193.95	934634.61	3027257.64	1925.00	563845.14
668752.03	1606076.75	1011575.98	1798039.28	970962.82	1939578.25	28619.81	586746.39
337274.10	714284.02	424499.89	1187147.54	589349.69	1154317.82	49585.00	378765.82
505149.86	1019820.37	653239.56	1551330.15	741735.54	1561448.62	43900.13	386477.28
838373.50	1688801.99	937110.10	3966017.29	1500861.39	5067365.33	47051.30	779501.52
258172.77	494500.53	328442.38	1092009.36	612703.36	961199.40	82317.40	437186.90
70075.42	135825.79	82610.06	297832.52	135113.04	297624.15	18554.50	93056.86
154176.60	306150.52	185635.21	513202.61	255667.21	576654.85	56082.84	151075.94
378104.86	787435.29	479918.73	1326710.37	645005.76	1288990.41	3411.00	1543488.25
236372.04	552268.85	338634.15	877868.92	423935.71	902981.06		999755.69
197365.33	522034.99	302865.27	935399.03	431434.83	844384.26	192882.48	664333.57
20975.42	75066.82	52897.20	215243.42	59606.23	92129.50	9514.05	147154.95
284677.98	962752.35	559626.65	932745.35	452564.25	1048568.43	7038.00	879460.65
120533.16	454503.00	313194.75	439193.02	194933.37	547913.19	66982.57	571376.25
31442.60	96614.10	60813.80	169943.74	69964.85	200346.80	340.00	174627.49
34282.20	127382.80	70413.07	150171.77	87377.91	218912.76	1859.00	128150.88
99115.77	402448.29	219990.64	616635.49	352850.30	824558.56	6308.01	294118.59

幼儿园校舍及其他
Statistics of Kindergarten Buildings

地　区 Region	校舍建筑面　积 Floor Space	教学及辅助用房 Teaching & Assistant Buildings				
		合计 Total	其中：of Which：			
			活动室 Recreational	洗手间 Toilet	睡眠室 Bed Room	保健室 Health Care
总　计 Total	**125482551.67**	**86233643.11**	**50419720.05**	**8211613.48**	**22653583.86**	**1975270.26**
北　京 Beijing	3358974.36	2013848.74	1054555.15	232275.53	620113.87	44539.03
天　津 Tianjin	1374171.45	890038.57	526195.67	98933.48	221436.84	19251.13
河　北 Hebei	3364759.92	2414361.81	1343465.48	237651.45	686081.90	61635.69
山　西 Shanxi	2385866.87	1628091.74	947510.44	165696.35	416100.80	41067.29
内蒙古 Inner Mongolia	2094979.81	1424795.53	838825.76	131548.17	375722.12	30386.09
辽　宁 Liaoning	4556639.52	3133901.90	1805733.12	310177.40	793786.28	97527.85
吉　林 Jilin	1548548.22	1086205.47	629710.02	96903.91	286814.69	34110.46
黑龙江 Heilongjiang	2077379.50	1404753.56	777214.76	130707.57	380351.82	53106.00
上　海 Shanghai	4775621.10	3054484.34	2038037.48	281716.13	602819.70	61520.86
江　苏 Jiangsu	10715997.61	7163658.82	4230018.35	717616.28	1852635.00	128645.59
浙　江 Zhejiang	8868964.20	5847853.16	3442664.47	579869.34	1557593.48	103133.66
安　徽 Anhui	2643904.15	1909177.88	1091076.38	194946.46	507485.74	46578.76
福　建 Fujian	4561111.12	3085246.32	1888305.65	312570.82	747543.84	55760.36
江　西 Jiangxi	3270439.13	2397209.33	1324416.48	215076.46	702792.06	63297.08
山　东 Shandong	8890922.47	6080583.14	3625910.70	600519.61	1463662.04	153893.41
河　南 henan	6128622.66	4498124.53	2567450.93	422548.57	1242556.34	109508.87
湖　北 Hubei	4762679.96	3442813.18	1957376.95	338360.91	927804.22	93421.98
湖　南 Hunan	4793884.90	3515512.63	1871043.37	351560.27	1046845.97	104277.82
广　东 Guangdong	21509557.47	14101257.55	8765499.02	1192341.57	3371072.48	274008.78
广　西 Guangxi	3106895.35	2330330.95	1298420.86	217435.88	683186.59	53794.02
海　南 Hainan	1063058.60	767934.00	428808.50	73506.00	214591.00	20860.50
重　庆 Chongqing	2845581.28	2122873.47	1202188.01	194619.17	599535.11	50042.07
四　川 Sichuan	4788240.89	3529001.20	2002039.97	322791.33	1000990.78	74847.72
贵　州 guizhou	1869952.22	1376073.48	757336.51	121989.36	412735.04	35070.60
云　南 Yunnan	2538286.51	1762067.41	981752.77	149177.65	532524.70	39729.15
西　藏 Tibet	219322.47	133266.67	65591.93	18911.62	43380.66	2879.13
陕　西 Shaanxi	3194237.98	2260100.54	1340040.00	223413.07	564030.33	54301.87
甘　肃 Gansu	1460502.37	1040265.84	614262.13	90145.13	271229.96	27422.15
青　海 Qinghai	351736.29	234395.14	130752.96	22247.09	67788.26	5542.78
宁　夏 Ningxia	681480.25	460568.55	260485.20	48919.12	128080.28	9383.57
新　疆 Xinjiang	1680233.04	1124847.66	613031.03	117437.78	332291.96	25725.99

情况(城区)(一)
and Others (Urban Area) (1)

单位:平方米
unit:m^2

图书室 Reading Room	行政办公用房 Administrative 合计 Total	其中:教师办公室 of Which: Office	生活用房 Residential and Welfare 合计 Total	其中:厨房 of Which: Kitchen	其他用房 for Other Purposes	校舍面积中 of Floor Space 危房面积 Floor Space of Dilapidated Buildings	当年新增校舍 New Added in Current Year
2973455.46	**7886309.65**	**3981617.46**	**12839087.19**	**6199237.71**	**18523511.72**	**288687.78**	**4175051.48**
62365.16	265308.19	115444.47	408205.41	193688.75	671612.02		140484.15
24221.45	112806.42	50259.19	147515.74	79966.83	223810.72		51044.08
85527.29	236926.96	125794.22	315604.60	169127.27	397866.55		219072.60
57716.86	193619.39	100239.97	234424.75	113872.85	329730.99	17031.00	77444.11
48313.39	144861.30	72392.48	240731.67	121578.40	284591.31		102937.10
126677.25	285897.69	141597.62	488315.77	286220.71	648524.16		70624.51
38666.39	93767.07	53305.68	147949.06	84385.24	220626.62	59.00	47459.28
63373.41	157576.23	78876.81	236835.09	120148.46	278214.62	17225.83	17628.94
70390.17	342805.21	134150.50	594645.33	208615.83	783686.22		157547.97
234743.60	662584.02	300470.79	1040153.86	480959.69	1849600.91		231536.02
164592.21	569394.29	275289.50	831533.46	422920.48	1620183.29		449718.46
69090.54	177424.47	94548.25	227244.41	128126.71	330057.39	4424.00	29410.00
81065.65	270594.58	144369.29	404482.32	205027.11	800787.90	4854.00	156913.36
91627.25	173473.90	101044.07	258211.97	136222.37	441543.93	10568.00	177935.76
236597.38	612449.46	318569.72	853610.85	454353.76	1344279.02	1340.00	174657.27
156059.82	429269.49	229396.03	534029.61	285663.13	667199.03	8484.50	73220.74
125849.12	292130.50	155570.84	457527.53	237303.04	570208.75	15612.00	152708.49
141785.20	269993.73	150716.82	432530.86	219490.24	575847.68	16845.00	89401.00
498335.70	1090437.88	558447.52	2641215.04	1032374.36	3676647.00	42121.30	447622.76
77493.60	154343.95	88328.94	315794.93	172809.87	306425.52	28583.40	99385.27
30168.00	57995.00	32759.30	126823.50	57577.50	110306.10	2651.00	42890.00
76489.11	143872.21	79439.04	246716.55	134086.36	332119.05	27770.84	41902.45
128331.40	278052.85	152169.01	464235.40	244931.07	516951.44		400305.64
48941.97	115938.77	62221.07	169446.79	93087.51	208493.18		163058.79
58883.14	163265.37	83933.22	299640.27	130014.35	313313.46	66754.00	131225.54
2503.33	18761.28	11342.61	39515.29	11988.75	27779.23	1000.00	52955.87
78315.27	262553.72	121862.04	285388.12	148664.47	386195.60	5183.00	191822.75
37206.47	96396.88	53948.28	136054.95	77047.17	187784.70	14879.10	104995.01
8064.05	23795.80	11988.21	44853.29	17700.85	48692.06		20230.40
13700.38	56022.07	26113.96	61048.26	38453.68	103841.37	1827.00	29214.98
36360.90	133990.97	57028.01	154802.51	92830.90	266591.90	1474.81	29698.18

幼儿园校舍及其他
Statistics of Kindergarten Buildings and

地 区 Region	校舍建筑面积 Floor Space	教学及辅助用房 Teaching & Assistant Buildings				
		合计 Total	其中：of Which：			
			活动室 Recreational	洗手间 Toilet	睡眠室 Bed Room	保健室 Health Care
总 计 Total	**21881524.97**	**14711838.85**	**8654787.68**	**1397425.31**	**3738922.60**	**365470.58**
北 京 Beijing	222096.42	128559.17	68917.96	15344.77	37582.89	2889.23
天 津 Tianjin	98328.32	70891.36	39944.77	6958.22	20101.08	1933.01
河 北 Hebei	710543.17	509405.62	293610.08	51877.99	127938.40	15834.59
山 西 Shanxi	342752.05	231317.01	142582.87	21374.11	51941.62	6814.74
内蒙古 Inner Mongolia	79150.60	58975.61	34868.78	4998.32	15648.18	1201.15
辽 宁 Liaoning	313549.74	221961.40	126576.87	19750.43	56862.46	8304.54
吉 林 Jilin	78853.45	50933.11	27073.37	5429.37	14811.54	1797.34
黑龙江 Heilongjiang	137779.45	79840.80	44716.77	7138.69	20875.68	3257.83
上 海 Shanghai	369197.77	242766.31	155984.14	24089.56	50326.34	5125.66
江 苏 Jiangsu	1256399.94	817795.07	470617.14	88497.45	207998.89	18649.33
浙 江 Zhejiang	2261996.67	1512360.06	908259.94	147253.57	384563.50	29212.30
安 徽 Anhui	275820.52	199365.73	123657.35	18575.91	43365.88	5358.90
福 建 Fujian	667054.64	451004.63	275815.42	45177.54	107989.72	9636.87
江 西 Jiangxi	487911.88	359198.40	190948.34	36282.70	103902.10	11244.76
山 东 Shandong	2422829.97	1626380.10	986071.41	163433.01	364691.04	45552.75
河 南 henan	951320.54	679380.26	390983.19	68564.73	174219.36	18943.38
湖 北 Hubei	679210.88	498054.71	273048.08	51450.13	135117.22	16433.81
湖 南 Hunan	598917.17	434067.25	234477.73	45127.57	121201.73	14511.21
广 东 Guangdong	7059540.57	4471833.52	2716729.11	383963.11	1110274.34	92385.49
广 西 Guangxi	513998.39	381420.82	208765.26	32633.90	116872.58	9030.05
海 南 Hainan	83386.00	61956.00	32603.00	6731.00	18529.00	1700.00
重 庆 Chongqing	198158.37	142740.22	80350.45	12969.27	37557.50	5372.00
四 川 Sichuan	534103.61	396938.72	220036.55	36633.34	115433.51	9172.20
贵 州 guizhou	191122.35	141663.74	78316.10	14230.70	40039.63	3689.05
云 南 Yunnan	458460.33	316451.32	167670.75	29427.21	96768.45	9847.87
西 藏 Tibet	2758.00	2078.00	1195.00	175.00	486.00	27.00
陕 西 Shaanxi	500116.12	343952.46	200119.44	34941.56	84701.28	10023.00
甘 肃 Gansu	141018.30	103435.26	63820.95	8886.55	24697.31	2518.48
青 海 Qinghai	23504.23	18031.00	9727.00	1216.00	6129.00	446.00
宁 夏 Ningxia	44676.24	31170.90	18905.53	3198.12	6990.11	964.53
新 疆 Xinjiang	176969.28	127910.29	68394.33	11095.48	41306.26	3593.51

情况(城乡结合区)(一)
Others (Urban-rural Transitional Area) (1)

单位:平方米
unit:m^2

	行政办公用房 Administrative		生活用房 Residential and Welfare		其他用房 for Other Purposes	校舍面积中 of Floor Space	
图书室 Reading Room	合计 Total	其中:教师办公室 of Which: Office	合计 Total	其中:厨房 of Which: Kitchen		危房面积 Floor Space of Dilapidated Buildings	当年新增校舍 New Added in Current Year
555232.68	**1345411.02**	**723294.67**	**2466018.25**	**1094127.21**	**3358256.85**	**22140.00**	**883827.32**
3824.32	18218.01	8034.04	26060.06	13764.88	49259.18		11985.10
1954.28	6755.00	2930.84	11505.62	7756.61	9176.34		6573.52
20144.56	54442.92	30299.38	72374.01	33014.09	74320.62		55681.57
8603.67	32352.69	17486.95	28725.23	14422.98	50357.12	274.00	21567.00
2259.18	4077.97	2563.17	7080.98	4248.11	9016.04		1441.00
10467.10	19005.80	10488.71	34285.56	18965.77	38296.98		4149.60
1821.49	4622.27	2836.27	7023.30	4954.73	16274.77		1998.45
3851.83	15146.18	7093.63	13577.03	7868.77	29215.44	4437.00	2820.00
7240.61	23667.87	8964.80	44378.72	17288.06	58384.87		24620.34
32032.26	85708.75	38314.71	130692.93	58319.23	222203.19		43945.01
43070.75	135266.68	67403.04	217148.35	112139.42	397221.58		150871.49
8407.69	19328.82	11732.24	24522.42	12674.13	32603.55	260.00	3188.00
12385.08	37032.30	21891.69	64198.07	32488.18	114819.64		23081.27
16820.50	29777.04	17657.57	44545.57	22130.47	54390.87	700.00	24327.56
66631.89	167238.42	94279.71	242242.42	119674.26	386969.03		41770.08
26669.60	75375.65	45294.13	87605.39	44729.69	108959.24	2714.00	15689.79
22005.47	44134.00	23995.83	66994.25	36818.18	70027.92		23849.00
18749.01	36184.84	20071.14	64214.70	32494.56	64450.38	3250.00	28132.00
168481.47	355397.71	190817.23	972048.19	340317.70	1260261.15	3837.00	203839.51
14119.03	24451.61	16044.90	58888.96	30143.87	49237.00	3006.00	20995.07
2393.00	4187.00	2506.00	8722.00	4422.00	8521.00		1663.00
6491.00	9253.88	6062.00	22966.44	11314.00	23197.83		6293.50
15663.12	28614.51	15891.38	51748.58	29422.37	56801.80		49670.38
5388.26	12396.33	6407.74	20286.43	11121.27	16775.85		20623.01
12737.04	30761.39	16447.57	53358.59	24849.44	57889.03	1215.00	15022.00
195.00	175.00	140.00	505.00	255.00			
14167.18	46379.76	22401.90	52597.85	27445.70	57186.05		50416.05
3511.97	9746.25	6685.25	12965.12	7184.49	14871.67	2447.00	18006.20
513.00	1795.00	877.00	2308.80	1520.80	1369.43		1675.00
1112.61	3080.13	1584.39	4345.09	2849.05	6080.12		12.48
3520.71	10837.24	6091.46	18102.59	9529.40	20119.16		9920.34

幼儿园校舍及其他

Statistics of Kindergarten Buildings and

地 区 Region	校舍建筑面 积 Floor Space	教学及辅助用房 Teaching & Assistant Buildings				
		合计 Total	其中：of Which:			
			活动室 Recreational	洗手间 Toilet	睡眠室 Bed Room	保健室 Health Care
总 计 Total	**106933683.58**	**75153417.25**	**43691316.48**	**7157756.09**	**18850117.99**	**2363970.98**
北 京 Beijing	468953.16	269800.74	144382.24	31813.94	77687.02	6903.28
天 津 Tianjin	272823.79	179958.26	104878.88	20013.89	43732.35	5944.16
河 北 Hebei	4753186.38	3396339.35	2011913.81	319157.85	802895.06	113291.71
山 西 Shanxi	2542916.13	1683003.83	1067576.35	166612.77	328920.10	50747.65
内蒙古 Inner Mongolia	2510130.01	1587783.05	913348.41	154857.18	410252.84	45482.28
辽 宁 Liaoning	1454017.72	1028873.93	586484.49	101091.19	243589.97	41206.46
吉 林 Jilin	1133982.69	774856.52	429592.90	72747.76	208524.51	30797.01
黑龙江 Heilongjiang	1594579.76	1062053.09	589426.31	101474.79	280145.20	46633.73
上 海 Shanghai	1011891.76	598769.88	385929.74	57479.59	128425.06	13125.81
江 苏 Jiangsu	9033463.54	6377075.22	3819073.51	628427.08	1496804.69	164882.57
浙 江 Zhejiang	5547585.06	3647850.20	2129388.50	361311.83	967607.19	78833.04
安 徽 Anhui	4366781.96	3222019.40	2016648.92	304404.98	649054.10	109199.78
福 建 Fujian	4008154.60	2737485.01	1668358.33	287562.76	640513.49	60665.34
江 西 Jiangxi	5314392.61	3912309.90	2164184.58	356384.00	1098343.37	129317.54
山 东 Shandong	7221226.15	4859484.73	3025365.43	473239.65	990253.43	151269.33
河 南 henan	7763084.44	5718845.69	3444240.37	568771.99	1256719.83	190407.38
湖 北 Hubei	4102164.07	2955619.68	1621025.75	306679.13	773628.25	115871.52
湖 南 Hunan	6673806.43	4841995.00	2560096.72	462648.79	1377413.22	209846.97
广 东 Guangdong	7345331.00	5026909.72	2944528.56	396297.87	1325806.59	136136.56
广 西 Guangxi	4498439.22	3340978.93	1815945.20	301955.54	1018545.28	90696.04
海 南 Hainan	1070152.43	746645.63	404959.86	77049.77	208805.37	23815.24
重 庆 Chongqing	2007442.37	1489492.90	898319.90	126902.50	352891.06	52271.21
四 川 Sichuan	6029769.30	4470753.51	2690409.34	394170.21	1072426.36	137133.98
贵 州 guizhou	3815435.70	2706390.87	1415667.26	263895.26	825921.28	91812.40
云 南 Yunnan	2914142.10	2069012.20	1125240.83	174282.62	636245.98	62118.11
西 藏 Tibet	202893.03	115360.06	61618.06	9820.70	31241.38	6880.67
陕 西 Shaanxi	4567254.70	3123520.55	1760748.22	319566.80	792219.22	110467.88
甘 肃 Gansu	1781896.37	1225908.53	821079.92	113745.65	209691.40	37379.51
青 海 Qinghai	467387.72	308786.37	174090.28	30086.01	86139.43	8017.88
宁 夏 Ningxia	603668.86	419476.13	239343.07	47785.73	108874.14	10754.66
新 疆 Xinjiang	1856730.52	1256058.37	657450.73	127518.26	406800.82	32061.29

情况(镇区)(一)
Others (Counties& Towns Area) (1)

单位:平方米
unit:m^2

	行政办公用房 Administrative		生活用房 Residential and Welfare		其他用房 for Other Purposes	校舍面积中 of Floor Space	
图书室 Reading Room	合计 Total	其中:教师办公室 of Which: Office	合计 Total	其中:厨房 of Which: Kitchen		危房面积 Floor Space of Dilapidated Buildings	当年新增校舍 New Added in Current Year
3090255.71	**7602107.85**	**4647511.01**	**10899863.63**	**5087590.53**	**13278294.85**	**293974.75**	**6258384.11**
9014.26	40215.34	20516.57	59020.68	28313.42	99916.40		31229.91
5388.98	19731.92	10715.19	36070.11	16897.89	37063.50		10007.71
149080.92	350881.44	204336.70	468955.09	202707.34	537010.50	1047.04	389203.98
69146.96	243367.03	165017.03	222749.27	104181.39	393796.00	5344.00	148293.27
63842.34	198600.26	120040.05	303753.01	138088.49	419993.69		111369.88
56501.82	110825.31	72539.02	148423.51	83731.69	165894.97	4742.00	30480.37
33194.34	72837.43	47384.56	108995.13	54469.53	177293.61		38146.40
44373.06	117881.86	71769.91	188253.12	94490.88	226391.69	8929.00	52176.48
13809.68	81974.45	31846.01	123011.71	44961.24	208135.72		30196.41
267887.37	631985.41	334836.80	847652.45	384164.70	1176750.46		254327.51
110709.64	352486.30	190127.44	580891.72	287930.84	966356.84		365341.93
142711.62	321068.41	204153.80	371209.02	181200.64	452485.13	8625.00	267917.52
80385.09	256937.93	160526.64	382524.28	185993.58	631207.38	10065.00	172367.89
164080.41	332433.61	210191.44	501116.64	236401.00	568532.46	14030.00	339210.56
219356.89	538943.92	332923.62	667703.52	308547.29	1155093.98	385.00	221427.41
258706.12	626800.99	398116.76	673470.83	356328.46	743966.93	10870.58	236790.26
138415.03	276703.86	173465.43	489624.96	230096.83	380215.57	28910.00	141181.26
231989.30	481636.74	312840.18	706093.91	326724.17	644080.78	15808.13	194418.23
224140.14	406396.62	250639.14	907624.68	323376.24	1004399.98	4850.00	255616.31
113836.87	220760.85	149738.05	486415.96	264566.52	450283.48	41393.00	238733.20
32015.39	60001.71	38252.56	127151.21	59458.39	136353.88	11209.00	32080.36
59108.23	126299.76	80372.81	199484.80	92153.94	192164.91	23978.00	94947.91
176613.62	369943.49	229726.42	606072.46	283003.20	582999.84	3166.00	737339.37
109094.67	249948.02	153235.31	412478.67	191282.13	446618.14		532073.61
71124.66	212753.57	119252.22	320179.96	155866.45	312196.37	62347.00	317924.71
5799.25	14238.48	9712.82	50512.55	12691.68	22781.94	1764.00	43556.61
140518.43	498043.63	313130.17	453349.43	212636.23	492341.09	1140.00	489544.23
44012.05	174145.08	120927.32	160204.35	68926.74	221638.41	30506.80	199822.57
10452.77	34692.54	19707.59	50885.72	23429.30	73023.09		64909.69
12718.53	48277.82	29823.75	58524.11	32703.56	77390.80	32.00	78672.55
32227.27	131294.07	71645.70	187460.77	102266.77	281917.31	4833.20	139076.01

幼儿园校舍及其他

Statistics of Kindergarten Buildings and

地 区 Region	校舍建筑面积 Floor Space	教学及辅助用房 Teaching & Assistant Buildings				
		合计 Total	其中：of Which：			
			活动室 Recreational	洗手间 Toilet	睡眠室 Bed Room	保健室 Health Care
总 计 Total	**28151956.53**	**19741107.82**	**11533964.67**	**1884417.65**	**4800754.80**	**657146.11**
北 京 Beijing	82651.65	49053.96	25919.78	6035.76	13480.52	1932.10
天 津 Tianjin	123955.54	85226.80	50614.65	10271.76	19601.61	2757.18
河 北 Hebei	2228216.79	1614720.12	981073.91	144780.44	355151.19	57344.73
山 西 Shanxi	758979.31	497121.02	308170.56	53423.39	97462.31	16523.66
内蒙古 Inner Mongolia	219955.96	139729.85	82336.63	12358.88	34425.42	4810.61
辽 宁 Liaoning	169124.86	118545.86	63260.86	12009.83	31012.61	5689.54
吉 林 Jilin	114377.88	73525.75	41173.93	6874.20	19381.46	3084.76
黑龙江 Heilongjiang	162109.78	111335.25	59337.75	10943.07	30168.30	5956.23
上 海 Shanghai	189856.80	112997.52	71208.02	11329.43	25383.63	2877.92
江 苏 Jiangsu	2445787.57	1712986.64	1024889.39	171797.64	396831.37	47471.70
浙 江 Zhejiang	1879375.90	1273560.66	736681.22	125714.38	340762.79	29728.67
安 徽 Anhui	725660.09	537282.29	343271.21	49976.03	99796.16	18923.44
福 建 Fujian	1114107.65	757337.49	447075.95	78536.13	190149.49	18071.44
江 西 Jiangxi	1045094.90	762509.57	421555.13	72923.51	203074.24	27892.41
山 东 Shandong	3042083.10	2061069.57	1297140.48	197075.31	400236.41	68006.59
河 南 henan	2762492.83	2000811.22	1187523.77	200345.88	444910.02	72697.98
湖 北 Hubei	911811.94	665665.29	355064.69	69048.54	181375.93	26984.45
湖 南 Hunan	1951574.03	1390803.59	727408.93	133925.95	391217.23	66886.94
广 东 Guangdong	2618004.04	1787410.26	1059575.45	148484.80	450018.01	49965.92
广 西 Guangxi	809437.91	600908.36	319287.23	53000.88	186670.59	18869.62
海 南 Hainan	151407.67	108497.02	58671.09	11819.10	28726.35	3970.23
重 庆 Chongqing	370866.71	276758.50	168468.94	23151.14	64319.29	8856.62
四 川 Sichuan	1074744.92	789947.60	457562.77	72645.86	202151.77	24344.14
贵 州 guizhou	605468.23	427873.71	216873.48	43968.97	133723.93	15506.31
云 南 Yunnan	698356.45	492571.03	269326.29	38022.21	150440.19	15393.74
西 藏 Tibet	28874.26	16880.13	10386.31	972.04	3441.08	200.20
陕 西 Shaanxi	1064476.51	727768.20	420646.65	73663.92	171947.46	26314.27
甘 肃 Gansu	371351.67	255939.38	173627.32	22271.16	43305.33	7734.88
青 海 Qinghai	95205.61	61081.44	35834.36	6246.64	15438.80	1478.84
宁 夏 Ningxia	82572.97	59946.24	32112.28	6023.72	17929.16	1676.38
新 疆 Xinjiang	253973.00	171243.50	87885.64	16777.08	58222.15	5194.60

情况(镇乡结合区)(一)
Others (Urban-rural Transitional Area)(1)

单位:平方米
unit:m^2

	行政办公用房 Administrative		生活用房 Residential and Welfare		其他用房 for Other Purposes	校舍面积中 of Floor Space	
图书室 Reading Room	合计 Total	其中:教师办公室 of Which: Office	合计 Total	其中:厨房 of Which: Kitchen		危房面积 Floor Space of Dilapidated Buildings	当年新增校舍 New Added in Current Year
864824.60	**2039182.57**	**1260239.79**	**2870057.81**	**1363621.12**	**3501608.33**	**52927.21**	**1599183.40**
1685.80	7317.22	4020.32	11204.65	6051.96	15075.82		5828.73
1981.60	9134.13	5231.94	17336.79	7159.51	12257.82		2937.00
76369.85	170380.00	101383.55	207294.61	89533.47	235822.06	869.63	195829.55
21541.10	75073.27	48841.53	71289.53	32428.83	115495.49	3215.00	40463.50
5798.31	17612.91	10629.71	27528.25	12507.59	35084.95		16125.36
6573.02	13761.31	8527.17	18010.39	10315.94	18807.30		548.00
3011.40	8414.58	5478.24	11995.84	5605.84	20441.71		5814.00
4929.90	10507.87	7267.48	19708.15	9491.65	20558.51	110.00	8685.00
2198.52	13707.16	5118.55	20731.52	9719.00	42420.60		15262.34
71996.54	166600.32	87420.56	235985.56	112787.66	330215.05		70766.68
40673.60	115587.20	64310.54	199941.84	100553.29	290286.20		134939.52
25315.45	53167.32	35116.49	59362.41	28717.28	75848.07	606.00	43587.00
23504.48	72401.79	46139.82	109186.75	54179.35	175181.62	2304.00	35414.82
37064.28	66250.08	45167.90	101203.23	50016.62	115132.02	3700.00	69069.27
98610.78	232015.75	145718.94	290663.39	128292.56	458334.39		75540.36
95333.57	228986.69	146860.96	244363.49	131224.90	288331.43	2177.58	108137.06
33191.68	60972.65	39758.90	109453.37	56200.43	75720.63	100.00	42968.21
71364.54	149035.63	99789.21	209637.77	102068.16	202097.04	7053.00	58040.60
79366.08	154750.43	93705.55	315682.12	112833.38	360161.23	3000.00	98323.51
23080.04	37723.94	27562.70	89806.79	55462.12	80998.82	5011.00	36784.00
5310.25	8618.80	5998.80	17991.14	8193.24	16300.71		3348.00
11962.51	22177.43	14195.02	34842.09	17582.50	37088.69	1117.00	13298.00
33243.06	67407.08	41667.75	111935.10	57055.95	105455.14		132337.71
17801.02	42859.59	26187.51	65296.22	33835.05	69438.71		94846.53
19388.60	54535.46	30829.14	75978.92	39105.16	75271.04	12529.00	73570.42
1880.50	1892.90	958.90	4859.69	2030.69	5241.54	306.00	16413.96
35195.90	112193.56	69141.41	106185.00	53205.27	118329.75		101150.88
9000.69	36339.41	25113.09	39066.33	15437.04	40006.55	10829.00	53476.52
2082.80	6863.97	4994.77	10986.29	5228.10	16273.91		9117.17
2204.70	6155.02	3547.98	8267.39	4028.33	8204.32		14476.96
3164.03	16739.10	9555.36	24263.19	12770.25	41727.21		22082.74

幼儿园校舍及其他
Statistics of Kindergarten Buildings

地 区 Region	校舍建筑面积 Floor Space	教学及辅助用房 Teaching & Assistant Buildings				
		合计 Total	其中：of Which:			
			活动室 Recreational	洗手间 Toilet	睡眠室 Bed Room	保健室 Health Care
总 计 Total	**54577307.17**	**38121463.95**	**22498946.60**	**3659296.27**	**8482564.46**	**1600194.04**
北 京 Beijing	333330.00	186518.91	101831.61	23092.80	48919.51	6268.99
天 津 Tianjin	239429.55	169369.34	107872.83	21489.77	28521.87	6963.66
河 北 Hebei	3691415.10	2630484.33	1721423.77	239107.49	415020.10	114420.73
山 西 Shanxi	1254700.35	832926.75	555772.98	79047.70	114505.26	35047.77
内蒙古 Inner Mongolia	636027.83	399968.30	227414.59	40744.11	97820.49	15092.22
辽 宁 Liaoning	827679.70	579833.98	343675.82	50525.25	127933.75	24795.84
吉 林 Jilin	348766.24	243639.46	139241.35	21715.27	59013.50	12013.73
黑龙江 Heilongjiang	577947.04	379066.96	213236.13	36168.88	88594.87	20696.54
上 海 Shanghai	184751.69	105214.24	66962.14	10699.43	22923.16	2441.34
江 苏 Jiangsu	2189478.24	1585817.18	910334.52	156128.39	362936.79	65010.11
浙 江 Zhejiang	2120753.78	1404458.17	789762.07	142007.79	373094.95	45045.66
安 徽 Anhui	2393107.02	1751578.97	1098120.73	171187.74	306522.80	81017.28
福 建 Fujian	1524060.36	1007453.76	613605.54	110503.88	222059.17	27217.36
江 西 Jiangxi	2680113.45	1898450.63	1062185.01	185830.38	455513.02	89809.49
山 东 Shandong	4341130.23	3075812.53	2056216.91	291980.40	449784.86	118824.68
河 南 henan	6350387.05	4681429.65	2839625.38	478967.91	912525.04	196325.23
湖 北 Hubei	1976530.28	1387192.07	728909.18	154127.44	365096.86	66048.64
湖 南 Hunan	3333985.49	2311570.05	1205766.25	232891.49	617239.10	124297.85
广 东 Guangdong	2984517.10	1989053.69	1180607.31	147178.18	468404.12	76966.42
广 西 Guangxi	2242805.94	1629121.34	863767.73	146755.84	493740.81	58014.66
海 南 Hainan	326928.62	214277.56	112952.38	24720.07	60899.88	7813.20
重 庆 Chongqing	513225.71	357875.01	211101.73	34179.00	77282.51	16732.51
四 川 Sichuan	2153515.30	1568634.71	951956.10	166986.91	322276.16	54255.70
贵 州 guizhou	2284365.14	1554169.88	814431.53	171080.50	416856.60	73465.85
云 南 Yunnan	2274507.44	1594038.16	921421.20	124661.53	417432.67	63165.23
西 藏 Tibet	464918.04	256067.07	144507.40	26573.17	59474.55	12839.11
陕 西 Shaanxi	1735340.81	1169146.27	663019.69	121265.54	265483.34	53533.42
甘 肃 Gansu	1439499.10	974114.26	684911.89	91819.54	117930.03	40138.16
青 海 Qinghai	534876.37	343914.23	214665.69	26935.53	76239.05	13148.18
宁 夏 Ningxia	289883.95	198521.05	109496.77	21553.78	50048.90	9558.31
新 疆 Xinjiang	2329330.25	1641745.44	844150.37	109370.56	588470.74	69226.17

情况(乡村)(一)
and Others (Rural Area)(1)

单位:平方米
unit:m^2

	行政办公用房 Administrative		生活用房 Residential and Welfare		其他用房 for Other Purposes	校舍面积中 of Floor Space	
图书室 Reading Room	合计 Total	其中:教师办公室 of Which: Office	合计 Total	其中:厨房 of Which: Kitchen		危房面积 Floor Space of Dilapidated Buildings	当年新增校舍 New Added in Current Year
1880462.58	**4324655.18**	**2929864.09**	**6182131.82**	**2922830.31**	**5949056.22**	**163872.55**	**3747241.95**
6406.00	33736.06	15544.78	44663.96	22408.53	68411.07		25515.79
4521.21	19444.18	12804.11	24032.99	12064.76	26583.04		4637.58
140512.24	310965.77	196384.91	348992.71	134455.86	400972.29	3854.06	318312.18
48553.04	147554.48	111649.63	120325.74	54166.58	153893.38	3323.06	65817.95
18896.89	53717.39	36902.21	88887.40	42943.49	93454.74		55985.98
32903.32	71767.34	45948.00	87361.00	50894.49	88717.38	79.00	17002.62
11655.61	26151.70	19636.17	31978.90	17616.12	46996.18		27443.78
20370.54	45491.82	34256.66	76323.14	37529.50	77065.12	1156.00	12135.00
2188.17	14505.87	4882.31	22298.36	8100.50	42733.22		5796.25
91407.37	166369.16	94499.45	218420.38	107938.11	218871.52		82982.66
54547.70	144945.30	85099.03	235537.59	126937.44	335812.72		151148.50
94730.42	191398.47	134133.32	236824.06	110008.91	213305.52	1980.00	151996.63
34067.81	102590.44	69165.48	177226.17	75939.01	236789.99	1252.00	79247.45
105112.73	203254.96	140740.75	327047.25	155561.05	251360.61	11576.00	233506.84
159005.68	365553.48	252600.97	371879.58	171733.56	527884.64	200.00	167760.46
253986.09	550006.27	384063.19	590538.84	328971.23	528412.29	9264.73	276735.39
73009.95	145449.66	95463.62	239995.05	121949.82	203893.50	5063.00	84876.07
131375.36	268189.90	189682.56	412705.38	195521.13	341520.16	11247.00	102658.05
115897.66	191967.49	128023.44	417177.57	145110.79	386318.35	80.00	76262.45
66842.30	119395.73	90375.39	289798.47	175326.97	204490.40	12341.00	99068.43
7892.03	17829.08	11598.20	43857.81	18077.15	50964.17	4694.50	18086.50
18579.26	35978.55	25823.36	67001.26	29426.91	52370.89	4334.00	14225.58
73159.84	139438.95	98023.30	256402.51	117071.49	189039.13	245.00	405843.24
78335.40	186382.06	123177.77	295943.46	139566.07	247869.74		304623.29
67357.53	146016.05	99679.83	315578.80	145554.03	218874.43	63781.48	215183.32
12672.84	42067.06	31841.77	125215.58	34925.80	41568.33	6750.05	50642.47
65844.28	202155.00	124634.44	194007.80	91263.55	170031.74	715.00	198093.67
39314.64	183961.04	138319.15	142933.72	48959.46	138490.08	21596.67	266558.67
12925.78	38125.76	29118.00	74204.73	28834.70	78631.65	340.00	89487.40
7863.29	23082.91	14475.36	30599.40	16220.67	37680.59		20263.35
30527.60	137163.25	91316.93	274372.21	157752.63	276049.35		125344.40

幼儿园办学条件(总计)(二)
Statistics of Kindergarten Buildings and Others(Total)(2)

地 区 Region	占地面积(平方米) Areas of School Sites(m^2)			图书(册) Books & Magazines in Libraries (Volume)	数字资源 Digital Resources		
	合计 Total	其中 of Which			数据库(个) Database	电子图书(册) E-books (Volume)	音视频(小时) Audio Video (Hours)
		绿化用地面积 Green Areas	运动场地面积 Sports Areas				
总 计 Total	**518424625.46**	**87597663.13**	**173823328.94**	**324906807**	**8265689**	**1572698385**	**86548192**
北 京 Beijing	6557003.23	1117564.27	2258274.53	5830836	2085	335980	533635
天 津 Tianjin	3425832.11	492441.46	1205436.15	1725584	2603	70120	102685
河 北 Hebei	30696496.12	3554920.23	10591500.71	17703559	49450	3679319	1616583
山 西 Shanxi	12199568.19	1458526.05	4408253.73	6430151	32061	339607	328578
内蒙古 Inner Mongolia	12925503.36	1909603.07	4013082.78	3946201	461	180957	117457
辽 宁 Liaoning	13290293.69	1815716.05	5007836.93	7493736	718	242701	366101
吉 林 Jilin	6135759.52	982340.95	2140634.43	3463403	453	72860	258341
黑龙江 Heilongjiang	8914998.09	972234.59	3141192.32	2893640	3360	186458	231525
上 海 Shanghai	8739233.45	2507740.10	2200488.55	3836006	136186	16603152	505465
江 苏 Jiangsu	39900199.19	8663986.15	14813186.94	33341495	109407	38183452	2072230
浙 江 Zhejiang	23149418.33	4673139.30	8299115.83	19088727	11760	837560	1031547
安 徽 Anhui	18485102.53	2862298.18	5523513.81	9945303	11850	3742446	1261009
福 建 Fujian	13159884.08	2126371.35	5012038.97	7463219	76599	15195093	1063288
江 西 Jiangxi	17309718.13	2624029.10	5746042.35	8516775	47864	1145475	534909
山 东 Shandong	46584374.19	8571373.66	17005119.95	22318005	136295	17459895	2103621
河 南 henan	40585309.11	5912879.35	13088799.99	22201067	64901	2179786	2510398
湖 北 Hubei	19013727.19	3976499.24	5424978.95	11896708	23114	1638532	849061
湖 南 Hunan	23492025.23	3806392.32	6635442.08	17244747	321375	1562600	1155021
广 东 Guangdong	42303380.68	8649604.57	15239474.55	38667521	444863	1435716781	23606037
广 西 Guangxi	12534990.46	1826705.60	4451723.77	8318867	6418335	584488	30736944
海 南 Hainan	3933568.00	757747.68	1210524.90	2604057	36205	246734	170758
重 庆 Chongqing	7797884.54	1141941.17	2717256.43	6259615	129794	2314700	650503
四 川 Sichuan	20038599.99	2780090.80	6809259.08	18673090	39722	1908522	1207796
贵 州 guizhou	15115898.97	2406927.39	5334475.71	9493736	7426	197079	312438
云 南 Yunnan	13558764.57	2326249.48	4205237.66	8592277	80413	696217	627843
西 藏 Tibet	2408660.98	347661.02	393488.82	457586	5918	135435	21360
陕 西 Shaanxi	19146282.95	2697161.74	5817818.09	15865487	24057	11828096	10959699
甘 肃 Gansu	11184193.66	1358777.11	3729990.33	5305786	29279	956915	771421
青 海 Qinghai	4755823.98	552717.04	1191119.68	998419	10430	41176	61339
宁 夏 Ningxia	3402473.90	495293.86	1150451.98	1168188	2458	100796	197191
新 疆 Xinjiang	17679657.04	4228730.25	5057568.94	3163016	6247	14315453	583409

幼儿园办学条件(城区)(二)
Statistics of Kindergarten Buildings and Others (Urban Area) (2)

地 区 Region	占地面积(平方米) Areas of School Sites(m^2)			图书(册) Books & Magazines in Libraries (Volume)	数字资源 Digital Resources		
	合计 Total	其中 of Which			数据库(个) Database	电子图书(册) E-books (Volume)	音视频(小时) Audio Video (Hours)
		绿化用地面积 Green Areas	运动场地面积 Sports Areas				
总 计 Total	**178223278.52**	**31583920.88**	**61915821.23**	**143608540**	**7283810**	**1436596677**	**28965610**
北 京 Beijing	4951455.83	822457.90	1714954.16	4843967	1630	269300	479920
天 津 Tianjin	2069955.29	303845.26	689503.76	1174158	1140	25860	79364
河 北 Hebei	5904162.06	651502.44	2009118.99	4902475	9740	1758214	619200
山 西 Shanxi	3531402.65	429853.12	1268568.01	2540585	18635	168340	127921
内蒙古 Inner Mongolia	3293237.08	462542.63	1179760.16	1656141	202	51339	74379
辽 宁 Liaoning	7274481.30	1050997.91	2593657.54	4944443	627	179037	272295
吉 林 Jilin	2495285.87	333521.37	872259.46	1980606	45	57402	191765
黑龙江 Heilongjiang	3455223.03	368130.26	1153949.05	1442184	1595	100740	129776
上 海 Shanghai	6905045.28	1957238.42	1715456.60	3128592	118071	16585355	466625
江 苏 Jiangsu	16925633.03	3849421.15	6547960.38	15650977	75223	15927773	930456
浙 江 Zhejiang	11611774.94	2427889.90	4099325.17	10182444	5179	445632	569592
安 徽 Anhui	3899293.04	658959.71	1206759.59	3006108	2680	469968	420944
福 建 Fujian	5266968.74	825544.72	2026694.35	3609122	31304	15039192	792204
江 西 Jiangxi	4191991.35	715351.56	1322242.32	2414054	18733	241294	200719
山 东 Shandong	15586399.71	2693645.91	5763866.69	10417472	72664	5113504	803379
河 南 henan	9487442.82	1392200.78	3290361.25	6697431	19104	628015	890685
湖 北 Hubei	6709721.92	1277845.26	2022960.85	4877856	8000	735984	450384
湖 南 Hunan	6201170.68	993523.50	1842121.44	5995742	160067	930676	472641
广 东 Guangdong	25603441.35	5299457.62	9468917.27	24634080	375696	1366246787	18226725
广 西 Guangxi	3669429.34	609915.88	1353904.48	3012035	6173868	296643	340898
海 南 Hainan	1308494.02	214941.92	447205.11	1260486	17374	131913	106909
重 庆 Chongqing	3779974.72	556206.00	1251108.86	3249837	102695	1816717	466311
四 川 Sichuan	6786086.41	1004676.51	2207300.56	6655559	11979	1049385	493452
贵 州 guizhou	2494967.14	294640.58	887060.87	2532035	2435	39663	103976
云 南 Yunnan	3257098.65	647753.22	1103854.00	3233969	23347	501867	369476
西 藏 Tibet	347936.61	64383.20	75314.37	239652	3	37361	4486
陕 西 Shaanxi	4581930.64	655441.35	1555111.64	4738225	6341	418387	301551
甘 肃 Gansu	2145505.31	238936.84	725239.69	2167321	14663	209093	266566
青 海 Qinghai	578237.26	90753.58	173664.98	439310	7841	32097	44110
宁 夏 Ningxia	1112227.59	162127.97	410669.65	569621	1741	44393	89168
新 疆 Xinjiang	2797304.86	530214.41	936949.98	1412053	1188	7044746	179733

幼儿园办学条件(城乡结合区)(二)
Statistics of Kindergarten Buildings and Others (Urban-rural Transitional Area) (2)

地 区 Region	占地面积(平方米) Areas of School Sites(m^2)			图书(册) Books & Magazines in Libraries (Volume)	数字资源 Digital Resources		
	合计 Total	其中 of Which			数据库(个) Database	电子图书(册) E-books (Volume)	音视频(小时) Audio Video (Hours)
		绿化用地面积 Green Areas	运动场地面积 Sports Areas				
总 计 Total	**33879444.22**	**6277852.61**	**11824660.83**	**23340399**	**247270**	**857338749**	**11110933**
北 京 Beijing	423953.74	85013.21	145402.24	281269	136	9079	28013
天 津 Tianjin	145233.86	18569.16	43607.87	69379	148	782	7055
河 北 Hebei	1547138.39	193516.58	550960.68	1121145	2413	367396	114274
山 西 Shanxi	598317.70	82739.25	217689.38	354570	2010	25991	16938
内蒙古 Inner Mongolia	114932.60	14013.76	38439.98	48900	11	2446	3475
辽 宁 Liaoning	612708.69	75406.11	212179.70	345748	20	9731	16591
吉 林 Jilin	168687.34	26726.28	64665.44	59060	1	3499	7590
黑龙江 Heilongjiang	313282.90	50958.07	116626.96	73510	54	5983	6014
上 海 Shanghai	594660.30	170994.76	147533.28	262095	7217	14986	11213
江 苏 Jiangsu	2242822.56	500054.68	819111.97	1738077	6654	3156576	123250
浙 江 Zhejiang	3014057.18	590399.28	1053693.65	2320244	1539	152870	148431
安 徽 Anhui	475842.16	76983.94	149281.49	315731	401	39822	45503
福 建 Fujian	944852.48	153947.42	364364.09	446648	830	2240118	144889
江 西 Jiangxi	672361.77	125967.43	211157.16	352958	2066	39314	38525
山 东 Shandong	4858370.84	877298.49	1791404.51	2360586	14069	2510861	220001
河 南 henan	1788237.89	270162.12	596604.73	1013296	2862	85711	119955
湖 北 Hubei	1097644.47	242638.42	321653.83	714119	992	84541	77009
湖 南 Hunan	793027.43	125760.30	239593.32	698541	20736	140191	117960
广 东 Guangdong	9152248.18	1932364.71	3321072.38	7490939	142649	845511428	9542238
广 西 Guangxi	585336.66	90294.72	202232.60	446559	28517	91426	51815
海 南 Hainan	104298.50	18396.00	37750.00	90489	312	7555	2483
重 庆 Chongqing	348948.63	46999.88	103799.01	276497	2496	51955	35111
四 川 Sichuan	791551.44	118035.18	249677.47	650830	1470	57177	55127
贵 州 guizhou	309105.19	38560.66	113135.59	216384	69	2915	9197
云 南 Yunnan	595052.07	107744.96	207576.46	625328	7795	54164	64061
西 藏 Tibet	6480.00	680.00	1346.00	25900			120
陕 西 Shaanxi	860862.95	137797.47	274935.02	687583	951	93774	57880
甘 肃 Gansu	246488.43	26988.14	77895.66	122821	240	15886	12413
青 海 Qinghai	47094.65	5875.00	17361.00	26440	383	1132	4624
宁 夏 Ningxia	69369.65	9628.36	28750.60	30166	79	2003	2894
新 疆 Xinjiang	356475.57	63338.27	105158.76	74587	150	2559437	26284

幼儿园办学条件(镇区)(二)
Statistics of Kindergarten Buildings and Others (Counties & Towns Area) (2)

地区 Region	占地面积(平方米) Areas of School Sites(m^2)			图书(册) Books & Magazines in Libraries (Volume)	数字资源 Digital Resources		
	合计 Total	其中 of Which			数据库(个) Database	电子图书(册) E-books (Volume)	音视频(小时) Audio Video (Hours)
		绿化用地面积 Green Areas	运动场地面积 Sports Areas				
总　计 Total	**194403690.71**	**32316501.38**	**64360462.84**	**122256932**	**638326**	**80959580**	**21801445**
北　京 Beijing	838685.95	155245.68	298361.30	638745	244	45999	23628
天　津 Tianjin	620941.56	97893.57	231573.28	252736	675	21504	11458
河　北 Hebei	10885496.20	1233546.09	3555218.42	6354430	18418	854896	464735
山　西 Shanxi	4740232.25	550724.59	1684028.28	2573680	11069	119039	138903
内蒙古 Inner Mongolia	6045391.36	971151.75	1895498.64	1815380	211	124806	35392
辽　宁 Liaoning	3392220.37	441093.52	1306307.35	1606514	65	40669	57114
吉　林 Jilin	2369944.30	399417.00	823376.26	1126030	395	11904	48637
黑龙江 Heilongjiang	3341613.64	364013.21	1202602.24	1093594	1246	68020	78522
上　海 Shanghai	1546017.73	466252.70	406578.78	597623	12604	15392	33295
江　苏 Jiangsu	17778590.17	3787678.02	6443597.59	14156257	23949	18475858	901242
浙　江 Zhejiang	8007150.76	1580837.49	2914523.32	6472153	4800	255817	322148
安　徽 Anhui	8301797.54	1301635.65	2546680.10	4471352	4769	1487885	534052
福　建 Fujian	5288381.15	837275.16	2053077.71	2881579	41192	109886	199985
江　西 Jiangxi	7720031.90	1116862.01	2562266.60	4217213	24166	329683	210650
山　东 Shandong	16948035.18	3204056.44	5890618.63	7481038	36881	5475422	695786
河　南 henan	15049849.21	2196462.36	4738312.83	8359749	29874	817553	901212
湖　北 Hubei	7787098.64	1697403.82	2166777.09	4931180	8966	690862	249200
湖　南 Hunan	10455980.04	1702017.08	2914027.83	7727763	130187	432827	424274
广　东 Guangdong	10805018.29	2084631.97	3764334.10	10046694	54312	36735142	4243121
广　西 Guangxi	5330038.42	720009.07	1868050.92	3667004	110483	158980	258932
海　南 Hainan	1871305.40	377419.07	555926.83	1075997	16557	86110	56339
重　庆 Chongqing	3043328.92	452933.01	1099266.34	2446753	25137	304274	143271
四　川 Sichuan	9325721.68	1271468.03	3218150.07	8901928	16641	604144	501570
贵　州 guizhou	6757922.70	1006817.04	2366714.74	4364888	2639	94501	105028
云　南 Yunnan	4706464.15	789319.43	1474031.38	3023925	38745	131121	157496
西　藏 Tibet	545299.86	82968.82	66482.97	64171	1566	13051	2536
陕　西 Shaanxi	9653604.21	1335032.79	2860562.69	8207838	11745	11113577	10468424
甘　肃 Gansu	3710499.04	464276.09	1217989.06	1962969	8164	484332	337925
青　海 Qinghai	1189631.33	147216.17	324942.39	261404	1166	3028	12670
宁　夏 Ningxia	1381348.74	186932.41	446526.69	448135	351	38175	72422
新　疆 Xinjiang	4966050.02	1293911.34	1464058.41	1028210	1109	1815123	111478

幼儿园办学条件(镇乡结合区)(二)
Statistics of Kindergarten Buildings and Others (County-town Transitional Area) (2)

地 区 Region	占地面积(平方米) Areas of School Sites(m^2)			图书(册) Books & Magazines in Libraries (Volume)	数字资源 Digital Resources		
	合计 Total	其中 of Which			数据库(个) Database	电子图书(册) E-books (Volume)	音视频(小时) Audio Video (Hours)
		绿化用地面积 Green Areas	运动场地面积 Sports Areas				
总 计 Total	**54622304.15**	**9109507.21**	**18322530.84**	**32259000**	**173932**	**35070692**	**4097559**
北 京 Beijing	191398.42	34553.16	68630.26	111779	60	3139	4563
天 津 Tianjin	309398.91	47687.66	122955.29	122533	250	12925	6132
河 北 Hebei	5682296.87	631750.64	1868236.77	3111755	10105	500589	207690
山 西 Shanxi	1459386.33	160839.13	534366.24	743625	5609	29415	46507
内蒙古 Inner Mongolia	480551.00	76197.82	145234.82	139750	20	1457	3790
辽 宁 Liaoning	425550.13	53841.15	166231.74	176446	13	10762	8793
吉 林 Jilin	249188.95	38100.37	91340.00	115339	3	152	5171
黑龙江 Heilongjiang	340352.00	36433.00	117382.93	99924	74	3993	11225
上 海 Shanghai	301916.17	80173.64	84695.62	142590	2712	2118	2687
江 苏 Jiangsu	5052778.82	1111484.62	1825072.11	3803661	9320	6501981	304847
浙 江 Zhejiang	2710239.02	473770.05	953600.81	2329737	2491	115828	118711
安 徽 Anhui	1441920.87	213955.95	459905.87	713226	1023	333538	96531
福 建 Fujian	1542688.55	241061.10	596345.11	793045	19493	25480	42803
江 西 Jiangxi	1660042.77	227596.86	559171.67	790997	1793	85794	38611
山 东 Shandong	7589700.05	1425447.04	2661843.59	2994361	18615	2039838	241992
河 南 henan	5700720.06	849818.89	1862204.93	2767064	8903	266413	278262
湖 北 Hubei	1886596.17	429638.78	520497.34	1033226	3397	118096	63435
湖 南 Hunan	3333816.81	540137.81	911823.53	2141754	22901	132250	146534
广 东 Guangdong	3801875.17	746164.83	1346127.24	3524619	24092	23727804	2044286
广 西 Guangxi	1006886.16	142275.50	374670.00	613988	21246	27515	36454
海 南 Hainan	278918.44	55629.80	80076.10	131579	548	27288	14487
重 庆 Chongqing	528607.07	81008.65	200275.55	392072	2249	50079	33403
四 川 Sichuan	1760239.22	252054.45	628076.22	1517216	3337	107285	114789
贵 州 guizhou	1196330.63	182946.51	442747.59	719445	257	19523	13288
云 南 Yunnan	1113758.02	185650.95	364818.01	830873	10971	39980	46301
西 藏 Tibet	68071.76	12134.00	8598.00	4978	1		15
陕 西 Shaanxi	2388018.88	350780.92	677212.62	1809220	3273	475927	102587
甘 肃 Gansu	752075.57	100312.34	270651.46	369309	656	37882	36969
青 海 Qinghai	270019.13	45071.57	77945.50	58287	185	290	492
宁 夏 Ningxia	237645.59	42822.23	74597.72	48304	47	3500	6709
新 疆 Xinjiang	861316.61	240167.79	227196.20	108298	288	369851	19495

幼儿园办学条件(乡村)(二)
Statistics of Kindergarten Buildings and Others (Rural Area) (2)

地区 Region	占地面积(平方米) Areas of School Sites(m^2)			图书(册) Books & Magazines in Libraries (Volume)	数字资源 Digital Resources		
	合计 Total	其中 of Which			数据库(个) Database	电子图书(册) E-books (Volume)	音视频(小时) Audio Video (Hours)
		绿化用地面积 Green Areas	运动场地面积 Sports Areas				
总　计 Total	**145797656.23**	**23697240.87**	**47547044.87**	**59041335**	**343553**	**55142128**	**35781137**
北　京 Beijing	766861.45	139860.69	244959.07	348124	211	20681	30087
天　津 Tianjin	734935.26	90702.63	284359.11	298690	788	22756	11863
河　北 Hebei	13906837.86	1669871.70	5027163.30	6446654	21292	1066209	532648
山　西 Shanxi	3927933.29	477948.34	1455657.44	1315886	2357	52228	61754
内蒙古 Inner Mongolia	3586874.92	475908.69	937823.98	474680	48	4812	7686
辽　宁 Liaoning	2623592.02	323624.62	1107872.04	942779	26	22995	36692
吉　林 Jilin	1270529.35	249402.58	444998.71	356767	13	3554	17939
黑龙江 Heilongjiang	2118161.42	240091.12	784641.03	357862	519	17698	23227
上　海 Shanghai	288170.44	84248.98	78453.17	109791	5511	2405	5545
江　苏 Jiangsu	5195975.99	1026886.98	1821628.97	3534261	10235	3779821	240532
浙　江 Zhejiang	3530492.63	664411.91	1285267.34	2434130	1781	136111	139807
安　徽 Anhui	6284011.95	901702.82	1770074.12	2467843	4401	1784593	306013
福　建 Fujian	2604534.19	463551.47	932266.91	972518	4103	46015	71099
江　西 Jiangxi	5397694.88	791815.53	1861533.43	1885508	4965	574498	123540
山　东 Shandong	14049939.30	2673671.31	5350634.63	4419495	26750	6870969	604456
河　南 henan	16048017.08	2324216.21	5060125.91	7143887	15923	734218	718501
湖　北 Hubei	4516906.63	1001250.16	1235241.01	2087672	6148	211686	149477
湖　南 Hunan	6834874.51	1110851.74	1879292.81	3521242	31121	199097	258106
广　东 Guangdong	5894921.04	1265514.98	2006223.18	3986747	14855	32734852	1136191
广　西 Guangxi	3535522.70	496780.65	1229768.37	1639828	133984	128865	30137114
海　南 Hainan	753768.58	165386.69	207392.96	267574	2274	28711	7510
重　庆 Chongqing	974580.90	132802.16	366881.23	563025	1962	193709	40921
四　川 Sichuan	3926791.90	503946.26	1383808.45	3115603	11102	254993	212774
贵　州 guizhou	5863009.13	1105469.77	2080700.10	2596813	2352	62915	103434
云　南 Yunnan	5595201.77	889176.83	1627352.28	2334383	18321	63229	100871
西　藏 Tibet	1515424.51	200309.00	251691.48	153763	4349	85023	14338
陕　西 Shaanxi	4910748.10	706687.60	1402143.76	2919424	5971	296132	189724
甘　肃 Gansu	5328189.31	655564.18	1786761.58	1175496	6452	263490	166930
青　海 Qinghai	2987955.39	314747.29	692512.31	297705	1423	6051	4559
宁　夏 Ningxia	908897.57	146233.48	293255.64	150432	366	18228	35601
新　疆 Xinjiang	9916302.16	2404604.50	2656560.55	722753	3950	5455584	292198

第二部分
Part Ⅱ

办 学 条 件
PHYSICAL FACILITIES

一、教育经费
Public Expenditure on Education

各类学校教育经费
Sources of Educational Funds and Expenditure

学校类别 Type of Schools	合　计 Total	国家财政性教育经费 Government Appropriation for Education	#公共财政教育经费 Public Expenditure On Educational
全国总计 National Total	**361291926.7**	**292214511.3**	**258618740.0**
按学校类别分组 Grouped by Type of Schools			
高等学校 HEIs	95181779.9	59299929.1	49019203.9
普通高等学校 Regular HEIs	93641071.9	58411445.2	48282642.9
成人高等学校 Adult HEIs	1540708.0	888483.9	736561.0
中等职业学校 Secondary Vocational Schools	21378010.1	18606841.2	17099115.3
普通中专 Regular Specialized Secondary Schools	10047946.5	8744485.8	7966941.5
成人中专 Adult Specialized Secondary Schools	956881.6	813803.4	719143.8
职业高中 Vocational High Schools	7621563.6	6885526.3	6431378.5
技工学校 Skilled Workers Schools	2751618.5	2163025.6	1981651.5
中　学 Secondary Schools	97247508.1	85902057.2	79780281.4
普通中学 Regular Secondary Schools	97176347.9	85842063.3	79721675.8
普通高中 Regular Senior Secondary Schools	36283325.8	29226632.9	27111967.4
普通初中 Regular Junior Secondary Schools	60893022.1	56615430.4	52609708.3
#农村 Rural	36794703.6	35189236.9	32854541.0
成人中学 Adult Secondary Schools	71160.3	59993.8	58605.6
小学 Primary Schools	98276568.3	93726566.6	86027010.7
普通小学 Regular Primary Schools	98268426.1	93718425.0	86018886.0
#农 村 Rural	63963511.0	62271714.9	57004141.8
成人小学 Adult Primary Schools	8142.1	8141.6	8124.7
特殊教育 Special Education	1221066.9	1191824.7	1096048.3
幼儿园 Kindergartens	24267444.2	11328685.2	10689776.0
教育行政单位 Education Administrative Department	4423198.8	4164714.7	3674102.5
教育事业单位 Education Public Institutions	7913671.0	6891329.1	5812559.1
其　它 Others	11382679.4	11102563.6	5420642.9

来源和支出情况（2015 年）
for Education in Various School（2015）

单位：万元
unit：10，000 yuan

民办学校中举办者投入 School Funding for private Schools	社会捐赠经费 Donor Funding for the Community	事业收入 Income from Teaching Research and Other Auxiliary Activity	学费 Tuition	其他教育经费 Other Educational Funds
1876619.5	**869960.1**	**58097239.0**	**43173610.9**	**8233596.8**
281014.3	481532.6	30691907.2	20582691.3	4427396.7
280913.3	480504.9	30120113.5	20156901.3	4348094.9
101.0	1027.6	571793.7	425790.0	79301.8
84001.7	27405.2	1949043.6	1136255.1	710718.4
45189.0	16930.6	941383.1	557967.0	299957.9
2635.5	2171.3	111095.4	56116.8	27175.9
26643.8	6573.0	461151.1	277540.1	241669.4
9533.4	1730.3	435414.0	244631.2	141915.1
609600.2	182498.4	9223631.3	7106606.5	1329721.1
609600.2	182489.1	9216532.0	7105683.2	1325663.2
204669.3	107958.3	6127850.9	4565532.2	616214.4
404930.9	74530.8	3088681.0	2540150.9	709448.9
236805.9	37208.8	1068785.6	839586.1	262666.5
0.0	9.3	7099.3	923.3	4057.9
427922.2	98908.9	3194693.6	2754690.2	828477.0
427922.2	98908.9	3194693.1	2754690.2	828477.0
210980.2	50670.4	1059368.8	869612.2	370776.7
0.0	0.0	0.5	0.0	0.0
1329.7	2687.6	9361.2	4709.8	15863.7
472751.4	28687.1	12099536.4	11564805.7	337784.1
0.0	9074.9	37359.0	0.0	212050.2
0.0	38895.5	695245.5	0.0	288200.9
0.0	269.9	196461.2	23852.4	83384.7

各地区教育经费来源
Sources of Educational Fund and Expenditure

地 区 Region	合 计 Total	国家财政性教育经费 Government Appropriation for Education	#公共财政教育经费 Public Expenditure On Educational
全 国 National	**361291926.7**	**292214511.3**	**258618740.0**
中 央 Central Government	34730159.9	24801092.4	13797682.5
地 方 Local Government	326561766.8	267413419.0	244821057.6
北 京 Beijing	11171249.9	9810774.2	8474342.7
天 津 Tianjin	5605736.3	4775063.0	4642278.9
河 北 Hebei	12861641.2	10732987.9	10010728.1
山 西 Shanxi	8442363.4	7233563.6	5988861.2
内蒙古 Inner Mongolia	7072130.1	6324669.0	5185958.9
辽 宁 Liaoning	8781170.9	7101811.8	6094512.2
吉 林 Jilin	5975239.3	5022614.3	4704629.9
黑龙江 Heilongjiang	7040039.0	6078141.5	5730407.8
上 海 Shanghai	10131152.5	8264220.1	7395223.8
江 苏 Jiangsu	22463772.9	18190920.1	17435693.5
浙 江 Zhejiang	17568214.7	12922271.1	12208712.3
安 徽 Anhui	11578495.4	9572661.2	8567260.2
福 建 Fujian	10028329.3	8100239.6	7472487.4
江 西 Jiangxi	9732897.8	8146382.1	7834180.1
山 东 Shandong	20632259.3	17346982.9	16868933.3
河 南 Henan	17411098.7	13678565.1	11506181.8
湖 北 Hubei	11435059.3	9035538.7	8602015.0
湖 南 Hunan	12223238.1	9540802.4	9138888.1
广 东 Guangdong	30474905.8	22611395.8	20428377.9
广 西 Guangxi	10111558.7	8467678.7	7893431.6
海 南 Hainan	2809962.2	2337553.7	2064511.8
重 庆 Chongqing	7971003.0	6400963.3	5199277.3
四 川 Sichuan	16409562.4	13362232.0	12438739.5
贵 州 Guizhou	9277346.6	8039152.1	7660500.2
云 南 Yunnan	10455388.3	9039568.5	7580189.4
西 藏 Tibet	1919434.0	1892996.7	1789312.2
陕 西 Shaanxi	9674438.3	7754201.6	7467926.6
甘 肃 Gansu	6134546.9	5518606.5	4998528.8
青 海 Qinghai	2073500.5	1906169.8	1631968.4
宁 夏 Ningxia	1963257.8	1696499.9	1391772.7
新 疆 Xinjiang	7132774.3	6508191.5	6415226.0

和支出情况(2015年)
for Education by Region (2015)

单位：万元
(10,000 yuan)

民办学校中举办者投入 School Funding for private Schools	社会捐赠经费 Donor Funding for the Community	事业收入 Income from Teaching Research and Other Auxiliary Activity	学费 Tuition	其他教育经费 Other Educational Funds
1876619.5	**869960.1**	**58097239.0**	**43173610.9**	**8233596.8**
0.0	320813.6	7695050.0	2702198.5	1913203.8
1876619.5	549146.4	50402188.9	40471412.4	6320393.0
10685.3	9623.5	1177133.4	925848.0	163033.6
2613.3	3193.5	720131.8	586884.9	104734.7
29823.9	6080.4	1941006.8	1581933.8	151742.2
24571.0	3638.5	1110169.3	901481.2	70420.9
17170.1	4248.0	593250.1	467869.9	132792.9
20843.7	1018.0	1591479.8	1268665.0	66017.7
19337.8	2613.3	854352.4	731733.3	76321.5
19562.8	399.9	867587.6	769817.8	74347.2
5741.2	12402.7	1369330.8	1086521.4	479457.8
45116.1	64807.9	3556749.1	2761435.2	606179.6
180410.5	37607.5	3349177.5	2691791.3	1078748.0
71191.8	11457.3	1789173.9	1430594.3	134011.2
88059.4	32802.7	1605187.5	1299293.7	202040.2
28725.7	14324.0	1486283.0	1201411.2	57182.9
67579.4	13596.6	2963671.9	2486127.9	240428.6
209034.4	9806.3	3260710.4	2699050.8	252982.5
100657.7	11207.7	2132046.2	1661852.8	155608.9
89554.0	19525.2	2345275.2	1772842.9	228081.3
328513.9	131742.4	6959577.8	5789877.3	443676.0
28810.2	11744.1	1459680.5	1153125.6	143645.2
20501.2	3469.6	395760.1	317744.2	52677.6
67057.6	13124.4	1345940.0	1028656.9	143917.8
198312.8	58796.3	2622959.5	1994340.9	167261.8
90104.8	9102.1	923536.5	704880.1	215451.2
62447.9	17709.8	1093271.3	879567.1	242390.8
200.1	806.2	19124.4	15125.0	6306.6
20155.7	5539.1	1711767.7	1373720.5	182774.2
6065.7	5766.2	532543.5	431619.3	71565.0
4811.8	1580.7	106948.7	65472.9	53989.4
16023.3	5517.7	189754.2	154193.1	55462.8
2936.7	25895.1	328608.1	237934.2	267142.9

二、教育基本建设投资
Capital Construction Investment in the Educational Sector

教育基本建设

Data on the Completion of Capital Construction

学校类别 Type of School	投资合计 Total Investment Completed in the Curent yeal (in 10 Thousand Yuan)	本年完成投资按 Investment by Source of			
		国家预算内 Budgetary Allocation			
		计 Subtotal	中央 Central	省级 Local	计 Subtotal
总　计 Total	**35179583**	**26497762**	**6088928**	**20408834**	**7783271**
高等教育学校 Higher Education Schools	8990412	3337057	407573	2929484	5437224
中等职业学校 Secondary Vocational Schools	1507170	1217887	318989	898897	227664
普通中学 Regular Secondary Schools	11796435	10423791	2179003	8244788	1054838
职业初中 Vocational Junior Secondary Schools	32442	32442	8236	24206	0
小学 Primary Schools	9225029	8410538	2360598	6049940	630721
特殊教育学校 Special Education Schools	153445	133241	13609	119632	16157
幼儿园 Kindergartens	2615567	2248768	711311	1537457	276272
其他 Other	859084	694040	89609	604431	140395

投资完成情况(总计)

Investment in the Educational Sector(Regional Aggregates)

资金来源分(万元) Fund (in 10 Thousand Yuan)			本年竣工建筑面积(平方米) Building Floor Area Completed (m^2)			
自筹资金 Self-raised Fund		其他 Other Sources	合计 Total	教学及辅助用房 Teaching and Administrative	行政办公用房 Adm. Building Rooms for Other Purpose	其他用房 Others
其中 of Which:						
学校自筹 Raised by School	个人捐资 Individual Donations					
7646186	**137085**	**898550**	**135189237**	**88756861**	**4253484**	**42178892**
5373008	64216	216131	23100928	11658684	1036713	10405531
227343	322	61620	4836379	3205912	123488	1506979
1033466	21372	317806	49501066	31115067	1504085	16881914
			332091	247145	16990	67956
608008	22714	183770	43876696	31470128	1126085	11280483
14457	1700	4047	440541	270765	21814	147962
252294	23978	90527	10212731	8665282	311214	1236235
137610	2785	24649	2888805	2123878	113095	651832

教育基本建设

Data on the Completion of Capital Construction

学校类别 Type of School	投资合计 Total Investment Completed in the Curent year (in 10 Thousand yuan)	本年完成投资按 Investment by Source of			
		国家预算内 Budgetary Allocation			
		计 Subtotal	中央 Central	省级 Local	计 Subtotal
合　计 Total	**35179583**	**26497762**	**6088928**	**20408834**	**7783271**
北　京 Beijing	449382	434315	740	433575	15067
天　津 Tianjin	433540	117260	4200	113060	309878
河　北 Hebei	1093107	704098	267637	436461	361711
山　西 Shanxi	835571	306212	54696	251516	526056
内蒙古 Inner Mongolia	385133	304709	77137	227572	76742
辽　宁 Liaoning	459788	298831	88528	210303	155391
大连 Dalian	53597	53387	0	53387	210
吉　林 Jilin	295588	261586	120977	140610	34002
黑龙江 Heilongjiang	185227	165656	66178	99478	17354
上　海 Shanghai	883584	451166	19761	431405	339251
江　苏 Jiangsu	3028006	2528648	23831	2504817	441376
浙　江 Zhejiang	2099976	1566472	19587	1546885	468483
宁波 Ningbo	428694	422725	0	422725	5969
安　徽 Anhui	1380803	1148453	227816	920637	201426
福　建 Fujian	724167	536697	42917	493780	135165
厦门 Xiamen	185701	164350	600	163750	5200
江　西 Jiangxi	1120406	732395	286946	445449	353846
山　东 Shandong	2881244	1989136	194422	1794714	798616
青岛 Qingdao	367883	327132	0	327132	40751
河　南 henan	529379	53249	15482	37766	469632
湖　北 Hubei	812737	680667	182061	498606	105963
湖　南 Hunan	1666656	1328816	330802	998014	319712
广　东 Guangdong	2171696	1645874	48427	1597447	421821
深圳 Shenzhen	644449	643256	0	643256	1193
广　西 Guangxi	1708219	1299546	504275	795271	401664
海　南 Hainan	436586	387032	119164	267867	49554
重　庆 Chongqing	1038589	749137	239892	509245	277952
四　川 Sichuan	1676223	1243260	436982	806278	368629
贵　州 guizhou	1665317	1180850	502949	677901	474818
云　南 Yunnan	1482468	1331157	593950	737208	139553
西　藏 Tibet	200502	196697	194216	2481	3805
陕　西 Shaanxi	867031	526672	150898	375773	248555
甘　肃 Gansu	1182293	1105204	354388	750816	71989
青　海 Qinghai	335709	329414	209887	119527	6295
宁　夏 Ningxia	437973	381036	165563	215474	51855
新　疆 Xinjiang	859358	767920	415001	352919	59809
新疆生产建设兵团 The Xinjiang Producation and Construction Corps	173002	134750	129020	5730	23979

投资完成情况
Investment in the Educational Sector

资金来源分(万元) Fund (in 10 Thousand Yuan)			本年竣工建筑面积(平方米) Building Floor Area Completed (m^2)			
自筹资金 Self-raised Fund		其他 Other Sources				
其中 of Which:						
学校自筹 Raised by School	个人捐资 Individual Donations		合计 Total	教学及辅助用房 Teaching and Administrative	行政办公用房 Adm. Building Rooms for Other Purpose	其他用房 Others
7646186	**137085**	**898550**	**135189237**	**88756861**	**4253484**	**42178892**
15067	0	0	738141	488349	56308	193484
309878	0	6402	232569	152061	17606	62902
361711	0	27299	4802804	3163829	104079	1534896
526056	0	3303	1751362	876397	60904	814061
76742	0	3683	1466760	999792	24733	442235
150765	4626	5566	2578899	1660770	71279	846850
210	0	0	381996	319391	16395	46210
34002	0	0	2572344	1986438	89184	496722
17354	0	2217	1195583	952704	32627	210252
339251	0	93167	1800292	1519070	198829	82393
441307	69	57983	9324753	6577090	414846	2332817
468483	0	65021	4945144	3041106	285411	1618627
5763	206	0	1154592	839003	64439	251150
200626	800	30924	7525379	5691165	204998	1629216
135165	0	52304	2842642	2285540	70299	486803
5200	0	16151	340968	194287	20493	126188
352946	900	34164	6321115	4638660	100664	1581791
787861	10755	93493	12088819	8857549	387011	2844259
40751	0	0	538846	344815	47537	146494
440549	29083	6498	1516378	742115	60516	713747
105963	0	26107	4096304	2586875	71031	1438398
317145	2567	18128	8015966	4815039	145742	3055185
389084	32737	104002	6665027	4509458	235140	1920429
1193	0	0	728026	483632	40806	203588
382756	18909	7009	8098158	4805585	107906	3184667
49554	0	0	1032867	649504	14387	368976
252702	25250	11500	3212316	1764610	158857	1288849
368629	0	64334	7756500	4903855	154149	2698496
474818	0	9650	8777043	5405967	263891	3107185
139553	0	11758	6561024	3721056	102899	2737069
3805	0	0	571368	294239	13221	263908
239972	8583	91805	4002241	2319034	104435	1578772
69800	2189	5100	3703755	2780732	70566	852457
6295	0	0	941074	462506	42207	436361
51855	0	5082	3152326	1274457	277301	1600568
59398	411	31629	3070835	2130597	116141	824097
23979	0	14273	685021	519584	6647	158790

第三部分
Part Ⅲ

科学研究活动及其他
SCIENTIFIC RESEARCH ACTIVITES & OTHER

一、自然科学与技术
Natural Science and Technology

	教学与科研人员 Personnel Engaged in S&T Activities		研究与发展人员 R & D Personnel	
	计 Total	其中:科学家和工程师 Of Which: Scientists & Engineers	计 Total	其中:科学家和工程师 Of Which: Scientists & Engineers
合计: Total	**1027400**	**990142**	**391240**	**384007**
按学校规格分 Breakdown by category of HEIs				
"211"及省部共建高等学校 Key HEIs	314416	300187	161210	157275
其他本科院校 Ordinary Degree Level HEIs	570589	552442	210684	207622
高等专科学校 Short-cycle HEIs	142395	137513	19346	19110
按学校隶属分 Breakdown by Control				
部委院校 HEIs under Other Central Ministries	33193	32079	19530	18964
教育部直属院校 HEIs Under Ministry of Education	226485	215512	117914	115058
地方院校 HEIs Under Local Govermments	767722	742551	253796	249985
按学校类型分 Breakdown by Type of HEIs				
综合大学 Comprehensive Universities	308196	293851	125026	122206
工科院校 Engineering	338822	330653	136366	134710
农林院校 Agriculture	53211	51326	23805	23193
医药院校 Medicine & Pharmacy	237382	226717	70911	69160
师范院校 Teachers Training	65547	64059	27481	27142
其他院校 Others	24242	23536	7651	7596

科技人力情况
in Regular HEIs

单位:人
Unit: in Person

研究与发展全时人员 R & D FTEs (Full-time Equivalents)		R&D 成果应用及科技服务人员 R & D Personnel		R&D 成果应用及科技服务全时人员 R & D FTEs(Full-time Equivalents)	
计 Total	其中:科学家和工程师 Of Which: Scientists & Engineers	计 Total	其中:科学家和工程师 Of Which: Scientists & Engineers	计 Total	其中:科学家和工程师 Of Which: Scientists & Engineers
234682	**230361**	**45940**	**45150**	**27553**	**27074**
96725	94362	25183	24651	15109	14786
126375	124550	18003	17783	10796	10664
11582	11449	2754	2716	1648	1624
11718	11377	2368	2335	1422	1401
70748	69034	17209	16776	10322	10059
152216	149950	26363	26039	15809	15614
74989	73304	16195	15845	9715	9505
81797	80808	22167	21911	13298	13138
14283	13916	3516	3441	2110	2064
42540	41492	1350	1289	806	771
16489	16285	2315	2270	1386	1360
4584	4556	397	394	238	236

	拨入 Revenues			
	合计 Total	政府资金 Government Funds	企事业单位委托 Contract Research Fund	其他 Others
合计：Total	**153701459**	**98016334**	**43871778**	**11813347**
按学校规格分 Breakdown by category of HEIs				
"211"及省部共建高等学校 Key HEIs	103654036	67515701	31874504	4263831
其他本科院校 Ordinary Degree Level HEIs	48271601	29639937	11569412	7062252
高等专科学校 Short-cycle HEIs	1775822	860696	427862	487264
按学校隶属分 Breakdown by Control				
部委院校 HEIs under Other Central Ministries	18537639	11791565	6295711	450363
教育部直属院校 HEIs Under Ministry of Education	75948400	50011630	22741105	3195665
地方院校 HEIs Under Local Govermments	59215420	36213139	14834962	8167319
按学校类型分 Breakdown by Type of HEIs				
综合大学 Comprehensive Universities	53734779	37337805	12589159	3807815
工科院校 Engineering	72069926	39283337	28051645	4734944
农林院校 Agriculture	10624329	8569858	1405303	649168
医药院校 Medicine & Pharmacy	8695945	6798913	557461	1339571
师范院校 Teachers Training	7283777	5177247	1039234	1067296
其他院校 Others	1292703	849174	228976	214553

科技经费情况
in Regular HEIs

单位:千元
Unit: in Thousand Yuan

支 出 Expenditures				
合 计 Total	劳 务 费 Personnel Costs	业 务 费 Non-Personnel Expenses	转拨外单位经费 Expenses on Extermal Services	其 他 Others
136462521	**3308272**	**3348892**	**11335114**	**114932934**
90603047	2705429	2572663	9184333	74368530
44227081	591427	757253	2108675	39076586
1632393	11416	18976	42106	1487818
16639832	248087	744611	1618404	13947168
65254769	2268587	1729679	7111075	52731422
54567920	791598	874602	2605635	48254344
46426925	1369965	742475	4083043	38525253
65529449	1254039	2178297	5211197	55412249
8942021	486839	264624	1385677	7039946
7954086	109098	75639	402938	7013367
6429450	82009	79758	233961	5830486
1180590	6322	8099	18298	1111633

普通高等学校研究与
Statistics of R & D Projects and

	科技课题 R & D Projects			出版科技专著(部) No. of Mono-graphs Published
	课题数(项) No. of Projects	投入人数 No. of Input of S&D Manpower	实际支出(千元) Actual Exp. (1,000 yuan)	
合计: Total	**551809**	**291333**	**89676917**	**14046**
按学校规格分 Breakdown by category of HEIs				
"211"及省部共建高等学校 Key HEIs	270971	124254	63276672	3348
其他本科院校 Ordinary Degree Level HEIs	258708	152394	25625186	6855
高等专科学校 Short-cycle HEIs	22130	14685	775059	3843
按学校隶属分 Breakdown by Control				
部委院校 HEIs under Other Central Ministries	33215	14594	11991449	459
教育部直属院校 HEIs Under Ministry of Education	204156	90073	45579069	2331
地方院校 HEIs Under Local Govermments	314438	186666	32106399	11256
按学校类型分 Breakdown by Type of HEIs				
综合大学 Comprehensive Universities	171929	94108	28720652	3082
工科院校 Engineering	223890	105656	46735878	5786
农林院校 Agriculture	42757	18207	6396739	962
医药院校 Medicine & Pharmacy	62752	48158	3974457	3024
师范院校 Teachers Training	41160	19852	3365102	813
其他院校 Others	9321	5352	484089	379

发展课题、成果情况
Achievements in Regular HEIs

发表学士论文（篇） No. of Papers Published	成果获奖 Achieverment Awards		技术转让 Techonlogical Transfer		知识产权授权数 No. of Awarded	专利出售 Income from License Arrangements	
	合计 Total	其中:国家奖 of Which: National Awards	合同数 No. of Contracts	收入（千元） Actual Revenues (1,000yuan)		项数 No. of Items	实现金额（千元） Income
918161	**4746**	**279**	**9592**	**2670500**	**144375**	**4803**	**2269711**
443113	2313	229	3525	1548362	58789	2009	1865098
419214	2344	50	5552	1096142	69564	2525	398046
55834	89	0	515	25996	16022	269	6567
58875	264	36	725	424655	7556	374	379111
322616	1719	180	2161	980211	41322	1424	1443580
536670	2763	63	6706	1265634	95497	3005	447020
294012	1372	94	2142	668397	42280	1102	900106
356729	1943	141	5950	1681690	76054	3265	1179798
54046	454	28	658	124817	8831	211	90029
139970	738	10	184	102685	4507	60	65726
59890	185	4	526	76171	9736	123	26300
13514	54	2	132	16740	2967	42	7752

二、社会科学
Social Science

普通高等学校人文、
Professional Manpower in Regular HEIs in the

		学校数（所） No. of HEIs	社科活动人员（人） Personnel Engaged in Social Science Research (person)				
			合计 Total	高级 Senior	中级 Middle	初级 Junior	其他人员 Others
合计 Total		**2196**	**695391**	**248695**	**320729**	**121036**	**104732**
按学校隶属关系分 Breakdown by Control	教育部直属院校 HEIs under Ministry of Education	73	64335	35709	25499	3024	32299
	其他部委院校 HEIs under Other Central Ministries	41	18241	8271	8060	1855	5690
	地方院校 HEIs under Local Govermments	2082	612815	204715	287170	116157	66743
按学校规格分 Breakdown by Category of HEIs	本科院校 Regular HEIs	1152	541251	205974	249879	82317	102517
	专科院校 Short-cycle HEIs	1044	154140	42721	70850	38719	2215
按学校类型分 Breakdown by Type of HEIs	综合大学 Comprehensive Universities	542	202819	73926	91827	35774	35334
	理工农医院校 HEIs Science and Technology, Agriculture and Medicine	974	221290	73790	107675	38375	26072
	师范院校 Teachers Training	209	110488	43123	49366	17544	17391
	语文院校 Languages	50	20308	6755	9669	3624	4200
	财经院校 Finance and Economics	232	81185	28190	37250	15040	13960
	政法院校 Political Science & Law	62	17576	7598	7541	2267	3378
	体育院校 Physical Culture	29	7635	2949	3149	1468	919
	艺术院校 Art	82	23714	7661	9947	5654	1247
	民族院校 Minorities	16	10376	4703	4305	1290	2231

社会科学人力情况
Fields of the Humanities and Social Science

研究与发展人员(人) R & D Personnel (person)						研究与发展人员(人年) R & D Personnel (man/year)					
合 计 Total	高 级 Senior	中 级 Middle	初 级 Junior	其他人员 Others	研究生 Postgraduates	合 计 Total	高 级 Senior	中 级 Middle	初 级 Junior	其他人员 Others	研究生 Postgraduates
460492	**189058**	**177463**	**40227**	**5350**	**48394**	**99342.30**	**45293.10**	**37153.70**	**7555.60**	**834.80**	**8505.10**
79125	33842	18149	1898	831	24405	18387.50	9617.90	4162.80	338.00	107.10	4161.70
17033	7837	6170	793	140	2093	3911.40	1964.40	1369.20	136.90	30.20	410.70
364334	147379	153144	37536	4379	21896	77043.40	33710.80	31621.70	7080.70	697.50	3932.70
401657	167674	148722	32302	4576	48383	88031.20	40956.50	31680.60	6182.20	709.10	8502.80
58835	21384	28741	7925	774	11	11311.10	4336.60	5473.10	1373.40	125.70	2.30
142510	59523	50771	10948	1969	19299	31111.90	14918.00	10717.40	2015.20	310.10	3151.20
134084	52017	57111	12477	861	11618	28865.40	12168.80	11935.20	2313.20	140.40	2307.80
79780	33692	29568	7351	1152	8017	16955.00	7784.60	6171.60	1437.00	163.40	1398.40
13026	5459	5442	1273	90	762	2638.80	1225.00	1068.10	221.00	13.30	111.40
55671	22822	21596	4875	799	5579	11909.10	5348.40	4466.30	905.50	125.70	1063.20
12216	5766	4347	955	116	1032	2534.10	1347.50	874.10	155.20	17.30	140.00
5320	2162	1671	475	67	945	1328.10	655.50	408.10	97.80	12.80	153.90
8644	3222	3602	1162	145	513	2164.30	898.30	859.60	282.30	31.30	92.80
9241	4395	3355	711	151	629	1835.60	947.00	653.30	128.40	20.50	86.40

普通高等学校人文、社会科
Humanities and Social Sciences R & D

		学校数（所）No. Of HEIs	拨入 Revenues						
			合计 Total	科研活动经费 Funds for R&D	科技活动人员工资 Personnel Costs	科研基建费 Capital Construction Funds for R&D	企事业单位委托项目经费 Contract Research Funds Provided by Ent.& Inst.	金融机构贷款 Loans Provided by Financial Inst.	自筹经费 Self-raised Fubds
合计 Total		**2196**	**114509383.80**	**49524328.72**	**17314538.40**	**304673.30**	**29554795.16**	**1435.00**	**15048922.14**
按学校隶属关系分 Breakdown by Control	教育部直属院校 HEIs under Ministry of Education	73	46038469.94	21683355.06	3711266.17	29000.00	14912489.53		3744124.36
	其他部委院校 HEIs under Other Central Ministries	41	4698964.28	1838686.23	724756.14	85000.00	1018908.66		991631.36
	地方院校 HEIs under Local Govermments	2082	63771949.58	26002287.43	12878516.09	190673.30	13623396.97	1435.00	10313166.42
按学校规格分 Breakdown by Category of HEIs	本科院校 Regular HEIs	1152	111707084.73	48727790.38	16277127.27	302108.30	29157601.63	1435.00	14516191.07
	专科院校 Short-cycle HEIs	1044	2802299.07	796538.34	1037411.13	2565.00	397193.53		532731.07
按学校类型分 Breakdown by Type of HEIs	综合大学 Comprehensive Universities	542	43184089.63	19494748.65	5569722.32	35752.67	11224910.08	1435.00	5273740.53
	理工农医院校 HEIs Science and Technology, Agriculture and Medicine	974	27538893.05	10355807.47	4822478.33	13361.00	9181070.04		2567994.96
	师范院校 Teachers Training	209	18913712.32	7627449.19	3237728.22	834.63	4520826.14		3246273.42
	语文院校 Languages	50	2731244.14	975680.89	514546.71	18000.00	466486.64		726875.25
	财经院校 Finance and Economics	232	12151064.87	5799653.13	1928281.19	33000.00	2417204.69		1846137.82
	政法院校 Political Science & Law	62	3055966.10	1693801.37	433924.89	0.00	334764.35		502130.49
	体育院校 Physical Culture	29	1462948.46	800676.99	272576.79	93000.00	93715.14		198926.28
	艺术院校 Art	82	3782012.86	1842224.01	270956.95	110725.00	1126327.64		413027.26
	民族院校 Minorities	16	1689452.37	934287.02	264323.00	0.00	189490.44		273816.13

学研究与发展经费情况

Expenditure in Regular HEIs

单位:百元
unit: 100 Yuan

		支出 Expenditures									
			内部支出 Intramural Expenditures								转拨给外单位经费 Extra-mural Exp.
国外资金 Foreign Funds	其他收入 Others Revenues	合计 Total	小计 Subtotal	科研人员费 Personnel Costs	业务费 Non-Personnel Expenses	科研基建费 Capital Constr-uction Funds for R&D	仪器设备费 Instruments and Equipment	图书资料费 Books and Infor-mation	管理费 Manage-ment	其他 Others	
1486215.05	**1274476.03**	**108044726.43**	**106594791.63**	**22736483.27**	**50611079.91**	**321082.87**	**7976973.32**	**13805730.42**	**3440436.01**	**7703005.83**	**1449934.80**
1338414.22	619820.60	41702700.78	41039749.78	5610590.03	21336589.00	32067.50	3094736.30	5705074.15	1582934.90	3677757.90	662951.00
23325.47	16656.42	4590610.21	4494858.15	802457.33	2249919.38	85000.00	328239.77	588553.86	100061.27	340626.54	95752.06
124475.36	637999.01	61751415.44	61060183.70	16323435.91	27024571.53	204015.37	4553997.25	7512102.41	1757439.84	3684621.39	691231.74
1486215.05	1238616.03	105359830.78	103930088.41	21513462.32	49633700.65	314444.87	7885548.99	13593708.70	3390708.80	7598514.08	1429742.37
0.00	35860.00	2684895.65	2664703.22	1223020.95	977379.26	6638.00	91424.33	212021.72	49727.21	104491.75	20192.43
910494.75	673285.63	41588692.63	41110656.01	7785918.93	19842744.89	36956.67	3053236.22	5343744.63	1323080.37	3724974.30	478036.62
330463.34	267717.91	25791601.33	25432417.14	5984311.65	12896472.06	18917.00	1347559.87	7969432.71	2338862.15	5268661.00	359184.19
101822.02	178778.70	16928812.15	16823848.65	4012587.61	6162342.16	5410.00	1831267.04	11266274.83	2795129.99	6327792.88	104963.50
23664.65	5990.00	2484828.97	2473582.09	790790.95	1054277.18	17023.40	100295.14	11528546.27	2862986.53	6508860.32	11246.88
39346.17	87441.87	11117634.26	11012072.33	2583713.05	5544800.28	43838.30	681946.41	12687603.72	3119175.87	7251387.82	105561.93
64470.50	26874.50	2860032.41	2849600.47	559966.43	1678935.71	12463.00	177871.31	12929643.22	3163788.31	7385099.90	10431.94
1164.26	2889.00	1399407.62	1396240.62	290457.30	540017.40	97700.00	245865.66	13082287.15	3198063.16	7420381.38	3167.00
0.00	18752.00	4255306.45	3877964.43	390621.17	2242196.50	88774.50	425040.16	13419117.32	3402675.57	7610270.90	377342.02
14789.36	12746.42	1618410.61	1618409.89	338116.18	649293.73		113891.51	13805730.42	3440436.01	7703005.83	0.72

		课题数(项) No. Of Projects	当年投入人数(人年) Input of Man-year (man/year)	其中:研究生 of Which: Graduate Students	当年拨入经费(百元) Revenues (100 yuan)	当年支出经费(百元) Expenditures (100 yuan)
合计 Total		**412649**	**99041.30**	**8451.80**	**8240914.49**	**6679659.08**
按学校隶属关系分 Breakdown by Control	教育部直属院校 HEIs under Ministry of Education	96188	18205.60	4083.50	3798180.18	2857985.68
	其他部委院校 HEIs under Other Central Ministries	14551	3901.60	410.70	348941.74	299244.84
	地方院校 HEIs under Local Govermments	301910	76934.10	3957.60	4093792.57	3522428.56
按学校规格分 Breakdown by Category of HEIs	本科院校 Regular HEIs	373303	87735.70	8449.50	8013560.84	6499132.34
	专科院校 Short-cycle HEIs	39346	11305.60	2.30	227353.65	180526.74
按学校类型分 Breakdown by Type of HEIs	综合大学 Comprehensive Universities	137331	31012.10	3139.40	3286543.10	2647142.75
	理工农医院校 HEIs Science and Technology, Agriculture and Medicine	116453	28739.20	2266.40	2192240.11	1854776.19
	师范院校 Teachers Training	70572	16927.70	1398.40	1268124.77	1018111.28
	语文院校 Languages	11948	2632.10	111.40	190803.35	95043.86
	财经院校 Finance and Economics	45529	11884.40	1063.10	786852.86	592362.61
	政法院校 Political Science & Law	12226	2533.40	140.00	155728.14	129492.08
	体育院校 Physical Culture	4579	1324.70	153.90	60449.93	54430.07
	艺术院校 Art	7982	2159.50	92.80	189692.81	187113.53
	民族院校 Minorities	6029	1828.20	86.40	110479.42	101186.71

究与发展课题、成果情况
R & D and Achievements in Regular HEIs

出版专著（部） Monographs Published (titles)	发表论文（篇） No. Of Papers Published				研究与咨询报告 Research and Consulting Report	
	合计 Total	国内学术刊物 In Domestic Journals	国外学术刊物 In Foreignal Journals	港澳台刊物 In Hong Kong and Macao Journals	合计 Total	其中：被采纳数 Of Which: Accepted Number
15328	**349720**	**337662**	**11484**	**574**	**14810**	**6696**
4013	65074	59134	5649	291	5139	3261
622	11606	11066	507	33	574	88
10693	273040	267462	5328	250	9097	3347
14634	292058	280255	11247	556	13215	6198
694	57662	57407	237	18	1595	498
5306	111821	107275	4283	263	5342	2498
3447	96788	93502	3219	67	5406	2565
3010	60338	58995	1251	92	1228	569
541	11389	10678	649	62	537	337
1647	39895	38288	1584	23	1382	497
595	11407	11102	257	48	395	90
128	2931	2807	122	2	341	95
313	9667	9596	64	7	84	22
341	5484	5419	55	10	95	23

附　　表

Appendixes

（摘自国家统计局《2016 年中国统计年鉴》）

Data from“2016 China Statisical Yearbook”

国内生产总值

Gross Domestic Product

本表按当年价格计算　　　　单位:亿元

Data in this table are calculated at current prices.

年份 Year	国民总收入 Gross National Income	国内生产总值 Gross Domestic Product	第一产业 Primary Industry	第二产业 Secondary Industry	工业 Industry	建筑业 Construction	第三产业 Tertiary Industry	人均国内生产总值(元) Per Capita GDP (yuan)
1978	3678.7	3678.7	1018.5	1755.2	1621.5	138.9	905.1	385
1979	4100.5	4100.5	1259.0	1925.4	1786.5	144.6	916.1	423
1980	4587.6	4587.6	1359.5	2204.7	2014.9	196.3	1023.4	468
1981	4933.7	4935.8	1545.7	2269.1	2067.7	208.0	1121.1	497
1982	5380.5	5373.4	1761.7	2397.7	2183.0	221.6	1214.0	533
1983	6043.8	6020.9	1960.9	2663.0	2399.1	271.7	1397.0	588
1984	7314.2	7278.5	2295.6	3124.8	2815.9	317.9	1858.1	702
1985	9123.6	9098.9	2541.7	3886.5	3478.3	419.3	2670.7	866
1986	10375.4	10376.2	2764.1	4515.2	4000.8	527.3	3096.9	973
1987	12166.6	12174.6	3204.5	5274.0	4621.3	667.5	3696.2	1123
1988	15174.4	15180.4	3831.2	6607.4	5814.1	811.8	4741.8	1378
1989	17188.4	17179.7	4228.2	7300.9	6525.7	796.1	5650.6	1536
1990	18923.3	18872.9	5017.2	7744.3	6904.7	861.7	6111.4	1663
1991	22050.3	22005.6	5288.8	9129.8	8138.2	1017.7	7587.0	1912
1992	27208.2	27194.5	5800.3	11725.3	10340.5	1417.9	9668.9	2334
1993	35599.2	35673.2	6887.6	16473.1	14248.8	2269.9	12312.6	3027
1994	48548.2	48637.5	9471.8	22453.1	19546.9	2968.8	16712.5	4081
1995	60356.6	61339.9	12020.5	28677.5	25023.9	3733.7	20641.9	5091
1996	70779.6	71813.6	13878.3	33828.1	29529.8	4393.0	24107.2	5898
1997	78802.9	79715.0	14265.2	37546.0	33023.5	4628.3	27903.8	6481
1998	83817.6	85195.5	14618.7	39018.5	34134.9	4993.0	31558.3	6860
1999	89366.5	90564.4	14549.0	41080.9	36015.4	5180.9	34934.5	7229
2000	99066.1	100280.1	14717.4	45664.8	40259.7	5534.0	39897.9	7942
2001	109276.2	110863.1	15502.5	49660.7	43855.6	5945.5	45700.0	8717
2002	120480.4	121717.4	16190.2	54105.5	47776.3	6482.1	51421.7	9506
2003	136576.3	137422.0	16970.2	62697.4	55363.8	7510.8	57754.4	10666
2004	161415.4	161840.2	20904.3	74286.9	65776.8	8720.5	66648.9	12487
2005	185998.9	187318.9	21806.7	88084.4	77960.5	10400.5	77427.8	14368
2006	219028.5	219438.5	23317.0	104361.8	92238.4	12450.1	91759.7	16738
2007	270844.0	270232.3	27788.0	126633.6	111693.9	15348.0	115810.7	20505
2008	321500.5	319515.5	32753.2	149956.6	131727.6	18807.6	136805.8	24121
2009	348498.5	349081.4	34161.8	160171.7	138095.5	22681.5	154747.9	26222
2010	411265.2	413030.3	39362.6	191629.8	165126.4	27259.3	182038.0	30876
2011	484753.2	489300.6	46163.1	227038.8	195142.8	32926.5	216098.6	36403
2012	539116.5	540367.4	50902.3	244643.3	208905.6	36896.1	244821.9	40007
2013	590422.4	595244.4	55329.1	261956.1	222337.6	40896.8	277959.3	43852
2014	644791.1	643974.0	58343.5	277571.8	233856.4	44880.5	308058.6	47203
2015	682635.1	685505.8	60870.5	280560.3	235183.5	46546.6	344075.0	49992

注:1.数据来源:摘自国家统计局《2016 中国统计年鉴》。

2.1980 年以后国民总收入(原称国民生产总值)与国内生产总值的差额为国外净要素收入。

Note:1.Data sources:National Bureau of Statistics《2016 China Statistical Yearbook》.

2.Since 1980,the difference between the Gross Domestic Product and the Gross National Income (formerly, the Gross National Product) is the net factor income from the rest of the world.

分地区国内生产总值(2015年)

Gross Domestic Product by Region (2015)

本表绝对数按当年价格计算,指数按可比价格计算

Absolute figures in this table are calculated at current prices while indices are calculated at comparable prices.

单位:亿元

Unit: 100 Million Yuan

地　区 Region	国内生产总值 Gross Domestic Product	三次产业增加值			分行业增加值		人均国内生产总值(元) Per Capita GDP (yuan)
		第一产业 Primary Industry	第二产业 Secondary Industry	第三产业 Tertiary Industry	工　业 Industry	建筑业 Construction	
北　京 Beijing	23014.59	140.21	4542.64	18331.74	3710.88	961.86	106497
天　津 Tianjin	16538.19	208.82	7704.22	8625.15	6982.66	740.31	107960
河　北 Hebei	29806.11	3439.45	14386.87	11979.79	12626.17	1780.49	40255
山　西 Shanxi	12766.49	783.16	5194.27	6789.06	4359.60	847.22	34919
内蒙古 Inner Mongolia	17831.51	1617.42	9000.58	7213.51	7739.18	1263.16	71101
辽　宁 Liaoning	28669.02	2384.03	13041.97	13243.02	11270.82	1881.32	65354
吉　林 Jilin	14063.13	1596.28	7005.71	5461.14	6112.05	927.06	51086
黑龙江 Heilongjiang	15083.67	2633.50	4798.08	7652.09	4053.77	850.09	39462
上　海 Shanghai	25123.45	109.82	7991.00	17022.63	7162.33	855.22	103796
江　苏 Jiangsu	70116.38	3986.05	32044.45	34085.88	27996.43	4055.42	87995
浙　江 Zhejiang	42886.49	1832.91	19711.67	21341.91	17217.47	2558.38	77644
安　徽 Anhui	22005.63	2456.69	10946.83	8602.11	9264.82	1698.92	35997
福　建 Fujian	25979.82	2118.10	13064.82	10796.90	10820.22	2268.86	67966
江　西 Jiangxi	16723.78	1772.98	8411.57	6539.23	6918.00	1493.77	36724
山　东 Shandong	63002.33	4979.08	29485.90	28537.35	25910.75	3664.86	64168
河　南 Henan	37002.16	4209.56	17917.37	14875.23	15823.33	2152.25	39123
湖　北 Hubei	29550.19	3309.84	13503.56	12736.79	11532.37	2039.88	50654
湖　南 Hunan	28902.21	3331.62	12810.82	12759.77	10945.81	1877.70	42754
广　东 Guangdong	72812.55	3345.54	32613.54	36853.47	30259.49	2441.85	67503
广　西 Guangxi	16803.12	2565.45	7717.52	6520.15	6359.82	1358.56	35190
海　南 Hainan	3702.76	854.72	875.82	1972.22	485.85	390.41	40818
重　庆 Chongqing	15717.27	1150.15	7069.37	7497.75	5557.52	1511.85	52321
四　川 Sichuan	30053.10	3677.30	13248.08	13127.72	11039.08	2321.38	36775
贵　州 Guizhou	10502.56	1640.61	4147.83	4714.12	3315.58	833.44	29847
云　南 Yunnan	13619.17	2055.78	5416.12	6147.27	3848.26	1574.77	28806
西　藏 Tibet	1026.39	98.04	376.19	552.16	69.88	306.31	31999
陕　西 Shaanxi	18021.86	1597.63	9082.13	7342.10	7344.62	1780.85	47626
甘　肃 Gansu	6790.32	954.09	2494.77	3341.46	1778.10	730.88	26165
青　海 Qinghai	2417.05	208.93	1207.31	1000.81	893.87	313.81	41252
宁　夏 Ningxia	2911.77	237.76	1379.60	1294.41	979.72	399.98	43805
新　疆 Xinjiang	9324.80	1559.08	3596.40	4169.32	2740.71	959.03	40036

数据来源:摘自国家统计局《2016 中国统计年鉴》。

Data sources: National Bureau of Statistics《2016 China Statistical Yearbook》.

国家财政收支总额及增长速度
Total Government Revenue and Expenditures and Their Increase Rate

年 份 Year	财政收入 (亿元) Total Revenue (100 million yuan)	财政支出 (亿元) Total Expenditures (100 million yuan)	增长速度 Increase Rate (%)	
			财政收入 Total Revenue	财政支出 Total Expenditures
1978	1132.26	1122.09	29.5	33.0
1980	1159.93	1228.83	1.2	-4.1
1985	2004.82	2004.25	22.0	17.8
1990	2937.10	3083.59	10.2	9.2
1991	3149.48	3386.62	7.2	9.8
1992	3483.37	3742.20	10.6	10.5
1993	4348.95	4642.30	24.8	24.1
1994	5218.10	5792.62	20.0	24.8
1995	6242.20	6823.72	19.6	17.8
1996	7407.99	7937.55	18.7	16.3
1997	8651.14	9233.56	16.8	16.3
1998	9875.95	10798.18	14.2	16.9
1999	11444.08	13187.67	15.9	22.1
2000	13395.23	15886.50	17.0	20.5
2001	16386.04	18902.58	22.3	19.0
2002	18903.64	22053.15	15.4	16.7
2003	21715.25	24649.95	14.9	11.8
2004	26396.47	28486.89	21.6	15.6
2005	31649.29	33930.28	19.9	19.1
2006	38760.20	40422.73	22.5	19.1
2007	51321.78	49781.35	32.4	23.2
2008	61330.35	62592.66	19.5	25.7
2009	68518.30	76299.93	11.7	21.9
2010	83101.51	89874.16	21.3	17.8
2011	103874.43	109247.79	25.0	21.6
2012	117253.52	125952.97	12.9	15.3
2013	129209.64	140212.10	10.2	11.3
2014	140370.03	151785.56	8.6	8.3
2015	152269.23	175877.77	5.8	13.2

数据来源:摘自国家统计局《2016 中国统计年鉴》。
Data sources:National Bureau of Statistics《2016 China Statistical Yearbook》.

中央财政和地方财政收支总额

Total Revenue and Expenditures of Central and Local Governments

单位:亿元

unit: in 100 million yuan

年 份 Year	财政收入 Total Revenue			财政支出 Total Expenditures		
	合 计 Total	中 央 Central Government	地 方 Local Government	合 计 Total	中 央 Central Government	地 方 Local Government
1978	1132.26	175.77	956.49	1122.09	532.12	589.97
1980	1159.93	284.45	875.48	1228.83	666.81	562.02
1985	2004.82	769.63	1235.19	2004.25	795.25	1209.00
1990	2937.10	992.42	1944.68	3083.59	1004.47	2079.12
1991	3149.48	938.25	2211.23	3386.62	1090.81	2295.81
1992	3483.37	979.51	2503.86	3742.20	1170.44	2571.76
1993	4348.95	957.51	3391.44	4642.30	1312.06	3330.24
1994	5218.10	2906.50	2311.60	5792.62	1754.43	4038.19
1995	6242.20	3256.62	2985.58	6823.72	1995.39	4828.33
1996	7407.99	3661.07	3746.92	7937.55	2151.27	5786.28
1997	8651.14	4226.92	4424.22	9233.56	2532.50	6701.06
1998	9875.95	4892.00	4983.95	10798.18	3125.60	7672.58
1999	11444.08	5849.21	5594.87	13187.67	4152.33	9035.34
2000	13395.23	6989.17	6406.06	15886.50	5519.85	10366.65
2001	16386.04	8582.74	7803.30	18902.58	5768.02	13134.56
2002	18903.64	10388.64	8515.00	22053.15	6771.70	15281.45
2003	21715.25	11865.27	9849.98	24649.95	7420.10	17229.85
2004	26396.47	14503.10	11893.37	28486.89	7894.08	20592.81
2005	31649.29	16548.53	15100.76	33930.28	8775.97	25154.31
2006	38760.20	20456.62	18303.58	40422.73	9991.40	30431.33
2007	51321.78	27749.16	23572.62	49781.35	11442.06	38339.29
2008	61330.35	32680.56	28649.79	62592.66	13344.17	49248.49
2009	68518.30	35915.71	32602.59	76299.93	15255.79	61044.14
2010	83101.51	42488.47	40613.04	89874.16	15989.73	73884.43
2011	103874.43	51327.32	52547.11	109247.79	16514.11	92733.68
2012	117253.52	56175.23	61078.29	125952.97	18764.63	107188.34
2013	129209.64	60198.48	69011.16	140212.10	20471.76	119740.34
2014	140370.03	64493.45	75876.58	151785.56	22570.07	129215.49
2015	152269.23	69267.19	83002.04	175877.77	25542.15	150335.62

数据来源:摘自国家统计局《2016 中国统计年鉴》。

Data sources: National Bureau of Statistics《2016 China Statistical Yearbook》.

人口数及构成
Population and Its Composition

单位:万人
Unit: in 10 thousand persons

年　份 Year	年底总人口 Total Population (year-end)	按性别分 By Sex				按城乡分 By Residence			
		男 Male		女 Female		城镇 Urban		乡村 Rural	
		人口数 Population	比重(%) Proportion	人口数 Population	比重(%) Proportion	人口数 Population	比重(%) Proportion	人口数 Population	比重(%) Proportion
1978	96259	49567	51.49	46692	48.51	17245	17.92	79014	82.08
1979	97542	50192	51.46	47350	48.54	18495	18.96	79047	81.04
1980	98705	50785	51.45	47920	48.55	19140	19.39	79565	80.61
1981	100072	51519	51.48	48553	48.52	20171	20.16	79901	79.84
1982	101654	52352	51.50	49302	48.50	21480	21.13	80174	78.87
1983	103008	53152	51.60	49856	48.40	22274	21.62	80734	78.38
1984	104357	53848	51.60	50509	48.40	24017	23.01	80340	76.99
1985	105851	54725	51.70	51126	48.30	25094	23.71	80757	76.29
1986	107507	55581	51.70	51926	48.30	26366	24.52	81141	75.48
1987	109300	56290	51.50	53010	48.50	27674	25.32	81626	74.68
1988	111026	57201	51.52	53825	48.48	28661	25.81	82365	74.19
1989	112704	58099	51.55	54605	48.45	29540	26.21	83164	73.79
1990	114333	58904	51.52	55429	48.48	30195	26.41	84138	73.59
1991	115823	59466	51.34	56357	48.66	31203	26.94	84620	73.06
1992	117171	59811	51.05	57360	48.95	32175	27.46	84996	72.54
1993	118517	60472	51.02	58045	48.98	33173	27.99	85344	72.01
1994	119850	61246	51.10	58604	48.90	34169	28.51	85681	71.49
1995	121121	61808	51.03	59313	48.97	35174	29.04	85947	70.96
1996	122389	62200	50.82	60189	49.18	37304	30.48	85085	69.52
1997	123626	63131	51.07	60495	48.93	39449	31.91	84177	68.09
1998	124761	63940	51.25	60821	48.75	41608	33.35	83153	66.65
1999	125786	64692	51.43	61094	48.57	43748	34.78	82038	65.22
2000	126743	65437	51.63	61306	48.37	45906	36.22	80837	63.78
2001	127627	65672	51.46	61955	48.54	48064	37.66	79563	62.34
2002	128453	66115	51.47	62338	48.53	50212	39.09	78241	60.91
2003	129227	66556	51.50	62671	48.50	52376	40.53	76851	59.47
2004	129988	66976	51.52	63012	48.48	54283	41.76	75705	58.24
2005	130756	67375	51.53	63381	48.47	56212	42.99	74544	57.01
2006	131448	67728	51.52	63720	48.48	58288	44.34	73160	55.66
2007	132129	68048	51.50	64081	48.50	60633	45.89	71496	54.11
2008	132802	68357	51.47	64445	48.53	62403	46.99	70399	53.01
2009	133450	68647	51.44	64803	48.56	64512	48.34	68938	51.66
2010	134091	68748	51.27	65343	48.73	66978	49.95	67113	50.05
2011	134735	69068	51.26	65667	48.74	69079	51.27	65656	48.73
2012	135404	69395	51.25	66009	48.75	71182	52.57	64222	47.43
2013	136072	69728	51.24	66344	48.76	73111	53.73	62961	46.27
2014	136782	70079	51.23	66703	48.77	74916	54.77	61866	45.23
2015	137462	70414	51.22	67048	48.78	77116	56.10	60346	43.90

注:总人口和城镇人口中包括中国人民解放军现役军人,按城乡分人口中现役军人计入城镇人口。
Note: Urban Population include the military personnel of Chinese People's Liberation Army.

分地区按性别分的15岁及以上文盲人口(2015年)

Illiterate Population Aged 15 and Over by Sex and Region(2015)

本表是2015年全国1%人口抽样调查样本数据,抽样比为1.55%。

Data in this table are obtained from the 1% Population Sample Survey in 2015. The sampling fraction is 1.55%.

地 区 Region	15岁及以上人口(人) Population Aged 15 & Over			文盲人口(人) Illiterate			文盲人口占15岁及以上人口比重 Percentage to total Population Aged 15 & Over (%)		
	合计 Total	男 Male	女 Female	合计 Total	男 Male	女 Female	合计 Total	男 Male	女 Female
合计 Total	**17790430**	**9011377**	**8779053**	**964050**	**260677**	**703374**	**5.42**	**2.89**	**8.01**
北 京 Beijing	301781	157519	144262	5188	1150	4037	1.72	0.73	2.80
天 津 Tianjin	215117	117901	97216	4490	1191	3299	2.09	1.01	3.39
河 北 Hebei	944890	470806	474084	36479	9084	27395	3.86	1.93	5.78
山 西 Shanxi	483788	249962	233827	14435	4235	10200	2.98	1.69	4.36
内蒙古 Inner Mongolia	339221	172510	166711	18564	5776	12788	5.47	3.35	7.67
辽 宁 Liaoning	608639	303430	305209	11654	3139	8516	1.91	1.03	2.79
吉 林 Jilin	377159	189456	187704	9860	3270	6590	2.61	1.73	3.51
黑龙江 Heilongjiang	530031	265814	264217	14504	4551	9953	2.74	1.71	3.77
上 海 Shanghai	339022	175949	163073	10592	2248	8344	3.12	1.28	5.12
江 苏 Jiangsu	1070294	537019	533275	57833	12584	45249	5.40	2.34	8.49
浙 江 Zhejiang	748742	385894	362848	43947	11197	32751	5.87	2.90	9.03
安 徽 Anhui	785976	395406	390570	51141	13244	37897	6.51	3.35	9.70
福 建 Fujian	491456	249598	241858	32693	6232	26460	6.65	2.50	10.94
江 西 Jiangxi	558012	279649	278362	26098	6029	20069	4.68	2.16	7.21
山 东 Shandong	1280426	645541	634885	85107	22339	62769	6.65	3.46	9.89
河 南 Henan	1166364	579747	586617	61206	18170	43036	5.25	3.13	7.34
湖 北 Hubei	771249	388088	383161	45977	11760	34217	5.96	3.03	8.93
湖 南 Hunan	861699	429028	432671	29042	7846	21195	3.37	1.83	4.90
广 东 Guangdong	1412318	746104	666213	40929	9406	31523	2.90	1.26	4.73
广 西 Guangxi	578067	292388	285679	26921	5858	21063	4.66	2.00	7.37
海 南 Hainan	113538	58818	54720	6025	1295	4730	5.31	2.20	8.64
重 庆 Chongqing	395462	196313	199149	22102	6410	15692	5.59	3.27	7.88
四 川 Sichuan	1074458	534664	539794	87444	25855	61590	8.14	4.84	11.41
贵 州 Guizhou	426708	217321	209387	55494	14375	41120	13.01	6.61	19.64
云 南 Yunnan	597416	304040	293376	56913	17273	39640	9.53	5.68	13.51
西 藏 Tibet	38702	19575	19127	14449	5723	8726	37.33	29.24	45.62
陕 西 Shaanxi	500658	250736	249921	24389	7255	17134	4.87	2.89	6.86
甘 肃 Gansu	335638	171228	164410	37969	11614	26355	11.31	6.78	16.03
青 海 Qinghai	73230	38321	34909	12178	4276	7903	16.63	11.16	22.64
宁 夏 Ningxia	82957	42440	40517	7609	2254	5355	9.17	5.31	13.22
新 疆 Xinjiang	287414	146113	141301	12818	5039	7779	4.46	3.45	5.51

注:本表"文盲人口"指15岁及15岁以上不识字及识字很少人口。

Note: Illiterate population in this table refers to the population aged 15 and over, who are unable or have difficulty in reading.

分地区按性别和受

Population by Sex, Educational

本表是2015年全国1%人口抽样调查样本数据,抽样比为1.55%。

Data in this table are obtained from the 1% Population Sample Survey in 2015. The sampling fraction is 1.55%.

地 区 Region	6岁及6岁以上人口 Population Aged 6 and Over			未上过学 Illterate			小 学 Primary School			初 中 Junior Secondary School		
	合计 Total	男 Male	女 Female	合计 Total	男 Male	女 Female	合计 Total	男 Male	女 Female	合计 Total	男 Male	女 Female
全 国 National Total	**19833469**	**10121107**	**9712363**	**1128946**	**326099**	**802847**	**5199574**	**2496606**	**2702967**	**7600489**	**4086432**	**3514057**
北 京 Beijing	316773	165403	151370	6180	1500	4680	32650	15352	17298	80272	45223	35049
天 津 Tianjin	228196	124883	103313	5738	1782	3956	35688	18755	16932	85899	50661	35238
河 北 Hebei	1066111	535971	530140	44629	12364	32265	274871	129671	145200	468196	249172	219024
山 西 Shanxi	536025	277401	258623	17212	5355	11857	110913	51420	59493	230264	122164	108100
内蒙古 Inner Mongolia	368717	187863	180854	21579	7062	14517	89268	43057	46211	138368	75680	62688
辽 宁 Liaoning	652806	326721	326085	15151	4595	10556	131839	61282	70558	293115	151504	141611
吉 林 Jilin	409572	206452	203120	12954	4611	8343	100760	48749	52010	174513	90407	84106
黑龙江 Heilongjiang	572233	287954	284279	18889	6447	12442	134603	64074	70529	257250	135028	122222
上 海 Shanghai	355996	185053	170943	11792	2686	9106	46582	21767	24815	120392	65832	54560
江 苏 Jiangsu	1163203	588089	575114	65122	15144	49978	270803	122953	147850	425735	227649	198086
浙 江 Zhejiang	810517	418816	391701	52902	14609	38293	239672	117083	122588	284255	158307	125948
安 徽 Anhui	884086	449985	434101	59704	16211	43493	245444	114283	131161	352751	188518	164233
福 建 Fujian	546001	279002	267000	38145	8162	29984	160778	74672	86106	189992	107790	82202
江 西 Jiangxi	651438	332802	318636	31679	8200	23479	195947	90503	105444	252488	134891	117597
山 东 Shandong	1423779	723896	699884	96731	26522	70209	345693	162034	183659	569311	304015	265295
河 南 Henan	1353044	685346	667699	77360	24748	52612	350004	172366	177638	579625	300430	279195
湖 北 Hubei	846998	429721	417277	51048	13336	37712	203950	96174	107776	310274	164602	145672
湖 南 Hunan	976881	492520	484361	36205	10640	25564	259381	124607	134774	369554	190054	179500
广 东 Guangdong	1559777	827565	732212	53925	14887	39037	352377	166246	186131	630674	347925	282749
广 西 Guangxi	675146	344484	330662	32658	8329	24329	210679	102127	108551	277465	152146	125320
海 南 Hainan	129047	67489	61558	6574	1531	5043	27457	13015	14442	57970	30871	27099
重 庆 Chongqing	441611	220924	220687	24737	7460	17276	139391	68241	71150	146462	76729	69733
四 川 Sichuan	1200274	601392	598883	97796	30165	67631	399659	197696	201962	406996	218149	188847
贵 州 Guizhou	501212	257670	243541	60459	16415	44043	172357	89470	82887	174867	100544	74323
云 南 Yunnan	682247	348765	333482	63598	19905	43693	255239	128613	126626	220696	124866	95830
西 藏 Tibet	45898	23178	22720	16503	6825	9678	16848	9333	7515	6639	3913	2727
陕 西 Shaanxi	549196	276983	272213	29519	9110	20409	126830	60191	66638	207427	109406	98021
甘 肃 Gansu	377237	193736	183501	41499	13002	28497	115600	56395	59205	112808	63486	49322
青 海 Qinghai	84198	43997	40202	13950	5150	8801	29610	15164	14446	22619	13478	9141
宁 夏 Ningxia	95349	48936	46413	8397	2578	5820	26334	12762	13572	32026	18043	13983
新 疆 Xinjiang	329900	168109	161791	16311	6765	9546	98351	48551	49800	121585	64950	56635

注:本表数据摘自《2016中国统计年鉴》。

Note: Data sources: National Bureau of Statistics《2016 China Statistical Yearbook》.

教育程度分的人口(2015年)
Level and Region(2015)

单位:人
Unit: in Person

高 中 Senior Secondary School			中 职 Secondary Vocational School			大学专科 College Students			大学本科 Undergraduates			研究生 Postgraduates		
合计 Total	男 Male	女 Female	合计 Total	男 Male	女 Female	合计 Total	男 Male	女 Female	合计 Total	男 Male	女 Female	合计 Total	男 Male	女 Female
2434365	**1375728**	**1058637**	**826607**	**441856**	**384751**	**1351837**	**714972**	**636865**	**1175198**	**615775**	**559423**	**116455**	**63639**	**52816**
42868	22470	20399	20697	10768	9929	42735	21861	20874	70180	36713	33436	21191	11486	9704
30811	16831	13980	16820	8934	7885	23755	12611	11144	26742	13885	12857	2743	1422	1321
129334	70287	59047	40256	19177	21080	66187	35252	30935	39560	18484	21077	3078	1565	1513
81434	46459	34975	22541	11605	10936	42620	23828	18791	29197	15686	13511	1844	885	960
46638	24973	21665	13338	7923	5415	31630	15975	15655	26673	12627	14046	1224	567	657
74717	38464	36253	27460	14074	13387	54269	27482	26787	51918	27040	24877	4337	2281	2056
54707	29001	25706	12705	6345	6360	26892	13086	13806	25265	13347	11917	1777	905	872
70680	37320	33360	14798	7501	7297	38202	19512	18689	35910	17005	18905	1901	1066	835
52278	28468	23811	22794	12684	10110	41476	22096	19380	51011	26363	24648	9670	5157	4513
148594	86680	61914	61962	34687	27276	94557	49976	44581	83583	43915	39668	12847	7086	5760
88734	50212	38522	26107	14986	11121	62059	32774	29285	53159	28757	24402	3629	2087	1542
97055	55834	41221	25443	12575	12868	57909	31445	26464	42716	29364	13352	3063	1755	1309
60067	36599	23467	26028	13261	12767	33047	16688	16359	35625	20521	15104	2319	1308	1012
82379	49658	32721	20081	10309	9772	36854	20212	16643	30600	18196	12404	1409	833	577
160761	91015	69746	71427	41671	29756	94518	47887	46631	79396	47573	31824	5943	3178	2764
191204	109051	82152	36549	18684	17865	69018	35427	33591	46221	22997	23223	3065	1644	1421
112916	62680	50235	41871	22327	19544	60718	35333	25386	60195	32755	27440	6026	2514	3512
155211	87380	67832	40371	18901	21471	62297	34719	27578	50701	24394	26307	3160	1826	1334
245678	145752	99926	90172	50958	39214	108571	58869	49702	72518	39386	33132	5862	3541	2321
62958	35678	27279	29221	16424	12797	32652	16648	16004	28292	12448	15844	1222	684	538
15974	10235	5740	7066	3932	3134	7693	4633	3060	6153	3176	2977	160	96	64
55244	29734	25509	20312	10281	10031	30627	15182	15444	23113	12373	10740	1724	922	802
123250	67617	55633	40607	21181	19426	71454	37608	33847	57286	27155	30131	3226	1820	1407
36519	21040	15478	14639	7730	6909	21646	11643	10002	20212	10526	9686	514	300	214
49715	28840	20876	28321	14053	14267	33019	16336	16684	28817	14690	14127	2842	1463	1378
2145	1185	961	496	298	198	1587	791	796	1652	824	829	26	10	16
70284	39169	31115	17697	10221	7476	43218	23261	19957	45804	20112	25692	8419	5514	2905
44169	26898	17270	15934	8928	7006	24794	14372	10422	21224	9943	11280	1209	710	499
6769	4007	2762	2450	1438	1011	4396	2437	1959	4055	2146	1910	348	177	171
10361	5591	4770	3698	2171	1527	7262	3646	3617	6978	3993	2985	293	153	140
30910	16599	14311	14745	7828	6917	26173	13380	12793	20443	9352	11091	1382	684	699